U0137587

本册撰稿：

　　刘建臻　　王宁宁

　　韩荣钧　　张　进

国家出版基金项目
NATIONAL PUBLICATION FOUNDATION

"十四五"时期国家重点出版物出版专项规划项目

扬州通史

《扬州通史》编纂委员会 编

王永平 总主编

清代卷 下

吴善中 刘建臻 主编

广陵书社

第七章　清代扬州学术与扬州学派

清代扬州学术经历了前期、中期和晚清三个发展阶段。其发展总体以朴学为核心，前期王懋竑"开朴学之先"，中期的扬州学派崇尚朴学，晚清时汲取西学而朴学趋于弱化，这也标志着清代扬州学术走向终结。

第一节　清代前期的扬州学术

清代前期，扬州学术在三个方面取得了重要的成就：注重考订的经学，长于地理的史学和闻名"江左"的文学。

一、注重考订的经学

（一）"开朴学之先"的王懋竑

王懋竑（1668—1741），字予中，号白田，扬州宝应人。康熙四十七年（1708）举人，康熙五十七年（1718）进士中式，授安庆府教授。雍正元年（1723），授翰林院编修。次年，以丁母忧去官，以读书著书为娱。王懋竑淡于名利，勤于为学，曾对友人说："老屋三间，破书万卷，平生志愿，于斯足矣！"[1]他在研究《周易本义》和《朱子年谱》两方面成就最高。

1.《周易本义》

朱熹著作《周易本义》，在明清科考中被奉为正宗。但卷首之九图，明末清初之学者已然开始辩驳，如黄宗羲、毛奇龄、胡渭等，以为九图出自道家学说。在《白田杂著》卷一中，王懋竑撰写《易本义九图论》，对此进一步加以考辨：一则"朱子于《易》，有《本义》，有《启蒙》，其见于《文集》《语录》

---

[1] 〔清〕钱大昕：《潜研堂文集》卷三八《王先生懋竑传》，嘉庆十一年（1806）刻本。

讲论者甚详,而此九图未尝有一语及之";二则"九图之不合于《本义》《启蒙》者多矣",所以,"《易本义》九图,非朱子之作也"。那么,这些图是怎样放在《周易本义》卷首的呢?王懋竑以为经过了两个阶段:马端临《文献通考》载录陈抟之说,于"《本义》前列九图";《永乐大典》"以《本义》改附《易传》",[1]从此使九图置于《周易本义》卷首成为定论。

王懋竑的这一观点,得到后世的高度评价。《四库全书总目·易图明辨》谓:"王懋竑《白田杂著》以《文集》《语类》钩稽参考,多相矛盾,信其为门人所依附,其说尤明。"[2]

2.《朱子年谱》

对朱熹生平的研究,集中体现在年谱的编纂。朱熹殁后,宋人已多编年谱。其中,南宋李方子的《紫阳年谱》、明代李默的《紫阳文公先生年谱》和清初洪嘉植的《朱子年谱》引起王懋竑的注意。王懋竑以为,李默多改窜李方子之本,而洪本又对李默本补而订之,都有失阙略,故立志重考年谱。将李、洪两本"分别注明,仍志年谱之旧,而所载《文集》《语录》《行状》《本传》暨凡引证群书总缀于各条下,统标之曰《朱子年谱》"[3]。其艰难程度可想而知,"历二十余年,凡四易稿而后定"[4]。其内容,详于朱熹学行而略于政事之述。如对绍兴九年(1139)十岁时"厉志圣贤之学"[5]、四十三岁时撰成《论孟精义》及《资治通鉴纲目》、临终前三日"犹修书不辍"而"改《大学》'诚意'章"[6]等事详加叙述,而对进士中式后就任左迪功郎、泉州同安县主簿和宣教郎诸职则简要提及。之后,附有《朱子年谱考异》四卷,对有疑之文加以考订。

王懋竑《朱子年谱》的意义是多方面的,有一点特别值得强调,即对王守仁《朱子晚年定论》的批驳。王守仁曾说,从朱熹晚年和弟子间的书信中,

[1]〔清〕王懋竑:《白田杂著》卷一《易本义九图论》,《景印文渊阁四库全书》第859册,台湾商务印书馆1986年版,第647—649页。

[2]〔清〕永瑢等:《四库全书总目》卷六《易图明辨》,第40页。

[3]〔清〕王懋竑:《朱子年谱·例义》,光绪九年(1883)武昌书局刻本。

[4]〔清〕王箴傅:《朱子年谱识语》,〔清〕王懋竑:《朱子年谱》,光绪九年(1883)武昌书局刻本。

[5]〔清〕王懋竑:《朱子年谱》卷一上,光绪九年(1883)武昌书局刻本。

[6]〔清〕王懋竑:《朱子年谱》卷一上,光绪九年(1883)武昌书局刻本。

"知其晚岁固已大悟旧说之非"[1]，以为所"格"为心物而非外物，从而与王守仁自己的学说基本一致，故撰《朱子晚年定论》一书。王懋竑认为，朱熹"迄己丑始定其说，至庚寅拈出程子'涵养'二语，生平学问大指定于此"[2]。"己丑"为宋孝宗乾道五年，即1169年，而"庚寅"为1170年。这就是说，朱熹"生平学问大指定于此"在其四十至四十一岁之时，而不是王守仁所说的"晚年"。这种说法，持论有据，令人信服。正因如此，王懋竑《朱子年谱》一经问世，获赞良多。焦循认为"考订精核，乃真考亭功臣"[3]，胡适认为"此书为研究朱子最不可少之书"[4]。

王懋竑之所以能取得这样高的学术成就，和他重视并运用考证的方法密不可分。这不仅用于探研朱子之学，而且还贯穿于《读书记疑》《南北史记疑》和《白田杂著》之中。举例来说，《白田杂著》卷三的《盘铭考》《太初元年考》《儒林传考》《汉火德考》和《侠累考》诸篇就典型地说明这点。可以说，考证是王懋竑经学、史学和子学研究最基本的方法。正如钱大昕在《王先生懋竑传》中所说："先生于诸史皆有考证，实事求是，不为抑扬过当之论。"[5]梁启超也有"真是'科学的研究朱子'"[6]的赞誉之词。张舜徽认为其"开朴学之先"[7]，确非虚言。

（二）精研朱子之学的朱泽沄

朱泽沄（1666—1732），字湘陶，号止泉，学者称止泉先生。勤奋治学，《朱子圣学考略》为其代表作，影响最著。

"圣学"，常指孔子之学，如陈康祺所说，"康熙朝，以朱子昌明圣学，有

————————

[1]〔明〕王阳明著，吴光等编校：《王阳明全集（新编本）》第一册，浙江古籍出版社2010年版，第140页。

[2]〔清〕王懋竑：《朱子年谱考异》卷一，光绪九年（1883）武昌书局刻本。

[3]〔清〕焦循：《雕菰集》卷一二《国史儒林文苑传议》，〔清〕焦循著，刘建臻整理：《焦循全集》，第5857页。

[4] 胡适：《治学方法》，辽宁人民出版社2000年版，第55页。

[5]〔清〕钱大昕：《潜研堂文集》卷三八《王先生懋竑传》，嘉庆十一年（1806）刻本。

[6]〔清〕梁启超：《中国近三百年学术史》，北京市中国书店1985年版，第102页。

[7] 张舜徽：《清代扬州学记》，广陵书社2004年版，第40页。

益斯文,命礼臣升跻神位于十哲之次"[1]。有时研究朱熹之学也称为"圣学",《朱子圣学考略》即是如此。其内容,以辑录和挖掘朱熹"德业"为核心。正如《朱子圣学考略序》所说,朱熹学术的发展变化经历了五个主要阶段。第一,朱熹在绍兴三十年庚辰(1160)三十岁以前,对心理气只有"察识端倪":"延平教以合心理气之说,当见用力处,三十以前,已有察识端倪,涵养端倪工夫。"李侗,字愿中,南剑州剑浦人,因剑浦曾名延平,故尊称李侗为"延平先生"。朱熹于是年赴任同安县主簿途中,在剑浦首次拜见延平先生,获教"合心理气之说"。第二,宋孝宗乾道五年己丑(1169),朱熹"心统性情之旨了然于心":"自癸酉见延平后,十年工夫,用力于格物致知",而"偏于察识端倪,著力而天命本然未发之旨未透耳。至己丑而心统性情之旨了然于心。"第三,宋孝宗淳熙三年丙申(1176)、七年庚子(1180),"悔其稍涉训释":"又十数年而丙申、庚子,悔其稍涉训释。"第四,宋孝宗淳熙十三年丙午(1186)、十四年丁未(1187),朱熹"精粗合一,内外浑融,天地万物之理极其精透"。第五,宋光宗绍熙元年庚戌(1190),六十一岁的朱熹"涵养纯粹,一切道理贯通融会,有心在理在、理在心在之妙,自此后极纯极熟"。

这些结论,无不建立在朱泽沄细致的"考略"基础之上。譬如卷五"庚子,朱子五十一岁"之"考略"中,引《答吕伯恭书》:"持得子静近答渠书、与刘淳叟书,却说人须是读书讲论,然亦自觉其前说之误矣。但不肯翻然说破今是昨非之意,依旧遮前掩后,巧为饰说,只此气象却似不佳耳。"对此,朱泽沄从两方面予以考之:一则以为"《曹立之墓表》云:'后五年,予守南康,立之果来。'盖庚子也"。因为在《曹立之墓表》中,朱熹开篇就有"淳熙乙未岁,予送吕伯恭至信之鹅湖"之句,"淳熙乙未"为宋孝宗淳熙二年(1175),所以,距之"后五年",为淳熙七年庚子(1180)。二则以为"'遮前掩后'之言,则朱子不信象山明矣"。众所周知,陆九渊,字子静,曾讲学象山书院,被尊为"象山先生"。经朱泽沄所考,朱熹和陆九渊之说不仅有着明确的不同,且"朱子不信象山明矣",由此而知朱熹和陆九渊的区别所在。

在"考略"中,朱泽沄旁征博引,以资料为据,《朱子圣学考略》几成考察

---

[1] 〔清〕陈康祺撰,晋石点校:《郎潜纪闻初笔二笔三笔》(上),第29页。

朱熹"德业、政事"的文献选编,成为该书的一个鲜明特点。如卷一述朱熹于"庚戌九月甲寅"出生至丁亥年(1167)三十八岁之事,所录文献,就有《同安县学宫书记后》《杨道夫录》等录七则、《李先生书》等书信三十通,以及《存斋记》《谢上蔡语录后序》《请徐王二生充学宾申县札子》《困学诗》《举柯翰状》《奉酬敬夫赠言并以为别》这样的记、序、状、诗等;又如卷一○有《万人杰录》等录二十二篇、《答林正卿》等书信十八通,又有《周深父更名序》等,至庚申三月甲子卒而止。但朱泽沄并没有停留在文献资料的辑录上,而是运用这些文献资料加以考辨,这是《朱子圣学考略》的又一特点。如卷二《答林择之》中"人生而静不知如何看静字,亦指未感物而言"等语,朱泽沄以为:"此书无年可考。玩其语意,深信平日涵养未发,是当下主宰第一著工夫必未发时,有主宰方能安其静,不昏了天性也。此书自是己丑悟后语,须合乙酉《答何叔京书》、丁亥《赠张敬夫诗》、庚寅《杨子直录》参看。"

通过对朱熹相关文献的梳理和考辨,朱泽沄依年月先后"求其用功次序"[1],进而对朱熹学术做了全面考述。与一般意义上的年谱不同,《朱子圣学考略》的重点在于"圣学"且贯穿于全书始终,指出"《大学》之要在于格致诚正修齐治平,《中庸》之要在于尊德性、道问学。此朱子所服膺,终身而不倦者也"[2]。有鉴于此,方有"真得朱子之心传者"[3]的高度赞誉。

二、长于舆地的史学

(一)地理学家孙兰

孙兰(约1625—1715),字滋九,一名御寇,自号柳庭,晚号听翁,扬州江都人。于书无所不窥,著有《舆地隅说》四卷、《大地山河图说》一卷、《柳庭人纪》四十卷等,以《舆地隅说》的学术成就最高。

《舆地隅说》包括"《格理论》,卷上;《推事论》,卷中;《外方论》,卷下。每卷八条,共二十四条。更为《考证论》八条,共四卷三十二条"[4]。从卷首

[1] 〔清〕朱泽沄:《朱子圣学考略·自序》,民国二十四年(1935)刻本。

[2] 〔清〕朱泽沄:《朱子圣学考略·自序》,民国二十四年(1935)刻本。

[3] 唐文治:《茹经堂文集》卷四《重刻朱子泉先生朱子圣学考略序》,《民国丛书》第五编第94册,上海书店1996年版,第277页。

[4] 〔清〕孙兰:《柳庭舆地隅说·自叙》,光绪十一年(1885)蛰园校刊本。

《自叙》所署时间可知,《舆地隅说》成书于"康熙癸酉",即康熙三十二年（1693）。近百年后,焦循整理乡贤著述,四处搜求孙兰之书,没有见到《舆地隅说》刻本及版片,寻访其后代也一无所获。乾隆五十四年（1789）,焦循从江宁书肆中购得此书,后于嘉庆十二年（1807）十月"去其间冗之文,存其精警"[1],删节成三卷。光绪乙酉年（1885）,经吴丙湘校勘传世,即著名的蛰园校刊本。而从内容来看,《舆地隅说》在地理学理论的创新和黄淮的治理两方面都有着很高的建树。

首先,在理论上,孙兰强调舆地之"说"与志、记的不同,旨在探讨地理发展演变的规律。这在《自叙》中有着明晰的表述:"是说也,而非记与志也。志也者,志其迹；记也者,记其事。说则不然,说其所以然,又说其所当然。说其未有天地之始,与既有天地之后,则所谓舆地之说也。"在孙兰看来,郡县志这类"志"书要在"志其迹",《太平寰宇记》这样的"记"书重在"记其事",而《舆地隅说》之"说"则不同,其核心在于解释舆地"所以然,又说其所当然",即追溯舆地发展变化的规律及其原因。这样一来,就把此前单纯记述地貌的舆地之学提升到探其演变规律的理论高度。

其次,提出了"变盈而流谦"的流水地形演变理论。孙兰认为:"万物唯水气避高趋下,洋溢怒张,足以损高以就卑,变盈而流谦耳。流久则损,损久则变,高者因淘洗而日下,卑者因填塞而日平,故曰变盈而流谦。"[2]地貌随着水流冲刷的变化而变化,不仅具有"损久则变"的特征,而且必然"损高以就卑",具体则表现为"高者因淘洗而日下,卑者因填塞而日平",这是亘古以来自然地理变化的规律。但孙兰并未就此止步,进而"说其所当然",把地貌的形成过程归纳成三种方式:"有因时而变",如暴雨冲刷等外力侵蚀；"有因人而变",如凿山开河等人工使然；"有因变而变",如火山地震等改变地貌等。孙兰的分析高度凝练,深中肯綮,其重要意义有两点:一是突破了传统地理学多限于室内研究的学术方法,二是已然认识到火山等地质内营力、流水等地质外营力对地貌所产生的作用和影响。

---

[1]〔清〕焦循:《柳庭舆地隅说叙》,〔清〕孙兰:《柳庭舆地隅说》卷首,光绪十一年（1885）蛰园校刊本。

[2]〔清〕孙兰:《柳庭舆地隅说》卷上,光绪十一年（1885）蛰园校刊本。

在黄淮的现实治理方面,孙兰也有自己的看法。因为"天下之患,莫大于河","河患而波及于淮,是黄、淮交患",其结果,"河害于北,淮害于南"。该如何治理呢? 孙兰认为,"为今之计,唯淮、黄分流,则害去而利全。其策有二:一故淮入江,由古入江之口,以泄淮势。考淮之上流,一由庐州、巢湖,自胭脂河入江,一由盱眙、曾冈、天长、六合、瓜埠口以入江,皆有古河水道之迹。今各开浚设闸,水大则开闸入江以泄水,水小则闭闸济运以刷沙,将滚坝诸闸尽闭,不使涓滴入高、宝湖,坏堤以坏民田。一改换运道,不经清水潭、邵伯驿,竟开辟河道由瓜埠口而入,以达于淮。考古河迹,自瓜埠以入六合,至洪泽口以入淮,有曾家冈、张家冈、王家坝、胡家坝,并东阳城、观音集、曹家冲至冶铺桥一带,亦不甚远,大约由扬子江至淮口,不过三百余里。若由此行运,则东路可不用也"。所以,"治河之法,分黄为先,导淮在后",若"黄水亦分支入海,不得阻淤淮流,而淮亦得刷沙以入海,诚上策也"。[1]自万历以来,"分黄导淮"之说盛行,孙兰的"分黄为先,导淮在后"之说,亦为其中不可忽视的治理策略。

(二)汪楫与《使琉球杂录》《中山沿革志》

汪楫(1626—1699),字次舟,号悔斋,扬州江都人,岁贡生。康熙十八年(1679),被举荐为博学鸿儒,授翰林院检讨,与修《明史》。康熙二十一年(1682),熟悉琉球史事且"状貌魁硕"的汪楫被册封为琉球正使,次年六月率团出使,顺利完成使命。后官至福建布政使。撰有《使琉球杂录》及《中山沿革志》诸书,影响深远。

1.《使琉球杂录》

汪楫在康熙二十三年(1684)六月所撰《使琉球杂录序》中,总结了明清时期琉球与朝廷的关系及相关的史料记述情况:"琉球自明洪武初通中国","考其撰著,唯嘉靖中陈侃作《使琉球录》上之于朝,于是中山风土间为学士大夫所称说,然言之弗质也"。之后,万历间萧崇业虽"少有增益"而"纰漏实多",崇祯中杜三策从客胡靖刻《琉球图记》[2]"荒诞谬妄",康熙初张学礼

---

[1]　〔清〕孙兰:《柳庭舆地隅说》卷下,光绪十一年(1885)蛰园校刊本。

[2]　实为胡靖作《琉球记》并绘其山川图。

《纪事》"质实无支语",然被讥而毁原板。于是,汪楫"即闻见所及,杂录成编。编分五卷,曰使事,曰疆域,曰俗尚,曰物产,曰神异。皆据事质书,期不失实而已"[1]。

　　其内容,使事述出使缘由、出使过程及册封仪式诸事,疆域述及南山、北山、姑米山、那霸港、临海寺、灵岳、天妃宫、天尊庙、天使馆和王宫等地,俗尚记述"男女皆大袖宽博无衣带",肩舆,九月九日龙潭竞渡,"国人无姓,或以所生之地为名"和"妇人无首饰"等风俗习尚,[2]物产记水稻、番薯、芭蕉、甘蔗、扶桑花、海螺、火酒、石芝等物产,《神异》述梦境签诗之验、"圣德感神"而风顺和"册封后甘雨时降"等事。[3]相比之下,《使琉球杂录》确实做到了"据事质书",故史料价值很高,如汪琬所说:"其搜辑也备,其据依也详,上之可作辖轩之指南,次之可备史家之笔削,最下亦可为四方士大夫考异闻、述荒怪之一助。"[4]

　　这当中,所述钓鱼岛史料至为重要。如卷二:"十更船,取钓鱼屿;又用乙卯针,四更船,取黄尾屿;又用单卯针,五更船,取赤屿";又如卷五:"二十五日,见山,应先黄尾后赤屿,无何,遂至赤屿,未见黄尾屿也。"这些记述,是佐证钓鱼岛为中国领土的重要史料。

　　2.《中山沿革志》

　　明初,琉球英祖王朝分裂为三个地方割据政权:中山国、山南国和山北国。洪武五年(1372),明太祖朱元璋派使臣杨载出使琉球。宣德四年(1429),中山国统一琉球。翌年,明廷赐中山王尚巴志姓尚。康熙二十二年(1683),汪楫出使琉球。在出使过程中,汪楫曾询问当地人有关中山王的世系,一无所获,便让使团成员在祭祀中山王祖庙时秘密记录下神主名位,还购得《琉球世缵图》一卷。完成出使后,汪楫以这些材料为主,"委曲探索"[5],于康熙二十三年(1684)著成《中山沿革志》。该志记载了琉球国二十七位

---

[1]〔清〕汪楫:《使琉球杂录序》,康熙二十五年(1686)刻本。

[2]〔清〕汪楫:《使琉球杂录》卷三,《敕撰奉使录》,康熙二十五年(1686)刻本。

[3]〔清〕汪楫:《使琉球杂录》卷五,《敕撰奉使录》,康熙二十五年(1686)刻本。

[4]〔清〕汪琬:《使琉球杂录·叙》,《敕撰奉使录》,康熙二十五年(1686)刻本。

[5]〔清〕汪楫:《中山沿革志序》,《敕撰奉使录》,康熙二十五年(1686)刻本。

中山王之名、在位时间及请封、朝贡和谕赐诸事。卷上记述舜天等十六王，卷下记述尚圆等十一王。

　　总体而言，汪楫的《使琉球杂录》和《中山沿革志》两书，"颇异于明人使录之作，也与张学礼《使琉球记》《中山纪略》有所不同，真正开启了清人为琉球撰史的先河"[1]。

三、闻名"江左"的文学

　　苏州钱谦益、吴伟业和合肥龚鼎孳，籍隶江左，时人称"江左三大家"。其实，在江左文学名流中，乔亿、汪懋麟的成就也不可等闲视之。

　　（一）作诗倡"古澹"、评诗重"格韵"的乔亿

　　乔亿（1702—1788），字慕韩，号剑溪，扬州宝应人，乔莱孙。著有《小独秀斋诗》二卷，《杜诗义法》二卷，《剑溪说诗》二卷《又编》一卷，《大历诗略》六卷等，在诗歌方面取得很高的成就。

　　1."古澹"之诗

　　其平生所作之诗，大体依年先后成编：《小独秀斋诗》卷二《挽王子中先生五首》末诗"前年落魄走尘埃"之注中，有"辛酉岁，余赴京兆试"的记述，知其间所收为乔亿于乾隆七年（1742）前所作诗；《窥园吟稿》卷上收乾隆丁卯至癸酉（1747—1753）所作诗，卷下收乾隆甲戌至壬午（1754—1762）所作诗；《三晋游草》录乾隆甲申（1764）之诗；因"乙酉无诗"，《夕秀轩遗草》录丙戌冬至丁未秋九月（1766—1787）之诗。其遗诗，《惜余存稿》收包括癸卯年（1783）在内之遗诗十八首，《剑溪外集》收雍正七年己酉冬至乾隆二十四年己卯冬（1729—1759）之诗十一首。

　　对于乔亿诗歌的特点，沈德潜有过深入的分析："味则泊乎不觉其甘也，格则浑乎不觉其奇也，音则泠泠乎不觉其倾耳动听也，然平心易气以求之，始贵其气体，渐亲其声韵。既浃其性灵，近体在王、孟、钱、刘间，而五言古体欲攀典午、当途。而上窥其原，是可为今人之古澹者已。"[2]"典午"和"当途"

---

　　[1]　李圣华：《从汪楫奉使琉球看清初中琉关系》，《江西社会科学》2013年第11期。

　　[2]　〔清〕沈德潜：《小独秀斋诗·序》，《四库未收书辑刊》第10辑第28册，北京出版社2000年版，第616页。

均为隐语,"当途为魏,典午为晋"[1]。"欲攀典午、当途"是说乔亿的近体诗深受唐代诗人王维、孟浩然、钱起和刘长卿的影响,而五言古体诗则效仿魏晋间诗风,具有"古澹"的特质。

2.诗评倡导"格韵"

《剑溪说诗》所"说"领域宽广:或"说"一代诗风,如卷下:"明代诗人尊唐攘宋,无道韩苏白陆体者。国朝则祖宋祧唐,虽文章宿老,宋气不除"等。或"说"诗体兴衰,如《又编》:"五言盛于汉魏,大衍于晋,衰于齐梁,杂于唐,亡于宋。至有明中叶,李何之徒稍稍复古而真伪杂出"。或"说"写法流变,如卷下:"次韵始于元白,盛于皮陆,再盛于坡谷"。或"说"一人之诗,如卷上:"太白诗有似《国风》《小雅》者,有似楚《骚》者,似汉魏乐府及古歌谣杂曲者,有似曹子建、阮嗣宗者,有似鲍明远者,似谢玄晖者,又有似阴铿、庾信者,独无一篇似陶。子美间有陶句,亦无全篇似之者"等。或"说"一字之义,如卷上:"杜诗'俊逸鲍参军','逸'字作奔逸之逸,才托出明远精神,即是太白精神。"等等。确如沈德潜所说:"中有所得,发而为言。自古逸、风、骚以暨六代,三唐,宋、元、明代,各有开陈,或述前言而衷以心得,或抽新绪而融以旧闻,于忠爱敦厚之意丁宁三复。"[2]

《大历诗略》虽以唐代宗大历间诗人为主,实则收录天宝至贞元间三十二位诗人的五百二十六首诗,作者后均有小传,述其生平及成就,继而录其诗,以五言、七言或古体、近体为序排列。卷首序附录有《说诗五则》以论大历之诗,认为"大历诗品可贵而边幅稍狭,长庆间规模较阔而气味逊之",大历诗"格韵高"且"语清省"。既说明了选编是书的用意所在,又体现了乔亿注重"格韵"的诗学特点。而《杜诗义法》就杜甫二百三十余首诗予以品评。有的评整首诗,如卷上《新安吏》:"此言调兵而次丁尽行也,代吏之词"。有的评一句一字,如同卷《过津口》"回道过津口,而多枫树林":"'而'字,妙于自然"。有的评一段,如卷下《光禄坂行》:"前四句是右丞东川佳境"。有的兼而有之,如卷下《茅屋为秋风所破歌》,先以"唯苏子瞻得其气快"总评,

---

[1]〔明〕胡应麟:《少室山房笔丛》卷一六《史书占毕四》,中华书局1958年版,第216页。

[2]〔清〕沈德潜《序》,〔清〕乔亿《剑溪说诗》卷首,乾隆十六年(1751)刻本。

而后分而评之,认为"忍能对面为盗贼"一句"是亦老杜语","娇儿恶卧踏里裂"句"与'垢腻脚不袜'五字正同",而"'安得广厦千万间'至末"则如是品评:"此绝大议论,然在公为常谈。乐天袭其语,便觉干燥。'呜呼'以下,复申前义。挽到自己作结,可谓奇警。"在评述中,时见乔亿以"情韵"和"格调"的评诗之文,如卷下《乐游园歌》的"缠绵凄怆,又一种情韵",以及《李潮八分小篆歌》的"洞悉八法源流,信手落笔不事张皇,而清古之气左萦右拂,空行不窒,亦歌行之上格也"等。

在清代诗坛上,王士禛的"神韵"说和沈德潜"格调"说影响深远。作为好友,乔亿服膺王士禛、沈德潜之说,既以"情韵"和"格调"评述诗风,进而发展为"格韵"之见,又仿王士禛、沈德潜之书而成《大历诗略》,"虽不逮王渔洋《三昧》之超玄,沈文悫《别裁》之该备,然陟遐自迩,此则导夫先路,为四达之梯航也"[1],从而与王士禛《唐贤三昧集》和沈德潜《唐诗别裁集》一并成为清前期唐诗选本的重要成果。当然,乔亿强调真情实感的重要性,以为"能感人便是真诗,不能感人便是伪体"[2]。

(二)"锐意成一家言"的汪懋麟

汪懋麟(1639—1688),字季角,号蛟门,又号十二砚斋主人,晚号觉堂,扬州府江都县人。康熙二年(1663)中举,四年后进士中式,授内阁中书,官至刑部主事。著有《百尺梧桐阁文集》八卷,《百尺梧桐阁诗集》十六卷,《百尺梧桐阁遗稿》十卷,《锦瑟词》三卷等。对于汪懋麟的文学成就,杜濬曾有这样的评价:"文章第一,诗二,词三,二与三对文章言之,若孤行仍不妨第一也。"[3]

《百尺梧桐阁文集》八卷总收文一百余篇,尤以《辨道》为人称赞。湖广汉阳"山人"朱方旦用"符水"为人除病消灾,被逮捕而押解进京,逢太皇太后孝庄六十大寿而大赦出狱,便在京城以"符水"济人或言其祸福,"一时公卿士庶、舆儓仆隶咸望风如靡"。面对这种痴狂怪诞的情形,汪懋麟撰《辨道》大加批驳,认为"国家时际太平,士民无事,得此方伎之士以为谈谐玩弄

---

［1］〔清〕乔亿:《大历诗略·序》,乾隆三十七年(1772)居安乐玩之堂刻本。

［2］〔清〕乔亿:《剑溪说诗》又编,乾隆十六年(1751)刻本。

［3］〔清〕杜濬:《序》,〔清〕汪懋麟:《百尺梧桐阁文集》卷首,《清代诗文集汇编》第151册,第209页。

之具"尚不足为怪,荒唐的士大夫"崇奉太过"而使这位"山人"能"高车轻裘,蔑礼逾制","万一朝廷赫然震怒,问以术士妄言祸福之罪,山人其安逃耶?"[1]是文简短有力,直击要害,甫一成文,广为传颂。熊赐履一阅此文,登门造访以订交。徐乾学以《辨道》为汪懋麟"最有名于时者"[2]之文。像这样"文颇修洁"[3]而又注重纪实之作还有不少,就卷五《传》而言,几乎都有这样的特点。如写王士禛二伯父王与胤在李自成军进京之"国难"时"登楼自经死"的《王御史传》,为顺治间"以学问从政"的大理寺卿、督捕侍郎梁清远而撰的《梁侍郎传》,为"闭门穷居"的著名文学家吴嘉纪所作的《吴处士传》,以及带着敬意叙述江都董氏在"扬州十日"之"万马屠城"中竭力护孤并将其养育成人的《董妪传》等。更重要的,这是汪懋麟继承王安石"为文务有补于世"[4]学说的直接体现。

汪懋麟诗集主要有二:《百尺梧桐阁诗集》十六卷,依年月先后编排,始于卷一的康熙元年(1662)至次年十二月之诗,止于卷一六康熙十七年(1678)正月至十二月之诗,共收千余首古今体诗;《百尺梧桐阁遗稿》十卷则收录汪懋麟四十岁以后的诗作,起于康熙十八年(1679)《元旦后一日对酒示醉白》,止于康熙二十七年(1688)卒前所作《春夜雨中即事》诗,共录诗四百余首。两部诗集,总计录诗近两千首。汪懋麟从"十三四年,背塾师学韵语,谬为诗"[5]开始了自己的为诗生涯,而《百尺梧桐阁诗集》"所得诗十存四五"[6],《百尺梧桐阁遗稿》"前六卷失去者不十之一二,而十之三四者后四卷也"[7],加之年仅四十九而物故,汪懋麟诗作的数量是相当可观的。可贵的是,汪懋麟之诗高产而又高质,王士禛有"诗才票姚跌宕,其师法在退之、

[1]〔清〕汪懋麟:《百尺梧桐阁文集》卷六《辨道》,《清代诗文集汇编》第151册,第319页。

[2]〔清〕徐乾学:《憺园集》卷二九《刑部主事季角汪君墓志铭》,《清代诗文集汇编》第124册,第633页。

[3] 邓之诚:《清诗纪事初编》卷四《汪懋麟》,上海古籍出版社2012年版,第500页。

[4]〔清〕汪懋麟:《百尺梧桐阁文集·自记》,《清代诗文集汇编》第151册,第210页。

[5]〔清〕汪懋麟:《百尺梧桐阁文集·自记》,《清代诗文集汇编》第151册,第547页。

[6]〔清〕汪懋麟:《百尺梧桐阁诗集·凡例》,《清代诗文集汇编》第151册,第547页。

[7]〔清〕汪荃《序》,〔清〕汪懋麟《百尺梧桐阁遗稿》卷首,《清代诗文集汇编》第151册,第547页。

子瞻两家而时出新意"[1]的深刻总结,彰显了汪懋麟兼取唐代韩愈和宋代苏轼诗法的特点。

《锦瑟词》三卷成于康熙十五年(1676),首卷《小令》七十四首,二卷《中调》三十四首,卷三《长调》五十七首。其中,以婉约词居多,如小令《误佳期·闺怨》、中调《好女儿·本意》和长调《苍心动·闺怨和宋女韵》等,尤以《忆秦娥·美人十忆》小令十首具有代表性,描写了美人梳洗、描眉、水眸、傅粉、朱唇、春肤、新妆、绣花、轻盈和步履共十种姿态,十分细腻,如第十首:"凌波窄,真珠绰约猩红色。猩红色,香尘行过,寻他踪迹。　　灯前晚浴如霜白,双尖只合舒郎侧。舒郎侧,鞋跟褪了,欲兜无力。"当然,《锦瑟词》中亦有豪放之作,如《减字木兰花·三入燕词》其一:"带刀马上。竟似幽并游侠状。身不离鞍。月黑星昏夜度寒。　　玉鞭梢软。较胜珊瑚三寸管。也学粗豪。指点垆头索酒瓢。"只是数量不多而已。无论婉约或豪放,汪懋麟深受王士禛影响而注重"神韵",孙默"琼姿逸颖,却喜其神韵可赏"[2]的评述并非虚语。

不仅如此,汪懋麟还研究词的相关理论,以"神韵"为核心来划分词派:"予尝论宋词有三派:欧、晏正其始;秦、黄、周、柳、姜、史、李清照之徒备其盛;东坡、稼轩放乎其言之矣。其余子,非无单辞只句可喜可诵,苟求其继,难矣哉。若今之专事故实,蠹窃幽险,神韵索然,予莫知其派之所由矣。"[3]从汪懋麟对"今之专事故实,蠹窃幽险,神韵索然"而"莫知其派之所由"的批评中,正可见三派所具的"神韵"特质。值得强调的是,自滕仲因《笑笑词·跋》中有"词章之派,端有自来"提出词派的概念之后,汪懋麟是第一位以代表人物为主来具体划分词派的词学家,在中国词学史上有着重要意义。

正是为文尊王安石,作诗最喜学宋,填词神韵可赏,故使汪懋麟成为"锐意成一家言"[4]的著名文学家。

─────────

[1]〔清〕王士禛:《比部汪蛟门传》,〔清〕汪懋麟《百尺梧桐阁遗稿》卷首,《清代诗文集汇编》第151册,第550页。

[2]〔清〕汪懋麟:《锦瑟词·锦瑟词话》,康熙十七年(1678)刻本。

[3]〔清〕汪懋麟:《梁清标棠村词序》,〔清〕孙默《十五家词》卷三,康熙十七年(1678)刻本。

[4]王锺翰点校:《清史列传》卷七一《文苑传二·汪懋麟》,第5784页。

第二节 扬州学派的学术成就

一、扬州学派前期的学术成就

(一)"钩贯经史"的汪中之学

汪中(1744—1794),字容甫,扬州江都人。乾隆四十二年(1777)拔贡。乾隆五十五年(1790),为毕沅、谢墉、王昶所荐,盐政戴全德请他到文宗阁校勘《四库全书》。乾隆五十九年(1794)十月,前往杭州文澜阁校勘《四库全书》,其间旧病复发,卒于西湖葛岭园。一生孜孜以求,在经学、史学、子学和文学方面都取得了很高的成就。

1."有志于用世"的经学

精辟、贯通和用世是汪中经学的核心,开拓了经学研究的新领域,推动了扬州一域乃至整个清代经学的发展。

汪中经学之精辟,主要集中在篇章精要、立论精审两个方面。以《述学》为例,在篇章精要方面,荟萃其中的治经之文,如《内篇二》中的《左氏春秋释疑》,《补遗》中的《大学平议》及《别录》中的《释邘》诸文,都非常简明而又深具意涵,篇篇掷地有声。立论精审方面,《内篇一》的《释三九》诸文被认为是经学、训诂学和修辞学上的非凡之作,且在归纳通例、广征博引方面以贯通为特色。对例的归纳,随内容的不同而不同,有实词,有虚词,有称呼,有对一篇书写格式的总结,还有对一书之例的揭示等。如《释童》就一"童"字,从牛羊、山陵再到儿童,多点诠释。在以"语转"得出"'童'之为言秃也"的用字通例之时,还归纳出了"名义皆相因"这一普遍的语言现象。汪中还擅长通引史料而证之,如《居丧释服解义》中为明"居丧释服之礼",引《礼记》《礼记正义》《左传》《国语》《仪礼注》等百条资料而证,确实"贯穿于经史诸子之书"[1]。

用世是汪中经学的宗旨。如撰写《妇人无主答问》,即针对"方苞侍郎家庙不为妇人作主,以为礼也"之弊;《女子许嫁而婿死从死及守志议》以为,

---

[1] 〔清〕王念孙:《叙》,〔清〕汪中《述学》卷首,同治八年(1869)扬州书局刻本。

"钱塘袁庶吉士之妹"和"秀水郑赞善之婢"但嫁与"不肖"就应当"改图"他嫁,因为"不事二夫"并不是"不聘二夫"。所以二女"执志不移"其实是"本不知礼"的愚昧行为,最终导致了抱陋礼"以殒其生"的世间悲剧。正因为如此,汪中总结说:"中尝有志于用世,而耻为无用之学。故于古今制度沿革、民生利病之事,皆博问而切究之。"[1]这一点,对焦循、阮元、凌廷堪、江藩、王引之和刘文淇、刘宝楠、刘毓崧、成蓉镜等扬州学派中后期学者产生了深远的影响。

2.重视"六艺"之源的史学

汪中以史为儒学的渊源之一:"古者《诗》《书》《礼》《乐》,大司乐掌之,《易象》《春秋》,大史掌之。……后世二官俱亡,而六艺之学并于儒者。"[2]显然,后世所说的"六艺之学",其源头之一即"大史"。因此,汪中十分重视史学研究,并在学术史、扬州地方史和金石学三个方面取得很高的成就。

汪中曾说:"中之志,乃在《述学》一书。"[3]该书有庞大的写作计划和具体卷目,从"虞夏殷之制"到"七十子之后学",以及"典籍原始"和"通论",试图撰成一部通史性质的学术史著作。可惜的是,因种种原因,此书没有写成。到了后来,便把治学之精华汇集成书而名为《述学》,传诵至今。

在扬州地方史研究方面,以《广陵通典》成就最高。全书十卷,始于春秋吴王夫差城邗,迄于唐昭宗乾宁元年(894)杨行密之史事。汪中本打算一直写到明清之际史可法抗清,但仅叙至唐末杨吴时期,他便因病去世。道光三年(1823),其儿汪喜孙方才加以刻印成书。这是记述扬州历史的第一部编年体史学力作。

汪中颇重视金石之学。《述学·内篇三》有《石鼓文证》,以为"孙星衍编修以石鼓文为宇文周时物"缺乏根据,故列五点而证之;《策略谠闻》有《石经》和《碑刻》诸篇。除此之外,还著有《容甫金石跋尾》,集中体现着汪中的金石学成就。

3."有功于诸经"的子学

[1]〔清〕汪中:《述学·别录·与朱武曹书》,同治八年(1869)扬州书局刻本。

[2]〔清〕汪中:《述学·内篇二·左氏春秋释疑》,同治八年(1869)扬州书局刻本。

[3]〔清〕汪中:《述学·别录·与端临书》,同治八年(1869)扬州书局刻本。

汉武帝"独尊儒术"之后,子学渐次冷落,曾经的显学著作《墨子》竟寄于《道藏》方得传世。晚明诸子之学出现复兴迹象。入清之后,尤其在乾嘉时期,学者在治经之时旁及诸子,取得了显著的成就,子学重新焕发活力。汪中以为"诸子之学也同样植根于周文"[1],故着力加以研究,成就突出。

汪中重视《墨子》和《荀子》,著有《墨子序》《荀卿子年表》和《荀卿子通论》等文。在《墨子序》中,汪中以为墨子略晚于孔子而与楚惠王同时,其学术源出周太史史角。汪中还发现,《墨子》和《荀子》之间有着密切的关联,于是,更专力于《荀子》的研究。除了考定荀子生平事迹外,他还指出《毛诗》《鲁诗》《左氏春秋》《穀梁春秋》为荀子所传,故"荀卿之学出于孔氏,而尤有功于诸经",并强调说,"荀卿所学,本长于礼",且"自七十子之徒既没,汉诸儒未兴,中更战国、暴秦之乱,六艺之传赖以不绝者,荀卿也"。[2]这是荀子的最大贡献,更是《荀子》的学术价值所在。而"学长于礼"的贾谊是荀子的"再传弟子",是汉初孔子学说的继承者和宣传者,"仲尼既没,六艺之学,其卓然箸于世用者,贾生也"[3]。

对于《老子》和《吕氏春秋》,汪中亦加研究,多有进展。汪中以为,杨朱师事老子,其得见子贡孙子端木叔死,故老子应属远晚于孔子的战国时人,老子问学孔子方更可信。[4]汪中认为《吕氏春秋》"儒、墨、刑、名兼收并蓄,实为后世类书之祖"[5],所引诸书,传之后世者"十不及三四"[6],保存了已佚的大量资料,有很高的文献价值。

4."博综古今"的文学

与经学和子学类似,汪中在文学上虽少有大部头著作,篇幅大多较短,却均为佳作。其中,《广陵对》和《哀盐船文》两篇脍炙人口。

乾隆五十二年(1787),汪中在杭州拜谒礼部侍郎朱珪,获问扬州之史,

---

[1] 田汉云:《论汪中的经学思想》,杨晋龙主编《清代扬州学术》(上),台湾"中央研究院中国文哲研究所"2005年版,第195页。

[2] 〔清〕汪中:《述学·补遗·荀卿子通论》,同治八年(1869)扬州书局刻本。

[3] 〔清〕汪中:《述学·内篇三·贾谊新书序》,同治八年(1869)扬州书局刻本。

[4] 〔清〕汪中:《述学·补遗·老子考异》,同治八年(1869)扬州书局刻本。

[5] 〔清〕汪中:《述学·内篇一·明堂通释》,同治八年(1869)扬州书局刻本。

[6] 〔清〕汪中:《述学·补遗·吕氏春秋序》,同治八年(1869)扬州书局刻本。

汪中缘此而撰成《广陵对》，如数家珍般畅谈扬州的治乱兴衰：天下太平时，扬州借"鬻海为盐"和"川渠所转"而经济繁盛；乱世时，"进则翼戴天子"，"退则保据州土"，多见忠臣义士之举。《广陵对》行文纵横捭阖，获"博综古今，天下奇文字"[1]之赞誉。《哀盐船文》对乾隆三十五年(1770)十二月十九日盐船发生的重大火灾作了记述。是日夜，仪征沙漫洲码头数以百计的盐船着火，"衣缯败絮，墨查炭屑，浮江而下，至于海不绝"，惨不忍睹，烧毁一百三十艘盐船，致死一千四百名船民。对这场灾难，汪中尤感哀痛，字里行间饱含深情，摄人魂魄。

汪中所作名篇还有不少，如与程瑶田书石、钱坫篆额而合称"三绝"的《黄鹤楼铭》，甫一成稿便为士人争相传诵的《汉上琴台铭》等，都是为人津津乐道的佳作。汪中之文，用典灵活，才学卓越，有一家风范，论者称清代骈文"创作成就最为突出的，应数汪中"[2]。

(二)朴学大师王念孙

王念孙(1744—1832)，字怀祖，号石臞，扬州高邮人。乾隆四十年(1775)，进士中式，为翰林院庶吉士。后任《四库全书》纂隶分校官、山西道监察御史、直隶永定河道。嘉庆八年(1803)底，署山东运河道。嘉庆十四年(1809)，授直隶永定河道。第二年，永定河溢，以六品退休，从此以著述自娱。在文字学、音韵学和校勘学领域成就斐然。

1.文字学

就其要者而言，主要集中在研究《说文》、疏证《广雅》、探索《方言》和勘正《康熙字典》诸方面。

对《说文解字》，王念孙十分重视，著述不少，如《王氏读说文记》一卷、《说文解字校勘记》一卷、《说文解字校勘残稿》一卷、《说文段注签记》一卷和《说文谐声谱》一卷等，多有前人未发之见。王念孙还投入很大精力校订相关的书籍，如批校徐锴《说文解字系传》四十卷、丁履恒《说文谐声类篇》四卷和宋保《谐声补逸》十四卷等，对研究《说文解字》贡献良多。

---

[1]　王引之：《王文简公文集》卷四《汪容甫先生行状》，《续修四库全书》第1490册，第403页。

[2]　章培恒、骆玉明：《中国文学史》(下)，复旦大学出版社1996年版，第511页。

在体例上,《广雅》沿用了《尔雅》同训类聚的方式,两书关系密切。除对郝懿行《尔雅义疏》予以刊正而成《尔雅郝注刊误》一卷之外,王念孙专力于《广雅》的研究,著有《广雅疏证》十卷和《广雅疏证补正》一卷。特别是《广雅疏证》一书,成为公认的清代文字训诂的代表作,"标志出中国语言学的研究发展,已进入到近代语言学革命阶段,是一个划时代的里程碑"[1]。

《方言》为西汉扬雄《𱈭轩使者绝代语释别国方言》之简称,素有"悬之日月而不刊"的美誉,自然为王念孙所关注。著有《方言广雅小尔雅分韵》不分卷、《方言疏证补》一卷、《𱈭轩使者绝代语释别国方言疏证补》一卷等。他还批校《𱈭轩使者绝代语释别国方言》十三卷和戴震的《方言疏证》十三卷等。

道光七年(1827),官为武英殿总裁的王引之,奉命刊修《康熙字典》,年过八旬的王念孙以为"钦定字典为信,今传后万世不刊之书,亟宜详校更正,以成善本",进而出谋划策,用心其间,"乃先校数册以为法式,命引之仿而行之"。[2]之后,凡校勘者"亦经先生覆阅乃定"[3],历时六年,共勘正两千五百余条,终成《字典考证》一书。

当然,王念孙在文字学方面的成就并不止上述四点,重要的著作还有《群经字类》二卷、《汉书古字》一卷、《汉隶拾遗》一卷,又校订曹宪《博雅音》和勘校任大椿的《小学钩沉》前十二卷等。《释大》八卷,尤其值得一提,其间,汇释《尔雅》《广雅》和《拾雅》诸书与"大"义相关之字有一百余个,成为清代文字学发展史上同源词分析的代表作之一。

2.音韵学

王引之在《经义述闻·叙》中曾记述了"家大人"即王念孙的著名观点:"诂训之指,存乎声音。字之声同、声近者,经传往往假借。学者以声求义、破其假借之字而读以本字,则涣然冰释;如其假借之字而强为之解,则诘鞫为病矣。……故大人之治经也,诸说并列则求其是,字有假借则改其读。"这段话的意义深远,是对训诂学的高度概括,涵盖着四个极其重要的意蕴:一

---

[1] 殷孟伦:《子云乡人类稿》,齐鲁书社 1985 年版,第 215 页。

[2] 闵尔昌编:《王石臞先生年谱》,郑晓霞、吴平标点:《扬州学派年谱合刊》,广陵书社 2008 年版,第 95 页。

[3] 刘盼遂编:《高邮王氏父子年谱》,郑晓霞、吴平标点:《扬州学派年谱合刊》,第 124 页。

是训诂的核心在于"声音";二是声同、声近之字"往往假借";三是"破其假借之字而读以本字"的目的是"求义";四是"诸说并列",以"求是"原则贯彻经学研究。一言以蔽之,即"以声求义"。举一例以明之。如《经义述闻》卷一七释《左传》之"灭德立违"条,王念孙以为杜预注的"谓立华督违命之臣"之说不当,运用从大量语言现象中归纳出来的"声近"则"往往假借"的训诂法则,提出"违,邪也。与'回邪'之'回'声近而义同"的观点。当然,为了"求是",为了获得"诸说",王念孙利用一切可以利用的书籍、金文、石刻等材料,以竭泽而渔的方式来归纳和分析语言的特点和行文的规律,那些见之于字里行间的"遍考群经、《楚辞》"[1]"遍考地理之书"[2]"遍考书传"[3]等等用语已经完全表明了这一点,无怪乎阮元用"一字之证,博及万卷"[4]加以高度评价。

王念孙音韵学的重大贡献还体现在古韵分部的研究方面。顾炎武《音学五书》分古韵为十部,江永《古韵标准》分为十三部,戴震《声类表》分为二十五部,段玉裁《六书音均表》分为十七部,孔广森《诗声类》分为十八部。在《经义述闻》卷三一《古韵廿一部》中,王念孙将"至""祭""盍""辑"等部独立分部。后来,王念孙汲取孔广森把"冬"从"东"部分出之见,进而分为二十二部。这一建树向为人所重视,并对扬州学派的学者如宋保、朱士端总结《说文解字》的"谐声"等问题产生了深远的影响。

3.校勘学

王念孙的校勘成就,不仅包括《读书杂志》中对《逸周书》《战国策》《管子》《晏子春秋》《荀子》和《淮南子》等书的校勘上,而且对于十三经,王念孙校订的文字也非常多。从见存于《经义述闻》中近七百条"家大人曰"可知,王念孙对《周易》《尚书》《诗经》《周礼》《仪礼》《礼记》《左传》《公羊传》《穀梁传》和《尔雅》,都做了大量的勘订。这当中一个十分突出的特

---

[1] 〔清〕王引之:《经义述闻》卷二《终不可用也》,江苏古籍出版社 1985 年版,第 50 页。

[2] 〔清〕王引之:《经义述闻》卷一二《泝水》,第 294 页。

[3] 〔清〕王引之:《经义述闻》卷二七《其名谓之鲽》,第 654 页。

[4] 〔清〕阮元:《揅经室续集》卷二下《王石臞先生墓志铭》,《清代诗文集汇编》第 477 册,第 639 页。

点,即总结致误的原因。

在《读书杂志》中,含有万余字的《读淮南子杂志书后》一文,对《淮南子》中的九百多处讹误做了高度概括,共归纳为六十二条,如"因字不可见而误者""因假借之字而误者""因古字而误者"等等。王念孙还认为,这六十二条实具分析古书讹误一般规律的特点。换言之,这并非仅出现在《淮南子》一书当中,其他书籍中也存在,如《经义述闻》卷一四《载飞鸿》的依俗本改经、卷一五《天地之命》的因篆文而误和卷二八《兽曰嶧》的以疏改注等。虽然《读淮南子杂志书后》的归类不尽完善,甚至有些混乱,但是该文为王念孙系统总结勘误理论的经典性篇目,对"误例的总结达到了崭新的水平"[1]。

校勘贯穿于王念孙的整个学术研究之中,《读书杂志》勘正诸书讹误四千余条,《广雅疏证》校订"字之讹者五百八十,脱者四百九十"[2],正说明了这一点。王念孙重视以"声音"校勘文字,如"害与灾、尤、载、志、事五字,一属祭部,一属之部,两部绝不相通"[3]等。这表明,文字、音韵和校勘既是王念孙学术研究的主体,更是密不可分的三个有机组成部分。

（三）从宋学转治汉学的刘台拱

刘台拱(1751—1805),字端临,扬州宝应人。乾隆五十年(1785),经大挑而选为丹徒县训导。乾隆五十二年(1787),第六次应礼部试失意,从此不再与试,教书、治学以终,著有《论语骈枝》等书。刘台拱之学,经学和子学成就较大。

1."'三礼'尤精研"的经学

研究成果主要体现在其代表作《论语骈枝》和《经传小记》两书之中。

《论语骈枝》非常简要,全书仅有十六个条目。其间,刘台拱还把重点放在《论语》涉及之相关礼制上,故释"饩羊""馔""锌""执礼""乐""摈""摄齐""聘问""朝服""拜"等者就有十条。所以,与其说刘台拱精于《论语》,还不如说精于"三礼"之学。《经传小记》三卷:卷一合《易》《书》《诗》共十六条;卷二为"三礼",有一百四十余条;卷三的《尔雅》和《方言》有文

---

[1] 程千帆、徐有富:《校雠广义·校勘篇》,齐鲁书社1998年版,第9页。
[2]〔清〕王念孙:《广雅疏证·序》,《续修四库全书》第191册,第3页。
[3]〔清〕王引之:《经义述闻》卷二《终不可用也》,第51页。

十七条。可见《经传小记》研究的重点也是"三礼"。虽然所著《仪礼补注》等未见，但阮元以为刘台拱"于'三礼'尤精研之"[1]，诚为确论。

刘台拱研究的内容则以勘订经文和简释经义为主。《经传小记》多校勘经文，或指明衍文，如《周礼》之"若军将有事则与祭有司将事于四望"中"'祭'字衍"[2]；或订讹误，如以《周礼》注中"'三辞'当作'三让'"[3]；或以为字倒而失其韵，如《礼记》的"未有麻丝衣其羽皮"一条，刘台拱就指出，"'麻丝'当作丝麻，与'皮'协韵"[4]等。《论语骈枝》多简释经义，既简单注音，如"子贡欲去告朔之饩羊"中"告，读如字。旧音古笃反，非也"，又诠解字义，如"子所雅言，《诗》、《书》、执礼，皆雅言也"中"'雅言'，正言也"，更解说礼制，如"吉月必朝服"中"'朝服'，对皮弁而言之也"等。

刘台拱之见多为不刊之论，故为学者所推尊。如《经传小记》卷二校《仪礼》之"遂以挚见于乡大夫、乡先生"一条，刘台拱认为"乡（鄉）大夫"当为"卿大夫"之误，便为后人所采信。卢文弨、程瑶田、朱大韶皆从台拱之说，王引之更在《经义述闻》卷一〇对"遂以挚见于乡大夫、乡先生"考订长达约两千字，认为刘台拱从贾、孔之说以之作"卿"是对的，而段玉裁、张敦仁、顾广圻以及阮元等信从《经典释文》之说则是错的，之所以写成"乡（鄉）"字，王引之认为"不过抄胥刻工因形近舛错而已"；[5]之后，胡培翚的《仪礼正义》在总结清代经学史上这一公案之后，也认同刘台拱之说，并指出"《石经考文提要》已定作'卿'，今从之"[6]。

至于刘台拱解经的方法，可总结为因音求义、归纳通例两方面。前者如《经传小记》卷二"《诗》云：先君之思，以畜寡人"条，"案：'畜'与孝声相

[1]〔清〕阮元：《揅经室二集》卷二《刘端临先生墓表》，《清代诗文集汇编》第477册，第234页。

[2]〔清〕刘台拱：《经传小记》卷二《若军将有事则与祭有司将事于望》，嘉庆十一年（1806）《刘端临先生遗书》刻本。

[3]〔清〕刘台拱：《经传小记》卷二《三揖三辞注三辞重者先辞辞其以礼来于外后辞辞升堂》，嘉庆十一年（1806）《刘端临先生遗书》刻本。

[4]〔清〕刘台拱：《经传小记》卷二《未有麻丝衣其羽皮》，嘉庆十一年（1806）《刘端临先生遗书》刻本。

[5]〔清〕王引之：《经义述闻》卷一〇《遂以挚见于乡大夫乡先生》，第234页。

[6]〔清〕胡培翚著，段熙仲点校：《仪礼正义》，江苏古籍出版社1993年版，第87页。

近"；后者如《论语骈枝》卷一"子夏问孝"条，以为"《论语》中言'弟子'者七，其二皆年幼者，其五谓门人；言'先生'者二，皆谓年长者"，故得出"年幼者为弟子，年长者为先生"的结论。

2. 以校勘为主的子学

校勘是刘台拱治学的重心，经学以外的其他著述也大多如此。《荀子补注》多达一百一十二则，校勘条目所在多见。如首条"干越夷貉之子"，刘台拱认为："宋本'干越'犹言'吴越'是也，今卢本'干'作'于'，并注'吴越'改作'於越'，非也。'于'与'吴城邗，沟通江淮'之'邗'同。今《原道训》作'于越'，亦妄庸人所改。"《淮南子补校》有七十九则，多校衍、脱、讹之文。如"恬然则纵之，迫则用之"的"'然'字衍"，"尧之知舜"的"'舜'下脱'也'字"，"故冢耻辱而不死"的"'冢'当作'蒙'"等。

在校勘中，刘台拱经常运用音韵以校，如《荀子补注》"箸是者也"条："台拱案：'箸是'，疑当作'著定'，与上文'盛''静'等字为韵，言有定守，不流移也。"而且，还就致误的原因进行总结和分析。如《荀子补注》中"则天下大而富使有功"的"'使有功'当作'佚而功'，形近而讹也"，又如"善班治人者也"的"'班治'，《韩诗外传》作'辨治'，辨音蒲苋切，班、辨一声之转"，以及《淮南子补校·跌祏宫壁》的"'宫'当作'中'，盖涉注文而误"等等。这既与王念孙《读淮南子杂志书后》概述致误之法相呼应，也与汪中重视子学的学术理念相应和。

其实，刘台拱《汉学拾遗》所收二十三则也时见校勘之见。如校《汉书·食货志》"农民户人已受田，其家众男为余夫，亦以口受田如比"，刘台拱认为："《周礼注》引此文云'农民户一人已受田'，今本脱一字。"《刘端临先生文集》的《释毕郢》《转注假借说》《律吕说》等篇章当中，同样不乏其例。如《释毕郢》的撰写仍以校勘为基础，在叙述徐广《史记音义》引《孟子》作"毕程"，《逸周书》"维周王季宅程"被徐广引作"郢"之后，刘台拱认为"程、郢字异音同"，然后展开论证，得出"毕者，程地之大名；程者，毕中之小号也"等可贵的见解。

可以说，精于校勘是刘台拱的学术基石，也足以证明其标榜汉学的学术特征。然而，刘台拱与同时期的扬州学者汪中和王念孙等人又有显著不同，即重视宋学。刘台拱往往直接标明引自朱熹之说，如《论语骈枝》"子曰：'默而识之，学而不厌，诲人不倦，何有于我哉？'"条"朱注解'何有于我'为何者能有于我"，《经传小记·礼记》"待其从容"条"朱子以为钟之余声也"等等。刘台拱长于宋学并择其精义，有着深刻的学术渊源。汪喜孙曾说："刘先生传其先世职方君、训导君家学，言性天道，发明孔氏微言大义。"[1]尽人皆知，"言性天道"是宋学的主要特征之一。而清代宝应学术的发展，从王懋竑、朱泽沄起，中经刘台拱、朱彬到刘宝楠、成蓉镜等人的学术传承，刘台拱是一位继往开来的关键人物。从刘台拱开始，宝应学术既不排斥宋学，又汲取和运用汉学的基本方法研究儒家经典，从而开辟了一条与当时学术潮流交融且前景广阔的治学道路。

刘台拱的弟弟刘台斗，字建临，嘉庆四年（1799）进士，授官工部营缮司主事，清廉自持，受百姓称道。刘台斗传承家学，钻研经传，尤其精于水利，著有《下河水利集说》。刘台拱之子刘源岷，字巨源。少时聪颖，能读父书，工诗为文，专于考辨，著有《綵略斋诗抄》等。

（四）精治《左传》的李惇

李惇（1734—1784），字成裕，号孝臣，扬州府高邮州人。乾隆四十四年（1779），乡试中举，次年成进士，选知县不就，彭元瑞聘其为暨阳书院山长。李惇著述"凡数十种"[2]，仅《群经识小》八卷和残缺不全的《左传通释》两种存世。

1.《群经识小》

《群经识小》共二百余条目，主要对群经做了校勘和训诂两方面的工作。

校勘上，重在订正经典及其注疏中的脱、衍、讹、错文和破读等内容。有的直以"脱字""衍文""羡文""脱文讹字"为题，如卷一《脱字》，以为王念孙所说《周易·需卦》象传"终"下脱"也"之论"诚是"；卷二《羡文》同样认为《尚书·洪范》"于其无好德"之衍"德"属"因上节'予攸好德'之文而误"。相对而言，正讹者较多，如卷二《菏误为河》，以为《禹贡》中"浮于淮泗，

---

[1]〔清〕汪喜孙：《刘氏遗书·跋》，嘉庆十一年（1806）《刘端临先生遗书》刻本。

[2]〔清〕李培紫：《群经识小凡例》，〔清〕李惇《群经识小》卷首，《续修四库全书》第173册，第2页。

达于河"之"河"，应为"菏"之讹。这一观点，由胡渭《禹贡锥指》卷五详加论证后，经李惇再次梳理，已普遍为人所接受。从中，也能看到李惇对《说文解字》引据典籍的肯定，也就明白了他著有《〈史记〉〈说文〉引〈书〉字异考》一书的缘由。至于错文，即语句颠倒，李惇也时有订正，如卷三《错文》，以为《诗经·竹竿》第二章"远父母兄弟"一句，当为"远兄弟父母"。

句读是解经的必由之路，自然也为校勘不可回避的内容。李惇对此十分重视。如《春秋·庄公十九年》的"秋，公子结媵陈人之妇于鄄遂及齐侯宋公盟"一句，后世就存在破读之失而出现误贬"公子结"、误解"陈人之妇"和误解"于鄄"三处失误。李惇认为："此节句读，当以'公子结媵陈人之妇'为句，'于鄄'另作一句，不当混作一句读。"[1]

训诂上，李惇认为"古人作字，谐声者十之七八，即训诂亦多取音相近者……不知古音，遂不知其讹异之故，且亦不见古人训诂之妙矣"[2]。所以，诂经当以古音为要。譬如，为明"车"在古皆读"居"音，李惇从韵部和文献两方面证之：从韵部上说，"车""奢"在鱼部，与今音不同，应"读若居"；在文献上，《诗》《易》与"车"合用之韵，也在鱼部。从而证明，"车"确实并非"后汉以来始有居音"[3]，而是自古已然。这样的例子，多见于《群经识小》之中。

正因如此，李惇在卷八《葭炎兼葭萑苇》总结说："声音训诂，通一为道也。"具体而言，应"体例、训诂、声音三者皆合，理无可疑"[4]。"训诂、声音"语义明晰，而所谓"体例"，是指相沿已久的习惯用语和一书自具的行文方式等。并且，李惇常以"体例"校勘和训诂经文，如卷一《辋辍》的韵部"不谐"、卷二《戛击搏拊》的"句法正相类"等均属此类。这与"高邮二王"的"考之文义，参之古音"[5]之说相类。显然，这样的方法是值得肯定的，所得出的结论也为学者所称颂，阮元认为李惇"考诸经古义二百二十余事，事事精确

---

[1]〔清〕李惇：《群经识小》卷五《送媵结盟》，《续修四库全书》第173册，第44页。

[2]〔清〕李惇：《群经识小》卷四《豫榭序》，《续修四库全书》第173册，第32页。

[3]〔清〕李惇：《群经识小》卷三《车字古音》，《续修四库全书》第173册，第24页。

[4]〔清〕李惇：《群经识小》卷二《子孙其逢》，《续修四库全书》第173册，第22页。

[5]〔清〕王引之：《经义述闻》卷三二《经文假借》，第756页。

不磨,发前人所未发"[1]。

2.《左传通释》

李惇专治一经之作,能够见到的只有《左传通释》一部,且仅存前四卷和第十一卷,其中还时有残缺。从卷首完整保留的目录中可知,《左传通释》涉及的内容相当广泛,既释国名和人物,又释地理和天文,还释卜筮、职官、书数和历法等。就所剩五卷而言,以释国名、人名和历法为主。

卷一《释国》,集中列述和解释了诸国的源起、治所和管辖的范围等。如释曹国,认为"曹,姬姓,伯爵,叔振铎之后,武王封之于曹,都陶邱,今山东定陶县也"。由于涉及侯国众多,卷中又分为五类:畿外一百一十一国、畿内国十五,四夷国十六、故国六十和七十六个亡国。卷二《释世系》、卷三《释世族》和卷四《释杂人》则以释说人物为核心。《释世系》叙述诸国在位者先后之次,《释世族》以明族系及见于《左传》之处,《释杂人》则简释一、二卷外《左传》所载之人。

无论是释国,还是释人,都以侯国为类别且次序有定,大致依周、鲁、晋、卫、郑、齐、宋、楚、秦、吴、蔡、陈、曹、杞、滕、薛、许、邾等顺序而释之,且时有勘校、考释之文。如卷一"顿",指出"'汝南',诸本皆讹'汝阴'"。这样的文字虽然不多,却为《左传通释》的精华。

李惇在历法上的成就,集中在卷一一之中,目的在于补充《春秋长历》之不足。究其内容,除了明某日干支、朔晦及月建、日食以外,在订误,特别是订正闰月方面,多有识见。

《春秋长历》往往存在不订讹误的弊端,李惇则校而勘之。如《桓公·二年》"'申'当是'寅'之讹",《定公·三年》"'辰'字乃'戌'字之讹"和《襄公·七年》"'戌'字亦当为'辰'字之讹"等等。若经典文本有误,李惇同样订而正之,如《左传通释·昭公·八年》之"壬午",《左传》书作"十一月",而《春秋》记为"十月",李惇以为"传是而经误也"。对于闰月,李惇尤为重视,以为"历之大者,首在置闰"[2]。除论证"古闰多在十二月"[3]外,还进一步

---

[1]〔清〕阮元:《揅经室续集》卷二《高邮孝臣李君传》,《清代诗文集汇编》第 477 册,第 636 页。

[2]〔清〕李惇:《左传通释》卷一一《识语》,《续修四库全书》第 123 页,第 124 页。

[3]〔清〕李惇:《左传通释》卷一一《桓公·十年》,《续修四库全书》第 123 页,第 107 页。

进行简要总结:"《春秋》置闰,皆在十二月。唯文元年闰三月、襄二十七年年终置闰及此年闰八月,然皆因历象差错,显然及时补就,为事之变,传皆有文以明之。若常闰,则皆十二月也。"[1]

总体而言,李惇治学,要以实事求是为旨归,故王念孙有"不惑于晚近之说,而亦不株守前人"[2]的高度评价。李惇被交口称颂的还有他的人品,料理贾田祖丧事而毅然弃考一事就十分典型。焦循以为他"与朋友交,和易谦退,无争诘,无嫉妒,故人乐与之亲近而无谤声"[3],阮元以为"先生以品行为立身定命之本"[4],江藩说他"遇友朋患难,则尚义有为,至死不变"[5]。李惇之品行,令人敬佩。

(五)深于"三礼"和文字学的任大椿

任大椿(1738—1789),字幼植,一字子田,清代扬州兴化人。乾隆三十四年(1769),任大椿以二甲一名成进士,官礼部主事。乾隆三十八年(1773),担任四库馆纂修官。乾隆五十四年(1789),任陕西道监察御史,未到任而卒,一说上任甫一月而卒。著有《深衣释例》三卷、《弁服释例》八卷《表》一卷、《释缯》一卷、《字林考逸》八卷和《小学钩沉》十九卷等。

1.	"即类以求"以治"三礼"

《弁服释例》的编排体例上,纲目分明。卷首的《五礼弁服释例表》为纲,目则包括三部分:先把弁服分为"爵弁服""韦弁服""皮弁服""朝服"和"元端"五类,继而将每一类分为吉、嘉、宾、军、凶五种,之后再分每类为弁、衣、裳、带、佩、韠、屦七种。这样"即类以求"的撰述方法,使极其复杂的内容井然有序,成为此书的一大特点。任大椿还认为,礼仪制度及服饰的发展是逐步变化的,即"文质之变,必以渐也"[6]。其中必然有例可循。故在解释时,"首

[1]〔清〕李惇:《左传通释》卷一一《昭公·二十年》,《续修四库全书》第123页,第120页。

[2]〔清〕王念孙:《群经识小》卷首《叙》,《续修四库全书》第173册,第1页。

[3]〔清〕焦循:《雕菰集》卷二一《李孝臣先生传》,〔清〕焦循著,刘建臻整理:《焦循全集》,第6040页。

[4]〔清〕阮元:《揅经室续集》卷二《高邮孝臣李君传》,《清代诗文集汇编》第477册,第635页。

[5]〔清〕钱仪吉编:《碑传集》第一三四卷《李惇记》,〔清〕钱仪吉等编:《清代碑传合集》第3册,第157页。

[6]〔清〕任大椿:《深衣释例》卷一,《续修四库全书》第107册,第198页。

推原其所用,次详其制度,次载异名同实者"[1],其目的,即要从众多的记述中探明其"例"而订正其误。在清代以例治礼的学术发展过程中,任大椿之前有江永的《仪礼释例》,之后有凌廷堪的《礼经释例》,任大椿作为其中的一环,足见其上有所承、下有所启的重要学术地位。

《深衣释例》是《弁服释例》的续著,写作的方法和《弁服释例》大体一致。首先,对深衣所服的各种人物及所用场所做了全面的归类,共概括为"古养老及燕群臣之服""诸侯之夕服"和"游燕之服"等十九例;其次,详其制度,《深衣释例》卷二分别就深衣的用布和款识等作了说明,如第一条即"深衣用布十五升",以为"升愈多则缕愈细";最后,分析异名同实,如卷三的深衣之名又"通曰禅衣"一条,认为深衣在关中一带谓之禅衣,而"凡言'禅衣',皆以单为义",还就"诸经注疏及《小尔雅》《方言》《说文》《急就篇》《释名》《广雅》所载禅衣"的"异名同实"作了附考。

在《释缯》中,任大椿重点从"用"和"名"两方面进行了分析。以释"锦"为例。对于"名",先引《尚书·禹贡》《诗经·硕人》及《说文》等之后,解释了"锦"的含义:"文有采有素,以素织者绫、绮是也,以采织者锦是也"。对于"用",既明确"衣锦"的对象,"古者士不得衣锦"而"童子可尽饰也",又考证"锦"的产地,"汉时锦绣以出襄邑者为最良,亦为最盛","三国时蜀锦乃盛行",还论述"锦"的等级,"缯帛古以有文者为贵,无文者为贱。至唐,则……锦在文缯中为最贵……宋制锦列七等,以文之最盛者为上"。然后对"锦"纹的变化、生熟、与"织成"的区别和"近世之锦"四点作了辨析。值得一提的是,《释缯》开创了经学上专释一字一名,即语源式诠解的新途径,影响甚为深远。

2.以辑佚为核心的文字学成就

在中国语言文字学历史上,《说文解字》《字林》和《玉篇》三部字典有极高的价值。其中"承《说文》之绪,开《玉篇》之先"[2]的《字林》,在唐代备受推崇,"书学博士以《石经》《说文》《字林》教士,《字林》之学,阅魏晋陈

---

[1]〔清〕任大椿:《深衣释例·序》,《续修四库全书》第107册,第197页。
[2]胡朴安:《中国文字学史》,上海书店1984年版,第79页。

隋，至唐极盛"[1]。《说文解字》收录了九千三百五十三字，至于《字林》，封演《封氏闻见记》有记述："晋有吕忱，更按群典搜求异字，复撰《字林》七卷，亦五百四十部，凡一万二千八百二十四字。"也就是说，"如果把重文算在相应字头下，《字林》比《说文》多收三千四百六十九字"[2]。入宋后，《字林》迅速衰微，以至亡佚，亡佚时间"当在宋、元之间"[3]。任大椿十分重视这部字书，故"参核《典》《坟》，兼及《二藏音义》"[4]，共辑《字林》字头一千余个，撰成《字林考逸》八卷。如卷七辑录了十九个部首：《，谷，欠，雨，鱼，至，监，户，门，耳，手，女，戈，琴，曲，瓦，弓，糸，素，随之在部首下列出所辑之字及其出处。如雨部"霆，音庭。《周易·系辞传》释文"等。尽管只辑出其间的一小部分，但仍能窥及《字林》部首和收字的大体情形。正因如此，《字林考逸》受到高度的评价："是书以接续小学之绪，功非浅鲜已。"[5]

除《字林》而外，亡佚的字书、韵书和训诂书这类小学之书还有很多，任大椿辑为《小学钩沉》十九卷，共辑录佚书四十四种。如《仓颉篇》二卷、《三仓解诂》、《凡将篇》等。这些书，宋以后渐次亡佚，如《仓颉篇》大概亡于北宋末等。任大椿用心辑录散见于他书所引一鳞半爪的佚文，按时代先后加以编排，同样注明出处。如卷七《通俗文》："财贿曰资。《胜天王般若经》卷二音义；《增一阿含经》卷二十音义。""骨中脂曰髓。《文选·长杨赋》注。""文章谓之煸斓。《观世音菩萨授记经》音义；《正法华经》卷一音义"等。是书成稿后，就受到学者的重视，"前十二卷，高邮王怀祖先生手校付梓"，后七卷"属怀祖先生令子伯申侍郎刊其讹误，授之剞劂"。[6]于是，经"高邮二王"校勘的《小学钩沉》，为更多学者所瞩目。不仅开创了清代大规模辑录小学书籍之先河，如陈鳣《古小学书钩沉》、马国翰《玉函山房辑佚书》和黄奭《汉学堂丛书》广泛辑录小学类著作等次第问世，而且出现了嘉庆二十二

　[1]〔清〕任大椿：《字林考逸·序》，光绪十六年（1890）江苏书局刻本。
　[2]　赵振铎：《吕忱〈字林〉二三事》，《辞书研究》2007 年第 2 期。
　[3]〔清〕任大椿：《字林考逸·例》，光绪十六年（1890）江苏书局刻本。
　[4]〔清〕任大椿：《字林考逸·序》，光绪十六年（1890）江苏书局刻本。
　[5]〔清〕周中孚：《郑堂读书记》下册，北京图书馆出版社 2007 年版，第 205 页。
　[6]〔清〕汪廷珍：《任幼植别传》，〔清〕任大椿：《小学钩沉》卷首，光绪十六年（1890）江苏书局刻本。

年（1817）汪廷珍刻本、光绪间《翠琅玕馆丛书》和湖北崇文书局刻本等众多版本，其文献价值和学术价值由此可见一斑。

（六）朱彬及其《礼记训纂》

朱彬（1753—1834），字武曹，号郁甫，扬州宝应人。乾隆六十年（1795）进士。朱彬的经学著述，主要有《礼记训纂》四十九卷、《尚书异义》四卷附《尚书故训别录》《尚书是正文字》各一卷和《经传考证》八卷。

1.《礼记训纂》

此书朱彬用力最深，为其学术代表作。在《礼记训纂序》中，朱彬说从"年逾知命"即嘉庆七年（1802）起就着手撰写此书，年届八旬仍坚持手自抄定，如卷首林则徐《序》所说，"此书皆先生手稿，是时年八十矣，犹作蝇头细楷"。[1]朱彬为《礼记训纂》所写《礼记训纂序》成于道光十二年，即1832年，应于此时最后定稿。经过约三十年时间，朱彬方才写成全书。但是，大量艰苦而细致的校订工作是由后人完成的。首先悉心勘校者为朱彬长子朱士彦，其次为朱士达及陈辂，最后则由刘文淇、王敬之校订完毕。显然，《礼记训纂》既是朱彬几近半生心力之所萃，又是一家三代精心爱护和保存的结晶，更凝集着王念孙和王敬之父子及后进刘文淇等杰出学者的勘校成果。

《礼记训纂》最为突出的特点是体现了乾嘉以来注重训诂的经学风尚，重视注音和释义。在注音上，或注直音，或用反切，如卷一二"在父母舅姑之所"等语句之后，就有这样的注解："齐，侧皆反；哕，于月反；噫，于界反；嚏，音帝；咳，苦爱反；跛，彼义反；睇，大计反；唾，吐卧反；撅，居卫反；垢，古口反；漱，素侯反"，等等。在释义上，引《说文》《玉篇》《广雅》等加以释证，如释卷一"献粟者执右契，献米者操量鼓"两句，就引《说文》《广雅》而证："《说文》：'契，大约也。'《易》曰：'后世圣人易之以书契'；彬谓《广雅·释器》：'斛谓之鼓'。"此外，还博引前贤之说，除郑玄、王肃、孔颖达、朱熹、吴澄、郝敬等人以外，更博引入清以来顾炎武、胡渭、阎若璩、臧琳、惠栋、戴震、钱大昕、段玉裁、金榜、汪中和李惇等学者的相关见解。而且，不别汉宋门户，多引方悫、朱熹之说即最好的证明。这在推尊许、郑、贾、马的朴学风潮中，

---

[1]　〔清〕林则徐：《序》，〔清〕朱彬《礼记训纂》，中华书局1998年版，第2页。

显得十分可贵,"荟众说而持其平"[1]的评价,应当是有根据的。

2.《尚书异义》附《尚书故训别录》和《尚书是正文字》

顾名思义,《尚书异义》多列释解《尚书》之"异义"。如卷一首条"稽古":"《孔传》安国:'稽,考也。能顺考古道而行之者。'贾逵、马融、王肃皆同。《魏志》四。郑玄训'稽'为同,训'古'为天,言能顺天而行之,与之同功。稽古同天,言尧同于天也。《魏志》四。稽,同也;古,天也。《后汉书注》六十三。"分别罗列释"稽"为"考"、为"同"两种观点及出处。对于释说制度有异者,亦加辑录,如卷三"王释冕反丧服":"《孔传》:'脱去黼冕,反服丧服,居倚庐。'郑云:'王释冕,反丧服,朝臣、诸侯亦反丧服。《礼·丧服篇》:臣为君,诸侯为天子皆斩衰。'"

朱彬还注意到版本的差异、句读的区别和注音的不同。言及版本者,如卷一"玑":"马本作'机'。《史记索隐》九。郑同。《隋书》十九。"述及句读者,如卷三"不少":"马读'弗少延'为句。《释文》。郑、王同。"涉及注其音者,如卷三"弗辟":"《孔传》:'辟,法也。'马、郑音'避',谓避居东都。《释文》。"凡此等等,也都与"异义"关联密切。

在《尚书异义》之末,还附有《尚书故训别录》和《尚书是正文字》各一卷。《尚书故训别录》内容不多,包括三个部分:一是抄录《尔雅·释诂》条目,兼及他书之文,如开篇一条"《释诂》:初、哉、首、基、肇、祖,始也。《正义》云:古文'哉'作'才'。《书》曰:'往哉汝谐。'《张平子碑》作'往才汝谐'是也"。二是抄录《释言》之说,从"《释言》:'殷、齐,中也'"至"弥,终也",未及他书所引。三是零星抄录,仅有七条,如"明明,察也;穆穆,敬也"等。《尚书是正文字》主要就异于《尚书》之文字加以辑录。如"曰昧谷":"夏侯等书作'柳谷'。徐广曰:'一作"柳谷"。'《周礼·缝人》注引《书》曰'度西曰柳谷'。"

3.《经传考证》

《经传考证》,卷一解《易》,卷二、三论《书》,卷四、卷五治《毛诗》,卷六说《礼记》,卷七述《左传》《公羊传》《穀梁传》,卷八释《论语》《孝经》《孟子》。主要包括诠解经义、分析句读和注重音韵三方面的内容,各举一例

---

[1] 王锺翰点校:《清史列传》卷六九《儒林传下二·朱彬》,第5565页。

以明之：

诠解经义者,如解《周易》之首条"《乾·文言传》:大人造也":"《释文》'造',郑训'为',王肃训'就也,至也',刘歆父子作'聚'。彬谓:作'聚'是也",并引《汉书·楚元王传》"贤人在上位,则引其类而聚之于朝"以证之。分析句读者,如卷三"《洛诰》:来视予卜,休恒吉":"彬谓:'休'字句绝,观上文两'休'字可见。'视'与'示'同,言示王以所卜之休也。"注重音韵者,如卷五"履帝武敏":"彬谓:此当如毛读,盖'敏'与'祀''止''子'为韵。"

在《礼记训纂》和《尚书异义》诸书中,朱彬之见并不多,而《经传考证》篇幅虽不大,但每条均有"彬谓"这样的考证之文。这是朱彬深入汉学的集中反映,故此书颇为学者重视,除被刻入《皇清经解》之外,刘宝楠《毛诗注疏长编》也摘录了是书治《毛诗》上下卷之文。

二、扬州学派中期的学术成就

（一）"一代通儒"焦循

焦循(1763—1820),字理堂,一字里堂,号里堂老人,扬州甘泉人。嘉庆六年(1801),乡试中举,第二年会试不第,从此不与科考,著书以终。著有《易学三书》《孟子正义》及《六经补疏》和《里堂学算记》等,在经学、史学、文学、数学等领域取得了很高的学术成就。

1.通治儒经,精研易学

焦循对《尚书》《诗经》"三礼"《左传》《论语》《孟子》等儒家经典,都有着系统的研究。

在《尚书》方面,焦循认为"东晋晚出《尚书孔传》"有七个优点,故而"专论其不伪之二十八篇",[1]故成《尚书补疏》二卷;且对《禹贡》篇中班固、郑玄之说专以论述,又著《禹贡郑注疏》二卷;还就入清以来治《书》之精华,采录四十一家五十七种之说,汇成《书义丛钞》四十卷。在《诗经》方面,为辨别毛亨、郑玄声音训诂之异同而著成《毛诗补疏》五卷,为证《诗》中物名而成《毛诗鸟兽草木虫鱼释》十一卷,因王应麟《诗地理考》琐杂且无所融贯而著成《毛诗地里释》四卷。在"三礼"方面,由于早年著成《礼记

---

[1]〔清〕焦循:《尚书补疏叙》,〔清〕焦循著,刘建臻整理:《焦循全集》,第1269页。

索隐》数十卷被弟子徐复借去而下落不明,后来焦循据零星资料又辑录并删订为《礼记补疏》三卷,还为授徒之便而著成"足为治《礼》者之老师"[1]的《三礼便蒙》四卷。在《左传》方面,焦循觉得左丘明为六国时的田齐、三晋等掩饰,而杜预《春秋左传注》又为司马氏掩饰,故而撰成《春秋左氏补疏》五卷。在《论语》方面,为述"一贯忠恕"之道而著《论语通释》一卷,并因《论语通释》"简而未备"[2]而以训诂"假借"之法著成《论语补疏》三卷。至于《孟子正义》三十卷,则为焦循易学体系的有机组成部分,更为"清儒诸经新疏中为最佳本"[3]。

　　焦循最突出的经学成就是研治《周易》,著成包含《易章句》《易通释》和《易图略》在内的《易学三书》四十卷,又著有《周易补疏》二卷、《易广记》三卷、《易话》二卷等书。一方面,这是焦循历经多年又数易其稿取得的学术成果;另一方面,是对曾祖焦源"深于易学"[4]以来焦氏易学的继承,是对父亲《易》中"同辞"现象疑问的回答,可谓焦氏家学的结晶。在焦循看来,伏羲画卦,周文王以卦辞、周公以爻辞加以解释,孔子又以《易传》注解卦爻辞,故卦画符号和卦爻文辞浑然一体,因此,只要是《周易》经、传中相同的字,都能凭借卦爻符号的贯通而相互解释。而符号间的联系就源出《易传》所提及的"旁通""相错"和"时行"三个方法,即"升降之妙""比例之义"和"变化之道"。就其宗旨而言,则为"教人改过"[5]。牟宗三以为"这种建基于生成哲学之上的道德哲学,实是高明而博大"[6]。

　　2.重视"风教",撰写志书

　　少年之时,焦循已广泛阅览《汉书》《三国志》《南史》《北史》和《唐书》等,为史学研究打下了坚实基础。后来,他对当代史事也颇为重视,在浙江巡抚阮元幕中时,就利用往来文书等档案资料而撰成《神风荡寇记》。焦循

[1] 郑孝胥:《跋》,焦循《三礼便蒙》卷末,〔清〕焦循著,刘建臻整理:《焦循全集》,第2381页。

[2] 〔清〕焦循:《论语补疏·叙》,〔清〕焦循著,刘建臻整理:《焦循全集》,第2506页。

[3] 梁启超:《饮冰室合集》专集之七十一《国学入门书要目及其读法》,中华书局1989年版,第1页。

[4] 〔清〕焦廷琥:《先府君事略》,〔清〕焦循著,刘建臻整理:《焦循全集》,第8711页。

[5] 〔清〕焦循:《易通释》卷一《元》,〔清〕焦循著,刘建臻整理:《焦循全集》,第311页。

[6] 牟宗三:《从周易方面研究中国之元学及道德哲学》,大公报社1935年版,第288页。

把精力更多地投注在乡土文献的整理与研究,成就卓著。

在传记方面,重辑挽吊裔烈娥之文而汇成《裔烈娥本末》一书。黄珏桥裔家把二十一岁的女儿嫁给府城西门磨豆腐的孙大成。孰料婆婆及其两个女儿与县吏杨绥万、孙成武通奸,还想强迫裔娥同流合污。裔娥誓死不从,用娘家带来的青白线自缢而死,年仅二十四岁。这在当时的扬州掀起巨大波澜,府县向上司请旌、建庙祭祀的同时,文人纷纷赋诗为文以示纪念。向来关注忠孝节烈等“风教”之事的焦循,在裔振远所辑文本基础上,再次详加重辑,完成了生平第一部著述《裔烈娥本末》。

董理有关扬州之文,编纂《扬州足征录》。嘉庆十一年(1806),扬州知府伊秉绶和丁忧在家的阮元,相邀焦循等人编纂《扬州图经》和《扬州文粹》两书,因种种原因而未成。九年后,伊秉绶从家乡福建宁化北上入都补官,道过扬州,与焦循会于雷塘,问及《扬州文粹》一事。随后,焦循就把所存旧稿加以整理。他认为《扬州文粹》应收扬州名流所写之文,而事关扬州却非扬州籍人物所写文章无法收于其中,便另纂成《扬州足征录》二十七卷,收文三百零一篇。孔子曾有“文献不足”[1]而难“征”夏、商之礼的慨叹,焦循认为这些文章,可“足征”扬州之史事。

整理旧闻,撰写志书。在与修《扬州图经》过程中,焦循深感家乡北湖自明朝嘉靖以来,伟人奇士辈出,故搜罗文献,倾注心血,于嘉庆十二年(1807)著成《北湖小志》六卷,使水地、古迹、忠孝、节义、文学和武事备载其中,成为“足觇史才”[2]的清代名志。两年后,汇集考核春秋至明代扬州之史事,又著《邗记》六卷,不仅考论“中渎故道”及广陵沿革,而且记述太守、刺史、别驾等人物之事。此外,焦循还参与修纂了《〔嘉庆〕重修扬州府志》,或因长期关注一邑风教所关的忠孝节烈之事,故分担了所擅长的山川、忠义、孝友、笃行、隐逸、释老、职官诸类的编写,在资料上竭力以求,叙述时尽力详备。对于里中过往的文献,焦循也悉心加以整理,如删订《石湖遗书》等。

3.重视“教化”,精研戏曲

[1]《论语·八佾》,〔清〕阮元校刻《十三经注疏》,第2466页。

[2]〔清〕阮元:《序》,〔清〕焦循著,孙叶锋点校:《北湖小志》卷首,第1页。

　　焦循认为,诗文有着重大的"教化"作用。在《里堂文稿·与王柳村论文书》里,认为文"所以明道也,达情也,述事也"。而在另一篇《与张竹轩论诗书》中,对诗歌的意义则有着这样的表述:"温柔敦厚,所以正风俗,和教化,足以鼓荡人之血气,以振其驰怠而磨其廉角。"所以,焦循重视诗篇的写作,著有《里堂诗集》和《易余集》等,且在《雕菰集》中收文三百余篇,录诗多达四百余首。同样,焦循以为词"足以移其情,而转豁其枢机,则有益于经学不浅"[1],并且著有《仲轩词》《红薇翠竹词》《里堂词集》及《雕菰楼词话》等。

　　对于戏曲,此前并未引起学者足够的重视。焦循不以为然,且在《花部农谭·记》中说:"其事多忠孝节义,足以动人;其词直质,虽妇孺亦能解;其音慷慨,血气为之动荡。"因此,焦循热衷于戏曲的研究,尤其钟爱花部即风行乡间的"乱弹",著成《剧说》《花部农谭》和《曲考》。

　　乾隆五十七年(1792)冬,焦循无意间从书肆的一堆破书中获得一册杂录前人论曲、论剧之说的书籍,虽然引辑详博却杂乱失次。嘉庆十年(1805),焦循养病家居,便取出这本册子,参以旧闻,著成了《剧说》一书,不录宫调、音律方面的内容,专门纂辑汉、唐以来一百五十余家论曲、论剧之说,对戏剧历史、曲源本末、戏曲风格等加以考述之后汇而成书。书中凝集着焦循以"风化"为核心的戏剧观学说。

　　"花部"又称乱弹,是除"雅部"即昆腔以外的地方戏的统称。此前,"花部"极少为儒士所首肯,甚至不屑一顾。焦循认为其中多忠孝节义且足以感动人心,故在临终前两年日夜赶写《孟子正义》之时还着力"花部"的研究,并于嘉庆二十三年(1818)六月编成《花部农谭》一书,成为中国文学史上研究"花部"的第一部著作。

　　《曲考》之成书应当很早,因在成书于乾隆六十年(1795)的《扬州画舫录》中,李斗就有"焦里堂《曲考》载此目"[2]等相关的叙述。清末民初,《曲考》失传。所幸任中敏从《易余籥录》一书之中辑录焦循论曲之说十八条,

---

[1]〔清〕焦循:《雕菰集》卷一〇《词说一》,〔清〕焦循著,刘建臻整理:《焦循全集》,第5822页。
[2]〔清〕李斗著,陈文和点校:《扬州画舫录》卷五,第64页。

对总结焦循的曲学成就颇多助益。

此外,在继承元朝虞集"一代之兴,必有一代之绝艺"[1]基础上,焦循还提出了"一代有一代之所胜"的著名学说。焦循以为,文学的发展有着鲜明的时代特性,如楚之骚,汉之赋,唐之诗,宋之词,元之曲,明之八股等,进而在《易余籥录》卷一五中总结成"一代有一代之所胜"的理论,影响深远。

4.钻研数学,探析其"理"

在数学领域,焦循用力亦多。从乾隆五十七年(1792)至嘉庆六年(1801),短短十年之间,先后撰成多种著作:《加减乘除释》八卷,《天元一释》二卷,《释弧》三卷,《释轮》二卷,《释椭》一卷,《开方通释》一卷,《乘方释例》五卷。此外还著有《大衍求一释》《开方释例》和《孙子算经注》等书。其中前五种合称《里堂学算记》,最为著名。

在《加减乘除释》中,焦循提出"理本自然"[2]之说,并对加法、乘法各自之交换律、结合律和乘法对加法分配律这五种基本运算律均有论述,所总结出的九十余条规则,如同现代数学最基本的公式,属中国最早的数学理论专著。

中国古代数学中,把未知数称为"天元",而"天元术"是求解高次方程的方法。焦循深感金、元时期的数学家李冶所著《测圆海镜》和《益古演段》内容繁杂,所以著成贯通其理的《天元一释》二卷。

乾隆六十年(1795)八月,焦循在乡试落榜后从江宁乘船回里途中,被风浪所阻,便与好友汪莱纵论弧三角之术。到家后,参考梅文鼎《三角举要》及戴震《句股割圆记》等书,用十七昼夜时间,撰成了《释弧》三卷。

焦循以为,《释弧》之旨在于测算天体,弧线之生缘于诸轮,轮、径相交方成三角之角,如果"轮"理不明,亦不得其法,故又撰《释轮》二卷。为便阅读,还用简图一一加以标示。

同样,焦循以精要之图、文著成《释椭》一卷。因康熙二十三年(1684)甲子律书用的是诸轮法,而雍正元年(1723)癸卯律书使用椭圆法,且实测随

---

[1]〔元〕孔齐:《静斋至正直记》卷三《虞邵庵论》,《续修四库全书》第1166册,第363页。

[2]〔清〕焦循:《加减乘除释·序》,〔清〕焦循著,刘建臻整理:《焦循全集》,第4428页。

着时间的变化而存在差异,历法也应随着时间的推移而做相应的改变,故著此书。

　　焦循的数学研究在嘉庆九年(1804)几乎停了下来。这年,在家塾中授徒的焦循,为几近三十年后仍无法回答儿时父亲对《易》中"同辞"的疑问而深为自责。于是,他便把研究的重点放在了易学方面,并很快从数学的"比例"方法中获得灵感而以之解释《周易》,进而成为其解《易》的三大方法之一。有鉴于此,王引之以为焦循易学可用"'比例'二字尽之"[1]。

　　此外,焦循在其他领域的学术成就也很突出。如在医学方面,辑有《吴氏本草》一卷,著成《李翁医记》二卷、《沙疹吾验篇》一卷及《种痘书》十篇等;在教育学领域,提出了"人之性可因教而明"[2]的学说,与"教人改过"之易学宗旨相呼应,在学习态度上反对"执一",在方法上则强调博通、扬长避短、去粗取精、先学后思、谦虚为学和倡导创新等;在天文学领域,著有《焦理堂天文历法算稿》一卷和《推小雅十月辛卯日食详疏》一卷;地理学领域,著有《毛诗地里释》四卷、《九经地里释》和《论语地里考》四卷等;在谱牒学方面纂有《北湖焦氏家乘》八卷;在建筑学方面著有《群经宫室图》二卷;在堪舆学方面著有《八五偶谭》等等。这些成就足以说明,焦循被称为"通儒",实至名归。

　　(二)撰述与编纂并重的阮元

　　阮元(1764—1849),字伯元,号芸台,占籍仪征。乾隆五十四年(1789),进士中式,开始了将近五十年的为官生涯,官至漕运总督、湖广总督、两广总督、云贵总督、体仁阁大学士。道光十八年(1838),致仕回乡,终老于家,谥号文达。对自己的生平,阮元曾有过"三朝阁老,九省疆臣"的简要概括。但阮元留给后人更多的则是学术上的贡献。约略总结,可分为本人撰述和组织编纂两个部分。

　　1.本人撰述

　　阮元一生,著述丰硕,在经学、史学、子学、文学和金石学等方面取得很

　　[1]〔清〕王引之:《王伯申先生手札》,〔清〕焦循著,刘建臻整理:《焦循全集》,第11页。

　　[2]〔清〕焦循:《易通释》卷五《教》,〔清〕焦循著,刘建臻整理:《焦循全集》,第439页。

高的学术成就。

（1）"求古圣贤经传之本源"的经学

在准备科举考试时，阮元已经涉及经学研究。乾隆五十二年（1787），二十三岁的阮元著成《考工记车制图解》二卷，深得纪昀赏识。此后，还撰成不少著述。于《诗经》《尚书》，著《诗书古训》六卷、《三家诗补遗》三卷；撰《仪礼石经校勘记》四卷，"博综约取，祛其成见"[1]，于《孝经》，著《孝经义疏》一卷，"中多精义"[2]；于"四书"，著《论语论仁论》一卷《孟子论仁论》一卷等。

阮元崇尚以"求是"为核心的"稽古之学"[3]，显著地体现在两个方面：一是梳理"训诂"之文，如《诗书古训》。阮元以为"圣贤之言，不但深远者非训诂不明，即浅近者亦非训诂不明也"[4]，故辑录《礼记》、《大戴礼记》、《春秋》"三传"、《论语》、《孝经》、《孟子》、《尔雅》诸书引《诗经》和《尚书》之"训"而系于各篇之下，以明其义。二是使用音韵纠正注疏之旧误。阮元以为，汉、唐以来的诠解中，"其间未发明而沿旧误者尚多，皆由于声音、文字、假借、转注未能通彻之故"[5]。因此，欲求经典之本义，必须从"声音、文字、假借、转注"下手，不仅《论语论仁论》和《孟子论仁论》以此为核心成书，载于《揅经室集》中的《释心》《释且》《释颂》《释顺》和《释门》诸文也都以此为旨归。

"稽古"的目的就是"求古圣贤经传之本源"[6]。阮元在《揅经室集自序》中曾有过简明的总结："余之说经，推明古训，实事求是而已，非敢立异也。"阮元平生"推明古训"，始终坚持"实事求是"的原则。

---

[1]〔清〕焦循：《后序》，〔清〕阮元：《仪礼石经校勘记》卷末，《丛书集成新编》第5册，台湾新文出版公司2008年版，第436页。

[2] 中国科学院图书馆整理：《续修四库全书总目提要·经部》，中华书局1993年版，第826页。

[3]〔清〕阮元：《揅经室一集》卷一一《汉读考周礼六卷序》，《清代诗文集汇编》第477册，第133页。

[4]〔清〕阮元：《揅经室一集》卷二《论语一贯说》，《清代诗文集汇编》第477册，第32页。

[5]〔清〕阮元：《经义述闻序》，〔清〕王引之：《经义述闻》卷首，第1页。

[6]〔清〕阮元：《揅经室三集》卷二《江西校刻宋本十三经注疏书后》，《清代诗文集汇编》第477册，第369页。

（2）以传记、目录为主的史学

阮元注重人物传记的研究，如为两广总督及吏部、兵部、户部尚书，协办大学士，太子太保朱珪撰写神道碑文；又为担任都察院左都御史、兵部右侍郎、礼部左侍郎、工部尚书、吏部尚书、户部尚书等朝廷要职的何凌汉撰写神道碑文等等。更值一提的，是《儒林传稿》《畴人传》和《四库未收书提要》诸书。

《儒林传稿》四卷，选述四十余位学者的学术成就，概括了自顺治到嘉庆初年清代学术特别是理学发展的历程及其特点。是书对清代学术史做了初次系统的总结，是清代学术史论述趋于成熟的标志，对江藩《国朝汉学师承记》和《宋学渊源记》及之后的学术史著作产生了深远的影响。《儒林传稿》中如黄宗羲、万斯大、胡渭、卢文弨和惠栋等人，《清史稿》均归入《儒林传》，《儒林传稿》成为了解清代经学名家传记的重要书籍。

《畴人传》共四十六卷。所谓"畴人"，指称"世世相传"的科学名流。顾名思义，书中载有从上古一直到乾隆末年三百多位天文学家、历算学家的学术成就。其中，还包括四十一位外国学者。是我国第一部总述历代自然科学家的学术传记。

对书目的著录和提要工作，阮元也十分留意，著有《文选楼藏书记》六卷等，特别是《四库未收书提要》五卷，收载一百七十余部图书，影响很大，属补修《四库全书》的第一部著作。

（3）以辑注《曾子》为核心的子学

曾子是孔子的得意弟子之一，其门人子思又为孟子之师，故研究《论语》和《孟子》，尤其是研究思孟学派之时，必须要关注曾子。阮元也有"惟孰复《曾子》之书，以为当与《论语》同"[1]的论述，著有《曾子十篇叙录》一卷、《曾子注释》四卷。

在道光二十五年（1845）刘文淇、王翼凤校刊本中，《曾子十篇叙录》置于《曾子注释》之前，其位置似序，却有着显著的不同。在目录学中，叙录与提要、解题等义，《曾子十篇叙录》正是如此，对曾子生平、《曾子》文本价值

---

[1]〔清〕阮元：《曾子注释·曾子十篇叙录》，道光二十五年（1845）阮元揅经室刻本。

及其著录、后人的辑佚和入清以来的研究做了简要概述。

阮元以为,《大戴礼记》中有"《曾子》十篇",实为"戴氏取曾子之书入于《杂记》"[1]之文;《汉书·艺文志》著录"《曾子》十八篇",《隋书·经籍志》《宋史·艺文志》和晁公武《郡斋读书志》、郑樵《通志》等书则录为"《曾子》二卷";因《曾子》亡佚,自宋代汪晫之后加以辑录者多达九家,"皆后人杂采他书以意编集,非《曾子》原文"[2];入清以来,卢文弨、戴震、孔广森、王念孙、汪中、丁杰在研究《大戴礼记》时,形成不同的校本。

在此基础上,阮元以北周经学家卢辩《大戴礼记解诂》所引"《曾子》十篇"文本为据,"博考群书,正其文字,参以诸家之说,择善而从。如有不同,即下己意,称名以别之"[3],撰成《曾子注释》一书。在内容上,确如书名所称,对《曾子》语句从注、释两方面加以诠解。譬如卷一《曾子立事》"亲人必有方":"注:方,犹常也。有子曰:'因不失其亲,亦可宗也。'释曰:方训,本《集解》引《论语》'游必有方'郑注。"至于"称名以别之"者时有所见,如卷二《曾子立孝》"吾辞其罪"之"辞":"元谓'辞'者,自以为辞。"阮元对曾子的研究,是继汪中发凡墨子、荀子等之后,扬州学派子学研究的又一重要学术成果。

（4）以研究"文苑"和"书派"为主的文学

在诗文方面,阮元著有《揅经室诗录》《文选楼诗草》诸书。《揅经室集》就收有阮元的大量诗文,仅诗多达千余首,"佳作颇有可传"[4]。另外,体现其文学成就者,主要有《国史文苑传稿》《石渠随笔》诸书及《南北书派论》和《北碑南帖论》两文。

《国史文苑传稿》二卷:卷一上有谷应泰至陆棻十二人及附传九人,卷一下有王夫之至梅文鼎十六人,附传二十五人;卷二上有薛凤祚至顾炎武正传、附传各二十一人,卷二下有陈维崧至姚鼐二十五人,附传十五人。虽名为"文苑",且以人物传记为主,但实际上概述了清初至嘉庆间清代学术的

---

[1]〔清〕阮元:《曾子注释·曾子十篇叙录》,道光二十五年(1845)阮元揅经室刻本。

[2]〔清〕阮元:《曾子注释·曾子十篇叙录》,道光二十五年(1845)阮元揅经室刻本。

[3]〔清〕阮元:《曾子注释·曾子十篇叙录》,道光二十五年(1845)阮元揅经室刻本。

[4]〔清〕朱庭珍:《筱园诗话》卷二,《续修四库全书》第1708册,第20页。

大体风貌。

乾隆五十六年(1791),阮元奉敕编录内府储藏书画而成《石渠宝笈》之余,对所见书画菁华之题咏、跋文和印钤等多所著录,且辨别真伪,考据精审,总为《石渠随笔》八卷。该书较为集中地反映了阮元的艺术学说,有着很高的文献价值。

《揅经室三集》中的《南北书派论》的《北碑南帖论》两篇雄文,尤当重视。在《南北书派论》中,阮元以为,在书法发展史上,"正书、行草之分南、北两派者,则东晋、宋、齐、梁、陈为南派,赵、燕、魏、齐、周、隋为北派"。南派"长于启牍",以王羲之、僧虔、虞世南等人为代表。北派"长于碑榜",以崔悦、卢谌、高遵等人为代表。在《北碑南帖论》中,阮元认为"前、后汉隶碑盛兴,书家辈出",直至"西晋、北朝,中原汉碑林立,学者慕之,转相摩习",而"后世凡一缣半纸珍藏墨迹,皆归之帖。今《阁帖》如钟、王、郄、谢诸书,皆帖也,非碑也"。这是第一次将书法明确分为碑、帖两大流派的专论。不仅如此,阮元还推尊碑刻,是举世公认的清代碑学之倡导者。

(5)"重与九经同"的金石学

在学术研究中,阮元特别强调金石资料,认为"古铜器有铭,铭之文为古人篆迹,非经文隶楷缣楮传写之比,且其词为古王侯大夫贤者所为,其重与九经同之"[1]。他在研究中大量引述金石资料为证,如《揅经室一集·释邮表畷》引扬州古铜盘铭而证"古人以表立田地疆界之事"等。所到之处,他也特别留心金石辑录,主纂成了《山左金石录》和《两浙金石志》诸书。更重要的,他还著有《积古斋藏器目》一卷、《积古斋钟鼎彝器款识》十卷、《汉延熹西岳华山碑考》四卷。

《积古斋藏器目》共记器物共七十四种。其中有四十八种器物述及名称和字数,其余或记其款识,或注字迹难辨,或仅录器物名称,如"素栈钟"和"太祝禽鼎"等。卷末明其所本:"此据翁方纲所著《积古图后记》及《瀛舟笔谈》内所载入录,未据拓本。"

《积古斋钟鼎彝器款识》著录商周至汉晋铜器五百六十件,超过了宋代

---

[1]〔清〕阮元:《揅经室三集》卷三《商周铜器说上》,《清代诗文集汇编》第477册,第375页。

金石学家薛尚功《历代钟鼎彝器款识法帖》所录。在书中,阮元或明其形,或摹其文,或释其字,或考其事,充分实践和彰显了"其重与九经同"的学术观点。

《汉延熹西岳华山碑考》,分四卷记述明嘉靖年间因地震碑坏后拓本传世的情形:卷一综录诸家之说,卷二叙述河北长垣王文荪所藏"长垣本",卷三叙述藏于宁波(古称四明)丰熙万卷书楼的"四明本",卷四叙述明代万历间陕西东云驹收藏后归华州郭宗昌的"华阴本"。全书"考核精审"[1],为学者所重。

阮元的学术视野十分广泛,在其他领域也多所创获,如在数学方面著有《地球图说》一卷,在农学方面著有《化州橘记》一卷等。

2.组织编纂

阮元倡导编纂书籍,"清二百年来达官贵仕,喜提倡经古学者,无出元右"[2]。他组织和主纂了许多重要的书籍,主要涉及经学、史学和文学三个领域。

（1）经学

在督学浙江期间,阮元自拟凡例,让臧庸、朱为弼等人辑录,于嘉庆三年(1798)编成《经籍籑诂》一百零六卷,几乎囊括了唐以前文字训诂的研究成果,备受好评。王引之以为"展一韵而众字毕备,检一字而诸训皆存"[3],张舜徽更有"荟萃古义,蔚为大观,凡群经子史旧诂,悉载兹编"[4]的高度评价。之后,阮元又让陈寿祺、凌曙等人辑录儒经传注之外古说,成《十三经经郛》。

嘉庆六年(1801)始,浙江巡抚阮元延请段玉裁、顾千里、李锐等人校勘《十三经注疏》,七年后刻《校勘记》二百四十五卷;二十年(1815),阮元移官江西,据所藏宋本十一经及借黄丕烈所藏《仪礼》和《尔雅》宋本,重刻为四百一十六卷,并附《校勘记》。是书"校以众本,审订独精。于说经者,馈

---

［1］〔清〕江藩:《序》,〔清〕阮元编:《汉延熹西岳华山碑考》卷首,嘉庆十八年(1813)阮氏《文选楼丛书》刻本。

［2］中国科学院图书馆整理:《续修四库全书总目提要·经部》,第1365页。

［3］〔清〕王引之:《经籍籑诂序》,〔清〕阮元《经籍籑诂》卷首,《续修四库全书》第198册,第293页。

［4］张舜徽:《中国古代史籍举要》,湖北人民出版社1980年版,第212页。

以法程"[1]。

自道光五年至九年（1825～1829），两广总督阮元委任严杰等人，刊成《皇清经解》一千四百卷，收录清初至嘉庆间七十三位学者的一百八十三部著作。全书"集清儒经学精萃于一书，对于优秀学术文化成果的保存和传播，用力勤而功劳巨"[2]。光绪十年（1884），王先谦仿之并刻成《皇清经解续编》。

（2）史学

除前述《山左金石录》等书外，阮元还主持编纂了《〔道光〕广东通志》《云南通志稿》《钦定重修两浙盐法志》和《两广盐法志》诸书。

《〔道光〕广东通志》三百三十四卷首一卷，仿《广西通志》例，阮元亲自确定体例，由陈昌齐、刘彬华和江藩等人纂修，于道光二年（1822）成书。分为训典、四表、十略、二录、九列传和杂录六类，记载翔实，是广东历史上六部省志中内容最为丰富，质量也最高的地方总志。

道光六年（1826）始，担任云贵总督的阮元先后延揽王崧、李诚任总纂，历经九年，终成《云南通志稿》二百一十六卷首三卷，分为天文、地理、建置、食货、学校、祠祀、武备、秩官、选举、人物、南蛮、艺文和杂志十三类，"纲领粲然，体裁綦善"[3]。

钦命巡视两浙盐政兼管杭州织造事务延丰以为距雍正朝《两浙盐法志》修纂已有七十余年，遂会同阮元等人组织人员于嘉庆七年（1802）纂成《钦定重修两浙盐法志》三十卷首二卷，记载雍正二年（1724）至嘉庆初年间两浙盐法的变革情形。道光元年至十五年（1821～1835），阮元主纂《〔道光〕两广盐法志》三十五卷首一卷。这两部书是了解清中叶两淮、两广盐法的重要史籍。

（3）文学

嘉庆三年（1798），由阮元主纂，刘台拱、焦循、江藩等人辑录的《淮海英

[1]〔清〕焦循：《雕菰集》卷六《读书三十二赞》，〔清〕焦循著，刘建臻整理：《焦循全集》，第5744页。

[2]陈祖武：《〈皇清经解〉与古籍整理》，《传统文化与现代化》1993年第6期。

[3]〔清〕高钊中：《续修云南通志序》，〔清〕岑毓英等总裁：《续修云南通志》卷首，光绪二十年（1894）刻本。

灵集》二十二卷,经阮氏小琅嬛仙馆刊刻问世,收录清初至乾隆朝扬州八百余位诗人的三千余首诗。三年后刊行的《两浙辅轩录》四十卷,则录入清以来浙江三千余位诗人的九千多首诗作。时隔两年即嘉庆八年(1803),阮元、杨秉初等人辑成《补遗》十卷,补录一千多位共一千九百余首诗。

《淮海英灵集》和《两浙辅轩录》,可谓阮元主编的诗辑“双璧”。在编纂《淮海英灵集》过程中,阮元“得以读广陵耆旧之诗,且得知广陵耆旧之事,随笔疏记”[1],汇为《广陵诗事》十卷一书,

《江苏诗征》共一百八十三卷,在阮元资助下,经王豫选录,由江藩、许珩和凌曙校订,终在道光元年(1821)刊刻问世,共收录清至嘉庆初江苏诗人五千四百多位诗人的诗作,是清代地方诗歌总集中部头最大的书籍。

此外,阮元编刻之书,还有《宛委别藏》一百六十种,《文选楼丛书》三十四种及《全唐文》一千卷等。至于创办诂经精舍和学海堂,则延请名流授课,培养学术人才,编成《诂经精舍文集》和《学海堂初集》等书,尤令人敬佩。基于这些成就,阮元成为清中叶杰出的文献编纂学家。

(三)凌廷堪:工于《仪礼》及音律

凌廷堪(1755—1809),字次仲,一字仲子,安徽歙县人。遵母亲“游四方就师友以成之”[2]的教诲,于乾隆四十六年(1781)来到扬州游学而久寓于此。因其学成于扬州,故江藩《国朝汉学师承记》列于郡人之中。乾隆五十五年(1790)进士,授知县,以“养母治经”[3]为由自请改任,被选为宁国府学教授。从此,既施教又著述。精研《仪礼》,著有《礼经释例》十三卷、《礼经释例目录》一卷;工于音律,著《燕乐考原》六卷和《晋泰始笛律匡谬》一卷等。

1.工于《仪礼》

乾隆五十七年(1792),凌廷堪开笔撰写酝酿多年的《礼经释例》一书,并于嘉庆四年(1799)成书,此后五易其稿,于临终前一年方才定稿。

全书共分八“例”:“曰《通例》上、下二卷,曰《饮食之例》上、中、下三卷,

---

[1]〔清〕阮元:《广陵诗事·叙》,第1页。

[2]〔清〕阮元:《揅经室三集》卷五《凌母王太孺人寿诗序》,《清代诗文集汇编》第477册,第237页。

[3]〔清〕阮元:《揅经室二集》卷四《次仲凌君传》,《清代诗文集汇编》第477册,第274页。

曰《宾客之例》一卷,曰《射例》一卷,曰《变例》一卷,曰《祭例》上、下二卷,曰《器服之例》上、下二卷,曰《杂例》一卷。"[1]每一"例"中又有若干条目,总共有二百四十余条小"例"。这里的"例",实则为"类",正如凌廷堪在《礼经释例》卷十三《目录》中所言:"凡冠昏之礼有类可归者,散见诸例;无类可归者,皆附于杂例。"

因此,以纲目的形式,把"委曲繁重"而令"上哲亦苦其难"[2]的《仪礼》化繁为简,颇便学习;这些"例"是对《仪礼》的系统归纳,也是对《仪礼》的全面分类,即以分类为方式进行的归纳,因其所具有的系统性和全面性,故使二百四十六例理所当然成为《仪礼》全经的精髓所在;围绕着"例",凌廷堪广征博引而"释",除引东汉马融、汉末赵岐、唐代孔颖达、宋代陈灏、元代敖继公、明代王廷相等名流之见而外,更多引清代张尔岐、顾炎武、万斯大、毛奇龄、阎若璩、惠士奇、方苞、王懋竑、江永、汪绂、惠栋、戴震、任大椿、卢文弨等大家之说而"释";在诠释中,当经文与注疏出现矛盾的时候,则"据经以正传记"[3],而当经文前后不一时,也谨慎存疑,不率意改经,一以实事求是为原则;对于自汉至清的众多释解,同样指陈得失,如理学高谈心性而"凭理说经"[4],汉学"深求其义"[5]而探求经典的原义;《仪礼》的核心是"礼",达到太平盛世的途径即"无一事不依于礼",[6]而《礼经释例》的目的之一是可使特定典礼之礼仪"在执行时,有具体的仪则可循"[7]。于是,凌廷堪礼学注重并强调实践的特点昭然若揭。

《礼经释例》问世后,影响很大,梁启超有"其方法最为科学的,实经学

---

[1]〔清〕凌廷堪:《礼经释例·序》,嘉庆十四年(1809)文选楼刻本。

[2]〔清〕凌廷堪:《礼经释例·序》,嘉庆十四年(1809)文选楼刻本。

[3]〔清〕凌廷堪:《礼经释例》卷一《凡为人使者不答拜》,嘉庆十四年(1809)文选楼刻本。

[4]〔清〕凌廷堪:《礼经释例》卷八《封建尊尊服制考·慈母如母》,嘉庆十四年(1809)文选楼刻本。

[5]〔清〕凌廷堪:《礼经释例》卷一一《凡所以冯者曰几所以借者曰席》,嘉庆十四年(1809)文选楼刻本。

[6]〔清〕凌廷堪著,王文锦点校:《校礼堂文集》卷四《复礼上》,中华书局1998年版,第28页。

[7]张寿安:《以礼代理——凌廷堪与清中叶儒学思想之转变》,河北教育出版社2001年版,第22页。

界一大创作"[1]的高度评价。

2.工于音律

自周代形成完善的礼乐制度之后,礼与乐相辅相成,不可分割,如《礼记·乐记》所说:"乐由天作,礼以地制。"故研究礼制自然会关切音乐。凌廷堪于《礼经释例》之外,就著有《燕乐考原》和《晋泰始笛律匡谬》两书。

燕乐,又称宴乐,为隋唐至宋代朝廷饮宴时所用的歌舞音乐,具有观赏性和艺术性两大特质。唐代燕乐使用二十八调,时至清代,其音阶、宫调、乐器等已难以查辨。凌廷堪专以考之,于嘉庆九年(1804)撰成《燕乐考原》一书,分为《总论》《宫声七调》《商声七调》《角声七调》《羽声七调》和《后论》六部分。首先,凌廷堪考证了燕乐的来源,认为"《隋书·音乐志》明云郑译用苏祇婆琵琶弦柱,相引为均,《辽史·乐志》又云二十八调不用黍律,以琵琶弦叶之,则燕乐之原出于琵琶可知"[2];其次,以为燕乐二十八调的四宫源于琵琶的四弦,"琵琶四弦,故燕乐四均,一均七调,故二十八调,今笛与三弦相应,盖以琵琶之第二弦为黄钟,然则今琵琶之七调,即燕乐之七宫也,三弦之七调,即燕乐之七商也"[3],指出前人从笛入手而求二十八调、蔡元定用"起调、毕曲"来分辨燕乐二十八调是错误的;最后,按宫调对宋、元燕乐曲子加以细致梳理,共考订出一千三百余曲,并附有《燕乐二十八调说》,非常明晰。

西晋泰始十年(274),中书监荀勖为正雅乐而设计"笛律",向为后人所关注。嘉庆十三年(1808),凌廷堪《晋泰始笛律匡谬》定稿,认为"列和匀孔笛"是正确的,而对《宋书·律历志》所载荀勖与列和讨论笛之文、荀勖"笛律"的制作工艺,逐一加以批驳,故以"匡谬"为名。

《燕乐考原》与《晋泰始笛律匡谬》两书,是凌廷堪音乐学的重要研究成果,尤以《燕乐考原》为代表,开创了燕乐学研究之先河。

(四)江藩:笺注儒经与总结清代学术史

江藩(1761—1831),字子屏,号郑堂,晚号节甫,扬州甘泉人。获阮元

---

[1]〔清〕梁启超:《中国近三百年学术史》,第187页。

[2]〔清〕凌廷堪:《燕乐考原》卷一《总论》,嘉庆十六年(1811)张其锦刻本。

[3]〔清〕凌廷堪:《燕乐考原序》,嘉庆十六年(1811)张其锦刻本。

邀请,主讲于山阳丽正书院,以布衣为诸生师。著有《周易述补》四卷,《国朝汉学师承记》八卷,《国朝宋学渊源记》二卷,《隶经文》四卷《续》一卷;《乐县考》二卷,《尔雅小笺》三卷,《河赋注》一卷等。其学术成就,主要集中于笺注儒经和总结清代前期的经学史两方面。

1.笺注儒经

江藩补惠栋《周易述》而成《周易述补》,又著《尔雅小笺》和《隶经文》两书。

惠栋的《周易述》,虽历经三十年且五易其稿,然因病重而《鼎》至《未济》的十五卦和《序卦》《杂卦》两传没能完成。江藩加以"述补","专取荀、虞,旁及郑氏、干氏九家等义,且据刘向之说以正班固之误"[1]。其特点主要体现在两个方面:一是重视虞翻易学中的逸象之说。取象是易学史上的重要理论,研究取象对认识春秋战国以来的易学、文学和美学等具有十分重要的意义,但因种种原因,易学发展中存在久为后人难知之象即"逸象"。尚秉和从《易林》中发现了"内外卦象、互象、对象、正反象、半象、大象等凡百二十余象"[2]。江藩对虞翻易学中的逸象给予了莫大的关注,所解十五卦中,每卦都述及"虞氏逸象",如《鼎》"《坎》为膏,虞氏逸象义",《震》"《坤》为丧,虞氏逸象义"和《艮》"《坤》为身,虞氏逸象义"等。二是更改经文。如《艮》卦,六二"不拯其随"中"拯",江藩以为"虞作'抍',今从虞,俗作'拯',非"等。这同样沿袭了惠栋改经而释学术路径。而在清代经学史上,要寻找改经以治经的学者并不多见,汉学家当中更是凤毛麟角,《周易述补》为其中之一。正因为如此,清人对惠栋改字释经多有批评,"国朝之治《周易》者,未有过于征士惠栋者也,而其校刊'雅雨堂'李鼎祚《周易集解》与自著《周易述》,其改字多有似是而非者"[3]。

十八岁时,江藩开始撰写《尔雅小笺》,至六十岁时方才定稿,为其用时最久之书。书名也有变动,初为《尔雅正字》。翻阅书中的四百余条目,

---

[1]〔清〕凌廷堪著,王文锦点校:《校礼堂文集》卷二六《周易述补序》,第239页。

[2]于省吾:《周易尚氏学序言》,尚秉和:《周易尚氏学》,中华书局1980年版,第3页。

[3]〔清〕阮元:《揅经室一集》卷一一《十三经注疏校勘记序》,《清代诗文集汇编》第477册,第140页。

勘正文字者约一百一十条,明字之假借者近百条,二者居全书之半,确如江
藩在《序目》中所言:"或考定正文,或旁通假借。"[1]该书虽言"承艮庭先师
之学"[2],卷中多有所述,如卷上《觏》"艮庭先生曰:据《说文系传》,覵,见
也"[3]等,但对惠栋、钱大昕、段玉裁等人之说,也时有征引。如卷上《泯》"钱
詹事辛楣云'通'作'湎'"[4]等,而释说"以《说文》为指归"[5],属江藩学术
生涯中专治文字训诂的重要著作。

《隶经文》一书皆"从诸文中删存者,苟非说经皆不录"[6],虽仅四卷三
十条,但几乎涉及十三经中的每一部经典。或解字词,如卷二之《六龙解》;
或论礼制,如卷一之《庙制议》等;或订篇名,如卷四之《书夏小正后》;或
释字号,如卷四之《节甫字说》。大体上,又以诠说礼制、礼仪之目为多。其
特点,"能于前人纷纠同异之说,参互考订"[7]。其中,所载《徐心仲论语疏证
序》《书阮云台尚书性命古训后》和《节甫字说》等文献资料,颇为珍贵。

2.总结清代前期的经学史

主要包括《国朝汉学师承记》《国朝经师经义目录》和《国朝宋学渊源
记》三部书。

《国朝汉学师承记》入正传者四十人,入附传者十七人,若把有简要生平
之人算在内,实则附录学者六十二人。全书以传记的形式,叙述学者的生平、
学说及师承,这是该书的第一大特点。如卷二《惠周惕》及附传《惠士奇》
和《惠松崖》,先述吴县惠氏家学渊源及惠周惕"少传家学""成进士"及"卒
于官"之简要生平,著有《易传》《春秋问》《三礼问》等书;继述其子惠士
奇"奋志力学"、为官历程和"邃深经术"之经历,工于天文、音律,尤精经学,
所著《易说》标明圣人解《易》之说"犹存于汉",《礼说》称"古训不可改",
《春秋说》以为《左传》"得诸国史"而详以记事,《公羊传》和《穀梁传》"得

---

[1]　江藩:《尔雅小笺·序目》,《续修四库全书》第188册,第21页。

[2]　江藩:《尔雅小笺·序目》,《续修四库全书》第188册,第21页。

[3]　江藩:《尔雅小笺》卷上《释诂》,《续修四库全书》第188册,第27页。

[4]　江藩:《尔雅小笺·序目》,《续修四库全书》第188册,第26页。

[5]　江藩:《尔雅小笺·序目》,《续修四库全书》第188册,第21页。

[6]　〔清〕曾钊《叙》,江藩:《隶经文》卷首,是为引江藩语,《续修四库全书》第173册,第541页。

[7]　〔清〕曾钊《叙》,江藩:《隶经文》卷首,《续修四库全书》第173册,第541页。

之师承"主于议论,"互有得失,不可偏废";惠栋字定宇,一字松崖,为惠士奇次子,"自幼笃志向学","年五十后,专心经术,尤邃于《易》",著有《周易述》《易汉学》《易例》和《九经古义》等书。卷末,简要述及"友善"者沈彤、沈大成及"受业弟子最知名者"余萧客及江声,还提及"执经问难"者有王鸣盛、钱大昕、戴震、王昶四人。第二大特点即划分学术流派。卷二、卷三重点叙述吴派人物,卷五、卷六为皖派人物,卷七为"郡人"之学即扬州学派。尽管江藩没有明确提出这三个主要学派的名称,却有学派划分之实,从而为章太炎把清代学术分为吴、皖诸派奠定了良好的基础。第三大特点,毫无疑问是以"汉学"概括嘉庆以前清代的学术宗旨。书中所列为有名一时的汉学家,并总结其在文字、音韵、训诂、校勘等方面的学术成果,"读此可知汉世儒林家法之承授,国朝学者经学之渊源,大义微言,不乖不绝,而二氏之说,亦不攻自破矣"[1]。

《国朝汉学师承记》附有《国朝经师经义目录》。其做法,"取其专论经术而一本汉学之书,仿唐陆元朗《经典释文》传注姓氏之例"[2],而成此书,包括《易》《书》《诗》《礼》《春秋》《论语》《尔雅》和《乐》八部分,具体内容则分为叙述各经学术源流和清儒所成名著两部分。譬如《易》,在叙述汉代易学源流和清代易学特点之后,以"目录"方式著录胡渭《易图明辨》等十部名著。

《国朝宋学渊源记》成书晚于《国朝汉学师承记》。之所以撰写此书,江藩以为"近今汉学昌明"之时,学人"无不痛诋宋学",但"本朝为汉学者,始于元和惠氏",而惠士奇手书楹帖却分明写着"六经尊服、郑,百行法程、朱",说明惠氏"不以为非,且以为法",[3]因而遵师承而著成《国朝宋学渊源记》。全书分为两卷:卷上为"北人之学",记述孙奇逢、刁包、李中孚等十人之学;卷下为"南人之学",收录刘汋、韩孔当、邵曾可等二十一人。另于卷末附记沈国模、史孝咸、王朝式等八人"援儒入佛"[4]之学。这就与《国朝汉

---

[1]〔清〕阮元:《国朝汉学师承记序》,〔清〕江藩等著:《汉学师承记(外二种)》,第3页。

[2]〔清〕江藩:《国朝汉学师承记》,〔清〕江藩等著:《汉学师承记(外二种)》,第178页。

[3]〔清〕江藩:《国朝宋学渊源记·序》,〔清〕江藩等著:《汉学师承记(外二种)》,第187页。

[4]〔清〕江藩:《国朝宋学渊源记·附记》,〔清〕江藩等著:《汉学师承记(外二种)》,第230页。

学师承记》以学派记述人物的写法有了显著的区别,《国朝宋学渊源记》则以南、北地域为核心加以记述。就所述内容而言,则多记传主平生之言行,对著述及其学说少有涉及,如《孙奇逢》,在叙说中举人、守容城、辞荐举、耕苏门等事之外,详述为救左光斗、魏大中、周顺昌而上书孙承宗之言,对"其学于忧患中默识心性原本"[1]且著《理学宗传》则三言两语一带而过。显然,相较于《国朝汉学师承记》,《国朝宋学渊源记》要简略得多,梁启超"汉学编较佳,宋学编则漏略殊甚"[2]的评价是有道理的。

　　江藩专力于学术史的研究是有缘由的,一方面,他受到黄宗羲《明儒学案》的影响;另一方面,则为扬州学派的学术风气使然。《国朝汉学师承记》与《国朝宋学渊源记》主要是对清代学术史的核心——经学所做的总结,而关注学术史,是扬州学派的一大特色之一。且不说汪中平生最大的愿望是撰写一部周代的学术史《述学》,对清代的经学也时有总结,欲写而未成的《六儒颂》即是其中之一。后来,焦循的《读书三十二赞》、阮元的《儒林传稿》等,都是这方面的佳作。江藩是汪中的密友,又与焦循有"二堂"之目,在阮元幕中为时最久。因此,师承吴派并沿其学术方向发展的江藩,能转而关注和从事清代学术史的撰写,也就顺理成章了。

　　(五)王引之:"考之文义,参之古音"

　　王引之(1766—1834),字伯申,扬州高邮人。嘉庆四年(1799)探花,授翰林院编修。后任贵州乡试正考官、河南学政、工部尚书、吏部尚书诸职。为官之余,勤学不辍,著有《经传释词》十卷,《经义述闻》三十二卷,《太岁考》二卷,《周秦名字解故》二卷等。

　　其经学成就以《经义述闻》为代表。《经义述闻》总有两千多条目,其中"家大人曰"即王念孙说者近七百条,而标以"引之谨案"者一千三百多条,父子二人分别占三分之一和三分之二,加之全书为王引之"谨录所闻于大人者"[3]而成,且三十二卷本《经义述闻》刊刻较晚,多引《经传释词》为说。故王引之的经学成就以《经义述闻》为代表,集中体现在力求经典原本和追索

---

[1]〔清〕江藩:《国朝宋学渊源记》,〔清〕江藩等著:《汉学师承记(外二种)》,第189页。

[2]〔清〕梁启超:《中国近三百年学术史》,第297页。

[3]〔清〕王引之:《经义述闻·自序》,第2页。

经典原义两个方面。

1.力求经典之原本

第一,校脱衍。《经义述闻》中,专校脱文、衍文者数不胜数。订脱文者,如卷八《民之财》以为"财"后"唐石经始脱'用'字",因为贾宗彦疏之行文为"民之财用,谓币帛多少",据此而知《周官》经文原有"用"字。而且,王引之还从行文上加以推理:"'财用器械',相对为文,与'田野夫家六畜''山林川泽',文义亦相称也。"订衍文者,如卷八《腊人无府史》以为:"《疏》以'腊人食医之等府史俱无者,以其专官行事,更无所须故也',据此,则'腊人'下无'府二人、史二人'六字,此因上鳖人、下医师,皆有'府二人、史二人'之文而误衍,唐石经已然。"

第二,订讹误。或订形近而误者,或订声近而误者,或订抄写致误者,或订妄改致误者,或订涉上文而误者,或订因错简而误者,或订不明语境而误者,或订未明本义而误者等等,所在多见。就形似而误者一类而言,如卷一七《左传·从自及也》中,认为"从自及"在文与义上都不通顺,因"从"之隶书"形与徒相似,故'徒'讹作'从'",而其他书籍中,两字易误者多见,其旁证可在《诗经·齐风·载驱》之"笺"、《经典释文》述《列子·天瑞篇》和《庄子·至乐篇》《吕氏春秋·禁塞篇》《史记·仲尼弟子列传》和《孔子家语》中找寻得到。对此,王引之还在《经义述闻·通说》中专设《形讹》一文总而述之。

第三,明版本。如卷二《积小以高大》中,从《周易》之"宋本""监本""唐石经""俗本"的比对中,得出结论:"高大"前确无"成"字,而"监本有'成'字,乃浅学人所增"。对于诸多不同的版本,尽管素有善本、劣本之分,对于不同的引文,尽管也有正、误之别,但是,王引之的态度和看法则是,正可以从文字的"参差不齐"中,去求得"原本"之迹,如卷十四《雷始收声》所说:"无者加之,有者减之,而原本几不可见。幸赖引者参差不齐,改之未尽,得以求其踪迹耳。"

第四,审句读。《经义述闻》专于句读者也不在少数,如卷一《即命》:对于《周易·讼·九四》的"不克讼,复即命"一句,王引之认为王弼注以"复即为句,文义未安"。与此同时,王引之反对牵强附会式的标点,主张离章析句既要与"全经之例"相合,又要与"文义"相合。由于标点关乎一章一句,更关乎"全经"之要事,故审明句读,其实是处理好经典行文中个别与一般的关系问题。

从学术渊源上说,王引之的校勘工作,是对父亲王念孙校勘理论的应用与实践,且与王念孙重于诸子和小学不同,王引之在校勘儒经方面更为突出。

2.考证经典之原义

对于考索经典文本原义的方法和目的,王引之有着明确的认识:"迄今考之文义,参之古音,犹得要而正之,以求一心之安,而补前人之阙。"[1]

(1)"考之文义"

结合全书的行文特点考索文义,甚至结合语言自身的发展规律论证,这是王引之训诂经典的一个显著特点。如卷五《众稚且狂》:"'众',当读为终。终,犹既也。'终温且惠',既温且惠也;'终风且曝',既风且曝也;'终窭且贫',既窭且贫也;'终和且平',既和且平也;'终善且有',既善且有也;'终稚且狂',既稚且狂也。此《诗》之例也。"为了分析"终"为"既"义,广引《诗经》六例以证,表明这是全书的行文特点,也是当时普遍的语言现象而为"《诗》之例"。也就是说,在注重阐释字词特定语义的同时,不能缺少对普遍的语言环境的认识。换言之,文义要合乎句意以及全书之例,更要验以经传之例。

正因为如此,在《经义述闻》中,动辄可见"遍考经传"或"遍考书传"的行文。如"遍考经传及唐以前书,无以'字'为许嫁者"[2],"遍考书传,亦无称'公卿'为公士者"[3]和"遍考周秦之书,未有谓梧桐为荣者"[4]等行文。反之,若不遍考经传,不考之全经,就不能得出信人的解释,也就不会合于经典之原义,"解经者不考全经之例,宜乎多方推测而卒无一当矣"[5],这是对王念孙"一字之征,博及万卷"做法的继承。

---

[1]〔清〕王引之:《经义述闻》卷三二《经文假借》,第756页。

[2]〔清〕王引之:《经义述闻》卷一《女子贞不字》,第8页。

[3]〔清〕王引之:《经义述闻》卷一〇《公士公卿大夫室老士贵臣》,第249页。

[4]〔清〕王引之:《经义述闻》卷二八《荣桐木》,第670页。

[5]〔清〕王引之:《经义述闻》卷一《七日来复》,第20页。

（2）"参之古音"

大体上说,王引之论字之假借最具特色,可总结为四个方面:一是以"同声而通"证之,因为"惟其同声,是以假借"[1],如卷三《沉酗于酒》"'沉'与'淫',古同声而通用"和卷十五《律小大之称》"'类''律',古同声,故'律'通作'类'"等。二是以"声近而通"证之,如卷六《其下维莪》"徒洛反之音,与'莪'相近,故借'莪'为椁"和卷二三《秦祖字子南》"'祖'读为楚,声近假借也"等。三是以"一声之转"证之,如卷三《百揆时叙、惟时叙、曰时叙、明时朕言》"'承''时'一声之转……'时''诗'声相近,故'诗'亦训为'承'"和卷二六《就终也》:"'酋''就'声相近,故皆训为'终'。……'就''即'一声之转,故'终世'谓之'就世',亦谓之'即世'"等。四是以韵部证之,韵部"相近"可通,如卷一《无祗悔》"古音支、歌二部相通,故支声与多相近"和卷十七《昌歜》"才六之音转为在感,乃幽、侵二部之通"等,如果"声远而不可通矣"[2],如卷九《蜃或为谟》"'谟'与'蜃'声不相近,'蜃'字无由通作'谟'"等。

这表明,王引之不仅有不明假借则"其说迂曲而难通"[3]的深刻认识,而且成为他考察经典"文义"的基本方法并善加运用。需要说明的是,王引之对"假借"这一概念的阐释,与今人之说存在着不同,他以为"经典古字,声近而通,则有不限于无字之假借者,往往本字见存,而古本则不用本字,而用同声之字"[4],很明显,无字之借叫假借,有字之借亦为假借。如今,则把有字之借称为通假。

在扬州学派中期的核心人物中,焦循、阮元、凌廷堪和王引之都善用假借以治经,焦循多用于《易通释》,阮元多用于诠解经文要字,凌廷堪多用于《礼经释例》,而王引之则用于遍释群经。这表明古籍里特别是儒家经典中,文字的假借十分普遍,学者们以音韵学理论对此展开系统研究也蔚为风气。更重要的,是王引之反复锤炼、精益求精的结晶。不少研究成果,就凝集着

[1]〔清〕王引之:《经义述闻》卷五《歌以讯止》,第139页。
[2]〔清〕王引之:《经义述闻》卷九《故书蠹为蠹》,第220页。
[3]〔清〕王引之:《经义述闻》卷七《幅陨既长》,第175页。
[4]〔清〕王引之:《经义述闻》卷三二《经文假借》,第756页。

王引之从《经传释词》的专深走向《经义述闻》博通的学术进程。在整理和撰写《经义述闻》的过程中，他发现并补充了《经传释词》的一些不足，卷三二《语词误解以实义》："语词而以实义解之，则扞格难通。余曩作《经传释词》十卷，已详箸之矣。兹复约略言之，其有前此编次所未及者，亦补载焉。"这更是"求是"原则的具体体现。

事实上，王念孙师法戴震"求是"之旨并标举"因音求义"治学，王引之秉承父训，进而发展为"考之文义，参之古音"。可以说，王引之以"文义"为主、以"古音"为辅的训诂新说，是对前人学说的继承，也是对片面强调和重视音韵训诂的纠正，更是对这一理论的完善和发展，代表着清代中叶经典诠释的新高度。

（六）专长《公羊传》的凌曙

凌曙（1775—1829），字晓楼，一字子升，扬州府江都县人。著有《仪礼礼服通释》六卷，《礼论略钞》一卷，《礼说》四卷，《春秋繁露注》十七卷，《公羊礼说》一卷，《四书典故核》六卷，《春秋公羊礼疏》十一卷，《群书答问》二卷《补遗》一卷，《春秋公羊问答》二卷等。

凌曙的学术成就，一则与修《十三经经郛》密切相关。利用这一机会，凌曙得以阅览魏、晋以来释解《春秋》诸书，眼界大开，进而撰成《春秋公羊礼疏》《礼说》和《春秋公羊问答》三书，且以为《春秋》之义存于《公羊》，而公羊之学传自董仲舒的《春秋繁露》，因之而稿成《春秋繁露注》。二则与包世臣、李兆洛、洪桐、沈钦韩和刘逢禄的指点分不开。嘉庆九年（1804），凌曙与包世臣相识而得其点拨："吾人为学自治经始，治经自三礼始"[1]，而"治经必守家法，专治一家以立其基，则诸家可渐通"[2]，凌曙遵从教诲而习之；嘉庆十一年（1806），又随包世臣拜谒李兆洛且"亲承指授"，由之而"渐能错综推广其意"[3]。随之又向梅花书院院长洪桐请业，多得郑学要领，次年李兆洛入都路经扬州，再次加以奖掖，凌曙终于写定《四书典故核》一书；之后，

---

[1]〔清〕凌曙：《四书典故核·自叙》，嘉庆十三年（1808）刻本。

[2]〔清〕包世臣：《国子监生凌君墓表》，钱仪吉等编，陈金林等整理：《清代碑传全集》下册，上海古籍出版社1987年版，第1190页。

[3]〔清〕凌曙：《四书典故核·自叙》，嘉庆十三年（1808）刻本。

转而求教专精《左传》的沈钦韩，于经学更有收获；又从刘逢禄习《公羊传》，为研治此经奠定了坚实的基础。而凌曙的学术成就，恰以梳理"典故"和"专治《公羊》"为核心。

1. 梳理"典故"

凌曙治学，先从梳理经中"典故"入手。而凌曙所说的"典故"，则为"制度文物"[1]。披阅凌曙经学的早期著述《四书典故核》，其间内容，确为选择"典故"而成。如书中《大学》的《畜马乘》，《中庸》的《祖庙》，《论语》的《北辰》，以及《孟子》的《井田》等均是如此。其特点便是紧扣"典故"二字，其宗旨则以"核"为中心，其方法是对前人之见，特别是清人之说就多加罗列。如《四书典故核·论语》卷二《牖》就称引了任启运、江永、朱彝尊之说，并以《仪礼·士虞礼》和《礼记·丧大礼》而证之，且举皇侃之说以正朱彝尊之失。对于先秦诸子及宋人之说，只要合于经典旨意者，亦时加引用。如《四书典故核·孟子》卷二的《六律正五音》，既引用了《吕氏春秋》《管子》和《礼记·礼运》，也叙述了宋人叶时的《礼经会元》、郑樵的《六经奥论》、唐仲友的《九经发题》，还列举了清人惠士奇的《礼说》、任启运的《四书约旨》，以及秦蕙田的《五礼通考》诸书。因此，凌曙在《四书典故核·凡例》中就明确指出其中"辨难处少，援据处多"。

凌曙并非盲目地堆砌他人成说，而是坚持"采拾处颇有别择"[2]的重要原则。面对此前众说纷纭的庞杂说解，要做到去粗取精，在具备良好学养的同时，是要下功夫去品评和鉴别的，其中的学术价值应当给予重视。凌曙著述中择说以成者，还有《礼说》和《仪礼礼服通释》两部。《礼说》多所援据，如卷一就引经典注疏、《后汉书》、《晋书》、《宋书》、《魏书》、《唐书》、《宋史》、《唐会要》、《通典》而论，卷四引《读礼通考》、秦蕙田《五礼通考》、金榜《礼笺》、程瑶田《丧服足征记》而证等；《仪礼礼服通释》乃删节徐乾学《读礼通考》而成，从形式上说是对书中观点的罗列。综列诸说且重于"制度典物"而存在"无去取断语"[3]的缺陷，可谓凌曙学术的一大特征。

---

[1]〔清〕凌曙：《四书典故核·自叙》，嘉庆十三年（1808）刻本。

[2]〔清〕凌曙：《四书典故核·凡例》，嘉庆十三年（1808）刻本。

[3]　中国科学院图书馆整理：《续修四库全书总目提要·经部》，第517页。

2."专治《公羊》"

凌曙的外甥,亦为其弟子的刘文淇,曾这样总结凌曙的学术特点:"舅氏晓楼先生,专治《公羊》,谨守家法。"[1]的确,凌曙于《公羊传》学有专长,《春秋公羊礼疏》《春秋公羊问答》《公羊礼说》和《春秋繁露注》诸书,均属此类。这当中,《春秋公羊礼疏》为代表作。综观此书,特点有三:

(1)强调《公羊传》的学术价值和研究方法。凌曙在《春秋公羊礼疏·序》里说:"《公羊》,其治经之梯航也乎? 吾以为治是经者,由声音训诂而明乎制度典章,以进求夫微言大义。"其间表述了这样两层含义:《公羊传》是经学的"梯航",所以,治经当从《公羊》始;研究《公羊传》的方法,则以音韵训诂为基础,以诠释"典故"为形式,以探求"微言大义"为旨归。这与刘逢禄"《春秋》者,五经之管钥也"[2]理论一脉相承。

(2)以礼为中心。因对"徐氏之疏,乃详于例而略于礼"[3]不满,故而凌曙就把"疏"的要点放在"礼"上。更为重要的是,凌曙认为只有遵循实事求是的原则,才能求得经典的微言大义,而经典中"事之切实无有过于礼者"[4],因而"礼"不仅反映着"切实"之义,而且乾嘉以来汉学家孜孜以求的"实事求是"之法,也能从考礼疏礼中得到更好的体现。

(3)"序而不断"的结构特点。如《春秋公羊礼疏·凡例》所说:"引先儒之说"且"序而不断"。这表明,凌曙的《春秋公羊礼疏》,在撰写方式上如同《四书典故核》一样,罗列成说而"无去取断语",这也是疏体结构的重要特征。但凌曙还有更深的用意,即在弥补公羊学发展过程中,尤其是徐彦疏中释礼方面的不足,从而彰显公羊学自身的学术价值。

凌曙公羊学的成就还包括《春秋繁露注》一书。一方面,"不熟《公羊》者,则不能读《繁露》"[5];另一方面,《春秋繁露注》在精于校勘的同时,仍以汇聚前贤之见为主,与凌曙素来长于梳理先儒成说的学术风格相吻合。

---

[1]〔清〕刘文淇:《青溪旧屋文集》卷五《凌氏丛书序》,光绪九年(1883)刻本。

[2]〔清〕刘逢禄:《春秋公羊经何氏释例·叙》,嘉庆十七年(1812)养一斋刻本。

[3]〔清〕凌曙:《春秋公羊礼疏·"四月"序》,嘉庆二十四年(1819)蔎云阁刻本。

[4]〔清〕凌曙:《春秋公羊礼疏·"八月"序》,嘉庆二十四年(1819)蔎云阁刻本。

[5] 中国科学院图书馆整理:《续修四库全书总目提要·经部》,第804页。

在清代公羊学发展史上,凌曙是一位上承刘逢禄、李兆洛等人之说,下启陈立的关键性人物。《清儒学案》卷一三一《晓楼学案》认为陈立是"集《公羊》之大成"之人,而陈立公羊学的老师正是凌曙。从这个角度来说,凌曙的学术地位值得首肯。

三、扬州学派后期的学术成就

（一）刘文淇：疏证《左传》旧注,精于舆地之学

刘文淇(1789—1854),字孟瞻,扬州府仪征县人。著有《左传旧疏考正》八卷,《春秋左氏传旧注疏证》八十卷,《项羽都江都考》一卷,《楚汉诸侯疆域志》三卷,《扬州水道记》四卷,与修《〔道光〕重修仪征县志》五十卷等。在经学和史学两方面成就卓著。

1.疏证《左传》旧注

（1）《左传旧疏考正》

在《左传旧疏考正·自序》中,刘文淇对写就《左传旧疏考正》的过程有过清晰的记述:"年二十,始从友人所借得《毛诗疏》,手自缮写。后乃得《十三经注疏》,依次校勘,朝夕研究。窃见上下割裂,前后矛盾,心实疑之久矣。近读《左传疏》,反覆根寻,乃知唐人所删定者,仅驳刘炫说百余条,余皆光伯《述议》也。"故"一依孔氏序例,细加析别",于道光十年(1830)撰成《左传旧疏考证》一书。

序中所说《左传疏》即孔颖达的《左传正义》,"旧疏"则指魏晋南北朝学者疏解之成果。刘文淇要把《左传正义》"所删定"的旧疏设法剥离出来,其方法,正是从"上下割裂,前后矛盾"处着手。如"见《易象》与《鲁春秋》,曰:'周礼尽在鲁矣。吾乃今知周公之德,与周之所以王'",《左传正义》这样解释:"《易象》《春秋》是文王、周公之所制,故见《春秋》知周公之德,见《易象》知周公之所以王也。"刘文淇以为:"孔颖达《周易·序》论爻辞谁作云:'韩宣子见《易象》曰:吾乃知周公之德',引以为周公作爻辞之证,彼以周公之德为叹《易象》与《左氏疏》违,则此非冲远语也。"

这样逐一根寻,凡得二百余条旧疏。由于"六朝诸儒说经之书,百不存

一"[1]，要找寻其说并总结其学术成就相当困难，所以刘文淇所做的工作有着重要的学术意义。论者认为清代治《左氏》学的代表作，"推李贻德《贾服古注辑注》及刘文淇《左传旧疏考证》二书"[2]。

刘文淇本有宏大的学术计划，如同《左传旧疏考证》，"其余《易》《尚书》《毛诗》《礼记》诸疏，犹将次第考正，庶冀六朝旧疏，稍还旧观"[3]。因种种原因而未成，其子刘毓崧承继其学，以遂其志。

（2）《春秋左氏传旧注疏证》

道光八年（戊子）即 1829 年，刘文淇和刘宝楠等人相约各为一部新疏。刘恭冕记述说："道光戊子，先君子应省试，与仪征刘先生文淇、江都梅先生植之、泾包先生慎言、丹徒柳先生兴恩、句容陈丈立始为约，各治一经，加以疏证。"[4]因治《左》有年，《左传》的疏证就由刘文淇担任。

在长期的研究中，刘文淇"覆勘杜《注》，真觉疵瘕横生，其稍可观览者皆是贾、服旧说"[5]。于是，在疏证中，首先要做的工作，也是取得重大成就的便是梳理旧注，如卷一《隐公》之"经元年春王正月"，以为"《正义》以服虔之意谓周室之臣民尊夏、殷之旧主，敬奉前代"之说"诚之非也"，实则"服虔谓于春每月书王以统三王之正，即用刘歆三统之说"。其次，总结清人的治《左》成果，在总汇贾、服等旧注的同时，全书更集清人《左传》训释之大成，"顾、惠补注，及王怀祖、王伯申、焦里堂诸君子说有可采，咸与登列"[6]。再次，刘文淇以为"释《春秋》必以周礼明之"[7]，因此而十分注重以周礼疏证《左传》之文，如卷一的"秋七月，天王使宰咺来归惠公仲子之赗"，就引《礼记》之《曲礼》，以及《仪礼》中《士冠礼》《士丧礼》和《既夕礼》而释。

［1］〔清〕刘文淇：《左传旧疏考正·自序》，道光十八年（1838）刘氏青溪旧屋刻本。

［2］周予同：《群经概论》，岳麓书社 2011 年版，第 56 页。

［3］〔清〕刘文淇：《左传旧疏考正·自序》，道光十八年（1838）刘氏青溪旧屋刻本。

［4］〔清〕刘恭冕：《后叙》，〔清〕刘宝楠著：《论语正义》，第 434 页。

［5］〔清〕刘文淇：《青溪旧屋文集》卷三《与沈小宛先生书》，光绪九年（1883）刻本。

［6］〔清〕刘文淇：《青溪旧屋文集》卷三《与沈小宛先生书》，光绪九年（1883）刻本。

［7］〔清〕刘文淇：《春秋左氏传旧注疏证·注例》，上海图书馆藏稿本。

最后,以"期于实事求是"[1]为旨归,即便对"《疏》中所载尊箸十取其六"[2]的沈钦韩学说,刘文淇仍然精心鉴别,如《成公二年》"入自丘舆",以为顾炎武《日知录》"是三丘舆为三国地"正确而沈钦韩以为"在沂州府费县西"为非。对他人之说也同样如此。

在具体编纂方法上,则沿用焦循《孟子正义》之法,先纂辑长编,继而为提纲,后"创立程限"[3],按计划写作。尽管如此,撰写过程仍十分艰难,"训导公治《春秋左氏传》,作《旧注疏证》,成仅一卷,同知公赓之,府君为助"[4]。"训导公"即刘文淇,"同知公"为其孙刘寿曾,"府君"为刘师培父亲刘贵曾。后来,刘师培对"《左疏》一书不得不速为赓续"[5],亦未完稿。历经四代而坚持疏证一书,为人津津乐道。

《春秋左氏传旧注疏证》虽然仅成一卷,但确立了本书的撰著体例,如"先取贾、服、郑君之注,疏通证明,凡杜氏所排击者,纠正之;所剿袭者,表明之"[6]。还明确了全书的疏证方式,如在《隐公元年》"元年春王正月"句下说:"服氏不注经文,即有经之传,即于传中释经。今既依贾氏之例疏证经文,凡贾氏所不说者,即取服注列于经文之下。其有贾、服连言,亦俱于经中释之,后皆仿此"。且确立了"专释诂训名物典章而不言例"[7]的撰写宗旨。加上全书吸收了《左传旧疏考正》的研究成果,如《疏证·鲁隐公十一年》"及大逵,弗及,子都怒":"系作疏者伪假以难炫者,详《旧疏考正》。"故《春秋左氏传旧注疏正》历来被视为刘文淇研治《左传》之代表作。

撰写《春秋左氏传旧注疏证》之时,刘文淇有撰写《春秋五十凡例》的想法而未成,后由刘寿曾著成《春秋五十凡例表》。此外,刘文淇还著有《尚书传疏大意》一书,列举《尚书》之传和疏"大意",颇便初学。

2.精于舆地之学

[1]〔清〕刘毓崧:《通义堂文集》卷六《先考行略》,《续修四库全书》第1546册,第418页。

[2]〔清〕刘文淇:《青溪旧屋文集》卷三《与沈小宛先生书》,光绪九年(1883)刻本。

[3]〔清〕孙诒让:《籀庼述林》卷九《刘恭甫墓表》,民国五年(1916)瑞安孙氏刻本。

[4]刘师培:《左盦集》卷六《先府君行略》,民国二十五年(1936)《刘申叔先生遗书》本。

[5]刘师培:《致姐夫林宝麟》第一通,载于扬州市图书馆藏《西山林氏来往书简》。

[6]〔清〕刘文淇:《青溪旧屋文集》卷三《与沈小宛先生书》,光绪九年(1883)刻本。

[7]〔清〕刘文淇:《青溪旧屋文集》卷三《与沈小宛先生书》,光绪九年(1883)刻本。

（1）《楚汉诸侯疆域志》

对于项羽所领之地,《史记·项羽本纪》认为"王九郡",《汉书·高帝纪》记为"王梁、楚地九郡"。对此,全祖望以为实指东郡、砀郡、东海郡、泗水郡、薛郡、南阳郡、黔中郡、会稽郡、楚郡,[1]钱大昕以为泗水郡、东阳郡、东海郡、砀郡、薛郡、彰郡、吴郡、会稽郡、东郡。[2]刘文淇在卷一中说:"羽所王之九郡,谓会稽郡、故郸郡、故东阳郡、泗水郡、郯郡、薛郡、砀郡、颍川郡、东郡是也。"[3]进而考出九郡所辖的二百四十八县。

该书卷二为《十八王分地上》,卷三为《十八王分地下》,认为十八王共有二十三郡:汉有巴郡、蜀郡、汉中郡,章邯有陇西郡、北地郡,董翳有上郡,魏豹有河东郡、太原郡、上党郡,申阳有三川郡,赵歇有代郡、云中郡、雁门郡,张耳有巨鹿郡、邯郸郡,黥布、吴芮有九江郡,共敖有南郡,韩广有右北平郡、辽东郡、辽西郡,臧荼有上谷郡、渔阳郡,田都、田安、田市有齐郡、琅邪郡,司马卬有三川郡之北境、河东郡之东境,韩王成仅有颍川十县。进而就日后至汉平帝时一百零三郡国和一千三百一十四县加以考订。

《楚汉诸侯疆域志》有着很高的学术成就,被认为是"清代对西楚九郡研究的集大成"[4]之作。

（2）《项羽都江都考》

《汉书·地理志》:"广陵国,高帝六年属荆,十一年更属吴,景帝四年,更名江都。武帝元狩三年更名广陵。"刘文淇以为,《汉书》所述表明"江都之名景帝以前未之前闻"[5]。可事实上,《史记·秦楚之际月表》"第二格言项羽都彭城,第三格言都江都者,江都乃项羽初都之地也"[6]。

这一考证,就把秦汉之际项羽先都江都、后都彭城的历史做了清晰的梳理,阮元以为"此说甚为新异可喜",且以"文选楼有旧本《史记》,检之,则

［1］〔清〕全祖望:《经史问答》卷八《诸史问目答郭景兆》,嘉庆九年(1804)刻本。

［2］〔清〕钱大昕:《廿二史考异》卷六《汉书一·高帝纪》,陈文和主编:《嘉定钱大昕全集(增订本)》第2册,凤凰出版社2016年版,第107页。

［3］〔清〕刘文淇:《楚汉诸侯疆域志》卷一,光绪十五年(1889)广雅书局刻本。

［4］颜岸青:《项羽之西楚九郡释疑与西楚国疆域变迁考实》,《历史地理》2016年第1期。

［5］〔清〕刘文淇:《青溪旧屋文集》卷四《项羽都江都考》,光绪九年(1883)刻本。

［6］〔清〕刘文淇:《青溪旧屋文集》卷四《项羽都江都考》,光绪九年(1883)刻本。

是元中统二年连《索隐》之板,明明有'都江都'一事"。[1]

（3）《扬州水道记》

对于撰写是书之缘由,刘文淇在《后序》中有过说明:道光十六年春,"李兰卿先生升任山东都转,留扬候代,邀余与吴君熙载至榷署纂《扬州水道记》。余与吴君商订凡例:先运河,次两岸工程,次两岸诸湖"。不料仅隔三月,因李彦章都转猝然病逝而"斯事遂寝"。次年,刘文淇用八个月时间,先成《扬州水道记》四卷,其中卷一、卷二为《江都运河》,卷三为《高邮运河》,卷四为《宝应运河》。

卷首有图十幅:《吴沟通江淮图》《汉建安改道图》《晋永和引江入欧阳埭图》《晋兴宁沿津湖东穿渠图》《隋开皇改道图》《唐开元开伊娄河图》《唐宝历开七里港河图》《宋湖东接筑长堤图》《明开康济、宏济河图》《运河图》,图中还有文字说明。是书凭据丰富的资料,吸收如好友刘宝楠《宝应图经》等有关的研究成果,清楚考述了邗沟至淮安运河水道的历史变迁,兼及沿岸城镇的沿革及风俗民情,是了解运河扬州段发展变化乃至社会生活的重要书籍。阮元赞以"水陆变迁,博览而又有识,故皆精核"[2],确非虚言。

此外,刘文淇还任总纂,修成《〔道光〕重修仪征县志》,体例谨严,引据宏富,成为清代地方名志。

（二）以《论语正义》为代表的刘宝楠之学

刘宝楠(1791—1855),字楚桢,扬州府宝应县人。道光二十年(1840),进士中式,授直隶文安县知县,开始了十六年的为官生涯。道光二十六年(1846),授元氏县知县。咸丰元年(1851),调任三河县知县。所任之地,皆有政声。咸丰五年(1855)病卒。著有《释谷》四卷,《易古训》一卷,《论语正义》二十四卷,《宝应图经》六卷,《汉石例》六卷,《胜朝殉扬录》三卷等。

1.以《论语正义》为代表的经学

[1]〔清〕阮元:《跋》,〔清〕刘文淇:《青溪旧屋文集》卷四《项羽都江都考》附,光绪九年(1883)刻本。

[2]〔清〕阮元:《序》,〔清〕刘文淇:《扬州水道记》卷首,道光二十五年(1845)刻本。

刘宝楠"病皇、邢疏芜陋"[1]，以为南朝梁皇侃《论语集解义疏》和宋代邢昺《论语注疏》征引虽广而芜陋甚多，因此追根溯源，比勘订正，著成《论语正义》一书。

是书征引详博，仅引用之书就达八百余种，所引清人之观点来自百余位总计一百九十多部著作，涉及人数之多，著述之广，此前清人治《论语》者难与匹敌。这是《论语正义》的显著特点，自然也使之成为总结清代乃至整个古代《论语》学研究成果的学术专著。当然，对自家之学，刘宝楠也给予高度的关注，引用"先考典簿君"刘履恂的《秋槎杂记》、"先从叔丹徒君"刘台拱的《论语骈枝》、"先兄五河君"刘宝树的《经义说略》者所在多见。从中，不光可以溯知刘宝楠的学术渊源，也可知《论语正义》乃宝应刘氏三世为学的结晶。

在博综群说中，凝集着《论语正义》的学术要旨：一是长于训诂。引述《说文解字》多达千条就很好地说明了这点。而训诂旨在求是，即使引用段玉裁的《说文解字注》，也一样是非分明，如卷三的释"鄹人"，以为"段氏此辨甚是"，卷十一对"愉"之解，认为"段氏疑为薄乐，非是"。二是汉宋兼容。在《论语正义》中，既能看到惠栋、戴震等汉学家的著述，也能见到孙奇逢、姚鼐等宋学家的观点。虽然所引宋学之论要比汉学著述少得多，但从引用内容来看，也没有作为反面攻击之，而是取其精华并为我所用。三是古今兼采。除引述刘毓崧、俞樾等古文家之书而外，对庄存与、刘逢禄、宋翔凤等常州今文学派的著述也多加称引。四是博引以明礼。就引述与十三经相关的材料而言，更多的是征引三礼传注之书，这反映出了清代学术强调"礼"义内涵的学术走向。

或因为刘宝楠官十六年，"勤于听讼，官文安日审结积案千四百余事"[2]，面对水患更"严督俯治，岁获有秋"，为官元氏时，"茸建坛庙，百废具举，买捕蝗蝻以千金计，县境大熟"，调任三河知县，"兵差络绎，役不扰

---

[1]〔清〕戴望：《故三河县知县刘君事状》，钱仪吉等编，陈金林等整理：《清代碑传全集》下册，第1189页。

[2]〔清〕戴望：《故三河县知县刘君事状》，钱仪吉等编，陈金要等整理：《清代碑传全集》下册，第1189页。

民"，[1]一心忙于政务，影响了学术研究，仅成《论语正义》前十七卷，后七卷则由其子刘恭冕续成。

而编纂的方法，则是"依焦氏作《孟子正义》之法，先为长编，得数十巨册，次乃荟萃而折衷之，不为专己之学，亦不欲分汉、宋门户之见，凡以发挥圣道，证明典礼，期于实事求是而己"[2]。

在撰写《论语正义》之前，刘宝楠还著有《释谷》一书。有关写作此书的缘起、过程及主要内容，刘宝楠在卷前之序中都有叙述："道光二年，予在都中馆汪孟慈农部家，得读歙程氏《通艺录》，其中《九谷考》辨别禾、黍、稷三种最为精悉。余姚邵氏《尔雅正义》犹沿旧说，以稷稷众秫为今之小米，以秬黑黍为今之高粱。……今观其疏，显有驳难之处，是不以程说为然。……予又尝疑《尔雅·释草》九谷俱载，独于麦不载，来牟而载雀麦、蘥麦二种，皆是荒谷，非日用所食九谷。考于麦、豆、麻三谷，亦多阙略。爰于授徒之暇，原本程说，广引群书，旁推交通，作为《释谷》。"读过这篇序文，也就不难理解为什么在《论语正义》中，刘宝楠对《通艺录》所收《论学小记》《九谷考》《沟洫疆理小记》和《尔雅正义》等书至为熟悉的原因了。论及《释谷》的学术价值，曾校此书的丁寿昌所说颇具代表性："此则《经传释词》之所未及，而与《释三九》之义有可相发明者也。"[3]

刘宝楠对其他经典的研究，不论投入的精力还是取得的成就，都无法与《论语正义》相比。但作为其学术的有机组成部分，亦值一述。于《周易》，所著《易古训》以辑录《礼记》《论语》《说文》《庄子》和《淮南子》五书里关涉《周易》的古训为主；于《诗经》，有《毛诗注疏长编》《诗经注疏长编》和《毛诗正义长编》等稿本，辑录三礼等典籍注疏及清人相关的研究成果，是研究刘宝楠《毛诗》学成就最直接的资料；于《礼记》，撰有《郑氏释经例》《经义旁通》和《礼记注疏长编》三部，其中《郑氏释经例》对郑玄《礼记注》内容加以分类抄录，名之《异读》《汉礼》《改字》《古今字》《训诂》《汉律》

---

[1]　刘宝楠：《念楼集》卷一〇《清故三河县知县刘君墓志》，〔清〕刘台拱等著，张连生、秦跃宇点校：《宝应刘氏集》，第369页。

[2]　〔清〕刘恭冕：《后叙》，〔清〕刘宝楠著：《论语正义》，第434页。

[3]　〔清〕丁寿昌：《识》，〔清〕刘宝楠：《释谷》卷首，光绪十四年（1888）广雅书局刻本。

《异本》《天文》等,颇具学术意义。

2.以《宝应图经》为代表的史学成就

在史学领域,刘宝楠也有不凡的成就,撰有《宝应图经》六卷、《汉石例》六卷和《胜朝殉扬录》三卷等书。

《宝应图经》始撰于嘉庆十四年(1809),十四年后成稿,至道光二十八年(1848)定本,前后历经四十年时间。其内容,卷首为《历代县境图》和《历代沿革表》,历考周朝属吴至清代宝应的变迁。卷一《城邑》述射阳城、东阳城、平安城、南齐阳平城和唐宋元明宝应城及其所属儒学、水闸和桥楼等内容,卷二《疆域》述汉射阳,汉西晋东阳,汉平安,西晋射阳,东晋宋射阳、山阳、东阳,南齐山阳,周石鳖,隋安宜,唐宋元明宝应四境辖内之大略,卷三综述宝应水文地理之变迁,卷四为《封建》,卷五、卷六列述人物。其中,卷三所述河渠、水利尤为学者所称道,如宝应境内之邗沟,刘宝楠详细而清晰地罗列了自鲁哀公九年(前486)到万历四十一年(1613)间十三次变迁的情形。之后,“邗沟十三变”甚至成为专门的学术名词,也因此而使《宝应图经》成为专门研究大运河变迁的奠基之作。

《汉石例》成于道光十年(1830),介绍汉碑二百八十余例:卷一至卷三为“墓碑例”,卷四为“庙碑例”,“德政碑例”,“墓阙例”,卷五为“杂例”,卷六为“总例”。与常见著录及考订金石款识诸内容的金石学书籍不同,《汉石例》的重心和特点全在“例”,即总结汉石的行文规则方面,如《碑额书先世例》《碑庙石阙题词例》和《书修学校年月工程例》等。其方法,每述一例,列出根据及出处,且加释说。如卷四《额称循吏例》,先列碑名及出处:“《汉循吏故闻憙长韩仁铭》(《金石萃编》)。”之后引《金石图》以释,以为“铭者,论撰其德善而明著之者也,刊石以名仁之美,斯铭称焉。虽其文辞不叶于声诗,固无害其为铭也”。《汉石例》一书,是继潘昂霄《金石例》十卷、王行《墓铭举例》四卷和黄宗羲《金石要例》一卷之后专治汉代金石之例的又一力作。

在清初“扬州十日”屠城中,史可法就义,守城官民死者甚多。副将亦为嗣子的史得威终未找到史可法遗体,便葬其衣冠于梅花岭下。乾隆三十七年(1772)专建史公祠以祭祀,然从祠之人久而不决。道光十八年(1838)夏,扬州知府李璋煜请刘宝楠“考核史公祠之应从祠者、忠义节孝祠之应补祀者"。因为眼疾,刘宝楠先让儿子刘恭冕"检录史志",后由自己"复加考订",著成《胜朝殉扬录》一书。[1]卷上考录史可法、杨振熙、任民育等"文武官弁",卷中记述张伯鲸、高一麟、高孝缵等"乡官士民",卷下备列刘肇基妻、曲从直妻、周志畏妻等"文武官弁及乡官士民妇女"。全书共登录几百名死难者名字及其史事,是研究扬州士人抗清的重要史料。

(三)"淹通经史"的刘毓崧之学

刘毓崧(1818—1867),字伯山,一字松崖,刘文淇子,扬州府仪征县人。咸丰九年(1859),绝意进取。同治二年(1863)底,经汪士铎举荐,刘毓崧入曾国藩幕,以校书为己任。著有《周易旧疏考正》一卷、《尚书旧疏考正》一卷、《王船山先生年谱》二卷,校勘《旧唐书》和《舆地纪胜》,与修《〔道光〕重修仪征县志》等。

1. 以考正"六朝旧疏"为主的经学

在完成《左传旧疏考正》以后,刘文淇原计划就"其余《易》《尚书》《毛诗》《礼记》诸疏,犹将次第考正。庶冀六朝旧疏,稍还旧观云尔"。惜未如愿。刘毓崧秉承父志,追寻"六朝旧疏",撰成《周易旧疏考正》《尚书旧疏考正》《禹贡旧疏考证》《毛诗旧疏考正》《礼记旧疏考正》和《周礼旧疏考正》诸书。

在繁杂的疏文中披寻六朝学者之说并非易事,刘毓崧在艰辛校书之余却做到了。之所以能取得成功,在于他有一套行之有效的辨识方法。约略总结,主要有六条:

一是若唐人注疏之义前后相背者必为六朝旧疏。因唐人之义疏如《正义》"专主一家"[2],"若唐人主前说,则必不引后说以自驳;若唐人主后说,则必不存前说以自歧。盖前疏之说与后疏之说,皆六朝旧疏,非唐人笔也"[3]。如《周易旧疏考正·六三困于石据于蒺藜入于其宫不见其妻凶》条:"彼疏以'石'为六三,'蒺藜'亦为六三;此疏以'石'为九四,'蒺藜'为九二,

---

[1]〔清〕刘宝楠辑:《胜朝殉扬录·序》,同治十年(1871)淮南书局刻本。

[2]〔清〕刘毓崧:《周易旧疏考正·咸亨利贞取女吉》,光绪十四年(1888)《皇清经解续编》刻本。

[3]〔清〕刘毓崧:《周易旧疏考正·象曰栋隆之吉不桡乎下也》,光绪十四年(1888)《皇清经解续编》刻本。

二说迥不相同。《易》疏及《春秋》疏,俱唐人所删定,而其说互异者,二疏皆六朝旧疏,非唐人语也。"

二是孔颖达疏《尚书》遵从孔安国之《尚书孔氏传》,凡"与传说不同,必六朝旧疏"[1]。如《尚书旧疏考正·肆祖甲之享国》:"毓崧案:传谓殷家祖其功,疏谓殷家未必祖其功。疏说与传说不同,必是六朝旧疏,非唐人笔也。"

三是证以它书而辨识。如《隋书·经籍志》成书于前,而孔氏《正义》成之于后,故《经籍志》记为亡佚之书而《正义》引用者,则为"六朝旧疏"。如《周易旧疏考正·乘马班如匪寇婚媾》引马融之说以疏,刘毓崧指出:"《隋书·经籍志》云:汉南郡太守马融注《周易》一卷,亡。孔冲远预修《隋书》在贞观十年,其时马融《易》注已亡,后二年而作《正义》,安得见而引之?故知此疏所引非唐人笔也。"

四是依据名物辨识。如使用"大隋"这一用语,刘毓崧在《尚书旧疏考正·鞭作官刑》中认为:"《尚书正义》作于贞观十二年,删定者皆系唐臣,其时隋亡已久,称述隋代之事,不当仍云'大隋',此疏必隋人之笔,非唐人之笔也。"

五是依据学术风尚辨识。如《尚书旧疏考正·静言庸违象恭滔天》:"唐人作疏,不敢轻议注家,岂敢疑经疑圣?此疏云'虞史欲盛彰舜德,归过前人',是疑《尚书》也;又云'春秋史克以宣公比尧,辞颇增甚',是疑《春秋传》也;又云'知此等并非下愚,未有大恶',是疑尧、舜也。以此疏推之他疏,凡疑本经、疑他经、疑圣人者,皆六朝旧疏,非唐人笔也。"

六是依据行文规则辨识。在《尚书旧疏考正·曰若稽古皋陶》中,刘毓崧以为,孔颖达在详疏该文之后,却说"顾氏亦同此解",这与常理不合,"顾氏在唐人前,唐人果以顾说为然,则当详载顾说,而云己意与同,岂有详述己说而转略顾说之理?故知所谓'亦同此解'者,顾氏同于旧疏之说,非同于唐人之说也"。

其实,刘毓崧只是这些方法的运用者,创始人则为其父刘文淇,他在《左传旧疏考正》中均有所用。如卷五《传公患之穆叔曰被殡而襚则布币也》

---

[1] 与此相同或类似之语,文中不少,这里仅注一处:〔清〕刘毓崧:《尚书旧疏考正·武王胜殷杀受》,《续修四库全书》第50册,第219页。

的"自相矛盾,必不其然",卷七《传收介特》"规杜过,则此疏为光伯旧文可见",卷一《年有四时故错举以为所记之名也》"冲远等预修《隋书》,时李巡注已亡,故知此疏所引,非唐人笔也",卷一《春秋序》疏文"直云南人,此亦为旧疏之一证也",卷五《歌钟二肆》"若前为唐人语,所谓'云云同'者,将谓光伯在冲远之后而'同'之哉? 故知前为旧疏也",卷四《朝而献功于是有容貌采章嘉淑而有加货》"光伯语本一气承接,插注此辞,于文不顺,删改之迹显然可见也"等。当然,刘文淇所使用的方法实不止于此,他还从使用"义赞"术语、"重叠"行文、比较版本等方面追踪六朝旧疏,但主要的方法确为刘毓崧继承和熟练使用,正如〔民国〕江都县续志》卷二七《刘文淇》附《刘毓崧》传中所说:"文淇尝考订《左传》旧疏,因承其义例,著《周易》《尚书》《毛诗》《礼记旧疏考正》各一卷。"

刘文淇和刘毓崧父子的还原六朝旧疏之学,是对王鸣盛《尚书正义》中"大隋开皇之初"一语为"隋儒语"而"未经删净元文"[1]学说的继承,对研究唐以前尤其是六朝经学和孔颖达等人的学术研究都有着重要意义。

2.以校勘和年谱为主的史学

除与修《〔道光〕重修仪征县志》外,刘毓崧还和父亲一道校勘过不少史学名著,其中尤以宋代嘉定《镇江志》、元代至顺《镇江志》和《旧唐书》最为有名。

因家藏两部宋、元《镇江志》,阮元于"嘉庆间,曾经进呈内府。又录两副本,一藏家中文选楼,一藏焦山书藏,以待有志者刊之"[2]。后"因包君景维刊刻是书,相国阮公命文淇及子毓崧重加校正"。而在校勘时,刘氏父子"反覆详校,其有彼此互淆、前后倒置者,番加厘正,而仍载原文于《校勘记》,并述其所以改易之故"。[3]如《嘉定镇江志校勘记上》卷六"从舅原均(抄本

---

[1] 王鸣盛:《尚书后案》卷二七《宫辟疑赦其罚六百锾阅实其罪》,乾隆四十五年(1780)礼堂刻本。

[2] 〔清〕刘文淇:《校刻宋元〈镇江府志〉序(代)》,〔清〕刘文淇等著,吴平等整理:《仪征刘氏集》,广陵书社2018年版,第61页。

[3] 〔清〕刘文淇:《宋元〈镇江志〉校勘记序》,〔清〕刘文淇等著,吴平等整理:《仪征刘氏集》,第63页。

'舅'作'旧')"明所改正之处:"案:'旧'字义不可通,今据《全唐诗》所载权德舆诗序改正(卷十四参军权少清条云:以事长者,抄本'长'作'见',今亦据《全唐文》所载权德舆序改正)。"继为"孔子福地记云(抄本无'地'字)"述所"补入"之字:"案:《太平寰宇记》润州延陵县条下所引有'地'字,今据以补入。"又如《〔至顺〕镇江志校勘记下》卷十二"齐永安陵(抄本作'宋安陵')":"案:下文注云:高祖父讳承之字嗣伯,母陈氏讳道止,陵曰永安。以《齐书》及《南史》证之,永安陵乃齐高祖之父萧承之所葬,抄本'永'误作'宋',又脱去'齐'字,遂与史传不合,今改正。"经刘文淇和刘毓崧的校勘,宋、元《镇江志》成为清代精校名志。

与所校《镇江志》不同,《旧唐书》虽为刘文淇、罗士琳、刘毓崧、陈立同校而成并留有《校勘记》六十六卷,却在目录中标明了各自所校的卷目,这为总结学者的校勘成就提供了便利。其中,刘毓崧共校勘二十卷:卷一三、一四《音乐志》,卷二四至二六《职官志》,卷二八、二九《经籍志》,卷四八至卷六〇《列传》部分。查检所校,刘毓崧以校勘异文为主,如卷五五《白居易》"上下通而二气泰"的"《全唐文》'二'作'一'"等。若难以判断,则存疑"俟考",如同卷"下不以歌泄道人情":"张本'道'上空一字,云本作'泄',非是,今阙,以俟考。按:《英华》《全唐文》'道'作'导'。"

此外,刘毓崧还负责《船山遗书》"覆校稿本"的工作,对"已刻、未刻各书,除未经覆校者六种,余五十五种,皆检其所引原书、所用故实,为之校勘"[1]。进而著成《王船山丛书校勘记》两卷,对其间讹误加以校订。如卷二校《宋论》卷六《神宗》"王莽进汉宫而言周公":"'宫',当作'公','进汉宫',谓进爵安汉公。彼时即有省'安'字而但称汉公者,如《杨子法言·孝治篇》云'周公以来,未有汉公之懿也',宋咸注云:'汉公,王莽也。'是其证矣。"

在校勘《船山丛书》之后,刘毓崧"复采录群书"[2],于同治四年(1865)十一月编成《王船山先生年谱》。在对王氏"系出太原","始祖仲一,扬州高邮人",祖王成于永乐间"始迁于衡阳"等家世简要介绍的基础上,就王夫

────────────

[1]〔清〕刘毓崧:《王氏船山丛书校勘记自序》,〔清〕刘文淇等著,吴平等整理:《仪征刘氏集》,第496页。

[2]〔清〕刘毓崧:《王船山先生年谱·自序》,光绪十二年(1886)江南书局刻本。

之自明万历四十七年(1619)之九月初一日生,至康熙三十一年壬申(1692)先生七十四之正月初二日卒之生平做了全面梳理。既述其十四岁取为廪生入学、次年参加乡试等重要活动,又注重其学行如顺治三年(1646)二十八岁时"始有志于注《易》"[1]等事,更关注顺治八年(1651)"决计隐遁"[2]后"征辟屡至,坚辞不就"[3]以著述的心路历程。虽在卷首《自序》中述及书中资料的七点"不足",却为研究王夫之的第一部年谱,从中能对王夫之一生之要事、要著等有较全面的认识,确如曾国荃所说,"事迹多采之先生《遗书》,掇其只辞片语,想像得之,虽不免于罣漏,要其平生梗概略备矣"[4]。

(四)从汉学走向宋学的成蓉镜

成蓉镜(1816—1883),字芙卿,晚号心巢。本名蓉镜,父母丧后改名为孺。大约在同治四年(1865),成蓉镜入曾国藩幕校勘书籍。同治末年离开曾幕,官至知县。光绪六年(1880),主讲于长沙校经堂,三年后故去。著述众多,在经学、史学和历算方面都取得较高成就。

1.以考证名物、历谱和地理为主的经学

冯煦在《成先生行状》中总结了成蓉镜的学术历程:"先生学凡三变,二十攻词章,三十攻考证,四十攻义理。"于汉学,对《易》《诗》《书》《春秋》"三礼"《论语》《孟子》和《尔雅》都有研究,主要集中在训解名物、考证历谱和研究《禹贡》三个方面。《郑志考证》就当初郑玄答疑之语加以引证和诠释,《心巢文录》的《释亏》《释众》《释针箴》《释饭鬻》《释饼饵》《释祭名》等文更属考证名物典制的得力之作;在考证历谱上,《春秋日南至谱》以四分历研究历法;研究《禹贡》则集中体现在《禹贡班义述》一书之中,用以史证经之法,专述存于《汉书·地理志》中的《禹贡》古义。在音韵学方面,"分二呼"即"开口呼"与"合口呼",而"经以四等,纬以三十六母"[5],著成《切韵

---

[1]〔清〕刘毓崧:《王船山先生年谱》卷上,光绪十二年(1886)江南书局刻本。
[2]〔清〕刘毓崧:《王船山先生年谱》卷上,光绪十二年(1886)江南书局刻本。
[3]〔清〕刘毓崧:《王船山先生年谱》卷下,光绪十二年(1886)江南书局刻本。
[4]〔清〕曾国荃:《序》,〔清〕刘毓崧:《王船山先生年谱》卷首,光绪十二年(1886)江南书局刻本。
[5]〔清〕成蓉镜:《切韵表·序》,南京图书馆藏《成氏遗书》稿本。

表》,计有二百零六韵。

成蓉镜晚年转而专于宋学,所著《太极衍义》《我师录》《必自录》《庸德录》《明明德解义》和《紫阳学则》皆为深于宋学之作,即如《心巢困勉记》《论语论仁释》和《国朝师儒论略》等,也多有称誉宋学之说。其说以“太极”为核心且大加首肯,认为周敦颐《太极图说》中“无极而太极,太极本无极”二语“启千古未发之秘”[1],并且对后世产生了深远的影响。这是《成书遗书》把《太极衍义》置于卷首的重要原因之一。

在清代扬州学术发展史上,成蓉镜之学颇具特点。其学术方向的转变尤为与众不同。无论是汪中、任大椿从文学走向汉学,还是刘台拱、阮元从宋学走向汉学,抑或是李惇、朱彬、江藩着力于汉学,其治学的方向,总是以汉学为归宿。而成蓉镜从文学到汉学,终归于宋学,这体现出扬州学派走向终结及以曾国藩为代表的湖湘学派推尊汉宋兼容学风的变化。

2.以《史汉骈枝》为主的史学

在史学方面,如其经学,成蓉镜所著多简要,如《史汉骈枝》《宝应文苑事略》和《宝应儒林事略》等。

《史汉骈枝》共有十七条,对《史记》《汉书》《续汉书》和《后汉书》相关字词提出己见。如《史记·五帝本纪》“登丸山”之“丸”,或作“丹”,或作“凡”,或作“桓”,乃“字相类,音从字变”使然,郦道元《水经注》以为朱虚“城东北二十里有丹山”之说为误等,颇有见地。

《宝应文苑事略》主要简述了朱四辅、刘以化和汤廷颂至刘履恂、潘湘和乔载繇等二十余位宝应学人的文学成就,略及生平而详于诗风,如以乔亿之诗“早宗六朝三唐,晚年肆力于杜”等,颇为精要。另将直隶刘以樟、山东孔继鑅两位寓居宝应之诗人附于卷末。

《宝应儒林事略》收于《心巢文录》之中,实仅朱泽沄传一篇,对其交游、学行简以述之,指出其“道问学莫如朱子,尊德性亦莫如朱子”的学术旨趣。

成镜蓉还著有《国朝师儒论略》《国朝学案备忘录》和《国朝学案目录》等书,以总结清代学术。

---

[1] 〔清〕成蓉镜:《太极衍义》,南京图书馆藏《成氏遗书》稿本。

3.以《尚书历谱》为主的历算之学

在历算方面,成蓉镜著述亦多,如《尚书历谱》《春秋日南至谱》和《春秋世族谱拾遗》等。

《尚书历谱》就商大甲元年、周文王受命元年、武王伐纣之年、周公居摄之年等,都作了具体的考证,对阎若璩、钱大昕等人释历之说也多有纠正,以为成于汉季的《世经》,其间所记"四分,春秋古术之仅存者"[1]是可信的,还就"望日生霸,望后一日曰旁生霸,则望前一日当曰哉生霸"[2]等术语予以释说。

有感于"儒者据二千年后之历率议其先天"[3]的状况,成蓉镜就《春秋》所记"日南至"时间,用四分历和三统历加以对比,列成一目了然的简表,著成了《春秋日南至谱》。而《春秋世族谱拾遗》等,"取以校陈氏之书,录其足相补正者"[4]。

第三节　晚清时期的扬州学术

一、糅合传统的太谷之学

嘉、道年间,安徽石埭人周谷创立了以儒为主,兼收佛、道的太谷学派,后在扬州以行医为名宣传学说。周谷去世以后,门徒分南、北两派传播其学,张积中"还道于北",为北派传人,在山东肥城、长清、淄川等地聚众讲学;李光炘"传道于南",为南派传人,在扬州、泰州诸地收徒为学,颇具影响。[5]

（一）"还道于北"的张积中

张积中(1806—1866),字子中,号石琴,扬州府仪征县人。周谷去世后,遵从"还道于北"的遗命,于咸丰六年(1856)北上山东,在肥城、长清间的黄崖山上筑石为寨,传授其说,世谓"黄崖教"。同治五年(1866),山东巡抚阎

---

[1]〔清〕成蓉镜:《春秋日南至谱》卷首《叙》,南京图书馆藏《成氏遗书》稿本。

[2]〔清〕成蓉镜:《尚书历谱》,南京图书馆藏《成氏遗书》稿本。

[3]〔清〕成蓉镜:《春秋日南至谱》卷首《叙》,南京图书馆藏《成氏遗书》稿本。

[4]　中国科学院图书馆整理:《续修四库全书总目提要·经部》,第792页。

[5]〔清〕谢逢源:《龙川夫子年谱》,方宝川编:《太谷学派遗书》第一辑第三册,江苏广陵古籍刻印社1997年版,第47页。

敬铭以聚众不轨为由派兵万余围攻黄崖,张积中与亲眷及弟子二百余人自焚而死。传道之余,张积中勤于为学,在经学、佛学、道学和文学方面均多建树。

1.《张氏遗书》和《十三经六书说文略》所涵经学

从著述名称可知,张积中对《尚书》《春秋》和四书学有所成,均有专书。可惜的是,《尚书释义》《春秋释义》和《四书释义》未见,仅可从《内注七篇》《张氏遗书》和《所见集》等书中窥其一斑。

《内注七篇》多释《易》义,如《学之节自注内注》的"大赤,气也,《乾》之纲而象北辰者也;大黑,精也,《坤》之纲而象南辰者也"[1]等。此外,《张氏遗书》时见释说五经之说。如卷上释《周易》之"系辞说"条,以为"《易》之分上、下'系'也,盖继往开来之义也"[2]。"数往知来说"条以为"八卦者,⊙(读易)之分形也"[3]。卷下解《易·坤·上六》之"龙战于野,其血玄黄":"'龙',犹欲也;'野',犹理也;'其血',气血也;'玄黄'者,性情之别名也。乾、坤毁裂而后见闻生,理、欲战攻而后性情出。"[4]又在《众妙之门》之《题河图首》中说:"念珠百八自循环,我坐蓬莱顶上看。"[5]释《尚书》者,如卷上"洪范"条,以为"合德曰'中',用于民曰'庸',《洪范》本'中'而言'庸',盖天人之几亦所以挟治平之奥也。"[6]释《诗经》者,如卷上之"十五国之风,始以《关雎》,终以《七月》,王化之后先也"[7]。解《春秋》一书,以为"《春秋》,知命之学也",而"孔子成《春秋》而乱臣贼子惧,断以义也",以为《春秋》三传中,"左丘明之为《传》也,文也,纪其事;公与穀之为《传》也,文也,壹乎文"[8]。在礼方面,张积为以为"《春秋》之义,一言以尽之,曰礼"[9],而

————————

[1]〔清〕张积中:《张氏遗著三种》之《内注七篇》,方宝川编:《太谷学派遗书》第一辑第二册,江苏广陵古籍刻印社1997年版,第5页。

[2]〔清〕张积中:《张氏遗书》卷上,方宝川编:《太谷学派遗书》第一辑第二册,第18页。

[3]〔清〕张积中:《张氏遗书》卷上,方宝川编:《太谷学派遗书》第一辑第二册,第51页。

[4]〔清〕张积中:《张氏遗书》卷下,方宝川编:《太谷学派遗书》第一辑第二册,第240—241页。

[5]〔清〕张积中:《张氏遗书》卷下,方宝川编:《太谷学派遗书》第一辑第二册,第201页。

[6]〔清〕张积中:《张氏遗书》卷上,方宝川编:《太谷学派遗书》第一辑第二册,第71页。

[7]〔清〕张积中:《张氏遗书》卷上,方宝川编:《太谷学派遗书》第一辑第二册,第115页。

[8]〔清〕张积中:《张氏遗书》卷上,方宝川编:《太谷学派遗书》第一辑第二册,第131、132、139页。

[9]〔清〕张积中:《张氏遗书》卷上,方宝川编:《太谷学派遗书》第一辑第二册,第137页。

对于"三礼"的研究,张积中引《礼记·乐记》"黄钟大吕弦歌干扬也,乐之未节也"诸文,撰有《律吕考正》专篇,以为"黄钟为万事根本,盖黄钟建子复之义也"等说,引《周易参同契》等书而论,不为无据。

于四书,对《大学》之见,有"读'古之欲明明德于天下者'二节,可以见《大学》之次第"[1]等说。《中庸》有"君子之道,费而隐",而张积中在诗文中对"隐"多有所及,如"程、朱隐王,见道各有浅深,要皆明道人也"[2]等。于《论语》,《张氏遗书》卷上收有《论语三十六虚声注》,对而、之、其、以、莫等三十六个"虚声"简以注释,如《乎》:"乎,呼也,象《离》☰,--(读黑)象黑。呼,大黑而亅(读散)之曰乎。"[3]有关释《孟》之说,则散见于诸条之中,如《张氏遗书》卷上《或问孟子道性善》的"《系辞》曰:'继之者善也,成之者性也。'孟子之言,盖本乎此"[4],以及《白石山房语录》中的"孟子之学,以穷理积义为工夫,以不动心为效验"[5]等论述。

此外,还有通释十三经之文字者,《十三经六书说文略》即其中之一。该篇就天、地、人、物、男、女等一百一十八"文"加以诠释,如释"儒":"儒从需,云上于天之象也。从人,人道立而上达乎道,有需之象焉,儒之谓也。"[6]每字之释简明扼要,确合"略"意。其目的,在于"有补于初学"[7]而已。

由上大体能明张积中解经的特点。一是继承传统之说以释儒经,如以"王化"释《诗》等;二是汉宋兼具,如以训诂释字、以性理解经等;三是倡导符号学说,"⊙(读易)"和"--(读黑)"等即属此类;四是引佛以释经,如以"念珠百八自循环"释《易》中"河图"等。当然,对前人不当之说,如朱熹以

[1]〔清〕张积中:《张氏遗著三种》之《所见集》,方宝川编:《太谷学派遗书》第一辑第二册,第23页。

[2]〔清〕张积中:《张氏遗书》卷下《复徐梦卿》,方宝川编:《太谷学派遗书》第一辑第二册,第333页。

[3]〔清〕张积中:《张氏遗书》卷上,方宝川编:《太谷学派遗书》第一辑第二册,第145页。

[4]〔清〕张积中:《张氏遗书》卷上,方宝川编:《太谷学派遗书》第一辑第二册,第67页。

[5]〔清〕张积中:《白石山房语录》卷上,方宝川编:《太谷学派遗书》第一辑第二册,第34页。

[6]〔清〕张积中:《张氏遗书》卷上《十三经六书说文略》,方宝川编:《太谷学派遗书》第一辑第二册,第163页。

[7]〔清〕张积中:《张氏遗书》卷上《六书说文略序》,方宝川编:《太谷学派遗书》第一辑第二册,第156页。

来的"叶音说",张积中亦加责难:"叶韵非古也,叶以求音,字非其真,文非其理,诵不成声,《诗》教也乎哉?"[1]

2.佛学与道学

张积中认为,儒、佛、道为三教,各有旨趣:"教已分三,其教既异,道亦不同。学佛而不髡缁,于佛之气脉必不贯矣。学道而不黄冠,于道之气脉必不贯矣。于必不贯之势而欲于兵农礼乐之身,希冀乎作佛升仙之路,明其理则可,成其道则难。"[2]太谷学派以儒为主,又汲取了佛、道意涵,故有"吾门之学,当与二氏参看"[3]之说。正因为如此,张积中对佛学与道学多所成就。

在佛学方面,首先重视和研究《楞严经》。一方面,批点《楞严经释义》一书。《楞严经》全称《大佛顶如来密因修证了义诸菩萨万行首楞严经》,为佛教之精髓,有修行大全之誉。对《楞严经释义》一书,张积中至为重视,"每卷皆于经文旁加圈,有单、联圈之分。以眉批的形式释说经内,主要是据性理而谈,简明扼要,涵义甚深"[4]。另一方面,对《楞严经》多有所论,如《白石山房诗抄》有《论佛法书楞严经后》诗十二首,第五首:"口口相传法最严,目楞空处是金仙。交光却有千千镜,照彻西方别样禅。"[5]其次,撰成研究专篇,如《禅定说》:"一尘不染是名曰禅,一念不生是名曰定;慧光朗照是名曰禅,清净本然是名曰定;差别微细是名曰禅,敷坐晏安是名曰定。禅者观也,定者止也,非观不止,非止不观,即止即观,即观即止。"[6]

在道学方面,著有《老子释义》和《庄子释义》,惜未见,但其对道学元典《老子》和《庄子》深有研究当无疑。从所见序跋和信札能了解张积中的

[1]〔清〕张积中:《张氏遗书》卷上《诗经叶韵辩》,方宝川编:《太谷学派遗书》第一辑第二册,第129页。

[2]〔清〕张积中:《张氏遗书》卷下《与秦云樵书》,方宝川编:《太谷学派遗书》第一辑第二册,第310—311页。

[3]〔清〕张积中:《张氏遗书》卷下《与子功书》,方宝川编:《太谷学派遗书》第一辑第二册,第339页。

[4]方宝川编:《太谷学派遗书》第一辑第二册卷首《张积中及其著述》,第16页。

[5]〔清〕张积中:《白石山房诗抄》卷一《论佛法书楞严经后》,方宝川编:《太谷学派遗书》第二辑第一册,江苏广陵古籍刻印社1998年版,第58页。

[6]〔清〕张积中:《张氏遗书》卷下《禅定说》,方宝川编:《太谷学派遗书》第一辑第二册,第220页。

道学见解。如对《老子》一书的精义及其价值，张积中在《道德经序》中有过这样的表述："礼始于太乙，故曰抱一。一始于妙，妙始于窍"，而"妙窍之谓阴阳，妙谓之艮，窍谓之兑，天得一谓之乾，地得一谓之坤，谷得一谓之中，谓之谷神。"[1]其诗亦有《庄子》一首："漆园一望何逍遥，凭虚来往身翛翛，入水不濡火不焦。培风六月搏扶摇，云将海若来相招。吁嗟乎！鱼非我，周化蝶，下士为之在蚊睫。"[2]

张积中对佛、道各有所重多有所述。如"尽禅之义在一'提'字，尽玄之义在一'放'字。二氏入手心法如是"[3]，"玄教只谈了个生，所以能长生；佛教只谈了个灭，所以能寂灭"[4]等。

3.重"其声"的诗风和"兴观群怨"之词学观

张积中之文，多载于《白石山房文抄》之中。其行文，语句简练而喜用排比，如卷一《汶上憩园记》："名园之盛，昔则洛阳，今扬州耳。然而金谷之靡贫，弗能居也；辋川之僻宦，弗能游也。"[5]又多及佛、道之说，如卷四《复徐梦卿》一信可见端倪："老氏言养气，盖修身之义也；佛氏言见性，盖尽性之义也。二者皆可以至命，故曰我命在我。圣人则穷理尽性以至于命，盖兼而修之也。"[6]从中可看出张积中以儒经为基石而综论儒、佛、道的为文特质。

这种深含佛、道的宗教意蕴，在张积中诗中也有很深的印记。除前述《论佛法书楞严经后》这样典型的弘佛之诗外，其余诗篇中也有明显的宗教色彩，譬如《舟中见折枝白莲有感》："非空非色水中仙，缟袂风裳态宛

---

[1]〔清〕张积中：《张氏遗书》卷上《道德经序》，方宝川编：《太谷学派遗书》第一辑第二册，第141页。

[2]〔清〕张积中：《白石山房诗抄》卷三《游仙诗·庄子》，方宝川编：《太谷学派遗书》第二辑第一册，第193—194页。

[3]〔清〕张积中：《张氏遗书》卷下《与秦云樵书》，方宝川编：《太谷学派遗书》第一辑第二册，第316页。

[4]〔清〕张积中：《白石山房语录》卷上，方宝川编：《太谷学派遗书》第一辑第二册，第15页。

[5]〔清〕张积中：《白石山房文抄》卷一《汶上憩园记》，方宝川编：《太谷学派遗书》第二辑第一册，第59页。

[6]〔清〕张积中：《白石山房文抄》卷四《复徐梦卿》，方宝川编：《太谷学派遗书》第二辑第一册，第458页。

然。今日玉容抛弃尽,教人增恨又增怜。"[1]看似咏叹莲花形态,实则论述"色""空"佛理,并且,从中也能感受到张积中注重自然而借景言志的特点。而在诗风上,张积中主张既要重"其声",即"诗宣以声,失其声而华焉,弗尚也;字运以神,失其神而貌焉,弗贵也"[2],又要重"性情":"诗者,风也。在天为风,在人为气。气之激越者,其言多慷慨;气之缠绵者,其言多婉曲;气之戚者,其言多哀;气之清者,其言多远。盖有真焉,不可没也,皆发于性情者也。"[3]

在词的方面,张积中用力颇多。其一,著有《白石山房诗余》。该集收其词作十八首,多为悲怀感伤之作,如《采桑子·秋海棠》:"断肠诗句从头诉,细雨阶前。可有人怜,一院西风不卷帘。旧愁新恨知多少,翠冉红娟。都在眉尖,寸寸酸心未敢言。"显而易见,继承的仍是婉约词风。其二,编有《浅碧山房词选》两卷。上卷选李白等人之词一百五十余首,下卷选陈克等人之词一百三十余首,以唐、宋词家为主。之所以把李白的《菩萨蛮》和《忆秦娥》居于首位,是因为"词者乐府之遗也,青莲工乐府而结体适得乎是"[4]之故。其三,倡导"兴观群怨"之词学观。《论语·阳货》曾有"诗,可以兴,可以观,可以群,可以怨"之述,后世多借之表达诗词之观,张积中以之作为《浅碧山房词选》的标准,"为兴观群怨之一助云尔"[5]。

(二)"传道于南"的李光炘

李光炘(1808—1885),一名光昕,字晴峰,号平山,道号子炘,又号群玉山人、甘草山人,晚号龙川老人,学者称"平山先生"或"龙川夫子",扬州府

---

[1]〔清〕张积中:《白石山房诗抄》卷一《舟中见折枝白莲有感》,方宝川编:《太谷学派遗书》第二辑第一册,第143页。

[2]〔清〕张积中:《白石山房文抄》卷一《偕博兄取环斋公遗墨勒诸石命跋》,方宝川编:《太谷学派遗书》第二辑第一册,第37页。

[3]〔清〕张积中:《白石山房文抄》卷二《论诗》,方宝川编:《太谷学派遗书》第二辑第一册,第246页。

[4]〔清〕张积中:《白石山房文抄》卷二《题浅碧山房词选后》,方宝川编:《太谷学派遗书》第二辑第一册,第141页。

[5]〔清〕张积中:《白石山房文抄》卷二《题浅碧山房词选后》,方宝川编:《太谷学派遗书》第二辑第一册,第143页。

仪征县人。遵从周谷之命，李光炘"传道于南"，并在经学和文学两方面用力尤多。

1.融"二氏"通俗以释的经学

或因焚毁之故，未见李光炘的经学专书。因此，仅由后人整理之遗作及批注，梳理其经学成就。

《龙川弟子记内编》记录着李光炘的经学之见。如论五经，以为《周易》"彖曰太始，象曰太初，龙曰太先。象教言，象教行，龙教变化"[1]，以为"《礼记》一部如廿一史，然是说人的念头"[2]。又如论四书，以为《大学》之"知止，戒也；定者，空也；静者，慧也"[3]，《中庸》"鱼善饮，羊善食，故曰鲜能知味也"[4]，而"《论语》总钥是能近取譬，《孟子》总钥是反身而诚"[5]，至于《孟子》中的"浩"和"然"，"'浩'从水从牛，'然'从火从犬，《易》之所谓'归藏'也，'连山'也，道家谓之戊己也，佛氏谓之水火也"[6]。相比于《龙川弟子记内编》，《龙川弟子记》条目较多，所言略详。譬如述《易》："一部《易经》，不过说的是日月。仲尼，日月也；伏羲、文王、周公，日月也；释迦、老子，日月也。"[7]解《书》："《尧典》与《曾子》《大学》一鼻孔出气。"[8]释《诗》："《周

---

[1]〔清〕李光炘著，〔清〕谢逢源编：《龙川弟子记》，方宝川编：《太谷学派遗书》第一辑第三册，第2页。

[2]〔清〕李光炘著，〔清〕谢逢源编：《龙川弟子记》，方宝川编：《太谷学派遗书》第一辑第三册，第10页。

[3]〔清〕李光炘著，〔清〕谢逢源编：《龙川弟子记》，方宝川编：《太谷学派遗书》第一辑第三册，第10页。

[4]〔清〕李光炘著，〔清〕谢逢源编：《龙川弟子记》，方宝川编：《太谷学派遗书》第一辑第三册，第11页。

[5]〔清〕李光炘著，〔清〕谢逢源编：《龙川弟子记》，方宝川编：《太谷学派遗书》第一辑第三册，第15页。

[6]〔清〕李光炘著，〔清〕谢逢源编：《龙川弟子记》，方宝川编：《太谷学派遗书》第一辑第三册，第23页。

[7]〔清〕李光炘著，〔清〕谢逢源编：《龙川弟子记》，方宝川编：《太谷学派遗书》第一辑第三册，第93页。

[8]〔清〕李光炘著，〔清〕谢逢源编：《龙川弟子记》，方宝川编：《太谷学派遗书》第一辑第三册，第103页。

南》,至圣之德,《召南》,亚圣之德。"[1]论《大学》:"《曾子》《大学》言好慈,即孔子之忠恕也。好要忠,慈要恕。"[2]

这些看法,虽属片言只语,但从中能看出李光炘治经的一些特点:解经以概说其旨和阐释要语为核心,不纠缠于具体的篇目字句;纵然关注文字训诂,然重在微言大义,深受理学影响;解释中,往往以儒为主而又联系佛、道二氏而合说。以上,是李光炘经学的显著特点。

除上述零星的记述而外,李光炘治经所见较集中于《李龙川批注四书集注》。如批注《大学》之"止""至善""明明德"和"新民"时指出:"'止'者,必至于是而不迁之意;'至善',则事理当然之极也;言'明明德''新民',皆当至于至善之地而不迁,盖必其有以尽夫天理之极而无一毫人欲之私也。此三者,《大学》之纲领也。"[3]如批注《中庸》篇名二字之意:"子程子曰:'不偏之谓中,不易之谓庸。中者,天下之正道;庸者,天下之定理。'此篇乃孔门传授心法,子思恐其久而差也,故笔之于书,以授孟子。其书始言一理,中散为万事,末复合为一理。"[4]批注《论语·学而》的"君子食无求饱,居无求安,敏于事而慎于言,就有道而正焉,可谓好学也已":"'好',去声。不求安饱者,志有在而不暇及也。敏于事者,勉其所不足。慎于言者,不敢尽其所有。"[5]批注《孟子·公孙丑章句上》之"吾先子之所畏也":"其学术造就,'畏'是不敢忽意,非不及之谓。"[6]或释其字,或述其义,总以继承和发挥理学旨趣而为说。

2."情深"而"文明"之文学

《群玉山房诗抄》中,载有《论诗文》一篇,简要反映着李光炘的文学观

---

[1]〔清〕李光炘著,〔清〕谢逢源编:《龙川弟子记》,方宝川编:《太谷学派遗书》第一辑第三册,第 109 页。

[2]〔清〕李光炘著,〔清〕谢逢源编:《龙川弟子记》,方宝川编:《太谷学派遗书》第一辑第三册,第 121 页。

[3]〔清〕李光炘:《李龙川批注四书集注》之《大学》,泰州图书馆藏抄本,第 1 页。

[4]〔清〕李光炘:《李龙川批注四书集注》之《中庸》,泰州图书馆藏藏抄本,第 1 页。

[5]〔清〕李光炘:《李龙川批注四书集注》之《论语》,泰州图书馆藏藏抄本,第 6 页。

[6]〔清〕李光炘:《李龙川批注四书集注》之《孟子》,泰州图书馆藏藏抄本,第 1 页。

点："文之古在辞气，训诂家往往尝写古字，字古文不古，愈形浅陋矣。"[1]显然，他提倡讲究"辞气"的"古"文，反对"字古文不古"的文学形式。那么，什么样的文章才合乎"辞气"的标准？李光炘认为："文无优劣，切题便佳。昌黎云'惟陈言之务去'，陈言者，不切题之言也。不切之言，虽锦心绣口不为功，切题之言，虽俗语常言亦入妙。此昌黎之文所以起八代之衰也。"[2]具体地说，"《古诗十九首》，情深文明，百读不厌"。[3]于是，"情深"而"文明"就成为李光炘文学的追求和重要特点。

"情深"多凝聚在李光炘的诗篇中，尤以与张积中相关之诗为代表。李光炘和张积中同为周谷高足而传道南、北，在习学为道中建立了深深友情。李光炘以张积中为师，更引为知音，《和张石琴山居八咏诗》第五首《谱心崖》就有这样的描写："依稀为玉复为金，凤啸高岗鹤啸阴。三叠琴声三弄笛，一齐谱入道人心。"[4]《梅花三弄》赞美高雅节操之人，而《阳关三叠》表达着对友人的真挚情感。在听到张积中惨死于"黄崖教案"之后，李光炘含泪写下《哭挽张寄琴表兄临清殉难》四首，末诗中说："九原相见是何年，逝者如斯太惨然。旧雨李陵空怅望，新秋张翰竟迁延。西园小憩征歌咏，东阁频开拂管弦。今日纵横惟老泪，声声弹向阿连前。"[5]之后，又提笔写成《感怀二首》，第一首诗为："海上成连去不回，人间都道伯牙非。知音纵有钟期在，一半琴心已化灰。"[6]显然，诗中化用春秋时期俞伯牙学鼓琴于成连先生及俞伯牙和钟子期为知音至交之事，顿然间使人明白了《哭挽张寄琴表兄临清殉难》中"阿连"之所指，更加深了李光炘诗中"情深"之所在。当然，李光炘诗中所含的朴实自然之风，也与其抒发深情互为铺垫而相得益彰。

"文明"在表达形式上体现为行文简明。在李光炘的著述中，几乎都能看到这点。如《龙川弟子记内编》的"不孝之情，见于面而为色庄；不仁之

[1] 〔清〕李光炘：《群玉山房诗抄》，方宝川编：《太谷学派遗书》第二辑第二册，江苏广陵古籍刻印社1998年版，第73页。

[2] 〔清〕李光炘：《群玉山房诗抄》，方宝川编：《太谷学派遗书》第二辑第二册，第75页。

[3] 〔清〕李光炘：《群玉山房诗抄》，方宝川编：《太谷学派遗书》第二辑第二册，第76页。

[4] 〔清〕李光炘：《群玉山房诗抄》，方宝川编：《太谷学派遗书》第二辑第二册，第14页。

[5] 〔清〕李光炘：《群玉山房诗抄》，方宝川编：《太谷学派遗书》第二辑第二册，第45页。

[6] 〔清〕李光炘：《群玉山房诗续集》，方宝川编：《太谷学派遗书》第二辑第二册，第155页。

气,盖于背而为象恭"[1],又如《龙川弟子记》的"求仁得仁,是于天理中识得人欲;成仁取义,是于人欲中识得天理"[2],还有《观海山房追随录》的"《易》言怪,《书》言力,《诗》言乱,《礼记》言神,兼怪力乱神而言者,惟《春秋》。诸经已备,故《论语》不语也"[3]等等。从中不难发现,李光炘之行文不仅简明,而且善用排比,此为其经学、文学所共有学术特质。这种简明的行文方式,既易于理解和掌握,又颇具气势和美感,是李光炘传道解惑的需要,也是他倡导"文明"的直接体现。

二、注重"经世",汲取西学

(一)吸收新知以证旧学的刘岳云

刘岳云(1849—1917),字苪青,一字佛青,号震庵,清亡后以震为名,号致庵,为刘恭冕族兄,扬州府宝应县人。光绪十二年(1886)进士,官至绍兴府知府。一生勤于著述,博学多识,撰有数十部著作,遍及经学、地理学、会计学、数学、医学、农学等方面,但大多未见。所存之书,以《光绪会计表》四卷和《格物中法》十四卷影响最大。

1.《光绪会计表》

刘岳云任官户部主事时撰写此作,如卷首《凡例》所言,"是表光绪十六年(1890)所编",辑录了光绪七年(1881)至二十年(1894)部库及各省的具体收支数额情况。全书共分四卷:卷一为光绪十一年(1885)至二十年(1894)的《入项总表》,陵寝供应和祭祀等《出项总表》,有关钱收和钱支等方面的《附表》,以及光绪七年(1881)、十三年(1887)、十九年(1893)的《部库入款》与《部库支款》;卷二为旗属和民属的《奉天省入款》《直隶省入款》《江苏省入款》《安徽省入款》《江西省入款》《山东省入款》《黑龙江入款》《吉林省入款》《山西省入款》《河南省入款》《陕西省入款》《甘肃省入款》《新疆省入款》《福建省入款》《台湾省入款》《浙江省入款》《湖北省入款》《湖南省入款》《四川省入款》《广东省入款》《广西省入款》《云

---

[1]〔清〕李光炘:《龙川弟子记》,方宝川编:《太谷学派遗书》第一辑第三册,第9页。

[2]〔清〕李光炘著,〔清〕谢逢源编:《龙川弟子记内编》,方宝川编:《太谷学派遗书》第一辑第三册,第137页。

[3]〔清〕李光炘:《观海山房追随录》,方宝川编:《太谷学派遗书》第一辑第三册,第48页。

南省入款》《贵州省入款》；卷三与卷二次序相同，记述《奉天省支款》至《河南省支款》共十省的支款数额；卷四依次记述《陕西省支款》到《贵州省支款》共十三省支款之数。

全书所收之所以止于光绪二十年（1894），是因为"东瀛构衅，度支弥繁，概然中止"[1]。而选择光绪七年（1881）、十三年（1887）、十九年（1893）这三年之收支款，为的是"相间六年以资比较"[2]。至于编纂的方式，则以表格为之，每表横列项目名称及其数额，纵以年份排序。如苏元佑《会计录序》所说："著之以见在，列之以通表。是《录》皆有表，元和之图亦表也。故余窃比以诸行省出入之数，纵横列之。"这是《光绪会计表》的一个重要特点。

所列项目十分繁杂，如卷一《入项总表》就有地丁、杂赋、租息、粮折、耗羡、盐课、常税、厘金、洋税、节扣、续完、捐缴十二项，又如所述各省入款项目，则有丁赋、耗羡、当税、杂税、学租、木税、米税、海税、煤课、落地税、杂赋、租息、盐课、洋税、厘金等，支出项目就有祭祀、乡饮酒礼、时宪书工价、驿站、廪生饩粮、孤贫粮布、军流人犯口粮、省会广济堂和职俸、养廉、工程、兵丁饷、书院公费纸张奖赏等项，可谓详尽而缜密，确为光绪朝前二十年间财政收支总表。

以《光绪会计表》所记数额为依据，就能统计出这期间的财政收支及其盈余情况：

表 7-1 　　　　　《光绪会计表》的收支盈余数额表

单位：两

年份	入项	支项	盈余	年份	入项	支项	盈余
光绪十一年	77086466	72865531	4420935	光绪十六年	86807562	79410644	7396918
光绪十二年	81269799	78551776	2718023	光绪十七年	89684854	79355241	10329613
光绪十三年	84217394	81280900	2936494	光绪十八年	83364443	75645407	7719036
光绪十四年	88391005	81967737	6423268	光绪十九年	83110008	73433329	9676679
光绪十五年	80761953	73079627	7682326	光绪二十年	81033544	80275700	757844

根据该表数据，光绪十一年至光绪二十年（1885—1894）盈余多达六

[1]〔清〕刘岳云：《光绪会计表·凡例》，光绪二十七年（1901）教育世界社石印本。
[2]〔清〕刘岳云：《光绪会计表·凡例》，光绪二十七年（1901）教育世界社石印本。

千多万银两。事实上,这是"漏计部库奏销银"而导致的"片面统计下的产物"。[1]毋庸讳言,这是《光绪会计表》的不足甚至失误之处。尽管如此,《光绪会计表》仍有其价值。唐宪宗元和二年(807)李吉甫所撰的《元和国计簿》已开会计录先河,宋代沿袭而有宋真宗景德四年(1007)所编的《景德会计录》等,明代有王国光等编的《万历会计录》。唐宋以来的会计录皆为官修,而《光绪会计表》则是刘岳云利用相关档案资料私家编纂的,足堪称道。《光绪会计表》以其翔实的数据,被认为是中国会计发展史上的经典著作和必读书籍,《国家图书馆藏近代统计资料丛刊》影印光绪二十七年(1901)由教育世界社刊行的石印本,即说明了此书之价值。

2.《格物中法》

在卷首的《例言》中,刘岳云记述了成书的时间:"书作于庚午之岁,历年增改。自以检书太少,遗漏孔多,未敢示人。庚子遭乱,侥幸存箧,时局变更,靡知所届,因付梓人。"从"庚午"即同治九年(1870)到"庚子"即光绪二十六年(1900),《格物中法》倾注了刘岳云三十年的心血。

全书目录有十四部分:卷一《气部》,卷二《水部》,卷三《火部》,卷四《土部》分为上、中、下三篇,卷五《金部》有上、下篇,卷六《木部》包括上之上、上之中、上之下、中、下之上、下之下六篇,卷七《蠕动部》分上、下两篇,卷八《机巧部》分上、中、下三篇,卷九《神化部》,卷十、十一为《图说》,卷十二《杂识》。但内容只有《气部》至《木部》六卷,《蠕动部》至《杂识》六卷未刻,成稿与否亦无从知晓。

对于这样安排卷目次序,刘岳云在《例言》中有着明晰的解释:"天以阴阳五行化生万物,太极静则生阴,动则生阳。阴阳,气也。故此卷以气、五行为次第,而继之以蠕动,万物杂而机械生,故以机巧继之;然盈天地间皆气,气凝而为形,形散而为气,形气迭为变化而生生无穷焉,故又继之以神化。"就是说,其间体现着"天以阴阳五行化生万物"的学说。也因"水为阴,火为阳",[2]所以,"气"之后为水、火,继而为土、金、木三部。这种排序,颇具特色。

---

[1]　陈先松:《〈光绪会计表〉中的"财政盈余"问题》,《历史档案》2010年第1期。

[2]　〔清〕刘岳云:《格物中法》卷三《火部·火无质》引《素问》语,光绪二十五年(1899)刻本。

在各部之下，又分小类，类下再分小目。如卷一《气部》有"空气大义""空气生风""空气成声""电气""水化气"和"杂和合气"六类，而在"空气成声"类下又分"声动成响""声行地中""声凭质传""声之回响""声行算法""声同相应"和"声随气变"七个小目。又如卷六《木部》有"论理""尽性""资生""利用"四类，类下有目，如"资生"中有"烧剃""耕耨""种莳""接换""栽移捍插""灌溉""粪治""调适寒燠""除治"和"变易形色"十目。

所列条目的叙述方法，是引述中国古代典籍中的相关内容，时以"岳云谨案"阐发己见。如述"火理"之"火亲上"一目时，就引用四条资料并加三条按语，除引《易乾凿度》"火内弱外刚，外威内暗"，《曾子天圆篇》"火曰外景"及张衡《灵宪》"火则外光"外，还引用了《尚书·洪范传》的"火曰炎上"四字，还有简明按语："岳云谨案：火之性不一端，此举其要也。"

像这样为述一事或为明一理而不厌其烦称引过往典籍之文者，贯穿于全书之始终。这体现了刘岳云撰著该书的宗旨："编次古今，言格物者知其理所以然则详之，否则阙之。"[1]"编次古今"自然也成为全书的一大特点。约略统计，《格物中法》共引书五百余种，有的典籍还十分少见，如卷二"水流必平"及卷五下述及"白铅"所引《鄙事缀纪》一书即为十分珍贵的文献。也因为如此，曾纪泽就有"征引群书至数百种之多，又多人间罕见书"[2]的赞誉之词。

《格物中法》引书尤以《天工开物》为核心，几乎把相关的内容逐条摘出并分类注释，如卷二述"因水下行之用"涉及水碓时就引《天工开物》上卷《粹精》之文而释。这对《天工开物》的传播有着重要意义。总体而言，《天工开物》在崇祯年间刊刻问世，清初受到重视，乾隆间因含"东北夷"等语而未收入《四库全书》之中，嘉道后文网渐弛，《天工开物》又为学人所关注，但系统梳理且以科学态度加以研究始自《格物中法》。因此，刘岳云便成为"中

---

[1]〔清〕刘岳云：《格物中法·自序》，光绪二十五年（1899）刻本。

[2]〔清〕曾纪泽：《弁言》，〔清〕刘岳云：《格物中法》卷首，光绪二十五年（1899）刻本。

国第一个用近代科学眼光来研究《天工开物》的人"[1]。

这样做的目的,一方面,挖掘大量典籍中的资料,以证明中国古代确实有丰富的科学及其技术,如"镭石为天生之黄铜,因其为赤铜,与白铅之合质,即以两本质配合为镭石,炉甘石即白铅矿也,中国之化学如是"[2],这对研究中国古代科技史意义重大。另一方面,用这些资料证明"西学"源自"中学",如"团钢之法,即西人书中所云熟铁加炭质成钢也",而"沈括《笔谈》百炼不耗,乃刘琨诗所谓'何意百炼钢,化为绕指柔'也。今钟表发条即是此种,以是知古人已有发条可制为自行之器,其性甚柔,淬之则坚"。[3]其用意,则如刘岳云所说,"此卷之意,本在申中抑西"[4],这是《格物中法》的宗旨,也是特色之所在。

（二）"融贯新旧"的算学家徐凤诰

徐凤诰,字香谷,扬州府甘泉县人,国子监生。所著多散佚,"惟《朱氏算学启蒙通释》三卷、《中西通术》二卷已刻行世"[5]。

1.《算学启蒙通释》

从书名可知,《算学启蒙通释》是对《算学启蒙》之"通释"。《算学启蒙》三卷是元代数学家朱世杰的名著,卷首列有《释九数法》即九九歌诀、《九归除法》和《斤下留法》等为《总括》,内容共二十门二百五十九问,如卷上的《纵横因法门（八问）》、卷中的《田亩形段门（十六问）》和卷下的《之分齐同门（九问）》等,对乘除法运算到开方、天元术、方程术等算学内容做了完整而简要的概述,影响深远,如《释九数法》是目前所见最早与现今九九歌诀一致的数学口诀。

《算学启蒙》与扬州有着奇妙的缘由。该书在元成宗大德三年（1299）一经著成,即在扬州刊刻,这是最早的刻本,可惜早佚。幸运的是,是书传入

———————

[1] 张明悟:《刘岳云的"西学中源"论及其构建的科学知识体系——〈格物中法〉初探》,《自然科学史研究》2012年第2期。

[2] 〔清〕刘岳云:《格物中法》卷五下《炼治》,光绪二十五年（1899）刻本。

[3] 〔清〕刘岳云:《格物中法》卷五下《炼治》,光绪二十五年（1899）刻本。

[4] 〔清〕刘岳云:《格物中法·例言》,光绪二十五年（1899）刻本。

[5] 钱祥保等修,桂邦杰纂:《〔民国〕甘泉县续志》卷二四上《列传上·徐凤诰》,卢桂平主编:《扬州文库》第1辑第16册,第319页。

朝鲜,在李朝世宗十五年(1433)有了庆州府刻本,顺治十七年(1660)由金州府尹金始振翻刻。道光年间,扬州算学名流罗士琳"闻朝鲜以是书为算科试士,因邮浼都中士访获"[1],遂于道光十九年(1839)由阮元作序而又在扬州刊刻。同一部书,"历今五百四十年"[2]而同在扬州刊刻,确实令人称奇。更为人所欣喜的是,晚清扬州数学家徐凤诰还为此书做了"通释"。

徐凤诰所做的"通释"主要有五个方面:一是把罗士琳校刻的《算学启蒙识误》部分于"各问下分别更正增入"[3]。如《九归除法歌括》的"四一二十一"条,原有按语:"二十一,据数当为二十二。"徐凤诰在《九归除法》中便径改为"四一二十二"。二是"通释"《异乘同除门》。徐凤诰以为"异乘同除即《九章》内之今有,西法云比例,今于逐'问'下即以比例释之"[4],故而先把"三、九、二十七、八十一设为四率,以解西法之十二种比例,载于《异乘同除》之首"[5],这"十二种比例"包括"相当比例""相连比例"和"正比例"等。三是以"诰案"形式加以解释,如释《仓囤积粟门》之"诰案:仓囤积粟与下商功修筑皆立方形",而"体即立方也"[6]等等。四是汲取焦循等人正负开方的研究成果而释《开方释锁门》。其中,就包括了三十四个"演式"。五是为释"天元之学"而在"逐问下别立《附草》,俾学者知天元之无法不可也"[7]。

晚清之时,注释《算学启蒙》的著作主要有徐凤诰《算学启蒙通释》和王鉴《算学启蒙述义》两种,前者刊刻于光绪十二年(1886),后者刊刻于光绪十年(1884),但从徐凤诰《算学启蒙通释·序》可知,在刊刻前已然"集成帙,藏之箧,衍已逾十稔",则《算学启蒙通释》成书于光绪初年,还要比《算

---

[1]〔清〕罗士琳:《后记》,〔元〕朱世杰:《算学启蒙》,道光十九年(1839)扬州罗氏刻本。

[2]〔清〕阮元:《序》,〔元〕朱世杰:《算学启蒙》,道光十九年(1839)扬州罗氏刻本。

[3]〔清〕徐凤诰:《算学启蒙通释·例言》,卢桂平主编:《扬州文库》第1辑第69册,第440页。

[4]〔清〕徐凤诰:《算学启蒙通释·例言》,卢桂平主编:《扬州文库》第1辑第69册,第440页。

[5]〔清〕徐凤诰:《算学启蒙通释》卷上《异乘同除门》,卢桂平主编:《扬州文库》第1辑第69册,第453页。

[6]〔清〕徐凤诰:《算学启蒙通释》卷中《仓囤积粟门》,卢桂平主编:《扬州文库》第1辑第69册,第473页。

[7]〔清〕徐凤诰:《算学启蒙通释·例言》,卢桂平主编:《扬州文库》第1辑第69册,第440页。

学启蒙述义》早一些,故为晚清注释《算学启蒙》的第一部著作。

2.《中西通术》

《中西通术》一卷,《〔民国〕甘泉县续志》记为"二卷",或与刊本卷首有《释代数记号》一卷有关。若合计两部分内容,确为"二卷"。

《释代数记号》,解释了二十种"代数记号"的含义,如⊥表示加,⊤表示减,×表示乘,一表示除,而"即"意味着"凡式既经变化之后,则下式即上式","所以"则"谓由上式相乘、相除而后得此式也","微分"指"厌天之微分也",而"积分"指"禾天微分之积分也"等。

《中西通术》卷中,包含以下的内容:《释勾股》六术、《勾股容方》、《勾股容圆》、《一气混元》、《两仪化元》、《三才运元》、《四象会元》,最后为《开方本原图》九图。条目清晰,图文并茂。如《释勾股第一术》的"有勾股弦三事互求",《释勾股第二术》的"有弦有勾股较求勾股""有弦有勾股和求勾股",《释勾股第三术》的"有勾有股弦较求股弦""有股有勾弦较求勾弦""有勾有股弦和求股弦"和"有股有勾弦和求勾弦"等。

之所以用《中西通术》这一名称,恰如《释勾股第二术》按语所言:"勾股弦较和十三事,知其二皆可求其一,兹用代数演勾股六术,以未与申代已知之数,天代未知之数,依勾股之理,六术又如一术也。此天元代数之同法也。"也就是说,"勾股弦较和"等中国算术与"天元代数"等西方数学同法而相"通"。

《中西通术》的刊行,还有徐凤诰门生徐虎臣、解崇辉的"校算"之功。两人也都是近代有名的数学家,徐虎臣译有《数学佩觿》二卷和《普通新代数学教科书》,而《代数术补式》二十六卷则由傅兰雅、华蘅芳合译,解崇辉"补式"。

虽然《中西通术》篇幅不长,有着启蒙的色彩,但影响较大。江衡所编的光绪二十三年(1897)复古书斋石印本《中西算学丛抄》六种十二卷中,就收有《中西通术》;袁俊德所辑光绪二十七年(1901)刊本《西学富强斋丛书续全集》,共收录格致、算学、重学、电学、化学等二十七类一百二十余种书籍,在算学所收的第二部书籍便是《中西通术》一卷。

综上所述,经过前期、中期和后期的不断发展,清代扬州学术取得丰硕成果,呈现着朴学从起始、领风潮之先至衰弱的发展主线。

清代前期的扬州学术,王懋竑、朱泽沄精研朱熹之学,经学注重考订,"开朴学之先"。在史学方面,孙兰提出"变盈而流谦"的流水地形演变理论,总结出"治河之法,分黄为先,导淮在后"的治理策略,颇有见地;而汪楫著《使琉球杂录》等在叙述出使琉球过程的同时,特别记载了钓鱼岛的名称和位置等内容,为佐证钓鱼岛属中国领土的重要史料。文学方面,乔亿和汪懋麟工于诗作,闻名"江左"。

时至清代中期,继吴、皖二派而起的扬州学派领朴学风潮之先,成果卓著。如汪中的《述学》、王念孙的《广雅疏证》、任大椿的《深衣释例》、焦循的《易学三书》等,均为一代名作。且开拓了清代学术研究的新领域,朱彬《礼记训纂》、焦循《孟子正义》、刘文淇和刘寿曾著《春秋左氏传旧注疏证》、刘宝楠和刘恭冕父子著《论语正义》为清人"新疏"之代表作,阮元编《经籍籑诂》《十三经注疏校勘记》是清代学术具有总结特质的标志性成果,江藩《国朝汉学师承记》对清代学术首次予以梳理,凌廷堪《礼经释例》是清代经学由"理"到"礼"转变的象征,汪中拓展了《墨子》和《荀子》等子学研究的新局面,焦循著《剧说》和《花部农谭》则开创了清代戏曲理论研究的先河。

晚清时期的扬州学术,朴学之风消减。在继承传统学术研究方法的同时又汲取西学,糅合传统之学的太谷学派,具有融佛、道以释儒经的学术特点。刘岳云吸收新知以证旧学,所著《光绪会计表》为中国会计发展史上的经典著作,另一部《格物中法》是"中国第一个用近代科学眼光来研究《天工开物》"的重要著述。徐凤诰著《算学启蒙通释》为晚清注释《算学启蒙》的首部著作,徐凤诰也成为"融贯新旧"的著名算学家。

第八章 清代扬州的文学与艺术

有清一代,扬州的经济、文化臻于鼎盛,其盛况历经康雍乾三朝及嘉庆前期,以乾隆朝最为显著,具体表现在文学、书画、音乐、篆刻、戏曲、园林等诸多领域,展现出独具风格的文化艺术风貌,涌现出许多卓有建树的文人艺术家,奠定了清代扬州文化"甲于天下"的地位。嘉道以后,伴随漕运与盐业变革,扬州渐失漕盐之利,地域文化急剧衰落,文人艺士零落星散,流寓他乡。他们传承扬州传统的文化脉络,开创了文学与艺术的新形式。

第一节 文学

清代扬州作为全国的经济中心与交通枢纽,经济繁荣,风气开放,吸引众多文坛名宿接踵而至。文人以诗词表达情思、抒怀咏志,由此产生多样的文学创作与独特的文学风格。

一、清初期扬州文学的恢复

顺治二年(1645),扬州遭受屠城之难,城市尽遭损毁,苍凉之景重现历史上"芜城"一幕。南明遗民王秀楚留有《扬州十日记》,详尽记载了扬州破城后,清军屠城及百姓惨状。战火硝烟后,扬州进入恢复时期。

顺治初年,局势渐定。清廷实行文化高压政策,加强对士人的思想钳制,严禁文人立盟结社,并迭兴大狱,接连掀起"科场案""通海案""哭庙案""奏销案""庄氏明史案",使江南士风走向颓靡。顺治十八年(1661),清廷以绅衿抗粮为由掀起"奏销案",将各省涉案的官绅士子全部黜革、抄家没产。此案涉面极广,尤以苏、松、常、镇四府为著,"绅士一万三千五百余,衙役二百四十人"[1]，祸患者多不胜数，文坛名士邹祇谟、曹尔堪、黄永皆因案件牵连而落职。顺治十四年（1657），丁酉"科场案"又起，涉案士人因江南乡试舞弊而遭贬黜或处绞，妻子家产籍没入官。"江浙文人，涉丁酉一案不下百辈，社局或几于息矣。"[2]鼎革之变与严苛镇压使文人意志消沉，江南文风严重受挫，文社讲学几近衰绝。

康熙中期以后，朝廷文网渐弛，士子之心稍定，雅集又渐成风气。然历经乱世与易代之变，文人内心积聚的感伤离乱、追思悲愤之情难以消解，遂以雅集游宴、吟诗唱和作为精神依托，抒发离思愁怀。在此背景下，扬州以便利的交通条件和深厚的文化底蕴，吸引四方名宿云集，形成了浓郁活跃的文学氛围。文人间倚声按谱，酬唱次韵，文坛唱和之风渐盛。

（一）广陵词坛

词兴于后唐五代，盛于两宋，衰于元明。明末，词坛复呈繁荣局面，词派纷立，佳作不断。明词带有更加鲜明的地域特征，并且以江浙一带为中心，出现多个地域性词人群体。至清代，词派多以地域命名，说明地域性成为词坛的一个重要特征。[3]

扬州自晚唐五代就是江南词学创作基地，具有深厚的文学传统。顺治十六年（1659），王士禛得授扬州府推官。他在扬州任内，积极结交江南士子，吸引诸多因避祸、交游、致仕或宦游来到扬州的文人，掀起了清初声势浩大的词学活动高峰，使得词学"风气自南而北，由维扬以达淮海"[4]，推动了清代词学中心由南向北的转移。吴绮感慨道："词家旧推云间，次数兰陵，今则广陵亦称极盛。"[5]广陵词坛为清代词家流派之先导，具有开拓词学新境的重要作用，拉开了清词中兴的帷幕。

明代词人推崇北宋婉约之风，吴江地区的云间词派对清代词坛产生了深远影响。清初广陵词人的词学风格，承袭云间词派的纯情自然，兼有花间

[1] 孟森著，秦人路校点：《心史丛刊（外一种）》，岳麓书社1986年版，第1页。

[2] 〔清〕杜登春：《社事始末》，《昭代丛书》本戊编，道光十三年（1833）世楷堂刻本。

[3] 刘扬忠：《刘扬忠学术论文集》上卷，江西教育出版社2016年版，第976页。

[4] 〔清〕尤桐《序》，〔清〕陆求可：《月湄词》卷首，康熙留松阁刻本。

[5] 〔清〕沈雄：《古今词话》，唐圭璋编：《词话丛编》，中华书局1986年版，第817页。

词派柔靡婉丽的审美情趣,其词学境界比前代更为开阔,展现出全新的时代特色。扬州文人之间的交游酬唱、评章选政即体现了广陵词坛融通各派审美的宽大风气。

由于清廷严禁结社,文人多畏以社集形式唱和,广陵词坛并未形成特定的派别名称和一致的宗尚主张,结构亦相对松散。但其上承南北两宋词风,下启清词复振之势,形成了具有广陵地域特色的文人群体。这些文人有固定的盟主领袖王士禛,编纂了反映他们文学观点的大型词学选本《倚声初集》,因此一些当代学者在探讨广陵词人群时,会将其作为一个颇具特色的地域词派进行探讨。[1]

广陵词人并不局限于扬州地域。除本地词人如吴绮、宗元鼎、刘梁嵩,也有长期寓居扬州的外籍词人如徐石麟、徐元端、杜濬,有宦游扬州或短期寓扬、参加过广陵词人雅集的外籍词人如王士禛、王士禄、邹祗谟,亦有居于扬州以外,与王士禛等人常有唱和往来的词人。其间,王士禛是广陵词坛形成的关键与核心人物。

王士禛(1634—1711),字子真,一字贻上,号阮亭,别号渔洋山人。逝后因避雍正讳,改称士正;乾隆时,诏改士祯。山东新城(今山东桓台县)人。顺治十五年(1658)进士,清初杰出诗人、文学家,被誉为一代诗坛领袖,与浙西词派创始者朱彝尊并称“南朱北王”。博学好古,精金石篆刻,善书工诗,尤工七绝,主神韵说。著作繁多,有《带经堂集》《渔洋山人精华录》《池北偶谈》《居易录》《古夫于亭杂录》《香祖笔记》《阮亭诗余》等。

康熙年间,王士禛因“诗文兼优”,特旨授翰林院侍读,入仕南书房。皇帝征其诗,遂自选300首,定名《御览集》,这在当时是莫大的殊荣。后官至礼部主事、国子监祭酒、左都御史。康熙四十三年(1704),因“王五”一案被牵连罢官。康熙五十年(1711)卒,谥文简。

顺治十七年(1660),正值江南文人涉案牵连、无所依傍之时,王士禛赴任扬州推官,掌理刑狱。他尽职清廉,政声甚佳,在审理“海寇案”“奏销案”

---

[1] 严迪昌在《清词史》中提出“广陵词人群”之称。姚蓉在《明清词派史论》中,将“广陵词派”作为云间词派之余响进行了探讨。

过程中,尽力保护罹祸文人。《清史稿》载其"严反坐,宽无辜,所全活甚多",博得一众江南文人的好感。在扬州期间,王士禛借公务之便,结识江南遗逸诗人,以"布衣交"得到遗民群体的普遍认可,为其日后主盟文坛奠定了基础。

从顺治十七年(1660)到康熙四年(1665),王士禛寓扬五年有余,"昼了公事,夜接词人"[1],与诸名士游无虚日,组织文人雅集吟咏。其中规模最大的是在康熙元年(1662)、康熙三年(1664)两度修禊红桥,尤以后者最为隆盛,参加者甚众。顾贞观评价曰:"渔洋之数载广陵,实为斯道总持。"[2]这一评价充分肯定了王士禛主持广陵文坛之功。即使在王士禛离任后,扬州词坛也没有立刻陷入冷寂,如康熙五年(1666)陈维崧等人组织广陵唱和,编成《广陵唱和词》。康熙二十七年(1688)、乾隆二十二年(1757),孔尚任、卢见曾皆因追慕王渔洋而修禊红桥,集结江南文士,先后组织大规模的修禊活动,意图重现红桥盛事。这些活动无一不体现着王士禛的作用和影响。

广陵文人唱和初期,创作风格多承袭云间词派,复归《花间》《草堂》,以婉约为主,形式以小令居多,"使夫声音之后不致湮没无传,亦尤尼父歌弦之意"[3]。这承袭了明代以来江南盛行的婉约词风。即便参加唱和的文人中有大量遗民,诗词间难免表达心中的故国哀思,但在主盟者的引导下,这种雅集活动与纯粹遗民群体内部的唱和有明显相异的风格和文化内涵,即后者淡化了遗民的余痛哀喉,更注重以神韵表达情感,将文人心中对晚明故国之思、鼎革愤懑之感,巧妙转化为吟风弄月的文人雅事。

王士禛离扬后,广陵词人突破《花间》《草堂》的委婉柔媚,变小令为长调,风格开始转向激进豪迈的"稼轩风"。[4]康熙五年(1666),陈维崧、曹尔堪等人在扬州发起调寄《念奴娇》的广陵文会。参加此次雅集的词人共十七家,分别是宋琬、曹尔堪、王士禄、陈世祥、邓汉仪、范国禄、沈泌、季公琦、

---

[1]〔清〕李斗著,陈文和点校:《扬州画舫录》卷一〇,第116页。

[2]〔清〕顾贞观:《顾梁汾先生书》,〔清〕陈聂恒:《栩园词弃稿》卷首,康熙四十三年(1704)陈氏且朴斋刻本。

[3]〔清〕邹祗谟、王士禛辑:《倚声初集》,顺治十七年(1660)大冶堂刻本。

[4]李丹:《顺康之际广陵词坛研究》,上海古籍出版社2009年版,第57页。

谭迁、程遂、孙枝蔚、冒襄、李以笃、陈维崧、孙金砺、宗元鼎和汪楫。每人作有《念奴娇》十二首，共二百零四首。这些词作大多散佚，仅七家留存，分别是王士禄、曹尔堪、陈维崧、邓汉仪、宗元鼎、季公琦、陈世祥，词作编入孙金砺辑录的《广陵唱和词》，附刻于《国朝名家诗余》之后。另有宋琬词作一首，辑录于《全清词·顺康卷》。

从内容上看，这次唱和超越了此前传统，不再囿于闺檐儿女、风花雪月之题，而是由闺情别怨扩展到更为广阔的社会生活，提高了词的境界。情感气势上，广陵唱和并非仅是诗酒流连之作，亦不再是浅吟低唱，其所选词调是善于表达悲慨之情的《念奴娇》，文人多以身世感怀，抒发郁积愤懑的个体情感，抒写心中抑郁不平之气。诗词风格由婉约转向豪放，押入声字韵，"取入声之逼侧，以尽情发泄壮烈之怀抱"[1]。如曹尔堪的《念奴娇·小春红桥宴集，同限一屋韵》，有"平山堂下，但含烟衰草，旅愁千斛"和"赖此醇醪，一浇块垒，顿解唐衢哭"等句，表面为羁旅之词，实为描写文人借酒消愁的狂放之态，直抒胸臆，道出作者的人生遭遇和内心感慨。他的另一首《念奴娇·柬冒辟疆·陈散木》，通篇以典入词，改进了传统的诗词表现手法，倾向于表达悲慨旷达的思想感情，开拓了新的词境。如"风尘燕市，与渐离诸客，垆头击筑"，是以高渐离击筑之典故，表达作者内心的慷慨悲凉。"故人重见，自伤髀已生肉"，则是运用髀肉复生之典，抒发自己长期赋闲，报国无门的苦闷，道出穷途末路之感。

陈维崧的诗词以慷慨奔放著称，以他为代表的阳羡派开启了学习苏辛之词风，使豪放诗词焕发异彩。广陵唱和是陈维崧词风及词学思想变化的转折点，他在这次活动以后反省此前的艳情之作，认为"数年以来，大有作词之癖"[2]，"辄头颈发赤，大悔恨不止"[3]，甚至未将自己的早期词作收入文集。广陵唱和后，陈维崧逐渐形成稳定的稼轩词风，如其《念奴娇·读顾庵先生新词，兼酬赠什，即次元韵》评点曹尔堪的词作，评语清峭劲拔，云："击物无

---

[1] 龙榆生:《龙榆生词学论文集》，上海古籍出版社 1997 年版，第 185 页。

[2] 〔清〕陈维崧著，陈振鹏标点，李学颖校补:《陈维崧集》(上)，上海古籍出版社 2010 年版，第98 页。

[3] 〔清〕陈维崧著，陈振鹏标点，李学颖校补:《陈维崧集》(上)，第 53 页。

声,杀人如草,笔扫巍毫秃","银海乌飞,铜池鲸舞,月照孤臣独"。曹尔堪是柳州词派的代表之一,其词风雄峻豪放、直抒胸臆,实则与陈维崧后期的创作风格颇为相似。

（二）选诗与刻诗

清初,诗坛掀起一股征集、编选当代诗人诗作的风气。从地域分布来看,顺治朝的选家多集中于吴越两地,至康熙朝,扬州及周边地区后来居上,当代诗选大量涌现。广陵文人选刻诗词、评章选政的突出成果是《倚声初集》《国朝名家诗余》等词集的编纂刊行,这是清初广陵词人群的重要文事活动,对清词中兴起了积极的推动作用。

1.《倚声初集》

《倚声初集》是清代最早编选的词选之一,由王士禛和邹祗谟合编而成,对清初词风有开启之功。邹祗谟,字讦士,号程村,别号丽农山人,江都武进人。顺治十五年（1658）与王士禛同榜进士。早负文名,与陈维崧、董以宁、黄永并称"毗陵四子",著有《远志斋集》。卒于康熙九年（1670）。邹祗谟最早致力于编选《倚声初集》,曾以《诗余征启》公开向文人征得诗稿,主要的编纂工作是他在居扬期间完成的。王士禛实际也参与了词集编选,他在《居易录》中记载:"余在扬州与故友邹程村撰《倚声集》。"顺治十七年（1660）,王士禛司理扬州,充任江南乡试同考官。是年秋,邹祗谟复游扬州,与王士禛有频繁的唱和,二人有感于明末选本"有成书而网罗未备"[1],为拾遗补阙,合力完成《倚声初集》。

根据卷首序言,这部词集大约在顺治十七年（1660）编定成书,最迟刊行于康熙四年（1665）,也就是王士禛离开广陵的这一年。今所见版本为顺治年间大冶堂刊本。顺治十八年（1661）,邹祗谟因牵涉"奏销案"落职,在此种情况下,《倚声初集》在王士禛的鼎力支持下方得刊刻。词集刊行后,邹祗谟开始游历四方,虽然他不间断地进行了后续的再版校正和收集整理,但未能再付诸刊刻。

---

[1]〔清〕邹祗谟:《序》,〔清〕邹祗谟、王士禛辑:《倚声初集》卷首,顺治十七年（1660）大冶堂刻本。

《倚声初集》在断代和体例上接近《古今词统》，选录明代天启至清代顺治共四十年左右的词作，计四百六十余家，近两千首。全书分为《倚声初集·前编》《倚声初集·爵里》《倚声初集·目录》《倚声初集二十卷》四个部分。

《前编》四卷，收录各家词话词韵。卷一为俞彦《爰园词话》（选十四则），刘体仁《七颂堂词绎》（选三十四则），贺裳《皱水轩词筌》（选三十四则），顾璟芳《兰皋明词汇选》（选三则）。卷二为毛先舒《词辨坻》《与沈去矜论填词书》，彭孙遹《金粟词话》（选十八则），董以宁《蓉渡词话》（选六则），王象晋《诗余图谱序》，宋徵舆《词序》《论宋词》，徐世溥《悦安轩诗余序》（选略二则），王岱《诗余自序》，邹祗谟《诗余征启》。卷三为邹祗谟《远志斋词衷》（共五十四则），王士禛《花草蒙拾》（共五十六则）。卷四为沈谦《沈氏词韵略》，毛先舒《词韵序》《词韵说》（二则）《声韵丛说》（选三则），邹祗谟《远志斋词韵衷》（共九则）。

《爵里》二编，按照时代顺序，开列词人名目，收录明末词人一百五十一家，清初词人三百二十五家，著录词人姓名、籍贯、生平、仕履、词集名，整体上详近略远，更偏重当代词人的收录。

正文分调仿效明选，依小令、中调、长调三部排列，计分二十卷。其中小令十卷，录词一千一百十六首；中调四卷，录词三百六十四首；长调六卷，录词四百三十四首。基本再现了明末清初的词坛风貌，对于保存清初词学文献、开启词坛新风有重要意义。

《倚声初集》的最大特色在于内容丰富、宽宏并蓄。内容上，除了选录词作以外，前编四卷还收录了时人词话、论词杂文、书信与辨韵。选词风格上，虽然王士禛在序言中强调，接续《花间》《草堂》是编纂《倚声初集》的宗旨，声称"因网罗五十年来荐绅、隐逸、宫闺之制，汇为一书，续《花间》《草堂》之后，使夫声音之道，不至湮没而无传，亦犹尼父歌弦之意也"[1]，但其题材不局限于花间派的冶游享乐和闺情离思，还辑录了带有遗民风格的词作。易代以后，大量词人以遗民自居，反清复明虽已无望，但江南遗民仍然誓守名

---

[1]〔清〕王士禛：《序》，〔清〕王士禛、邹祗谟辑：《倚声初集》卷首，顺治十七年（1660）大冶堂刻本。

节,拒不仕清,诗词多显悲凉之气。作为云间词派分支的柳州词派,其创作风格即多呈易代之悲情,遗民情怀浓厚,而《倚声初集》收录了柳州词人一百一十七家,数量最多,约占总数的四分之一。[1]广陵词人在推崇《花间》《草堂》的同时,也对云间词派风格单一、专爱小令的不足提出批评。王士禛评曰:"论诗拘格律,崇神韵。然拘于方幅,泥于时代,不免为识者所少。其于词,亦不欲涉南宋一笔,佳处在此,短处亦坐此。"[2]因此,在选编《倚声初集》的过程中,尽管小令仍占一定的篇幅,但也注重对长调、南宋风格词作的收录。这些内容都反映了清初词风的多元嬗变和编选者兼容并蓄、勇于突破传统的选词理念。

明清之际,词集评点成为词学批评的一种新样式。《倚声初集》沿袭《古今词统》,几乎每首词作后都有词人的评点,共有十七人参评,评论了四百多位词人,其中以邹祇谟、王士禛二人参评最多,延续了明代词人互相作评的文学风气。参评者在评语中引入"风""骚"观念推尊词体,以《国风》《楚骚》解读作品,对明代奢靡之风提出批评,提升了词的意蕴。如卷十二点评刘荣嗣《解佩令·月》:"少陵春花工迸泪,秋月解伤神。司空痛切言之,抵得《楚骚》数篇,不须更作《天问》矣。"卷十九评点邹祇谟《苏武慢·述怀和乐子尹韵》:"《离骚》耶?《天问》耶?《南华》《楞严》耶?"王士禛和邹祇谟较早在词作中提炼出"风""骚"精神,这是对云间词派艺术精神的发扬和继承,体现了扬州文人超前的词学思想。集中评点是清词复兴的一种表现形式,对后来浙西词派崇尚"醇雅"、常州词派"复古尊体、比兴寄托",起了导向和引领作用。

《倚声初集》刊行后,备受时人推崇。尤桐在《倚声词话》序文中赞其"众美备矣"。康熙十四年(1675),汪懋麟在梁清标《棠村词》序言中说:"本朝词学,近复益胜,实始于武进邹进士程村《倚声集》一选。"[3]

2.《国朝名家诗余》

[1] 李丹:《顺康之际广陵词坛研究》,第88页。

[2] 〔清〕王士禛:《花草蒙拾》,唐圭璋编:《词话丛编》,第685页。

[3] 〔清〕汪懋麟:《序》,〔清〕梁清标:《棠村词》卷首,陈巧乾编:《清名家词》第1册,上海书店2016年版,第1页。

《国朝名家诗余》是一部以广陵词派为主的清初名家词作合集,由清代词人孙默凡十四载刊刻而成,与《倚声初集》堪称广陵词坛"双璧"。

孙默(1613—1678),字无方、柽庵,号黄岳山人,安徽休宁人,客寓扬州,终身未仕,著有《留松阁集》。好与文坛名贤交游吟咏,"四方名士至者必徒步访之"[1]。汪懋麟在《孙处士墓志铭》述其生平曰:"通人大儒,即折节愿交,而于寒人畸士,工文能诗,或书画方伎,有一长必委曲称说,令其名著而伎售于时也然后快。以故四方知名及伎能之士多归之。"[2]孙默为一介布衣,处世超然,"平生心性,惟爱诗篇,不求官职"[3]。他本人虽然不以诗词著称,却钟情于时人词作的收集和刊刻。王士禛在《祭孙无言文》中说,孙默是"一穷老布衣,而名闻天下",可见其文学活动对清代文坛产生了很大影响,尤其是他历时十四年,汇集当世名家词作刊刻了留松阁版《国朝名家诗余》,这是迄今所知清代最早的一部规模宏大的词总集,反映了清初词学发展的基本脉络。

孙默最初采辑选词的计划是"足百人为一选"[4],结果止于十六家,命名为《十六家词》,又名《国朝名家诗余》。现存两个版本:一为《十五家词》本,今所见文渊阁《四库全书》本、文津阁《四库全书》本和《四部备要》本,均为这一版本。此版删去了龚鼎孳《香严词》,故称《十五家词》。另一版本为康熙留松阁刻本,为孙默最初刊刻之本,也是现今保存最完整的版本,又称《十六家诗余》,实际收录了十七家,另附有《广陵唱和词》《红桥唱和词》。

在顺治八年(1651)之前,孙默既已来到扬州,交往隐逸文人,参加广陵唱和。他在扬州的选词活动始于康熙二年(1663)三家词的采辑,这三家分别是:王士禛《衍波词》、邹祗谟《丽农词》和彭孙遹《延露词》,康熙三年(1664)首刻为《三家诗余》。刊刻时间与《倚声初集》大体相同,风格也基本一致,内

---

[1]〔清〕王士禛:《王士禛全集》第4册《杂著》,齐鲁书社2007年版,第3788页。

[2]〔清〕汪懋麟:《百尺梧桐阁集·文集》卷五《孙处士墓志铭》,《四库全书存目丛书·集部》第241册,第764页。

[3]〔清〕孙枝蔚:《溉堂集·诗余》卷二《瑞鹤仙·祝无言兄六十》,康熙二十三年(1684)刻本。

[4]〔清〕汪懋麟:《百尺梧桐阁集·文集》卷五《孙处士墓志铭》,《四库全书存目丛书·集部》第241册,第765页。

容以花间艳词为主,少有激愤之作,代表了广陵词坛初期的主流词风。

一年后,广陵词坛受到江村唱和的影响,开始偏向激进的稼轩风,这也影响了孙默选录词集的整体风格。康熙六年(1667),孙默在《三家诗余》的基础上增刻王士禄《炊闻词》、曹尔堪《南溪词》、尤侗《百末词》,辑为《六家诗余》,收录了江村唱和《满江红》的和韵之作,风格从纯粹的《花间》《草堂》转向慷慨悲情的稼轩词风。此后,又增刻董以宁《蓉渡词》、董俞《玉凫词》、陈维崧《乌丝词》、陈世详《含影词》,康熙七年(1668)合为《十家诗余》。汪懋麟为词集作序,评新增四家之词"大抵皆工于言情者也,抑善于写怨者也"[1],指出这些文人皆因案狱受累,不得志而借词抒情写怨。

康熙十年(1671)以后,清廷平定内乱,确立皇朝统治,社会基本稳定。为了笼络士人,清政府开设博学鸿词科,"凡有学行兼优,文词卓越之士"[2],经官员举荐,由皇帝亲试录用,缓和了士人与朝廷的对立情绪。此时,曾经喧闹的广陵词坛渐趋沉寂,江南文人词风也有变化,产生了顺应太平、清逸雅正的浙西词派。在此世风下,孙默又陆续刊刻了陆求可《月湄词》四卷、梁清标《棠村词》三卷、吴伟业《梅村词》二卷、龚鼎孳《香严词》二卷、宋琬《二乡亭词》二卷、黄永《溪南词》二卷,汇总为《十六家词》,加上先前所刻的程康庄《衍愚词》一卷,[3]最终刊刻了十七位词人截至出版日的全部词作,共四十卷,世称《国朝名家诗余》。

《国朝名家诗余》是清代第一部"当代"词集,完整保存了清初一些知名文人的早期作品,其刊刻的阶段性体现了清初词学风格的嬗变,具有突出的文学和史料价值。后期宗元鼎刊刻《诗余花钿集》,大体延续了《国朝名家诗余》的宗旨,所录词人仍以广陵一地为主,选政风格和文人评点也多与之一致。

3.卓尔堪与《遗民诗》

在中国文学史上,遗民诗有两个兴盛时期,一是元初,二是清初。[4]明清

---

[1]〔清〕汪懋麟:《序》,〔清〕孙默编:《四家诗余》卷首,康熙七年(1668)留松阁刻本。

[2]黄鸿寿:《清史纪事本末》卷二一,民国四年(1915)上海文明书局本。

[3]康熙十六年(1677)有《十六家词》之说,但未明确后六家的刊刻时间。

[4]潘承玉:《清初诗坛:卓尔堪与〈遗民诗〉研究》,中华书局2004年版,第444页。

易代催生了大量追思明室、不仕清朝的遗民,出现了地域性的遗民诗群。随着清朝统治稳固,遗民复国无望,意志消沉,不少人选择隐居不仕,寄情诗词以抒发故国哀思。清初,扬州府城及周边的泰州、如皋都是遗民聚集地,形成了一定规模的遗民诗人群体,其中客遇扬州的遗民数量远超过本土文人,成为遗民诗人群的主体。在此背景之下,顺治至康熙初期,清人编选明诗总集蔚成风潮。周亮工、王士禛、孔尚任等仕扬官吏,均与遗民积极交往,他们对于扬州遗民诗集的刊刻也有推动作用。

清初扬州遗民诗集的代表作是卓尔堪编选的《遗民诗》。卓尔堪,字子任、鹿墟,号宝香山人,江都人氏。祖籍浙江瑞安,曾祖在明末时迁居江都。生于顺治十年(1653),卒年不详。幼年习武,投效于浙江总督李之芳部下,参与清廷平定三藩之乱,出征讨伐耿精忠,官右军先锋。康熙二十年(1681),因母病重而归,此后再未入仕,终身隐居,云游各地。一生广交名士,与朱彝尊、梅文鼎、邓汉仪、石涛、吴绮、宗定九、孔尚任、曹寅等文人官员均有往来。工诗,有《近青堂诗集》,收诗一百余首。孔尚任邀请卓尔堪承担《湖海集》初刻本的校阅工作,称赞他为“天下士也”,“予之才,实百不及也”,[1]充分肯定了他的诗文水平和“宁甘其劳且苦,不肯不为千古之人”[2]的文人品格。宗元鼎也赞誉卓尔堪是“时髦之冠”,为一时俊杰。由于早年的戎马经历,卓尔堪的不少诗文是描写军旅生活和边塞风情的题材,吴绮评卓诗云:“时而惊涛骇浪,则为奋迅振发之音。时而嘉树名花,则有秾丽纤妍之句。”“斯其《近青》一集,足以振彩千秋也。”[3]

卓尔堪闻名诗坛,不仅因为他本人的诗文,更因他仰慕遗民逸士,悉心求访,穷尽毕生精力,辑成《遗民诗》十六卷。朱彝尊在《赠卓处士》中称赞说:“忠贞公后族蝉联,一代遗民藉尔传。”高度肯定了卓尔堪对保存遗民文学的重要贡献。

《遗民诗》是一部以遗民诗词为主体的明诗总集。共收五百余家,录诗约三千首,集中保存了清初诗歌主要流派——遗民诗派的多数著作,其中几

---

[1] 〔清〕孔尚任:《湖海集》卷一〇,第128页。
[2] 〔清〕孔尚任:《湖海集》卷一〇,第226页。
[3] 〔清〕卓尔堪:《遗民诗》(下),华东师范大学出版社2013年版,第825页。

乎对每一位诗人的字号、爵里、行迹均有介绍。诗集后附刻《近青堂诗》一卷，收录了卓尔堪平生的诗词作品，多雄奇慷慨之音。

编者选目精严，非常注重遗民操守，入选诗人基本都是易代后拒仕新朝的遗老，稍有不终晚节者则不选用。比如苏州遗民顾景星，与唐洛、胡承诺、张仁熙、吴骥并称"江南逸民"，入清后屡征不出。康熙十七年（1678），他被荐举参加博学鸿词试。虽称病未参加考试，但是他到达京城后，受到康熙皇帝召见，"给检讨俸米"，成为"大清征君"。编者鉴此，未将顾氏诗词录入《遗民诗》，可见编选之精严。

乾隆年间，清廷将《遗民诗》列为禁毁书目，也正体现了这部词集在保存遗民文献方面的价值。此外，卓尔堪所编《遗民诗》对乾嘉时期代表诗人、性灵派创始人袁枚的诗文创作产生了深远影响，使后者在诗文中表露出鲜明的民族思想，诗歌主张与遗民诗人的观点具有一致性。乾隆十年（1745），袁枚上任江宁知县，任官期间负责编修《江宁新志》，几乎引用了《遗民诗》中所有关于江宁人士的小传材料，并注明了材料的来源是"卓子任《遗民集》"[1]。

二、清中期扬州文学的发展

（一）雅集与结社

文人雅集唱和是中国古典文学发展史上的重要现象，也是明清文学繁荣的表征之一，体现了传统文人的生活方式。清代中期，扬州经过恢复与重建，迎来了新的繁荣时期。在两淮盐商和仕扬官员的影响下，扬州成为文人集会、诗风炽烈、文化发达的城市，雅集吟唱卓然不歇，结社选集蔚然成风。康熙年间，孔尚任曾言："天下之言诗者，莫盛于燕台与维扬。"[2]乾隆初年，董伟业的竹枝词描述道："六一堂前车马路，两两三三说词赋。扬州满地是诗人，顾万峰来留不住。"[3]这些史料都反映了清代中期扬州觞咏唱和之风的再度盛行，不论雅集规模、文会频次、创作数量，都堪称清代文学史之最。如此风雅的古典文学活动延续了两百余年，直至清末民国时期仍有余绪。

1.红桥修禊

---

[1]〔清〕袁枚修：《〔乾隆〕江宁新志》，乾隆十三年（1748）刻本。

[2]〔清〕孔尚任：《湖海集》卷一〇，第227页。

[3]〔清〕董伟业撰，刘永明点校：《扬州竹枝词》，第11页。

　　瘦西湖红桥是清代扬州文人雅集吟咏之地,举行过数次盛大的修禊活动,规模与文名可比肩东晋的兰亭雅集,是清代中期的文坛盛事。后因"红桥"改名"虹桥",故又称"虹桥修禊"。文人名士相约春秋之季在瘦西湖畔的红桥组织雅集酬唱,吟诗作画,切磋诗艺,快意潇洒,令后世文人无比艳羡,也使大红桥成为扬州文化的一张亮丽名片。

　　最早在红桥主持修禊的是王士禛。他在来到扬州之前,曾在济南大明湖组织秋柳诗社,即景赋《秋柳诗》四首,诗名大振,一时大江南北和诗者甚多,博得海内文人的赞誉。顺治十七年(1660)王士禛赴扬任官以后,结交寓扬文人,召集江南文士,成为广陵文坛的主盟领袖。顾贞观高度评价王士禛在扬州的文学活动,认为"渔洋(王士禛)之数载广陵,实为斯道总持"[1],这些活动奠定了他在清代文坛上的地位,使其"以文学诗歌为当代称,总持风雅数十年"[2]。

　　康熙初年,王士禛两度主持盛大的红桥雅集。第一次是在康熙元年(1662)春日,他邀约诸名士游赏红桥,众人泛舟载酒于桥下,击缶赋诗,觞咏唱和,参加者有杜濬、陈维崧、张养重、丘向随、陈允横等。王士禛赋《浣溪沙》三首,最著名的一首是《浣溪沙·红桥怀古》,词云:"北郭清溪一带流,红桥风物眼中秋,绿杨城郭是扬州。　　西望雷塘何处是?香魂零落使人愁,淡烟芳草旧迷楼。"[3]作者在欣赏红桥景致中,寄托自己的怀古伤今之情,情景交融,妙笔感人。众人和韵作诗,一时传为佳话。

　　康熙三年(1664)清明,王士禛陪同前辈林谷度,邀约孙枝蔚、杜濬、张纲孙、程邃、孙默、许承宣等文人,再次举行盛大的红桥修禊。王士禛一连作了《冶春绝句》二十首,最为脍炙人口的诗句是"红桥飞跨水当中,一字阑杆九曲红。日午画船桥下过,衣香人影太匆匆"[4]。唱和者甚众,一时形成"江

　　[1]〔清〕顾贞观:《顾梁汾先生书》,〔清〕陈聂恒:《栩园词弃稿》卷首,康熙四十三年(1704)陈氏且朴斋刻本。

　　[2]〔清〕李斗著,陈文和点校:《扬州画舫录》卷一〇,第116页。

　　[3]〔清〕王士禛:《浣溪沙·红桥怀古》,〔清〕王士禛、邹祗谟辑:《倚声初集》卷三,顺治十七年(1660)大冶堂刻本。

　　[4]〔清〕王士禛:《带经堂集》卷一五,《续修四库全书》第1414册,第109页。

楼齐唱冶春词"的空前盛况,大有王羲之兰亭雅会之势,从此"冶春"一词广为流传。王士禛将这些诗词辑录为《红桥倡和集》,他在序言写道:"红桥即席赓唱,兴到成篇,各采其一,以志一时盛事,当使红桥与兰亭并传耳。"[1]言语间将红桥修禊与兰亭雅集相提并论,得意之情溢于言表。

继王士禛之后,孔尚任再续红桥修禊之事,以图重现康熙初年扬州的雅集盛况。孔尚任(1648—1718),字聘之、季重,号东塘、岸堂,自称云亭山人,山东曲阜人。与钱塘戏曲家洪昇并称为"南洪北孔",代表作有传奇剧《桃花扇》《小忽雷传奇》,杂剧《大忽雷》等。康熙二十四年(1685),扬州、淮安一带发生水患,灾情严重,朝廷派兵部侍郎孙在丰赴淮扬疏浚下河,国子监博士孔尚任奉命随同前往。康熙二十七年(1688)春,孔尚任居住在天宁寺东廊待漏馆,于三月三日大会群贤,邀约名士再续红桥盛事。阮元《广陵诗事》记载:"孔东塘在广陵时,上巳日招同吴蕳次(绮)、邓孝威(汉仪)、费此度(密)、李艾山(沂)、黄仙裳(云)、宗定九(元修)、宗子发(元豫)、查二瞻(士标)、蒋前民(易)、闵宾连、王武徵(方岐)、乔东湖(寅)、朱其恭、朱西柯、张谐石(韵)、杨尔公、吴彤本、卓近青(尔堪)、赵念昔(允怀)、王孚嘉、王楚士、王允文、闵义行共二十四人红桥修禊,赋诗纪事。"[2]

这次参加雅集的二十四人籍属八省,故孔尚任称之"八省之会",他在《红桥修禊序》中记载了这段踏青祓禊的文学雅事:"康熙戊辰春,扬州多雪雨,游人罕出。至三月三日,天始明媚,士女被禊者,咸泛舟红桥,桥下之水若不胜载焉。予时赴诸君之招,往来逐队。看两陌之芳草桃柳,新鲜弄色,禽鱼蜂蝶,亦有畅遂自得之意。乃知天气之晴雨,百物之舒郁系焉。"[3]

文人即景赋诗,各抒襟怀,留下了绝妙佳作。在这次诗会中,孔尚任将自己的七律《扬州》作为《冶春》首唱,深得王士禛赞赏,诗云:"阮亭合是扬州守,杜牧风流数后生。廿四桥头添酒社,十三楼下说诗名。曾维画舫无闲柳,再到纱窗只总莺。亦有芜城能赋手,烟花好句让多情。"[4]

[1]〔清〕王士禛:《冶春绝句、红桥倡和词、阮亭诗余略》自序,上海图书馆藏清刻本。

[2]〔清〕阮元:《广陵诗事》,第105页。

[3]〔清〕孔尚任:《湖海集》卷九,第200页。

[4]〔清〕孔尚任:《湖海集》卷一,第3页。

另外,孔尚任还作有《红桥》《初春经红桥》《泛舟红桥探春》《三月三日泛舟红桥修禊》《三月四日清明再泛舟红桥》等多首咏叹红桥景致的诗词,皆堪称佳作。同时,寓扬三年多的经历也为孔尚任创作《桃花扇》提供了丰富的素材。

乾隆初年,两淮盐运使卢见曾追慕前辈遗风,再次主持盛大的红桥修禊。卢见曾(1690—1768),字澹园、抱孙,号雅雨,又号道悦子,山东德州人。康熙六十年(1721)进士。历任洪雅知县,滦州知州,永平知府,长芦、两淮盐运使。喜爱诗文,崇好风雅,礼遇文人,"凡名公巨卿、骚人词客至于其地者,公必与选佳日,命轻舟,奏竹丝,游于平山堂下。坐客既醉,劈笺分韵,啸傲风月,横览古今,人有欧、苏、渔洋复起之恭"[1]。

在扬州为官期间,卢见曾数度修禊红桥,群贤毕至,名士咸集。其中,以乾隆二十二年(1757)的雅集最为壮观。是年三月三日,为迎接高宗第二次南巡,卢见曾在红桥畔倚虹园举行了一次盛大文会。他自作七律四首,广为征和,竟有七千余诗人和韵响应,郑板桥、陈撰、厉鹗、惠栋、沈大成、陈章等人皆为座上宾,后编成诗集三百余卷,并绘有《虹桥揽胜图》。郑板桥作有《和雅雨山人虹桥修禊》《再和卢雅雨》各四首,并在这次文宴上结识了好友袁枚,二人互以诗句赠答,谈古论今,甚为欢畅。

卢见曾在文宴上独创了"牙牌二十四景"的酒令游戏。雅集者以象牙薄片制成二十四枚牙牌,每张牌上画有瘦西湖一景,并注明罚酒的规则。参与者依次摸牌,以所得之景,当场吟诗,不切题或不能及时对诗者罚酒。这种文学娱乐方式很快在文坛流行起来,并为后辈文人所效仿。

乾隆三十三年(1768),两淮盐引案发,卢见曾被逮论绞,死于狱中,红桥故事再无鼎盛之景。赵云崧题诗感怀曰:"红桥修禊客题诗,传是扬州极盛时。胜会不常今视昔,我曹应又有人思。"[2]此诗表达了文人对红桥盛景的追思。道光以后,红桥西岸的冶春旧址逐渐荒废。红桥修禊作为中国文学史上空前的文化盛会,经由三代文人的承袭与延续,为扬州留下了独特而辉煌

---

[1]〔清〕沈起元:《敬亭文稿》卷八《运使卢雅雨七十寿序》,《清代诗文集汇编》第257册,第276页。

[2]〔清〕赵翼著,李学颖、曹光甫校点:《瓯北集》,上海古籍出版社1997年版,第635页。

的文化印记。

2.韩江雅集

"韩江"亦通"邗江",扬州之古称。北魏郦道元《水经注·淮水》记载："吴将伐齐,北霸中国,自广陵城东南筑邗城,城下掘深沟,谓之韩江,亦曰邗溟。"乾隆时期,盐商马曰琯、马曰璐名冠江南,时称"二马"。他们延接四方名硕,"结邗江吟社,宾朋酬唱"[1],成为清代中期盐商园林雅集的典范。

韩江吟社在乾隆八年(1743)以前既已举行过雅集,但具体创社时间不详。[2]诗社产生的重要契机是胡期恒罢职侨寓扬州。胡期恒(1671—1748),字元方,号复斋、复翁,与汪懋麟、程梦星有姻亲关系。早年得到年羹尧推荐,官至甘肃巡抚。年氏失势后,胡期恒引咎下狱,在高宗皇帝登基后获释。乾隆二年(1737),胡期恒迁居扬州,在梅花书院讲学,"与马氏结'韩江雅集',称盛事"[3]。

马氏兄弟将宾主吟咏之作编撰为《韩江雅集》十二卷,其中收录了四十一位文人的诗作,凡九百六十首,联句八首。起于乾隆八年(1743)十月,止于乾隆十三年(1748)冬,其间文人雅集唱和九十六次。根据厉鹗《九日行庵文讌图记》记载,韩江吟社的核心成员有:胡期恒、唐建中、方士庶、闵华、全祖望、张四科、厉鹗、陈章、程梦星、马曰璐、方士庚、汪玉枢、马曰琯、王藻、洪振珂、陆钟辉、曲珂,而参加过诗社雅集的文人远不止此。据此来看,韩江吟社是一个主体人员结构相对稳定的文学组织。

诗社经常在盐商的私家园林举行文会,"二马"的行庵、小玲珑山馆、南庄,陆钟辉的晚清轩,程梦星的莜园和张四科的荣木轩、让圃,都是韩江吟社的雅集之所。马曰璐《立冬前五日,同人携菊集行庵,对酒成咏》记述了某年立冬前夕,众人在行庵咏菊,抒发秋怀的场景:

秋风秋雨欲寒天,莫道相携是偶然。留得黄花冷相对,一时同到酒

---

[1]〔清〕陈章:《沙河逸老小稿序》,〔清〕马曰琯:《沙河逸老小稿》卷首,《丛书集成初编》本,中华书局1985年版,第3页。

[2]明光:《清代扬州盐商的诗酒风流》,社会科学文献出版社2014年版,第155页。

[3]〔清〕李斗著,陈文和点校:《扬州画舫录》卷四,第47页。

尊前。

　　　酒随兴饮休辞醉,花似人清不取香。如此花枝如此酒,行庵修竹晚苍苍。[1]

　　韩江文人寄情于山水名胜,创作了大量描绘扬州古迹盛景的诗词。《韩江雅集》卷五有《分咏扬州古迹》,诸君吟咏了云山阁、康山、水亭、淳于棼宅、秋声馆、玉勾井、阿师桥、迎仙楼、居竹轩、栖灵塔、偕乐园等景。另外,文化胜迹平山堂、新修复的竹西亭也是题咏的绝佳之处。张世进有诗《九日竹西亭登高得客字》,描写了众人在竹西亭的诗会,有"蜀冈蜿蜒来,至此势轩辟。爽节地最宜,快晴天不惜""雅歌且为欢,光景休虚掷。试问杜司勋,飞鸿去无迹"[2]等句。

　　扬州竹西亭在北门外五里,上方禅寺左侧,始建于唐懿宗咸通年间,以杜牧《题扬州禅智寺》诗句"谁知竹西路,歌吹是扬州"而得名,文人多向往之,宋代欧阳修、梅尧臣皆有题诗。清兵入关时,此亭毁于战火。乾隆初期,竹西亭已荒无人烟,程梦星提议捐资复建,得到韩江诗人的积极响应。闵华的《竹西亭落成,香溪先生招宴亭上,同用东坡石刻诗韵》即是程梦星召集众人在新亭饮宴时所作,描绘了重修竹西亭的风光。

　　除了寄情山水、吟赏风月以外,文人常在时令节日举行文会,题诗遣怀。如五月五日重五诗会、九月九日重阳诗会以及四时八节的诗会,这类诗词往往蕴含着浓厚的民俗气息。乾隆八年(1743)重阳日,韩江同人在马氏行庵组织雅集,此唱彼和,以应节景,厉鹗对这次文会盛况描述道:

　　　乾隆癸亥九日,积雨既收,风日清美,遂约同人,咸集于斯,中悬仇英白描陶靖节像,采黄花,酌白醪为供,乃以"人世难逢开口笑,菊花须插满头归"分韵赋诗,陶陶衎衎,殇咏竟日。既逾月,吴中写真叶君震初

---

[1]〔清〕马曰璐:《南斋集》卷五《立冬前五日,同人携菊集行庵,对酒成咏》,《丛书集成初编》本,中华书局1985年版,第98页。

[2]〔清〕张世进:《著老书堂集》卷四,《四库禁毁书丛刊·集部》第168册,北京出版社1997年版,第598页。

适来,群貌小像,合为一卷,方君环山补景,命曰"九日行庵文宴图"。装池成,将各书所作于后,而嘱鹗为之记。[1]

韩江吟社的诗文创作,以分韵、次韵、分咏、联句形式居多,内容富有娱乐性与趣味性。文会上有同题赋诗,即选定一个赋诗对象,约定诗体,文人各展其才,作诗题咏。又有分题赋诗,即在同一范围、性质的对象内,选取具体的对象进行赋诗,飞文染翰,竞呈诗艺,亦称"分咏"。

此外,韩江吟社的填词活动也非常活跃。根据马曰琯《嶰谷词》的收录情况,大约有一百三十五首,惜未能集结成册,散佚于文人词集当中。由于浙西词派的中坚人物厉鹗也是韩江吟社的核心成员,"以标新领异为扬人倡,故江北之诗,皆以疏沦性灵为主"[2]。受到浙西词风的影响,文人多宗风南宋,崇尚醇雅,他们的词作带有比较鲜明的浙西特点,以婉约为正宗,强调"雅正""清空",这种风格对于整个清代词坛影响甚深。

乾隆十三年至十七年(1748—1752),胡期恒、唐建中、姚世钰、方士庶、厉鹗相继逝世,韩江文人作《五君咏》悼念几位核心成员的离去。乾隆二十年(1755),程梦星、马曰琯、全祖望、楼锜病逝,张世进、闵华作《后五君咏》抒发悲思之情。在程梦星逝后,韩江雅集随着核心文人的相继离世而日渐消歇。

(二)盐商蜚声文坛

入清以后,社会经济日渐恢复。清政府重视盐业,视盐课为国家之根本,严格控制食盐的管理和运销。为了复苏和推动盐业发展,清廷采取了"恤商裕课"的制度,并且承袭明制推行纲盐法,为商人垄断盐业提供了条件。扬州是两淮盐业管理和集运的中心,也是两淮盐商的聚集之地。盐商依靠垄断食盐运销权,累积了雄厚资本,在雍正至乾隆年间盛极一时,成为声势显赫的资本集团。

两淮盐商具有贾而好儒的群体性特征。从顺治时期开始,一些直接从

---

[1]〔清〕厉鹗,罗仲鼎、俞浣萍点校:《厉鹗集》中册,浙江古籍出版社2016年版,第572页。

[2]〔清〕法式善著,张寅彭、强迪艺编校:《梧门诗话合校》卷四,凤凰出版社2005年版,第122页。

事盐业的商人或出自盐商家族的文人日渐活跃于文坛,引领广陵风雅。他们广结天下名士,召集文人唱和,在文坛上留有卓著诗名。这种士商之间的阶层流动与打破"四民"等级观念的密切交往,是清代扬州的一种独特社会现象。

顺治初年至康熙中期,有业盐经历的扬州文人有孙枝蔚、雷士俊、张珣、吴苑、李宗孔、郭士璟、汪懋麟、张潮、许承宣兄弟、汪楫、程文正等三十余人。[1]雍正至乾隆中期,马曰琯、马曰璐、汪应庚、汪从晋、程庭、安麓村、洪振珂、汪廷璋等皆为著名的盐商文人。乾隆后期,扬州展开以盐商江春为中心的文学活动,代表人物有张四科、易谐、江昉、汪长馨等。嘉道以后,随着两淮盐业衰微,扬州文风日渐衰落,盐商家族的文事活动难以为继,尚有一些盐商子弟凭借祖辈资产与家族流传的文化底蕴活跃诗坛,如黄文旸、江振鹭、江振鸿、汪泰交,皆有佳作留世。这些盐商文人对清代文坛产生了重要影响。

1.孙枝蔚

孙枝蔚(1620—1687),字叔发,又字豹人,号溉堂,陕西三原人。因其家乡关中有焦获泽,故时人以焦获称之。祖上以经商起家,世为三原大贾,家境颇丰。父孙振生,为明末岁贡生。孙枝蔚自幼受到良好的教育,好学能文,以诗名世。他在《忆昔篇寄示燕、谷、仪三子》描述自己"九岁拜塾师,端坐书屋下。十岁到江都,趋庭意潇洒""早应秀才试,未时文并写""射猎爱秋冬,弦诵罢春夏"[2]。如诗中描述,孙枝蔚在少年时即小有文名。曾与父亲客居江都,回到原籍后参加童子试,崇祯七年(1634)成为诸生,"自是每试辄高等,与兖州君噪名三原"[3]。明清易代后,孙枝蔚继承祖业,赴扬州业盐,"隐于鱼盐之市"[4],通过经商累积千金。但因其好结客,散家财广交名士,"奉金结好友,夜夜陈歌筵"[5],亦不善治产,加之专注于读书工诗,以致家境

[1]　明光:《清代扬州盐商的诗酒风流》,第17页。

[2]　〔清〕孙枝蔚:《溉堂诗集》续集卷二,《续修四库全书》第1407册,第518页。

[3]　〔清〕汪懋麟:《百尺梧桐阁集·文集》卷八《征君孙豹人先生行状》,《四库全书存目丛书·集部》第241册,第793页。

[4]　〔清〕孙枝蔚:《诫子文》,《溉堂文集》卷四,《续修四库全书》第1407册,第628页。

[5]　〔清〕孙枝蔚:《溉堂诗集》前集卷一,《续修四库全书》第1407册,第298页。

渐衰。

孙枝蔚弃商后，专心于读书工诗，力学不怠，诗名日盛。王鸣盛最早将孙枝蔚列为三秦诗派的代表人物，他在《刘戒亭诗序》云："三秦诗派，本朝称盛，如李天生、王幼华、王山史、孙豹人，盖未易更仆数矣。"[1]尽管孙枝蔚受到西北文化的熏陶浸润，诗词具有劲健质朴的"秦风"特征，但其文学活动主要以扬州为中心展开，对江南诗坛有较大的影响。

孙枝蔚一生创作颇丰，而今不少诗文集已散佚，如《溉堂隅说》《经书广义》《古今称谓录》《溉堂诗话》等。今仅存《溉堂集》，含《前集》九卷、《续集》六卷、《后集》六卷、《诗余》二卷、《文集》五卷，共计二十八卷。孙枝蔚交游甚广，不仅与关中诗人李楷、韩诗、张晋、张恂、雷世俊等交往密切，并且与诗坛泰斗王士禛、汪懋麟、汪楫、陈维崧、施闰章等人志趣相投，时有酬唱之会，尤其在江南遗民中有颇高的声望，与遗民文人冒辟疆、李沂等倾心相交。汪懋麟有言："诸君各以诗古文名，先生独以诗名海内。无论识与不识，皆知有豹人先生矣。"[2]

顺治十六年（1659），王士禛初莅广陵，结交江南诗人，为博取孙枝蔚的好感，先行慕名求访、赠诗交接，遂与溉堂相知。王士禛《居易录》记载："高不见之节。予访之，先以诗云：'焦获奇人孙豹人，新诗雅健出风尘。王弘不见陶潜迹，端木宁知原宪贫。'遂为莫逆交。"[3]康熙三年（1664）清明，孙枝蔚参加了王士禛组织的第二次红桥修禊，与诸名士饮觞赋诗，渔洋以诗句"雍州孙郎笔有神"赞誉孙枝蔚，豹人则作有《清明，王阮亭招同林茂之、张祖望、程穆倩、许力臣、师六、家无言泛舟城西，酒间同赋冶春绝句二十四首》。康熙四年（1665），王士禛升任户部郎中，奉旨北上，扬州诸名士为之送行，孙枝蔚又作《七夕送别王阮亭仪部北上》四首，可见与渔洋之情谊。

继甲辰诗会后，孙枝蔚文名鹊起，交友益广，常与四方名士交游唱和，堪称江南诗界翘楚。顺治十四年（1657）冬，孙枝蔚与李楷、潘江如等人结丁酉

---

[1]〔清〕吴镇：《松花庵全集》，宣统二年（1910）刻本。

[2]〔清〕汪懋麟：《百尺梧桐阁集·文集》卷八《征君孙豹人先生行状》，《四库全书存目丛书·集部》第241册，第793页。

[3]〔清〕王士禛：《居易录》卷四，康熙四十年（1701）刻雍正印本。

社,作《与李岸翁、潘江如初订丁酉社,喜医者何印源招饮》,有"甲子频书添社酒,庚寅旧恨向江鱼""事知塞上频年异,客自台州昨日归"等诗句。

孙枝蔚的诗文劲健质朴、慷慨激壮,加之独特的格调,体现江南雅趣的同时颇有"秦风"。潘耒评价云:"秦声刚烈吴声缓,君能兼美无偏伤。"[1]王泽宏在《溉堂诗集·后集序》中言明:"海内论先生诗者以朴之一字蔽之。"其诗之"朴",表现在诗文风格方面的真率自然,流露作者的肺腑之情,诗文内容富有深切的社会关怀。孙枝蔚虽以遗民自许,拒不仕清,却也悲叹明王朝的腐败无能,如《村夕》云:"叹息中原事竟非,金银宫阙少光辉。谁知两党皆亡国,敢恨边臣久失机。"[2]又如《读兵书》云:"叹息中原事,朝廷任竖儒。虚名羞管葛,上将失孙吴。"[3]

明末清初,社会动荡不安,由于连年灾荒和兵祸,人民生活极为艰辛。明亡以后,孙枝蔚抱有故国之思、亡国之恨,交游多局限在遗民圈内,诗文多以激壮之音抒陈爱国抱负,带有鲜明的思故土、哀民生的遗民色彩。顺治九年(1652),扬州遭逢旱灾,各州县田苗尽枯,民不聊生,孙枝蔚作《旱诗》和《东台场杂诗》感叹民生困顿,有"荒旱悲今岁,艰难到客船""逢人先借水,无处觅清泉"[4]之句。又如乐府《蒿里曲》云:"道旁白骨走蚁虫,不如秋草随飘风……肢骸杂乱相撑拄,知汝或为雌与雄,或为壮士或老翁"[5],以悲怆的格调描绘了战乱灾祸后哀鸿遍野的凄惨景象。

康熙十七年(1678),清廷诏征博学鸿儒,由各地推举人才。孙枝蔚亦在举荐之列,请辞不准,被迫入京考试,被举为中书舍人。不久后,他提出辞官的要求,获准返回扬州。孙枝蔚一生活跃于扬州诗坛,不仅是清初文学领域的代表人物,并且受到江南遗民诗人的普遍推崇,被时人赞誉为"一代之人""一代之诗"。[6]

[1]〔清〕潘耒:《遂初堂诗集》卷八,《清代文文集汇编》第170册,上海古籍出版社2010年版,第101页。

[2]〔清〕孙枝蔚:《溉堂诗集·前集》卷四,《续修四库全书》第1407册,第331页。

[3]〔清〕孙枝蔚:《溉堂诗集·前集》卷七,《续修四库全书》第1407册,第357页。

[4]〔清〕孙枝蔚:《溉堂诗集·前集》卷六,《续修四库全书》第1407册,第350页。

[5]〔清〕孙枝蔚:《溉堂诗集·前集》卷一,《续修四库全书》第1407册,第289页。

[6]〔清〕汪懋麟:《溉堂文集序》,《续修四库全书》第1407册,第592页。

2.扬州"二马"

扬州"二马"是指雍乾时期的著名盐商马曰琯、马曰璐昆季。马曰琯（1688—1755），字秋玉，号嶰谷、沙河逸老。马曰璐（1695—1776）[1]，字佩兮，号半查、半槎、南斋。祖籍安徽祁门县，为当地望族，自祖父始徙居扬州经营盐业，子孙守其业，至三代累积雄厚资财。康熙四十九年（1710），马曰琯归试祖籍祁门，为诸生。后由附贡生援例候选主事，钦受道台衔。杭世骏《朝议大夫候补主事加二级马君墓志铭》曰："年二十三，归试祁门，充学官弟子。"[2]乾隆元年（1736），马曰琯举博学鸿词，候选知州。杭世骏《封太恭人马母陈氏墓志铭》载："曰璐候铨知州，召试词科，不肯就。"[3]

"二马"贾而好儒，俱以诗词、藏书、刻书名世，为一代盐商文人。交友甚广，所与游皆为当世名家，他们组织的雅集对广陵文学集群的形成有重要影响。马曰琯著有《沙河逸老小稿》六卷、《嶰谷词》一卷，编有《林屋酬唱集》《韩江雅集》。李斗在《扬州画舫录》评其"好学博古，考校文艺，评骘史传，旁逮金石文字"。马曰璐与兄齐名，工诗善词，著有《南斋集》六卷《南斋词》二卷。"二马"诗词兼工，多寄情于园林山水，咏叹友人情谊，追思典籍文物，风格淡雅闲适、清峭冷峻，阮元评价马氏诗词"缠绵清婉，格韵并高"[4]，带有浙西词派的创作特点。

马氏兄弟筑有街南书屋，别称小玲珑山馆[5]，为康雍年间扬州杰出的私家园林之一。山馆广纳隐逸寒士，时江南诸多名士如厉鹗、杭世骏、金农、陈章、陈撰、全祖望、姚世钰等，都曾作客其中，甚至久居于此。主人常在小玲

[1] 对马曰璐的生卒年，学界尚有争议。如《江苏艺文志·扬州卷》标注的是1701—1761年；明光《清代扬州"二马"家世考》（《扬州大学学报（人文社会科学版）》2007年第2期）认为马曰璐生年为1695年，卒年应在1773年以后；王颖《马曰璐卒年新证》（《古籍整理研究学刊》2010年第5期）认为，马曰璐的卒年当为1776年。

[2] 〔清〕杭世骏：《道古堂文集》卷四三，《清代诗文集汇编》第282册，第427页。

[3] 〔清〕杭世骏：《道古堂文集》卷四六，《清代诗文集汇编》第282册，第457页。

[4] 〔清〕阮元纂，万仕国点校：《淮海英灵集》乙集卷三，广陵书社2021年版，第293页。

[5] 街南书屋有小玲珑山馆、看山楼、红药阶、觅句廊、石屋、透风透月两明轩、藤花庵、浇药井、梅寮、七峰草亭、丛书楼、清响阁等十二景，旁人惯以"小玲珑山馆"称之。可参见阮元《淮海英灵集》乙集卷三。

珑山馆接待文人游宴,谈诗论文,雅集酬唱,"四方名士过者,辄款留觞咏无虚日"[1],留下诸多佳话。袁枚在诗文中赞曰:"山馆玲珑水石清,邗江此处最有名。横陈图史常千架,供养文人过一生。"[2]其时,清廷屡兴文字狱,加强对士林的思想钳制,小玲珑山馆俨然成为文人趋之若鹜的世外桃源,以此为中心形成了独具特色的广陵文学集群。符曾有言"心死便为大自在,魂归仍返小玲珑"[3],正是这一诗群文人的憧憬与向往。

乾隆初年,两淮盐运使卢见曾扶轮风雅,广陵文风日盛,"二马"召集名士在小玲珑山馆"结邗江吟社,宾朋酬唱"[4]。"一时名士如厉太鸿、陈授衣、汪玉枢、闵连峰诸人,争为诗会,分咏一题,裒然成集。"[5]在邗江吟社的核心成员中,马曰琯、马曰璐、汪玉枢、张四科、洪振珂等人皆为盐商,另有盐商家庭出身者程梦星、张世进,有从商经历者方士庶兄弟、王藻。[6]

马氏兄弟不仅研习经史,俱以诗名,而且热衷于藏书刻书,为访书、购书付出了巨大心力和财力。为存放所购书籍,小玲珑山馆筑有丛书楼,"前后二楼,藏书百厨"[7],"所藏书画碑版,甲于江北"[8],声名遍播学林。清代藏书名家吴翌凤将马氏藏书楼比肩明代天一阁、徐乾学传是楼,评价极高。"二马"藏书有《丛书楼书目》,惜今已散佚不传,不能一窥马氏藏书全貌。

如此卷帙丰富的藏书,"二马"并未将其专为己有,而是慷慨供予文人阅读,使其多有学术创获。全祖望客居扬州期间,居于畬经堂,他参考马氏雕刻版本校订了《困学纪闻》,又进行了增补,世称全祖望三笺本,于嘉庆十二年(1807)刊行。在小玲珑山馆诗人群中,厉鹗与"二马"交游较早,寓馆时间也最长。他利用马氏藏书,参考宋人各类文集、诗话、笔记、山经、地志等

———————————

[1] 王锺翰点校:《清史列传》卷七一《文苑传二·马曰琯》,第5867页。

[2] 〔清〕袁枚著,周本淳标校:《小仓山房诗文集》之《诗集》卷二七,上海古籍出版社1988年版,第687页。

[3] 〔清〕袁枚著,王英志批注:《随园诗话》卷五,凤凰出版社2009年版,第76页。

[4] 〔清〕陈章:《序》,〔清〕马曰琯:《沙河逸老小稿》卷首,《丛书集成初编》本,第3页。

[5] 〔清〕袁枚著,王英志批注:《随园诗话》卷五,第76页。

[6] 明光:《论盐商诗人主导的韩江雅集》,《扬州职业大学学报》2016年第2期。

[7] 〔清〕李斗著,陈文和点校:《扬州画舫录》卷四,第46页。

[8] 〔清〕阮元纂,万仕国点校:《淮海英灵集》乙集卷三,第293页。

各类珍善典籍,辑撰《宋诗纪事》,使之成为后世研究宋诗的经典文献。"二马"不仅供阅书籍,还共同参与了《宋诗纪事》的编撰。两淮盐运使卢见曾向马氏借书,赠有一诗云:"玲珑山馆辟疆俦,邱索搜罗苦未休。数卷《论衡》藏秘笈,多君慷慨借荆州。"[1]马曰琯亦作有《题雅雨先生借书图》相赠,一时传为佳话。

乾嘉时期,扬州的雕版印刷业得到空前发展,官私刻书皆十分盛行。"二马"出资刻印了大量图书,尤其将所藏古籍善本、金石拓片择要刊刻,校勘精审、装帧精美、字体娟秀,世人誉之"马板"[2]。刊刻书籍包括汉唐宋善本字书《干禄字书》《五经文字》《九经字样》《班马字类》,马氏参与创作的诗词集《沙河逸老小稿》《嶰谷词》《南斋集》《南斋词》《韩江雅集》《林屋酬唱集》等。另外,"二马"还不惜重金为贫寒文人刊刻著作遗集。汪士慎的《巢林集》最初由马氏资助付梓,藏于小玲珑山馆。道光十三年(1833)金世禄跋曰:"《巢林诗集》七卷,富溪汪近人先生侨寓邗江时所著者,其椠板旧为玲珑山馆马氏藏本。"[3]另有厉鹗《宋诗纪事》一百卷、朱彝尊《经义考》三百卷、姚世钰《孱守斋遗稿》四卷、全祖望《困学纪闻》二十卷,皆由马氏刊刻。

乾隆三十八年(1773),清廷开馆编纂《四库全书》,博采天下藏书,谕令两淮盐政李质颖查访扬州马氏丛书楼,后人马裕恭进献藏书七百七十六种,涉及经、史、子、集四部,数量居私家献书之首。《四库全书》撰成后,马家获赐内务府所刻《古今图书集成》一部,共五千二百卷,分类三十二典,马裕将其"装成五百二十匣,藏贮十柜,供奉正厅"[4]。并且,凡马氏进献的图书,朝廷都注明"两淮马裕家藏本",以示表彰,足可见"二马"藏书对《四库全书》编纂的贡献。

对于"二马"以小玲珑山馆为中心的文学活动,诸多文人给予很高的评

[1]〔清〕卢见曾:《雅雨堂诗集》卷上《扬州杂诗》其九,《续修四库全书》第1423册,第423页。

[2]〔清〕李斗著,陈文和点校:《扬州画舫录》卷四,第46页。

[3] 转引自徐学林编:《徽州刻书史长编》第6卷,安徽教育出版社2014年,第2003页。

[4]〔清〕李斗著,陈文和点校:《扬州画舫录》卷四,第46页。

价。杭世骏在马曰琯逝后痛惜曰："马嶰谷殁而南息风骚。"[1]袁枚在《随园诗话》中描述雍乾时期文人雅集的盛况,将马氏小玲珑山馆列为清代三大私家园林之首,充分肯定了马氏在江南文坛的影响力。

3.江春

江春(1721—1789),字颖长,号鹤亭,因其行盐旗号为"广达",时人亦称"江广达",是乾嘉时期盐商文人的重要代表。祖籍安徽歙县,世居扬州。祖辈以治盐为业,曾祖江国茂、祖父江演、父亲江承瑜,皆为盐商。江春少年时代以科举为正途,但是屡试不第,遂秉承父业成为总商。阮元称其"以五经应试未第,遂出其才,治鹾业"[2]。

作为两淮总商,江春竭力经营盐务四十余年,以所获报效清廷,竭忠尽智,屡次出资捐输。乾隆南巡时,不惜耗费巨资修建行宫,以博取皇帝欢心,由此得到高宗赏识,愈加恩宠。乾隆亲赐江春"内务府奉宸苑卿""布政使"等衔,荐至一品,赏戴孔雀翎,"恩幸之隆,古未有也"[3],使其成为著名的"红顶商人",获"布衣结交天子"之美誉。

江春生平儒雅好诗,颇有文学造诣,与齐召南、马曰琯齐名,著有《随月读书楼诗集》三卷,含《黄海游录》《水南花墅吟稿》《深庄秋咏》三部诗集,存诗三百余首。阮元将江春录入《淮海英灵集》,收其诗二十一首,可见江春在淮海诗人中占有一席。其诗文涉及咏物、咏史、山水、抒情,以山水诗最为擅长,具有一定的古典文学价值。如七律诗《天都峰》是作者游览黄山时所作,诗曰:"中山翠色豁然开,高削琼峰插斗隈。呼吸九霄通帝阙,嶙峋万笏拥仙台。烟光海上浮三岛,云气岩前聚八垓。何必崆峒远相访,定知飚驭有时来。"意境辽阔高远,气势磅礴,堪称山水诗佳作。

江春有不少关心民生疾苦的诗作,如《舟行淮堧见旧涨水迹感而作》有"痛定复思痛,真似攒刀戟。圣德广如天,生成大阖辟。我虽眇儒冠,于世无补益。蒿目怀治安,感深横流涕"的感喟。又如《大浸》云:"大浸口空十尺

---

[1]〔清〕杭世骏:《道古堂文集》卷一一《吾尽吾意斋诗序》,《清代诗文集汇编》第282册,第116页。

[2]〔清〕阮元纂,万仕国点校:《淮海英灵集》戊集卷四,第822页。

[3]〔清〕袁枚著,周本淳标校:《小仓山房诗文集》之《续文集》卷三一,第1863页。

强,淮阴一片白茫茫。可怜千里如云稻,尽作鲸鲵水族粮。"细致描绘了淮阴地区水患的真实场景,表达了作者对受灾百姓的悲悯同情。

江春的抒情诗真挚细腻,不论赠予诗友、表达爱情或悼念亡者,皆饱含丰沛的情感。如爱情诗《无题》云:"小劫莫偿尘土恨,痴情还结生死缘。"《落花》云:"酒污罗衫灭旧熏,可怜心事怕重闻。"意境凄婉,情思深沉。他悼念马曰琯的诗作《挽马半查》曰:"少微入夜落银河,把卷无人咏涧阿。前辈余君今又丧,西州掩泪忍重过。等身著作传江左,当代辞微让大科。地下还应续风雅,广陵诗客似麻多。"句间流溢着对秋玉离世的沉痛惋惜,表达了与马曰琯之间的深厚情谊。

江春继"二马"之后,广纳文人贤士,诸多名士皆与之相交,"如钱司寇陈群、曹学士仁虎、蒋编修士铨、金寿门农、方南塘贞观、陈授衣章、陈玉几撰、郑板桥燮、黄北垞裕、戴东原震、沈学子大成、江云溪立、吴杉亭烺、金棕亭兆燕,或结缟纻,或致馆餐,虚怀卑节,人乐与游"[1]。袁枚评价江春"性尤好客,召集名流,酒赋琴歌,不申旦不止"[2]。

江春筑有多处私家园林,如"水南花墅""净香园""康山草堂""退园""深庄""秋集好声寨""江氏东园""西庄"等。其中瘦西湖上修筑的"江园",曾得到乾隆皇帝的垂青,题额赐名为"净香园"。这些园林带有浓郁的徽派特色,也成为文人赋诗雅集的场所。江春常在亭园召集诗友聚会,赋诗叠韵。乾隆二十四年(1759),水南花墅盛开并蒂芍药一枝,被视为珍奇,江春将其赠予盐运使卢见曾,卢专请蔡晴江为之绘图,并举行了诗文唱和。适逢刑部侍郎钱陈群途经扬州,一同观赏江氏芍药,于次日宴席间即兴赋诗数首,其一题名为《天中节前一日,江君鹤亭招游园林看晚芍药,即席赋谢》,有"扬州花事甲江南,就中独数水南馆""名花国色恰对面,最爱江郎绝妙词"[3]之句,在座宾客皆有诗文相和。次年,并蒂芍药又绽放十三枝,皆为五色花,可谓奇观,令人赞叹不已。江春再度邀请名流饮觞赏花,卢见曾请人

---

[1]〔清〕阮元纂,万仕国点校:《淮海英灵集》戊集卷四,第823页。

[2]〔清〕袁枚著,周本淳标校:《小仓山房诗文集》之《续文集》卷三一,第1863页。

[3]〔清〕钱陈群:《香树斋续集》卷一二,《四库未收书辑刊》第9辑第18册,北京出版社1998年版,第496—497页。

绘图征诗,一时间应者云集,阮元、钱陈群、赵翼、蒋士铨、金兆燕、杭世骏、曹仁虎等名宿皆为座上宾。诸君以芍药为主题展开诗文酬唱,风雅名动邗城,传为文学盛事。江春赋诗《庚辰夏,水南花墅复开并蒂芍药十二枝,雅雨都转重过宴赏,即席赋呈四首》云:"从今花瑞纷持献,端为明公七字诗""小墅丛花傍水南,骈枝通放十余三。明年春色还应倍,预向韩公宴上探"[1]。

江氏园林以城东修筑的康山草堂最为著名,乃是广陵文人诗会胜地。高宗六下江南,两次驻跸于康山,亲自为之题诗。乾隆三十年(1765)以后,江春时常在康山草堂召集文会觞宴,馆客文人,一时风雅之盛,几于马氏小玲珑山馆相埒,江春缘此得"康山主人"之名,享誉文坛。康山草堂有一景名为"践约亭"。康熙年间,浙西词派鼻祖朱彝尊到访扬州,雪后与诗友游览康山,作有《雪霁同周仪部襄绪对酒康山二首》,诗云:"雪深花尚发,风急雁翻多。有约江春到,行厨次第过。"[2]不料百年之后,康山真如诗中所云,归名为江春者所有,江春故而专门修建亭园,取名"践约亭",并题词曰:"有约江春到,行厨次第过。朱竹垞先生对酒康山句也,与予姓名适合。因以践约颜其亭。"[3]此事在文人之间传为美谈,得诸名士赋诗传扬,如边中宝有《题康山践约亭》,袁枚有《扬州康山诗为主人江春所作》。江春承接前辈文人风雅,表明了他对文人身份的一种自我认同。

乾隆晚期,一心报效朝廷的江春财力匮乏,积劳成疾,卒于乾隆五十四年(1789),终年六十九岁。他一生殚精竭虑,声名远播,既有文人的德行和文采,又有商人的财富与成功,是一位名副其实的盐商文人。

三、清晚期的扬州文学与结社

道光以后,扬州屡遭兵燹,社会动荡不安。由于盐业改革和交通运输方式的革新,扬州经济日渐衰落,依附于经济资本的文学活动也随之冷寂。但是,在相对封闭的环境中,晚清扬州文人仍然受益于长期累积的文化资源和深厚底蕴,开启了带有复古色彩的文学活动。他们在具有历史象征意义的地点组织诗社,仿效先辈举行诗文雅集,表现了对清中期扬州文学盛景的追

---

[1] 〔清〕江春、江昉:《新安二江先生集》,卢桂平主编:《扬州文库》第 5 辑第 85 册,第 22 页。
[2] 〔清〕朱彝尊:《曝书亭集》卷八,国学整理社 1937 年版,第 105 页。
[3] 〔清〕边中宝:《竹岩诗草》,乾隆四十年(1775)刻本。

思。相较于盛清时期的文人雅集,晚清扬州诗社的规模和影响力有所下降,但诗文内容更贴近大众生活并带有近代色彩,反映了清末中国社会结构变动和西方文明的渗透。

(一)冶春后社

冶春后社创始于光绪末年,活跃于 1864 到 1937 年间。它的组织规模虽不及盛清时期的宏大修禊,但在晚清扬州文化场域中也产生了相当影响。

从"冶春后社"之名称即可见,文人创办诗社的初衷是仿效康熙甲辰年间的冶春诗社,追寻渔洋先辈修禊红桥之佳话,意在重现清初扬州文坛盛事。因此,文人将诗社定名为"后社",并在雅集之处供奉王士禛的画像。吉亮工在诗社成立以后,作有一联云:"社名仍号冶春,何必改作?来者都为游夏,可与言诗。"杜召棠在《惜余春轶事》中记载,孔剑秋"藏孔子、王渔洋、臧宜孙画像,每逢祀辰集社,必悬挂之"[1]。这反映了后社文人对清代扬州文学盛景怀有浓烈的追思欣羡之情。[2]

冶春后社活跃的期间,主盟者先后有臧谷、马荫秦、萧丙章和孔剑秋。初起诗社的文人是辞官归隐的翰林院庶吉士臧谷。臧谷(1834—1910),字宜孙,号雪溪,又号菊隐翁,晚号菊叟,同治四年(1865)进士,位居翰林院庶吉士。擅长古体诗文,著有《雪溪残稿》《咏史偶编》《消寒分咏诗》《咏菊诗》《湖上杂诗》《续扬州竹枝词》《扬州劫余小志》等。他在翰林院任职不到一年便辞官还乡,刻有一方"臣年三十即归田"小印,归扬后居住在通泗桥西"桥西花墅",每日养菊吟诗,"值花晨月夕,醵金为文酒之会,相与尖叉斗韵,刻烛成诗以为乐"[3]。臧谷书文成就颇高,董玉书赞其"书法六朝;工诗,在白、陆之间"[4]。

光绪季年,臧谷邀集志趣相投的名流雅士创立"冶春后社"。陈懋森在《北桥诗钞》序言里记载:

---

　[1]　杜召棠著,蒋孝达、顾一平点校:《惜余春轶事》,第 14 页。
　[2]　王宁宁:《近代扬州文人群体研究(1840—1945)》,社会科学文献出版社 2017 年版,第 71 页。
　[3]　董玉书著,蒋孝达、陈文和点校:《芜城怀旧录》,第 17 页。
　[4]　董玉书著,蒋孝达、陈文和点校:《芜城怀旧录》,第 14 页。

光绪之季,吉士追慕渔洋,主吾乡坛坫,而马布衣伯梁副之,于是有所谓冶春后社者,觞咏之会,几无虚日。吉士年最长,布衣次之。[1]

时臧穀已入耄耋之年,是诗社早期成员中年龄、身份、地位最高者,又是诗社的发起人,故被推为祭酒。马荫秦作为诗社核心成员之一,帮助臧穀处理日常社务。马荫秦(生卒不详),字伯梁,号布衣,与臧穀、萧丙章交往甚厚。宣统初年,臧穀逝世,马伯梁也已年迈,诗社继由萧丙章和孔剑秋主持。

根据林浦《扬州西山小志》和董玉书《芜城怀旧录》,冶春后社成员约有百余人,至1934年有49人离世,若干流亡避难或迁居外地,仅存41人。从后社成员的籍贯来看,他们多数是扬州本籍文人,显然有别于清代中期寄寓文人居多的现象,这反映了晚清扬州经济衰落后,城市文化吸引力的下降。

冶春后社的雅集主题和娱乐形式主要有两种。一是"诗钟",即"七唱"之会。二是选景赋诗。后社文人沿袭清初选址的风雅传统,邀约踏古访幽,寻觅佳景名胜,在山水之间"寻芳拾翠,寄美人香草之思"[2]。

后社文人没有刊刻完整的传世诗集,唱和之作多散存在个人诗集或回忆录当中,臧穀的《菊隐翁诗集》、孔剑秋的《心向往斋谜话》都收录了一些成员的诗词联句。[3]

(二)竹西后社

"竹西"一词出自杜牧《题扬州禅智寺》中的诗句"谁知竹西路,歌吹是扬州"。嘉道年间,扬州文人创立竹西春社,以扬州方言谐音法制谜,有《竹西春社抄》七卷传世。顾名思义,竹西后社是光绪年间承袭竹西春社之余韵而创建的文人谜社,活跃时间、成员构成与冶春后社大致相同。时有北平射虎社与上海萍社为民国南北两大谜社。北平射虎社解散后,原社员重组隐秀社,竹西后社一直与之保持联系,制谜多有效仿,核心成员之一祁甘荼也

———————————

[1]　陈懋森:《〈北桥诗钞〉序》,顾一平编:《冶春后社:休庵诗文选》,扬大印刷厂2010年版,第27页。

[2]　顾一平:《辛汉清与〈小游船诗〉》,赵昌智:《扬州文化研究论丛》第4辑,广陵书社2009年版,第135页。

[3]　顾一平先生编著了《冶春后社诗人传略》五册,对研究冶春后社有重要史料价值。

加入了北平射虎社。

从竹西后社留世的文字史料来看,谜社的主盟者是孔剑秋,同时他也是冶春后社的主盟之一,对两社发展有重要贡献。杜召棠《惜余春轶事》云:"每当花朝月夕,辄有文虎之会,以小山为主盟。"孔剑秋制作的谜笺颇有文人雅趣,笺上有其亲手绘制的双荚红豆,故名"红豆笺"。[1]

孔剑秋,名庆镕,字小山。因其生于同治十年(1871)辛未三月十四日,又号"辛未生"。原籍浙江衢州,幼时随父官至两淮,举家迁至扬州。少年时就读于阮元家族兴办的家塾,清末考取秀才,因科举废止而中断仕途,曾执教于广陵书院。著有《心向往斋谜话》《竹西后社谜选》。辛亥革命后,军阀徐宝山招其入幕,执掌文秘事务。徐宝山遇刺后,以文字糊口,长期困于贫病,反映了清末社会转型时期中下层知识分子的生活状态。

竹西后社的活跃分子有萧霁渔、孙笃山、祁甘荼等。谢闲轩有《隐中八仙歌》,可据此推测谜社的核心成员有8人,分别是:孔剑秋、孙笃山、汤公亮、吴召封、方六皆、祁甘荼、郭仁钦、陈天一。另外,吴钰、江光裕、方问清、阮拾珊、高乃超、施训生、汤裕曾、杜召棠等人也经常参加谜社活动。辛亥以后,竹西后社陷入低迷。民初,孔剑秋在富春茶社结识萧霁渔,在二人推动下,扬州文人射虎再度兴起。孔剑秋《心向往斋谜话》云:

> 竹西后社于鼎革以后,几同告朔之羊,所以能中兴者,则萧君霁渔当推为元功。萧君为新学分子,而能留心于国粹。常在富春茶社张谜,余因此识荆,绍介其入社,订为每月举行一次,各制谜语以十条为率,多多益善,鼓角相当,彼此对垒用牙签刊以别号,就掣签之先后为次序。[2]

按照约定,竹西后社每月举行一次射虎活动,但实际进行谜会更加频繁。聚会无固定场所,地点时常变更,有教场附近的龙芽茶社、香影廊茶社、惜余春茶社、碧萝春茶社以及瘦西湖徐园、史公祠、花园巷严宅、勤业堂之谢

---

[1] 杜召棠著,蒋孝达、顾一平点校:《惜余春轶事》,第13页。

[2] 孔剑秋:《心向往斋谜话》,江更生主编:《中华谜海》,学林出版社2000年版,第827页。

氏别业、重宁寺吴还翁之还来小筑、阮元家庙等。后社成员约有 40 人，有扬州本籍文人，也有客籍扬州者。文人谜集大多散佚，仅有小部分遗存，有《悔不读书斋谜稿》二卷、《心向往斋谜话》二卷、《隐语萃精》、《竹西后社谜剩》、《埋藏集》等十余种。

竹西后社对本土制谜方法进行了改良，革除完全以本地方言制谜的习惯，更加注重"典、浅、显"的原则。因此，相比诗词歌赋，制谜具有大众化、通俗化的特征，更加贴近市民生活。[1]在清末西风东渐影响下，新的社会风尚为文人提供了制谜素材，如社员汪影生制作的谜底多为外国人名、地名，孔剑秋制作的隐谜有"'洋绉'射诗品'海之波澜'、'洋刀'射书经'海外有截'、'洋钱'射四子'其兄自外至'"[2]等内容。

第二节　曲艺

清代是中国曲艺发展的兴盛时期。经过历朝文化的积累，戏曲艺术呈现一派繁荣景象。清代中期，扬州是江淮地区的商业重镇，具备开放的文化氛围，凡事皆可得天下风气之先。凭借有利的经济和文化条件，扬州汇集了南腔北调和优秀的梨园艺人，成为南方的戏曲中心，出现"千金一唱在扬州""千家养女先教曲"之盛况。康乾年间，雅部昆曲在扬州得到空前发展，香火戏、花鼓戏初现雏形，被称为"花部""乱弹"的地方戏迎来了发展的黄金期，以方言说表为特征的扬州评话在民间风行，这些曲种反映了清代曲艺的较高水平。

一、昆曲在扬州的发展

昆曲起源于江苏昆山，形成于元末，晚明风靡江南，逐渐融入大众生活。入清以后，昆剧在扬州十分盛行，观剧成为上流社会的娱乐形态之一，屡次出现在文人诗词当中。孔尚任初到扬州时，就写有一首描写观剧的诗《有事维扬，诸开府大僚招宴观剧》，云："曲曲盛世太平春，乌帽牙笏杂剑履。亦有

---

[1]　王宁宁：《近代扬州文人群体研究（1840—1945）》，第 82 页。
[2]　孔剑秋：《心向往斋谜话》，江更生主编：《中华谜海》，第 829 页。

侏儒嬉谐多,粉墨威仪博众喜。无情哭难笑不易,人欢亦欢乃绝技。"[1]士大夫和盐商热衷于蓄养家班,以昆乐演出作为诗酒之会和宴请宾客的助兴项目。私家园林举行的诗文之会以及官府宴请宾客的活动,除了酒肴俱极珍美,还往往安排听曲观剧的娱乐活动。

(一)清初士大夫家班

清代前期,昆曲表演开始由露天演出向家族家庭内部延伸,江南地区出现众多的士大夫戏曲家班。[2]士大夫蓄养的家班,演员技艺精湛,颇得文人青睐,诸多名士以观赏昆剧为高雅的娱乐方式,留下大量描写观剧的诗词。扬州较为著名的士大夫家班有泰州王孙骥家班、江都吴绮家班、泰兴季振宜家班、扬州李书云家班、泰州俞锦帛女子昆班、泰州冒襄家班、宝应乔莱家班等,尤其是俞氏家班和冒氏家班,舞台表演技艺精湛,冠绝一时。两个家班曾同台共演,相互学习,增进艺术交流,在全国产生了较大影响。

王孙骥,字参马,号受轩,康熙时期举人,官至江西宜黄知县。王氏私人家班又称"粲者班",是明末的职业昆班,因战乱流落至泰州,被王家收留。王孙骥在《蕊亭随笔》记载:"余孩子时曾见优伶十余人,因郡城陷,徙泰,投靠余家。大兄名之曰'粲者班',以有三女故也,其最丽者名秀。"[3]

吴绮,字园次,号丰南、听翁、菰叟,别署红豆词人,顺康年间词人、戏曲家,精通音律,工于南曲。顺治十一年(1654)拔贡,官至湖州知府。受诏谱《忠愍记》传奇,歌颂明代忠臣杨继盛高风亮节,受到朝廷嘉奖。另有《啸秋风》《绣平原》传奇两种。康熙五年(1666)出任湖州太守,喜好结交四方名流,被人誉为"三风太守",意为多风力、尚风节、饶风趣。康熙八年(1669),罢官返归扬州,以声伎自娱。蓄有昆剧家班,常演剧以娱宾客。曹溶《静惕

---

[1]〔清〕孔尚任:《湖海集》卷一,第6页。
[2]关于清代扬州蓄养家班的研究,可参考明光《扬州戏剧文化史论》(社会科学文献出版社2008年版)、刘水云《明清家乐研究》(上海古籍出版社2005年版)、杨惠玲《明清江南望族和昆曲艺术》(厦门大学出版社2016年版)和《戏曲班社研究:明清家班》(厦门大学出版社2006年版)等著作。
[3]〔清〕王孙骥:《蕊亭随笔》,《泰州文献》第4辑第27册,凤凰出版社2015年版,第517页。

堂词》有《摸鱼儿·吴薗次招集米山堂》《摸鱼儿·集米山堂观剧》。[1]

季振宜，字诜兮，号沧苇，顺治四年（1647）进士，官至御史。与山西平阳（今临汾）亢氏并称“南季北亢”，为南北巨富。钮琇在《觚剩·续编》中记载，季振宜家中蓄有“女乐三部，悉称音姿妙选，阁宴宾筵，更番佐酒珠冠象笏绣袍锦靴，一妓之饰，千金具焉”[2]。

李书云，名宗孔，号秘园，顺治四年（1647）进士，历任员外郎、御史、给事中等官职。精通音韵之学，与朱素臣合编《音韵须知》。蓄有昆剧家班，曾排练上演朱素臣校订的《西厢记》。康熙二十二年（1683），冒辟疆至李氏仁安堂赴宴，观看此剧，作有《戊辰中秋即事和佘羽尊长歌原韵》，称赞李氏家班以北方昆弋腔演出“北西厢”，诗云：“癸亥同游在扬州，李家灯月真希罕。”[3]

俞锦泉，名瀫，号水文，康熙年间候选内阁中书，著有《流香阁诗词》。富甲乡里，家有园林之胜。蓄有女伶昆班百余人，建造流香阁、舫亭供家班演出，阵容强大，技艺高妙，有宛罗、重縠、活凤、生花等主要演员，生角也由女伶扮演。常演剧目有《大小十番》《灯舞》等。俞氏精音律，工诗歌，擅长南曲、北曲，对家班的技艺水平颇为在意，常亲自加以指点。俞氏喜爱交游，诸多过往名士曾受邀观赏俞氏家班的演出。如康熙二十一年（1682）冬，冒襄、曹溶等相约至泰州，多次在俞氏园林观剧，剧目有《人面桃花》《浣沙记》等，曹溶有诗曰“泪雨红牙湿，情波翠镜秋”[4]，赞誉俞氏女子昆班的表演。

冒襄，字辟疆，号巢民、朴庵、朴巢。少负文名，能诗擅文，被誉为“明末

[1]〔清〕曹溶：《静惕堂词》，康熙四十六年（1707）刻本。学界对于吴绮是否蓄有昆班的问题尚存争议。胡忌、刘致中《昆剧发展史》（中国戏剧出版社1989年版）、吴新雷《昆曲史考论》（上海古籍出版社2015年版）、刘水云《明清家乐研究》（上海古籍出版社2005年版）、杨惠玲《戏曲班社研究：明清家班》（厦门大学出版社2006年版）等著作，均考证、分析了吴绮有自己蓄养的家班，曹溶的两首《摸鱼儿》词是作者观看吴绮家班演出之作。但是，也有学者提出不同的看法，如汪超宏在《曲史二题》（《西华师范大学学报（哲学社会科学版）》2016年第1期）中分析，吴绮家班是当代学者对曹溶两词的误读，实际上吴绮并没有自己的家班。

[2]〔清〕钮琇撰，南炳文、传贵久点校：《觚剩》续编卷三，上海古籍出版社1986年版，第216页。

[3]〔清〕冒襄：《戊辰中秋即事和佘羽尊长歌原韵》，《同人集》卷一一，康熙如皋冒氏水绘庵刻本。

[4]〔清〕曹溶：《静惕堂词》卷四十四，康熙四十六年（1707）刻本。

四公子"之一。入清后，拒不仕清，全节而终。一生著述丰富，有《先世前征录》《朴巢诗文集》《岕茶汇抄》《水绘园诗文集》《影梅庵忆语》《寒碧孤吟》等。冒襄熟知音律，人称顾曲周郎，作有《小秦淮曲》十首，陈维崧、王士禛等名士都有唱和。创作剧本《朴巢记》《山花锦》，由其家班排演，称颂一时。筑有水绘园，始建于明万历年间，位于如皋城东北，内有逸园、梅塘、湘中阁诸胜，结诗友唱和其中。冒氏蓄养的男部昆班始自冒襄祖父冒梦龄，常演剧以娱宾客，技艺精湛，颇负盛名，过往名士如董其昌、吴伟业、黄宗羲、王士禛等，都曾在水绘园观剧。常演剧目有《秣陵春》《燕子笺》《牡丹亭》《黑白卫》，得时人高度评价。冒氏家班培养了徐紫云、秦萧、小杨枝等一批出色伶人。徐紫云曾随陈维崧北上入京献艺，以江南婉转柔美昆腔冲击北曲，促进了南北戏曲的融合，对主流声腔产生了一定影响。

（二）清中期的盐商家班

清中期开始，盐商取代士大夫成为昆曲家班的主要组织者。自康熙中期至嘉庆末年，是盐商家班活跃的时期，演出活动频繁，影响广泛。李斗在《扬州画舫录》中记载了盐商最具影响力的"七大内班"：

> 昆腔之胜，始于商人徐尚志征苏州名优为老徐班，而黄元德、张大安、汪启源、程谦德各有班。洪充实为大洪班，江广达为德音班，复征花部为春台班；自是德音为内江班，春台为外江班。今内江班归洪箴远，外江班隶于罗荣泰，此皆谓之内班，所以备演大戏也。[1]

李斗记载的"七大内班"皆为行盐商号，归两淮盐务管辖，名伶荟萃，"江湖十二脚色"[2]齐备，乾隆南巡期间多次备戏迎驾。

徐尚志家班被李斗誉为"七大内班"之首，创办于乾隆前期，又称"老徐班"，它开启了清代扬州昆剧的繁盛局面。老徐班的演员多聘自苏州，有优伶二十余人，技艺精湛，各有所长。如三面陈嘉言，擅演《鬼门》。白面马文观，

---

[1]〔清〕李斗著，陈文和点校：《扬州画舫录》卷五，第57页。

[2] 根据《扬州画舫录》卷五，昆班之"江湖十二脚色"包括副末、老生、正生、老外、大面、二面、三面、老旦、正旦、小旦、贴旦、杂。

可身兼大面、二面,又能兼演花面丫头。老生山昆壁,唱腔洪亮,"演《鸣凤记·写本》一出,观者目为天神"[1]。副末徐维琛,能读经史,解九宫谱,艺术修养颇为出众。老徐班擅演剧目有《琵琶行》《寻亲记》《西楼记》《千金记》等。除了日常接待宾客,受两淮盐务衙门调遣以备演大戏,还经常作社会营业性演出,一部戏可开价到白银三百两。

黄元德曾任扬州首席商总[2],其昆曲家班创办于乾隆年间,高宗南巡时在御前演出,同时也具备社会商演的功能。班社中最知名的伶人是三面顾天一,演技精湛,擅演《义侠记》中的武大郎,观众以观看此剧全本为幸。同时,顾天一出演的《连环计》《鸣凤记》等剧也颇得时人赞许。

张大安,又名张霞,字蔚彤,获赐候补道衔,乾隆时期盐商。张氏家班又称"老张班",也曾在乾隆南巡期间御前承应,同时作商业性演出。擅演剧目有《西厢记》《精忠记》《鸾钗记》《凤鸣记》《邯郸梦》《金锁记》《西楼记》《人兽关》《占花魁》《渔家乐》《长生殿》等,尤擅"江湖十八本"。班社名角荟萃,有老外张国相、老生刘天禄、三面顾天祥、小旦马大保等。张国相擅长扮演《拆书》的周旺和《惠名寄书》的法本,年八十出演《宗泽交印》,神色出众。刘天禄兼工琵琶,擅演《长生殿·弹词》。顾天祥擅演《鸾钗记》,马大保擅演《占花魁》。张氏昆班有老张班、小张班之分,后者以培养童伶为主。

乾隆年间的汪启源家班又称汪府班,《扬州画舫录》记载此家班中有一名角许天福,擅演老旦,余维琛劝其改为小旦,"'三杀''三刺',世无其比。后年至五十,仍为小旦"[3]。刺杀旦也称"四旦",是昆剧旦行的一支。"三杀""三刺"即《义侠记·杀嫂》的潘金莲、《水浒记·杀惜》的阎婆惜、《翠屏山·杀山》的潘巧云、《一捧雪·刺汤》的雪艳、《渔家乐·刺梁》的邬飞霞、《铁冠图·刺虎》的费贞娥,"刺杀旦"是演这些戏的旦脚,需要特技表演。汪府名伶许天福即以演刺杀旦闻名,后转入老徐班。

盐商程谦德,其家班名伶有大面冯士奎、三面周君美、正生石涌塘、老旦王景生等。冯士奎擅演《水浒记》的刘唐。周君美为陈嘉言之婿,尽得陈氏

---

[1]　〔清〕李斗著,陈文和点校:《扬州画舫录》卷五,第65页。

[2]　疑为《〔光绪〕两淮盐法志》和《淮海英灵集》中提及的总商黄源德。

[3]　〔清〕李斗著,陈文和点校:《扬州画舫录》卷五,第66页。

技艺真传,与郭耀宗齐名。程班演员后来大多进入江班。

洪充实家班又称"洪班",有大小之分。"大洪班"专备大戏,"小洪班"为童伶戏班,演出灯戏,点三层牌楼四十二灯,技艺不凡。洪班演员多来自老徐班,前后有五十余位艺人,行当齐全,各擅绝技。名伶有副末俞宏源及其子增德,老生刘亮彩、王明山、朱文元,老外王炳元、奚松年,二面陆正华、王国祥,三面滕苍州、周宏儒,老旦施永康、管洪声,正旦徐耀文、王顺泉,小旦金德辉、朱冶东、周仲莲、许殿章、陈兰芳、孙起凤、季赋琴、范际元等。老生朱文元,擅演《邯郸梦》,年五十后声名鹊起,班中人称"戏忠臣"。金德辉擅演《牡丹亭·寻梦》和《疗妒羹·题曲》。周仲莲擅演《翡翠园·盗令》和《蝴蝶梦·劈棺》。小生李文益擅演《西楼记》,风姿绰越。洪班有精通乐器者数人,如弦子王升闻,鼓板季保官、王念芳、戴秋阆等。洪班艺人后来半数转入江班。[1]

盐商家班中较为突出的是江春创办的戏曲家班。江春为扬州诸商总之首,多次主持迎驾乾隆南巡的筹备工作。出于个人的戏曲爱好和宴客、迎驾之目的,江春多方吸纳优秀的戏曲艺人,罗致前面几个家班的旧人,组建了德音、春台两大戏班。其中,春台班为花部戏班,德音班为雅部昆班,亦称"内江班""老江班",擅演剧目极多,有《琵琶行》《西厢记》《尉迟恭》《水浒记》《狮吼记》《蝴蝶梦》《疗妒羹》《牡丹亭》等。德音班名优云集,演员多来自其他六大班社,半数是原洪班艺人,如副末余洪元、老生刘亮彩、老外周维柏等。小生石蓉棠、老旦王景山、正旦吴仲熙等为程班艺人,副末余维琛来自老徐班,"江鹤亭爱余维琛风度,令之总管老班,常与之饮及叶格戏,谓人曰:'老班有三通人,吴大有、董抡标、余维琛也'"[2]。江春以资财支持文人的戏剧创作,所作剧目由家班排练,在江氏园林中演出,如蒋士铨的《四弦秋》等。

(三)道光以后昆剧衰落

道光以降,扬州昆剧呈现衰微趋势,难以维持乾嘉时期的极盛景象。究其原因,一是扬州受到盐业变革、运河改道的影响,经济走向萧条,盐商式

---

[1] 韦明铧、朱韫慧:《空谷生幽兰:扬州昆曲艺术》,广陵书社 2012 年版,第 29 页。

[2] 〔清〕李斗著,陈文和点校:《扬州画舫录》卷五,第 68 页。

微，依附于盐业经济的艺术文化失去了有力支撑；二是花部戏曲发展迅速，使传统昆剧受到冲击，更趋日下。尽管如此，清代后期扬州延续了先前的文化惯性，昆剧活动仍然活跃了一段时间。

道光时期，盐商实力尚存，"征歌选色，习为故常"[1]，扬州仍有私人组织的昆剧戏班演出。总商黄潆泰建有梨园戏班，伶人多、规模大、排场足，继承了乾隆时期内班的表演形式。金安清在《水窗春呓》记载，黄氏戏班有二三百人，"其戏箱已值二三十万，四季裘葛递易，如《吴主采莲》《蔡状元赏荷》则满场皆纱縠也"[2]。文中描述的以纱縠表现水态即是继承了乾隆时期昆班的表演形式。道光年间的盐官张观察，筑有奢华园林，园中建有戏台，常演剧以娱宾客。盐官运司同知包松溪，筑有"棣园"，园中搭建戏台，自备家班及专业演出衣箱，以演昆剧为主，"一时名士，常诣园中作琴樽之集，兼观新剧"[3]。同治年间，棣园戏台尚存，曾国藩在扬州阅兵时，盐商集资在棣园开樽演出以博取青睐。[4]

咸丰以后，关于扬州昆剧的记载寥寥，职业昆班和昆曲伶人逐渐失去市场，流向外地。咸丰初期有聚友班，班主姓苏，故又称"苏家班"，有演员二十余人，演出剧目有《昭君出塞》《琵琶上寿》《思凡》《下山》《斩娥》《水斗》《痴梦》等。咸丰三年（1853），因扬州萧条动荡，苏家班转向里下河，后到南通发展。[5]晚清扬州昆剧虽然衰落，但昆曲并未绝响，爱好昆曲者以清唱为娱，曲院歌伎擅唱昆曲数支，以彰显高雅品位。同时，扬州昆班和艺人迁至外地，也为这些区域的曲艺文化带来了新鲜血液。

二、花部戏曲

"花部"泛指各种地方戏曲，是昆腔以外诸多声腔的统称。明代中后期开始，昆腔被视为"官腔"，得到官方推崇，而花部或乱弹由于声腔花杂，被视为野调俗曲，受到士大夫贬抑。相较于昆曲，花部诸腔更为通俗，能够体

---

[1]　徐珂编撰：《清稗类钞》第 11 册，第 5175 页。

[2]　〔清〕欧阳兆熊、金安清著，谢兴尧点校：《水窗春呓》卷下《河厅奢侈》，第 42 页。

[3]　扬州市戏曲志编辑室：《扬州市戏曲资料汇编》第一辑，1987 年油印本，第 391 页。

[4]　明光：《扬州戏剧文化史论》，社会科学文献出版社 2008 年版，第 127 页。

[5]　明光：《扬州戏剧文化史论》，第 141 页。

现戏剧的民间性,贴近底层民众的文化生活。自康熙初年,一般民众更喜爱秦腔、高腔、罗罗腔等,"闻歌昆曲,辄哄然散去"[1],说明昆曲已不能完全满足普通民众的文化需求,借此各种地方戏曲蓬勃发展起来。扬州本为歌吹之乡,素来有多彩的乡土艺术,这些以民间说唱和歌舞小调为基础形成的"小戏",如香火、花鼓、评弹、弦词等,都孕育着地方戏曲的产生。本地戏曲元素结合南北声腔的浸润和衍变,最终产生了扬州的地方曲种。

(一)扬州乱弹

乾隆年间的扬州戏,以方言和本地流行曲调为主,语言质朴,曲调简单,说唱的是"土音乡谈",目的是"取悦于乡人"[2],时人称之为"扬州乱弹",这是扬州最早的地方戏,也是扬州特有的地方乐曲。其形成于康熙时期,全盛于乾隆时期,嘉庆年间趋于衰歇。《扬州画舫录》载:"郡城花部,皆系土人,谓之本地乱弹,此土班也。"[3]焦循又云:"'花部'者,其曲文俚质,共称为'乱弹'者也,乃余独好之。"[4]康乾时期,扬州民间的祈神赛会和红白喜事的风俗演出,多数由花部乱弹担当。

扬州乱弹的脚色以旦、丑、跳虫为主,其次是武小生、大花面,较之昆曲有不同的表演风格,如"旦为正色,丑为间色,正色必联间色为侣,谓之搭伙",武丑"跳虫又丑中最高贵者也,以头委地,翘首跳道及锤铜之属"。[5]花部演员基本都来自扬州本地,知名者有丑角吴朝、万打岔、张破头、张三纲、痘张二、郑士伦、张天奇、孙呆子、岑仙、郝天、郝三、刘家相、樊八等,旦角有熊肥子、小郡、谢寿子、陆三官、杨八官、郝天秀等。[6]随着昆剧的没落,观众日趋减少,很多昆剧艺人也托身花部班社,兼演昆剧和乱弹。乱弹曲乐多来自本地小曲,剧目总数不下百种,散见于《扬州画舫录》《花部农谭》《缀白裘》等著作,常用曲牌有〔银绞丝〕〔四大景〕〔鲜花调〕〔凤阳歌〕〔花鼓

[1] 刘崇德等辑校:《玉燕堂四种曲(评点一)》,黄山书社 2021 年版,第 6 页。
[2] 韦明铧、韦艾佳:《扬州戏曲史话》,广陵书社 2014 年版,第 55 页。
[3] 〔清〕李斗著,陈文和点校:《扬州画舫录》卷五,第 69 页。
[4] 〔清〕焦循:《花部农谭》,〔清〕焦循著,刘建臻整理:《焦循全集》,第 5309 页。
[5] 〔清〕李斗著,陈文和点校:《扬州画舫录》卷五,第 71 页。
[6] 赵昌智:《扬州文化通论》,广陵书社 2011 年版,第 151 页。

曲〕〔耍孩儿〕等,它们都是扬州清曲的传统曲调。其中的一些剧目如《花鼓》《借妻》《看灯》《打面缸》《桃花女》《双钉记》《钓金龟》等,被后来的花鼓戏、维扬戏和清曲所继承。[1]

扬州地方戏的繁盛与两淮盐商侍应乾隆南巡有密切关系。自乾隆十六年(1751)至四十九年(1784),高宗六次巡幸江南,所到之处,官员绅商争相进献。高宗驻跸扬州期间,两淮盐商一掷千金,为接驾演出蓄养了多个地方曲班,以博取皇帝欢心,这成为扬州花部戏曲崛起的重要契机。"两淮盐务例蓄花、雅两部,以备大戏"[2],花部同昆剧一样,作为备演大戏得到充实,扩大了花部戏曲的影响。

至乾隆五年(1740),扬州已有丰乐、朝元、永和等花部戏班。董伟业的《扬州竹枝词》曰:"丰乐朝元又永和,乱弹班社看人多。就中花面孙呆子,一出传神借老婆。"可见本地乱弹受到民众的普遍喜爱和追捧。诗中提到的《张古董借妻》是后来扬剧的传统剧目,至今仍在传唱。其他花部班社还有春台、胜春、择善及城外的邵伯、宜陵、马家桥、僧道桥、月来集、陈家集诸班,遍布城内外。其中,春台班是两淮总商江春在康山草堂建立的花部戏班,又称"外江班",与德音班"仅供商人家宴,而岁需三万金"[3]。嘉道以降,两淮盐商大多贫败,戏曲文化失去原来的经济基础,扬州乱弹班社解散,伶人流向外地谋生。

（二）香火戏

香火戏是扬剧的源头之一,别名"淮北戏",起源于香火。香火又称僮子、端公,古扬州民间有专司祈神驱鬼活动的神坛,俗称"香火堂子"。有用香火拜神的传统习俗,称为"香火会"。《扬州画舫录》称"傩在平时,谓之香火"[4],可知香火戏来自古代的傩文化。扬州傩文化有悠久的历史,很早就有巫觋的现象,人们戴着面具,通过祭神跳鬼、娱神舞蹈来驱瘟避疫。黄惺庵有《望江南百调》云:"扬州好,古礼有乡傩。面目乔装神鬼态,衣裙跳唱女

[1]　赵昌智:《扬州文化通论》,第150—151页。

[2]　〔清〕李斗著,陈文和点校:《扬州画舫录》卷五,第57页。

[3]　孙静庵:《栖霞阁野乘》,辜鸿铭、孟森等:《清代野史》第4卷,巴蜀书社1998年版,第1718页。

[4]　〔清〕李斗著,陈文和点校:《扬州画舫录》卷一六,第196页。

娘歌。逐疫竟如何？"随着时间的推移,傩舞的娱乐成分增加,又融合了民间舞蹈、宗教音乐,衍变为群众性的集会和仪式,产生了具有戏曲形式的"傩戏",即香火戏。

乾隆四十九年(1784),扬州已有香火戏神书《张郎休妻》这部完整的大型剧本。但是香火戏最初并不是严格意义上的戏剧,也并非纯粹的戏曲音乐,而是一种带有戏曲元素的民间艺术形式,风格粗犷,说白带有浓厚的扬州口音,在日常的祭祀、祈福和庆祝活动中演出,演员也非专业表演戏曲的艺人,活动主要是做会,如"青苗会""圈生会""家祖会""消灾降福会"等。清代中期,扬州民间每逢节日,赛神演剧,铙鼓喧天,这时的香火戏已不再是单纯的祭神巫傩,而是更倾向于娱乐大众的演剧活动。清末民初,香火戏盛行于扬州农村地区,光绪年间传入上海后迅速发展,于1919年正式登台演出。1931年,扬州香火戏改称"维扬大班",民众称之"大开口"。

（三）花鼓戏

花鼓戏来自扬州民间的花鼓舞蹈,盛行于清代中叶,是扬剧的另一重要源头。起初,花鼓是乡人在年节时自娱自乐的歌舞,也有乞丐在行乞时表演,带有一定的戏曲元素,但并非独立的曲种。康乾时期,花鼓渐成戏曲,流行于扬州城乡,有了不同的人物脚色和具备一定表演技能的艺人。《扬州画舫录》记载,每至立春时节,扬州太守"令官妓扮社火"[1],演戏以庆祝节日。康熙年间,官妓被裁撤,遂以灯节花鼓戏中具备一定演艺技能的伶人替代,扮演的脚色有昭君、渔婆、春姐、春官等。

乾隆时期,花鼓戏由歌舞演化为地方戏曲,在扬州民间流行,出现若干固定的花鼓戏班。清末,扬州有五个影响较大的花鼓戏班,即范春奎、尹弼瑞、陈小红子等组成的府门口戏班;马小、张槐五、陆长贵等组成的校场戏班;大和尚、小和尚、春喜子等组成的徐凝门戏班;姜德余、季文安、季文林等组成的得胜桥戏班;朱金奎、唐锡奎等组成的东关戏班。

扬州花鼓戏的演出活动不仅局限于迎神赛会和花灯节,也在民间日常的婚丧嫁娶中应邀演出,或在酒楼茶肆进行商演以获取酬劳。但艺人并非

---

[1]〔清〕李斗著,陈文和点校:《扬州画舫录》卷九,第105页。

完全以演出花鼓戏作为营生,因此是半职业性的演员。

清末民初,花鼓戏在扬州本土渐失市场,转往上海发展,自称"维扬文戏"。上海有专门教授扬州花鼓戏的科班,如新新社、民鸣社、永乐社等。1931 年,扬州香火戏与花鼓戏艺人在上海聚宝楼共同出演《十美图》,标志着花鼓戏与香火戏合流,产生了维扬戏。中华人民共和国成立后改称"扬剧"。

三、扬州清曲

扬州清曲是以扬州民歌为基础,吸纳多方戏曲元素而成的一种曲艺,又名"小唱""清曲子""时调""清客丝弦""广陵清曲""维扬清曲""扬州南音""扬州六书",与扬州评话合称"扬州说书",但它是一种与评话、弦词完全异趣的艺术形式。[1]扬州清曲以丝弦伴奏,用扬州方言演唱,擅长抒情与叙事,一般以历史传说、社会生活、爱情故事为题材,反映民间的生活与情感,具有浓厚的地方特色。

扬州清曲起源于元代,形成于明代,兴盛于清代,是中国南方流传最广的曲种之一。元代扬州受到散曲的影响,出现了歌唱本地俗曲的"小唱",但只是表达抒情的短歌,还未形成独立的曲种,尚不能像元杂剧、说书、鼓词那样可以呈现一个完整的故事。明代中叶,俗曲风行南北,扬州小曲受到外来曲调的刺激,吸收俗曲的曲牌、曲调,如〔傍妆台〕〔山坡羊〕〔罗江怨〕〔银纽丝〕等,终于进化为一个新的曲种——扬州清曲。这时的清曲依然以清唱为主,但不再是抒情的简单吟唱,而是具备丰富的曲牌,能够叙述一个完整、曲折的故事。时至清代,各地曲艺汇集扬州,诸腔并奏,盛极一时,多种艺术形式相互交流和渗透。乾隆年间,扬州清曲迎来了发展的全盛时期。

相比元明两朝,清代扬州的清曲艺人增多,影响力扩大,他们的活动方式也更加多样,有民间红白喜事的唱堂会,曲院勾栏中的唱曲,也有景区的随船卖唱。费轩在《梦香词》描绘了民间清曲艺人的营生之一——"唱船",诗云:"扬州好,物件有佳名。懒凳司阍多厌客,唱船赠板最勾人。过客尽销魂。"词中描绘的"唱船",指的是早期清曲艺人以船为家,四处漂流,以卖唱

---

[1]　韦人、韦明铧:《扬州清曲概论》,韦人编著:《扬州清曲·曲论卷》,广陵书社 2006 年版,第1881 页。

供游人娱乐为营生。[1]乾隆一朝，扬州涌现出许多有成就的清曲名家，仅《扬州画舫录》一书记载的就有黎殿臣、陈景贤、潘五、郑玉本等十余人。由于曲调优美动听，清新质朴，清曲也受到文人的青睐。郑板桥是清曲的爱好者。雍正七年（1729），板桥客居扬州，作有《道情》十首，使人冠之以扬州"小唱"之名，所用曲调〔耍孩儿〕是清曲的常用曲牌。[2]他在这十首曲中表达了自己淡泊隐逸的处世态度。

　　清曲的曲牌来源于本地小调、江淮小调、各地小调，分大调和小调两类。大调唱腔典雅质朴，曲词以抒情为主。小调又称"杂牌子"，节奏明快，唱腔简单。至今，扬剧仍然保留了清曲的曲牌音乐。乾隆年间，扬州清曲经过历史积淀，已有长短曲目四五百个，包括单片子、小套曲和大套曲。单片子只用一支曲牌，小套曲用二至四支曲牌，大套曲用五支以上曲牌。单片子即单曲体，多为大调曲牌，有〔满江红〕〔南调〕〔软平〕〔叠落〕〔鹂调〕〔波扬〕，其中〔满江红〕是清曲最常用的曲牌，其余五种被艺人称为"五大宫曲"。大套曲是相对成熟的中长篇曲目，如同一部戏剧中有若干"折"，套曲之间相互关联又彼此独立。文献中关于清曲曲目和内容的文字记载较少，大体上有反映民间社会生活、男女爱情、历史传说、小说人物故事、寓言神话、写景咏物、游戏滑稽等题材类别。

　　在唱法上，扬州清曲多借鉴昆曲，男性艺人模仿昆曲以小嗓演唱，以表现戏曲中的女性特征，创造了清曲中的"窄口"，而男性本嗓唱腔称为"阔口"，此两种唱腔皆以字行腔，注重腔韵和发声。

　　扬州清曲在乾隆时期达到鼎盛，在当时的影响甚至超过了昆曲清唱。由于雅部昆曲只能为上层文人雅士所欣赏，严重脱离下层民众，因此那些通俗亲切的"小曲""小唱"在民间更受欢迎。扬州清曲融合了明代俗曲、各地小调，在此基础上经过艺术雕琢，又向外域传播，促进了清代民间曲艺系统的发展。

　　嘉道以后，随着扬州经济文化的衰落，扬州清曲也逐渐失去了市场依

---

[1]　韦明铧、韦艾佳：《清水出芙蓉：扬州清曲艺术》，广陵书社2012年版，第14页。

[2]　张美林、韩月波：《扬州民歌史略》，社会科学文献出版社2006年版，第224页。

托。艺人为了求取生计，纷纷改行谋取新的职业。同治七年（1868），清廷下令查禁"淫词小说"，所列曲目中有关扬州清曲的词唱片目多达二十余首。民间艺术遭到打击，加上其他艺术形式的竞争，扬州清曲进入了衰落时期。

四、扬州弹词

扬州弹词是以扬州方言说唱的曲种，旧称"扬州弦词"，也称"小书""对白"，是扬州说书的一个分支。大约形成于明末，兴盛于清代中期。因伴奏乐器是琵琶和三弦，故也称为"弦词"。这一名称最早出现于《扬州画舫录》，李斗介绍伶人王炳文道："炳文小名天麻子，兼工弦词。"[1]直到清末，扬州弹词在文学作品中仍被称为"扬州弦词"，如道光年间的小说《雅观楼》《玉蟾记》等。

扬州弹词的另一名称"小书"，是相对"大书"而言的。清代的说书艺术有大小书之分。大书即"平话"，只说不唱，节奏较快，以《三国》《水浒》等英雄故事为主要内容，完全以语言表达。艺人手中拿一块醒木，每逢说到紧要之处则用力拍击桌子。而小书专指"弹词"，有说有唱，节奏稍缓，以琵琶、三弦伴奏，多以传奇和爱情故事为内容。因与扬州评话同出一源，早期有很多弹词艺人兼演评话和弦词，如张派创始人张敬轩。因此，扬州弹词与扬州评话犹如双生，只是内容和表达形式有所不同。

清代，扬州弹词在江南一域流传，盛行于扬州、镇江、南京、上海、苏北里下河等地，是民间休闲娱乐的重要方式之一。它继承了明代弹词的艺术传统，又带有鲜明的地方特色。扬州弹词有单档、双档两种表演形式。早期弹词表演是由一人弹唱，多用弦子，称"单档"。后出现两人合作的方式，一人弹琵琶，一人弹弦子，称为"双档"。常用的曲牌有〔三七梨花〕〔锁南枝〕〔陈隋调〕〔耍孩儿〕〔海曲〕等，唱词一般为三字句和七字句。

一首完整的扬州弹词由说、表、唱、弹、演五个部分组成，注重说功和做功的结合。"说"即说白，指艺人以书中角色的口吻说话。说白占了弹词的大部分，对节奏和技巧的要求较高，除了着重基本功以外，还有快工、慢工、绕口之分，要求换气时没有停顿的感觉，讲究字正腔圆，语调富有韵味。"表"

---

[1]〔清〕李斗著，陈文和点校：《扬州画舫录》卷十一，第135页。

即表述,指艺人以第三人称叙述故事情节。唱即歌唱,每句通常七字,也有三言、十言等句式。唱所占的比重较小,在说表足以表达之时,基本不用歌唱的方式。"弹"即弹奏,指艺人弹琵琶、三弦作为伴奏。"演"即表演,指艺人以面部表情来渲染情绪,刻画人物心理。

与戏剧相比,弹词对演出场所、演员阵容和乐器伴奏的要求不高,与中下层民众的日常生活更加贴合,行艺方式主要有茶馆表演和唱堂会。咸丰年间,民间茶肆是说书艺人经常演出的地方,厉惕斋在《真州竹枝词》中描写扬属仪征县的风俗云:"午后茶肆开书场,或弦词,或评话,群来听书。"[1]另一种演出方式是到别人家里做堂会。每逢喜事请说书者在家中唱堂会,这渐成明清扬州的一种民间风俗,"无论大小人家,凡遇喜庆事及设席宴客,必择著名评词、弦词者,叫来伺候一日,劳以三五钱、一二两不等"[2]。

明清之际,扬州弹词臻于成熟,出现了许多坊间刊行的刻本,却鲜少流传于世。扬州弹词的传统曲目有《玉蜻蜓》《珍珠塔》《双金锭》《落金扇》《刁刘氏》《双珠凤》《双剪发》《白蛇传》《黄金印》《金瓶梅》《二度梅》《大红袍》《麒麟豹》等,这些曲目以家庭生活、爱情婚姻为主题,可惜大多已散佚失传。其中,《玉蜻蜓》《双珠凤》《双剪发》《白蛇传》和《刁刘氏》在同治七年(1868)遭到清廷查禁。

清乾隆年间,扬州出现了一些活跃的弹词艺人,有王炳文、王建明、顾汉章、高晋公、房山年、陈竹波、谢思廉等。道光以后,扬州弹词仍保留着一定的影响力,形成了三支主要流派,即张氏、孔氏和周氏。三门弹词自成一派,各有所长。

张氏弹词是扬州弹词的主要流派,创始人张敬轩活跃于道咸年间,被誉为清代说书界"八大红伞"之一,是一位出色的民间艺人,代表作有《玉蜻蜓》《珍珠塔》《审刁案》《落金扇》《双金锭》等。张敬轩晚年将弹词技艺传授予侄儿张丽夫。张丽夫(1847—1923)是清代后期扬州弹词的主要代表人物之一,幼年学习弹词,十岁登台演出,具有出色的艺术天分。张敬轩

---

[1] 转引自曹永森:《扬州特色文化》,苏州大学出版社 2006 年版,第 363 页。

[2] 〔清〕林苏门撰,刘永明点校:《邗江三百吟》,第 109 页。

去世后，他师从说书家李国辉，得以发扬家学，名满江淮。张丽夫擅长曲目《珍珠塔》，又跟随李国辉习得《双剪发》，向昆曲票友耿耀庭学习昆腔。家传曲目《玉蜻蜓》《珍珠塔》《落金扇》和《刁刘氏》是张氏的看家曲目，被誉为"张家四宝"。此后，张丽夫又将弹词传与后人张幼夫、张慧侬、张若曾等，经六代人的传承和完善，艺术手段和内容不断丰富，张氏弹词渐成流派体系，传习至今。目前，扬州弹词艺人皆为张氏传人。

孔氏弹词的创始人孔宪书，原籍浙江嘉兴，后迁居泰州。他自幼学习苏州弹词，举家迁至泰州后，在方言、技艺方面得到李国辉的指点，改唱扬州弹词，擅长曲目有《落金扇》《双金锭》《倭袍传》《双剪发》等。其子孔庆元得父亲传，方言熟练，风格突出，擅演纱帽生，父子二人拼档弹唱，声名渐隆。孔宪书去世后，孔庆元改为单档演出，后将技艺授予门徒董干元、李再元，其子孔灿华、孔袭章，皆未继承孔氏弹词，而是改习扬州评话。

周氏弹词的主要代表人物是周庭栋与周子栋、周少庭父子三人。周庭栋原为苏州弹词艺人，光绪年间由泰州迁居扬州，在李国辉的指点下，改习扬州弹词。因父亲职业的缘故，周子栋与周少庭自幼受到弹词艺术的熏陶，唱功出色。周少庭擅演女角，说唱曲目多达十一部，有《双剪发》《珍珠塔》《白蛇传》《倭袍记》等。周氏弹词现已失传，只有部分曲稿存世。[1]

五、扬州评话

中国的说书艺术，古已有之，只是在各朝历代有不同的称谓。入清以后，说书在南方称为"评话"，在北方称为"评书"，相比明代平话更加善于细节的描绘，以生动起伏的故事情节引人入胜。扬州评话，又称"淮扬评话""扬州评词"，是扬州最具有代表性的曲艺之一。演员无需化妆，一人兼演数角，以醒木、折扇、手帕作为道具表演，用扬州方言表述，叙述故事时讲究语言的韵律节奏和形体表演，带有浓郁的地方特色。

费轩有《梦香词》描述道："扬州好，评话晚开场。略说从前增感慨，未知去后费思量。"清代扬州经济发达，评话作为民间艺术得到充分的发展，在坊间非常流行。街巷间有不少专业的书场营业，生意十分兴隆。雍正年间，

---

[1]　韦明铧：《弦歌不了情：扬州弹词艺术》，广陵书社 2009 年版，第 162—165 页。

基本各门街巷都有书场,仅东关街到彩衣街就有"诸葛花园""疏理道""斗鸡场""弥陀寺巷"四家书场。书场在午后开始评话演出,开场前置桌椅茶具,演员先"打引子",再进入正书。结尾时,借鉴当时小说的结束样式,以两句固定的表述煞尾:"欲知后事如何,且听下回分解。"反映了评话与小说之间的融通。

清代扬州评话继承了明代平话的传统技艺,在原有基础上有一定的革新。由于清中期扬州戏曲的繁荣,扬州评话借鉴和学习其他的曲艺形式,从以说为主的表演向有说有演的方向发展,展现方式更加形象化,也更加注重舞台的效果。一些戏曲艺人改行说书,也将戏曲表演的艺术元素带入评话。乾隆时期著名的评话艺人范松年、薛家洪、王景山,皆由演戏改行说书。范松年、薛家洪工于《水浒》,王景山擅长《三国》,三人各怀绝技,精通戏曲表演中的跳、叫、打技艺,善于以声音和肢体动作描摹故事情节。他们将戏曲艺术带入扬州评话的表演,既是一种革新,也成就了个人的演艺事业。清代前期,扬州评话盛极一时,名家辈出,各自皆有独特的代表作品和传承谱系。李斗在《扬州画舫录》中记载了多位蜚声书坛的评话艺人及其代表书目,包括吴天绪《三国志》、徐广如《东汉》、王德山《水浒记》、高晋公《五美图》、浦天玉《清风闸》、房山年《玉蜻蜓》、曹天衡《善恶图》、顾进章《靖难故事》、邹必显《飞跎传》、谎陈四《扬州话》,[1]他们的一些表演手法至今仍为扬州评话演员所运用。

明末清初,扬州评话的开山人物是柳敬亭,他在清代俗文学史上有突出地位,足迹遍及南北,被后世说书艺人奉为鼻祖。柳敬亭(1587—1670),祖籍南通余西场,生于江苏泰州。原姓曹,名永昌,字葵宇。后改姓柳,名逢春,号敬亭。晚明社会动荡,他先后到扬州、杭州、南京等地说书,在松江得到莫后光的指点,此后声名鹊起,说书技艺突飞猛进。张岱《陶庵梦忆》有"柳敬亭说书"一条,描述柳敬亭相貌不佳,人称"柳麻子",凭高超的评话技艺,在南京红极一时,"一日说书一回,定价一两。十日前先送书帕下定,常不得空"[2]。

---

[1]〔清〕李斗著,陈文和点校:《扬州画舫录》卷一一,第 136 页。

[2]〔明〕张岱著,午歌译:《陶庵梦忆》,中国友谊出版公司 2019 年版,第 204 页。

柳敬亭生活在明清鼎革之时,自身命运跌宕起伏,充满民间传奇色彩。他与复社名士吴应箕、陈贞慧、侯方域结交,颇有民族气节。崇祯年间,柳敬亭为左良玉所赏识,入左军中说书,帮办军务。明朝覆灭后,他重操旧业,辗转扬州、南京、清江浦、常熟等地,以说书谋生。康熙初年,柳敬亭受龚鼎孳邀约北上入京,"以平话闻公卿,入都时,邀致接踵"[1],一时名流多有诗相赠,赢得"书绝""南都第一"之美誉。

在清代文人的笔记、诗词、戏剧中,有许多关于柳敬亭的描述。张岱、吴伟业、黄宗羲、龚鼎孳、陈维崧、冒辟疆等,皆对他有高度评价。黄宗羲《南雷文案》有《柳敬亭传》,认为柳氏将自身的起伏经历融入评话艺术中,"豪滑大侠、杀人亡命、流离寓合、破家失国之事,无不身亲见之,且五方土音、乡俗、好尚习见习闻,每发一声,使人闻之或如刀剑铁骑飒然浮空,或如风号雨泣鸟悲兽骇,亡国之恨顿生,檀板之声无色,有非莫生之言可尽者也"[2]。龚鼎孳在《赠柳敬亭文》中说:"敬亭吾老友,生平重然诺,敦行义,解纷排难,缓急可倚仗,有古贤豪侠烈之风。"张岱称赞柳敬亭技艺精湛,"描写刻画,微入毫发,然又找截干净,并不唠叨。勃夬声如巨钟,说至筋节处,叱咤叫喊,汹汹崩屋"[3]。孔尚任将柳敬亭写入《桃花扇》传奇,使其广为后人知晓,可见柳敬亭在清初艺坛的影响甚广。

柳敬亭的评话内容以历史、英雄故事为主,早期涉猎传奇小说、爱情故事,擅长书目有《三国》《水浒》《隋唐》《中唐》《岳传》《韩世忠》等。据记载,柳敬亭讲《隋唐》篇目较多,演绎生动,臻于化境,形成了独特的艺术风格。

浦天玉,名浦琳,字天玉。年幼失去双亲,行乞为生,后习得评话技艺,兼工笑话口技,以创作演说市井风情为题材的《清风闸》而闻名。《清风闸》以描绘市井生活为特色,带有自传的色彩,反映了清代扬州的民风民俗。据李斗记载,浦天玉是"以己所历之境,假名皮五,撰为《清风闸》故事"[4],说

---

[1]〔清〕曹贞吉:《珂雪词·词话》,商务印书馆1939年再版,第1页。

[2]〔清〕黄宗羲:《柳敬亭传》,谭正璧、谭寻:《评弹艺人录》,上海古籍出版社2012年版,第45页。

[3]〔明〕张岱著,午歌译:《陶庵梦忆》,第204页。

[4]〔清〕李斗著,陈文和点校:《扬州画舫录》卷九,第108页。

明他将自己的坎坷身世与生活经历融入评话作品中,与自己塑造的故事主人公皮五有生活轨迹重叠之处,由此他在演说时能够入木三分,格外细致入微、扣人心弦。《扬州画舫录》将浦林列为身怀绝技的十大评话名家之一,赞其语言生动活泼,善于模仿,"养气定辞,审音辨物,揣摩一时亡命小家妇女口吻气息。闻者欢咍嗢噱,进而毛发尽悚,遂成绝技"[1]。

浦天玉之后,有弟子张秉衡、陈天恭继续演说《清风闸》。经过几代人的加工改造,这部话本更加完善,也体现了清代市井小说的发展。在后世说书艺人中,对改编有较大贡献的是龚午亭,他的创新最多,演说也相当精彩。目前,文字小说《清风闸》有诸多版本,包括嘉庆二十四年(1819)梅溪主人刊行的奉孝轩本《新刻清风闸》、道光元年(1821)华轩斋藏本《绣像清风闸全传》、道光二十三年(1843)奉孝轩藏本《新刻清风闸》、同治十三年(1874)奉孝轩重刊本《新刻清风闸》、1912年香港五桂堂排印本《绘图清风闸》、1913年上海小说支卖社石印本《绣相清风闸》、1991年中华书局影印本《古本小说丛刊》收录的《清风闸》、1992年北京师范大学出版社排印本《清风闸》、1994年上海古籍出版社影印本《古本小说集成》收录的《清风闸》等。各版本皆以嘉庆二十四年(1819)奉孝轩刻本为原始祖本。

邹必显,乾隆初年以善说扬州评话《飞跎传》闻名于世。李斗记载:"邹必显以扬州土语编辑成书,名之曰《扬州话》,又称《飞跎子书》。先居姜家墩,后移住二敌台。性温暾,寡言笑。偶一雅谑,举座绝倒。时为打油诗《黄莺儿》,人多传之。"[2]可见邹必显不仅编撰了评话《飞跎传》,而且富有文采,曾经作过扬州小曲,黄莺儿即为小曲曲牌。

"飞跎"是指以虚语欺人者,焦循在《易余籥录》卷十八释道:"凡人以虚语欺人者,谓之跳驼子,其巧甚虚甚者,则为'飞驼'。"《飞跎传》是一部长篇评话,情节跌宕,构思巧妙,文风粗犷,因以扬州土语编著,又称《扬州话》。主题是讽刺世态炎凉,官员富商争权夺利、尔虞我诈。经过邹必显的说讲加工,《飞跎传》的情节更扣人心弦,红极一时。董伟业在《扬州竹枝词》

---

[1]〔清〕李斗著,陈文和点校:《扬州画舫录》卷九,第108页。
[2]〔清〕李斗著,陈文和点校:《扬州画舫录》卷九,第105页。

记载,邹必显说书"空心筋斗会腾挪,吃饭穿衣此辈多。倒树寻根邹必显,当场何苦说《飞跎》"[1]。

道光以后,扬州评话迎来发展的新时期,从事扬州评话的艺人增多。为了防止评话行业的无序竞争,维护本行演员的权益,评话艺人以演说书目为主体进行严格系统的传承,形成了任门、李门、邓门、宋门、王门、许门、戴门、金门、张门等诸多派别。无门派的艺人被视为"野鸭子",不可进入正规的书场献艺。为了协调门派之间的关系以及评话艺人与书场主之间的关系,艺人组织了"三皇会"专管协调与组织,有效制定了评话行业的竞争规范。[2]这一时期,扬州涌现出新一代优秀的说书艺人和评话作品,包括龚午亭《清风闸》、金国灿《平妖传》、邓光斗和宋宪章《水浒》、李国辉与蓝玉春《三国》、邓明阳《八窍珠》、王坤山《绿牡丹》等。

龚午亭,咸同年间著名评话艺人,因创新与演绎《清风闸》而闻名。少时聪慧,工诗能文,爱读野史稗文。后弃文从艺,被誉为一代评话宗师,与仪征书法家吴让之、甘泉画家陈若木并称"扬州三绝"。龚午亭居扬州三十年,以说书谋生,每年必说《清风闸》,由此声名鹊起,名满江淮,上至文人官吏,下至贩夫走卒,无人不晓龚午亭。咸丰年间,太平军攻占扬州,龚午亭到家乡东台说书,太平军溃退后返回扬州。他的风格诙谐,善于刻画人物角色,能将自己对故事的理解融入评话中,深得时人喜爱,以至"春秋佳日,都人冶游,苟无午亭评话,则坐客为之不欢"[3]。扬州民间流传有"要听龚午亭,吃饭莫打停"的俚语。

龚午亭的代表作是经过改编的《清风闸》。他以浦天玉的版本为基础,结合当下社会风俗人情,对原著进行了改进与创新。龚午亭《清风闸》增加了主角"狭义"的一面,皮五辣子成为全书的中心人物,以市井无赖的艺术形象,揭露嘲讽社会的黑暗。人物性格丰满,故事更加生动,使得这部作品"空前绝后一时稀","闻者终身倾倒而不厌"。[4]龚午亭一生未正式收徒,但

［1］〔清〕董伟业撰,刘永明点校:《扬州竹枝词》,第8页。

［2］李真、徐德明:《笑谈古今事:扬州评话艺术》,广陵书社2009年版,第18页。

［3］董玉书著,蒋孝达、陈文和点校:《芜城怀旧录》,第194页。

［4］卢桂平:《扬州历代名人传》,广陵书社2015年版,第197页。

后人学其书艺者甚多,知名者有丁寿亭、胡德亭、龚小亭、张捷三等,他们承袭了龚午亭的书艺,又结合时代特点增添了新的内容。

五、戏曲理论与创作

中国古典戏曲起源于民间,在元杂剧形成以前,戏剧的创作者主要是民间艺人。随着古典戏剧形态的完备,文人不断参与到戏曲创作当中,在创新前人成果的同时,也丰富了古典戏剧理论体系。清代中期,扬州戏剧文化空前繁荣,涌现一批著名的曲论家、剧作家和具有地方特色的传奇剧作,并出现了戏剧批评的专文,如唐桂《观剧对》、罗聘《论文一则》等。仲振奎《红楼梦传奇》、金兆燕《婴儿幻传奇》、黄文旸《曲海总目》、李斗《扬州画舫录》、焦循《曲论》《剧说》《花部农谭》均创作于这一时期,这些剧本和曲论著作反映了中国古典戏剧创作的较高水平。

（一）孔尚任与《桃花扇》

康熙年间有两位名震剧坛的历史剧作家,即《长生殿》作者洪昇与《桃花扇》作者孔尚任,二人并称"南洪北孔",他们都与扬州剧坛有诸多联系,尤其孔尚任创作《桃花扇》,与扬州的关系颇为密切。

康熙二十五年（1686）,孔尚任奉命随工部侍郎孙在丰南下淮扬治水。他精通音律,邀约扬州文人听曲观剧,丰富了精神生活,启发了创作灵感。在其结交的文人当中,不乏戏剧爱好者,也有不少南明遗老,孔尚任从中访得相关故事,开始构思《桃花扇》的基本情节,为今后的创作累积了素材。[1]如袁世硕所言,孔尚任"没有经过在扬州、南京一带的交游、调查访问活动,无论如何是创作不出《桃花扇》这样一部作品来的"[2]。

《桃花扇》是一部大型的戏剧传奇作品,也是一部注重史实考据的"历史剧",剧中之人、之事皆"确考时地,全无假借"[3]。全剧共四十出,以南京、扬州作为故事发生的主要地点,以明末复社文人侯方域与秦淮名妓李香君的爱情故事反映南明弘光王朝覆灭的历史,形象地刻画出明朝灭亡前统治

---

[1]　明光:《扬州戏剧文化史论》,第 103 页。

[2]　袁世硕:《孔尚任年谱》,山东人民出版社 1987 年版,第 267 页。

[3]　〔清〕孔尚任:《桃花扇凡例》,〔清〕孔尚任著,〔清〕云亭山人评点《桃花扇》,上海古籍出版社 2016 年版,第 1 页。

阶层腐化堕落的状态。其中,穿插了许多明末重大历史事件,如南明君臣耽于声色,左良玉等四镇拥兵跋扈,李自成攻陷北京,清军南下后史可法自尽等等。借男女爱情故事来描写国家兴亡,这是《桃花扇》的一大特色。

(二)仲振奎

仲振奎(1749—1811),字春龙,号云涧,又号花史氏,别署红豆村樵。江苏泰州人,监生,善诗文,工词曲。尤擅长谱写戏曲,剧目可考者约十六部。嘉庆元年(1796),仲振奎入幕扬州司马李春舟,寓居扬州期间创作了多部戏曲传奇。嘉庆二年(1797),仲振奎根据曹雪芹的小说《红楼梦》编《红楼梦传奇》,被誉为"谱曲得风气之先",是清代流布最广、搬演最多的红楼戏昆曲剧目,道光年间流传至北京。《红楼梦传奇》有嘉庆四年(1799)绿云红雨山房刊本和阿英《红楼梦戏曲集》收录的三十二出排印本。仲振奎一生创作丰富,另有曲作《火齐环传奇》《红襦温酒传奇》《看花缘传奇》《雪香楼传奇》《怜春阁传奇》《霏香梦传奇》《香囊恨传奇》《画三青传奇》《风月断肠吟传奇》《后桃花扇传奇》《懊情侬传奇》《牟尼恨传奇》《水底鸳鸯传奇》《红梨梦传奇》等,其中仅《怜春阁传奇》存有稿本,其余均已散佚。

(三)金兆燕

金兆燕(1719—1791),字钟越,号棕亭,别号芜城外史、兰皋生,安徽全椒人。乾隆时期著名诗人、戏曲家。才思敏捷,幼时即颇有声名,随父亲金榘赴扬州,与文士唱和。乾隆二十三年(1758),入卢见曾幕府。乾隆三十一年(1766)中进士,官扬州府学教授。乾隆四十四年(1779),迁国子监博士,升监丞,分校《四库全书》,居北京。乾隆四十六年(1781),因病辞官南归,绝意仕进,客居江春康山草堂。

金兆燕不仅工于诗词,还精通戏曲,曾入扬州词曲局修曲,著有《旗亭记》《婴儿幻》等传奇。客居卢见曾幕府期间,"凡园亭集联及大戏词曲,皆出其手"[1]。《旗亭记》是金兆燕在进入卢见曾幕府前所作,分上下两卷,共三十六出,未署作者姓氏。卷首前有卢见曾作序,署"山东伧父书于扬州之官梅亭"。这部传奇剧是以唐代诗人王之涣、王昌龄、高适等人的旗亭画壁故

---

[1] 〔清〕李斗著,陈文和点校:《扬州画舫录》卷一〇,第123页。

事,结合才子佳子的情节完成的戏曲院本,现存乾隆刻本。卢见曾对剧本作出过修改,特为之刊刻并排练演出。《婴儿幻》传奇分上中下三卷,共三十出,前言附有金兆燕简介,署名"飞花阁",今存清代抄本。该剧故事出自《西游记》,描写圣婴儿奉父亲牛魔王之命,镇守火云洞。闻知唐僧师徒途径火焰山,诓骗芭蕉扇,大怒,待唐僧经过火云洞,便将其掳至洞中。孙悟空与之交战,难敌三昧真火,最终请观音降服圣婴儿为善财童子,使之皈依佛门。

(四)李斗

李斗精通音律,熟谙曲牌,是戏剧的行家里手,代表作有传奇剧本《奇酸记》四卷、《岁星记》两卷。《奇酸记》共四卷二十四出,是作者根据小说《金瓶梅》改编的一部戏曲作品,主要表达张竹坡的"苦孝"主题。现有乾隆六十年(1795)刊本。该剧对原著进行了戏曲化处理,情节架构不完全遵从小说,曲白则多用小说中的语言,口吻逼肖,突出人物语言的当行化和个性化。作者在剧本的创局立意上施逞才情,科白、曲词、布局结构皆有所创新,意欲突破明传奇的固有模式,显现个人创作的理想追求。他在《奇酸记·侥幸秋千》自评曰:"《奇酸记》曲白专用原书,作者本意不过欲为传奇创局。"[1]作者在体例形式上力求创新,结构仿照元代杂剧的"四折一楔",开端有楔子,剧分四折,标题为《梵僧现世修灵药》《内相呈身启秘图》《邪尼种子授奇方》《禅师下山超孽业》,每折六出。结构段落与元杂剧相同,实际略长,比明代杂剧又短,符合清人对传奇戏剧的长度要求。楔子亦仿元制,居于剧首,由副末开场介绍剧情和主题,交代人物关系,简单评价剧中角色,引生旦净丑上场,各人以表演者身份评价一句,突破传统仅以副末一人开场的规矩。另外,〔仙吕赏花时〕〔幺篇〕等曲牌的使用也显示了李斗对元曲审美趣味的推崇。

《岁星记》是李斗的一部应景之作。嘉庆八年(1803)冬,李斗应扬州东园主人之邀,为元宵灯节撰制灯戏,遂编《岁星记》二十四出,以供元宵节娱乐,次年在东园上演。该剧是作者以《东方朔外传》为蓝本,加以修改,演绎的汉代东方朔的故事。因传说东方朔是东方岁星临凡,其妻细君为晨星转世,故以此为剧名。现有乾隆六十年(1795)至嘉庆间《永报堂集》本。"灯戏"

---

[1]〔清〕李斗:《永报堂集》,乾隆六十年(1795)至嘉庆年间刻本。

是中国传统灯节上演的小戏,因上演时间特殊,创作风格倾向于内容喜庆、场面热闹,《岁星记》亦不例外。该剧情节完整,文武相接,排场热闹,适合节日气氛,主角东方朔在剧中数易其貌。焦循评曰,《岁星记》可与元明间同以东方朔为题材的"升庵、若孝、笨庵诸曲,比肩伯仲"[1]。

李斗另著有《艾塘曲录》《艾塘乐府》《永报堂诗集》和《扬州画舫录》。《扬州画舫录》是一部清代笔记,记载了扬州一域的风土人物,具有重要的史料价值。作者以详尽笔墨对清代扬州风貌进行了记载,以不小的篇幅考证和评点了扬州的艺人和剧作,为后人研究清代曲艺提供了珍贵史料。

首先,《扬州画舫录》反映了清初扬州剧坛由花雅齐奏到雅部衰落、花部兴起的历史演变过程。李斗指出,乾隆年间"两淮盐务例蓄花、雅两部,以备大戏"[2]。"雅部"指传统昆曲,是清代以前中国剧坛上最强盛的剧种。扬州自晚明流行昆曲,为迎接乾隆南巡,当地盐商蓄有多个昆曲班,如李斗记载的"七大内班",行当分工十分明确,并进一步细化,有"江湖十二脚色",这是一个完备班社必须配置的基本类型。乾隆中后期,昆曲趋向僵化保守,逐渐走向衰落,花部戏曲乘机勃兴,各种地方戏纷纷出现。花部原称乱弹,乾隆初年有丰乐、朝元、永和戏班演出。《扬州画舫录》记载:"花部为京腔、秦腔、弋阳腔、梆子腔、罗罗腔、二簧调,统谓之乱弹。"

其次,李斗在《扬州画舫录》中记录了几件重大的戏曲史实,为后世考证清代戏曲发展提供了珍贵史料。一是记载了四大徽班之一——三庆班入京演出的史实。"高朗亭入京师,以安庆花部合京秦二腔,名其班曰三庆,而曩之宜庆、萃庆、集庆遂湮没不彰。"[3]三庆班声腔以安庆二簧调为主,吸收京腔、秦腔,为日后徽班发展奠定了基础。二是记载了清廷在扬州设立词曲局,组织文人审阅古今杂剧传奇,对剧本进行删改的活动。"乾隆丁酉,巡盐御史伊龄阿奉旨于扬州设局改剧曲。"[4]词曲局总校为黄文旸,参与修改剧曲

[1]〔清〕焦循:《剧说》,中国戏曲研究院编《中国古典戏曲论著集成》(八),中国戏剧出版社1959年版,第219页。

[2]〔清〕李斗著,陈文和点校:《扬州画舫录》卷五,第57页。

[3]〔清〕李斗著,陈文和点校:《扬州画舫录》卷五,第69页。

[4]〔清〕李斗著,陈文和点校:《扬州画舫录》卷五,第57页。

的人员多达 109 人,分工审阅古今杂剧传奇,历时一年有余,编成总目一卷,后人称《曲海目》或《曲海总目》,惜已散佚不存。所幸李斗抄录《曲海目》,将其收入《扬州画舫录》中,计剧目 1013 种,具有重要的戏曲史料价值。另外,《扬州画舫录》记载了扬州本地的戏曲风俗行规,对当时一些知名艺人也有详尽介绍。[1]

(五)焦循

焦循(1763—1820),字里堂,一作理堂,号半九主人,甘泉人,居于郡城北乡黄珏。嘉庆六年(1801)举人。生性恬淡,治学严谨,著述丰富,在经史、历算、训诂、戏曲等方面均有精深造诣,是扬州学派的重要成员。工词擅曲,有曲论著作《曲考》《剧说》《花部农谭》三种。拟撰传奇剧《续邯郸梦》,未果。[2]

焦循与同样兼擅词曲之学的黄文旸、李斗、凌廷堪等关系密切。焦循与黄文旸既是诗文之友,又为姻亲,在关系破裂之前,两家交往十分密切。二人常一起品评诗文、观剧治曲,也曾共同为李斗的传奇剧《奇酸记》进行点评。乾隆四十六年(1781),黄文旸、凌廷堪、李斗在扬州词曲局审校违碍戏曲,黄文旸被聘为总校,为焦循阅读戏曲文献提供了一些便利。焦循《曲考》即以黄文旸《曲海目》为基础增补而成。焦循与李斗同为好友及姻亲,李斗在《扬州画舫录》中对焦循有详细介绍,并收录保存了焦循的《曲考》。焦循赴济南应阮元之约,临行前作诗赠予李斗,诗曰"十二卷成须寄我,挑灯聊作故乡游",以示其对《扬州画舫录》的欣赏和期待。凌廷堪与焦循同为扬州学派的首创者,二人交游密切,旨趣相投。乾隆五十四年(1789),焦循与黄文旸、凌廷堪结伴赴南京参加江南乡试,其间在雨花台观戏,凌廷堪作词《高阳台商调·同黄秋平焦里堂雨花台观剧》记载此事。焦、凌皆推崇花部戏曲,

---

[1] 关于《扬州画舫录》的研究,可参见王伟康《康乾盛世扬州文明的实录:〈扬州画舫录〉研究》,作者结合康乾时期扬州的经济文化背景,对《扬州画舫录》的序跋、题词、版本等进行了研究,并分析总结了该著的特色与价值。

[2] 关于焦循曲论的研究,可参见王伟康的著作《焦循戏曲理论研究》及论文《焦循戏剧观初探》(《扬州文化研究论丛》2008 年第 1 辑)、《读焦循〈易余籥录〉曲论札记》(《扬州文化研究论丛》2009 年第 3 辑)等,以及韦明铧点校《焦循论曲三种》、范春义《焦循戏剧学研究》、明光《扬州戏剧文化史论》等著作。以上作者对焦循的戏曲理论进行了全面考证与细致研究,编者在本节亦有借鉴。

时有切磋探讨,曲学主张颇为一致。[1]

《续邯郸梦》是焦循拟撰的一部传奇剧,至今未见著录。焦循曾在《剧说》卷三略述剧情,该剧以绍兴人宋天宝的故事为主线,反映宦海跌宕沉浮。《曲考》是焦循生前所作的第一部曲学专著,成书于清嘉庆二年(1797),记载于《扬州画舫录》卷五,惜已散佚不存。

《剧说》是焦循辑录各家曲论而成的戏剧笔记,成书于嘉庆十年(1805),汇录了丰富的戏曲资料,是当代学者研究古代戏曲史的重要文献。《剧说》引书繁多,有不少文献是作者根据亲历与传闻采录而成,因此具有采编和辑佚材料的双重价值。常见版本有《读曲丛刊》本、《曲苑》本、《重订曲苑》本、《增补曲苑》本、《国学基本丛书》本、《中国文学参考资料小丛书》本、《中国古典戏曲论著集成》本。各版本内容大致相同,作者主要叙述了中国先秦至明清时期戏曲发展的全貌,考察戏曲故事的源流,记载散佚杂剧和剧目,记述曲家艺人的逸闻轶事或剧坛掌故,并在著作中发表一些自己的戏剧观点。

《花部农谭》成书于嘉庆二十四年(1819),是焦循晚年创作的一部重要戏曲论著,多受今人赞誉。焦循独爱花部,这部书也是清代中期"花""雅"争胜的时代反映。[2]作者根据花部所演的十部著名剧目如《清风亭》《赛琵琶》《两狼山》等,叙述故事梗概并加以考证与评论。全书共一卷,分序言及正文两部分。今存焦循原稿本与宣统三年(1911)徐乃昌刊印的《怀豳杂俎》本。

第三节 书画、篆刻与琴乐

清代扬州在书画、篆刻、音乐领域也取得了丰硕成果。在书画领域,文人不断创新进取,提升艺术创作水平,以石涛和"扬州八怪"为代表的书画名家活跃于扬州画坛,开启了清代绘画之新风。书画市场带动了篆刻艺术的繁荣,清中期,扬州篆刻艺术达到全盛,产生了浙派、徽派两大影响深远的

---

[1] 范春义:《焦循戏剧学研究》,凤凰出版社 2012 年版,第 20—23 页。

[2] 王伟康:《焦循戏曲理论研究》,广陵书社 2014 年版,第 70 页。

印学流派,"扬州八怪"、扬州学派中皆有善印者,晚清有扬州籍篆刻大家吴让之。在琴乐领域,徐常遇创立了广陵琴派,广陵古琴形成独特的艺术风格,谱乐纷呈,涌现出多位琴艺超群的艺术名家。

一、扬州画坛

康乾时期,扬州社会安定,商业经济发达,富商大贾附庸风雅。商人为提高社会声望、突显文化品位,乐于支持艺术创作,从而推动了扬州书画市场的繁兴。这一时期,扬州聚集知名的书画艺术家,形成了个性鲜明的画家群体。另外,由于清廷的文化高压政策,文人大多寄情于山水,绘画题材多以花鸟风景为主,间或反映社会生活。

(一)石涛为代表的新艺术流派

石涛(1641—约1707),俗名朱若极,号石涛,别号清相老人、大涤子、苦瓜和尚、瞎尊者等。为明靖江王后裔,逢明清鼎革之变,其父朱亨嘉在南明政权的争斗中被杀,石涛由宫中仆臣带出逃亡,遂遁迹空门,出家为僧,法号元济、原济,与弘仁、朱耷、髡残并称"清初四僧"。命运多舛,坎坷曲折,始终不为逆境所屈,专心研习绘画,精通假山园林,以诗、书、画"三绝"享誉画坛。一生浪迹天涯,游历四方,早年居于安徽宣城,晚年定居扬州。石涛既是清代绘画实践的革新者、艺术理论家,也是中国绘画史上罕见的思想家,终其一生都在实践中探索艺术的一般规律,是一位崇尚艺术独创精神的艺术家。晚年写成《画语录》十八章,形成一套完整的绘画美学体系,对清代画风乃至当代画坛都有重要影响。绘画作品数以千计,有《搜尽奇峰打草稿图》《淮扬洁秋图》《惠泉夜泛图》《山水清音图》《细雨虬松图》《梅竹图》《墨荷图》《竹菊石图》等画作传世。

石涛的绘画内容丰富,笔墨奔放,风格多变,充满新意,凡画山水、花鸟、人物、走兽无不精细生动、充满生机。尤其山水画气魄雄伟,用墨运笔恣肆,刚劲豪放,达到高深的境界,不仅享誉当世,在清代也极负盛名。清代画坛宗师王原祁赞誉道:"海内丹青家不能尽识,而大江以南当推石涛第一,余与石谷皆所不逮。"

元至清代的画坛,摹古之风盛行,门户之风浓烈。清初宫廷画家中的王翚、王鉴、王时敏、王原祁("四王"),继承了明末"华亭派"宗师董其昌的

"衣钵",以文人画正统自居,他们的作品被时人奉为圭臬,凡不符其宗派系统的画家,皆被看作旁门左道。"四王"片面强调董其昌画论中"师古人"的理论,"仿某家则全是某家,不杂一他笔"[1],却忽略了"师造化"的重要性,造成清代画坛的刻意泥古之风。久而久之,绘画失去创新性,毫无生命力。石涛反对宗派束缚,批判摹古派"知有古而不知有我"[2],主张以生动自然表现绘画技法。在绘画实践中,他师法历代画家之长,却不为传统所束缚,师古而不泥古,注重创新,笔墨技法皆有变化,充满意趣生机和个性追求。如其山水画的布局章法,秉承宋元以来的绘画美学观,沿袭传统的画面组织结构,但在实际操作中,又以多层次手法表现绘画的奇诡多变,在前人技法基础上多有超越。因此,石涛的绘画一反清初的复古主义画风,打破了"四王"对画坛的垄断,其标新立异的书画风格和理念对后来的"扬州八怪"及清代画风的转变产生了很大影响。

石涛绘画涉猎的题材十分广泛,山水花鸟皆为擅长,笔墨雄健纵姿,奇思新意迭出。康熙四十年(1701),石涛在画作《百美图》的题跋上总结道:"余于山水、树石、花卉、神像、虫鱼,无不摹写;至于人物,不敢辄作也。"实际上,石涛的人物画数量虽不及山水花鸟,却也有《采菊图》《自写种松图小照》等出类拔萃之作。

石涛善作题画诗,"诗情"与"画意"相呼应,进一步提升绘画的意境。他的诗歌风格偏于壮美,如"林涛似发雷霆怒,云气常令日月昏""黄河落天走江海,万里泄入胸怀间""天削危峰万仞青,飞虹千尺走雷霆"等句,给人以气势如虹的直观感受。

除了出色的画技和诗文,石涛还创造了独特的绘画理论体系,提出大量新颖的概念和观点,使画坛为之一新,如"一画"理论,以及"我自用我法""笔墨当随时代"等。他著有《苦瓜和尚画语录》一卷,又名《石涛画语录》,其中涵盖了石涛的绘画技法、哲学思想和美学观念,阐述了中国山水画的本质、目的和方法,是一部完整系统的绘画理论著作。初刊于雍正六年

---

[1] 〔清〕王时敏:《西庐画跋》,沈子丞编:《历代论画名著汇编》,文物出版社1982年版,第289页。

[2] 〔清〕石涛著,周远斌点校纂注:《苦瓜和尚画语录》,山东画报出版社2007年版,第13页。

（1728），有《知不足斋丛书》《昭代丛书续编》《翠浪玕馆丛书》《四铜鼓斋论画集刻》《中国画论丛书》等版本。

"一画"是山水画中最基本的线条，但它不仅限于"形而下"的技法含义，还有"形而上"的哲学奥义。石涛在《画语录》中说："太古无法，太朴不散；太朴一散，而法立矣。法于何立？立于一画"[1]"一画"乃是万物之本源，是"众有之本，万象之根"[2]，也是绘画创作的最高法则，艺术体验的纯粹境界。"一画"论渗透着石涛的佛学思想。由于这一理论在哲学上的玄奥，至今仍然存在释义上的分歧。

石涛绘画理论体系的形成，经过了"我自用我法""不立一法"与"不舍一法"和"是法非法，即成我法"的阶段。早期的石涛鄙弃画坛的摹古风气，反对完全因袭古人的笔墨技法，崇尚"我自用我法"的原则。他强调创新的重要性，主张以"我法"描绘大自然的生机，提出"搜尽奇峰打草稿"，以所见之景绘于笔端，这在当时是非常难能可贵的。"我自用我法"的观点多体现在石涛的早期画作中，他在《奇山突兀图》《黄山图》《坐看云起图》等作品上都钤有"我法"的印章。康熙二十五年（1686），石涛"私计踏草幽蓟"，先后游历南京、扬州，后又沿运河北上燕京。这一时期，他对画理的感悟达到一个新的境界，在重申此前"我自用我法"的创新主张以外，又提出"不敢立一法""何能舍一法"的绘画观，表明他的美学思想突破先前的界限，有了新的发展。"不立一法""不舍一法"是在超越古法、今法、他人之法及"我法"的基础上，发展出的一种新的绘画技法和创作理论，画者可通过高超的笔墨技巧完美地表达内心的审美感受，"得此一法则无往非法"，达到"变化无穷，规模不一"的境界。石涛晚年定居扬州，脱离禅门，以卖画为生。这一时期，石涛写成《画语录》十八章，系统阐述了其美学思想体系，着重强调艺术创新的重要性。他在题画跋语上重新提出"我法"之宗旨，延伸出"是法非法，即成我法"的理论，其绘画创作也在这一时期达到全新的境界。

石涛独辟清代画坛之新风，他在山水画方面的大胆创新，注重现实感

---

[1]〔清〕石涛著，周远斌点校纂注：《苦瓜和尚画语录》，第3页。

[2]〔清〕石涛著，周远斌点校纂注：《苦瓜和尚画语录》，第3页。

悟、情思表达的精神,及其悠然自得"闲写青山卖"的超然人生态度,为"扬州八怪"的个性艺术创作做了充分准备。

(二)"扬州八怪"为代表的扬州画派

清代中期的扬州画坛以"扬州八怪"的声名最隆。扬州方言中的"八"并非专指数字八,"怪"则有"怪异""特立独行"之意,因此"扬州八怪"是指一些突破正统、敢于创新、风格独特的书画家。他们大多出身知识阶层,官职不高,但是清高自傲,不满于官场黑暗,往往借书画抒发心中的愤懑不平之气,对社会不良现象进行无情的揭露和嘲讽。其作品虽然大多流行于扬州及邻近地区,但是对中国传统书法及水墨画的发展有着深远影响。

"扬州八怪"的称谓始见于清道光以后的记载,具体指哪些画家,一直存有争议。各书所列人名各不相同,合计下来达 15 人之多。如,清代李玉棻在《瓯钵罗室书画过目考》中列出"八怪"有 8 人:罗聘、李方膺、李鱓、金农、黄慎、郑燮、高翔和汪士慎。李斗在《扬州画舫录》中列有 11 人:金农、郑燮、李鱓、汪士慎、黄慎、高翔、罗聘、高凤翰、李葂、陈撰、杨法。一般认为,"扬州八怪"除李斗所列以外,还有长期在扬州卖画的李方膺、华嵒、边寿民、闵贞,共有 15 家。这些画家的书画风格颇为相似,都强调发挥个性,傲岸不羁,行为处事也常偏离正统。士大夫历来以吟诗作画来陶冶情操,不齿卖文为途,然而"扬州八怪"成员多以笔墨糊口,公开以卖文鬻画作为谋生手段,将书画作为商品进行买卖。晚年的郑板桥自定润格,公开标价售卖字画,"大幅六两,中幅四两,小幅二两,条幅对联一两,扇子斗方五钱"。又言"凡送礼物、食物总不如白银为妙,公之所送,未必弟之所好也",这显然与儒家提倡的传统义利观相背驰,由此可言,"扬州八怪"是中国早期的文人职业画家群体。

"扬州八怪"的书画受到当时商人、收藏家和一般市民的喜爱。清代扬州商品经济发达,盐商好以儒者自居,广交文人画家,重金收藏"八怪"诸家的作品。盐商在私家园林供养生活潦倒的文人,助其刊刻诗画集,使他们可以潜心创作。"八怪"与扬州盐商相互依存,多数与盐商交往密切,他们的一些作品有迎合商人喜好的倾向,也顺应了清中期商品经济条件下的社会文化需求,这与传统士人的价值观可谓大不相同。对于"扬州八怪"的书画,各家历来褒贬不一。肯定者盛赞其书画不拘成规,个性张扬,富有创新性。

保守者认为他们偏离了正宗,画风怪异,从而大加贬斥。

在题材和内容上,"扬州八怪"沿袭传统文人的审美情趣,追求高雅,选材以梅、兰、竹、菊、松、石为主,以此彰显君子的清高品格,表达淡泊名利、不与世俗合污的思想。如板桥爱竹、金农画梅,皆有托物言志之意。除了文人画的传统题材,"扬州八怪"各有所长,题材涉及人物、仙佛、鬼魅、山水、花果、树石、动物等,如黄慎擅长历史人物画,罗聘以《鬼趣图》名动画坛,高凤翰有多幅《古木寒鸦图》。他们也将民俗生活纳入绘画中,有不少反映社会下层人物生活的作品,其中以黄慎的作品最为突出,乞丐、老妪、采药人、种树人皆可入其画。同时,"扬州八怪"继承了石涛的绘画理念及水墨画技巧。一方面,进一步发挥水墨写意画的技巧,善以简练的手法塑造物象。另一方面,打破院画派一味摹古的藩篱,不以明清社会推崇的"四王"为宗,重视个性,敢于变革,强调"我用我法",其纵横不羁的画风与反映社会现实的诗文相结合,突破了传统绘画的美学规范,具有较强的主观色彩和反传统意义。

1. 金农

金农,字寿门,号冬心,别号稽留山民、曲江外史、昔耶居士、寿道士等。浙江仁和(今杭州)人,久客扬州。"扬州八怪"的核心人物之一。博学多才,工诗画、精鉴赏、擅书法、好收藏,诗文书画皆以奇著称。平生未曾入仕,被举荐博学鸿词科未就。一生喜好游历,晚年客居扬州,以卖书画为生。著有《冬心诗集》《冬心随笔》《冬心杂著》等。绘画代表作有《东萼吐华图》《空捍如洒图》《腊梅初绽图》《玉蝶清标图》《铁轩疏花图》《菩萨妙相图》《琼姿俟赏图》等。

金农夙有金石文字之愿,有极深的书法功底,在书法艺术上取得了卓越成就。他学习汉魏诸碑精华,一改魏晋韵致,别出心裁创新字体,形成了独特的艺术风格。其自创的书法颇具古风,以秃笔重墨书写,将点画破圆为方,横笔粗密,直笔细劲,字体呈斜,墨浓似漆,犹如漆刷横刮直下,人称"漆书"。这种新颖古拙的书法融合传统的"楷隶篆",打破了当时"馆阁体"对书法的束缚,提升了清代书法的审美价值。由于对传统的突破,"漆书"出现后引起一些保守书法家的非议,被他们视为怪异,不合古人法度,是书法界的异类。郑板桥十分欣赏金农的书法,有赠诗曰:"乱发团成字,深山凿出诗。不须论骨髓,谁得学其皮。"[1]称赞其诗与字颇有特色。

金农五十岁以后才开始从事绘画创作,作品多展现潇洒不羁的个性追求,在绘画史上颇有影响。他善于在画上题咏,留有多首题画诗,几乎每画必题,与画相映成趣。有时题书的篇幅甚至多于绘画,占据了主要位置,因此获得"金长题"的美誉。金农尤擅画梅,为描摹梅花,栽种数株梅树,反复观察临摹,与罗聘、汪士慎、高翔并称"四大画梅圣手"。但是三人画梅各有特色,汪、高笔下之梅清寒孤傲,金农在《冬心画梅题记》评价:"画梅之妙,在广陵得二友焉:汪巢林画繁枝,高西唐画疏枝,皆是世上不食烟火人。"[2]金农则善用淡墨干笔作画,其笔下之梅繁疏相宜,枝干壮美,拙朴醇厚,墨迹随意。他认为"老梅愈老愈精神","江路野梅"别有生趣,"画梅须有风格,风格宜瘦不在肥耳",其瘦处如鹭立寒汀,不欲为人作近玩也"。[3]

2.郑燮

郑燮(1693—1765),字克柔,号理庵,又号板桥,江苏兴化人,祖籍苏州。乾隆元年(1736)进士,官山东范县、潍县县令。出身寒微,为官后颇尽解除民生疾苦之责。秉性耿直,旷达坦率,不肯流于世俗,在官场屡受排挤。乾隆十八年(1753),因请赈救灾触犯权贵,尔后罢官,长期客居扬州,以卖字画为生。其精于水墨画、文学、书法,有许多诗画方面的奇思构想,"通率诡诞,书画多奇气,世咸以才人目之"[4]。绘画题材广泛,主要以兰竹石著称于世,自称"专画兰、竹,五十余年,不画他物",将个人抗争世俗的精神寄寓在幽兰、修竹、丑石之间。

郑板桥的绘画取法于郑所南、陈古白,也受到石涛、僧白丁等人影响,但他不仅学习古人技法,更注重师其意蕴,心师造化。在临摹习古方面,主张以保留的态度学习前人成果,"学一半,撇一半,未尝全学"。"十分学七要抛三,各有灵苗各自探。"同时注重在生活中汲取灵感,使得笔墨相通,颇有意境。郑板桥笔下的兰草,风格劲峭,"用焦墨挥毫,以草书之中坚长撇法运之",多

[1] 王庆德注:《郑板桥诗文集注》,文化艺术出版社2014年版,第71页。

[2] 〔清〕金农著,王其和点校纂注:《冬心画谱》,山东画报出版社2010年版,第60页。

[3] 〔清〕金农著,王其和点校纂注:《冬心画谱》,第67、53、57页。

[4] 〔清〕陈康祺撰,晋石点校:《郎潜纪闻初笔二笔三笔》(上),第279页。

不乱,少不疏,显得生机勃勃,饱满而富有生命力。他自言所绘兰草并非"盆中之兰",而是"山中之兰",称此兰乃是"郑家香",别具一格,以此表达君子的高洁品格和向往自由的思想,寄寓着他的人生价值追求和艺术情怀。

除兰草之外,郑板桥爱竹成癖,在住宅处种植许多竹子,终日与竹相伴,"晨起看竹,烟光日影露气,皆浮动于疏枝密叶之间"。每日揣摩竹子的形貌体态,所绘墨竹清瘦简练,风格劲健,蕴藏冷傲孤高之气。他在《题画·竹》中自述画竹的过程是"眼中之竹、胸中之竹、手中之竹"三个阶段,先是揣摩竹子的自然形态,在脑中构思竹之意象,产生感悟和意境,尔后通过艺术手段的加工,将"眼中之竹""胸中之竹"化为"手中之竹"。金农也喜画竹,但是相较之下,自认比板桥略逊一筹,他在《杂画题记》中说:"吾友兴化郑板桥进士,善写疏篁瘦筱,颇得萧爽之趣……设有人相较吾两人画品,终逊其有林下风度耳。"[1]板桥画兰竹,偏好以石辅之,雄奇险峭的丑石配以萧瑟瘦竹,有坚韧、中正之蕴意。

同时,郑板桥在书法方面也革故创新,形成了独特的个人风格。他自创"六分半书","创为真隶相参之法,而杂以行草"[2],把绘画笔法融入书法线条中,书画相兼,人称"乱石铺街"体。这种章法夸张的新式书法,继承了晚明以来流行的异体字、"多体杂糅"现象,拼合各种书体,具有一定的艺术创新价值。其个性鲜明,在当时引起不小的反应,为时人目为怪异,就连板桥也自认是"掀天揭地之文,震电惊雷之字",后世对此亦褒贬不一。

郑板桥的多首诗词小曲皆为描摹风土人情和民生疾苦之态,诗画蕴含着对劳苦阶层的同情。如他自己描述:"凡吾画兰画竹画石,用以慰天下之劳人,非以供天下之安享人也。"郑板桥在范县为官五年,写有《孤儿行》《后孤儿行》《姑恶》等多首描写民间现实生活的诗文。

3.李鱓

李鱓(1686—1762),字宗扬,号复堂,别号懊道人、滕薛大夫、中洋氏、墨磨人、衣白山人、木头老子等,江苏兴化人。李氏家族在明代是江淮地区

---

[1]〔清〕金农著,王其和点校纂注:《冬心画谱》,第138页。

[2]〔清〕郑板桥:《郑板桥集》,第183页。

的名门望族,声名显赫,世代为官,李鱓的六世祖李春芳官至首辅。显赫的家世及幼年受到的良好教育,使得李鱓在诗文书画方面具备坚实的基础,也使他一直心怀追求功名的强烈愿望。康熙五十年(1711),李鱓考中举人,因其书画得到康熙皇帝的赏识,遂以画侍值宫廷,任命为南书房行走。郑板桥在《板桥自序》中描述道:"复堂起家孝廉,以画事为内廷供奉。康熙朝,名噪京师及江淮湖海,无不望慕叹羡。"[1]但是几年后,李鱓罢官离宫,漂泊江湖长达二十余载。乾隆二年(1737),李鱓被检选为山东临淄县令,再次步入仕途。乾隆四年(1739)调任滕县。任官期间,为政清简,励精图治,《临淄县志》将他收入《名宦志》,称赞其"口碑在人,风流蕴藉"。然仅二年有余,李鱓便因忤逆上司而被罢官,此后流寓扬州,以鬻画为生,直至终老。

郑板桥评价"复堂之画凡三变",说明李鱓的绘画风格跟随他的人生起伏经历了三次变化。早年的李鱓从魏凌苍处学习山水,同李震南、王瑗学习花卉,师承元明,书宗二王,风格正统。青年时期初入宫廷,师从蒋廷锡学习花鸟,远宗五代徐熙、黄筌,近学明代沈周,画法细致工稳。但是,一味临摹仿古、呆板工整又毫无创作激情的宫廷画,偏离了李鱓飘逸潇洒的绘画追求,使其感到厌倦不满,于是他的兴趣逐渐趋向徐渭、八大山人的粗笔写意。离开宫廷后,李鱓受到高其佩、石涛的影响,尤其是石涛的绘画思想,给他以很大的启发。之后,李鱓研习沈石田、文徵明、陈复道、徐青藤的写意画,称"得诸公一铢半两,皆可名世"。晚年的李鱓"纵横驰骋,不拘绳墨"[2],风格恣意豪放,笔法张弛有度,技巧纯熟,功力深厚,其绘画题材大大拓宽了传统文人画的范围,不仅涉及"岁寒三友""四君子"等传统内容,而且将日常生活中常见的萝卜、大葱、豌豆、月季等纳入笔下,鲜活而富有生机,有《花果八开》《花卉十开》等作品传世。

4.汪士慎

汪士慎(1686—1759),字近人,号巢林、溪东外史、晚春老人,安徽休宁人。嗜好饮茶,人称"茶仙",有"清爱梅花苦爱茶""饭可终日无,茗难一刻

---

[1]〔清〕郑板桥:《板桥自序》,薛永年:《扬州八怪考辨集》,江苏美术出版社1992年版,第334页。

[2]〔清〕李斗著,陈文和点校:《扬州画舫录》卷二,第23页。

废""饮时得意写梅花,茶香墨香清可夸"等妙句。一生笔耕不辍,博学多才,诗、书、画、印皆有所长,时人评价其"人品诗字皆清绝,如寒蝉饮露,孤花自芳"。性情淡泊,终生未仕。雍正初年,迁居扬州,以卖画为生。

康乾时期扬州文人喜爱组织雅集,汪士慎与"二马"、厉鹗、金农、高翔交情甚好,常有诗文唱和的活动。他曾居住在小玲珑山馆内的"七峰亭",并将其命名为"七峰草堂",自称"七峰居士"。晚年,又在马氏兄弟的资助下,刻印《巢林诗集》七卷,诗歌无分体、编年,基本按照时间先后排列。初刻于乾隆九年(1744)秋,有陈撰作序、陈章题词。道光十三年(1833)重印,增补金世禄、金楷二跋。汪士慎的诗文风格清雅恬淡,多反映道家清静无为的境界。陈撰在序言中称赞汪诗"亭亭落落,迥然尘埃之外,深情孤诣,吐弃一切",犹如当世之"寒琼独朵"。[1]

汪士慎工于书法,善作八分书。晚年双目失明,生活艰难,仍能狂草笔书,阮元称其"画梅或作八分书,工妙,胜于未瞽时"[2],令人称奇。其精于画梅,以淡墨勾绘繁枝万蕊,笔致清劲,生机盎然,有高逸冷隽之气。汪士慎早期视石涛为榜样,潜心临摹石涛墨迹,书法亦有石涛行书的风格,画梅师法王冕、扬无咎。除了钟爱梅花,汪士慎也擅绘其他花草,诸如水仙、萱花、石榴、桃花等素淡典雅的花卉。其山水画师法元季四家之一王蒙,亦学得石涛的笔墨技巧,不受成法约束,构思新颖,笔力刚劲。乾隆初年,汪士慎居于小玲珑山馆,暂时摆脱生活的窘境,环境安定、衣食无忧,因此迎来创作的鼎盛时期,有《猫石桃花图》、《诗画合璧》卷、《梅花兰石图》等绘画代表作。汪士慎晚年一目失明,仍坚持作画,刻有一枚印章曰"尚留一目著梅花"。后来双目皆盲,以心运笔,境界更为超逸,以"心观"二字款署。

5.黄慎

黄慎(1687—1768),原名盛,字恭懋、恭寿,号瘿瓢子、东海布衣等,福建宁化人,寓居扬州,终生未入仕途。诗、书、画三者皆通,是一位全能的职业画师。幼年失父,家境贫寒,师从上官周学画,刻苦勤奋,精于工笔人物,

---

[1]〔清〕陈撰:《巢林集》卷首,卞孝萱主编:《扬州八怪诗文集》第1集,江苏美术出版社1985年版,第23页。

[2]〔清〕阮元:《广陵诗事》,第116页。

以卖画维持生计。雍正二年（1724），黄慎来到扬州，以诗画结交扬州名流，与金农、郑板桥、李鱓交往密切，与扬州文人时有唱和，创作了多首歌咏扬州名胜的诗文。清代扬州商品经济发达，思想开放，书画的创作与买卖非常活跃，而黄慎早期工笔精细、模山范水的风格难以契合扬州市场的审美趣味，因此在寄寓扬州期间，他的画风、书风都有较大的变化。在绘画上，他学习石格、梁楷的泼墨写意，由最初的工细一路转向以狂草笔法入画，多粗笔写意，不拘一格。书法上，舍钟繇师二王，远宗怀素，弃楷作草，再作狂草，并将运笔用于画中，与画风一致。

作为职业画家，黄慎终身以卖画维生，作品数量有四百多件，题材广泛，有山水、花鸟、人物等，其中人物画占了将近一半。由于受到老师上官周的影响，黄慎早期工笔人物，笔法清丽细腻，后以草书笔法作大写意，笔法新颖，具有鲜明的创新性。他的诸多人物作品取材于文学作品或历史传说，如《洛神》取自曹植的诗歌《洛神赋》，是其早期工细人物画的代表作；《金带围图》典出宋代沈括《梦溪笔谈》，描绘北宋韩琦、王珪、王安石、陈升之四人聚会簪花；《陶令重阳饮酒图》出自《陶渊明传》，图中绘陶渊明在重阳节簪菊饮酒的情景；《郭橐驼种树》取自柳宗元散文《种树郭橐驼传》；《西山招鹤》取材于《放鹤亭记》。这些人物作品十分工细，将历史人物表现得生动传神，妙趣横生，富有一定的文化内涵和创新精神。黄慎早年的人生经历决定了他对劳苦阶层的同情和关注，所以除了以历史人物、仙佛神鬼为描绘对象，他多从现实生活中取材，将世俗大众纳入笔下，有《漂母饭信图》《丝纶图》《家累》以及多幅刻画渔人的作品，反映渔夫、樵叟、纤夫、乞丐、老妪等下层民众形象，笔法生动，写意传神。

黄慎书法早期学钟繇，追二王，以小楷为主。寄寓扬州后，风格产生了很大变化，"闭户三年，变楷为行"，宗怀素，作草书，用笔枯劲，自创新法，喜作怪笔，人多难以辨认。自此以后，黄慎声名鹊起，其诗书画皆不拘一格，挥洒自如，形成独特的风格。

6. 李方膺

李方膺（1697—1756），字虬仲，号晴江，别号秋池、抑园、白衣山人等，江苏南通人。出身官宦世家，为官十余载，历任乐安、兰山、潜山、滁州、合肥县令。仕宦期间，关心民生，体察民情，有德政之美名。雍乾时期，山东屡发水患，李方膺所在的乐安县水灾严重，他冒险开仓赈灾，"尽其仓为粥，民赖以活"[1]。又通过实地勘察河道，写成《小清河议》《民瘼要览》《山东水利管窥略》等益于水利建设的著作。五十几岁时被诬贪赃，革职罢官后借住南京项氏花园，有题句"几年宦海任漂蓬，嗣后关门作画工"，自此往来南京、扬州以卖画为生，刻有一方"换米糊口"的印章，与袁枚、郑燮、金农、李鱓为友。

李方膺自幼受到良好的艺术熏陶，绘画思想与风格受到传统文人画、写意画的影响较为深远，坎坷的仕途经历使其作品更显狂放不羁。远离官场后，李方膺全身心投入到艺术绘画当中，其墨竹画融合了传统的梅、兰、石等文人画中常见的题材内容，作品以梅花居多。他在《梅花图》卷题词曰："余性爱梅，即无梅自可见而所见无非梅。"其笔下之梅，既不同于金农的雄浑高古，也不同于汪士慎的清逸俊秀，而是寥寥数支，自成一格，以疏朗空灵为妙，自称为"挥毫落纸墨痕新，几点梅花最可人"。除了传统了梅兰竹，李方膺的绘画题材也涉及蔬果花卉、游鱼走兽，数量不多，颇有意趣。

7. 罗聘

罗聘（1733—1799），字遯夫，小字阿喜，号两峰，又号衣云道人、喜道人、花之寺僧、金牛山人、师莲老人等，祖籍安徽歙县。"幼遭孤露"[2]，年少家贫，但极富艺术天分。成年后拜入金农门下，为金农最得意的弟子之一，也是扬州八怪中年龄最小的一位。终生布衣，喜好游历，以卖画为生。工诗文，有《香叶草堂诗集》、《白下集》（一名《白门集》）、《正信录》行世。善篆刻，著有《广印人传》。亦好收藏印章，时人编撰《衣云印存》，汇录乾嘉时期印人为罗聘篆刻的 99 方姓名印章和闲章，宣统年间曾由上海神州国光社影印出版。

作为金农的入室弟子，罗聘的绘画风格深受金农的影响，不论是"江路野梅"，或是"人物番马奇树窠石"，皆能得其笔意，"笔端聪明，无毫末之舛

---

[1]〔清〕王藻编：《崇川诗钞汇存》，咸丰七年（1857）刻本。

[2]〔清〕吴锡麒：《罗两峰墓志铭》，王孺童：《王孺童集》第十五卷，宗教文化出版社 2018 年版，第 398 页。

焉"[1]。由此,罗聘常为师代笔作画,"以应四方求索者"[2]。他继承了金农的天真朴拙,却又不拘泥师法,形成自己独特的风格。金农称赞其门下的两名得意弟子,一为罗聘,一为项均,"聘放胆做大干,极横斜之妙;均小心作瘦枝,尽萧闲之志;可谓冰雪之聪明,异乎流俗之趋向也"[3]。

《清史稿》称罗聘"画无不工",可见他是一位多面手画家,擅画人物、佛像、花果、山水、梅兰等,尤以擅长画鬼著称。中国自古就有画鬼的传统,文人画鬼或以鬼神为写作主题,借以讽刺当世。"八怪"中金农、华喦、黄慎都曾画过鬼魅,然以罗聘的《鬼趣图》最为人称奇,反映了他极为丰富的想象力。其笔下的鬼怪千奇百怪,生动传神,具有鲜明的比拟性,用以讥讽乾隆末年社会之黑暗。《鬼趣图》系列是罗聘最具代表性的作品,图凡八幅,即八个主题,画中各鬼形象夸张,造型奇特,作者以简练拙朴的线条、比例失调的人物结构刻画鬼魅的离奇形象,使得作品别开生面且富有趣味性。罗聘数次携带《鬼趣图》北上入京,轰动画坛,一时题跋者甚众,这些题跋也是后世研究罗聘生平及交游情况的重要文献。近代以来,罗聘的《鬼趣图》得到鲁迅、周作人、唐弢等文人的青睐,他们大多认为此作品讽刺社会,具有现代漫画的影子。[4]百年来,《鬼趣图》几经易主,民国时为南海霍氏所藏,1970年由香港九龙开发股份有限公司影印出版,收录题跋约一百二十段,时间始自乾隆三十一年(1766)始,止于1918年,[5]内容丰富,蔚为可观。

8.高翔

高翔(1688—1753),字凤冈,号西唐、山林外臣,亦署名西堂、樨堂,甘泉县人。不喜游历,居东关街"僻巷深处"。家境贫寒,为人宽厚,终生未入仕途,在扬州卖画为生。工诗,善画,精于山水、梅花。高翔早年曾受教于石涛,二人缔结忘年之交。石涛去世以后,高翔每年春季为其扫墓,"至死弗

---

[1] 〔清〕金农著,王其和点校纂注:《冬心画谱》,第104页。
[2] 〔清〕金农著,王其和点校纂注:《冬心画谱》,第108页。
[3] 〔清〕金农著,王其和点校纂注:《冬心画谱》,第66页。
[4] 鲁迅:《且介亭杂文二集》,人民文学出版社1977年版,第22页。
[5] 程章灿:《一场同题竞赛的百年雅集——读南海霍氏藏本罗聘〈鬼趣图卷〉题咏诗文》,《文艺研究》2011年第7期。

辍"，成为画史美谈。在"扬州八怪"的成员中，高翔与汪士慎交谊甚深，汪氏《巢林集》第一首便是《雨中过犀堂》，可见二人交情非同一般。高翔的山水画多为扬州园林小景，行笔简练，构图精妙，极为淡雅秀美，画风深受石涛、弘仁的影响。清人张庚称其山水画有"石涛之纵姿"，在继承前辈之长的基础上，亦有创新和发展。

二、篆刻艺术

明清是扬州篆刻艺术的兴盛期。由于石质印材在扬州的普及，以及经济文化兴盛的影响，扬州精通篆刻的印人辈出，形成了系统的印学思想和独特的篆刻流派，对全国印坛产生了深远影响。

明末流派印篆刻风格的开创者是文彭与何震。文彭是明代书画家文徵明的长子，工书画，精篆刻，最早以青田石作印，一时崇拜者甚多。其刻印之法，被后人奉为金科玉律。何震与文彭齐名，二人为师友。何震通晓古文字学，秉承文彭之印风，在篆刻史上发明了单刀刻款法，开创了徽印学派。"文何"对清代扬州印学发展产生了很大影响。清初，扬州人梁千秋师从于何震，得其真传，善于模仿何震之印作，酷似原品，外人几乎不能分辨。梁千秋之弟大年，也擅长刻印，作品皆有新意，数量超过其兄。兄弟二人以印章名世，对后辈有一定的启发作用。

清代中期，扬州篆刻艺术得到空前发展，标志是石材的广泛运用、《印谱》的普及和浙派、徽派印学的风行。浙徽两派的代表人物活跃于扬州，他们更注重刀法的创新，力求充分利用金石学的成果，确立了严格意义上的刀法与创作模式。

(一) 徽派印学及其代表人物

徽派印学的开山鼻祖是安徽歙县人程邃。李斗在《扬州画舫录》记载，程邃"博学工诗文，精金石篆刻、鉴别古书画及铜玉器，家藏亦夥"[1]。周亮工也在《印人传》中描述程邃"以诗文书画奔走天下，偶然作印，乃力变文、何旧习，世翕然称之"[2]。这说明他在当时的印学领域即享负盛名。程邃寓居扬

---

[1]〔清〕李斗著，陈文和点校：《扬州画舫录》卷一〇，第118页。

[2]〔清〕周亮工：《印人传》卷一，康熙十二年(1673)刻本。

州四十余年,制印严谨,凡刻印必再三推敲。他在篆刻方面的突出成就是模仿钟鼎和青铜器款识上的大篆文字,以款识录大篆入印,"合款识录大小篆为一"[1],开创了篆刻艺术之新法。代表作有"少壮三好,音律书酒""垢道人程倩氏""床上书连屋,阶前树拂云""安贫八十年,自幸如一日""一身诗酒债,千里云水情"等。[2]

清中期,邓石如、巴慰祖等徽籍印人秉承先辈之遗风,使"徽派"印学始著称于世。邓石如(1743—1805),初名琰,字石如,号完白山人,一生大部分时间往来于扬州及周边城市,尤其寓居扬州、南京的时间较长。邓石如早年学习篆刻之学,仿照汉代人的印章篆字,亦多临摹梁千秋印。而后擅以玉箸白文入印,自成风格,对后辈印人吴让之、赵之谦皆有极大影响,所创流派称"邓派"或"皖派"。邓石如在晚年结识了寓居扬州的包世臣,赠予包氏一方"先生之风山高水长"印章。包世臣在嘉庆十一年(1806)为邓作传,名为《完白山人传》,推崇邓石如的篆隶之工,赞其篆书可比肩唐代书法家褚遂良、徐浩与裴休[3],可见二人为并世知己。

巴慰祖(1744—1793),字予籍、子安,号隽堂、莲舫,安徽歙县人,长居扬州。与程邃、胡唐、汪肇龙并称"歙四子"。巴氏五代皆工篆刻,对巴慰祖的篆刻生涯有重要的启蒙作用。根据李斗《扬州画舫录》的记载,巴慰祖能书善刻,工八分书,喜好收藏金石。在其逝后,同窗汪中作《述学·别录·巴予藉别传》,描述他"少好刻印,务穷其学,旁及钟鼎款识、秦汉石刻,遂工隶书,劲险飞动,有建宁、延熹遗意"[4]。汪中非常推崇巴慰祖的篆刻,赞其治印"埏填以为器,方圆具矣,而天机不存焉,巧工引手,冥合自然,览之者,终日不能穷其趣"[5]。

在徽派篆刻研究中,一般认为巴慰祖曾经师法于程邃。在他的存世作

---

[1]〔清〕周亮工:《印人传》卷二,康熙十二年(1673)刻本。

[2] 赵昌智、赵阳:《印坛扬州湃:扬州篆刻艺术》,广陵书社 2012 年版,第 46 页。

[3]〔清〕包世臣:《完白山人传(丙寅)》,祝嘉编:《艺舟双楫、广艺舟双楫疏证》,巴蜀书社 1989 年版,第 132—133 页。

[4]〔清〕汪中:《巴予藉别传》,〔清〕汪中著,田汉云点校:《新编汪中集》,第 460 页。

[5]〔清〕汪中:《巴予藉别传》,〔清〕汪中著,田汉云点校:《新编汪中集》,第 460 页。

品中,继承了程邃"复合大小篆为一"的方法,仿汉一路的印章居多,风格与程邃的白文印一脉相承。在刀法的方面,巴慰祖学习明代篆刻家朱简的"碎刀法",又得程邃"涩刀法"之精髓,在冲刀基础上加入小停顿与刀的摆动,印章的线条自然挺拔,风格古朴雅正。

(二)浙派印学及其代表人物

与徽派同时崛起的是浙派篆刻,以"西泠八家"为主要代表,核心成员有丁敬、蒋仁、黄易、奚冈、陈豫钟、陈鸿寿、赵之琛、钱松,他们之中多人曾在扬州游历,以丁敬、蒋仁和陈鸿寿在扬州寓居的时间较长,对清代印学乃至后辈印人有深远影响。

丁敬(1695—1765),字敬身,号钝丁,浙江钱塘人,是浙派印学的开山者。一生布衣,工诗词,好金石,与浙西词人厉鹗同窗,并称"丁厉"。丁敬长期在扬州游艺,晚年形成了自己独特的篆刻风格。他继承了汉印的古雅气质,改造了以小篆文字入印的形式,尤以"切刀法"为后世所推崇。"镌刻时先以刀右角入石,后以刀刃切下,断而再起,刀笔相连,如此不断重复。"[1]此类刀法为浙派后人所继承,西泠印人皆以丁敬为宗。

蒋仁(1743—1795),初名泰,字阶平、山堂,别号吉罗居士、女床山民、太平居士等,长居扬州。擅长诗书画印,尤以篆刻为世人称道。蒋仁有确切时间的留世之作有五十一方,是西泠八家中传世作品最少的一位,但其篆刻形式和精神气质与丁敬最为相近。这些印作大致分为圆转朱文印、方折朱文印、方圆并济朱文印、粗白文印、细白文印、仿明人风格印六类。其中,方折朱文印是浙派的典型风格,也是蒋仁继承丁敬的最鲜明之处,代表作有"云何仁者""吉祥止止""扬州顾廉""吉罗庵"等。[2]明清时期,"印宗秦汉"成为篆刻创作的主流。蒋仁的篆刻方法虽也受到汉印及明印的影响,但是丁敬的印风对其影响更为直接和明显。从蒋仁留世的大多数作品中,基本都能找到师法丁敬的痕迹,他也曾在"真水无香"边款的印跋中,将丁敬的印章比喻为杜甫的诗歌和韩愈的文章,足见他对丁敬之推崇。

---

[1] 李毅峰编:《中国篆刻大辞典》,河南美术出版社1997年版,第6页。

[2] 朱琪:《真水无香:蒋仁与清代浙派篆刻研究》,浙江人民美术出版社2018年版,第139页。

陈鸿寿（1768—1822），字子恭，号曼生，浙江钱塘人，久客扬州。陈鸿寿是浙派后期的杰出代表，与陈豫钟并称"东园二陈"，以篆刻闻名于世。周三燮在陈鸿寿的《种榆仙馆印谱》中题词，称赞其"用刀如用笔，刀胜笔锋恣"。

除西泠八家以外，与扬州关系比较密切的浙派印人是屠倬。屠倬（1781—1828），字孟昭，号琴坞，晚号潜园，浙江钱塘人。工古诗文，有《是程堂集》传世。旁通书画、篆刻、金石，无所不精。嘉庆十三年（1808）进士，选为翰林院庶吉士。嘉庆十四年（1809）授江苏仪征知县，在任五年，勤政惠民。屠倬与阮元的私交甚好，曾受邀在阮元创办的诂经精舍讲学，参加阮元组织的诗文活动。入翰林院学习期间，恰逢阮元革职在京，常有聚会。屠倬离京前夕，阮元题诗《门生屠琴坞以翰林改宰仪征，翁覃溪先生倡咏饯行，遂亦以诗赠行》，并在屠倬所作的双藤老屋图上题诗，表达其惜别之情。屠倬的篆刻师法陈鸿寿、奚冈，惜传世作品不多，代表作有"借汝闲看几十年""子寿"等。

（三）"扬州八怪"的篆刻艺术

"扬州八怪"诸人不仅擅长绘画书法，金石篆刻也是他们精通的门类，传世印册有郑板桥《四凤楼印谱》（《板桥先生印册》）和罗聘《衣云印存》（《罗两峰印存》）。

《四凤楼印谱》记载了曾为板桥制印的十九位作者的生平经历，收录了板桥生前常用的三十七方印章，对于研究清代扬州印坛有重要史料价值。[1]印谱中的"四凤"指的是高凤翰、高凤冈、沈凤、潘西凤四人，前二者是"扬州八怪"成员。

高凤翰治印，早期学习秦汉，后期以白文为主，不拘泥于成法，艺术个性鲜明，印风气概苍劲。他与山东印人张在辛交往甚密，师法张氏篆刻之法，对齐鲁印派的开创有重要影响。高凤翰晚年，因疾病导致右手不便，遂改用左手行刀治印。此后风格虽有较大变化，但是拙中有巧，别具神韵，印风更显朴厚，代表作有"丁巳残人""残道人""左臂"等。清人魏锡常在《论印二十四首》中，称赞高凤翰的左手篆刻为"乱头粗服中，姬姜终婉娈"，线条粗放而充

---

[1] 张郁明编著：《扬州八怪书法印章选》，江苏美术出版社1993年版，第137页。

满张力。郑板桥也十分欣赏这种苍拙豪放的篆刻风格，认为"粗头乱服任诙嘲，气自空灵韵直飘"。高凤翰的绘画用印极多，收藏的古印数量也很可观，他在《归云和尚碣》中记载自己汇集的汉印有五千方。乾隆初年，高凤翰返回胶州故里，将三百方汉印留给了友人马曰琯，以报马氏资助之情。[1]

高翔治印与高凤翰齐名，早年曾为石涛刻印，与之探讨印法，得其启发和指点。尔后，他的刀法受到程邃、丁敬的影响较大，以切刀为主，章法严谨，亦有自己独特的风格。姚世钰评价高翔"不肯蹈袭故常"，治印形式多样，富于变化，代表印作有"弯弓挂扶桑，长剑倚天外""高翔之章""西唐山人""蔬香果绿之轩"等，《四凤楼印谱》收录了高翔赠予板桥的"克柔"一印。高翔晚年亦有右臂之疾，以左手作书画，自此不再刻印。

除了郑板桥提到的印坛"四凤"，他本人和金农、汪士慎等皆在治印方面卓有成就。郑燮传世的印章较少，但其篆刻艺术颇得时人欣赏，被誉为"雍嘉七子"之一。清人秦祖永在《桐阴画诀》中评价板桥擅长治印，"笔力古朴，逼近文何"[2]，将其比肩明末著名篆刻家文彭与何震，这是极高的赞誉。秦氏另著有《七家印跋》，将郑板桥与丁敬、金农、黄易、奚冈、蒋仁、陈鸿寿并称"七家"，说明非常认可郑燮的篆刻成就。板桥印章有自刻，也有他人所刻，出现在绘画作品中的印章有"恶竹""书被催成墨未浓""多种菩提结善缘""欢喜无量""麻丫头针线"等，《七家印跋》收录的有"留伴烟霞""砚田生计""修竹吾庐""活人一术""桃花潭""恬然自适"等。

金农少时与丁敬、吴西林并称"浙西三高士"，与西泠八家之一的丁敬毗邻，主要以书画行世，亦精通篆刻，治印宗法汉魏，但是作品甚少，印名为书画所盖。

汪士慎的诗、书、画、印俱佳，治印取法小篆，追摹秦汉古法，善以画意入印，功力深厚。金农的多方印章均由汪士慎所制，他曾作诗感叹，自程邃逝后，继承汉法的印人世所少见，而今"赖有七峰居士在"，方可"穷源心力到

---

［1］赵昌智、赵阳：《印坛扬州派：扬州篆刻艺术》，第96页。

［2］〔清〕秦祖永撰，余平点校：《桐阴论画 桐阴画诀》，浙江人民美术出版社2014年版，第176页。

天荒",[1]说明汪士慎的治印风格深得金农赞赏。汪士慎书画中常用的印章很多,形制丰富,有竖方、横方、正方、圆、椭圆形状。晚年一目失明,仍自刻"尚留一目著梅花""左盲生"等印。

罗聘生前整理的印谱《罗两峰印存》,又称《衣云印存》,收录了十位作者的六十八方印章,均注有边款文字,皆为他人所刻,为罗聘的自用印和个别藏印。根据罗聘传世画作上钤刻的印章,可知其印章数量颇多,与丁敬、董洵等篆刻家都有密切的往来,但尚未发现罗聘有自刻印章传世。[2]《衣云印存》汇集了清代篆刻史上三大印派——浙派、邓派与歙四子的代表作品,因此具有十分重要的史料价值。其中,印谱收录了丁敬的三方印章为"扬州罗聘""无所住庵"以及"两""峰""子"三连印,深得罗聘喜爱。董洵为其制印,常按照罗聘心意仿照丁敬之法,说明罗聘对丁敬的印作是极为推崇的。

（四）吴熙载与晚清扬州印坛

中国篆刻艺术在晚清时期出现第二次兴盛,在扬州印学领域有杰出成就者当属吴熙载。吴熙载（1799—1870）,原名廷飏,字熙载,避同治帝讳,更字让之,亦作攘之,别署让翁、晚学生、晚学居士、方竹丈人、言庵、言甫等,江苏仪征人,长居扬州、泰州。师从包世臣学书,"篆、分功力尤深,复纵笔作画,亦有士气"[3]。工书擅画,精于金石,以篆刻闻名于世,著有《师慎轩印谱》《吴让之印谱》。

吴熙载是邓石如的再传弟子,篆刻成就极高,位列晚清篆刻四大家之首[4],在中国印学史上有很大影响。他在《吴让之印谱》自序中简要介绍过自己的印学经历。早年篆刻以汉印为师,如印作"芳茂山人",线条均匀,平整端庄,布局规矩,有明显的汉印特征。而立之时,吴让之"始见完白山人作,尽弃其学而学之",遂悉心效仿邓石如制印,与邓石如并称"邓吴"。五十岁后,吴让之的篆刻风格更趋成熟,形成鲜明的个人艺术特色。

吴熙载一生刻印数以万计,功力深湛,风格稳健。他取法邓石如以汉篆入印,在篆刻过程中注重书与印的结合,深得邓氏精髓,而又不为其囿,吴昌硕称赞其"有守而不泥其迹,能自放而不逾其矩"。在印书方面,吴熙载突破了传统汉印的书写藩篱,寓圆于方,在转角处以圆弧状进行书写,风格婉转流畅。突破汉印线条粗细一致的特点,白文常以横粗竖直,纵横交错,富于变化,真正做到了书印合一,完善发展了邓石如的印风。代表作有朱文印"坐花醉月""有所不为""大手笔"等,白文印"迟云山馆""不立一法,不离一法"等。制印时,吴让之用刀如笔,圆劲有力,"刀法圆转,无纤曼之习,气象骏迈,质而不滞",做到了篆法与刀法的统一。

吴熙载将邓派印学发扬光大,结合自身深厚的书画功力,终成一代宗师。后辈印人学习邓石如者,多从吴熙载取法,无不受其影响。赵之谦也认为吴氏有承前启后之贡献,篆刻艺术"薪火不灭,赖有扬州吴让之"。

三、广陵琴派

中国古琴艺术历史悠久,是中国古典音乐文化的象征,经过几千年的发展与传承,至清代呈现出众多流派。扬州自古以来,古琴活动流传不绝,在唐宋时期尤为兴盛,涌现不少声名远播的琴人。他们进行的琴学活动,为明末清初广陵琴派的诞生奠定了基础。

入清以后,扬州商业繁荣带动了艺术文化的复兴,遂为广陵琴派的诞生创造了条件。自清至今,广陵琴派代代相传,绵延不断,有史可查的琴家约有一百人,流传下来的琴谱有二十余部,留下丰富的历史文化遗产。其中影响最大的"广陵五谱"即《澄鉴堂琴谱》《五知斋琴谱》《自远堂琴谱》《蕉庵琴谱》《枯木禅琴谱》,均创作于清代,足见广陵琴派在清代发展之盛。

(一)徐常遇创立广陵琴派

清初,扬州琴家徐常遇继承明末虞山琴派而有风格突破,创立了广陵琴派,成为清代琴坛大宗,对中国当代古琴文化的发展有深远影响。

徐常遇,生于康熙年间,字二勋,号五山老人。精通音律,擅抚古琴。其子徐祜(周臣)、徐禵(瓒臣)、徐祎(晋臣)继承家学,精通琴艺。徐常遇编有《响山堂琴谱》,此谱是广陵琴派的开山之作,现仅存残本。后由其子扩充并重新刊刻,更名为《澄鉴堂琴谱》,流传至今。

《澄鉴堂琴谱》包括序文、琴论、指法、减字谱等部分,共收录琴曲三十七首,其中二十二首出自虞山琴派曲家徐上瀛的《大还阁琴谱》,说明广陵派与虞山派自始即有一定的传承关系。清代蒋文勋云:“吴派后分二,曰虞山,曰广陵。”[1]二派皆由吴派演变而来,有许多共通之处,琴谱都十分注重古琴指法的考究。徐常遇在《指法五忌》提出“忌大指甲煞声而不知避法,以甲稍转,让肉取音为妙”[2],以细致灵活的指法,表现琴曲内容和细腻感情,启发后辈广陵琴家提出了“甲肉参半”的弹奏方法。广陵琴派的演奏风格近于虞山派,取音柔和,清微淡远,蕴含“吴音”之精髓。但比虞山派更加刚柔跌宕,追求起伏的节奏特点及恬雅洒脱的美学标准,带有北方的清劲之气。

徐常遇的琴学主张主要体现在《澄鉴堂琴谱》中的“抚琴五忌”一篇,“五忌”指的是意趣、繁声、疾徐、音准和删改五个方面。一“忌起手无序,神气不敛,忙忙连下,如奔如蹶”,保持平静淡定,不可张扬浮夸,方可达到内心与琴乐合一。二“忌好习繁声,多添杂响”,不喜繁盛促响,不录节奏快、音节杂的曲谱。三“忌不知轻重疾徐之理,而忽重则煞甚,忽轻则无声”,遵循曲意,注重弹奏速度的缓急变化,保持起伏而恰当的音律节奏。四“忌不论徽间分数,率意上下走音,俱不得叶和”,若不注重徽间音、徽位音,乐曲虽弹奏完成,却失去音准使曲调不佳。五“忌擅改曲操以示其学问,或有几字而改之者,或有几句而改之者,或将他谱一二段而移入者,或将古曲名而另改新名者”,如若有这些删改的动作,“欲使五音叶、音律和,难矣哉”[3]。因此,他认为传统琴谱不可轻易删改,力求保存原貌。若琴曲过长,则只能删而不能增,且不可偏离作者旨意,以免破坏古曲原有的本色。

(二)徐祺与《五知斋琴谱》

徐祺,生卒年不详,字大生,号古琅老人。一生潜心琴学,“殚毕生精力,讲求不厌,每以正琴学为己任”[4]。徐祺游历四方,广集天下名曲,编成《五知

[1]〔清〕蒋文勋:《二香琴谱》,清道光梅华庵刻本。

[2]〔清〕蒋文勋:《二香琴谱》,清道光梅华庵刻本。

[3]〔清〕徐常遇:《澄鉴堂琴谱》,文化部文学艺术研究院音乐研究所、北京古琴研究会编《琴曲集成》第14册,中华书局1989年版,第197—198页。

[4]〔清〕徐俊:《序》,〔清〕徐祺《五知斋琴谱》卷首,中国书店2016年版,第2页。

斋琴谱》,是清代影响最大、流传最广的一部广陵琴谱,后辈琴人多有借鉴。

康熙六十一年(1722),徐祺之子徐俊在友人周鲁封资助下,首次刊印《五知斋琴谱》,谱前有黄镇、徐俊、周鲁封的序,谱后有黄琨的跋,徐晋臣作有后序。此谱共八卷,卷一是琴论及指法,卷二至卷八是曲谱。徐祺对指法和节奏的解析尤为细致详尽,并在谱中标注评语,表达其琴学见解。

徐祺参考众家琴谱,博采众长,选取了熟派、金陵派、吴派、蜀派四家琴曲。《凡例》写道:"派有南北蜀下之分,今以琴川为主,白下、古浙、中州、西蜀、金陵、八闽等派,并附采各省秘谱,删订折衷,庶无偏执。若以一己之见,则声音之道,谬以千里。"[1]琴谱共三十三首,其中十四首为熟派曲目,其次为金陵派、吴派、蜀派,说明《五知斋琴谱》受到虞山派的影响最大。

尽管带有虞山派的影子,但是《五知斋琴谱》也有自己鲜明的特色。徐祺继承广陵琴派一贯重视的"古""淡""雅"的审美追求,"惟务中正古澹,厘靡曼新声"[2]。十分注重探究指法细微和节奏变化,重视琴乐超越世俗的喧嚣,进入悠远、恬淡、淳朴的艺术意境。尤其将大部分曲目注明来源,并在琴曲的前后标注曲评,后记也有鲜明特点。自此谱问世,广陵琴派始超越虞山琴派,有了自己独特的艺术风格。

(三)吴灯与《自远堂琴谱》

广陵琴派在乾嘉年间进入鼎盛时期,又产生了吴灯为代表的新一代琴人及其著作。吴灯,生于康熙五十八年(1719),字仕柏,江苏仪征人,曾受业于徐常遇之孙徐锦堂。晚年辑录《自远堂琴谱》,刊印于嘉庆七年(1802),是广陵琴派又一部重要谱集。

相比广陵派的其他曲谱,《自远堂琴谱》更加兼收博采,辑录的琴谱更为全面。此谱共十二卷,卷一至卷三为凡例、琴旨录要及指法,卷四至卷十一为琴谱,收录琴曲六十一首,其中十四首出自《澄鉴堂琴谱》,三十首出自《五知斋琴谱》,融合了前二谱之精华。[3]末卷有三十首"有文"琴曲,各曲附有歌词。吴灯在《凡例》中分析,琴派各有所长,应摒弃门户之见,互相取长补

[1]〔清〕徐祺:《五知斋琴谱·凡例》,第3页。
[2]〔清〕徐祺:《五知斋琴谱》卷首,第16页。
[3]陶艺编著:《广陵琴派》,江苏凤凰美术出版社2019年版,第35页。

短,提出"派有南北,调分古今,要以大雅为宗"[1]。从收录琴曲比例来看,《自远堂琴谱》在一定程度淡化了广陵琴派对虞山派风格的依赖。

吴灴重视指法技巧和律学理论,他详细阐述了吟猱之法,启发后辈琴人提升古琴技法。《自远堂琴谱》中收录了康熙御定的《律吕正义》和王坦的《琴旨》,在此基础上阐述自己的琴学理论,提出"五音名调"理论和"立体为用"的方法,进一步彰显了广陵琴派的艺术特色。

吴灴的琴学由俗、释两派继承。俗世一脉由颜夫人传梅植之(字蕴生),梅精于古琴,可惜未有琴学著作留世。释派弟子为先机和尚,由其传明辰和尚,再由明辰传秦维瀚。[2]自吴灴传释家一脉,广陵琴派产生了独具特色的琴僧群体。

(四)秦维瀚与《蕉庵琴谱》

秦维瀚(约1816—约1868),字延青,号蕉庵,广陵琴派的第七代琴人。咸同年间,扬州因太平天国起义陷入兵燹战乱,秦维瀚在颠沛困顿中辑录《蕉庵琴谱》,刊刻于光绪三年(1877),为清代后期广陵琴派的代表曲集。曲谱前有林达泉序、秦履亨跋、何本祖跋、秦维瀚自序,共收录琴曲三十二首,基本出自《自远堂琴谱》,均为秦氏日常练习且为广陵琴派的经典曲目,如广陵派四大名曲《樵歌》《渔歌》《墨子悲丝》《佩兰》,其他曲目《梅花三弄》《龙翔操》《山居吟》《潇湘水云》等,皆为广陵琴派经典。

秦维瀚继承了广陵派前辈琴人的琴学要旨,在指法处理上提出更为精深细致的方法,提出弹奏的轻重徐急应切合琴曲意境。他的弟子众多,亦分俗释两派。俗派弟子有孙檀生、胡鉴、何本祖、向子衡等,释派有雨山、莲溪、皎然、普禅四大琴僧,皆名噪一时,琴名远播。一般认为,广陵琴派最后一部代表性曲谱的作者释空尘也是秦氏的再传弟子。

(五)释空尘与《枯木禅琴谱》

释空尘,生于道光十九年(1839),俗姓姜,又号云间上人,江苏如皋人,为秦维瀚的再传弟子,也是广陵琴僧群体的代表人物之一。在苏州虎丘山

---

[1]〔清〕吴灴:《自远堂琴谱·凡例》,故宫博物院编:《故宫珍本丛刊》第466册,海南出版社2001年版,第6页。

[2]方晓伟:《解密广陵琴学源流》,刘永发主编:《琴语筝话》,中国书店2017年版,第120页。

寺出家为僧,携琴遍访各地,凡擅琴者必谒之。琴艺高超,擅以古琴论佛。

光绪十九年(1893),释空尘以《五知斋》《自远堂》二谱为宗,参考古今各谱及名家秘本,汇集刊刻《枯木禅琴谱》,这是广陵五谱中唯一的僧家琴谱。《枯木禅琴谱》共八卷,谱前有洪钧等所撰序,收录琴谱三十二首,其中七首为自创曲目。卷一有《凡例》《琴德论》《音声论》《指法纪略》《辨音十六则》《上弦法》《调弦法》《抚弦转调歌》。卷二有《制琴曲要略》《历代圣贤著曲名录》《左右手指法》《幸存曲谱》。卷三至卷七,依照宫调收录广陵旧曲。卷八为释空尘自创的禅境曲目,有《那罗法曲》《枯木吟》《莲社引》等。

释空尘秉承了广陵前辈对琴曲演绎的细腻追求,注重指法细致入微,节奏跌宕多变,徐急轻重自如。他以禅入琴,正本清源,去除繁杂,提出"以琴说法""以琴理喻禅""大道无形,闻声而入""取音用意,各随人心"等具有禅学意境的琴学主张,使广陵琴派更具有禅宗审美的特征。

第四节　园林

清代中期,扬州的经济富足自然延伸为造园的精神文化需求,再兼康乾二帝数次下江南带来的政治性营造,扬州园林进入黄金时代。嘉道以后,扬州经过咸丰兵燹,经济遭到严重打击,园林被摧残殆尽,年久失修而日渐荒芜。伴随着两淮盐业积弊日深,清政府实行废引为票,扬州盐商大多贫败,鲜少再建新园,扬州园林渐趋衰落。

一、扬州园林的成熟时期

乙酉之难后,清朝对扬州采取安抚政策。顺治初年,扬州的主要官吏基本都是汉人,如首任知府胡蕲忠、两淮盐运使周亮工、两淮巡盐御史李发元、江都知县郭知逊等。这些汉族官员到任后,注重招抚流民、安抚民心、恢复生产、兴办府学、笼络士人,很快起到了安定社会和重振经济的作用。随着漕运盐务的恢复,扬州的市井商肆重振生机,文人墨客、能工巧匠又络绎而来。在日渐恢复的经济支撑下,顺治、康熙、雍正三朝,扬州造园风气日渐兴盛,不断出现新建园林,名园迭出。扬州园林的理法、技艺和实践在明代基础上持续发展,进入了自己的成熟时期。

（一）园林分布

清代扬州城区的整体范围大约是现今西至淮海路,东至泰州路,南至南通路,北至盐阜路,在城市格局上分为"新城"和"旧城",新旧城以城墙和旧城护城河(小秦淮河)为界,很像一个"日"字。新旧城并立的格局是从明代开始逐步形成的。扬州旧城面积不大,仅有2平方公里,而且离运河较远,城内所需的生活用品和物资商品要通过车马、挑夫搬运进来,颇为不便。由于城市人口迅猛增长,民众开始在旧城东面与运河之间的空地上搭建房屋。嘉靖年间,旧城以东至运河一带已经发展出繁荣的工商业区,商贾百姓聚居于此。嘉靖三十四年(1555),倭寇至扬州城下,外城数家遭到劫掠,财物、人口损失巨大。为解决安全和交通问题,扬州官府在旧城东面修建新城,沿运河加筑了一道城墙,新城面积约3平方公里。

成熟时期的扬州园林依托新旧城,内外兼兴,累计修造的园林近百处,较为著名者有40余处。其中,城内园林主要有合欣园、康山草堂、万石园、小方壶、休园、小玲珑山馆、百尺梧桐阁、种字林、吴园、爱园等。城外有乔氏东园、影园、员园、冶春园、韩园、筱园、卞园、王洗马园、大涤草堂、梅花书院、鄂石诗馆、韩园、莘乐草堂、新柳堂、双峰云栈、莲性寺林园、天宁寺西园、李氏小园等。

（二）园林类型与典范

扬州园林在使用性质上大抵分为两类:公共风景园林和私家园林,这两类园林的共同繁荣是扬州园林进入成熟时期的重要标志。

公共风景园林主要包括官衙寺观园林、茶肆酒家园林和风景名胜园林,其选址多在城外,尤以城北红桥、蜀冈一带为盛。官衙寺观园林,即府衙、庠序、书院等官方建筑和寺庙、道观主体建筑群的附属园林,其规模一般不大,营造也较为简单。茶肆酒家园林,一般是服务于经营性目的私人园林或园圃,红桥一带是聚集点,如丰乐下街的香影廊。商人花重金购买私家园林,开酒肆,以雅致的环境招揽顾客。也有花匠在自己的园圃中设置茶肆酒家,提供茶酒饭菜给游客。这类经营性的园林是扬州商品经济发达、市井文化活跃的一个侧影,数量尚不多,质量也不高。

风景名胜园林是公共风景园林中最重要的组成部分,规模大,构造也非常精致。扬州风景名胜园林的重要特征是以文化事件为载体,多与地方官员的文化活动有关,其兴建多由政府和私人合作进行。"18世纪中叶以前扬州的公共风景建设,与一系列的名人事件密切相关。这些名人,大多是以文采闻名的地方官员,这些事件,或是这些文人官僚在政务之余的'游宴',或是以文会友的'修禊',以私人和非官方的名义,却造就了扬州的公共名胜风景。"[1]

在选址上,风景名胜园林一般沿着运河、内河等水道蜿蜒展开。"18世纪以前扬州园林,基本就聚集在扬州各时期运河的水道附近,或在城外运河转折处乃至河中岛屿,或在城内沿城墙的运河区域,或在城郊运河故道的两岸。"[2]"小秦淮"一带园林依托的是唐代扬州罗城内的运河故道,城北园林带依托的是唐代"官河"故道的漕河,一直延伸到保障湖附近。公共园林沿着水道修筑,游览者自然选择买舟观赏,"船行"渐成风尚。王士禛在《红桥游记》中描绘当时的游览情形说:"出镇淮门,循小秦淮折而北,陂岸起伏多态,竹木蓊郁,清流映带。人家多因水为园亭树石,溪塘幽窈而明瑟,颇尽四时之美。拿小艇,循河西北行。林木尽处,有桥宛然,如垂虹下饮于涧;又如丽人靓妆袨服,流照明镜中,所谓红桥也。游人登平山堂,率至法海寺,舍舟而陆,径必出红桥。"康熙初年,扬州已经形成一条由城内至北郭,至法海寺,再至平山堂的水陆相接的游览线。法海寺始建于隋唐,康熙南巡时赐名"莲性寺",是当时游人出城往平山堂的水陆转换码头。

风景名胜园林大抵与自然景观融为一体,没有围墙的隔断,知名园林主要有:

1.平山堂

位于蜀冈中峰大明寺西侧,原为宋代欧阳修所建,康熙十二年(1673)由汪懋麟重建,为文人诗会唱和之地。孔尚任认为平山堂为城北园林之首,曰:"广陵之胜,以平山堂为最,其所称红桥、法海寺、观音阁者,皆平山堂之附丽也。"[3]

2.红桥

————————

[1] 都铭:《扬州园林变迁研究——人群与风景》,同济大学出版社2014年版,第47页。

[2] 都铭:《扬州园林变迁研究——人群与风景》,第55页。

[3] 〔清〕孔尚任:《湖海集》,第207页。

在明代时为一木板桥,围以红色栏杆,故名"红桥",后改为"虹桥"。王士禛任扬州推官时,修缮了红桥,在桥上建亭,并留下"红桥飞跨水当中,一字栏杆九曲红,日午画舫桥下过,衣香人影太匆匆"等诗句,开红桥修禊之传统。

3.平冈秋望

位于天宁寺后的太山,雍正年间由戴文李兴建。

4.山亭野眺

在观音山水码头,由盐商汪应庚在功德林旧址重建。

5.松林长风

在蜀冈中峰万松岭上。雍正八年(1730),汪应庚在此植松十万株,空地杂种梅花。

6.傍花村

在红桥东北,由孔尚任借文造景,通过文人交游制造风雅故事,以个人声望塑造出一个全新的名胜景点,"在红桥东北,野老种梅可观。予偶过此,与词客倡和,遂成胜地"[1]。宗元鼎在诗注中说:"定九云,傍花村一野店也,先生寻梅买醉,遂成名胜。"[2]

扬州私家园林的历史悠久,最早记录出现于唐代。这些私家园林的主要功能是园主人置业居家、修身养性、山水自娱、聚会宴客。此外,扬州私家园林还是重要的文化活动场所,园主喜欢在园中组织文人诗酒相会、读书听戏,意在为自己博取文名、增添风雅。在布局上,私家园林多呈前宅后园、宅园相连的形态,规模一般较小,只有几亩至十几亩,小者仅一亩半亩。园林无论面积大小,大多以水面为中心,四周散布山石、建筑,以山水为骨干构成景点,变化空间,缩微天地,营造"咫尺山林"之境。清初,扬州地区的私家园林无论数量还是质量,在江南地区都是首屈一指的。其中,王洗马园、卞园、员园、贺园、冶春园、南园、郑御史园、筱园,号称扬州的八大名园。

7.休园

休园是顺治年间扬州园林的代表,最先展现出成熟时期扬州园林的江

［1］〔清〕孔尚任:《湖海集》,第169页。
［2］〔清〕孔尚任:《湖海集》,第69页。

南风貌和文人特征。其位于新城的流水桥(巷),占地约五十亩,建造者是郑氏家族的郑侠如。郑氏祖籍徽州,为晚明时期盐商望族。郑氏四兄弟分别是元嗣(字长吉)、元勋(字超宗)、元化(字赞可)、侠如(字士介),他们"文章声气重于东南,各为园亭以奉母。长吉公有五亩之宅、二亩之间及王氏园;超宗公有影园;赞可公有嘉树园。士介公年最幼,闭户读书,独无所营。后以司空解组归,始买朱氏址以娱老,因名曰'休园'"[1]。文中所提到的影园是晚明扬州园林的代表,毁于战火,"高杰兵乱,扬州影园雕墙画阁,一刻废为荒墟,而五亩之宅、二亩之间及王氏园,次第俱废,惟嘉树园尚在,然亦颓败不可收拾"[2]。休园于顺治二年(1645)兴建,历经四世子孙,屡有修葺、扩充之举,并邀请名家撰写园志,郑家后人曾编撰《扬州休园志》,清代王云绘有《休园图》传世,极尽清初园林之盛。

休园之名,取法古人自警之意。计东在《休园记》中解释过"休"的意蕴:"或谓东曰:'昔孙昉自称"四休居士",有"粗茶淡饭,饱即休;补破遮寒,暖即休;三平两满,过即休;不贪不妒,老即休"之语,园之名盖有取乎是。'东闻而叹曰:'休'之字义有二,曰止,曰美。美莫大于知止。先生守正不回,急流勇退之意,见于斯矣!虽然,犹有欲休之见者存也。'饱即休',将不饱不休乎?'暖即休',将不暖不休乎?过与老亦若是焉。若得休而后可休,不得则当休而不休,甚至劳苦逐逐而不止,休之义当不尽是。东窃疑之。再读先生《休园省录》载苏子瞻语:'纵步松风亭下,足力疲乏,思欲就林止息。望亭宇尚在木末,思何时得至。'忽然悟曰:即此间,有何不可止者?由是,如脱钩之鱼,无不解脱。子瞻之休,捷于孙昉四休多矣!"[3]孙昉是宋代一位名医,其"休"字为养生之法,苏轼乃一代文宗,其"休"字重在精神超脱。计东对"休"的解释大概深合园主人造园之意。郑氏后人多以此自省,借园林而养谦和、自足之家风。

张云章在《三修休园记》中进一步替郑家归纳出"休园"这一物质载体之上的家风家训:"休之为名,止息之义也。其所以能止息者,知足之故也。

[1]〔清〕方象瑛:《重葺休园记》,顾一平编:《扬州名园记》,广陵书社2011年版,第10页。
[2]〔清〕许承家:《重葺休园记》,顾一平编:《扬州名园记》,第13页。
[3]〔清〕计东:《休园记》,顾一平编:《扬州名园记》,第9页。

知足则常留有余,以贻其后人也;有持盈戒满之心,是即《易》之谦道也。盖天地人以及鬼神之道,莫不以盈为病,以谦为福,故曰:谦也者,致恭以存其位者也。"[1]休园是清初"名园之最古者也",其立园之意,子孙修德存身之道,深得当时文人士大夫阶层的赞许,李光地有言:"他日有记维扬名园者,吾知其必以休园为称首,且将推本于今之天下。"[2]

"休"是园之主题,围绕"止息""知足"的题眼,郑氏在园林构建上借助山水画法,营造休憩于山水之间的诗意,多采用"随行窈窕,因山行水""山水断续""萧爽结构""山石鳞次""廊径并行"等营造法式。休园中的著名内景:"其中曰'语石堂',曰'漱芳轩',曰'云山阁';其右曰'蕊栖',曰'花屿';其左有山,山腰有曲亭,颜曰'空翠山亭'。其后培植小山,丛桂森列,颜曰'金鹅书屋'。屋后修竹万竿,有轩曰'琴啸'。由琴啸而左,经竹林,长廊数十间曲折环绕,曰'卫书轩'。轩傍有塘,塘植芙蕖数亩,开时清香袭人衣袂,颜曰'含清别墅'。墅傍有台,名曰'得月'。居中则为'墨池阁',阁前垒石为峰,下为池,架以石桥。峰之前后皆有亭榭,曰'玉照'曰'不波航',曰'枕流',曰'九英书坞',结构萧爽,极园林之胜。"[3]园中的山石布置极为考究,"石势突兀,起伏不一,约其大者有三峰焉"[4]。古树、修竹、高柳、亭榭、池塘、叠石等江南园林的要素齐备,而景观与题词相得益彰,书、清、墨、空等意象烘托出"休"的主旨和追求。

康熙年间,扬州园林的佼佼者是筱园、片石山房(后为何园一部分)、万石园、乔氏东园。

8.筱园

筱园是以"文酒之会""郡城以园胜"而著称的园林,选址于城外临水之处,"襟带保障湖",位于扬州城西北、蜀冈脚下的地势低洼地。这一带自宋代以来就是种植芍药的园圃,保障湖的湿地中有农人种植水芹。筱园主人程梦星收购田地后,清理淤泥,挖掘池塘,种植荷花,构建水榭,形成了筱园

[1]〔清〕张云章:《三修休园记》,顾一平编:《扬州名园记》,第16页。
[2]〔清〕张云章:《三修休园记》,顾一平编:《扬州名园记》,第15页。
[3]〔清〕方象瑛:《重葺休园记》,顾一平编:《扬州名园记》,第10页。
[4]〔清〕方象瑛:《重葺休园记》,顾一平编:《扬州名园记》,第10页。

的外部景观。在内部设计上，筱园以厅堂"今有堂"为中心，陆续构建"修到亭""初月沜""南坡""来雨阁""畅余轩""馆松庵""红药栏""藕糜轩""桂坪"。每个建筑皆有花木或山石搭配，名字皆取古人之意，如"修到亭"周边有梅花百株，名字取自"几生修得到梅花"之诗意。这种造园意趣是典型的文人私家园林的特点。18世纪中叶，筱园易名"筱园花瑞"，成为从虹桥到平山堂一带公共园林的重要景点。

9.乔氏东园

乔氏东园建于康熙四十九年（1710），位于扬州城外东南方向的甪里庄。东园的名称源自宋代名园"真州之东园"，营造者为山西盐商乔国桢，故称"乔氏东园"。当时扬州园林聚集城北，"园林迤逦，且数十家"，而东园则为城东一带园林翘楚。乔园的妙处在于"野趣"，城外地阔，远离喧嚣，乔国桢在园中垒土丘、置池山、筑楼堂、构亭榭、育白鹤、植古木、栽奇花，远眺青峰、近归田家，"计园之胜，非独城北诸家所不能媲美，即当日真州之东园，未必能尽游观之适如此也"[1]。东园落成后，张云章作《扬州东园记》，概述园林之布局设计："堂曰'其椐'，取《诗》'其柽其椐'者言之也。堂之前数十武，因高为丘者二，上有百年大木。其面堂而最正且直者，椐也。堂后修竹千竿，绿净如洗。由堂绕廊而西，有楼曰'几山'。登其上者，临瞰望江南诸峰，若在几案，可俯而凭也。楼之前，有轩临于陂池，曰'心听'。听之不以耳以心，万籁之鸣，寥静者自所得也。"[2]乔园再以椐堂为中心，进一步营造了西池吟社、分喜亭、西墅、鹤厂、渔庵等景观，营造出一种观农耕之喜、与渔人杂处的超然旷达景象。"超然埃壒"的园林旨趣为时人所欣赏，曹寅、王士禛、宋荦、张云章等名士公卿皆为东园留下文墨。曹寅在任两淮巡盐御史期间，每至扬州，总要到乔氏东园盘桓数日。康熙四十九年（1710），江都画家袁江为东园创作了《东园图》，直观地描绘了"东园胜概"。

10.小玲珑山馆

雍正年间，扬州园林中最著名的当属小玲珑山馆。小玲珑山馆的建造

---

[1]〔清〕张云章:《扬州东园记》，顾一平编:《扬州名园记》，第22页。

[2]〔清〕张云章:《扬州东园记》，顾一平编:《扬州名园记》，第21页。

者是盐商马氏兄弟,其祖籍在安徽祁门,以盐业起家,俱以诗名,时人称"扬州二马"。小玲珑山馆地点在东关街南的薛家巷附近,因园中有丛书楼,又称"街南书屋"。马氏兄弟的居所原在东关街北,处在闹市之中,房宇规模较小,于是在"街南得隙地废园","拟卜筑别墅,以为扫榻留宾之所","三年有成"。[1]"将落成时,余方拟榜其门为'街南书屋',适得太湖巨石……甫谋位置其中,借作他山之助,遂定其名'小玲珑山馆'。"[2]这块玲珑石是太湖石,兼具"瘦、皱、漏、透"等优点,高丈余,乃甘泉县令龚君鉴相赠。以石定园是扬州乃至江南园林的一大特点,类似的园林还有九峰园、片石山房、万石园,因苏州园林先有"玲珑山馆",故马氏园林复"小"名之。

小玲珑山馆号称有十二景:小玲珑山馆、看山楼、丛书楼、梅寮、石屋、红药阶、浇药井、七峰草堂、觅句廊、清响阁、透风透月两明轩、藤花书屋。十二景中并没有这块湖石,原因在于湖石太高,立起来会损害邻里关系。"只以石身较岑楼尤高,比邻惑风水之说,颇欲尼之。余兄弟卜邻于此,殊不欲以游目之奇峰,致德邻之缺望。故馆既因石而得名,图以绘石之矗立,而石犹偃卧以待将来。"[3]一直到二马兄弟去世,这峰湖石都没有在园中耸立,而是处于偃卧状态。故而,小玲珑山馆不以湖石取胜,而胜在古书、文会。小玲珑山馆不仅是一处山水楼台、奇花名木的园林,还是一座翰墨书海。马氏兄弟是清代著名藏书家,"见秘书,必重价购之"[4],丛书楼中的藏书"甲大江南北"[5]"迭叠十万余卷"[6]。乾隆年间编纂《四库全书》,马曰璐之子马裕进献藏书776种,为私人进呈书籍之最。二马主持扬州诗坛数十年,小玲珑山馆也成为扬州诗文唱和的场所和文会宴游的中心。

---

[1]〔清〕马曰璐:《小玲珑山馆图记》,金晶选编:《扬州园林文萃》,广陵书社 2018 年版,第 40 页。

[2]〔清〕马曰璐:《小玲珑山馆图记》,金晶选编:《扬州园林文萃》,第 41 页。

[3]〔清〕马曰璐:《小玲珑山馆图记》,金晶选编:《扬州园林文萃》,第 41 页。

[4]　王锺翰点校:《清史列传》卷七一《文苑传二·马曰琯》,第 5867 页。

[5]　王锺翰点校:《清史列传》卷七一《文苑传二·马曰琯》,第 5867 页。

[6]〔清〕全祖望:《丛书楼记》,〔清〕全祖望撰,朱铸禹汇校集注:《全祖望集汇校集注》,上海古籍出版社 2018 年版,第 1067 页。

二、扬州园林的辉煌时期

园林之兴衰,凭依乃国运。乾隆时期,清朝的统治达到鼎盛,扬州园林也进入它的辉煌时期。乾隆一朝,扬州新造园林的数量超过18世纪前留下记录的总和,也出现了一些新的特征,最为明显的是城市北郊公共风景园林的聚集性修建。乾隆时期,扬州城内外的园林总数超过100个,其中有据可考的新园有56处,分布在城外西北郊、新城北、新城南、新城东、旧城东、旧城北六大区域。但是园林的分布是不平衡的,主要集中在城外西北郊和新城之中。从北城门到平山堂,连绵十余里,山水映亭榭、花木笼楼台,俨然一幅山水画卷。时人有"杭州以湖山胜,苏州以市肆胜,扬州以园亭胜。三者鼎峙,不可轩轾"[1]之说,可见这一时期扬州园林之盛冠绝江南。

(一)政治经济形势对扬州园林的影响

乾嘉年间,扬州城内盐商云集,运河盐船如梭,经济繁荣催生的消费文化和皇家南巡带来的政治声势,使扬州园林建设出现爆发式的增长。短短几十年间,扬州盐商在城内外共新造园林47座,约占清代扬州盐商园林的76%。[2]这一时期扬州园林数量增加,质量优异,主要有三方面原因:

首先,先富而后奢,盐商财富积累带来奢侈性的消费文化。商业利润在封建社会的诸多限制之下,无法再进入其他生产性环节。巨额的货币资产除了维持原本的商业运转,剩余货币进入消费领域是一种不得已的选择,这造就了扬州盐商奢侈性消费的行为和传统。雍正时期,朝政中就有人批判盐商的奢靡,提出"各处盐商,内实空虚而外事奢侈,衣服屋宇,穷极华靡,饮食器具,备求工巧"[3]。乾隆时期,此种风气更胜以往。在这些奢侈消费当中,修建私家园林无疑具有综合性的功能,既可以展现商人的财力,也可增加商人阶层的社会声望,被文人士大夫阶层所接纳,因此"商人多治园林,饬厨传,教歌舞以自侈"[4],并在园内供养文人,举行诗酒之会,附庸风雅。

---

[1]〔清〕李斗著,陈文和点校:《扬州画舫录》卷六,第78页。

[2]陈建勤:《清代扬州盐商园林及其风格》,《同济大学学报(社会科学版)》2001年第5期。

[3]〔清〕清高宗敕撰:《清朝文献通考》卷二八《征榷三》,考5103。

[4]〔清〕谢延庚修,刘寿曾等纂:《光绪江都县续志》卷一五《盐法考》,卢桂平主编:《扬州文库》第1辑第12册,第350页。

　　第二,献媚权力,谋求社会地位。乾隆当政后,效仿康熙六次南巡的盛举,也先后六次巡幸江南。其南巡路线稍有差异,但均驻停扬州。在扬盐商为接銮迎驾,不惜工本大兴土木,开辟御道,修建园林行宫。乾隆驻跸扬州时,曾两次亲临盐商江春的"康山草堂",先后赏赐江春"内务府奉宸苑卿布政使",正一品"光禄大夫"等衔,赏戴孔雀翎。江春任总商 40 年,在扬州兴建园林 8 处,其"以布衣结交天子"的成功事例激发了其他盐商的仿效之心,鼓舞他们相继建园以争圣眷,穷极物力以供宸赏。由此,在雄厚资本的支持下,全国的能工巧匠纷至沓来,各处奇花异草、怪峰奇石汇集扬州,与造化争妙。

　　第三,赈济水灾对扬州园林建设产生了影响。乾隆时期,扬州大规模建园的另一重要原因是应对灾荒瘟疫的冲击。乾隆二十年(1755),江南地区接连遭受水灾、虫灾、旱灾的打击,粮食严重歉收,饥荒大面积蔓延,诱发第二年的瘟疫。扬州周边的仪征、兴化、镇江、苏州等地均有疫情发生。清人范光阳描述道:"乙丑水复大至,暴雨风三日夜,平地涌起数丈,村落漂没……其有就食扬州,舍于河干,席屋土门,上蒸下湿,疠疫交作。"[1]四周灾民涌入扬州城内,饥寒冻馁,环境恶劣,更加剧了疫情形势。

　　为了应对乾隆二十至二十一年(1755—1756)的这场江南大疫,清政府借鉴宋代范仲淹、苏轼在江南地区的赈灾思路,通过"以工代赈"刺激经济以安顿穷人,赈济灾民。修建园林等公共设施具有涓滴效应,可吸纳大量剩余劳动力。在这一背景下,以准备乾隆第三次南巡为契机,由扬州官府牵头,官商共同出资,扬州从乾隆二十二年(1757)开始有计划地疏浚水道、建设行宫、构建园林,形成了扬州园林的兴建高峰。

　　这种官商共建的模式使乾隆时期扬州园林的公共性更加显著。此类园林的初衷就是解决民众的生计问题,因此规模普遍较大,选址多在大型自然景观,主要集中在保障湖、康山和梅花岭。园林建成后,出资的官员和盐商并不在此居住,用途主要是供民众观光游赏。园中修建有供休息的茶肆、亭榭,有的园林甚至还配有导游并出售门票。园林的维护费用一般也是由官

---

[1]〔清〕范光阳:《双云堂文稿》卷五《进士吴君万子墓志铭》,《四库全书存目丛书·集部》第256 册,第 682 页。

商分摊,合作修缮,这种协作一直持续到道光初年。18 世纪前,扬州园林的私人属性至此有一大转折,一种大众可参与的公园和市政风景,走入了市民生活。[1]

（二）北郊湖上的园林群落

乾隆中后期,扬州城北一带已有成片的园林群落。从城东三里上方山禅智寺的"竹西芳径"开始,沿着漕河（草河）向西延伸到平山堂,转而过大虹桥向南,一直到城南古渡桥的九峰园,水道蜿蜒曲折,水面时宽时窄,两岸林木扶疏,约有大小园林六十余座。乾隆中叶,这一带著名的湖上园林有二十四处之多,美称为"二十四景"。根据《扬州画舫录》记载,至"乾隆乙酉,扬州北郊建拳石洞天、西园曲水……二十景"。"乙酉后,湖上复增绿杨城郭、香海慈云、梅岭春深、水云胜概四景。"[2]尔后,卢见曾在文宴时书之于牙牌,遂有二十四景之称。

这些交错林立的园林以大虹桥为界,分为前湖与后湖。前湖从城里天宁寺前水道算起,有景 19 处;大虹桥之北为后湖,有景 5 处。"平山堂离城约三四里,行其途有八九里,虽全是人工,而奇思幻想,点缀天然,即阆苑瑶池、琼楼玉宇,谅不过此。其妙处在十余家之园亭合而为一,联络至山,气势俱贯。"游人乘舟而来,"观其或亭或台、或墙或石、或竹或树,半隐半露间,使游人不觉其触目,此非胸有丘壑者断难下手"。[3]这类接连成片、合二为一的园林建筑,大大超出了当时人们对"园林"的传统理解,被冠以"名胜"一词。相比之下,同期的苏州园林数量并不亚于扬州,但根据乾隆三十五年（1770）《南巡盛典》的记载,乾隆皇帝第四次南巡经过苏州时游览的"名胜"仅有狮子林,而扬州有 5 处被列入"名胜篇",包括倚虹园、净香园（又名江园、官园）、水竹居、九峰园、锦春园。

北郊湖上园林的最大特点是将皇家气质融入江南园林之中。在具体的造园手法和材料应用上,有意突出园林的整体气势,山石体量增大,种植规模扩充,建筑体量增加,风格多模仿北方皇家园林,已经开始采用机械水法

[1] 都铭:《扬州园林变迁研究——人群与风景》,第 5—6 页。

[2] 〔清〕李斗著,陈文和点校:《扬州画舫录》卷十,第 120 页。

[3] 〔清〕沈复:《浮生六记》,中国书店 2019 年版,第 92 页。

营造人工水景,如石壁流淙,雄宏与清秀兼具。为取悦乾隆,扬州园林在保留、发扬江南园林风格的基础上,积极吸收仿制北方皇家园林的建筑特点,创造了一批著名景观。最具传奇色彩的是乾隆皇帝南巡时,相传盐商一夜所造之白塔,即莲性寺白塔。

莲性寺白塔的形制仿京城北海妙应寺白塔,底层为方形台基,四周围有栏板,砖石结构,外敷白垩,是一座覆钵式佛塔,也是典型的藏传佛教喇嘛塔。莲性寺虽以佛寺为名,实为一座湖上园林,是典型的园中有寺。乾隆笃信藏传佛教,自号"长春居士",故宫雨花阁就是其在宫中拜佛的场所。因此,为了迎合乾隆的信仰和偏好,盐商兴建园林时特别注重寺庙、佛塔的构造,并以寺庙作为皇帝行宫所在。"迨天宁寺增建行宫,自是由崇家湾抵扬,先驻天宁行宫,次驻高旻行宫。由瓜洲回銮,先驻高旻行宫,次驻天宁行宫。"[1]

此类模仿皇家园林或北方园林的景物还有不少。天宁寺华严宝阁前曾有一座铁塔,后运至北京。根据李斗的记载,"造铁塔高丈许,仿正觉寺式,结庪塔顶、黄绿琉璃宝珠,塔灯、覆盂、仰盂,诸天韦驮,四门佛像皆合。后入大内"[2]。著名的五亭桥,是仿制北京北海的五龙亭,尺五楼的样板是京师九间房。如天宁寺行宫的设计,"杏园大门内土阜,如京师翰林院大门内之积沙。房庑如京师八旗官房""天宁门至北门,沿河北岸建河房,仿京师长连、短连、廊下房及前门荷包棚、帽子棚做法,谓之买卖街。令各方商贾辇运买珍异,随营为市"[3]。当然,扬州园林的修建者并不是完全地复刻,而是在模仿中融入了自己的特点和巧思。扬州的白塔比北京的宝塔更加清瘦修长,更具江南园林清秀隽永之匠心。北京的五龙亭建于北海湖面之上,而保障湖湖面狭窄,扬州工匠创造性地将亭子搭在桥上,形成了五亭桥。

湖上园林的另一显著特征是公共性和开放性。水道疏通、坐船观赏改变了扬州园林的布景方式。雍正十年(1732),扬州知府尹会一疏浚瘦西湖河道。乾隆年间,三任两淮盐政普福、吉庆、高恒相继疏浚河道。乾隆二十二年(1757),高恒上任伊始,就组织人力开挖莲花埝新河,使东西河道相通,

[1]〔清〕李斗著,陈文和点校:《扬州画舫录》卷七,第86页。

[2]〔清〕李斗著,陈文和点校:《扬州画舫录》卷四,第53页。

[3]〔清〕李斗著,陈文和点校:《扬州画舫录》卷四,第54页。

建造莲花桥,形成水路立交模式。虹桥、小金山到平山堂一路水系的疏通,解决了南北陆行的阻隔,使得水面游览的方式成为主流。游览湖上园林不再需要进入私家宅院,其公共性特征被放大,大小园林亦多设水门。

为供乾隆皇帝宸赏,扬州园林在造景上发明了一种新手法,称为"档子"。李斗描述道:"档子之法,后背用板墙蒲包,山墙用花瓦,手卷山用堆砌包托,曲折层叠青绿太湖山石,杂以树木,如松、柳、梧桐、十日红、绣球、绿竹。"[1]"档子"多为临时性的布景,但逐渐影响了湖上园林的布局重点,越来越多的园林不再像私家园林那样,将最有代表性的经典景观归置于中心区域,而将其放置在靠近水道的园林边缘,目的是更好地供船上游客观赏。这在客观上为公共游船、普通民众游览提供了条件,园林的公共性和开放性大为提升。从时人的游记和画作,如《平山揽胜志》《平山堂图志》《扬州画舫录》等来看,游览方式的变化和湖上园林的布景使得平山堂在风景园林中的地位下降了,而红桥、白塔、莲性寺等可乘船远观的景点成为新的风景中心,湖上供游人租用的各类画舫可达到两百余艘。

清中期扬州园林的命名方式也有较大的变化。明至清初,扬州私家园林居多,大多以主人姓氏、名号或内部花木而命名,如明代的李春芳宅、冯氏园、员氏园、王氏园、嘉树园、灌木山庄、深柳堂等。入清以后,随着湖上公共园林的兴起,一些园林跟随潮流而变,始以园中或周边某一景观命名,以趋时尚,如华祝迎恩、餐英小榭、蝶云春暖、临水红霞、白塔晴云、锦泉花屿、长堤春柳、梅岭春深、春台祝寿、万松叠翠、蜀冈朝旭、平流涌瀑等。"以更大范围的风景特征命名园林似乎是18世纪中叶的风尚,一些原来一主人命名的园林,也纷纷改为类似风景点的名字,如在保障湖西岸吴祖禧所构的'吴园',改名为'万松叠翠',又如'勋园',归洪征治后一度名'小洪园',后改名为'卷石洞天'。"[2]

（三）辉煌时期的园林典范

清代中期,扬州的园林大都集中在乾隆出行的路线之上。这些园林尽

---

[1]〔清〕李斗著,陈文和点校:《扬州画舫录》卷一,第9页。
[2] 都铭:《扬州园林变迁研究——人群与风景》,第66页。

奢华,谋巧制,博出彩,如雨后春笋般出现在城内外。其中,新建的湖上园林和城外的私家园林最能体现全盛时期的全貌。

1.净香园

湖上园林多在城北,有一园一景,有一园多景,多景园林的代表是净香园。静香园在红桥东侧,为江春所筑,故又名江园。乾隆二十二年(1757)改为官园,江春移居康山草堂。乾隆三十七年(1772),皇帝又赐名静香园,亲自题诗二首。静香园的正门面向瘦西湖水道,与西园曲水衡宇相对,是一座典型的多景区湖上园林。它由"荷浦熏风"和"香海慈云"两个景区组成,园林内部有内夹河,河上有春波桥,桥西为"荷浦熏风",桥东为"香海慈云"。"荷浦熏风"的周遭环境是前湖后浦,湖中种红荷花,浦中种白荷花,浦水与湖水有沟渠相通。"园门在虹桥东,竹树夹道,竹中筑小屋,称为水亭;亭外清华堂、青琅玕馆,其外为浮梅屿;竹竟为春雨廊、杏花春雨之堂,堂后为习射圃,圃外为绿杨湾;水中建亭,额曰'春禊射圃'。前建敞厅五楹,上赐名'怡性堂'。堂左构子舍,仿泰西营造法,中筑翠玲珑馆,出为蓬壶影。其下即三卷厅,旁为江山四望楼。楼之尾接天光云影楼,楼后朱藤延曼,旁有秋晖书屋及涵虚阁诸胜。"[1]

"香海慈云"的枋楔,立在瘦西湖水道的东岸,修筑有来薰堂、涵虚阁、舣舟亭、迎翠楼等台榭。"由枋楔下水门,入荷浦,中设档木,通水不通舟。浦中建圆屋,屋之正面对水门,左设板桥数折,通来薰堂,屋上有重屋,窗棂上嵌合'海云龛'三字。屋中供观音像,坐菡萏,有机捩如转轮藏,朱轮潜运,圜转如飞。"[2]建筑中的千手眼大士像,配上周遭的荷花,正所谓"慈云一片香海中",景名由此而来。

2.九峰园

九峰园,原地曾建九莲庵,盐运使以庵为基础而建园。乾隆时期,歙县汪玉枢购得此园,修缮为别墅,号曰南园。园林的主题是"砚池染翰",园临砚池,隔岸有文峰塔,园林中有澄空宇、海桐书屋、玉玲珑馆、雨花庵、深柳读

---

[1]〔清〕李斗著,陈文和点校:《扬州画舫录》卷一二,第142页。

[2]〔清〕李斗著,陈文和点校:《扬州画舫录》卷一二,第144页。

书堂、谷雨轩、风漪阁等景点。"乾隆辛巳,得太湖石九于江南,大者逾丈,小者及寻,玲珑嵌空,窍穴千百。众夫辇至,因建澄空宇、海桐书屋,更围雨花庵入园中,以二峰置海桐书屋,二峰置澄空宇,一峰置一片南湖,三峰置玉玲珑馆,一峰置雨花庵屋角,赐名九峰园。"[1]

乾隆帝南巡时,曾三次到园游览,对其大加赞赏,赐名"九峰园",御赐诗文匾额楹联。"九峰园"之得名,是因园林中有九块奇石,乾隆以峰名石,并非真有九座山峰。由于皇帝的喜爱,园主奉旨选石两块置于北京御花园,剩下七石,后多散佚不可考,仅剩一块,在今日之史公祠内。

九峰园在扬州园林中的地位,与园主组织的文化活动有关。乾隆赐名后,"九峰园"声名鹊起,江南一带的文人墨客竞相游览,在此举行诗文酒会。"癸丑秋,曾员外燠转运两淮,修禊是园,为吴毅人翰林锡麒、吴退庵□□煊、詹石琴孝廉肇堂、徐阆斋孝廉嵩、胡香海进士森、吴兰雪上舍嵩梁、吴白厂明经照,丹徒陆晓山绘图。"[2]对于此次九峰园中的雅集,两淮盐运使曾燠撰文曰:"自有禊事以来,未闻盛于此日者也。"后续又有官员、文人游园赋诗,"谢未堂司寇、秦西岩观察、沈既堂转运、吴杜村翰林、赵云崧观察公宴是园,各赋诗以纪其胜"[3]。可见,虹桥修禊开扬州园林文会之先河,而九峰园秋禊则是扬州园林文风之延续。

三、扬州园林的衰落时期

嘉庆至清末是扬州园林的衰落时期。嘉庆以后,战乱频仍,社会动荡不安。陶澍上奏推行盐法改革,废引为票,扬州经济地位动摇,加之太平天国起义的破坏,扬州园林急剧走向衰落。"自来园林蔚兴,未有如斯时扬州之蓬勃突然者。而其衰灭,亦有如转瞬。至道光中叶,扬州又荒凉如故。"[4]同治末年,战乱暂时平息,扬州获得一个短暂的经济恢复期,城内兴起一批新建园林,迎来清代扬州园林的第三次发展,一直延续到民国初年止。但是,津浦铁路通车以后,大运河渐为铁路、海运所取代,扬州经济中心地位逐步

---

[1]　〔清〕李斗著,陈文和点校:《扬州画舫录》卷七,第88页。
[2]　〔清〕李斗著,陈文和点校:《扬州画舫录》卷七,第90页。
[3]　〔清〕李斗著,陈文和点校:《扬州画舫录》卷七,第91页。
[4]　童寯:《江南园林志》,中国工业出版社1963年版,第26页。

丧失,晚清扬州园林也成为江南古典造园的最后辉煌。

（一）由盛转衰的扬州园林

清代后期,扬州园林盛极而衰,最快出现衰败迹象的是湖上园林。湖上园林本是帝王南巡的产物,随着皇家南巡的停止和社会动荡,曾经金碧辉煌、备极华丽的楼台亭榭维护不力,迅速走向了荒芜。太平天国运动前夕,除极少数寺庙园林外,其余园林均已衰败。

嘉道时期,扬州几无造园活动,出现了40年左右的建设空白期,湖上园林一蹶不振,几无明显修缮和维护。至咸丰年间,运河淤塞,盐务萎缩,园林更趋荒废。城内几乎无一所新建园林,城外有零星新园,也如昙花一现,毁于兵火。阮元在《扬州画舫录》序跋中言,扬州的全盛期在乾隆四五十年间,自嘉庆八年（1803）以后渐衰,楼台倾毁,花木凋零。《扬州画舫录》成书后四十年,"书中楼台园馆,仅有存者。大约有僧守者,如小金山、桃花庵、法海寺、平山堂尚在；凡商家园丁管者多废,今止存尺五楼一家矣。盖各园虽修,费尚半存,而至道光间则官全裁之"[1]。

太平天国运动对扬州的破坏是非常显著的,经此一役,城外湖上园林被毁灭殆尽,著名的莲花桥仅剩石基,城内的私家园林惨遭劫掠或被烧毁,令后人惆怅惋惜。金安清在《水窗春呓》描写太平天国前后,扬州园林景象有十分明显的差异,嘉庆二十五年（1820）,"犹及见大小虹园,华丽曲折,疑游蓬岛,计全局尚存十之五六",而太平天国运动爆发以后,扬州"遂成干戈驰突之场,而名胜皆尽矣"[2]。可见历经嘉庆、道光、咸丰三朝,扬州园林已呈明显衰败之势。

（二）扬州园林的艰难恢复

同光年间,扬州在兵燹过后,社会稍有安定,各处渐有恢复。这一时期,清政府为保证税收收入,推行两淮盐政改革,曾国藩、李鸿章与陶澍废纲改票的商品经济取向产生分歧,他们不信任以小商人为代表的市场力量,选择继续依靠大盐商,实行"保价整轮""改票轮售""捐票输本,循环转运,招商

[1]〔清〕阮元:《跋》,〔清〕李斗著,陈文和点校:《扬州画舫录》,第229页。
[2]〔清〕欧阳兆熊、金安清撰,谢兴尧点校:《水窗春呓》卷下《广陵名胜》,第46—47页。

联保"等举措,在一定程度上有利于扬州盐商财力的复兴。另外,这一时期扬州地方官员致力于文化复建,以两淮盐运使方濬颐的政绩最为突出。同治八年(1869),方濬颐授两淮盐运使,他在任期间,主张"莫使前贤遗址逸",以重振扬州文化为己任,主持重修了许多名胜园林。壶园主人何莲舫盛赞方濬颐对扬州有"补柳栽桑,渐次复承平景象"之贡献。

在安定有利的制度和地方官员的扶持之下,扬州园林虽然在数量和规模上难与乾隆朝相比,但也出现了一个短暂的恢复期。在选址上,在经过战火侵袭以后,晚清扬州园林大多集中在城内,城外较少,城市的保护功能在园林建设中被优先考虑,而隐居山林的需求则被置于家族安全之后。在规模上,园林整体趋于小型化、私宅化。现存最大的晚清园林——个园,其占地也不过36亩,并且是在原有旧园基础上改建而来的。园林小型化自然带来了居住空间和园林空间的渗透、融合,由客厅、卧室、书房推门即可见山水景观,再通过曲折的园林小径营造空间变幻。

晚清扬州园林的来源主要有三类:第一类是历经战火而幸存下来的少数园林。这些园林一般都在扬州城外,是寺庙观宇的附属园林,如重宁寺东园、桃花庵等。"盖帝王之踵不至,盐商中落,江淮泛滥,以致歌舞销歇,珠帘泥土。今惟平山堂、小金山为旧胜。其得以仅存,应归功于僧守。"[1]第二类是在18世纪旧园基础上恢复与改建而来的,规模一般较大。这类园林多依托城内名园的旧址或遗存而兴建,布景时有意突出旧园的山石和格局,如个园和何园。第三类是在城内新建的小型私家宅园。此类园林往往面积不大、横向空间受限,因而造园手法上多借用叠山营造立体感,从纵向空间上立意。这类小型的私家园林数量最多,后人也称其为"城市山林"。这三类园林加起来,共计65个,在扬州新城40个,旧城内的21个,城外西北郊的仅4个。[2]

晚清扬州盐商的财富积累虽不及从前,但他们仍然是热衷营造私家园林的主体之一,只因财力受限,园林规模大不如前。在设计上,这时盐商的私家园林多以寸草片石写意山水,如卢氏意园、魏氏逸圃、魏氏朴园、毛氏园、贾氏庭园、冬荣园等。

---

[1]　童寯:《江南园林志》,第26页。

[2]　都铭:《扬州园林变迁研究——人群与风景》,第182页。

另外,在任或致仕的官宦成为营造园林的新兴群体。这些官吏或是有经商经历,或是家境较好,多为外来移民。他们定居扬州后,积极营造私家园林作为家族住所和社交场所,空间分布更加复杂,典型有壶园、冰瓯仙馆、养志园、寄啸山庄、裕园、退园、小松隐阁、约园、听春楼、桥西花墅等。园本是宅,这时的园林从恢宏的庭园转变为前宅后园的生活场所,位置多在"住宅西偏""住宅东北侧",功能也从巡幸宴游的公共空间改为修身养性的家族院落。由于宅园一体,园林样式和内部布局依据礼法秩序也有新的设计,如"正西代表女儿,正东代表长子",厨房、签押房、仆人房等功能房间多设置在不是十分舒适的北侧,奉亲孝母处设置在较为安静的西路前进院落,以便于家族主母吃斋礼佛,因而常演变为家庙。[1]

(三)衰落时期的园林典范

尽管晚清扬州园林有整体的衰落趋势,但仍有个别杰出者,后人誉为"晚清八大园林",包括:个园、何园、小盘谷、汪氏小苑、逸圃、贾氏宅园(二分明月楼)、棣园与瓠园。

1.个园

嘉庆年间,扬州新建园林的代表是个园。扬州现存的城市私家园林大抵建于道光元年(1821)之后,只有个园于嘉庆二十三年(1818)动工新建。个园位于东关街北侧,兴建者是两淮商总黄至筠。黄至筠为人精明强干,曾被嘉庆皇帝钦赐"盐运使司盐运使"。个园的历史可以追溯到明代的寿芝园。清人刘凤诰《个园记》记载:

> 个园者,本寿芝园旧址,主人辟而新之……主人性爱竹,盖以竹本固,君子见其本,则思树德之先沃其根;竹心虚,君子观其心,则思应用之务宏其量。至夫体直而节贞,则立身砥行之攸系者,实大且远,岂独冬青夏彩,玉润碧鲜,著斯州筿筜之美云尔哉!主人爱称曰"个园"。[2]

---

[1]　谢明洋:《晚清扬州私家园林》,中国建筑工业出版社 2018 年版,第 64 页。

[2]　〔清〕刘凤诰:《个园记》,顾一平编:《扬州名园记》,第 33 页。

寿芝园数度易手,至康乾年间被马氏兄弟购入,建成著名的街南书屋(小玲珑山馆)。"后子孙陵夷,园鬻于鹾商黄氏。"[1]嘉庆二十三年(1818),黄至筠购下小玲珑山馆和东边的安氏园,在原基础上进行合并与重建,布局设计为前宅后园,成为嘉庆年间扬州私家园林的代表。

个园的规模和气象远超同期的城内园林。董玉书在《芜城怀旧录》记载:"黄氏个园,广袤都雅,甲于广陵,以黄应泰领袖淮南,振兴盐策故也。"[2]个园总体格局是前宅后园,园南开一门,门额上嵌"个园"二字,迎门为一厅,四面空明,景色在望。厅周有竹、桂,名为桂花厅,厅之西南有阁楼,西北有湖石区,正北有四季假山。园内的主要布景包括抱山楼、清漪亭、住秋阁、宜雨轩、觅句廊,最著名者当属四季假山。个园叠石分峰取石,遵从画理,以门景竹石为"春",湖山石子为"夏",黄山石子为"秋",宣山石子为"冬",营造春有物象,夏有云水,秋多奇峰,冬多风雪的山水画意境,融造园法则与山水画理于一体。

个园在同光之前崛起,在当时两淮盐商日益疲惫的大势中是个例外。个园分为东西,数次易主,李氏、刘氏、朱氏、陈氏、纪氏等都做过它的主人。最后,太平天国战事一起,个园也遭战火,幸无根本性损坏。后几经修复,保留至今,成为扬州盐商园林的典范,名列中国四大名园。

道光年间,扬州城内出现若干小型新园,如魏源的絜园、二分明月楼、小云山馆、青溪旧屋、思园、伊园。

2.絜园

道光十五年(1835),魏源在扬州新城新仓巷买地建园,叠石栽花、筑池养鱼,命名为"絜园"。絜园占地面积约4亩,原有各类房屋大小合计60余间,总体由住宅(北面)、花园(南面)两大部分组成。布局精致小巧,内有"古徽堂""秋实轩""古藤书屋"等。花园正中有一鱼池,池中有石桥,四周卵石曲径,再外则有花厅、湖石、石桌、石凳、斗室、附房、亭阁及竹林环绕,花草树木点缀其间。絜园之名不在园林本身,而在园主之文名。其虽为家宅,而以

---

[1]　钱祥保等修,桂邦杰纂:《〔民国〕甘泉县续志》卷一三《名迹考》,卢桂平主编:《扬州文库》第1辑第16册,第225页。

[2]　董玉书著,蒋孝达、陈文和点校:《芜城怀旧录》,第75页。

家国情怀名世。道光二十二年(1842),因痛耻于中英南京条约之国难,魏源辞去两江总督裕谦幕,回到絜园居住。在这里,魏源写成《圣武记》《海国图志》等名著,首倡"师夷长技以制夷"之说。其间,魏源与龚自珍、梁章钜等名士诗酒唱和,亦为园林文会复现之盛事。

3.二分明月楼

二分明月楼位于扬州新城南部的左卫街,在今广陵路中段,修建者姓员、具体名号已不可考。该园占地面积1.5亩,南北长、东西短,呈矩形,有长楼7间,黄山假石1座,水井2口,井石上镌刻有"道光七年杏月员置"。园林虽小,但楼、亭、廊、阁、桥、榭元素皆备。大门朝西向,入门有一平廊,名"伴月廊",园北有南向而层长楼,上悬"二分明月楼"匾额,可俯瞰全园。"伴月廊"南端有"伴月亭",对面建有一座三开间的两层书斋,取名"夕照楼"(旧称"大仙楼",一度供奉财神)。园林中心有桂花厅,整体呈现"层叠向心式"布局。

二分明月楼是扬州城市山林中"旱园水做"的典范,兴建之初园中并无明水,而有意象中的水,桂花厅为船厅,平廊围绕四周,中间有旱桥、山石等水景,地面卵石模仿水纹,构思出"有山无水、眼无神有、流水自在"的联想,极尽巧思。后因园中桂花厅整体搬迁至瘦西湖,原地新建水池,并添月牙桥,破坏了园林的原有风貌和韵味。另,园林立意在"天下三分明月夜,二分无赖是扬州",全园紧扣"月"的主题,在方寸之间从布景、题词到装饰都营造"月"之意境。

4.何园

同光年间,扬州园林的典型是何园。何园位于扬州新城南部的徐凝门街,原址曾建双槐园、片石山房,占地近30亩,是晚清大型私家园林的压轴之作。原名"寄啸山庄",取自陶渊明"倚南窗以寄傲""登东皋以舒啸"的诗句。因园主人为何芷舠,当地人习惯称之为"何园"。

何园的整体布局分为住宅、后花园和小花园(片石山房和何氏家祠)三个部分,既独立成章,又互相渗透,组成一个内外有别、居游两便的人居空间。正门在花园巷的南门,进门即见骑马楼,这是何园的客舍。骑马楼西侧是与归堂,乃是何园的主堂正厅,也是园主人对外交往的正式场所。与归堂内有目前扬州面积最大、保存最好的楠木大厅,同时也有目前历史最早、保存最好的玻璃墙面。与归堂后是玉绣楼，为园主人居所，是两栋前后并列的住宅楼的统称。楼内设计采用一梯一户带有拉门隔断的独立套间，房间内有欧式的吊灯、壁炉。玉绣楼西北侧是赏月楼，为园主人母亲的住所，周围环境以奉亲为主题，楼前地面铺有福禄寿喜图，从法国进口的铸铁栏杆上镌着"益寿延年"字样。

住宅往北，即后花园，分东园和西园。东园中有牡丹厅、桴海轩等建筑，其中最壮丽的景观，是一座长达60多米的贴壁山。何园贴壁山是江南园林中享有盛名的登楼贴壁山，也是扬派贴壁山的代表之作。其沿着墙面一路攀缘，形态生动，气象万千，下有勺池，中有小径，一端有亭，另一端曲折迂回，通往公子读书楼。

西园的造景更胜于东园，是精心打造的山水空间。西园以水为中心，在园中挖池为海，筑亭当山，周遭廊道迂回，山环楼绕，俨然神仙胜景。西园池中建水心亭，也是一座戏台，巧妙借助水面的回声和光影。西园借道回廊与住宅区相连。何园复道回廊全长1500米，凌空分流，四通八达，曲折错落，是何园特色建筑之冠，在江南园林中绝无仅有，创造了晚清扬州园林独一无二的串楼景观。

何园的小花园，指的是片石山房，相传为石涛叠石的"人间孤本"。光绪九年（1883），何芷舠从吴姓人家手里买下片石山房，将其变成了何园的一部分。其结构别具一格，采用下屋上峰的处理手法，假山腹内，藏有石室两间，上有凌空栈道，下临瀑布深潭，最高峰9.5米。叠石南侧的建筑为何氏家祠，供奉何氏先祖，内挂何氏家训，每个月的初一、十五，何家子弟聚集于此，祭祀祖先。至此，何园中的宅第、园林与祠堂浑然一体，形成了古典私家园林的完整形态。

值得一提的是，清末洋务运动和中国现代化进程在何园的造园活动中也有反映，西方的建筑元素如壁炉、百叶窗、欧式灯具、玻璃、铁栏杆，都被吸纳融入何园的布置之中，建筑手法上也力求中西融合、新旧合璧，充分体现了晚清扬州园林创新、求变的特点。

四、清代扬州园林中的造景

根据统计，扬州有迹可循的各类园林多达二百四十余处，它们基本都是清代新建和扩建而来的。规模大的园林方圆数十亩,亭台楼榭、山石花木、方池曲径,参差错落,水陆结合,需要步行加以船行才能饱览园林景色,而最小的私园只有半亩大小,如容膝园,"整个园林,纵深约三十步,宽仅十步许。而山石、花木、房廊,俱备其中。身步不移,全园景物,即可全收眼底"[1]。这些园林虽然数量众多,但都离不开东方园林的大范畴,遵循江南园林的造园理法,并将明代文人园林的造园理法发扬光大。

清代扬州园林是东方文人园林的典范,造园以意境取胜,长于借景,以景象联想提升到意象,深谙"巧与因借,精在体宜"的造园之妙。扬州园林又讲究有隐有白,通过提示、暗示点出园林的主旨,亭榭阁楼上的题额楹联通常是园林主题思想的集中表达,建筑周遭乃至整座园林的造景布置,都要围绕这个主题来展开。园林的寄意、点题、布局,通过园林中的一草一木、一花一石、一池一榭传递出来,形成了独特的扬派园林风格。

(一)理水

水是园林的灵魂,无水不成园。有水的园林才有生气,更显灵动和韵味。中国古典园林特别重视水景的营造,形成了丰富的理水理论和实践。扬州因大运河而兴,清代扬州园林在理水上不仅有古典园林中的凿池建塘的理水技法,更有浚河疏堵的大型理水实践。

明清以降,扬州城市的总体规模远较唐宋时期要小,保障湖从唐代罗城的护城河变成了城外水道,蜀冈上的多条小水系经由此流入运河。保障湖名虽为湖,但实际上是一片湿地,河汊众多、水道淤积、芦苇丛生,间杂田舍人家。要在这一片郊野地兴建园林,疏通水道是第一步,"郊野择地,依乎平冈曲坞,叠陇乔林,水浚通源,桥横跨水,去城不数里,而往来可以任意,若为快也"[2]。清代以来,有关城北湖上园林兴建的记载多次出现疏浚水道的内容,一方面是"欲通河沼",方便船行游览的同时构建较为宽阔的水面;另一方面是"凿水为濠,挑堤种柳",营造较为丰富的园林地形,进一步布景造景。

清代扬州首次以较大规模疏浚保障湖的是程梦星。康熙末年,程氏在

[1] 朱江:《扬州园林实录》,转引自朱江:《扬州园林品赏录》(第3版),上海文化出版社2002年版,第218页。

[2] 〔明〕计成原著,陈植注释:《园冶注释》,中国建筑工业出版社1988年第2版,第64页。

保障湖畔兴建筱园,对湿地做了一次理水疏浚,挖深河道,拓宽水面,绿化河堤。"是时红桥至保障湖,绿杨两岸,芙渠十里。久之湖泥淤淀,荷田渐变而种芹。迨雍正壬子浚市河,翰林倡众捐金,益浚保障湖以为市河之蓄泄,又种桃插柳于两堤之上。"[1]乾隆时期,湖上园林兴建渐成时尚,船行游览不仅成为市民文士的娱情雅举,更成为迎驾邀宠的政治行为,这使城北水道的理水更加频繁,也愈发精细。乾隆南巡之前,保障湖水道虽已较为通畅,但大型画舫不能通行。此后,为便于御船通过,地方官商多次疏通、拓宽、挖深河道,从而为湖上园林的兴建奠定了地理基础。湖上公共园林围绕已经疏浚的河道,"架桥通隔水,别馆堪图"[2],并在"花间隐榭,水际安亭"[3],形成了"一路楼台直到山"的湖上园林盛景。

疏浚河道为理水之大者,一般公共园林才会运用此类理水实践,其要义为园在水中。在清代扬州园林中,更常见的是园林内部的理水技法,即所谓水在园中,水为园眼,此为理水之小者。园林主人多为盐商,强调水为财,而财要聚,因此建筑物顶部有"天沟"收集雨水,而且很少将园中之水与园外相通,使园林整体上呈汇聚态势。面积较大的园林多在园中低洼处营造浅池,开池浚壑,在水池中间树立假山作为中心景观。

最为可观者,是在园林的假山上叠水,形成瀑布的动态效果,"假山依水为妙,倘高阜处不能注水,理涧壑无水,似少深意"[4]。值得一提的是,清代扬州园林中已有借用西洋水法营造瀑布的案例,最典型者是石壁流淙,气势恢宏。林中的动态理水虽有佳作,但不为主流,更多的是静态理水的构设。面积较小的园林注重在建筑旁边凿池,形成一方静态的水面,鱼莲自得,动静结合,涟漪邀月。水池周边用湖石堆叠成形,间杂花木点缀,狭长形水池中常有汀步石、矮桥,曲折联通,再借用山石、花木、建筑的掩映,形成蜿蜒的水脉。水从假山沟壑深处出,迂回环绕而入亭榭背面。

---

[1]〔清〕李斗著,陈文和点校:《扬州画舫录》卷一五,第183页。

[2]〔明〕计成原著,陈植注释:《园冶注释》,第56页。

[3]〔明〕计成原著,陈植注释:《园冶注释》,第76页。

[4]〔明〕计成原著,陈植注释:《园冶注释》,第217页。

（二）山石

山石是园林的骨架。扬州地处江淮平原南端,除了城北蜀冈一带有长条形的土丘外,新旧城皆是平坦地形,因而人为的叠山理水就成了扬州园林尤其是城市山林的主要造园手法。

清代以前,扬州园林中的山石布置多取意山水画,借土石营造地形山势。具体的叠山做法是土石相间,再现局部的真山形势。入清以后,扬州园林的叠石风格发生了显著改变,呈现出多种叠山方式百花齐放的局面,江南园林中的叠石小品与北方园林中的集锦式堆叠兼容并蓄。

清代中晚期,扬派叠石进入鼎盛,有"扬州以名园胜,名园以垒石胜"之说。晚清时期,出现了以山石为主题的园林——万石园。其位于康山,由雍正十二年(1734)余元甲始建,十余年而成。此园最大的特点是以叠石山景为主,"入门见山,山中大小石洞数百。过山方有屋,厅舍亭廊二三,点缀而已"[1],号称太湖石过万,故名"万石园"。园中叠石,相传是依据石涛和尚的画稿而布置。

在风格上,清代扬州园林中的叠石呈现出南北融合、借山扬水的鲜明特点。中国园林叠石主要有三个流派:北派、苏派、扬派。北派叠石强调雄厚庄重,气势磅礴;苏派叠石的风格是明秀平远,秀丽典雅;扬派叠石则雄秀兼备,高峻雄厚。在叠石布局上,扬州园林更推崇"外实而内空",追求人进入自然山腹之中的境界。或利用条石做骨架,构建宽大山洞,可游、可观、可居,或两石相夹构建内谷深壑,狭窄而又可穿行,犹入深山沟壑中。在外形拼叠上,扬派叠石重视"山意""山气",强调假山不假,追求视觉真实的真山效果。

在材料上,扬州园林中叠山所用石料极为丰富,善于将不同场地的石料混堆或混搭,形成"分峰用石,多石并用"的独特效果,如卷石洞天的假山就由湖石和黄石组合而成。太湖石、灵璧石、英石、昆石为古典园林中常用的四种石头,而扬州园林的主人多徽商,眷恋故土风貌的情愫使其在园中大量使用黄石、宣石等徽州物料。此外,扬州叠石的材料以小巧丰富见长。扬州

---

[1]〔清〕李斗著,陈文和点校:《扬州画舫录》卷一五,第185页。

本地不产石料,漕船的运力有限,故扬州园林中的石料大多体型较小,稍大者往往为黄石,主要用来营造园林中的假山,最具代表性的是"石壁流淙"。

在技法上,清代扬州园林在叠石技法十分丰富,主要有动势叠山、土石相间、小石镶拼等。动势叠山,即以石料堆叠为动物形象,以在园林中寓意鲜活的生命姿态。城北湖上园林二十四景之一的卷石洞天中曾有九狮山叠栅,是动势叠山的代表作。为强调动势,扬州园林偏好"大挑大飘"之法,将叠石延伸出山体,再立上一块石料,增添灵动、险峻之感。

(三)厅堂亭榭

清代扬州的园林主人多来自徽州,因此园林的建筑风格整体倾向于徽派特点,有大量古徽州的标志性建筑样式,"青砖小瓦马头墙,回廊挂落花格窗"。同时,清代扬州为四方汇集之地,各地的文人匠师也带来了多样的审美与技法,极大丰富了扬州园林的建筑风格,形成了自己的特点。

园中建筑种类多样,各具功用,"堂以宴、亭以憩、阁以眺、廊以吟",再以游廊、阁道相连,形成了灵活多变的建筑布局。在这些建筑中,厅堂居于中心地位,是园林的主体建筑。

堂以宴,厅或堂在功能上并无本质区别,一开始都是主要用于聚会、宴请。有些大型园林稍作区分,厅一般周遭无其他建筑,前后或四周均开门窗。而堂一般在起居室和书房的中间,仅正面开设门窗。更有讲究者,厅的廊架多用长方形木料,而堂的廊架多用圆形木料。扬州园林中的主厅或大堂一般高大敞阔,特别是盐商园林,如个园的抱山楼、何园的蝴蝶厅,都有十多间房屋。盐商商业交往频繁,与官员接触较多,奢华的大厅堂有利于彰显雄厚财力,提升主人身份。

亭的主要功能是供主人或游人休憩。亭有山亭、水亭之分,再细分为溪亭、河亭、山亭、石亭等。扬州园林中的亭子有多样的风格,"其式备四方、六八角、十字脊及方胜圆顶诸式。亭制以《金鳌退食笔记》九梁十八柱为天下第一,湖上多亭,皆称丽瞩"[1]。在扬州众多的园亭中,以保障湖中的钓渚亭(今瘦西湖钓鱼台)最为典型。

---

[1]〔清〕李斗著,陈文和点校:《扬州画舫录》卷一七,第223页。

　　阁与楼大同小异,其功能主要在登高望远。在扬州园林中,湖上阁以锦镜阁为最,阁道以筱园为最。锦镜阁有三层,最下一层的中间是悬空,中间通水,跨越夹河,其妙即在此。

　　扬州园林中的廊多为回廊,其功能不仅有联通各处之用,还是文人寻觅诗句、诗酒文会之佳所,故有"觅句廊"之说。

　　除了堂、亭、阁、廊等常见的功能性建筑,扬州园林还有楼、台、室、轩、榭、桥、塔、套房、花墙等建筑样式,且每种样式都有典型的代表作,"楼之佳者,以夕阳红半楼、夕阳双寺楼为最。桥之佳者,以九狮山石桥及春台旁砖桥、春流画舫中萧家桥、九峰园美人桥为最。低亚作梗,通水不通舟"[1]。

（四）花木

　　花木是园林的重要元素,清代扬州园林格外注重植物造景。扬州四季分明,花木繁盛,品类众多,不同的植物有不同的审美功用。扬州园林中,常见的花木有竹、梅、荷、松,一些名园还有独特的主题植物,它们是主人文人风骨和审美品格的象征和写照。

　　从大的品类来看,扬州园林中的植物可分为花、木。不同的园林在花、木选择上各有侧重,形成自己的鲜明特色。如勺园、筱园的主题植物是芍药。芍药是扬州传统的特色花卉,"广陵芍药"与"洛阳牡丹"齐名,有"广陵芍药甲天下"之美誉。筱园的今有堂附近原本就是芍药花田,程梦星保留了这些花田,并围绕芍药做了文章。花田中间杂了其他花卉,周边种上松树,在松树边上建筑游廊,以便游览观赏。乾隆六十年（1795）,筱园芍药圃中,"开金带围一枝,大红三蒂一枝,玉楼子并蒂一枝,时称盛事"[2]。

　　梅花岭、平冈艳雪的主景是梅花。岭上、亭边种植梅花数百株,当梅花盛开时,正是景观最佳之日。清人麟庆记载:"园门外即梅花岭……适梅花盛开,沈莲叔、伊芳圃、温东川治具相邀。寻径登亭,绿萼红英,繁香四绕,真所谓众香国也。"[3]

　　桃花坞,顾名思义,即园林以桃花为主题。"居人多种桃树。北郊白桃花,

---

　　[1]　〔清〕李斗著,陈文和点校:《扬州画舫录》卷六,第76页。
　　[2]　〔清〕李斗著,陈文和点校:《扬州画舫录》卷一五,第186页。
　　[3]　〔清〕麟庆:《鸿雪因缘图记》,清道光十九年（1839）刻本。

以东岸江园为胜,红桃花以西岸桃花坞为胜","桃花坞在长堤上,堤上多桃树。郑氏于桃花丛中构园"。[1]

个园的主题植物是竹子。中国文人士大夫多爱竹,将竹子外直中空、挺拔清秀的自然形态引申为刚劲挺拔、虚怀若谷、坚忍不拔的个人品格,进而以竹自喻。个园中遍植翠竹,因竹叶形状像"个"字,故名"个园"。主人效仿魏晋"竹林七贤"、唐"竹溪六隐"往事,栽竹、赏竹,以竹高雅闲淡、超拔脱俗的清幽之意自勉、训子。

何园的园花是牡丹,其后花园中建有牡丹厅,山墙上嵌有"凤吹牡丹"的砖雕。牡丹雍容华贵,艳压群芳,原以洛阳为最,后移种扬州。宋代欧阳修有"洛阳地脉花最宜,牡丹尤为天下奇"之诗句。清代,扬州的园林主人常将牡丹与绣球花搭配成对,使其相映成趣。"郡城多绣球花,恒以此配牡丹。绣球之下,必有牡丹;牡丹之上,必有绣球。相延成俗,遍地皆然。北郊园亭尤甚,而是堂又极绣球、牡丹之盛。"[2]

扬州园林的造景树木有50多种,常见的有小柏树、大小刺松、罗汉松、小柏树、青杨、垂柳、观音柳、山川柳、柿树、栗树、核桃树、软枣树、桑树、梧桐树等,尤以古木而著称。《扬州画舫录》中,李斗在描绘扬州园林胜景时,多次提及老树、老桂、老梅、老杏、古藤等植物。清代园主在旧址之上建园,围绕前代保存完好的古木而造景,此类百年以上的古植在扬州园林中基本都有两三株、数十株。如卷石洞天的九狮山旁,"石隙老杏一株,横卧水上,夭矫屈曲,莫可名状,人谓北郊杏树,惟法净寺方丈内一株与此一株为两绝"[3]。何园中古树名木更多,现存树龄百年以上的古木17株,其中片石山房附近的罗汉松有300年树龄,另有白皮松、女贞、黄杨、广玉兰、绣球花、紫薇、石楠、桂花等古木。更有一些园林以古木为主题而造园,如双槐园、百尺梧桐阁。双槐园中曾有两棵古槐树,后入片石山房一部分。郑板桥题《扬州百尺梧桐阁》曾描写园中梧桐,"百尺高梧,撑得起一轮月色。数椽矮屋,锁不住五夜书声。"

[1]〔清〕李斗著,陈文和点校:《扬州画舫录》卷一三,第157—158页。
[2]〔清〕李斗著,陈文和点校:《扬州画舫录》卷一六,第201页。
[3]〔清〕李斗著,陈文和点校:《扬州画舫录》卷六,第75页。

扬州园林中还有一个常见的植物主题是盆景。扬州盆景自唐代开始出现，至清代鼎盛，有"家家有花园，户户养盆景"之说，形成了"严整平稳、层次分明、清秀壮丽"的独特风格。园林中的盆景往往不是零星一两株，而是紧邻花圃成为盆景园。在植物选取上，盆景不仅有松、柏、榆、杨等品种，还有鲜花布置其中。在景观布置上，不仅擅长树木盆景，还出现了山水盆景。由此可见扬州园林元素之丰富。

经济是城市发展的血脉，文化是城市生命的灵魂。清代扬州因运河而兴，以盐业而盛，发达的商品经济支撑起城市的绚烂文化。不论是大量存世的史籍文献、诗文别集、地方志乘，还是活跃的文学活动、多彩的艺术形式、精思巧妙的园林建筑，这些文化符号无一不体现着清代扬州文化之盛。同时，从扬州文化的发展脉络来看，清季中国的政治动荡、经济变革和社会转型，也促使扬州开启了由旧到新、由传统向近代的革新，从而产生了带有近代色彩的文化元素。

第九章　清代扬州宗教

明清易代之后,扬州由于其特殊的水陆交通条件,经济文化得到迅速恢复和发展。清代扬州佛教虽不如其盛时繁荣,但也有一定程度上的复兴。扬州道教、伊斯兰教也有所发展,但总体已呈衰落之势。扬州天主教承袭明代传教余脉在清初一度传播,后遭禁教而发展甚弱。鸦片战争后天主教和基督教在淮扬一带得到迅速传播。太平天国对传统宗教尤其是佛教的打击非常沉重。同光以后佛教渐次恢复,但已难复盛时景象。在明清儒学民间化、宗教化和三教合一思潮的影响下,近代扬州出现了一支独具特色的儒教教派太谷教。

第一节　清代扬州佛教

清军入关之后,为拉拢汉地人士,消弭反抗意识,对汉族宗教文化信仰采取了宽容和扶持的政策。清朝早期诸帝在崇儒的同时,对汉地的佛教也比较重视、支持。入关之前,清人已接受了藏传佛教——喇嘛教,故其对汉传佛教也有一定的认识。乾隆时,废除了历年实行的度牒制。佛教度僧不再受到官方约束,有利于佛教传播和僧众群体的发展。康雍乾三世,扼南北交通之冲要的扬州兼具漕、河、盐三大优势,加之康熙、乾隆皇帝多次南巡驻跸于此,使其达到了当时中国城市经济和文化发展的高峰。与经济发展同步,扬州佛教文化也进入繁盛期。扬州自六朝以来一直为佛教兴盛之地。明清易代,扬州佛教亦遭毁败。康熙、乾隆南巡,弘扬教化,扬州佛教由此而盛。据记载:"清初江都和甘泉两县留存的二十二座寺院当中,有十七座显然受到过南巡中的皇帝所赐墨宝或礼物,皇帝亲自君临过的寺院有七座。"[1]太平天国以来,扬州迭遭兵燹,繁华尽逝,其佛教亦一蹶不振。《〔民国〕江都县续志》云:"自白马西来,寺观始立,浸及江左,选佛之场、迎仙之馆日繁众矣。江都自六代以来,丛林古刹不乏前贤往哲鸿雪留遗。洎乎康熙、乾隆间屡次南巡,凡清跸所经,藻翰亲题,珍物颁赏,琳宫绀宇盛极一时。而咸丰兵燹至再至三,哑钟不鸣,委于榛棘,龙象有不能呵护者矣。同光以还,代有修葺,然物力衰耗,营复綦难,故知世变之推移,益惧旧闻之湮坠。"[2]可见清代扬州佛教与全国一样,其盛衰与政治、时变有密不可分的关系。

一、清代扬州佛教概况

清代扬州佛寺盛多,名僧辈出,佛教各宗派都有流传,净土宗更为流行。"宋初以后,禅宗、天台宗、律宗等学者多兼修净土。仪征长芦寺法了,著有《净土集》。江都开元寺及大部分寺庙,均宗奉净土宗。"[3]法了原宗曹洞,后兼净土。净土宗的持名念佛,以其简便易行的修持方法,获得了芸芸大众的拥护,在明清两代尤为流行。净土之外,律宗亦流行于扬州一带。明末江都僧人三昧寂光专研律学。三昧寂光(1580—1645),俗姓钱,21岁出家剃度,初习华严,后入灵谷寺专门研习律学。崇祯十一年(1638),三昧寂光律师分别在扬州善庆庵、邵伯镇、淮安清江浦檀度寺和南京报恩寺传戒四场,阐扬律学,一时声势浩大。晚年的三昧寂光在句容宝华山隆昌寺建戒坛,结千华莲社,学侣云集,使宝华山成为中国传戒之重镇。律宗在扬州因为三昧寂光律师的活动而中兴。清初扬州律学名僧有:"五台律院书祯、石塔寺律论、慧因寺(舍利律院)实长、隆觉寺冶牧、智珠寺性贤、福缘寺日照、建隆寺宗森等。"[4]清末扬州万寿寺、旌忠寺亦以阐扬律学知名。

清代扬州除净土、律宗外,又有曹洞、临济宗派在此流传,临济尤为大宗。"清初,大明寺受宗旨,即为曹洞宗。临济宗早期在扬州流传很少……扬州齐谧首座为临济九传、黄龙三传,石塔寺宣秘礼禅师为临济十传、黄龙

[1]〔美〕梅尔清著,朱修春译:《清初扬州文化》,复旦大学出版社2004年版,第206页。

[2]钱祥保修,桂邦杰等纂:《〔民国〕江都县续志》卷一二《寺观考二》,《中国地方志集成·江苏府县志辑》第67册,第553页。

[3]马越:《禅智山光——扬州佛教文化遗产》,东南大学出版社2015年版,第32页。

[4]江苏省政协文史资料委员会等编:《扬州宗教》,《江苏文史资料》编辑部1999年版,第16页。

四传。……真州灵岩东庵了性即为临济十一传、杨歧五传。南宋以来,临济宗大为兴盛,扬州的寺庙,十有九属于临济宗。"[1]临济宗天童圆悟法嗣道忞(1596—1674)主持扬州静慧寺,使之成为南郊名刹。顺治十六年(1659),朝廷赐道忞号"宏觉国师"。雍正时,僧大昱居扬州天宁寺,建仓圣殿、乐善庵、复华严堂。岳钟琪征金川路过扬州,曾亲访之。雍正十三年(1735),兴化人天慧奉雍正敕命主持高旻寺,被尊为天祖。康雍乾时期成为清代扬州佛教的兴盛期。

　　晚清时期,时局动荡,佛教日趋没落。"外在的威胁主要来自两个方面:国际社会的挤压和国内政治的打压;内在的缺陷主要是佛教自身的积弊与时病。二者交相作用,使中国佛教在近代社会中陷入到了空前的危机之中。"[2]有人谓:"嘉道以后,一以因佛教内部的腐化,一以因太平天国的影响,佛教遂一蹶不振了。"[3]扬州佛教遭太平天国的打击尤为明显。方濬颐《重建天宁寺碑》谓:"自粤氛倡乱,江表驿骚……扬城不守,寺亦毁焉。……浚颐忝司都转,移任维扬……乃就寺之旧址,重建大殿暨两廊朝房官廨,外并建金刚殿……"[4]太平天国战事以后,扬州佛教虽屡有兴复,但仍难追昔时繁盛。

　　明清时期佛教已呈衰落状态,远不能与鼎盛时期的隋唐佛教相比。清代扬州佛教也同全国一样,少有理论创新力的佛教大师。只是由于经济相对繁荣、官方支持,才使扬州佛教兴盛一时。随着扬州经济地位的衰落、战火的波及,其佛教文化的繁华也就一去不复返了。

二、清代扬州著名寺院

　　清代扬州有记载的寺庙有400余处,以寺多、寺大、寺美闻名于世,著名寺庙有大明寺、高旻寺、天宁寺、重宁寺等。"乾隆年间,仅在5.19平方公里的扬州老城区内,就有寺庙260多座,其分布密度全国罕见。其时,扬州的众多寺庙有'二十四丛林'之说。其中,后世称颂的'八大丛林'或称作'扬

　　[1]　江苏省政协文史资料委员会等编:《扬州宗教》,第17页。

　　[2]　方立天主编:《中国佛教简史》,宗教文化出版社2001年版,第343—344页。

　　[3]　王治心:《中国宗教思想史大纲》,东方出版社1996年版,第191页。

　　[4]　江苏省政协文史资料委员会等编:《扬州宗教》,第364页。

州八大刹'就是'二十四丛林'中的佼佼者。"[1]八大丛林之外,旌忠寺、观音山禅寺、法海寺亦享盛名。徐谦芳记载清末佛教寺院的情形:"但知寺较大者,城外有高旻、寿宁、天宁、重宁、宝轮、上方、隆庆、长生、普照、福缘、净慧,城内有万寿、兴教、准提、石塔、旌忠、西方、地藏。其中天宁、重宁屋宇精致,规模宏敞,饶清静之趣,游人至此,恒流连不忍去云。"[2]太平军兴,战火波及扬州,加之太平军毁佛,扬州佛教遭劫,寺庙多呈破败景象。

（一）扬州八大名刹

康乾盛世,扬州佛教复兴,寺庙繁荣,天宁、重宁、高旻、福缘、法净（大明）、建隆、慧因、静慧八座寺庙并称为"扬州八大刹"。

1.天宁寺

位于今扬州市区城北丰乐上街3号。始建于东晋,相传为谢安别墅,后由其子司空谢琰舍宅为寺,名谢司空寺。唐朝武周证圣元年（695）改寺名为证圣寺。宋徽宗政和二年（1112）,全国重要州府均建"天宁寺",扬州天宁寺从此得名。明洪武年间重建,正统、天顺、成化、嘉靖间屡有修葺。"天宁寺是1684年康熙皇帝首次南巡在扬州辖区两天行程之中到过的为数不多的景点之一。随后,天宁寺不仅成为皇帝在现实和文学中眷顾的重要对象,而且还成了后来几次南巡的目的地。"[3]清代天宁寺列扬州八大古刹之首,康熙六次南巡,均驻跸天宁寺,并有大量赏赐。"皇帝（第五次南巡）抵达扬州一下船就受到盐商而不是官员们的热情迎接。他们在运河边恭迎圣驾,将价值连城的礼品敬献皇上,其中包括古玩、字画和各种收藏珍品。第二天,皇帝才参加为其举行的迎驾仪式,接受当地地方精英、文人学子及地方长老的问候。然后由扈从队伍簇拥前往高桥,那里已为其准备了隆重盛大的接风宴席。皇帝及皇亲国戚、后宫嫔妃沿保障湖观赏画舫,游览平山堂,然后临幸天宁寺。在天宁寺中,他目睹和尚诵经,还与方丈高谈阔论了一番。"[4]"南巡结束后,天宁寺中继续保持这些由皇权保护支持、巡盐御使居中调停和盐商

---

[1] 马越、陈云观:《禅智山光——扬州佛教文化遗产》,第21页。

[2] 徐谦芳著,蒋孝达、陈文和校点:《扬州风土记略》,第59页。

[3] 〔美〕梅尔清著,朱修春译:《清初扬州文化》,第204页。

[4] 〔美〕梅尔清著,朱修春译:《清初扬州文化》,第203页。

出资的遗产工程。皇帝命令两淮巡盐御使和江南布政使司担当起大规模的修缮任务,他们从盐商那里一共得到了 14200 多两白银用以购买材料和雇佣劳力。据李煦所言,即使这比三十年前修缮平山堂的开销还要巨大,但仍不够重建这座宗教建筑。"[1]清代天宁寺的辉煌和皇权护持有重要关系。雍正十一年(1733),雍正帝命紫衣僧明彰主持该寺。"乾隆四年,上赐钦定梵典金藏通共七千九百五十七卷颁寺。该住持僧明彰承旨永远供奉。"[2]乾隆二十二年(1757),乾隆帝二次南巡前,称天宁寺为"江南诸寺至冠",并于寺西建行宫、御花园和御码头。御花园内建有御书楼——文汇阁,成为四库全书的庋藏地。咸丰间寺院毁于兵火,同治间僧人真修主持重建,光绪间再建。

2. 重宁寺

重宁寺与天宁寺号称扬州"双宁"。重宁位于天宁寺后,列为清代扬州八大名刹之一,系两淮商人为迎接乾隆帝第六次南巡所建。咸丰年间毁于兵火,今仅存清光绪年间重修寺庙的部分遗构天王殿、大雄宝殿和三合院僧房等。"重宁寺首任住持了凡(法名'实智')是临济宗第 35 代传人,开寺日期当在乾隆四十八年(1783)的十一月十五日。乾隆帝第六次南巡来扬州的时间是乾隆四十九年(1784)年初,而以迎驾为主要目的的'形象工程'重宁寺,赶在年底竣工恰到好处。"[3]历史上的重宁寺,不仅规模宏大,而且佛像精美,有关形制完全是按照皇家的规格来制作的。"清乾隆、嘉庆时期,扬州大兴佛寺,由于佛像塑造的需要,当时,佛作的分工,有锯匠、木匠、雕銮匠、旋匠;而仅雕銮匠里又细分做塑工、木工、脱纱匠、包纱匠、彩漆匠、装颜匠。"[4]当时扬州的古典建筑技术驰名远近,其寺庙的兴造、修饰亦极尽精致之能事。李斗说,扬州八大刹的佛作,可与苏州寺庙媲美,"而重宁寺佛作,则照内工做法"[5]。"重宁寺在天宁寺后,为郡城八景之一……乾隆四十八年于此建寺。

---

[1]〔美〕梅尔清著,朱修春译:《清初扬州文化》,第 208 页。

[2]〔清〕洪汝奎等修,徐成敩等纂:《增修甘泉县志》卷九,台北成文出版社 1983 年版,第 1577—1578 页。

[3] 雍俊:《清中期帝君与扬州佛教界的交往》,《档案与建设》2014 年第 10 期。

[4] 周邨:《太平军在扬州》,第 7 页。

[5]〔清〕李斗撰,陈文和点校:《扬州画舫录》卷四,第 50 页。

御赐'普现庄严''妙香花雨'二匾。门外植古榆树数十株,构大戏台。山门第一层为天王殿,第二层三世佛殿。佛高九尺五寸……巍然端像,旁肖十六应真像。殿后三门:中曰'普照大千',左曰'香林',右曰'宝华'。门内屋立四柱,空中如楼……迤东有门,门内由廊入文昌阁,凡三层,登者可望江南诸山,过此则为东园矣。"[1]徐珂《清稗类钞·艺术类》载:"重宁寺为高宗祝釐地,其壁有画,为两峰所绘,盖两淮鹾商出数百金延请其所作者也。"[2]《扬州画舫录》描述了重宁寺壁画的胜景:"其彩画廊墙,一为进贡、奏乐、仙人、山水、树木、桥梁、彩云、地景;一为十王、司主、诸星、童子、插屏、帐幔、墙垣、地景;一为关帝、二十四功曹、二十四注解、北极、五祖、天师出迹;一为淡五色救八难、菩萨、神将、仙人、进贡童子;一为青龙、白虎、朱雀、玄武、出入巡、万圣朝礼、祖师从神等;一为番像、罗汉、菩萨、喇嘛、从神、仙人;一为四值功曹;一为印子佛、背光、莲座;一为龟蛇、水兽、装草、绿色龟背锦。"[3]咸丰间,寺与园均毁于兵火。同治初,僧海云始就废址建屋数楹。光绪十七年(1891)由僧人瑞堂募资重建。光绪二十七年(1901),僧长惺与其徒雨山、宝荃等又建三层楼阁,以复旧观。新修藏经楼面阔五间,中贮藏经,与天宁寺三层楼前后相望,均为佛寺之极大建筑,至宣统元年(1909)竣工。[4]

3.大明寺

大明寺以初建于南朝宋孝武帝大明年间(457—464)而得名。1500余年来,寺名多有变化,如隋代称"栖灵寺""西寺"等。因南山道宣三传弟子鉴真驻此,栖灵寺成为南山律宗的第二祖庭。唐末会昌法难,寺庙被毁,后屡有兴废。"清顺治十四年(1657),扬州人赵有成联合僧佛生、佛霭以及本地士绅,请扬州郡守傅哲祥发书,延请焦山寺住持受宗旨和尚来扬州,重新复兴大明寺。"[5]清代,因讳"大明"二字,一度沿用旧称"栖灵寺"。乾隆三十年(1765),乾隆帝第四次游览扬州时,亲笔题额"敕题法净寺"。其后

[1] 〔清〕李斗撰,陈文和点校:《扬州画舫录》卷四,第49—50页。

[2] 徐珂编撰:《清稗类钞》第9册,第4096页。

[3] 〔清〕李斗撰,陈文和点校:《扬州画舫录》卷四,第51页。

[4] 1995年4月,重宁寺被授予江苏省文物保护单位称号。

[5] 马越:《禅智山光——扬州佛教文化遗产》,第136页。

200 余年间遂称"法净寺"。[1]寺庙建筑几经兴废,现存建筑为清同治年间（1862—1874）重建。大明寺隋唐时期宗律学,宋后则以禅宗法脉为主,清以后则禅净双修。"大明寺自宋代由律宗改成禅宗,历经明清迄今,虽然谱牒断续,但是所传均为曹溪法脉。"[2]"清顺治以后,独宗曹洞,雍乾以来,持奉'禅净双修',此后由于以'十方传贤制'为嗣续承启,故历届住持,临济与曹洞间有参伍。"[3]

扬州大明寺清代住持谱系:

受宗旨—道宏—丽行昱—麓庵—敏修玉—澄朗—心泉—悟堂—小航—海云—常达—星悟—皎然—志安。[4]

4.高旻寺

高旻寺位于扬州南郊古运河与仪扬河交汇处的三汊河口西岸,六朝时建,屡毁屡兴,数易名号。现存寺址肇修于明洪武间。清顺治八年（1651）,漕运总督吴惟华为锁镇风水,通漕利运,在三汊河岸建造一座七级浮屠,名"天中塔"。顺治十一年（1654）秋,塔建成,又依塔营建梵宇三进,名曰"塔庙"。康熙三十八年（1699）,康熙皇帝第三次南巡至扬州,见天中塔年久失修,欲颁内帑修葺,为皇太后祝寿祈福。两淮盐商得到消息,在江宁织造曹寅、苏州织造李煦倡导下,争相捐金,修缮天中塔,增扩庙宇,规模日趋宏大,备极庄严宏敞。康熙四十二年（1703）,康熙帝第四次南巡,亲临降香,登塔远眺,但见"旻天清凉,玄气高朗",因此赐名"高旻寺"。"四十二年,建行宫于旁,名曰茱萸湾行宫,一曰塔湾行宫。御书赐'高旻寺'额、'云表天风'塔额。"[5]次年又御制《高旻寺碑记》,颁赐内宫药师如来脱沙泥金佛一尊。高旻寺在正殿后建金佛殿和御碑亭供奉所赐。其后曹寅等又在寺院西侧营建行宫,规模数倍于寺。康熙帝第五、六次南巡,乾隆帝首次南巡,均曾驻跸于

---

[1] 1980年4月,为迎接鉴真坐像回国探亲这一盛举,扬州佛教界将"法净寺"恢复为"大明寺"。从此大明寺恢复原名。

[2] 马越:《禅智山光——扬州佛教文化遗产》,第256页。

[3] 马越:《禅智山光——扬州佛教文化遗产》,第21页。

[4] 马越:《禅智山光——扬州佛教文化遗产》,第256页。

[5] 钱祥保等修,桂邦杰纂:《续修江都县志》,台北成文出版社1975年版,第913页。

高旻寺行宫,写下了许多诗词、匾额和楹联。康熙曾赐"晴川远适""禅悦凝远""绿荫轩"匾额三块,"殿洒杨枝水;炉焚柏子香""龙归法座听禅偈;鹤傍松烟养道心""笔架书签宜永日;波光林影共清机"等楹联。乾隆帝赐"江月澄碧""邗江胜地"等匾额和"潮涌广陵,磬声飞远梵;树连邗水,铃语出中天""碧汉云开,晴阶分塔影;青郊雨足,春陌起田歌"等楹联。乾隆三十六年(1771),金刹为飓风吹落,损及塔身,两淮盐商再次修复,于次年上顶合尖。道光二十四年(1844),塔再次倒塌,此后未能重建,高旻禅寺亦自此衰落。清代中叶的高旻寺建筑完备,规模宏大,皇帝多次临幸,是其鼎盛时期,有僧众 800 余人。咸丰中,寺与行宫俱毁于火。同治、光绪以来,寺僧虽锐意兴复,仅略具规模,难复旧观。

高旻寺为临济宗道场,源自玉琳法系,承清代临济宗磬山派法脉。自开山以来,一脉相承,以禅宗的《六祖坛经》为要旨,不做水陆道场,不为人做法事,强调以无念为宗,以坐香息想,正审思虑为主,提倡心性本净,佛性本有,觉悟不假外求。它与镇江金山寺、常州天宁寺、宁波天童寺合称中国佛教禅宗的四大丛林,不仅在国内享有盛名,而且影响远及海外。高旻寺以其规矩清严成为禅门的中流砥柱,成为天下禅宗弟子所向往的参学道场。

早期高旻寺,自清朝以来,祖道中兴,龙象迭起。"康熙四十三年十二月初八,曹寅、李煦率地方文武官员和商民人等迎纪荫入寺院,开法坐香打坐七昼夜。曹寅当即于十二月初十将此事奏明康熙帝。纪荫和尚便成为高旻寺的第一代住持。"[1]"《御档》中,收录有雍正朝名僧明慧的奏折《奏为遵旨以明纯为扬州高旻寺方丈并进京日期事》(雍正十二年四月初一)。雍正曾根据明慧的推荐,任命明纯作高旻寺的住持。雍正十三年,还钦命他最看重的玉琳国师门下的得力弟子天慧实彻禅师为高旻寺方丈。"[2]雍正帝因研读佛家内典,阅玉琳国师语录有省,遂召其五世法孙天慧禅师入圆明园,酬唱相应。雍正帝龙心大悦,赐紫袈裟,钦命入主高旻。高旻寺自雍正十二年(1734),临济宗磬山法派玉琳国师的法裔天慧彻祖奉旨住持以来,大扇宗

[1] 雍俊:《清中期帝君与扬州佛教界的交往》,《档案与建设》2014 年第 10 期。
[2] 雍俊:《清中期帝君与扬州佛教界的交往》,《档案与建设》2014 年第 10 期。

风,清严闻于四方。继天慧住持高旻寺者为际圣和尚,他也是闭关修行的高僧,著有语录六卷。李斗《扬州画舫录》载,寺僧照月守律戒,阐扬宗风,与无锡南禅寺僧静荪并称"南静北照"。[1]

附高旻寺历代住持名录如下:

高旻寺承清代临济宗磬山派法脉,乃玉琳国师法系,下启栖云行岳、南谷超颖至禅宗四十五世、临济三十五世、磬山六世天慧实彻祖师中兴高旻。后继高旻法席祖师次第:了凡际圣(七世)、昭月了贞(八世)、如鉴达澄(九世)、方聚悟成(十世)、道圆真仁(十一世)、三德真净(十一世)、慧庵真聪(十一世)、德慈恒演(十一世)、绍珠源明(十二世)、严光理明(十三世)、智福理伦(十三世)、朗辉事融(十四世)、普照全融(十五世)、月朗全定(十五世)、楚泉全振(十五世)、明轩西端(十六世)、妙树来果(十七世)。

5.建隆寺

建隆寺原址在扬州城西10千米处(即今邗江区西湖镇胡场村附近的建隆寺遗址)。建隆二年(961),宋太祖赵匡胤在平定后周淮南节度使李重进扬州之乱后,为追荐阵亡将士,以御营改建为寺,并以年号得名建隆寺。宋高宗建炎年间,金兵入境,寺毁。南宋嘉熙三年(1239),择地宋大城寿宁街堂子巷(今城区梅岭西路附近),重建建隆寺。宝祐年间(1253—1258)又加修葺,寺宇颇具规模。有山门、大殿、彰武殿,两侧建有廊庑、僧厨、僧舍、浴室、库房等,是当时扬州的大寺之一。此寺明代又有修缮,到清初已衰败。乾隆十年(1745),住持僧宗森再次重修。宗森在此立南山派,并传徒复显。建隆寺到了乾隆朝后期已经殿宇坍塌,僧徒离散。邑绅黄晟徐太夫人见状,恻然心动。于是黄晟积钱重建建隆寺,并增建藏经楼、戒坛等殿阁,使其成为清代扬州八大名刹之一。沈德潜曾感叹:"思儒者之教,每与佛氏异趋。然当爱亲诚笃,仰佛庇祐,则又往往深信而无疑。"[2]对黄晟称颂不已。乾隆皇帝数次临幸该寺,多有赏赐。其时,寺中僧人多习艺文。方丈明辰的琴学受业于吴灯的弟子先机和尚。明辰,江都汪氏子,"精于琴理,夏日烦热,随手成曲,名

---

[1] 1983年,国务院宗教事务局将高旻寺列为全国重点寺观之一。

[2]〔清〕沈德潜著,潘务正、李言编辑点校:《沈德潜诗文集》第3册,人民文学出版社2011年版,第1610页。

《碧天秋怨》,满座觉凉"[1]。道光初年,吴中一带盛行琴会活动,明辰也经常参加。他弟子甚多,入室弟子有秦维瀚和丹徒羽士袁澄等。明辰以琴悟禅:"乐之音足以宣幽郁,释矜燥,适性情,于中和。使人神气清旷,襟抱澄净,超然如出入境,而立于埃氛之表者,惟琴焉。"[2]宗森弟子小支上人纂《建隆寺志略》,辑有宋代诗人梅尧臣、苏轼及清代文人蒋士铨等游寺诗文,嘉道当时游寺名人亦皆记入《志略》中。建隆寺经咸丰兵火后,大部分庙房毁圮,其后稍有修葺,已难复旧时规模。

6. 福缘寺

福缘寺位于扬州南门外通扬桥东南侧古运河南岸,始建于明代,为僧人明道所创,初名福缘庵,清顺治年间赐名福国寺。两淮盐运御史杨文愿为寺建燃灯佛阁。雍正元年(1723),住持僧济生率寺僧建三层万佛楼,并在寺北建塔院。乾隆十六年(1751),乾隆帝南巡时,寺中僧人超宗迎帝驻跸寺内,乾隆帝亲书"福缘寺"匾额赐寺,从此改名为福缘寺。两淮商总毕仲言重修之。乾隆四十九年(1784),怡亲王允祥过寺,与住持僧佛尘言谈甚洽,回京后赏赐"法雨香风"匾额及《大藏经》的全部。咸丰三年(1853)寺毁于兵火。同治初年,寺僧默斋募化十三年复建。其徒玉堂、石珩、德纯、拂迷等又继续修缮。福缘寺寺门朝西迎运河而开,门前有一对石狮。山门殿三间,门开一洞。门上方嵌砌一块"福缘寺"石额,门旁置一对石鼓。殿内塑供四大天王。山门殿之北有一个竹园。第二进为大雄宝殿,三大间外加两个半间,计四间殿房。上面重檐翘角,四周皆设走廊。殿内左右悬钟设鼓,正中佛台上主供释迦牟尼,两侧塑供十八罗汉,佛台后浮塑海岛。后殿三间,殿内主供观音大士。大雄宝殿与观音殿的南边,建一座面南上下各七间的藏经楼。后方丈信林营建楼殿,又于楼后堆土垒石为山,种竹其上,并筑室以供游览。寺中弘戒、讲经,诵经不辍,成为清代扬州八大名刹之一。

7. 慧因寺

位于扬州北门外问月桥之西。始建于南宋宝祐年间(1253—1258),初

[1]〔清〕吕耀斗等纂:《〔光绪〕丹徒县志》卷四五,《中国地方志集成·江苏府县志辑》第30册,第73页。

[2]〔清〕秦维瀚:《蕉庵琴谱·自叙》,光绪三年(1877)家刻本。

名舍利庵。明洪武年间,僧人德云重建。清初,清世祖顺治帝御书"敬佛"匾额赐给舍利庵僧具足。乾隆三年(1738),邑绅汪宜晋见此庵紫荆、翠竹盛美,独资复建,使其楼殿堂阁具备。郡守高士钥率绅士迎请晓闻和尚任方丈,舍利庵遂称邗上名梵刹。乾隆十六年(1751),清高宗乾隆帝首次南巡扬州,乘舟过庙,见此庙光景,赐"慧因寺"名,并赐"慈缘胜果"匾额。以后乾隆又有多次赏赐,慧因寺因而能与其他名寺相辉映,成为清初扬州八大名刹之一。

慧因寺山门朝南迎护城河而开。门前为一条大道,河边砌石岸、阶级码头。游平山堂者皆于此登舟。大道东头建一座四柱牌楼,上方嵌"城闉清梵"额。寺西连斗姥宫。寺内南为十间上下的寺楼,楼下门内供弥勒佛,大殿正中供三世佛,两侧供十八罗汉。楼北是两层殿房,殿房中间设讲经堂,堂两旁悬十八尊者(金刚罗汉)石刻拓片。经堂、方丈室、云堂,均在该楼内。殿房后有小川堂、大士堂。寺内还有香悟亭、御碑亭、珠宫璇室、鹿苑鹦林等建筑景点。寺内修竹千竿,桂花成行,系北门外第一景。慧因寺于咸丰三年(1853)毁于兵火。光绪年间又在旧址新建寺宇三间,后又续建几间,山门亦改东开。但规模甚小,远逊旧貌。

8.静慧寺

静慧寺坐落于安江门外古运河西侧(今迎新路之南)。该寺始建于宋代初年,本为席氏静慧园,后改为寺。清顺治年间僧人照吉始建禅堂,后歙县人吴家龙重修,河道总督杨茂勋为寺建大殿。清初由道忞主持。顺治帝赐道忞"宏觉国师"称号。康熙二年(1663),巡盐御史张政、知府雷应元重建天王殿及寮房。康熙四十四年(1705),康熙帝南巡,为寺赐"真成佛国香云界,不数淮南桂树丛"一联。四十六年(1707),又赐"静慧寺"匾额及诗扇、金佛等物。该寺为清代扬州八大名刹之一。卢见曾主扬州盐运时,主持虹桥修禊。以工书称的寺僧文山曾参与其事。清咸丰三年(1853)静慧寺遭兵火,殿宇圮废。同治年间,僧人慧莲、月航相继筹资重建,其后僧云林、洁舟、印道,又建后殿、禅堂等。清末,清军"定字营"驻寺内。静慧寺古迹今已无存。[1]

---

[1]　清末,反清革命浪潮波及扬州,市民孙天生秘密策动驻在静慧寺的"定字营"清军起义,在孙天生率领下,高举"光复大汉""还我河山"旗帜,宣布扬州光复。

（二）扬州其他著名寺院

1.文峰寺

文峰寺位于扬州南郊古运河三湾东侧，始建于明万历十年（1582），由僧人镇存卖武募化，知府虞德华建浮屠，邵御史命名"文峰塔"。明人王世贞《扬州文峰塔记》载："有介胄之士曰杨天祥者……为僧少林寺，从师披剃，命名曰镇存。托钵维扬，至南关之外福国庵结厦，有感于阿育王事，发希有想，拟创宝塔……不三载而塔成。"[1]清康熙七年（1668）元月，山东郯城大地震，波及扬州，塔尖倾倒附地。次年天都闵象南捐资修葺，将塔尖增高一丈五尺，"合尖后大放光明，如万缕千丝盘旋而上，水陆之人皆仰瞻惊叹"[2]。文峰塔下为文峰寺，寺门朝西，面临运河。这里古称三湾子，运河进入扬州这一地段，有三湾以蓄水势，有"三湾抵一坝"之称。唐代高僧鉴真和尚第二、四、六次东渡，均由文峰塔下解缆入江。文峰塔成为运河出入扬州的标志。而塔上的灯龛，亦起到了航标的作用。由明及清，粮船盐艘皆由塔下经过，帆樯林立，盛极一时。三湾亦改称宝塔湾。文峰塔为七层砖木结构楼阁式宝塔，每层八拱门，底层回廊式做法，二至七层为挑廊做法，塔身青砖青瓦，塔高近50米，塔顶为八角攒尖山顶。清康熙、乾隆帝数次南巡，都曾在此登岸驻跸。清李斗《扬州名胜录》卷七记载："自塔湾河道至馆驿前，南岸有洋子桥、文峰塔……南巡多由塔湾船桥渡至北岸御道。"[3]文峰寺属于典型的水、塔、寺、园合一的江南风物。清咸丰三年（1853），文峰寺遭遇兵火，文峰塔木质结构全部毁损，只余砖构塔身。此后很长一段时间，文峰塔均未修复。晚清诗人范当世曾作《过题扬州废塔》诗："世界华严日，其如僬陋何。……谁欲舍金铁，重报佛殊恩。"[4]表现了对古寺古塔的追怀。

2.观音山禅寺

观音山寺位于扬州瘦西湖蜀冈东峰观音山，故名"观音山寺"，宋朝名

［1］〔明〕王世贞：《扬州文峰塔记》，《弇州山人续稿》卷六十五，明刻本。

［2］钱祥保等修，桂邦杰纂：《续修江都县志》，第908页。

［3］〔清〕李斗撰，陈文和点校：《扬州画舫录》卷七，第86页。

［4］〔清〕范当世著，马亚中、陈国安点校：《范伯子诗文集（修订本）》，上海古籍出版社2015年版，第268页。

"摘星寺"。明朝洪武年间重建,名"功德山",亦名"功德林""观音阁"。清朝康熙、乾隆年间重修。咸丰时毁于火。现在的大雄宝殿、天王殿、藏经楼、山门等建筑,乃清朝末年及以后所建。以观音山香会著称于世。

3.旌忠律寺

旌忠寺位于今扬州汶河路文昌阁附近,在旌忠巷东端北侧,东临仁丰里,相传此地是梁昭明太子萧统文选楼旧址。陈宣帝太建年间(569—582)名为"寂照院",因隋炀帝在此听智藻讲法而成名刹。南宋隆兴年间(1163—1164)为祭祀岳飞,改名"功德院"。又因寺内原有纪念隋唐间注《文选》的扬州人曹宪、李善的文选楼,名寺额为"文楼旌忠"。宋度宗咸淳年间(1265—1274),赐额"旌忠寺"。清代尚存。寺内有500年银杏树一株。[1]

4.法海寺

扬州法海寺位于扬州瘦西湖畔凫庄西南一个四面环水的岛上,始建于隋末唐初。正为和尚重建于元代至元年间(1264—1294)。明太祖洪武十三年(1380),愚勇和尚重修;明英宗正统元年(1436),福宏和尚再修。明亡后,法海寺颓败,程有容修复之。魏禧《重建法海寺记》载:"程君有容,善士也……乙卯春,君乃谋于祥光和尚,自出四百金倡建……于是游平山者,必登法海,皆诵程君功德。"[2]康熙四十四年(1705),康熙帝南巡扬州,赐名"莲性寺",并赐"众香清梵"匾,寺僧勒石建亭供奉。传说寺中喇嘛塔系盐商为取悦南游之乾隆帝而一夜建成。"在乾隆晚期出版的扬州著名景点图示中,这座舍利塔尤为出名。这座从北方借鉴而来的舍利塔离开了它原先的地理背景,除去了它本来的宗教意义,似乎表示了北方首都和当地景点之间的一种'国际化'建筑交融形式,反映了地方对帝国中心的过分忠诚。"[3]咸丰间寺毁于太平兵火,光绪间重建。

---

[1] 1984年起旌忠寺全面修建。重建后的旌忠寺寺门朝南,纵向依次为山门殿、大雄宝殿和藏经楼等。

[2] 〔清〕魏禧:《魏叔子文集》卷一六,〔清〕林时益辑:《宁都三魏全集》,《四库禁毁书丛刊·集部》第5册,第104—105页。

[3] 〔美〕梅尔清著,朱修春译:《清初扬州文化》,第215页。

5. 智珠寺

位于徐凝门外,雍正十二年(1734)僧性贤兴复。性贤,俗家安东嵇氏,幼年于庙湾祇园寺披剃,研习律仪。后至虎丘,谒洞明和尚,染指禅味。"时维扬有吉祥院者,地临河滨洼隘嚣尘,为游氓逼处,日就荒废……乃慨然自任,败壁颓垣,榛莽塞路。(性)贤至为之扫除,经纪殿阁寮庑,依次修建……遂成巨刹。乾隆十六年辛未,圣驾南巡,率众迎候,蒙赐'智珠寺'额……今为智珠鼻祖云。"[1]

6. 香阜寺

位于扬州便益门外运河东岸,康熙二十二年(1683)僧野静建。康熙三十八年(1699)清帝南巡驻跸,为御书"香阜禅寺"。"高宗御制诗注'从香阜寺易轻舟,由新河直抵天宁寺行宫,即指此'。……今仅存紫衣一袭、御碑数通而已。"[2]

7. 古木兰院

位于今城区石塔路中。本晋代遗刹,名蒙因显庆禅院。南朝宋元嘉十七年(440),改为惠昭寺(一作慧昭寺)。唐先天元年(712)改名安国寺,乾元中(758—779)始更名"木兰院"。开成三年(838),得佛舍利于木兰院,建石塔藏之,易名石塔寺。唐代王播碧纱笼诗出此。一说王播题诗处在扬州北门外草河北古夹城之惠照寺。崇祯中(1628—1644)三昧修寺及塔。康熙四十七年(1708)僧抚生重修茸。雍正七年(1729),知县陆朝玑复"古木兰院"旧额。咸丰三年(1853),寺毁于兵火,唯石塔、戒坛与明代楠木楼尚存。同治中僧月辉、光绪中僧祥坤复建。寺僧又陆续修建,石塔寺的主要建筑有天王殿、大雄宝殿、藏经楼等。乾隆时寺僧诵茗工诗。

8. 洪恩寺

位于扬州西郊"五塘"之一的勾城塘东侧,始建于明嘉靖中后期,万历和清道光间两次重建。原寺周回 3 万多平方米,有房殿 99 间。咸丰间毁于兵燹,仅剩围墙。后住持能行主持修复了大殿、祠堂、膳房、僧房。早先寺僧

[1] 喻谦:《新续高僧传四集》卷五八《清维扬智珠寺沙门释性贤传》,民国喻昧庵辑影本。

[2] 钱祥保等修,桂邦杰纂:《续修江都县志》,第 918—919 页。

由寺主李春芳家族供养,不外出化缘。同治年间开始以斋醮化缘为经济来源。晚清住持有能行、能科、了成、心禅等。[1]

此外,清代扬州城区重要寺院还有:

铁佛寺,在堡城,本杨行密故宅。诸暨陈洪绶曾携妾净发往来看红叶。江春于寺西筑秋集好声寮别墅。寺僧古水工于诗。

兴隆禅院,在梅花书院门右,门临市河,女尼居之。

建龙寺,位于北门外园田。乾隆四十年(1775)建。

福国寺,位于南门外官河岸侧,明季僧明道建,雍正元年(1723)主持僧济生重修,增建万福楼三层。

定慧庵,位于新城东二铺,康熙中僧自澈捐资重建。

九莲庵,古渡桥,即二分明月庵。顺治中僧本陈因旧址建。

万福寺,位于徐凝门外,乾隆十一年(1746)建。

甘露庵,位于丰乐街过街楼左边,供地藏王菩萨。

古福荫庵,位于南门大街,明正德中建。

圆通禅林,位于城南苏唱街,康熙二十八年(1689)建。

大佛庵,乾隆五十一年(1786)重建。有铜佛三尊,明万历中浮江而至。

紫竹禅林,位于东关对河。乾隆元年(1736)修。

秋雨庵,位于南门扫垢山,本里人杨氏出家之地,又名金粟庵。康熙中建,乾隆八年(1743)修。"昔为卢雅雨都转所赏,题名秋雨……住持竹溪和尚风雅,善与人交,平日往来者皆四海知名士,无不栖借此庵,无不羡此庵。"[2]

龙衣庵,在石马桥,旧本草庵。康熙中建,乾隆三十二年(1767)重修。

净业庵,在姜家墩路南仓圣祠旁,康熙间建。乾隆己酉(1789)即庵屋改建史公祠。

海岱庵,在泄水汪,嘉庆八年(1803)建。

---

[1]　"1966年冬,红卫兵破'四旧'拆庵毁寺时,寺房被毁,连能行和尚金身也作'四旧'被抛于河中。"赵瑞智:《洪恩寺阁老坟》,扬州市政协文史和学习委员会编:《邗江文史资料》第23辑,2003年版,第109页。

[2]　〔清〕林苏门撰,刘永明点校:《邗江三百吟》,第85页。

天心庵,在古天心墩旧址,女尼居之。

禅智寺,即上方寺,在县北五里,上方寺牌楼在山门前,额曰"鹭岭云宫"。寺左有竹西亭,寺侧有蜀井,前有月明桥。

惠照教寺,在城北三里大仪乡。唐景龙年间建。康熙十七年(1678)僧东云重修。

普照禅寺,在今广陵区运河南路,原系太阳宫道观。光绪初年,僧道清募建寺院。光绪二十一年(1895),御赐"普照禅寺"匾额。

大准提禅寺,在疏理道旁,康熙十二年(1673)重修。

报恩寺,在今广陵区报恩寺巷内,泰州路中段西侧。初建于唐代,清咸丰间重建。

兴教寺,在今广陵区万寿寺街西首宋正胜寺遗址上。同治六年(1867)僧海文重修。光绪三年(1877)僧济川募建。

三祝庵,在新城运司巷东圈门三祝庵街。始建于明,康熙四十九年(1710)重建。金农曾寓居于此。

观音庵,城内凡三十七,惟北门月城内者特著。

乐善庵,在大东门外天心墩。雍正十一年(1733)建。

百子睡宫庵,在便益门大街。嘉庆二年(1797)建。

兴善庵,在小东门。康熙二十七年(1688)重修。

吉祥禅院,在老里坟。康熙己卯年(1699)建。

寿安教寺,在府东南旧马监巷。康熙三年(1664)僧如著募建。如著能榜书。

(三)扬州郊县寺院

1.江都寺院

江都墩头寺:俗称墩头庙,位于仙女镇北原双沟高家庄。据记载,墩头古寺始建于元代。高僧印智云游江淮,居黄塘之东北墩头,发现此处人杰地灵,故发愿建墩头寺,供奉神佛。印智陆续建起山门、天王殿、大雄宝殿、藏经楼、斋堂、客堂等。古寺建成后,香火旺盛。

江都大悲寺:位于江苏扬州江都永安镇境内。清光绪七年(1881)《增修甘泉县志》记载:"大悲寺在永安镇。清康熙二十一年江都县熊督捕厅王重修,有碑记。"[1]据传历史上的大悲寺占地 3 万余平方米,主体建筑有山门、天王殿、大雄宝殿、地藏阁、藏经楼等前后五进,连同客堂、寮房、厢房等计九十九间半。寺内殿宇巍峨壮观,佛像高大庄严,历代名僧辈出,道风闻名遐迩。

江都水陆寺:樊川水陆寺是一座历史悠久、颇具规模的古刹,位于江都樊川镇延寿村。《〔光绪〕续泰州志》卷十一记载:"水陆寺在樊川镇,本唐高宗时赵兵部明远屯兵之地,永徽五年创建斯寺。乾隆十四年增修,光绪十八年僧华如与其徒本慈又建魁星楼,增屋十余间。"[2]水陆寺自唐至清经过多次修葺,至乾隆年间,发展到顶峰。楼厅殿阁及生活用房计 123 间,前后 5 进左右,有东、西廊房与楼、堂、僧舍相连,高下水田共 7.2 万平方米。现存金兆燕撰文、乾隆五十年(1785)立"扬州府泰州樊川镇水陆寺碑"[3]。

江都慈云寺:位于江都宜陵镇西首,始建于清初,名接引庵。清康熙三十八年(1699)改名慈云寺,是当时扬州东乡的大刹、名刹,有各类殿宇 99 间半和清康熙皇帝御笔丹青"敕赐慈云寺"石匾一块。咸丰间毁于战火,同光间修复。

江都古大圣寺:位于江都仙女庙镇芒稻河东岸,始建于唐高宗年间。清康熙三十五年(1696)僧自侣、云岫重修。[4]

江都长生庵:位于江都仙女镇南吴,原名薛家庵,始建于清乾隆三十六年(1771)。长生庵大雄宝殿中间供奉三尊大佛:释迦牟尼佛、药师佛、阿弥陀佛。大雄宝殿两旁供奉文殊、普贤、十六尊者,北面供南海观音。长生庵花园拥有两棵须根共同生长的古黄杨树与古桂花树,皆逾百年。

江都梵行寺:位于今江都区邵伯镇南塘。古梵行寺始建于东晋宁康三年(375),已有 1600 多年历史。明嘉靖八年(1529)赐今额梵行寺。苏东坡留有《邵伯梵行寺山茶》"山茶相对阿谁栽,细雨无人我独来。说似与君君不会,烂红如火雪中开"[5]的名句。现有大雄宝殿、天王殿、地藏殿、文殊殿、

[1]〔清〕洪汝奎等修,徐成敩等纂:《增修甘泉县志》卷八,第 1691 页。

[2]〔清〕高尔庚、王贻牟:《〔光绪〕续泰州志》卷一一,民国十年(1921)石印本。

[3]〔清〕金兆燕:《棕亭古文钞》卷九,道光丙申(1836)刊本。

[4] 台湾名僧星云幼年在古大圣寺出家。

[5]〔清〕王文浩辑注:《苏轼诗集》第 4 册,中华书局 1982 年版,第 1286 页。

普贤殿、观音殿等十余座殿堂,总建筑面积 3600 多平方米。

江都广济寺:位于江都小纪镇吴堡窑头村,始建于明末清初,距今 400 余年,几度沧桑屡有兴废。广济寺历史上高僧辈出,道风闻名遐迩。

释迦教寺:在邵伯镇,即宝公寺。康熙间僧了愚募修。

来鹤寺,在邵伯镇,古名法华寺。明时郡人吏科给事中彭汝实曾读书其中。既贵,出资重建。落成时,有双鹤绕梁之异,因名曰来鹤寺。寺有铜钟,重千斤,苏东坡为撰《铜钟铭》。旧有清成亲王联云:"月明古寺客初到,云满空山鹤未归。"[1]乾隆三十六年(1771)僧悟修重修。

江都万佛寺:在县东仙女庙北,康熙御书,赐今额。

江都万寿寺:在宜陵镇东三十里,康熙十五年(1676)重建。

江都开元寺:在邵伯镇西白茆湖南岸,雍正中重修。

2. 宝应寺院

宝应城内外及各村镇僧尼所居不下 400 余所,不能具载。

宝应宁国寺:始建于唐贞观十一年(637),原址在今宝应县城叶挺路东首,名为宁国教寺,后易名宁国禅寺,迄今已有 1000 余年。历代僧、官多加修建。古县志记载,宁国寺寺门朝南,前临大街,后依城墙,规模宏阔。寺内藏明万历年间铸造的大铜钟,大雄宝殿匾额为唐代书法家颜真卿所书。寺后有千佛楼,寺内有数百间殿堂楼阁,素有"跑马关山门"之说,是宝应第一大丛林。

万寿庵:在宝应赐租亭北。康熙二十八年(1689)知县建。

涌莲庵:在宝应鱼市口。顺治二年(1645)建。

栴檀庵:在宝应县治后,顺治十二年(1655)建。

光明寺:在宝应县东。顺治八年(1651)瞽僧光明建。僧苦行历岁,募修街道、桥梁甚多。

九华庵:在宝应北门外,康熙八年(1669)建。

文殊庵:在宝应北门外。康熙元年(1662)建。

普善庵:在宝应南门外,顺治间建。

---

[1] 董玉书著,蒋孝达、陈文和点校:《芜城怀旧录》,第 168 页。

苇庵：在宝应东门外。顺治十四年（1657）建。

准提庵：在宝应宏济河西。顺治二年（1645）建。

3.高邮寺院

高邮镇国寺：高邮城西的镇国寺四面环水，东临古驿站，西濒高邮湖，是千里京杭大运河上唯一的河心岛庙宇。镇国寺始建于唐僖宗年间（874—888），系僖宗为其弟举直禅师所建，赐名"镇国禅寺"。举直禅师名其为"光孝禅寺"。后因寺院里有水井，水质甘甜，便又将寺名改称为"醴泉寺"。举直禅师圆寂后，建塔一座珍藏舍利，安放经卷，即为镇国寺塔，为现今中国南方仅存的唐代四方形古塔。唐代以后，诸朝对镇国寺均有修葺，规模甚伟，气势恢宏，香火鼎旺，一时蔚为江淮盛景，为"秦邮八大寺"之一。镇国寺在清末时被毁成平地，寺内庙宇僧寮毁损殆尽，唯存遗址及千年唐塔。

高邮光福寺：位于高邮三垛镇，为南宋嘉熙年间（1237—1240）僧人海云重建。据传此寺与山东的光福寺同时开工，同时建成。清光绪十四年（1888）僧人持志复建。寺内有闻名全国的悬空泥木浮雕观音海岛，所造神物，形象逼真，姿态各异，工艺精湛，并装有活动开关。寺内还有一座分上下三层、高一丈二尺、铜铁混铸的宝鼎香炉。光福寺为明清之际高邮八大名寺之一。

高邮护国寺：位于高邮界首镇石桥街。始建于北宋初年，原为一个只有三间房的小庙。明代，宦官魏忠贤权倾朝野，地方官为献媚逢迎，将小庙改建为魏公生祠。魏忠贤受诛后，庙又改为关圣殿。清康熙年间，戒如和尚重修殿宇。乾隆初年，改关圣殿为镇国寺。乾隆九年（1744），乡绅何湘宜信奉佛教，中年丧妻，老年丧子，遂剃度入佛门，法名文成，住持镇国寺，并献农田20余公顷作为寺产，同时多方募化，重建寺宇。至乾隆二十四年（1759），先后建起寺宇四进，加上配房，计约百间，改寺名为护国寺。清光绪年间，乡绅张氏夫妇半生无后，便脱却尘俗，双入佛门。张妻入庵为尼，张带着60余公顷田产入寺为僧，法号大果，后任住持。光绪三十一年（1905），大果退居，由智禅（又号镜如）任住持。后镜如传位给澄波和尚。澄波善书画诗词。护国寺为清代高邮八大名寺之一。

高邮悟空寺：位于高邮湖西天山上，始建何时不详。北宋初期重建，有寺房 99 间。寺中有两棵银杏树,一雌一雄,雌树结白果无心。每年农历三月初三至初五日为香会期,是时方圆百里的香客来敬香,连续三天路上行人不绝,寺内人山人海,山上香烟缭绕。悟空寺是明清之际高邮八大名寺之一。旧时山中盛产药草,曾引来许多方士在此结庐,采药炼丹。相传东晋司徒谢安曾隐居在此炼丹。又传八仙中吕洞宾、张果老曾在此下棋。因此,山上曾有"仙人臼""仙人棋"等遗迹,故而此山又被称作"神居山"。每当农历二、八月间,山生爽气,登高远眺,数十里之景尽收眼底;隔湖望塔,塔级可数。此情景被称为"神居爽气",是著名的"秦邮八景"之一。悟空寺不知何时被毁。

高邮安乐寺:安乐寺位于高邮临泽镇东北后河南岸,始建于南宋乾道年间(1165—1173)。寺门朝南,门口雄踞一对石狮,寺门上方嵌砌一块镌刻"安乐教寺"字迹的金色石额。山门殿内供奉弥勒佛和韦驮菩萨。二进是天王殿,塑供四大天王。第三进是大雄宝殿,殿内正中佛台上塑供释迦牟尼、消灾延寿药师、阿弥陀佛三尊大佛,两侧塑供十八罗汉,三尊大佛背后塑观音海岛。第四进是万佛楼,楼内供奉众多佛像。临泽镇历史上曾有六大庙宇、九大尼庵,其中规模较大的安乐寺,可与镇江金山寺、杭州灵隐寺、扬州大明寺媲美。安乐寺名僧辈出,其古刹毁于战争,后人在其遗址上复建,气势恢宏,香火鼎盛。

高邮吉祥寺:位于今高邮汤庄镇汤庄村,始建于明末清初,其建筑之华丽、环境之优美,时为高邮东南地区的重点寺庙,香火鼎旺,佛事昌盛。

高邮万寿寺:原名万寿庵,在明末清初时期一直有佛事活动。

高邮镇海寺:原名镇海庵,是明清时期名闻一方的丛林古刹,抗日战争期间毁于战火。

善因寺:高邮北门外河岸,乾隆二十五年(1760)僧佛心居此。"高邮善因最初心禅师,生平于道自任,室中严峻,衲子少有能近者。上堂,真无妄不立,妄无真不生。透过两重关,犹落第二头。"[1]光绪二十二年(1896)僧慧泉

---

[1] 〔清〕达珍编:《正源略集并补遗》卷一六,蓝吉富主编:《禅宗全书》第28册,北京图书馆出版社 2004 年版,第 443 页。

重建东楼。

乾明教寺：位于高邮中市桥西，乾隆十六年（1751）重建。

承天大梵讲寺：位于在多宝楼桥西。光绪二十二年（1896）僧克朗募款重建正殿。

护国寺：位于高邮界首镇，乾隆二十四年（1759）僧广成募捐重建。

普贤庵：位于高邮城内马棚巷后，雍正二年（1724）知州重建。

真君庵：位于高邮东门内，康熙元年（1662）建。

宝胜庵：位于高邮州东营，康熙三十一年（1692）重建。

三祝庵：位于高邮乾明寺西，顺治八年（1651）工部分司高明重建。

浪息庵：位于高邮北水关外，嘉庆七年（1802）僧法树重建。

圆通庵：顺治十五年（1658）僧昆岩改建于高邮城西。

接龙庵：位于高邮北门外东台巷，顺治十四年（1657）僧大冶募建。

永详庵：位于高邮东门外傅公桥左，乾隆二年（1737）知州傅椿建。

三圣庵：位于高邮北门外，乾隆十一年（1746）僧潮音重建。

普渡庵：位于高邮州西南四十里，康熙十五年（1676）州人建。

十方庵：位于高邮界首镇，康熙十三年（1674）僧佛命募建。

万善庵：位于高邮眉陈东村，乾隆四十三年（1778）僧真空重修。

玄妙观：位于高邮州南市桥东，康熙二年（1663）道士周仲行募修。

4.仪征寺院

天宁万寿禅寺：位于澄江桥西，乾隆十七年（1752）僧性善暨邑人方崿、方元鹏等建藏经楼、方丈室。三十五年（1770）知县卫晞骏新拓山门地基以肃岁时朝贺。僧圆智募修观音殿并增建楼无间。三十八年（1773）修塔。四十七年（1782）募建大悲楼、地藏楼。四十九年重修佛殿及廊庑，塔亦新之。嘉庆九年（1804）僧慧白募修塔及山门。

宝坊寺：位于仪征东门外二里运河滨。康熙中僧虚中重建。

梵天寺：位于仪征方山上，创于梁天圣间。明万历间重建。雍正九年（1731）、乾隆三十三年（1768）、五十八年（1793）屡修。

观音庵：共九处。"一在县东南十里平江桥，元时建，明邑人景旸读书处，陈启贞题额。一在独树江滨东南五里吉安帮建。一在城东运河北岸，俗名刘僧庵。一在东水关外城跟,旧名落迦林,乾隆五十年重修。一在儒学街西,楚人杨某建。一在天宁桥河边,名水月庵。一在黄泥滩。一在拖板桥北。一在拖板桥对洲。乾隆五十年新建。"[1]

莲池庵:位于仪征城西法云寺后。乾隆中僧万融募修葺。万融能诗。

十笏庵:位于仪征都火星庙西南,康熙初僧寂灯居此。寂灯能诗。

清代扬州寺庙众多,有千年古刹传承相继,有的因皇家重视而呈一时之盛。咸同战乱使扬州佛教场所遭到沉重打击,迄清末亦不能恢复盛时景象。

三、清代扬州高僧和居士

清代扬州文化繁盛,佛教再度兴旺,涌现出如道宏、天慧、昭月、如鉴等一批高僧。由于宗教氛围的浸染,除僧众外,还有一大批俗家弟子皈依佛门,成为居士,在家修行。

（一）高僧

清代扬州佛教涌现出一系列的僧人,有的以修行、道德胜,有的以拥有技艺知名,有的是名寺主持,约略述之。

1.道宏

康熙时大明寺高僧,名德南,字道宏,号馨庵,俗家江都胡氏。孔尚任《平山道弘禅师修创栖灵寺记》载:"今上南巡,南幸平山,御书'怡情'二字,亲赐禅师,盖不止赏其地,并亦赞其人矣。……寺之盛未有盛于此时者,实师之力居多云。师名德南,号介庵,道弘其字也。为江都胡氏子……投江西赣州善庆庵,受宗旨和尚剃染。岁丁酉,随和尚来栖灵寺。未三载,和尚示寂,师主持院事。……自庚午夏六月,请本郡绅衿护法交常住与法嗣丽杲西堂,继住方丈,师退居吉祥禅院。师乃洞山三十一世之正传,破暗灯和尚之嫡孙,受宗旨和尚之法嗣也。"[2]康熙二十九年(1690),道宏传位于弟子行昱,自己退居吉祥禅院。道宏德南著《桂堂集》。《江苏诗征》卷一七九录其诗。

2.天慧实彻(1683—1745)

雍正、乾隆时高旻寺高僧,属临济宗杨岐法系。天慧之曾师祖玉琳通琇

---

[1]〔清〕颜希源、邵光钤总纂:《〔嘉庆〕仪征县续志》卷四《寺观志》,嘉庆十三年(1808)刻本。

[2]转引自江苏省政协文史资料委员会等编:《扬州宗教》,第359页。

（1614—1675），俗家杨姓，常州府江阴县人。十九岁入宜兴磬山禅院随天隐圆修出家。顺治十六年（1659）奉召进京。次年加封其为"大觉普济能仁国师"，是清代唯一享有国师尊号的汉族僧人。天慧为江苏兴化唐氏子，十九岁投本县报恩庵贯之和尚出家，后得杭州大雄山崇福寺灵鹫明诚禅师之真传，任首座管领僧众十余年。清世宗访玉琳通琇国师法裔。雍正十一年（1733）天慧奉诏入京，讲道深得帝心。雍正帝赐紫衣、钵、杖、如意，命主持宜兴磬山、扬州高旻及兴化资福、杭州崇福四寺。雍正十三年（1735）任高旻寺主持。乾隆十年（1745）四月初三日去世。有《天慧禅师语录》二卷传世。[1]

3.际圣

乾隆时高旻寺高僧，字了凡，俗姓薛氏，海宁人。父觉原，母名慈荫老人，后就养于寺。际圣五岁始能说话。二十四岁读《兰峰语录》，对生死事颇有感触。后投中岩慧出家。天慧住磬山圣月寺时，乃招际圣入院。天慧主持高旻寺后，乃命际圣分座说法。乾隆十年（1745），继天慧主持高旻寺。乾隆二十年（1755），江东大饥，各处丛林僧众数千人赴高旻就食。际圣亲自外出化缘叩募，备极辛劳。乾隆二十一年（1756）五月七日寂。[2]

4.昭月了贞（1729—1785）

昭月了贞，名性贞，又名了贞，字昭月，世称贞禅师。俗家沛县余氏。幼年依铜山洁生和尚出家，后得了凡际圣真传。乾隆皇帝南巡时任高旻寺住持。昭月严守戒律，弘扬宗风，名闻遐迩，与无锡南禅寺静荪和尚齐名，时有"北昭南静"之称。天台国清寺僧达珍，游方至高旻寺，即受衣钵于昭月。达珍曾记昭月事迹："高旻自天慧老人奉敕住持，钳锤猛厉，为诸方冠，诸学子非忘身为法者往往望风裹足。再传至了凡和尚，扬灯续焰，日新不已。……每结制入堂开示，淋漓激切，闻者多痛哭。……故三十年来海内丛林知有生死大事者必以高旻为归矣。……总督高公与师契。三十六年倡修宝塔，高有助焉。已而欲以洲田五千亩施寺饭僧，师辞曰：'幸有薄田可给粥，不愿益之以滋累。'"[3]乾隆五十七年（1792）十月七日圆寂。传见《律宗灯谱》卷八、

---

［1］ 释虚云重辑：《增订佛祖道影》，香港佛经流通处 2000 年版，第 297 页。

［2］ 喻谦：《新续高僧传四集》卷二五《清扬州高旻寺沙门释际圣传》，民国喻昧庵辑影本。

［3］ 〔清〕彭绍升：《一行居集》卷六《扬州高旻寺昭月禅师传》，弘化社 1933 年版，第 213 页。

《新续高僧传四集》卷二五。

5.达澄（1754—1803）

昭月之后,继有如鉴、方聚住持高旻寺,播扬宗风,声闻远近。达澄,字如鉴,号清凉上人,上元人,年十二依修竹庵僧无瑕出家,居无锡久。后随侍高旻寺昭月了贞禅师九年,继主高旻寺。达澄与姚鼐、赵翼、王文治、洪亮吉、彭绍升往还唱和。著《如鉴语录》二卷、《诗集》一卷,已佚。[1]

6.方聚

释方聚,名悟成,号石谷,俗家寿春梁氏,年十八入普通院剃落、具戒,精于佛理,继其师如鉴主持高旻寺丈席二十二年,宗风大振。方聚精诗文书法,"笔走龙蛇,书如智永;句标清越,诗是皎然"[2]。有《方聚成禅师语录》三十卷,诗见《晚晴簃诗汇》卷一九七。后学编《石谷禅师年谱》一卷。

7.成传（1690—1749）

成传,字福国,兴化人。郑燮从祖。年十六投泰州如来庵雨文和尚剃染,参济生和尚于扬州福缘寺。云游各地,晚年退休居邗上圆通庵。乾隆己巳（1749）春圆寂,寿六十。著《福国禅师语录》一卷。[3]

8.澄朗

澄朗,字秋浦,镇江丹徒人,大明寺住持。初至扬州平山,参拙樵坚,于言下有省。后三主平山。乾隆三十年（1765）,清高宗第四次南巡幸扬州,改大明寺为法净寺,敕令澄朗题写寺额。

9.澍荇

嘉道时扬州高僧,精研汉学,以博学著称。当时海内盛行考据之学,名家学者多以考证上古名物象数为能,各专一经,致力训诂搜求。扬州也是当时汉学研究的中心之一。"客有析经籍疑义于茶社者,相诘难甚苦。澍（荇）适在其傍,笑而不言。客察其状有异,起而问之。澍曰:'卿曹所谭皆有佚脱,

———————————

　[1]　南京师范大学古文献整理研究所编:《江苏艺文志·扬州卷》(上册),江苏人民出版社1995年版,第223页。

　[2]　江苏省政协文史资料委员会等编:《扬州宗教》,第75页。

　[3]　南京师范大学古文献整理研究所编:《江苏艺文志·扬州卷》(下册),江苏人民出版社1995年版,第846页。

何难为？'因为各诵所论书,且诵且解,娓娓不已。客相顾骇服。"[1]于是澍荞以学识渊博闻名于当时,读书士子跟从问学者殆无虚日。阮元当时正家居,闻澍荞之名,遂与之试谈学问,澍荞亦酬对不倦。文达大为惊叹,谓其所论超越了一众学者。早年澍荞并不知书,相反还是粗鲁放纵之僧,曾因独吃斋饭遭到责罚。澍荞迁怒于主持,几乎动了杀心。后幡然悔悟,于藏经阁闭关三年,静心修持。闭关期间,他在胸前悬挂"禁语"木片,不与别人搭话,专意读经。澍荞终于脱胎换骨,成为以学问驰名的高僧。

10.悟堂

大明寺高僧。咸丰三年(1853),大明寺毁于兵火。同治九年(1870),悟堂募劝两淮盐运使方濬颐重修寺宇。法净寺自悟堂住持后,倡禅净双修,不唯曹洞宗是归。

11.了缘(1801—1938)

仪征天宁寺高僧,法名果月,法号展空,俗家直隶保定陈氏。道光元年(1821)投河北慈云寺出家,研习般若奥义,遍游宇内,曾在少林寺习武。同治六年(1867)与法慈共修仪征天宁寺,建成了天王殿、大雄宝殿、方丈室、客堂、寮房等,重塑了释迦佛、十八罗汉、四大金刚等。工竣后,了缘主持挂单僧寮房。"到了民国年间,他已是一百多岁的人了,仍然精神矍铄,每日扫街铲砖不息……民国初期,有姓高姓张两人来天宁避暑,一日晚上了缘忽作少林武术的表演,如蛱蝶穿花,飞走跳跃,令人目不暇接。"[2]

12.来果(1881—1953)

来果,名永理,字福庭,号妙树,法名静如。俗家湖北黄冈刘氏。十五岁从大智参禅。光绪三十二年(1906)在金山寺受戒。宣统二年(1910),来果初至高旻寺,被月朗和尚任命为班首,后继任主持。有《来果禅师语录》《自行录》《开示录》传世。

13.松园

高邮观音寺高僧。俗姓朱氏,高邮人。幼年有疾患,久治不愈,医者谓

---

[1] 喻谦:《新续高僧传四集》卷三八《清维扬沙门释澍荞传》,民国喻昧庵辑影本。

[2] 孙达云:《了缘其人》,仪征市政协文史资料研究委员会编:《仪征文史资料》第三辑,1986年版,第79页。

已病入膏肓,不可治,将坐以待毙。一个夜里梦神人对他说,你必出离尘世,皈依佛门,病始能愈。于是依师普润和尚出家于八宝观音寺。后栖身于城东蝗王祠,励志苦行,勤修净土,率众持名念佛,废寝忘食。于同治戊辰(1868)仲冬喃喃诵佛而圆寂。[1]

14.照硕

照硕,字玉文,俗家高邮沈氏。年十五祝发普济庵,用心内典。初参巨德于扬州天宁寺。康熙三十年(1691),出住昭阳般若,历三十载,化仪不倦。雍正间圆寂,寿七十五。见《南山宗统》卷六、《律宗灯谱》卷四。[2]

15.佛心

佛心,字最初,俗家金山姜姓,于扬州高旻寺师从了凡法师得佛法。乾隆二十五年(1760),主持高邮地藏庵,勤苦力行,率徒垦荒瘠田数百亩。乾隆帝南巡,赐寺名善因寺。于是僧俗民众望风敬慕。三十余年后圆寂,享年八十岁。同县人夏昧堂为之撰塔铭。[3]

16.冶开(1852—1922)

冶开,法名清镕,俗家扬州许氏。十二岁依镇江九华山明真出家。十七岁依隐开于泰县祇树寺受具足戒。同治十年(1871)参常州天宁寺方丈定念而嗣法。遍游普陀、九华、五台、终南、峨嵋诸名山。光绪二十二年(1896)回天宁寺任方丈。1913年任中华佛教总会会长。创毗陵刻经处,造林办学。有《冶开清镕禅师语录》三卷。[4]

17.秋航

乾嘉间僧人,以弈棋著称于当时,与清初仪征黄龙士后先辉映。

18.妙湛

咸同间僧人。金陵侯氏子,字真源。依洞山宗智彻上座,于琅琊山出家。避兵于维扬,住藏经院,助郑学川刻经。后返金陵。"扬之妙空大师、清梵和

[1] 喻谦:《新续高僧传四集》卷四七《清高邮观音寺沙门释松园传》,民国喻昧庵辑影本。
[2] 震华法师编:《中国佛教人名大辞典》,上海辞书出版社1999年版,第864页。
[3] 震华法师编:《中国佛教人名大辞典》,第303页。
[4] 震华法师编:《中国佛教人名大辞典》,第315页。

尚、善诚老人,倡刻藏经。师为之南北奔驰,风雨不避,募缘襄赞。"[1]光绪九年(1883)圆寂。

清代扬州佛教在二百余年间,僧人辈出,对扬州佛教文化事业的发展多有贡献,但在整个中国佛教史上影响有限,仅雍乾时期的天慧实彻、昭月贞较为驰名。

(二)知名居士

扬州佛教盛行,士人虔诚奉佛者亦多,清代扬州居士佛教成为一道人文景观。

王先民,名醇,扬州人。性情豪放,善射。父母拟为之娶妻,以身体患病推辞,为其两弟娶妻。拜师一雨禅师,受优婆塞戒,在家皈依佛门,居山每日诵读《莲华经》。不久归扬州之慈云庵,虔修净土。自知大限将至,请僧围绕诵佛号,坐禅而逝。[2]

汪善庆(1829—1870),字阆仙,号法如。浙江仁和人。少读儒书,后精心佛学内典。移居扬州藏经院,持斋吃素十余年。著有《藏龙集》《见珠集》《病中吟》等。[3]

余慎行,法名净阿,扬州甘泉人。精研古董学,于是以经营古玩谋生。父母妻儿俱逝去,孑然独处。同治乙丑(1865),闻藏经院开念佛道场,于是前往聆听,遂皈依入院,服务道场。以放生物、礼佛七法从事修行。光绪乙亥(1875)冬,忽染微疾。除夕日对众曰:"迅速准备香花供佛,吾将从此逝矣。"让侍者、信众围绕念佛而圆寂。时年六十九岁。[4]

陈秋门,扬州人,喜读佛书。偶尔阅读《维摩经》,至文殊菩萨问疾品,乃豁然得悟。于是前往高旻寺,求入室奉佛。遂建居士轩,虔诚修持佛法。[5]

罗有高,江西瑞金人,字台山,中顺天乡试,会试数次不中,越发沉迷于佛法。罗有高一直研习《楞严》,曾寓住扬州高旻寺,住持昭月贞公声望隆盛。

[1]杨慧镜辑录:《近代往生传》,台中青莲出版社1996年版,第4页。

[2]〔清〕彭绍升编:《居士传》,江苏广陵古籍刻印社1991年版,第692页。

[3]震华法师编:《中国佛教人名大辞典》,第315页。

[4]〔清〕陈本仁(莲归居士):《种莲集》,天津图书馆藏清刻本。

[5]〔清〕达珍编:《正源略集并补遗》,蓝吉富主编:《禅宗全书》第28册,第445页。

罗有高屡次呈献见解，不被许可。昭月说他是口头学得，与本分无关。罗台山更加发愤，入禅堂，昼夜参悟沈究。半年后忽然大悟。昭月和尚与之质疑辩难，台山应答无滞。昭月对众赞叹罗有高说："高旻家业却被一拖辫子人干没去，可惜，可惜。"[1]

昭月和尚之母，徐州宗氏女。昭月主扬州高旻寺后，接母亲至寺奉养，为她另筑一室居住。宗氏一开始思家颇切。昭月和尚劝母一心念佛，求生西方。三年后遂发深信心，受菩萨戒，晨夕礼拜，甚为虔诚。一日晨起谓昭月和尚说："吾生缘快要完结了。你为我召集众僧唱佛名，送我西行。"遂面向西方坐逝。事在乾隆二十七年（1762）。[2]

信奉佛教之居士皈依原因不一，有出于夙缘信仰者，有因家庭问题者，有因自身身体状况或境遇不顺者。皈依佛教使他们获得精神安顿，有的并在佛学上取得了相当成绩。如罗有高从理学入佛学，博览三藏，遍究诸象，会通儒佛，有《尊阁居士集》传世。

四、清代扬州佛教文化事业

扬州自古文化教育发达，文风浓郁，名人文士辈出。在扬州，不仅诗僧、画僧多，文人和寺院的关系也极为密切。诗人画家们在寺中生活创作、诗酒雅会，留下的笔墨成为扬州文化历史上的嘉什瑰宝。寺院与文化结缘，成为扬州独特的风景。康熙二十七年（1688）春，孔尚任曾居天宁寺西庑的待漏馆，《桃花扇》一剧对扬州和史可法的描写，多得于此时的考察。扬州八怪中的郑板桥、金农都曾寓居天宁寺。金农最后终老于三祝庵，在此留下了大量的画作。罗聘号花之寺僧，曾为重宁寺作壁画。神秘幽邃的宗教氛围和独特的人文魅力，使扬州佛寺有着别具一格的魅力，也培养出一批禅学与文学、艺术兼擅的僧人。一些僧众除从事创作外，还热心佛教文化的传播。扬州雕版印刷久享盛名。在一些僧众的推动主持下，扬州刻经事业亦名闻遐迩。

（一）有诗文著述的僧众

祖道，扬州秋雨庵僧，俗家如皋范氏，能诗。《淮海英灵续集》曰，上人"诗

---

[1] 陆宝千:《清代思想史》，华东师范大学出版社 2009 年版，第 204 页。
[2] 〔清〕彭绍升:《善女人传》卷下，清同治十一年（1872）常熟刻经处刻本。

清灵婉约,与卢雅雨、杭堇浦游"。有《送俞楚江居士之吴中》诗曰:"片帆已买自难留,楚水巫山两地愁。莫为梅花思邓尉,故人多半在扬州。"[1]

湛汛,一名湛性,字药根,又字药庵,居城中祇园庵。江都徐氏子,诗学三唐,著《药庵集》。乾隆三十七年(1772)以《双树堂诗钞》名重刻。《晚晴簃诗汇》引诗话曰:"药根诗学唐人,尝游都门,谢金圃、秦涧泉、秦西岩、李文园、沈云椒诸公尤器重之,当时有方外才人之目。"[2]《淮海英灵集》《广陵诗事》收其诗。药根字亦佳,学于蒋湘繁。

明德,号在堂,秀水(今浙江嘉兴)人,江都秋雨庵僧。著《二六闲情集》,已佚。[3]《江苏诗征》卷一八三、《晚晴簃诗汇》卷一九八收其诗。

行吉,字远村,俗家江都曹氏,依麓庵上人居栖灵寺,著有《远村诗钞》,已佚,死葬于此寺。钱塘陈竹畦题其碣曰"诗僧远村墓"。

行昱,一名义昱,字丽杲,俗家丹徒陈氏。康熙二十九年(1690)继师父平山道宏任大明寺住持。与王士禛、曹寅等往来。康熙五十一年(1712)刻自著《晴空阁集》十卷。[4]并有《燕山集》《藏厂集》行世。

佛旸,字旭昙,江都人。其《月夜过雷塘道中》有"谁唱吴歌古渡头,一声清怨过迷楼"之名句。[5]

心平,古木兰院诗僧,阮元曾托其兼管墓庵,故常住雷塘庵。阮元与心平诗书往还二十年,其《桂林除夕忆雷塘庵僧心平》云:"每当岁暮多风雪,是忆雷塘老衲时。云色昏暗低石马,涛声呜咽起松枝。墓门梅树开犹未,精舍蒲团坐可知。本不能如僧伴住,桂林何况隔天涯。"[6]

觉岸,号莲舟,俗家江都谢氏。童年入道,嗜吟咏。师事焦山诗僧清恒。住锡郡南关帝庙。后庙毁,遂托钵棠湖,穷愁著诗。年六十六寂。其徒真定

[1] 张长弓:《中国僧伽之诗生活》,著者书店1933年版,第194页。

[2] 徐世昌辑:《晚晴簃诗汇》第4册,第866页。

[3] 南京师范大学古文献整理研究所编:《江苏艺文志·扬州卷》(上册),第167页。

[4] 马越:《禅智山光——扬州佛教文化遗产》,第192页。

[5] 陈耳东编著:《历代高僧诗选》,天津人民出版社1996年版,第559页。

[6] 〔清〕阮元:《揅经室四集》卷一一《桂林除夕忆雷塘庵僧心平》,《清代诗文集汇编》第477册,第559页。

刊其所著《春蚕集》二卷行世。[1]

成楷，号贡植，仪征方山僧，宝应一宿庵石老人弟子，能诗。诗法宋人，能擘窠大书。著《白云诗草》一卷。[2]

竹隐，江苏仪征人。《下街饮茶》有"人情淡似杯中酒，世味清如碗内茶"[3]句。

明章，字倬云，石门人，扬州天宁寺僧。著《山房敝帚录》，已佚。[4]

文思，天宁寺僧，与郑板桥交好。"文思字熙甫，工诗，善识人，有鉴虚、惠明之风，一时乡贤寓公皆与之友。又善为豆腐羹、甜浆粥，至今效其法者谓之'文思豆腐'。"[5]

宗智，字圆明，江都人，瓜洲闻思庵僧人。著《坐花诗》三集，已佚。[6]

性恬，字悟开，江都县人，扬州柳荫庵僧。著《倚桐阁诗集》（《〔同治〕续纂扬州府志》卷二二作《修桐阁诗》）。梅植之曰："上人诗清适和粹，雅近中唐人。虽取境目前，而运思设词，洽诗人蔼然之正声，良以性情恬淡，亦其契于禅者深也。"[7]

行溎，字法音。长洲人，生长兴化。俗姓彭。年少即入兴化之芦渡寺，投容止为师，十岁能暗诵《法华经》。历主扬州建隆、延陵龙树、金陵大泉诸寺。能诗。倪永清选《诗最》于扬州，法音安排倪氏住在寺中七年经营此事。[8]所著诗见《晚晴簃诗汇》卷一九六。

超普，字萍寄，号融峰，兴化人。俗姓李。弃家及妻子依天长县之华严庵出家，后受具于扬州建隆寺僧行溎而得法，曾主兴化之观音、普润，复迁泰州栖贤、岱岳等寺。著《心经直解》一卷、《语录》二卷附《禅余草》。《江苏

［1］南京师范大学古文献整理研究所编：《江苏艺文志·扬州卷》（上册），第296页。

［2］南京师范大学古文献整理研究所编：《江苏艺文志·扬州卷》（上册），第435页。

［3］钱仲联主编：《清诗纪事》，凤凰出版社2003年版，第16162页。

［4］南京师范大学古文献整理研究所编：《江苏艺文志·扬州卷》（上册），第142页。

［5］〔清〕李斗著，陈文和点校：《扬州画舫录》卷四，第45页。

［6］南京师范大学古文献整理研究所编：《江苏艺文志·扬州卷》（上册），第133页。

［7］张长弓：《中国僧伽之诗生活》，第208页。

［8］南京师范大学古文献整理研究所编：《江苏艺文志·扬州卷》（下册），第822页。

诗征》卷一八〇收其诗两首。[1]

释源,号竺溪,青浦人,乾隆五十六年(1791)来高旻寺参禅。著《竺溪老人黄叶诗稿》。[2]

慧琳,字寰宗,安徽泾县人,住平山堂,苦思为诗,著《晓月山房集》。[3]诗见《晚晴簃诗汇》卷一九七。

心明,字法印,江都人,定慧寺僧。著《禅暇集》,已佚。[4]

慧道,字宝中,定学弟子。继其师住兴化般若庵法席,工诗画。著《萍香社诗集》。[5]

真山,字岫云,号石庵。参双阁道明上人得悟。道光二十二年(1842)募修大士阁,兼摄东广福寺事。著《岫云禅师语录》一卷。[6]

悟然,清嘉道间高邮僧人。著《南北记》一卷、《北游记》三卷附录一卷、《传心录》二卷、《复游记》三卷附录一卷。[7]

通福,本儒家子,原名王锋,弃诸生为僧,工诗歌,著有《觳音集》。[8]

同人通化(1605—1647),广陵人。初名大化,又名智化。通门《懒斋别集》卷三有其传。[9]

定初,高邮僧人。著《鹿苑山房诗》,已佚。

悟开,高邮僧人。著《幻居诗》一卷。

了云,高邮僧人。著《逼仄吟》,已佚。[10]

巨渤济恒(1605—1666),靖江人。顺治六年(1649)居扬州天宁寺。

[1] 南京师范大学古文献整理研究所编:《江苏艺文志·扬州卷》(下册),第 827 页。

[2] 马越:《禅智山光——扬州佛教文化遗产》,第 192 页。

[3] 马越:《禅智山光——扬州佛教文化遗产》,第 192 页。

[4] 南京师范大学古文献整理研究所编:《江苏艺文志·扬州卷》(上册),第 172 页。

[5] 南京师范大学古文献整理研究所编:《江苏艺文志·扬州卷》(下册),第 877 页。

[6] 南京师范大学古文献整理研究所编:《江苏艺文志·扬州卷》(下册),第 878 页。

[7] 南京师范大学古文献整理研究所编:《江苏艺文志·扬州卷》(上册),第 736 页。

[8] 〔清〕张用熙等:《〔道光〕续增高邮州志》第 3 册《人物志》,卢桂平主编:《扬州文库》第 1 辑第 22 册,第 95 页。

[9] 陈垣:《释氏疑年录》,广陵书社 2008 年版,第 194 页。

[10] 南京师范大学古文献整理研究所编:《江苏艺文志·扬州卷》(上册),第 746 页。

著《语录》三卷。《宗统编年》卷三二有传。[1]

超凡,字雪堂,号铎夫,俗家浙江海宁查氏。住兰溪广长庵,又主江都某寺,能诗善画,有《芝崖集》。[2]

超一,尼僧,俗家广陵殷氏。参佛三年,于邑之某庵坐化。善诗文,有遗诗偈一卷。[3]渔洋山人王士禛为述其事:"超一子者,广陵殷氏女,早寡,学道三年,坐化。遗诗偈一卷,有云:'静中无个事,反复弄虚空。地老天荒后,魂飞魄丧中。有师开道统,无法度愚蒙。忽底虚空碎,夕阳依旧红。'"[4]

复显,字梦因,俗家海宁张氏,主扬州建隆寺,与郑板桥、罗聘、蒋士铨都有交往。著《雪庐诗草》四卷。[5]金兆燕曾云:"游宦扬州,凡郡城大刹无不遍历,而以风雅作世外缘者,仅建隆寺之梦因、金粟庵之竹溪结契最密。"[6]金兆燕《梦因上人诗集跋》评其诗:"今日僧诗可当清秀之目者,惟梦因上人一人而已。梦因为人恬雅蕴藉,盖以韵胜者。其神清,故无尘杂之念;其骨秀,故无钝笨之态。"[7]

维扬葰州自觉元(1608—1653),字自觉,俗家江都徐氏。嗣法孤云鉴。《五灯全书》卷九〇有传。[8]

扬州宝胜无尘增(1609—1678),《五灯全书》卷八〇有传。[9]

维扬净慧祥光本吉(1612—1680),《五灯全书》卷七五有传。[10]

真州华严起宗真(1638—1700),《语录》附自撰行实。[11]

照圆,高旻寺僧。王昶说:"高旻寺僧照圆,早岁得天童之传,开堂叩法,如鉴与慧超、巨超(即清恒,焦山定慧寺主持)皆其入室弟子。参学之外,兼

[1] 陈垣:《释氏疑年录》,第194页。
[2] 震华法师编:《中国佛教人名大辞典》,第695页。
[3] 震华法师编:《中国佛教人名大辞典》,第695页。
[4] 〔清〕王士禛著,文益人校点:《池北偶谈》,齐鲁书社2007年版,第314页。
[5] 南京师范大学古文献整理研究所编:《江苏艺文志·扬州卷》(上册),第195页。
[6] 〔清〕金兆燕:《棕亭古文钞》卷五《禹门诗稿序》,道光丙申(1836)刊本。
[7] 〔清〕金兆燕:《棕亭古文钞》卷九《梦因上人诗集跋》,道光丙申(1836)刊本。
[8] 陈垣:《释氏疑年录》,第196页。
[9] 陈垣:《释氏疑年录》,第199页。
[10] 陈垣:《释氏疑年录》,第203页。
[11] 陈垣:《释氏疑年录》,第218页。

工吟咏。诗取法于放翁,梦楼(王文治)极称之。予南北往还,过瓜洲必与盘旋竟日。"[1]

月辉,号了禅,宝应人。得法于墨溪海荫,传曹洞之学。咸丰间主焦山定慧寺,善诗画。著《守山寺略》、《留声阁诗钞月辉诗存》二卷。[2]

性仁,字慈恒,俗家海宁陈氏,乾隆、嘉庆间建隆寺主持,梦因弟子。其《过桃花庵》云:"隔林鸟语正绵蛮,落尽桃花客到关。杨柳浓边移画舫,楼台阙处见青山。漏听莲叶琴初罢,茶熟松风鹤未还。来向石头寻画本,岂知身在画图间?"[3]

上思(1630—1688),字雨山,泰州人。初依海陵宿师,居匡庐十载,住广陵三年。康熙帝南巡,赐"萧闲"二字。晚年居天宁寺。著《雨山和尚语录》二十卷。[4]

石涛(1642—1707),清初画家,幼年遭家变后出家为僧,晚年在扬州以卖画为生。康熙二十六年(1687)石涛初次到扬州,居于净慧寺。费锡璜有《同王谓升、闵右诚、梅卫瞻、张历山、杜书载、萧征乂访石涛上人于净慧寺》诗,写其事。石涛工书法,能诗文,亦以造园叠石名家。《扬州画舫录》说石涛:"兼工垒石。扬州以名园胜,名园以叠石胜。余氏万石园出元济手,至今称胜迹。"其绘画作品在当时即享盛誉。康熙二十六年(1687),孔尚任曾致函卓子任云:"石涛上人,道味孤高,诗画皆如其人。社集一晤,可望难即。别时又得佳笺,持示海陵、昭阳诸子,皆谓笔笔入悟,字字不凡。仆欲求一册,以当二六之参。"[5]可见石涛作品声价之隆。石涛与清廷关系微妙。康熙帝曾于南京一枝寺第一次接见石涛。石涛拜清初名僧旅庵本月为师。旅庵本月与清顺治帝关系密切,顺治帝爱妃鄂氏去世,顺治帝让旅庵本月入坛礼颂。二十多年后康熙帝见到石涛时,就想起父亲与旅庵本月的关系。五年后(1679)在扬州平山堂再见石涛,不但记得石涛,还直接呼出石涛的名字。

[1]〔清〕王昶辑:《湖海诗传》卷四六,商务印书馆1936年版,第1356页。
[2]南京师范大学古文献整理研究所编:《江苏艺文志·扬州卷》(下册),第1046页。
[3]扬州老年大学《扬州历代诗词》编委会编,李坦主编:《扬州历代诗词》(三),第696页。
[4]南京师范大学古文献整理研究所编:《江苏艺文志·扬州卷》(下册),第1125页。
[5]〔清〕孔尚任:《湖海集》卷一一《又答卓子任》,第247页。

康熙二十九年（1690）春，石涛北上至京师，与当道游。本意有参与创作《康熙南巡图》之想。结局是"三年无返顾，一日起归舟"，又退居扬州。康熙三十五年（1696）冬，筑成大涤草堂以居之。李驎《大涤子传》云："后见诸同辈多好名鲜实，耻与之俦，遂托于不佛不老间。嗟乎！韩昌黎《送张道士》诗曰：'臣有胆与气，不忍死茅茨。又不媚笑语，不能伴儿嬉。乃著道士服，众人莫臣知。'此非大涤子之谓耶！"[1]晚年的石涛即过着不僧不道，出入于佛老间的生活。墓在平山堂附近。

清代扬州繁盛的经济文化渗透到社会生活的各个方面，佛教僧众受其浸染，也涌现出了以诗文、技艺胜的众多僧人，为扬州文化增添了浓墨重彩的一笔。

（二）扬州僧众所撰佛学名著

1.《正源略集并补遗》

作者际源、昭月、达珍。《正源略集并补遗》十六卷，补遗一卷，系清代禅宗南岳一系传记资料汇编。本书原由扬州宝轮寺霈霖际源和扬州高旻寺昭月了贞二人合编。此二僧圆寂之后，由浙江天台山国清寺达珍继续编纂完成。际源，字沛霖，俗家湖广陈氏。早岁出家兴化龙津庵。参高旻天慧彻。出住维扬宝轮、荆溪磬山。工诗书，尤善绘画。际源和昭月采集清代名德尊宿机缘法语，为《正源略集》，稿未就而寂，嘱天台达珍侄孙续成。该书卷一已经遗失，卷二至卷十六辑录南岳下第三十四世至四十世，青原下宗镜第三世至十三世诸僧的略传和机缘语要，共收四百零五人，加上补遗所收二十八人，共计四百三十三人，是重要的清代禅宗传记资料。

2.《随机羯摩疏钞》六卷，《毗尼甘露择要》十卷

作者书祯，广陵五台律院沙门，著有《随机羯摩疏钞》六卷，《毗尼甘露择要》十卷，《律学日云要本》《教钵轨式》《历代律祖略传》各一卷。[2]书祯，字静观，姓王氏，云南禄丰人，少习儒业，是乾隆间扬州一带重要的南山律宗传人。"书祯，从寂光受戒，曾建律堂，并为淮郡净土禅林之请而建戒坛。"[3]

[1]〔清〕李驎：《虬峰文集》卷一六，清康熙三十九年（1700）李驎自刻本。

[2]喻谦：《新续高僧传四集》卷二九《清广陵五台律院沙门释书祯传》，民国喻昧庵辑影本。

[3]王建光：《中国律宗思想研究》，巴蜀书社2004年版，第84页。

书祯早年居西南,有志愿远行求法。"忽绝尘想欲求出世法,遂从翠峰西林寺心田祝发……南循黔楚,道汉黄豫章而之金陵……三昧寂光方开坛于长干报恩寺,祯与戒焉……终以律学位归……异绩著于一邑,声闻播于三吴……首传戒于睢宁普济……戊午春……复有真州荐绅迎主五台,春冬传戒,夏则安居,学者从之如水赴壑,得戒者千余。"[1]

（三）清代扬州的刻经和僧众教育事业

清代扬州刻经事业与南京齐名。主持扬州刻经的是有"南杨北郑"之称的郑学川大师（妙空大师）。"太平军之役,东南文献,荡然无存。紫柏大师方册经版,销毁殆尽。其有士大夫而大弘誓愿,毅然以刻经自任者,则为石埭杨仁山大师与江都郑学川大师,当时有'南杨北郑'之目,而郑则年齿较长也。仁山大师极言禅静末流之弊,学川大师则以盛弘华严为揭橥,自是学子始有佛书可读,始不为旧说所囿,遂开近代佛学中兴一线之曙光。"[2]太平天国后,扬州东乡砖桥、砖桥法藏寺成为刻印佛经的重要场所,"早于金陵刻经处的创立,是近现代史上第一个佛教经籍出版机构"[3]。

郑学川（1825—1880）,江都人,同治五年（1866）出家,法号妙空。妙空矢志刊复"南藏"经卷。同治七年（1868）与石埭杨仁山、杭州许云虚、扬州藏经院贯如等共议重刻"南藏"大事,决定首办金陵刻经处,再办苏州、常熟、杭州、扬州、如皋、砖桥刻经所,分工镌刻。清王耕心《扬州藏经院流通教典记》："同治初元,有妙空大师者,俗家郑姓,名曰学川……愿力宏深,誓续刻全藏。而同志清梵老人、善成老人、镜之老人,洎许观察橒身、杨君文会并本院主持妙湛法师,佐助其劳。刻未十有六七,而首创诸君相继逝世。其高弟观如,克缵师志。经二十余年,所刊诸经论总若干部。……光绪二十五年,观公示寂……于是张午桥观察、李维之观察、程处士余庆诸君,竭力以持其后,复请观公同学贯通法师住持本院,劝募善信……"[4]清代扬州刻经自郑学川始,成为几代人的事业。光绪六年（1880）,妙空病笃,遗命其门人"毋

［1］喻谦：《新续高僧传四集》卷二九《清广陵五台律院沙门释书祯传》,民国喻昧庵辑影本。

［2］董玉书著,蒋孝达、陈文和点校：《芜城怀旧录》,第138页。

［3］马越：《禅智山光——扬州佛教文化遗产》,第4页。

［4］江苏省政协文史资料委员会等编：《扬州宗教》,第369页。

忘刻经大业"。门人本贤与高旻寺退居主持朗月继续其刻经事业。妙空博通三藏,著有佛学著作多种,后汇刻为《楼阁丛书》传世。其书目如下:《金仙大丹》《求生捷径》《普救神针》《百年两事》《身心性命》《泗水真传》《西方清净音》《莲邦消息》《礼斗圆音》《地藏宝忏》《施食合璧》《四十八镜》《宝色灯云》《弥陀经论》《华严小忏》《华严大忏》《华严念佛图》《五教说》《婆罗门书》《镜影钟声》《虚空楼阁》《楼阁忏》《楼阁真因》《楼阁问答》《楼阁音声》《地藏经论》。[1]

　　扬州刻经共有三处,即砖桥、扬州藏经院和法雨经房。郑学川于扬州东乡砖桥创办江北刻经处,刻有全藏近3000卷。光绪六年(1880)郑学川逝世后,江北刻经处转至砖桥法藏寺继续刻经。该刻经处盛时有刻字工40余人,所刻经书声誉远及东南亚各国,时称"扬州刻本"。位于市区宛虹桥的扬州藏经院建于明万历年间,清咸丰年间毁于战火,同治五年(1866)重建,光绪年间增修,妙空法师亦曾在此主持刻经,至民国时期刻经1018卷。位于宛虹桥的众香庵设有法雨经房刻印经卷。以上三个刻经处的雕版形制,与杨仁山主持的南京金陵刻经处的雕版形制基本相同,用册页线装本装订佛经。扬州三个刻经处的雕版尺寸也大致相同,版高17厘米,每行20字,每单面宽12.5厘米,10行或9行。字体均为仿宋字。三个刻经流通处所印佛经质地精美可观,被佛教界、学术界称为"扬州刻本""砖桥刻本"而盛誉远闻。[2]

　　清光绪三十二年(1906),天宁寺主持僧文希开办天宁寺普通僧学堂,这是"扬州最早的正规佛教教育机构,也是近代史上由国人开办的第一家新式

---

　　[1]　郑立新:《佛海慧流——历代高僧学者传》,华夏出版社1999年版,第390页。

　　[2]　扬州刻经处的经版亦遭受战火的洗劫。"1937年底,日本侵略军攻陷扬州,法藏寺坐落在江都县砖桥镇,地处扬泰公路线上,1938年、1939年,法藏寺两次被日军纵火焚烧,第一次烧毁了前殿、大殿,经版储藏室在后边,幸未波及。当时住持定一和尚即组织人力,将全部经版迁移到砖桥西乡广庆庵保存。1940年冬,定老于扬州东关无量寿佛院海曙法师协商,将全部经版雇船从水路运抵无量寿佛院保存。日寇投降后,无量寿佛院驻了国民党军队,纪律败坏,用经版烤火,由当时扬州诸山长老竭力抢救,将经版迁到宛虹桥藏经院保存。以后听说由赵朴初居士将全部经版运往南京金陵刻经处保存了。"陈明伦:《刻经处概况》,中国人民政治协商会议江苏省江都县委员会文史资料征集委员会:《江都文史资料》第3辑,1986年版,第75页。

僧学堂"[1]。清末,僧仁山在高邮创办天台学院,弘扬天台教义。仁山(1887—1951),杨仁山、文希座下弟子。"他出家之初曾在文希创办的扬州天宁寺普通僧学堂就学,不久僧学堂因保守派的反对停办,仁山又到南京杨仁山创办的祇洹精舍入学。后来祇洹精舍因经费困难,无力为继也停办了。"[2]后来他在江苏僧师范学堂的学习也因学校停办而失学。于是仁山发愿兴办僧学,1919年终于在高邮放生寺创立天台学院,教授僧众。

扬州僧人著述可观与扬州文化事业的发达密不可分。扬州印刷业的发达为扬州刻经事业的发展准备了技术条件。清代扬州佛教文化构成扬州文化的一个重要方面。

五、清代扬州佛教风俗

扬州佛教风习素来浓厚,庙会、民间佛事活动、佛教节俗已与人们的日常生活密不可分。徐谦芳记:"妇女多佞佛,居家终日喃喃者众矣,甚至遇庙拈香,以乞神祐,至十庙而止,俗称进十庙香。"[3]扬州庙宇多,佛事活动、佛教节俗也很丰富。

(一)佛教庙会

1.观音山香会

清代扬州庙会以观音山香会最为壮观。"在扬州,男女善信,对观音菩萨的诞生、成道、出家三个纪念日尤为重视。每逢这三个香期,到观音山禅寺进香的人特别多。其中以六月十九观音菩萨成道日的香期为最盛,每次香期延续达半个月之久,而以十八、十九两天为高峰,香客一天常达万人之多。"[4]《瓜洲续志》记载:"二月、六月、九月十九为观世音菩萨圣诞,男妇赴郡城北观音山进香。亦有身衣青衣,手执小凳,凳缚炷香,三步一拜,直至山顶神前,虔诚不懈,目不他视。"[5]每年的观音山香会,香客云集,盛况空前。

---

[1] 马越:《禅智山光——扬州佛教文化遗产》,第4页。

[2] 心皓法师:《天台教制史》,厦门大学出版社2007年版,第513页。

[3] 徐谦芳著,蒋孝达、陈文和点校:《扬州风土记略》,第59页。

[4] 江苏省政协文史资料委员会等编:《扬州宗教》,第18页。

[5] 于树滋编辑:《〔民国〕瓜洲续志》卷一二《风俗志》,卢桂平主编:《扬州文库》第1辑第38册,第421页。

清人董耻夫在《扬州竹枝词》里写道："五月才过六月忙,观音山上礼空王。夜归船点琉璃热,裸臂人歌烧肉香。"[1]乾隆间张维桢《观音香竹枝词》云："画船处处贴封条,倾市人游爱此宵。入耳笙歌听不断,花灯围住五亭桥。"又云："阁号云山接紫霄,到来山主醉通宵。路分三面多香会,选坐都迎法海桥。"[2]

2.都天庙会

扬州各处的都天庙本为道教庙宇,由于道教败落,都成了佛教的道场。"扬州城郊(广陵区和维扬区)自明末到解放时,共建有都天庙(含行宫)16座,其中以宛虹桥的都天庙为大,有庙房40多间。传说农历五月十八日是都天菩萨生日,因此也是都天庙会的正期。……其中庙会规模较大的,要数宛虹桥都天庙、广储门都天庙、缺口城外都天庙和宝塔湾都天庙了。"[3]又载："缺口都天会会期在农历五月十八日,由青帮组织。该庙会时间较长,前后要热闹三四天,包括唱戏、出会。"[4]庙会本为宗教娱神活动,转而成为民间娱乐的盛大节日。

（二）佛教节俗

1.浴佛节

《〔嘉庆〕重修扬州府志》记载"四月八日为'浴佛日',妇女有相约诣尼庵拜礼及祈求子息还愿者"[5]。另外,在《〔民国〕瓜洲续志》《兴化县新志》《〔道光〕泰州志》《〔光绪〕泰兴县志》也有记载。

2.翻经节

《真州竹枝词》称："六月初六日,晒经,第丛林故事耳。"顾禄《清嘉录》说："诸丛林各以藏经曝裂日中,僧人集村姬为翻经会,谓翻经十次,他生可

［1］〔清〕董伟业撰,刘永明点校:《扬州竹枝词》,第5页。

［2］李坦主编:《历代扬州诗词》(三),人民文学出版社1998年版,第616页。

［3］钱传仓:《扬州民俗(增修本)》,方志出版社2003年版,第176—177页。

［4］钱传仓:《扬州民俗(增修本)》,第178页。

［5］〔清〕阿克当阿监修,〔清〕姚文田等纂:《〔嘉庆〕重修扬州府志》卷六〇《风俗志》,卢桂平主编:《扬州文库》第1辑第7册,第1176页。

转男身。"[1]"晚间捣凤仙花,包红指甲,则闺房韵事也。"[2]翻经节原不为女性设,但女信众多,转而成为以女性为主体的宗教娱乐活动。

3.盂兰盆节

七月扬州盂兰盆会大行,街前后扎灯牌楼,前摆斗香架,后设焰口台,中间布幔下悬各色粗细灯。僧来诵经,自朔至晦不断。《〔光绪〕增修甘泉县志》载:"俗传天孙渡河,小儿女旦起看彩云,设瓜果为'乞巧'穿针之会。是月望日祀先,荐新谷,诸兰若多作'盂兰会',晚放水陆荷灯。"[3]李斗在《扬州画舫录》里对盂兰盆会的盛况记载详尽,他说:"都土地庙例于中元祀之,先期赛会,至期迎神于城隍行宫。……选僧为瑜伽焰口,造盂兰盆,放荷花灯;中夜开船,张灯如元夕,谓之盂兰会。盖江南中元节。每多妇女买舟作盂兰放焰口,然灯水面,以赌胜负。"[4]"扬州好,焰口号盂兰。铙钵当街随意击,袈裟高座喜人看。路鬼暗讥姗。"[5]可以看到当时扬州的佛教民俗甚盛。

4.腊八节

腊八是佛教盛大的节日之一,相传这天是佛祖释迦牟尼成道之日,又称为"法宝节""佛成道节"等。《扬州风土记略》记载:"腊月初旬,寺僧数十成群,衣黄衣,沿门托钵乞米,名曰乞腊八粥。"[6]清人黄鼎铭《望江南百调》中描述了扬州僧俗在腊八节吃腊八粥的情状:"扬州好,腊八粥真佳。托钵尼僧群募化,调饧巧妇善安排,枣栗称清斋。"[7]

(三)民间佛事活动

1.拜万佛忏

清代全国各地都有拜万佛忏的风习。《天宁寺志》讲万佛忏仪式时说:"其仪式分十部分:①净三业;②严道场;③立弘誓,即是发菩提心;④修供

---

[1]〔清〕顾禄撰,王湜华等注释:《清嘉录》,中国商业出版社1989年版,第148页。

[2]胡朴安:《中华全国风俗志》(下篇),岳麓书社2013年版,第494页。

[3]〔清〕徐成敩、桂正华修,〔清〕陈浩恩等纂:《〔光绪〕增修甘泉县志》卷四《风俗志》,卢桂平主编:《扬州文库》第1辑第14册,第164页。

[4]〔清〕李斗:《扬州画舫录》卷六,第73页。

[5]〔清〕黄鼎铭:《望江南百调》,卢桂平主编《扬州文库》第1辑第55册,第335页。

[6]徐谦芳著,蒋孝达、陈文和点校:《扬州风土记略》,第76页。

[7]〔清〕黄鼎铭:《望江南百调》,卢桂平主编《扬州文库》第1辑第55册,第333页。

养;⑤请三宝;⑥陈大愿;⑦赞功德;⑧称名顶礼;⑨忏悔发愿;⑩修观行。"[1]
南亭和尚谈到清末民初扬泰一带正月初拜万佛忏的情况:"每年正月有拜万
佛忏的风气,每一个小庙都有,至少半月或二十天以上,距庙不太远而生活
又过得去的人家,每家一天……忏悔主一清早送香烛、黄元、元宝、茶叶、鞭
炮来,烧香礼佛;忏士则做早课。中午上供,烧文疏,忏主、主持均要画押,忏
主还要给庙上十个铜元画字钱。每日三餐,都由忏主家内供给。……观音
寺既有二十八个村庄的信徒,有了丧事,皆由观音寺去做经忏、放焰口,每月
均有几次。……经忏可够热闹了。"[2]

2.地藏王菩萨诞辰

《清俗纪闻》提供了地藏诞辰日相关祭祀的情形:农历七月二十九,"相
传为地藏菩萨诞辰,众人前往地藏庙参拜。入夜起各家于门前设桌,香炉焚
香,并按家中每人两只蜡烛之数,如十人则用二十只蜡烛,用竹签插起,排列
于地上点燃,谓之地灯"[3]。

3.打斋

打斋即俗家准备饭食,成规模地招待僧众。大寺接众之僧动以千计,一
斋所费不少。扬城好行功德的富家女流更甚,竟有不惜千金而供众僧之一
饱者,名曰打斋。有诗谓:"斋孤不若活斋僧,香积厨中福泽增。千二百人持
钵食,如来来到此间曾?"[4]

清代扬州佛教曾经兴旺一时。但从整个佛教发展的形势来看,已难以
维持盛况而趋于衰落,这表现为已不能在理论和实践上开拓出新内容,连守
成亦乏善可观。佛教在民间的惯性影响依然很大,与风俗和民众生活结合,
以开展实用性、娱乐性的佛事活动。

[1] 卢金龙主编:《天宁寺志》,《天宁寺志》编委会2011年版,第33页。
[2] 南亭:《南亭和尚全集》第12册《南亭和尚自传》,华严莲社1985年版,第17页。
[3] 〔日〕中川忠英编著,方克、孙玄龄译:《清俗纪闻》,中华书局2006年版,第43页。
[4] 〔清〕林苏门撰,刘永明点校:《邗江三百吟》,第26页。

第二节　清代扬州道教

清初道教处于边缘化的地位。"清诸帝中,除雍正皇帝对道教炼气养神、符箓斋醮方术略有兴趣外,其余诸帝无一尊奉道教者。"[1]这无疑弱化了道教的官方地位。"至清朝则道教似未格外蒙朝廷优待;盖因圣祖康熙二十二年之上谕,有'一切僧道原不可过于优崇'之语;至宣宗之道光年间,有张真人即张天师停止入觐之事;可见朝廷之不重视道教也。"[2]"乾隆四年,又禁正一真人传度。在道光年间,甚至禁止天师入宫,取消正一真人号。"[3]清代道教失去朝廷的护持,加之教义、科仪无大的发展,整个情势更形衰落。道士阶层良莠不齐,鱼龙混杂。"其优者乃足以助社会之风教;其劣者,则利用迷信,由禁咒以惑愚民而已。现在道士,多属此二流。"[4]清代扬州道教呈现出衰颓的景象。

一、清代扬州道教宫观

扬州佛教一向发达,道教影响远不能与佛教相比,清代也是如此。扬州道教宫观的规模、声誉也远逊于佛教寺院。扬州较出名的宫观有琼花观、武当行宫、仙女庙、槐古道院等。

（一）扬州城郊道教宫观

1.琼花观

琼花观前身后土祠始建于西汉成帝元延二年(前11),北宋政和年间得名蕃釐观。明神宗万历年间,在后土祠遗址上兴建玉皇阁。清顺治、康熙间,先后有两位张天师羽化观内。乾隆年间毁而复建,光绪年间再毁于火。"琼花台在大门内,八角形,径逾数丈,高几五尺,清末为邑绅陈重庆移至大殿之后万佛楼遗址。"[5]乾隆间全真派道士张清伦、徒高一元曾驻此,乾隆五年

[1] 胡孚琛等:《道教志》,上海人民出版社1998年版,第121页。

[2] 傅代言:《道教源流》,中华书局1934年版,第100页。

[3] 张继禹:《天师道史略》,华文出版社1990年版,第126页。

[4] 傅代言:《道教源流》,第101页。

[5] 杜召棠著,蒋孝达、顾一平点校:《扬州访旧录》,第28页。

（1740）在观西建成文昌祠两进,供奉文昌帝君。清末正一派道士邱德培曾居此炼养。光绪二十八年（1902）,两淮盐运使程仪洛在观附近设笃材学堂,三十二年（1906）改为两淮高等小学堂。

2.文昌祠

文昌祠,一名文昌阁,在南门外临河文峰塔湾,祀梓潼帝君。每遇宾兴,府县饯试士于此。梅花书院后有文昌楼。清朝嘉庆十四年（1809）盐政阿克当阿建。

3.都天庙、三清院

都天庙,祀司疫之神。境内都天庙甚多,唯建于南门外者最久。该都天庙中多古银杏树,大可合抱,其上鸟巢不可胜数。大殿三楹,匾联多土人祈报之语。宛虹桥都天庙是全城最大的都天庙,位于宛虹桥,建于清代,庙会规模也是全城最大。庙门朝南,山门殿供奉王灵官及四天将。大殿供奉都天大帝及痧、麻、疹、痘诸神。第三进供奉供出会巡街的木雕都天大帝像。大仪乡都天庙曾兴盛一时。"都天庙在大仪乡砖道上,道旁荒冢如弈。……有如来石塔,八棱,刻佛像,以镇鬼也。三清院在右岸砖路旁,高凤冈以八分书题其门额,方士林东厓居之。林通五雷法,善治鬼,后为鬼魇,死于渡春桥水中。其徒黄鸣谦传其术。"[1]

4.玉清宫

玉清宫在城北史可法墓左。"玉清宫在兴隆禅院之右,门临市河,道士居之。中多老树,皆元明间物。史阁部墓在玉清宫右,古梅花岭前,明太师史可法衣冠葬所也。"[2]

5.厉坛

厉坛即城隍行宫,在北门外寿宁街东,每岁清明、中元、下元三节,奉城隍神于坛,以祭无祀孤魂。

6.斗姥宫

斗姥宫、文武帝君殿在扬州北门镇淮门城河北岸。斗姥是神话中的北

---

[1]〔清〕李斗著,陈文和点校:《扬州画舫录》卷三,第32页。
[2]〔清〕李斗著,陈文和点校:《扬州画舫录》卷三,第41页。

斗七星之母,又为司生育之神,民间多祭祀她。据《扬州画舫录》记载,外城河北岸自慧因寺至虹桥分三段:一为城闉清梵,二为卷石洞天,三为西园曲水。自慧因寺至斗姥宫及毕、闵两园,皆在城闉清梵之内。慧因寺右临河为涵光亭、双清阁、听涛亭。曲廊水榭,低回映带。一层建文武帝君殿,右为斗姥宫。山门外设水马头。正殿供老君,殿上为斗姥楼。[1]斗姥楼祀斗姥,有麟凤接引,执幢拥节之神,旁侍散位,奇伟异状。

7.双清阁、三元帝君殿

在北门城河北岸,涵光亭西。《扬州画舫录》记载,涵光亭面城抱寺,亭的右边通双清阁。双清阁中殿供三清、三皇。老君像形体尺寸、耳门、耳附及耳全像、眉毛尺寸、毛色、目瞳、额项、容颜、腹身尺寸、毛色,顶上紫气,悉按《酉阳杂俎》所描述的塑造。[2]文武帝君殿左边为三元帝君殿。三元帝君殿后即斗姥宫大门。殿右住屋三间,为待宾客之地。屋后复三间,道士居住在这里。

8.灵土地庙

位于虹桥东岸。虹桥东岸,即古寿宁街,路南原有且停车、七贤居、西园、野园等茶坊酒肆。后改为斗姥宫、闵园、勺园、小洪园。西园旱门路北有灵土地庙,其下为过街亭。凡丧殡出城,庙僧在此路祭。[3]

9.关帝庙

扬州城区关帝庙有多处。"关帝庙,内外城皆立庙。一在县治小东门月城,报赛尤盛。……一在旧城北门内街东,每春秋江都县致祭。"[4]瘦西湖边有关帝庙,"在法海桥西岸,本三义庙,临汾人重建,改今名"[5]。庙门与法海桥相对,门内大殿三间,殿角便门通桥南观音堂。此处南门还有关帝庙。"南门关帝庙在子城内,有周将军灵异最著。"[6]

---

[1]〔清〕李斗著,陈文和点校:《扬州画舫录》卷六,第74页。

[2]〔清〕李斗著,陈文和点校:《扬州画舫录》卷六,第75页。

[3]〔清〕李斗著,陈文和点校:《扬州画舫录》卷六,第81页。

[4]〔清〕阿克当阿监修,〔清〕姚文田等纂:《〔嘉庆〕重修扬州府志》卷二五《祠祀志一》,卢桂平主编:《扬州文库》第1辑第6册,第402页。

[5]〔清〕李斗著,陈文和点校:《扬州画舫录》卷一三,第161页。

[6]〔清〕李斗著,陈文和点校:《扬州画舫录》卷七,第87页。

10.社稷坛

社稷坛在荷花池口。"美人桥在扫垢山尾砚池……西为社稷坛,居民筑屋其上,谓之坛巷。其下乃扫垢山,接西门二钓桥西岸之都天庙巷,此皆由南门大街财神庙巷而来者也。"[1]

11.仓圣祠

仓圣祠在今天宁门街磨坊巷西。"仓圣祠在姜家墩路西,蜀僧大嵒自巴州得仓圣像供奉,入江南,居乐善庵。乾隆己酉,迁于是祠。祠记为朱立堂森桂撰,应叔雅澧书,扁对为汪损之大篆书。"[2]

12.八蜡庙

八蜡庙源于上古的腊祭。腊祭祭祀神农、后稷、田畯等八位神灵,后成为专为免除蝗虫等虫害的祭祀。扬州八蜡庙在西门外。雍正十二年(1734)奉旨,每年腊月上戊日府县公同致祭。

13.武当行宫

武当行宫,原名真武庙。[3]咸丰三年(1853),武当行宫除大殿外,其余建筑毁于太平兵火。光绪年间海州分司徐绍垣重修。光绪二十八年(1902),两淮盐运使程仪洛在庙内设仪董学堂。

14.永宁宫

永宁宫,始建于乾隆年间。[4]大殿供奉火神,后楼供奉玉皇大帝、都天大帝。清代,永宁宫每年有三次庙会,即正月初七的火神会、五月十八和冬至的都天庙会。

15.东岳庙

扬州旧有两座东岳庙,老东岳庙始建于明代。[5]三进各为山门殿、大殿、二层楼。大殿供东岳大帝、十殿阎君,二层楼上供东岳娘娘,楼下供可"出巡"

---

〔1〕〔清〕李斗著,陈文和点校:《扬州画舫录》卷八,第97页。

〔2〕〔清〕李斗著,陈文和点校:《扬州画舫录》卷九,第111页。

〔3〕位于今扬州市广陵区东关街300号。

〔4〕位于今扬州市广陵区永宁巷23号。建筑保存较为完好,其戏台遗址为扬州唯一现存的古戏台遗址。

〔5〕位于今扬州市淮海路东岳巷中段,在旧城今扬州大学附中对面。

的东岳大帝坐像。农历三月二十八日是东岳庙会期。"为搞好这一天的庙会,人们需要在前一天进行'排衙'(彩排预演);神驾需经之路,要搭建辕门彩台。二十八日上午约巳时(九点以后),随着三声炮响,东岳庙里钟鼓齐鸣,随之东岳菩萨起驾,队伍出发……香客和民族器乐队伴随。后面有各方抬来的彩亭随行,舞龙、舞狮、荡湖船、挑花担、河蚌精、踩高跷等杂耍队伍尾随其后,沿着城里各主要街巷迤逦而行。"[1]

新东岳庙于咸丰年间被毁,同治间重建。[2]房殿四进,第三进大殿供奉东岳大帝沉香木坐像,出会时抬进銮驾"出巡"。

16.槐古道院

槐古道院距金农所居西方寺不远,唐李公佐曾居此作《南柯太守传》。[3]后道院属于全真龙门派,有女冠居此,系扬州唯一由女冠管理的道教宫观。

17.孚佑宫

孚佑宫位于今扬州东郊湾头镇老街北侧,咸丰二年(1852)重建。山门殿供王灵官及四天将。大殿正中供孚佑帝君,两侧供汉钟离、吕洞宾等八仙像。第三进是道士居室。第四进是经堂。孚佑宫是扬州城郊规模最大的道教宫观。

18.城隍庙

城隍庙始建于元代至顺二年(1331)。[4]山门殿供四尊神像。第二进是二层的戏台。戏台后一个大天井,两侧是一排15间的配殿,供奉土地、阎罗等。天井之北是大殿,供奉城隍像。经过穿堂到后天井,可见二层楼房,楼下正中供可供"出巡"的城隍坐像,楼上正中供城隍太夫人坐像,东侧供城隍、城隍夫人坐像,西侧是城隍卧室。府城隍大殿的东后是江都县城隍殿,西后是甘泉县城隍殿。整个城隍庙有庙房90余间,规模宏大。农历七月半、十月朝为城隍庙香会期,届时抬着城隍坐像"出巡"全城,为盛大节日。

19.天妃祠

---

[1]　钱传仓:《扬州民俗(增修本)》,第175—176页。
[2]　位于今扬州市湾子街224号。
[3]　位于今扬州市汶河北路驼岭巷10号。
[4]　位于今扬州市石塔路汶河小学内。

天妃祠,一名天妃宫,旧在挹江门外,今建于南门官河侧。魏禧《扬州天妃宫碑记》载,明中叶后,扬州闽商始祀天妃。

20.仙女庙

仙女庙,在城东北15公里,位于江都区仙女镇塘子湾,庙门朝南,迎通扬运河而开,始建年代未详。庙内第一进为戏台,第二进为大殿,第三进是二层楼。楼下供奉仙女康紫霞,并祀东陵圣母杜姜。康紫霞原是东陵圣母祠的女道士,素有道行,羽化后颇有灵异,邑人立庙祠之。仙女镇即以庙得名。咸丰六年(1856),雷以诚帮办江北军务,驻仙女镇,曾为仙女庙立碑撰文。光绪年间,僧海涛重修仙女庙。三月三日真武诞辰,仙女庙有大型灯会。清人赵怀玉《仙女观灯词》云:“仙女庙前烟井稠,千樯争集估人舟。张灯闻为酬玄帝,便当年年禊事修。”[1]描述了运河一线千帆竞进、庙会人声鼎沸的景象。

21.碧天观

在北门外街。“碧天观在北门街,雍正间最盛。里人许庭芳修真于是,后为真人府。后楼存贮降伏鬼妖符火瓦罐极多,今已墟矣。”[2]

22.碧霞行宫

在东关外运河东岸,祀泰山碧霞元君。乾隆三年(1738)盐政三保重建。又有泰山行宫在邵伯镇北,亦祀碧霞元君。[3]

23.邗沟大王庙

邗沟大王庙,在城北三里,邗沟之阳,庙像衮服,相传吴王夫差筑城邗沟,后人祀之。“正位为吴王夫差像,副位为汉吴王濞像……是庙灵异。殿前石炉无顶,以香投之,即成灰烬。炉下一水窍,天雨积水不竭,有沙涨起水中,色如银。康熙中,居人辄借沙淘银,许愿缴还,乃获银。后借众还少,沙渐隐。……每岁春香火不绝,谓之财神胜会,连艑而来,爆竹振喧,箫鼓竟夜。及归,各持红灯,上簇‘送子财神’四金字,相沿成习。”[4]咸丰三年(1853)毁

---

[1]　扬州老年大学《扬州历代诗词》编委会编,李坦主编:《扬州历代诗词》(三),第395页。

[2]　〔清〕李斗撰,陈文和点校:《扬州画舫录》卷一,第11页。

[3]　〔清〕阿克当阿监修,〔清〕姚文田等纂:《〔嘉庆〕重修扬州府志》卷二五《祠祀志一》,卢桂平主编:《扬州文库》第1辑第6册,第401页。

[4]　〔清〕李斗撰,陈文和点校:《扬州画舫录》卷一,第8页。

于战火,后重建,规模难复旧观。

此外还有:

"天雷坛在小金山后。初某祀吕祖甚虔,将立坛,祈于吕祖,乩指今地使立之。"[1]

三元宫,在丁家湾,一名三宫殿。

万安宫,在新城引市街北。

离明宫,在丁家湾井亭之左。

纪寿宫,在丁家湾。

共清宫,在四望亭西北东岳庙旁。[2]

赞化宫,在南门街。[3]乾隆初,河督高斌建乐仙坛于此,供吕洞宾像。道光四年(1824),两淮盐运使曾燠改为赞化宫。同光间修成山门殿、大殿、后殿三进院落。今存银杏树一棵。

司徒庙,位于蜀冈西峰,又称五显司徒庙,供茅、许、祝、蒋、吴姓五司徒神像。康熙年间荒废。

禹王庙,在县治西,浮山后。

(二)清代仪征道教宫观

1.仪征东岳庙

仪征东岳庙位于仪征真州镇东侧,是江苏省最大的道教场所,始建于南宋。康熙四年(1665)、乾隆四十年(1775)、道光初多次重修。主体建筑有山门殿、大殿、后宫楼、前院两侧配殿等,并有客堂、斋堂、寮房等厢房、配房多间。宝应泰山殿位于宝应城北,古运河旁,始建于明嘉靖四十年(1561),主祀碧霞元君。清顺治、康熙间两次重建。泰山殿有殿宇八进,殿房310余间,占地6万余平方米,为明清间宝应最大的道教宫观。光绪四年(1878),僧显珏居此,道观改为丛林。

2.纪寿宫

纪寿即火神,称纪寿星君。其宫有三:一在天池北岸。乾隆四十六年

---

[1] 〔清〕李斗撰,陈文和点校:《扬州画舫录》卷一,第11页。

[2] 钱祥保等修,桂邦杰纂:《〔民国〕续修江都县志》,第898页。

[3] 位于今扬州市南门街赞化巷14号。

（1781）里人重修。一在县前裴官巷北。俱未详建年。一在南坛，即洞旸宫。乾隆丙子（1756）冬毁，寻建。癸巳重新之。[1]

3. 真武庙

仪征真武庙，在南水关内。乾隆初邑人吴之俊子崇桂重修。

4. 都天庙

仪征都天庙，位于新城镇东二里。雍正三年（1725）刘正实等建墓前石坊。乾隆四十年（1775）众姓重修，为神楼斗坛。五十三年（1788）里人重修殿宇、石岸。五十九年（1794）署监掣同知邓谐捐修，邑人继其。

5. 药王庙

仪征药王庙，位于厂西前渡河口内，祀羲农、黄帝及岐伯诸像。乾隆四十一年（1776）僧灯盛募葺。五十八年（1793）僧恒树募建戏楼，新拓大殿神像，更名三皇宫。[2]

（三）清代高邮道教宫观

1. 关帝庙

关帝庙在北城内。"为春秋祀典所在。光绪二年，知州姚得彰率官绅捐助，庙僧性开修理。"[3]

2. 文昌宫

"光绪五年僧圣传募修，又西偏旧有瞻衮堂，亦名字香书屋。嘉庆年宋厚鋈增修。同治年附贡生赵泽生重修……七年孙金氏捐钱一百千文交董代息给字佣工食。"[4]

3. 城隍庙

城隍庙在老城夫子庙东隔壁。"同治八年，学正叶觐扬与邑人王兰陵劝捐，得钱七十千文交兰陵生息。光绪元年，兰陵请以契典忠二三铺草田三垟

[1]〔清〕颜希源、邵光钤总纂：《〔嘉庆〕仪征县续志》卷四《祠祀志》，嘉庆十三年（1808）刻本。

[2]〔清〕颜希源、邵光钤总纂：《〔嘉庆〕仪征县续志》卷四《祠祀志》，嘉庆十三年（1808）刻本。

[3]〔清〕龚定瀛、金元烺修，夏子鐊纂：《〔光绪〕再续高邮州志》卷一《舆地志·建置·书院》，卢桂平主编：《扬州文库》第1辑第22册，第238页。

[4]〔清〕龚定瀛、金元烺修，夏子鐊纂：《〔光绪〕再续高邮州志》卷一《舆地志·建置·书院》，卢桂平主编：《扬州文库》第1辑第22册，第238页。

……为该庙永远岁修之用。"[1]城隍庙每年阴历七月半出会,人们叫迎会。

4.文昌阁

即南斗坛。光绪十三年(1887),邑人贾思慎、李勋重建吕祖殿三间、东厢房五间、二门一间、老君殿一间。十九年(1893),李勋等重修玉皇殿五间。宣统元年(1909),李勋于坛内添置施材,善举岁以为常。

(四)清代宝应道教宫观

1.泰山殿

泰山殿,位于宝应城北,原古运河旁晏公庙旧址,始建于明嘉靖四十年(1561),主祀碧霞元君,一名碧霞宫。清顺治、康熙间两次重建。之前岁首香会远近至者两千余起,道光间尚有百余起。泰山殿有殿宇八进,殿房310余间,占地6万余平方米,为明清间宝应最大的道教宫观。光绪四年(1878),僧显珏居此,道观改为佛教丛林。

2.东岳庙

东岳庙,宋绍熙元年(1190)始建,嘉靖十七年(1538)知县宋佐重修。

3.刘猛将军庙

刘猛将军庙在城东。"道光丁酉戊戌以来,江南北蝗不为灾,大吏奏御书'福佑康年'匾额以答神贶。知县刘光斗劝捐重修。"[2]

清代扬州道教不振,很多道观变为佛教场所。如湾子街东岳庙,原供奉东岳大帝,同光间已不见道士,由僧人居住。民国以来住持为僧妙悟、瑞霞。江都区小纪镇磨子街真武庙,后变为佛教的真如寺。江都区丁伙镇彰墅村的彰墅庙,原供奉玉皇大帝,后来供奉释迦牟尼、观音菩萨和地藏王菩萨。江都仙女庙原供奉仙女康紫霞、东陵圣母杜姜,后为佛教所有。光绪年间,由住持僧海涛主持重修。相反,还没有看到佛教寺院变成道观的,说明道教在清代的扬州急剧衰落。

---

[1]〔清〕龚定瀛、金元烺修,夏子锡纂:《〔光绪〕再续高邮州志》卷一《舆地志·建置·书院》,卢桂平主编:《扬州文库》第1辑第22册,第239页。

[2]〔清〕孟毓兰修,〔清〕乔载繇等纂:《〔道光〕重修宝应县志》卷五《寺庙》,卢桂平主编:《扬州文库》第1辑第25册,第226页。

二、清代扬州水神信仰

水神信仰是一种植根于传统农业社会中的自然崇拜,反映了农耕自然经济背景下人们对风调雨顺的祈愿。水神崇拜无论在官方还是民间都很盛行,各地水神信仰对象十分广泛,信仰形式亦多种多样。扬州江河交叉,水系发达,水神信仰风习浓厚,在各处修筑了诸多的水神庙宇。从祠庙对象上看,有天妃、潮神、风神、河神、龙王、晏公、二郎神等不同的信仰对象。

（一）江都、甘泉水神祠庙

1.天妃宫

"旧在挹江门外,今建于南门官河侧。"[1]

2.江海潮神庙

在江都瓜州镇,始建于明景泰六年(1455),岁以八月十五日祭。

3.江水祠

在江都县南瓜州镇,祠江海洛水,"俗谓之伍相庙,子胥但配食耳"[2]。

4.河神庙

与江都仙女庙相近,盐艘往来停泊,清朝康熙四十年(1701)众商创建。[3]

5.金龙四大王庙

在扬州西门外文峰塔湾,祀谢绪。

6.龙祠

在江都瓜州镇八港屯船坞,面金山,当地人谓之金山龙王庙。

7.晏公祠

在东关外,祀水神。

8.晏公庙

————————————

　　[1]〔清〕阿克当阿监修,〔清〕姚文田等纂:《〔嘉庆〕重修扬州府志》卷二五《祠祀志一》,卢桂平主编:《扬州文库》第1辑第6册,第401页。

　　[2]〔清〕阿克当阿监修,〔清〕姚文田等纂:《〔嘉庆〕重修扬州府志》卷二五《祠祀志一》,卢桂平主编:《扬州文库》第1辑第6册,第401页。

　　[3]〔清〕阿克当阿监修,〔清〕姚文田等纂:《〔嘉庆〕重修扬州府志》卷二五《祠祀志一》,卢桂平主编:《扬州文库》第1辑第6册,第401页。

在小东门内粉妆巷口,祀明嘉靖死倭难晏锐。[1]

9.邵伯大王庙

在邵伯镇,以水神祭知名。江都区邵伯镇濒临邵伯湖,历来水患频繁。为祈求平安,渔民、船民等百姓集资兴建了大王庙。镇上原有三座大王庙,如今还剩一座建于清道光年间的中大王庙。大王庙由道士掌管,庙内有大殿,供奉大王塑像。另有戏台和串楼,场地宽阔,可容纳上千人看戏。农历六月十九日是祭水神的日子,道士吹起唢呐、笛子、笙等,唱起经文。在这里,道士将道教和佛教的仪式结合起来。因为这一天也是观音菩萨的成道日,六月十八日落日前,道士请观音菩萨下凡,第二天请菩萨出坛,替百姓消灾降福。

(二)仪征水神祠庙

1.仪征九龙将军庙

位于九龙桥西,乾隆四十年(1775)重修。

2.仪征二郎庙

位于新城镇西,乾隆五十三年(1788)烧毁,羽士李鉴募修,改山门于河干,升真君于南位。[2]

3.晏公祠

在旧巡检司西,明洪武间尚书单安仁建。《〔嘉庆〕仪征县续志》载:"按公名戍仔,临江府清溪镇人,浓眉虬髯,面如漆,疾恶如仇,人多敬惮。元初以人材官文锦局堂长,因疾归。登舟而卒,枢未返里,人先见其衣冠,仪从如生时。月余乃至,盖见之时即死之日也。启棺则已尸解。父老神之,为立庙。明封平浪侯,以灵显江湖云。"[3]

4.仪征金龙四大王庙

祀被奉为水府神的宋诸生谢绪。仪征有金龙四大王庙多处:"凡七:一

---

[1]〔清〕阿克当阿监修,〔清〕姚文田等纂:《〔嘉庆〕重修扬州府志》卷二五《祠祀志一》,卢桂平主编:《扬州文库》第1辑第6册,第414页。

[2]〔清〕颜希源、邵光钤总纂:《〔嘉庆〕仪征县续志》卷四《祠祀志》,嘉庆十三年(1808)刻本。

[3]〔清〕颜希源、邵光钤总纂等:《〔嘉庆〕仪征县续志》卷四《祠祀志》,嘉庆十三年(1808)刻本。

在栏江闸河口,最久;一在新河口,俗名四官殿,郑钟山建;一在钥匙河南,名金斗大王庙;一在萧公庙旁;一在新埂西;一在旧港东,申必达建,一在四闸闸厅。[1]

5.仪征马将军祠

即伏波宫,在沙漫洲河口。乾隆十年(1745)辰州众船户公建。

6.萧公祠

"在钥匙河滨,初封灵通广济应佑侯,后加顺天王。明洪武初建,成化间重修,礼部郎中樊金有记,国朝乾隆五十五年重建。"[2]

7.四圣庙

"在二坝侧,明永乐中建,天顺间工部郎中龚以静再建。"[3]

8.三坛庙

"在三坝南外河之滨,明洪武中建。"

9.广惠庙

"旧在治平院东,称正顺忠祐灵济昭烈王祠,宋绍熙间郡守韩梃移建于仪真观西,明洪武间指挥凌宝再建。"[4]

(三)宝应水神祠庙

1.宝应县天妃庙

"在县治南,今为儒学地。"[5]

2.风神湖神庙

在白田铺,嘉庆十五年(1810)建。

————————————

[1]〔清〕颜希源、邵光铃总纂等:《〔嘉庆〕仪征县续志》卷四《祠祀志》,嘉庆十三年(1808)刻本。

[2]〔清〕阿克当阿监修,〔清〕姚文田等纂:《〔嘉庆〕重修扬州府志》卷二五《祠祀志一》,卢桂平主编:《扬州文库》第1辑第6册,第418页。

[3]〔清〕阿克当阿监修,〔清〕姚文田等纂:《〔嘉庆〕重修扬州府志》卷二五《祠祀志一》,卢桂平主编:《扬州文库》第1辑第6册,第418页。

[4]〔清〕阿克当阿监修,〔清〕姚文田等纂:《〔嘉庆〕重修扬州府志》卷二五《祠祀志一》,卢桂平主编:《扬州文库》第1辑第6册,第418页。

[5]〔清〕阿克当阿监修,〔清〕姚文田等纂:《〔嘉庆〕重修扬州府志》卷二六《祠祀志二》,卢桂平主编:《扬州文库》第1辑第6册,第431页。

3.宝应晏公庙

"在北门外,今改建碧霞宫。"[1]

（四）高邮水神祠庙

高邮境内有高邮湖,京杭大运河从中穿过,故水神信仰十分浓厚。

1.平水大王庙

清《〔嘉庆〕高邮州志》记载:"平水大王庙,在州城北新闸前,判官耿相重修。又保和铺、太八铺、太四铺并有大王庙。"[2]

2.晏公庙

在平水大王庙旁。

3.金龙四大王庙

在城北河堤上。《〔光绪〕再续高邮州志》载:"金龙四大王庙,同治八年山东巡抚丁葆桢奏请敕封。"[3]《〔民国〕三续高邮州志》亦载:"大王庙……宣统三年僧守道重修大殿、厢屋。"[4]

4.龙王庙

一称"五龙王庙",亦称"五龙祠","在州治北二十里清水潭上。宋嘉泰间,郡守吴铸重建。明洪武元年知州黄克明重立。其地堤岸旧时最易溃决,故祠祀之"[5]。又史载:"五龙祠,同治五年清水潭漫工堵合。总督李鸿章、漕督张之万请旨加封并匾额一方,奉旨钤出'显应'二字,又钦颁'德普安流'匾额。"[6]另一座叫"龙王庙","在万安宫东,嘉庆十六年知州丁堂改建正殿

---

[1]〔清〕阿克当阿监修,〔清〕姚文田等纂:《〔嘉庆〕重修扬州府志》卷二六《祠祀志二》,卢桂平主编:《扬州文库》第1辑第6册,第431页。

[2]〔清〕夏之蓉等:《〔嘉庆〕高邮州志》卷一《庙宇》,卢桂平主编:《扬州文库》第1辑第21册,第104页。

[3]〔清〕金元烺、龚定瀛修,夏子鐊纂:《〔光绪〕再续高邮州志》卷一《舆地志·建置·神庙》,卢桂平主编:《扬州文库》第1辑第22册,第239页。

[4]胡为和、卢鸿钧修,高树敏纂:《〔民国〕三续高邮州志》卷三《祠祀志·祀典》,卢桂平主编:《扬州文库》第1辑第23册,第117页。

[5]顾廷龙、戴逸主编:《李鸿章全集》第2册《奏议二》,安徽教育出版社2008年版,第593页。

[6]〔清〕金元烺、龚定瀛修,夏子鐊纂:《〔光绪〕再续高邮州志》卷二《典礼志·祀典》,卢桂平主编:《扬州文库》第1辑第22册,第265页。

三间、照殿三间、大门一座"[1]。"在甓社湖大堰尖救生港侧,道光十九年邑人吴旅闲、宋元祺等捐建。初设时于庙门外竖有高旗杆,昼则悬旗,夜则易旗为灯,俾湖船猝遇暴风者向此躲避。"[2]此外,各乡镇也有龙王庙,如临泽镇的东岳庙即古龙王庙。"龙王庙在五总八里运盐河北,旧系观音庵,嘉庆中僧月朗倡募改造,遂更今名。"[3]

5.天妃庙

高邮共有四处。高邮"天后宫,乾隆庚寅扬河守备蒋用霖偕邑人周时照等重建,后复倾圮。同治十二年,知州姚德彰谕董刘枝荣、丁逢辰、冯森、宋子良等偕住持僧悟成、清持前后募修,一律修理整齐,后殿供设三官神像,皆铜身,每尊约重六百斛"[4]。"天后宫在恭南铺⋯⋯光绪三十三年僧事澄复修,宣统元年僧治汇重建大殿、中殿及两厢。又有宫在七总十一里下村,创自道光初年,旋圮于水。光绪十四年僧竹峰于故址中寻得神像,遂募化复建。"[5]

6.康泽侯庙

在州西北十里湖中洲上,俗呼为耿七公庙。相传侯耿姓名裕德,东平人,或云以女归州之苟氏来邮,或云即苟氏甥,死而栖神湖中,屡显灵异。尝夜悬灯于波涛汹涌间,为人拯溺捍患。又遇有旱潦瘟疫虫蝗,祷之无不立应。宋时封为康泽侯。明宣德七年,平江伯陈瑄奏请春秋二仲以羊豕祀之。嘉靖间重修,今圮于水。又有康泽行祠二,一名行祠,一名七公殿,俱在运河滨。[6]

---

[1]〔清〕冯馨增修,〔清〕夏味堂等增纂:《〔嘉庆〕高邮州志》卷一《庙宇》,卢桂平主编:《扬州文库》第1辑第21册,第112页。

[2]〔清〕金元烺、龚定瀛修,夏子镐纂:《〔光绪〕再续高邮州志》卷一《舆地志·建置·神庙》,卢桂平主编:《扬州文库》第1辑第22册,第239页。

[3]胡为和、卢鸿钧修,高树敏纂:《〔民国〕三续高邮州志》卷三《祠祀志·祀典》,卢桂平主编:《扬州文库》第1辑第23册,第120页。

[4]〔清〕金元烺、龚定瀛修,夏子镐纂:《〔光绪〕再续高邮州志》卷一《舆地志·建置·寺》,卢桂平主编:《扬州文库》第1辑第22册,第240页。

[5]胡为和、卢鸿钧修,高树敏纂:《〔民国〕三续高邮州志》卷三《祠祀志·杂祀》,卢桂平主编:《扬州文库》第1辑第23册,第119页。

[6]〔清〕阿克当阿监修,〔清〕姚文田等纂:《〔嘉庆〕重修扬州府志》卷二六《祠祀志二》,卢桂平主编:《扬州文库》第1辑第6册,第424页。

高邮还有禹王庙,以及水都天庙、团瓢庵、镇海庵等,都与治水、镇水有关。由于高邮湖运相接,水患较多,水神文化也相当丰富。

三、清代扬州道教人士

清代扬州道教不振,知名的道教人物甚少,仅就文献记载约略述之。

天师道第五十四代天师张继宗(1666—1715)羽化于扬州。张继宗,字善述。康熙四十二年(1703),朝廷授其光禄大夫衔。五十四年乙未(1715)冬入京觐见,至扬州琼花观,"矍然曰:'此先祖蝉蜕处也,余亦从此逝矣。'遂化于观内"[1]。张继宗曾在扬州留下捉妖故事。《扬州画舫录》记张真人捉妖事:慈溪县人裁缝王某,妻子为狐迷惑,请道士施法捉妖而不见效。听闻张天师船过运河,王裁缝请天师施法。"(天师)命法官于中埂街备法坛,又命王于家急备银炭二百斤,大铁火盆一,蜡烛二百斤,沉檀五十斤。……将午,法官至,书符于炭上,令王守炭,自往法坛。自是每日中,法官来于炭火上书符而去。……及第六日,法官四十余人来至庭中,围立火盆步罡斗,焚符无数。第七日令王妻出房,诸法官移火盆剑镜入房,法官递更书符。……至夜半,诸法官鹄立房中,若有所待。一法官忽杖剑出房,若接引状。复至房,诸法官齐书符,移火入瓦罐中……法官乃以泥封罐口,贮南门子城内周将军足下。"[2]可见道教捉妖之程式极尽夸张、奢侈,且表演性极强,小户人家也难以支撑道教捉妖的耗费。

道士李惠源,字衡山,江都人,能诗。阮元《淮海英灵集》载:"黄冠而有诗癖者也。遇人辄言诗,往往取憎焉。"[3]李惠源于宜陵镇之东,建庵院供养母亲。将所居茅屋命名为"东社",与布衣姜尚远、沈大修、姜绂、姜绅等平日吟咏于其中。

汪履之为董公祠道士,"与卢抱孙修禊于虹桥者"[4]之一。性恬淡,有气节,以弈棋受知于卢见曾。"值公(卢见曾)被逮出塞,汪随之三年。公诗云:'桃花潭上水潺潺,恋客情深诗早传。更有汪伦能送远,八千里外住三年。'

[1]　傅勤家:《中国道教史》,上海书店1984年版,第89—90页。
[2]　〔清〕李斗著,陈文和点校:《扬州画舫录》卷七,第87页。
[3]　〔清〕阮元纂,万仕国点校:《淮海英灵集》癸集卷一,904页。
[4]　徐谦芳著,蒋孝达、陈文和点校:《扬州风土记略》,第29页。

后为甘肃主簿,死于长沙。"[1]

有罗姓道士改进扬州理发技艺:"清代,扬州籍罗姓道士在继承传统的基础上研制了剃头、刮脸、洁耳、清眼的器具,并创造了通、篦、掏、解、顺等一整套养颜整容法传给弟子。"[2]

董道士,以叠石著称。《扬州画舫录》卷二云:"淮安董道士垒九狮山,亦藉藉人口。"[3]"山在扬州城北门外小洪园中,原为郧园,以怪石老木胜。乾隆年间归洪氏,董道士以旧制临水太湖石,搜岩剔穴,为九狮形,置之水中,上点桥亭,题之曰'卷石洞天'。《扬州画舫录》称:'狮子九峰,中空外奇,玲珑磊块。手指攒撮,铁线疏剔。蜂房相比,蚁穴涌起。冻云合遝,波浪激冲。下水溅土,势若悬浮。横竖反侧,非入思议所及。树木森戟,既老且瘦。夕阳红半楼,飞檐峻宇,斜出石隙。郊外假山,是为第一。'"[4]

王朗,清末赞化宫道士,以吹笛知名。

整个来看,清代扬州道教人物特出者少,远不能与佛教相比。其实佛教比盛时已经衰落了,道家更见衰落,只是空遗道观建筑。道教活动虽有一定社会影响,也只是应景而已。

四、道教活动和节俗

(一)道教活动

1.做经忏

道教和佛教一样,也有经忏活动。道士应居民百姓之邀所做的经忏,分为斋醮、焰口两类。斋醮有罗天大醮、灵宝大醮、百拜朝天、千拜朝天、跪诵天经、坐诵天经、玉皇忏、东岳忏、阎王忏、五斗经忏多种,其中罗天大醮规模最大,历时3天或9天,最隆重的长达49天。道教和佛教一样,也有放焰口的科仪。唐人欧阳询《艺文类聚》称:"道经曰:七月十五,中元之日,地官校勾,搜选人间,分别善恶,诸天圣众,普诣宫中,简定劫数,人鬼传录,饿鬼囚徒,一时皆集。以其日作玄都大献于玉京山,采诸花果,珍奇异物,幢幡宝盖,

[1]〔清〕李斗撰,陈文和点校:《扬州画舫录》卷十,第123页。
[2]仲玉龙编著:《扬州国粹》,广陵书社2015年版,第154页。
[3]〔清〕李斗著,陈文和点校:《扬州画舫录》卷二,第22页。
[4]陈从周主编:《中国园林鉴赏辞典》,华东师范大学出版社2001年版,第1128页。

清膳饮食,献诸圣众。道士于其日夜讲诵是经,十方大圣,齐咏灵篇,囚徒饿鬼俱饱满,免于众苦,得还人中。"[1]说明唐代以前道教即有放焰口的习俗。做经忏在所有讽经、礼拜时,都有音乐伴奏,各种活动的配乐也不相同。只要家境宽裕,很多人家都会请道士打斋醮、放焰口以超度亡人。

2.香火戏

香火戏源于古时用于祀神驱疫的傩戏。为谢神还愿,或祈祷许愿,人们请巫师或道人设坛做会,同时演剧娱神,称香火戏。"扬州附近农村有青苗会、火星会、盂兰会等,俗称'做香火会'。开始只是念经、诵咒,敲锣、击鼓,唱词也很简单,多为七字句和十字句。后来逐渐发展为香火剧,剧目大都来自神书、宝卷,分'内坛戏'与'外坛戏'。内坛戏是指《秦始皇赶山塞海》《魏征斩龙》等十部宗教色彩较浓厚的剧目。外坛戏演出的多为民间故事和历史故事。"[2]

3.土地会

扬州土地信仰浓厚。几乎家家建磨砖福神祠:"大门内,迎门建福神祠,即土地祠也。祠用细砖磨凿为之,以祀本宅土地之神。"[3]扬州每条较大的街巷,都建有土地祠。人们在二月二日到土地祠祭祀土地。城区也和农村一样,举办土地会,祭祀土地。同时扬州还有彩画土地庙的风俗:"土地,福神也。凡街有巷,巷口多建小庙。每年二月二日,俗传土地生日,预日,各铺户雇画师,画杂出戏文于墙上以侑神。"[4]土地会又称增福财神会。"二月二日祀土神,以虹桥灵土地庙为最,谓之'增福财神会'。"[5]

4.拜邗沟庙财神

邗沟大王庙在便益门北官河旁,祭祀吴王夫差、刘濞,后演变为财神庙。《扬州览胜录》卷四记载,"邗沟大王庙俗称邗沟财神庙……至乾隆间,则有借元宝之风:以纸为钞,借一还十,主库道士守之,每岁春初,香火不绝,谓之

---

[1]〔唐〕欧阳询:《艺文类聚》,上海古籍出版社1965年版,第80页。

[2]王鸿:《扬州散记》,江苏古籍出版社1985年版,第85页。

[3]〔清〕林苏门撰,刘永明点校:《邗江三百吟》,第31页。

[4]〔清〕林苏门撰,刘永明点校:《邗江三百吟》,第31页。

[5]〔清〕李斗著,陈文和点校:《扬州画舫录》卷一一,第133页。

财神胜会,至今仍相沿成习。于正月五日烧香时,爆竹声喧,箫鼓竞夜。沿途士女往来,车如流水:有借元宝者,有还元宝者,人持纸钞,络绎于途,可谓新年胜景。"[1]董伟业《扬州竹枝词》写道:"土地灯完二月中,年年思想做财翁。借银又上邗沟庙,到底人穷鬼不穷。"[2]扬州还有送财神活动:"用纸做财神,丐者捧送之,以乞钱文。"诗曰:"妆成宝气色氤氲,解得人情总重君。偏我有辜持赠意,朝朝仍做送穷文。"[3]

5.扬州道教音乐

道教音乐是道教艺术重要组成部分,又称道曲、道调、清曲或正乐,民间俗称道士调或道士班。道教音乐成为民间节俗的重要活动。"扬州道教音乐,相传由道士悄然从明宫内苑抄录带至扬州。其音乐语言和演奏风格,带有鲜明的宫廷雅乐特征,被视为宫廷音乐活化石。"[4]扬州道教音乐分器乐和声乐两大部分。器乐运用笛、管、箫、弦、提琴、云锣、锡锣、木鱼、檀板、大鼓等10余种古典乐器,以笛、箫为主,又有钟、磬配合。声乐有颂、赞、步虚、偈子等,也用吟、咏等形式。《扬州画舫录》载:"潘五道士能吹无底洞箫以和小曲,称名工。"[5]清代扬州道情亦颇为流行。扬州道情多用渔鼓、简板等乐器伴奏,主要曲牌是《耍孩儿》。郑板桥、金农在道情创作上颇有成就。

(二)道教节俗

1.迎春

古代入春的一种节俗仪式,在立春前一日举行。"扬州蕃釐观在城东,所祀的神又是后土,所以扬州'迎春'便选择了蕃釐观作为目的地。按照惯例,每逢这一天,扬州知府率领属下各官,到蕃釐观迎春……有的官妓还扮成戏剧中的人物,如'昭君出塞''西施采莲'等,排列在官吏之前。"[6]

2.三元节俗

---

[1] 王振世著,蒋孝达校点:《扬州览胜录》,第95页。

[2] 〔清〕董伟业撰,刘永明点校:《扬州竹枝词》,第1页。

[3] 〔清〕林苏门撰,刘永明点校:《邗江三百吟》,第46页。

[4] 陈锴竑、姜龙、卢桂平主编:《扬州历史文化大辞典》(下),广陵书社2017年版,第465页。

[5] 〔清〕李斗著,陈文和点校:《扬州画舫录》卷一一,第136页。

[6] 王鸿:《扬州散记》,第149—150页。

　　道教称正月十五、七月十五、十月十五为上元、中元、下元三节。三元日中以上元、中元为大节。道教以上元为赐福天官诞辰,在道观中设斋庆贺天官诞辰。民间在上元节形成以观灯、闹元宵等民俗形式为主的娱乐节庆。

　　农历七月十五日中元节又是佛教的盂兰盆会,佛道同祀,民众在中元进行祭祀孤魂、超度亡灵、设食祭鬼等活动,成为重要的祭祖节日。中元节也祭祀土地,多在土地庙进行,并有赛会活动。扬州丰乐街是中元节会的重要场所。丰乐街一名上买卖街,即城北门附近天宁寺东侧恩奉院门口街道。上买卖街路北有甘露庵、都土地庙、都天庙、恩奉院、城隍行宫,路南有解脱庵、送子观音阁及市场。都土地庙每年于中元进行祭祀活动,节前举行赛会,至期迎神于城隍行宫。等到城隍会回宫,迎神于画舫。节日还选僧侣放瑜珈焰口,造盂兰盆,放荷花灯。半夜开船,张灯如元夕,叫作盂兰会。江南中元节,每有妇女买舟作盂兰,放焰口,燃灯于水面,以赌胜负。[1]

　　3.城隍赛会

　　每年城隍出会是扬州重要的道教节俗活动。《扬州画舫录》载:"厉坛即城隍行宫,每岁清明、中元、下元三节,先期羽士奏章,吹螺击钹,穷山极海,变错幻珍,百姓清道,香火烛天,簿书皂隶,男妇耆稚,填街塞巷,寓钱鬼灯,跨山弥阜。及旦,迎神于是,升堂放衙,如人世长官制度。及暮,台阁伞盖,彩绷幡幢,小儿玉带金额,白脚呵唱,站立人肩,恣为嬉戏;或带锁枷诣庙,亦免灾难。银花火树,光焰竞出,爆竹之声发如雷,一时之盛也。"[2]

　　4.五腊日

　　道教将五腊日定为祭祀祖先、集会斋醮的日期,即正月一日为天腊,五月五日为地腊,七月七日为道德腊,十月一日为民岁腊,十二月八日为王侯腊,届时举行斋醮、追赎等宗教活动。

　　清代扬州道教从道教场所、道教人物、道教活动、道教影响来看,已经相当衰微了,更无任何道教思想理论的建树。只是由于道教传统的惯性影响,还能勉强维持道教的传续而已。

---

　　[1]〔清〕李斗著,陈文和点校:《扬州画舫录》卷六,第73页。
　　[2]〔清〕李斗著,陈文和点校:《扬州画舫录》卷六,第73页。

第三节　清代扬州伊斯兰教

自唐代以来,由于海外贸易和文化交往的频繁,扬州一直是伊斯兰教活动的重地。清初曾于地下得一石碑:"顺治十五年,先贤墓清真寺重建觉斯楼,择吉定础。掘地得一断碣,洗而视之,据载为梵字横书,人皆莫识。适瑞符里人隐斋张志中氏能解其意,但惜乎碑体损缺,不能一睹全文。"[1]碑文揭示出唐德宗之前,扬州即有伊斯兰教传播。明末动乱后,伊斯兰教在扬州的传播逐渐冷清。清代也是扬州伊斯兰教传播的沉静期。"清代三百年间,回回虽也可以读书习武,应举入仕,但清廷防制回回的心更深,防制回回的法更严。在内地各省,回回犯法者,定罪均较普通犯人为重。流徙罪,普通可声请存留养亲者,回回独不得声请。"[2]清代前期少见穆斯林来扬州活动的记载,只是原居扬州的本地穆斯林在这里生活着。"到了清代下半叶,特别是'鸦片战争'以后,扬州随着整个中国沦落到半封建、半殖民地的状态,大门被帝国主义列强打开,形形色色的西方和东方的外国人来到扬州,但大多数是英、美和法、意等国基督教和天主教会的传教士,也未曾有过阿拉伯伊斯兰教徒及其教士来过扬州,在整个清代,聚居在扬州的回民与穆斯林为数是不少的,从地方志书与穆斯林遗迹来看,乾隆前后,扬州伊斯兰教的文化活动,似乎比较活跃,许多旧有的清真寺,如仙鹤寺、回回堂等处,都进行整修,并于乾隆年间,在今卸甲桥兴建了一座清真寺院。"[3]乾隆以后,扬属各县都有伊斯兰教的传播。高邮菱塘成为著名的穆斯林聚居地。

扬州伊斯兰教的活动与盐业兴衰也有相当的关系。"幸亏有清以来教胞中以盐业兴起者有之,所以一般慈善事业,修理礼拜寺,聘请阿訇等等,皆由他们负了大部的责任,而勉强地来支持。……此后盐业衰败,漕运停顿,扬州市面日见萧条,盐商巨主纷纷他就,孤立扶持宗教的这辈贤士,也当然

---

[1]　李兴华:《扬州伊斯兰教研究》,《回族研究》2005 年第 1 期。

[2]　白寿彝:《中国伊斯兰史纲要》,文通书局 1946 年版,第 34 页。

[3]　朱江:《伊斯兰教文化东渐扬州始末(下)》,《海交史研究》1980 年第 2 期。

不能例外。所以今年内来的教政每况趋下,一落千丈。"[1]扬州盐业衰败,其伊斯兰教文化事业亦随之衰败。

一、清代扬州清真寺

乾隆已降,扬州伊斯兰教文化活动趋于活跃,当时扬州城内有六所清真寺。其一仙鹤寺,在南门街;其二在南门外街(今扬州玻璃厂所在);其三在钞关河南(今扬州柴油机厂所在);其四在卸甲桥,乾隆年间建;其五在马监巷;其六即回回堂,在东关城外河东。学者记载扬州各处清真寺的情况:"江都县城有寺 4 处,即南门大街清真流芳巷口的仙鹤寺、东关大街马监巷的礼拜寺、卸甲桥的礼拜寺及太傅桥的女寺;江都城外有寺 3 处,即东关城外沙坝南先贤墓中的礼拜寺、南门外的礼拜寺及钞关门外河南的礼拜寺;江都乡镇瓜洲镇、仙女庙、邵伯镇共有 4 处;高邮县有寺 1 处;仪征县有寺 3 处;宝应县、泰县、东台县共有寺 4 处。合计共 19 处。其中江都县城的 4 处、江都城外的 3 处,合计共 7 处在今扬州城的范围内。"[2]

（一）仙鹤寺

仙鹤寺由伊斯兰教创始人穆罕默德的十六世裔孙普哈丁于南宋德祐元年(1275)创建[3],有近八百年历史,是中国东南沿海四大清真寺之一,与广州的怀圣寺(又名光塔寺)、泉州的麒麟寺、杭州的凤凰寺齐名。仙鹤寺内建筑保持宋、元、明、清的古典风貌,古建筑群按仙鹤的体型布局:大门对面照壁墙为鹤嘴;大门堂为鹤头;向北甬道为鹤颈;礼拜殿为鹤身;南北两厅为鹤翅;南北两棵柏树为鹤腿;南北两口水井为鹤眼;竹林为鹤尾。从空中俯瞰,酷似仙鹤,是扬州伊斯兰教活动的重要场所。

（二）普哈丁墓园

普哈丁园位于扬州古运河东岸的土冈上[4],始建于南宋德祐元年(1275),占地约 1.7 万平方米,由古清真寺、古墓园、古典园林三部分组成。

[1] 卿:《扬州仙鹤寺杨哲臣阿訇访问记》,李兴华,冯今源编《中国伊斯兰教史参考资料选编》(上册),宁夏人民出版社 1985 年版,第 650—651 页。

[2] 李兴华:《扬州伊斯兰教研究》,《回族研究》2005 年第 1 期。

[3] 位于今扬州市广陵区汶河南路南门街 111 号,为江苏省文物保护单位。

[4] 位于今扬州市广陵区解放桥南侧。

该园林于乾隆间重建,文物古迹包括:"清中叶大门门额石匾。面对运河,上题'西域先贤普哈丁之墓',下署'乾隆丙辰重建'。""清中叶建清真寺大殿。在进大门右侧向南。""大殿中拱门一券及拱门内正中所书阿拉伯文。估计原也属清中叶作品。"[1]

据学者研究,普哈丁园在清代历经九次兴建:"清康熙五十一年(1712),先贤墓清真寺之掌教偕太史丁南屏捐资重建墓亭五座及四壁围墙。清乾隆五十一年(1786),重修先贤墓清真寺大殿三间,厅房五间,并兴义学,置义冢。清道光中,先贤墓门前石岸墙基被水冲毁。清道光二十五年(1845),伊玛目蓝见森、乡老朱德春募捐重修殿宇、石岸竣工。清咸丰三年(1853),红巾又将先贤墓清真寺焚烧一空。事后四方捐募,先重建清真寺大殿、墓亭及'天方矩矱'门厅三间。清同治七年(1868),光绪三年(1877)、九年(1883)、二十六年(1900)、二十九年(1903),又相继建筑清真寺东讲堂、重修大殿浴室、重建北讲堂及北亭台一座、重修围墙及换造石栏、重修东讲堂。"[2]普哈丁园在清代屡次翻修,时间跨度近二百年,说明伊斯兰教在扬州一直缓慢发展。

(三)马监巷礼拜寺

位于今东关街街南马监巷西侧,由古元秉建于康熙五十三年(1714),门向西,有门厅、牌坊、礼拜殿、照厅、水房、厢房、宿舍等房数十间。"寺内有怀清井,太平军陷扬时,有节妇七人同殉于井,该寺即牧马监署遗址。"[3]

(四)菱塘北乡清真寺

始建于元末明初,当时只有瓦房3间。明代中叶、清道光二十四年(1844)两次重建。清代寺址由阿訇薛琪移于今清真村沙湾,有前殿、大殿、窑殿、水房、殡具室及阿訇宿舍等瓦房13间。

(五)高邮镇清真寺

位于高邮镇,始建年代不详,清同治三年(1864)由教士马贵兴、刘天兴、马宏兴、刘天兴重建。寺院坐西朝东,前后两进六间。前进为接待室、陈列室;后进为礼拜殿。

[1]　李兴华:《扬州伊斯兰教研究》,《回族研究》2005年第1期。
[2]　李兴华:《扬州伊斯兰教研究》,《回族研究》2005年第1期。
[3]　杜召棠著,蒋孝达、顾一平点校:《扬州访旧录》,第7—8页。

（六）仪征清真寺

仪征清真寺始建于明末清初。[1]清代中后期两次被毁，两次重建。该寺计有礼拜殿、讲经堂、接待室、宿舍、水房、厨房等 30 多间。

（七）宝应清真寺

位于宝应县城南门外罗巷口，由宝应穆斯林集资于宣统二年（1910）购地筑屋，1914 年建成。寺院院门朝北，礼拜殿坐西朝东，大殿西南有讲经堂等建筑。

二、清代扬州著名穆斯林人物

（一）张中

清初在扬州活动的著名穆斯林学者有张中。张中（约 1584—1670），又名时中，字君时，号寒山叟，江苏苏州人。[2]"崇祯十一年（西元一六三七年），他到金陵游学，正赶上印度经师阿师格东来。"[3]张中曾跟从印度经师阿师格学习，对于认主学有精到的研究。明崇祯年间，著《归真总义》和《四篇要道》二书，这是穆斯林开始用中国文字解释教义的书。"1658 年（清顺治十五年）秋，普哈丁墓园清真寺重建觉斯楼。著名伊斯兰教学者、经师张时中（1584—1670），字隐斋，在扬州普哈丁墓园清真寺执掌教务，传授经文数年。"[4]此时普哈丁墓园清真寺宗教活动较为活跃。

（二）韩统荣

19 世纪扬州著名的伊斯兰教学者有来自山东禹城的韩统荣阿訇。"据民国二十一年（1932）六月古守宝等人立的《韩阿衡遇春碑铭》中说，有位外籍的'阿衡'（即阿訇），姓韩，名统荣，字遇春的山东禹城县人，'少长善读伊斯兰之经典，恒手执一卷，兀立鸡窗，虽日晡不释'，'弱冠后从兰师游三年'……后于'同治六年（1867）业卒，离陕返鲁作南下'，而'抵邦上，为诸乡耆留，设绛帐于先贤墓，一时遐迩之来学者三十余，今之兰、马、王诸掌教，皆阿衡之高足也。'……于光绪二十四年（1898）终老于扬州，殁于民国四

---

[1]　位于今仪征城内奎光巷 228 号。
[2]　李兴华：《扬州伊斯兰教研究》，《回族研究》2005 年第 1 期。
[3]　白寿彝：《中国回教小史》，商务印书馆 1944 年版，第 37 页。
[4]　李兴华：《扬州伊斯兰教研究》，《回族研究》2005 年第 1 期。

年（1915）冬十一月二十三日，葬于普哈丁墓后。"[1]韩统荣为扬州伊斯兰教育做出了重要贡献。

（三）刘彬如

清末刘思德阿訇掌教于扬州仙鹤寺，其子刘彬如亦是著名穆斯林学者。"刘彬如（1882—1970），六合籍，生于扬州。其父刘思德曾掌教于扬州仙鹤寺。幼随父学经。后投师于河南怀庆府刘玉震阿洪门下。穿衣挂幛后在上海等地清真寺任开学阿洪。1925年与哈德成阿洪等发起创立中国回教学会。"[2]

（四）金树滋

丹徒金树滋于清末长期在扬州生活。"金树滋。谱名全德，丹徒籍。镇江世耕堂金氏大族后裔。幼习金融。曾在扬州徐宝山军政府充幕僚兼徐家管家。徐被炸身死后，曾参与在今之瘦西湖公园徐园为徐立祠刻碑。笃信伊斯兰教。凡扬州各清真寺修缮，恒捐资赞助。民国初年蓝宝华阿洪主持普哈丁墓清真寺教务（蓝氏蓝建森、蓝文源、蓝思福、蓝宝华、蓝晓阳五代均为该寺伊玛目）期间，金则独资砌成石岸。"[3]

清代扬州伊斯兰教的活动和全国各地一样，遵循《古兰经》规定进行宗教活动。"功令凡五。曰信，曰礼，曰斋，曰廉，曰觐。信者，笃信主宰，口诵心维，无二尔心也……礼者，敬礼主宰，而以致其身也。当未礼拜之前，必内清而外净……斋者……斋戒之期，为回历之九月。岁凡一月也，日没而食，昧旦而止……廉者，以己之财，博施济众。其所余者，方为固有……觐者，赴克尔白之谓也。觐之时，为回历岁腊。凡回教人，力之所能及者，皆应往也，以示归真返本。"[4]"教规豕、犬、马肉不食，介、甲类不食，禽无嗉、鱼无鳞者不食。教中设礼拜寺，凡圣诞忌日，应集寺中，听阿衡诵经。并有相传之历……人死用土葬法。"[5]总的来看，清代伊斯兰教在扬州的发展较为缓慢，

［1］　朱江:《伊斯兰教文化东渐扬州始末》,《海交史研究》1980年第2期。

［2］　李兴华:《扬州伊斯兰教研究》,《回族研究》2005年第1期。

［3］　李兴华:《扬州伊斯兰教研究》,《回族研究》2005年第1期。

［4］　马以愚:《中国回教史鉴》,中国书店1989年版,第172—174页。

［5］　徐谦芳著,蒋孝达、陈文和校点:《扬州风土记略》,第60页。

但扬州早期伊斯兰教的传统还是保持了下来,伊斯兰教场所的宗教活动得
以持续。

第四节　清代扬州天主教

元朝中期天主教开始传入扬州,元末因战乱而沉寂。明朝末期,天主教
耶稣会从淮安传到扬州。顺治年间,全国建有天主教堂 28 处,扬州出现天
主教堂 1 处。"康熙三年(1664),扬州有天主教徒近千人,教堂一所,其规模
不仅居苏北地区之首,而且也超过南京、镇江、苏州等地。"[1]康熙三年至康
熙七年(1664—1668),由于清廷禁止天主教在内地的传播,扬州天主教活
动再次沉寂。康熙帝亲政后,天主教活动逐渐恢复。康熙八年(1669),天主
教活动再次放开。康熙二十六年(1687),洪若翰等五名法国耶稣会士受法
王路易十四派遣来华,曾在扬州居住,然后前往北京。耶稣会士毕嘉于顺治、
康熙年间长期在南京、扬州、淮安一带传教。康熙以后的雍乾嘉年间,禁止
天主教在内地的传播。鸦片战争以后,天主教活动在扬州重新活跃。

一、清代天主教在扬州的传播

明末清初,意大利人耶稣会士毕方济(1582—1649)曾于崇祯十一年至
崇祯十七年(1638—1644)间,来扬州传教,而影响较大的是后来扬州的毕
嘉。毕嘉(1623—1696),字铎民,意大利皮蒙特之尼斯城人。他于顺治十
三年(1656)抵达澳门,后来到扬州传教。据载:"(毕嘉)得信教妇女赵氏
布施,于一六六○年在扬州建筑教堂和住宅各一所。"[2]"毕嘉仿潘国光神甫
先例设置会团。一六六四年,扬州计有会团五所。其第四会团则供收养弃
儿之需。嘉常赴南京、常州、仪征等处传教,兵、商及其他各界之人入教者甚
众。"[3]毕嘉多方传播天主教,甚至到监狱传教。"一六七三年扬州长官李某
惩恶僧,杖之八十,僧毙杖下,长官因论抵。嘉入狱为之授洗,其人遂为基督

---

[1]　江苏省政协文史资料委员会等编:《扬州宗教》,第 38 页。

[2]　〔法〕费赖之著,冯承钧译:《在华耶稣会士列传及书目》,中华书局 1995 年版,第 322 页。

[3]　〔法〕费赖之著,冯承钧译:《在华耶稣会士列传及书目》,第 322—323 页。

教徒而殁。"[1]毕嘉能入狱为犯人授洗,可见他的传教活动已得到各方的认可。"一六八七年毕嘉赴扬州,迎接自宁波赴北京,初次遣派之法国耶稣会士。次年洪若翰神甫至南京,与毕嘉同居二年。"[2]

康熙二十八年(1689),毕嘉曾与洪若翰在江宁、扬州接送康熙帝圣驾。据史载:"少顷,毕、洪亦即出城至仪凤门上船,急开到燕子矶,而御舰已挂帆江心,乃由仪真先至扬州湾头,恭候送驾,于初五日辰刻,逢御舰过湾头,即开船恭送,御前哈一见即启奏,随传旨,命毕嘉之船附靠皇舟。毕、洪即叩谢圣恩……复蒙召过御舰,命入皇舱,密近御膝之下……又问:'扬州有天主堂么?'毕奏云:'扬州、镇江、淮安都有天主堂,但无西洋人,皆是臣照管。'……即转问毕嘉:'朕才所行之旨意好吗?'奏云:'万岁天纵之聪,无不适中,皆是好的。'奏对许久,不觉在御舰内行十五里矣。又蒙皇上命侍卫赵送毕、洪过船,毕、洪奏云:'臣等蒙皇上隆恩,不忍即去,还要前送。'又蒙慰谕:'来送已远,前途船多难行,不必再送,可速回堂。'毕、洪随遵上命,谢恩叩辞。圣驾于初七日午后回至省中。"[3]可以看出康熙帝对当时扬州的天主教传播有所关注,对传教士在江南的活动比较满意。康熙三十五年(1696),毕嘉病故于扬州,葬于扬州西门外金匮山。康熙帝统治后期,对天主教的政策大变。康熙四十五年(1706)冬,帝谕内务府:"凡不回去的西洋人等,写票用内务府印给发。票上写西洋某国人,年若干,在某会,来中国若干年,永不复回西洋。已经来京朝觐陛见,为此给票。"[4]对西洋传教士严加管束。"康熙四十六年(1707),帝曾作最后一次南巡,在扬州、南京、苏州、杭州、临清等处,均曾接见教士,凡不愿领票的,一律押解广州天主堂居住。"[5]天主教在内地的活动受到沉重打击。

雍正、乾隆年间全国禁传天主教。此期间在扬州传教的是黄安多神甫。

[1]〔法〕费赖之著,冯承钧译:《在华耶稣会士列传及书目》,第 323 页。

[2]〔法〕费赖之著,冯承钧译:《在华耶稣会士列传及书目》,第 323 页。

[3] 韩琦、吴旻校注:《熙朝定案》,中华书局 2006 年版,第 176—177 页。

[4]〔清〕黄伯禄编:《正教奉褒》,转引自方豪《中国天主教史人物传》,宗教文化出版社 2007 年版,第 449 页。

[5]〔清〕黄伯禄编:《正教奉褒》,转引自方豪《中国天主教史人物传》,第 449 页。

"黄安多,葡人,1707年生……雍正三年(1727)圣诞节入耶稣会修道……乾隆二年(1737)冬……进入广东,陆行至南昌,后由水路抵达南京及苏州,在各地传教七年。"[1]黄神父在上海、苏南、扬州一带传教。"乾隆九年(一七四四),黄神父任江南会长。"[2]乾隆十二年(1747),朝廷命江浙两省搜查教民。传教士昼伏夜出,隐蔽传教。"当地为水乡,河港交织如网,教友亦多船家,二教士(黄安多、谈方济)白昼潜伏舟中,夜间自教友家庭河浜后门登陆,圣祭及其他圣事均在晚间举行,天晓即散。"[3]黄、谈二神父最后还是被捕殉教。"一七八五年江南诸教区尚有教民三万,主教仅(南)怀仁一人,神甫仅葡籍耶稣会士安玛尔一人。"[4]外籍教士从内地退往澳门一地,扬州天主教活动衰微。

鸦片战争之后,在《中法黄埔条约》的庇护下,天主教卷土重来,逐渐从沿海向内地传播。咸丰二年(1852),天主教江南教区主教法国耶稣会士薛礼昭等沿运河来到扬州。当时扬州有教徒139名。咸丰三年(1853),太平军占领扬州,试图让扬州的天主教徒皈依拜上帝会,没有成功。不久,法国耶稣会士葛必达来扬州巡察、安抚天主教徒。第二次鸦片战争之后,传教士获得在各地传教以及租地造屋的特权,便利了天主教在内地的传播。清兵一进占南京,天主教很快跟进而来。同治三年(1864),鄂尔璧代牧主教派员整顿开拓江南教区西部的教务。"一位中国神父张星伯被派去抚慰遥远的扬州、淮安及五河的教友。"[5]"另有一项最重要的任务,留给被吕比荣神父称之为'勇士中的勇士'的雷遹骏神父。他负责长江与运河流域的大城市,如安庆、南京、镇江、扬州等地区,创立永久巩固的教会事业。"[6]

同治三年(1864)冬,雷遹骏开始自南通沿长江传教。他由镇江沿运河前往扬州。他的传教得到帝国主义刀枪炮舰的支持:"帕吕司令与另一名军

[1]〔清〕黄伯禄编:《正教奉褒》,转引自方豪《中国天主教史人物传》,第549页。

[2]〔清〕黄伯禄编:《正教奉褒》,转引自方豪《中国天主教史人物传》,第549页。

[3]〔清〕黄伯禄编:《正教奉褒》,转引自方豪《中国天主教史人物传》,第550页。

[4]〔法〕费赖之著,冯承钧译:《在华耶稣会士列传及书目》,第800页。

[5]〔法〕史式徽著,天主教上海教区史料译写组译:《江南传教史》第二卷,上海译文出版社1983年版,第138页。

[6]〔法〕史式徽著,天主教上海教区史料译写组译:《江南传教史》第二卷,第138页。

官以及四名海军带了长枪,装上刺刀,陪同传教士相继拜访了知府、知县和盐运使。传教士由于有军队护送,地方官比较重视。官员们当即表示要保护城里的几家教友,凡南京承认的有关传教的条例,这里也必将同样接受。很明显,省里各地知府和知县都以南京为榜样……"[1]雷通骏也企图收回扬州的旧教产,但由于缺少可靠的证明文件,没有成功,就在扬州三义阁租了一间小屋,作为传教支点。

同治四年(1865),金式玉神父承担在长江下游一线传教的任务。他以镇江为传教的中心。同治六年(1867)金式玉在扬州买下了雷通骏曾租过的小屋:"在离镇江不远,地处运河之畔的繁华的扬州府城内,金神父先租用后买进了一座小屋,作为过路神父的临时歇脚之处。"[2]金式玉在扬州的传教活动缓慢开展。史料载:"1866—1867年,扬州只有一个会口,教徒95人。1874年,扬州有会口六处,教徒206名。"[3]七八年间才增加一百余人。"1875年,在扬州有四百二十五名教友。"[4]"1882—1883年,法籍耶稣会士项德来在高邮将一民房改建为天主堂,同时兼管扬州、高邮教务。"[5]整个来看,天主教在扬州一带的传播不快。

二、天主教对扬州教务的管理

顺治十五年(1658),天主教在全国设立南京宗座监牧区等三大教区。康熙二年(1663),扬州本堂区由南京宗座监牧区管辖。咸丰八年(1858),天主教在上海成立江南教区,管辖江苏、安徽两省教务。扬州本堂区归江南主教区下辖的南京总铎区管辖。南京总铎区先是管理江苏省整个西部地区,之后淮安划出成立总铎区,南京总铎区只管辖江宁、镇江、扬州三府教务。光绪九年(1883),第一次出现"扬州总铎区"的建制而辖境屡更。光绪二十六年(1900),扬州设立总铎区,由法国耶稣会士邱多廉、达亦文先后任总本堂司铎,管理扬属各县,"下辖会口19处,有教徒924人,其中扬州553人,

---

[1] 〔法〕史式徽著,天主教上海教区史料译写组译:《江南传教史》第二卷,第139—140页。

[2] 〔法〕史式徽著,天主教上海教区史料译写组译:《江南传教史》第二卷,第155页。

[3] 江苏省政协文史资料委员会等编:《扬州宗教》,第40页。

[4] 〔法〕史式徽著,天主教上海教区史料译写组译:《江南传教史》第二卷,第332页。

[5] 江苏省政协文史资料委员会等编:《扬州宗教》,第40页。

高邮 300 人左右,其他县各有一处简陋住院,教徒数十人"[1]。天主教在扬州、高邮的传教较为成功,其他各县教徒甚少。

三、清代扬州天主教堂

据载,有关明末天主教堂所在地,扬州有一处:"扬州:在钞关门内过打珠巷杠子上琼花观对过。"[2]一说:"在钞关门内过打珠巷杠子上琼花观西首。"[3]总之,明末扬州曾有一所天主教堂在琼花观附近。

清代早期在古运河西畔修建了哥特式的天主堂和圣母院。鸦片战争后,天主教依恃不平等条约,在扬州传播渐广,教徒、教堂逐渐增多。同治三年(1864),法国耶稣会士雷通骏要求官府归还"禁教"时被没收的教产不成,便在扬州三义阁租屋住下。同治六年(1867),法国耶稣会士金式玉买下此屋,这里成了扬州最早的神父居所。

清代扬州最大的天主教堂是耶稣圣心堂(位于今跃进桥西南侧扬州北河下 25 号),始建于清同治三年(1864),并附设有达德小学。同治十二年(1873),原负责上海徐家汇天文台工作的法国籍耶稣会神甫刘德跃来到扬州,在达德小学旁缺口城门内购地,动工建造耶稣圣心堂,光绪元年(1875)初步竣工。第二年,江南代牧区主教郎怀仁来到扬州,为这座教堂祝圣。耶稣圣心堂于光绪二十六年(1900)全部建成。教堂坐西朝东,面积 357 平方米,建筑风格为哥特式,有 2 座高 17 米的钟楼,教堂内祭台、雕花圣体栏杆、神功架和跪凳等设施一应俱全。堂前中央设一大祭台,正中供奉一尊耶稣圣心像,左边供圣伯多禄像,右边供圣保禄像,大祭台两侧各设一小祭台,北侧供露德圣母像,南侧供圣若瑟像。教堂两边墙壁上悬十四处苦路油画像。教堂内部的 10 根红漆柱及哥特式建筑梁架极有特色,并有精美的彩色玻璃窗及各种装饰。教堂前门修建了带有中国风味的门楼与照壁。由于这座教堂地处缺口城门附近,因此俗称缺口天主堂。

光绪十四年(1888),法国天主教拯亡会在天主堂斜对面设立圣母堂,内

---

[1] 江苏省政协文史资料委员会等编:《扬州宗教》,第 40 页。

[2] 方豪:《哲学·宗教·神话》,大陆杂志社 1975 年版,第 477 页。

[3] 方豪:《哲学·宗教·神话》,第 477 页。

附育婴堂。[1]

扬州总本堂区主要下属教堂还有：仙女庙圣母始胎堂、陈家集圣伯多禄堂（1897 年立）、高邮圣母始胎堂（1875 年立）、临泽童贞圣母堂（1884 年立）、泰州耶稣圣心堂（1895 年立）。

扬州四外高邮天主教发展较快。咸丰二年（1852）天主教司铎孟某买高邮薛柏庄一民房，改建天主堂 10 间。光绪元年（1875），司铎康某买高邮城内民房改建天主堂，计屋 38 间。十余年后，司铎郁某又买教堂对门民房，改为慈幼堂 22 间。光绪九年（1883），法教士项立山买五总四里下村一民房改建天主堂 23 间，后增造至 36 间。光绪十年（1884），法教士项立山、荷兰平司铎买临泽镇民房改建天主堂 30 间。

天主教堂的宗教活动有敬礼天主、耶稣基督和圣母玛利亚等。敬礼的方式有诵经文、祷文、玫瑰经，拜苦路，供圣像和佩戴圣牌等。天主教宗教礼仪繁多，弥撒是宗教活动的核心部分。

四、扬州天主教所办社会慈善事业

为便利传教，西方传教士在各地设置育婴堂、医疗机构、学校等，扩大西方宗教在中国的影响。

法籍传教士金式玉神父在扬州开办了最早的育婴堂。"金神父就在 1866 年（应为 1867 年，编者注）的圣诞瞻礼开办了一所育婴堂，救活了成千上万个婴孩。"[2]育婴堂就在三义阁的狭小住院内，由上海徐家汇圣母院派来的一位贞女主持。"神父要求地方官加以保护，地方官也一致赞赏神父的慈善事业，并诚心诚意地作神父的后盾。"[3]同治十年（1871），法籍神父富守和把育婴堂迁入其新购的东关街一所房屋。

光绪十四年（1888），北河下圣母堂及附设育婴堂建成。"从 1867 年 12 月金式玉创办的育婴堂，到 1889 年 7 月建成的流水桥育婴堂，扬州共收婴儿 2414 名，其中 1603 名受洗后不久即死去，1889 年尚有 490 名，婴儿死亡

---

［1］ 1935 年拯亡会修女抵达扬州，将圣母堂扩建成圣母院，翌年新院舍落成。上海教区主教惠济良来扬主持祝圣典礼。

［2］〔法〕史式徽著，天主教上海教区史料译写组译：《江南传教史》第二卷，第 156 页。

［3］〔法〕史式徽著，天主教上海教区史料译写组译：《江南传教史》第二卷，第 156 页。

率达到 66% 左右。"[1]"1889 年扬州总铎区尚有育婴堂儿童 490 名,最早的 3 名女孩仍在育婴堂内为小妹妹服务。"[2]天主教所办育婴堂社会效果并不好,死亡率太高,甚至成为其日后遭至抗议的重要因素。

同治六年(1867),金式玉在扬州开办施诊所,由上海董家渡天主堂的医生潘奥定修士主持。"1867 年 3 月 17 日,扬州开办了施诊所,同样受到热烈的欢迎。潘修士在信上说,那些可怜的病人等待施诊所开门,有时在路上等候达数小时之久。诊所门一开,他们蜂拥而入,迫使我们必须装上牢固的木栅来维持秩序。'一连数天,我们发了五百至六百张门诊券,由于没有时间,只能让许多病人空等了……这种施诊所给教外人的归化创造了条件,并已得到慰人的成绩。虽然我因需要去上海或南京,离开了几个月,可是我的助手们已给九百四十九名孩子付了洗。'"[3]可以看到天主教的医疗事业是附属于传教事业的。潘奥定修士医生在扬州工作了近二十年。"潘奥定修士于 1886 年到镇江,把一生精力献给了镇江和扬州。"[4]

光绪四年(1878),郎怀仁创办"江都县私立达义小学校",后改称"江都县私立达德小学校"。

天主教所办医疗、教育机构规模不大,设施也不够完善,育婴堂更是存在更大的问题。由于经济、医疗、营养条件的限制,加之教会对育婴堂照顾不周,造成了育婴堂婴儿超高的死亡率。社会上讹传育婴堂有虐婴罪行,引发同治七年(1868)、光绪十七年(1891)的两次"扬州教案"。

五、扬州天主教教案

关于同治七年(1868)扬州教案,相关史著叙之曰:"这一年,一些驻在镇江的耶稣教牧师们也去扬州建立了一个布道站。他们办慈善事业不如天主教神父们那么审慎。由于他们的冒失、不明智,也连累了天主堂。因为人民群众不懂如何区别欧洲人。8 月 22 日,攻击孤儿院的小册子又激起了民众的愤恨,一些暴徒袭击了金式玉神父所建造的新屋。他们还打开了两具

---

[1] 周秋光主编:《中国近代慈善事业研究》,天津古籍出版社 2013 年版,第 1021 页。
[2] 江苏省政协文史资料委员会等编:《扬州宗教》,第 47—48 页。
[3] 〔法〕史式徽著,天主教上海教区史料译写组译:《江南传教史》第二卷,第 333 页。
[4] 〔法〕史式徽著,天主教上海教区史料译写组译:《江南传教史》第二卷,第 332—333 页。

放在坟地上装着死孩的棺材,可是他们发现死孩的眼珠和心脏并不缺少,于是,他们的愿望落空了,接着便去冲击并捣毁基督教牧师的住宅。"[1]上述说法实是颠倒了事实。不是基督教连累了天主堂,而是天主堂连累了基督教。扬州教案爆发前两个月,基督教内地会传教士戴德生才到扬州传教,传教活动还没有头绪,就赶上了扬州教案,且成了教案的主要受害者。在英国领事麦华佗和炮舰的干预下,教案获得解决。"11月14日,麦华陀把暴动中的受害者由武装卫队隆重地送回扬州,并由扬州大小官员迎接。"[2]"麦华陀把南京总督给他的一份关于赔礼道歉告示的副本交给金式玉神父,让他贴在扬州的孤儿院大门上……当时神父们在书信中,对这位英国领事的高尚风格作了高度的评价。"[3]在对付中国的反抗时,西方各国、各教派是不分彼此的。"自从官员们接受了这次教训后……扬州一带对天主教和耶稣教同样尊重,育婴事业也盛极一时。"[4]西方的传教事业较前更顺利了。

同治九年(1870)七月,直隶总督曾国藩、江苏巡抚丁日昌出示晓谕:"查传教系条约所载,至入教与否,仍听各人之便,两不相强……自示之后,务须恪守钦定条约,毋得滋扰教堂,借端生事,遇有来往洋人,亦不得肆行无礼,倘敢故违,定行查究,决不姑宽。"[5]告示有其合理性,但强调对教堂的保护,也使传教士在西方的保护之外,又多了一层来自中国官方的保护,以致有恃无恐,造作事端。

由于西方宗教教义有悖于中国文化传统,其在中国的传播并不乐观:"从1868年至1875年,在扬州至淮安之间的运河两岸,若干城镇还建立了几个传教基地。1875年,从镇江到淮安,加起来也只有四百二十五名教友。在这些商业繁荣而道德败坏的地方,教外人归正的很少,传教工作徒见心力交瘁而成绩甚微。"[6]扬州传统文化根基深厚,欲使人民皈依基督,信仰天

[1]〔法〕史式徽著,天主教上海教区史料译写组译:《江南传教史》第二卷,第335页。

[2]〔法〕史式徽著,天主教上海教区史料译写组译:《江南传教史》第二卷,第335页。

[3]〔法〕史式徽著,天主教上海教区史料译写组译:《江南传教史》第二卷,第336页。

[4]〔法〕史式徽著,天主教上海教区史料译写组译:《江南传教史》第二卷,第336页。

[5]《保护扬州天主教堂碑记》,江苏省政协文史资料委员会等编《扬州宗教》第115辑,第399页。

[6]〔法〕史式徽著,天主教上海教区史料译写组译:《江南传教史》第二卷,第337页。

主,实非易事。天主教教徒不多,规模不大,自属正常。

第五节　清代扬州基督教

基督教新教传入中国较晚,其早期与华人的接触是从海外开始的。"1840年,传教团体已超过二十,代表五六个不同的教派。但接受洗礼的中国人不到一百——直到1814年,马礼逊才获得第一个信徒——且大部分受洗者,不是教会学校的学生,就是传教机构的员工。"[1]或说:"鸦片战争前受洗入教的中国新教徒仅150人左右,而且集中在马六甲。当时东来向华人传教的新教教士约50多人,但在中国本土展开教务的只有20人,而且仅有8人得以长期居留澳门和广州。"[2]直到鸦片战争开始,内地尚无基督教徒。

鸦片战争之后,基督教逐渐打开中国的大门。道光二十四年(1844),清廷谕令免除对被认为是真心皈依基督教的中国人的惩罚。汉文版《圣经》也在此期间面世。"文字著作是1840—1850年代新教传教活动中虽不引人注意却较持久的成就。1850年代完成的是所谓'委办译本'新约圣经。……译本为'大英圣书公会'所采用,至1859年印刷十一版,直至1920年代仍在使用。"[3]基督教从沿海的广州、上海等地逐渐向内地传播。"光绪二十六年(一九〇〇年),新教教团数目计有六十一、信徒数九万五千九百四十三人;但到了光绪三十二年(一九〇六年),教团数已增至八十二、宣教师数目亦增至三千八百三十三人。"[4]清末基督教在中国的传播虽然遭到反洋教和义和团运动的冲击,但仍有一定发展。

一、基督教在扬州的传播

19世纪中叶,基督教各宗派相继传入扬州。徐谦芳记:"西人来传教者有新旧二派。新教曰耶稣,英美人主之,分有圣公会、内地会、浸礼会数派。

---

　　[1]〔美〕约翰·K.费正清著,张玉法主译:《剑桥中国史》第十册《晚清(上)》,南天书局1987年版,第644页。

　　[2]卓新平:《基督教犹太教志》,上海人民出版社1998年版,第130页。

　　[3]〔美〕约翰·K.费正清著,张玉法主译:《剑桥中国史》第十册《晚清(上)》,第649页。

　　[4]杨森富:《中国基督教史》,商务印书馆1984年版,第271页。

各有传教之堂,以扬城为多,泰兴高宝次之。"[1]基督教各教派传入扬州的有内地会、浸礼会、圣公会、长老会、安息日会等。江都、邗江、仪征、高邮、宝应等地都有各基督教派别在活动。

同治五年(1866),内地会创始人、英籍传教士戴德生在今扬州皮市街149号处租屋建立教堂。此为扬州市区最早建立的基督教教堂。戴德生手下有传教士三人——童跟福、路惠理、李德,妇女五人——玛莉亚、安馨、秘书白安美、路惠理太太、狄乐义姑娘,在扬州一带活动。内地会的女宣教士总所也设在扬州。光绪二十一年(1895),英籍传教士王瑞臣所建另一内地会教堂在南门街设立。戴德生于咸丰四年(1854)来到中国传教。戴德生去世前,内地会的宣教士已增至828名,分别来自英国、美国和北欧国家,散布在中国18个省份,北至蒙古,西北到新疆,西南至云南。

道光年间,美南浸信会由上海、苏州至扬州传教。光绪十四年(1888)至十七年(1891)间,美国南方浸会联合会派教士毕尔士夫妇、万应远牧师、慕究理等在扬州设浸礼会教堂、办学校、开诊所。焦力·慕究理,美国基督教南浸信会传道部女教士,光绪十四年(1888)来到扬州传教。"自一八九三年到一九一零年,他们又开设了男女学校四处。"[2]

光绪三十三年(1907),美国传教士韩忏明在美籍会长沈克礼的协助下于扬州左卫街(今广陵路大草巷46号)设立圣公会教堂——神在堂,于1913年建成。神在堂取自以马内利(神与我们同在)之意。整个建筑为尖顶,有阳台、百叶窗,明显为西洋风格。小楼总共两层,正面朝东,向着运河,有三个青砖方柱,四级水泥台阶。

光绪十六年(1890),英教士麦嘉悌买高邮殷家巷一民房开设耶稣堂。人们以为有碍文庙风水,群起逐之。知州陈道济谕以房归文庙,即拨学租余款偿还麦嘉悌原价,听任麦另买他房。不久麦嘉悌另买高邮北门内仓桥西民房,改建耶稣堂十九间。[3]

---

[1] 徐谦芳著,蒋孝达、陈文和校点:《扬州风土记略》,第60页。

[2] 吴立乐编:《浸会在华布道百年略史》,上海书店1996年版,第95页。

[3] 胡为和、卢鸿钧修,高树敏纂:《[民国]三续高邮州志》卷三《祠祀志·教堂》,卢桂平主编:《扬州文库》第1辑第23册,第128—129页。

光绪二十四年(1898),圣公会在宝应县北门大街设立教堂。

二、基督教会的社会慈善事业

为便利基督教的传播,教会在扬州开办了不少中小学学校,开展宗教教育。光绪十四年(1888),美国基督教南浸信会传道部女教士焦力·慕究理在扬州寿安寺(今粉南巷)创办"真理女学堂"。该校曾先后改名为慕究理女学堂、慕究理女子学校、扬州私立慕究理中学暨私立浸信会慕究理小学,招收女童入学。学堂设有刺绣、《圣经》、钢琴三门课程,目的是培养教会女传道人和中国教士家庭的女性。因受当时反洋教思潮的影响,扬州普通居民不让孩子入教会学堂,慕究理到上海教会济良所带了7名女童来扬州,她们成为学堂最早一批学生。几年后,学堂收有学生40名。光绪三十二年(1906),慕究理病逝,由传教土安德烈继任校长。光绪三十三年(1907),由校长安德烈改名为慕究理女学堂。安德烈故去后葬于镇江西侨公墓。[1]

光绪十八年(1892),美籍教士毕尔士在扬州卸甲桥创办务本小学。学校实行复式教学,有学生30余名。

光绪三十四年(1908),美籍圣公会教士韩忭明在左卫街神在堂附近租房创办美汉中学,宣统二年(1910)迁至便益门内。[2]

光绪三十四年(1908),英籍内地会教士郜浩如在扬州北河下牛奶坊设立扬州内地会崇德女子学堂,后改名私立江都崇德小学。

宣统元年(1909),美籍圣公会教士卞德明在扬州北河下创办信成女子中学,课程设置同美汉中学。

宣统元年(1909),懿德女学堂在圣道书院内设立,民国元年(1912)改名为懿德女子小学校,校长毕尔士。

宣统元年(1909),卞德明在便益门街创办培根女学堂(在今泰州路小学

---

[1] 镇江西侨公墓于1965年被破坏。2006年在弃置石碑中发现安德烈、皮市街内地会女教士金宝恩等3人的墓碑,后运回扬州墓园安置纪念。

[2] 美汉中学是扬州近代教育史上著名的教会学校。在学校筹办过程中,美国海军大将美翰曾捐巨款,故取名美翰中学。民国建立后,为了表示中美友好,改称美汉中学。美汉中学是上海圣约翰大学的附中,它的毕业生可以直升大学。美汉中学出过不少名人,其中有上海新丰洋行创始人之一的俞开龄、中国医学科学院副院长吴征鉴、森林生态学家与林木遗传育种学家彭镇华等。

内），后改名江都私立惠民小学。

由于传教士的努力，扬州地区的教会学校有了一定的发展。总的来看，教会学校的办学规模、教学水平与沿海较为发达地区尚有一定差距。

基督教会在传教的同时，也经营医疗、慈善事业，作为便利传教的手段。光绪三十一年（1905），西差会派美籍教士、医师伊文思来扬州施医布道，并创立浸会医院。据载："江苏传教事业只有一个医院，就是开设在扬州的。这个医院是伊文思医士在一九零七年创办的，规模颇为宏伟，除了诊治本地民众的疾病以外，也为宣教士的疗养所。"[1]伊文思先在旧城星桥西街购得一所房子，作为门诊用，设十几张简易病床，经营少量住院业务。随着业务的发展，还聘请了金陵大学医科毕业生汤闰生医师及上海圣约翰大学医科毕业生戴哲之医师等参加工作。教会也设立育婴堂收养弃婴和孤儿。

三、扬州基督教神学教育

为使传教士适应在中国的传教工作，基督教会在扬州开设了内地会训练所、内地会女布道学校、官话学校、圣道书院等神学教育机构。

同治五年至七年（1866—1868），内地会创始人戴德生在扬州北河下牛奶坊设立内地会训练所、内地会女布道学校。光绪二十年（1894），戴德生还聘请中国教师创办官话学校，培训外籍女教士学习汉语和汉字书法。官话学校"由科尔负责，格里菲思和金为助手，聘中国教员 3 人"，培训外籍宣教士，使其适应中国的传教工作。

宣统元年（1909），南浸会传教士毕尔士在贤良街创办圣道书院，讲授圣经神学知识，培训传道人。书院有学生 10 余人，民国元年（1912）停办。

扬州地区基督教事业的发展在江苏属于中等水平，教徒人数不多，基督教神学教育的规模也不太大。

四、扬州基督教教案

由于基督教的传播多依仗不平等条约和西方炮舰政策的庇护，加之文化冲突、谣言哄传，以及传教士、教徒良莠不齐，在各地出现了不少民教冲突，酿成"教案"。晚清长江三角洲地区最早的一次反对外国教会的斗争就

---

[1]　吴立乐：《浸会在华布道百年略史》，第 16 页。

是扬州教案。扬州教案旧址位于今扬州市皮市街 147—149 号大院,即英国内地会的教堂,由两栋房屋和一个院落组成,大门东向,占地约 800 平方米。此地今存有清两江总督曾国藩因教案发布的告示碑。

据载:"扬州教案系由天主教所引起,而由英国教士戴德生承其祸。"[1]1868 年,法国天主教传教士金式玉神父,又名金缄三,在扬州三义阁开办育婴堂,收容中国孤儿,半年间婴孩死亡 24 名,于是民众谣传传教士私藏小孩,暗地烹而食之。6 月 1 日,戴德生带领一批英国中国内地会男女传教士(其中成年男子 4 人:戴德生、童跟福、路惠理、李德;妇女 5 人:玛莉亚、安馨、秘书白安美、路惠理太太、狄乐义姑娘;以及戴德生的 4 名子女:戴存义、戴赫拔、小玛莉亚)也来到扬州,租下皮市街一幢房屋,创建扬州的第一座基督教堂。

8 月 18 日,参加府学科考的各县考生在秀才葛寿春的带领下,张贴揭贴,要求驱逐洋教。戴德生曾在 8 月 14 日、19 日两次写信给知府孙恩寿,要求扬州府出面制止。1868 年 8 月 22 日,星期六,有名李得义者在扬州西郊掩埋两具幼童尸体,被民众当场捉住,扭送县衙。据供称系专为金缄三所设育婴堂掩埋幼孩尸体。于是群情义愤,傍晚时分,扬州内地会被八千至一万人民众包围,他们手拿刀棒,投掷砖块。戴德生和童跟福不顾众人追打,逃往知府衙门要求保护。人群闯进屋内,抢劫财物,殴打余众。有人放火烧屋,墙壁倒塌,传教士及眷属被迫跳楼逃生,戴德生怀孕六个月的妻子玛莉亚跳楼时摔伤了腿,白安美多处骨折。[2]所幸邻居及时把火扑灭,屋子没有烧毁。抓获放火之百姓 4 人,交甘泉县令李修梅审讯。知府孙恩寿会同参将朱永发及江都、甘泉县令,带兵将民众驱散。8 月 23 日下午,县官雇来轿子,把传教士护送出扬州城的南门,并代为雇船,赶到镇江去。24 日,英国副领事阿林格、法国副领事干霓发及美国副领事散查理自镇江抵达扬州,向扬州知府调查事件经过。

英国驻上海领事麦华陀得知扬州发生教案,于 8 月 27 日向两江总督曾国藩提出申述,并要求总理衙门派称职大臣一同到镇江,会办此案。曾国藩

[1]　王树槐:《清季江苏的教案》,《食货月刊》1975 年第 8 期。
[2]　裴伟:《近代欧洲来华著名传教士戴德生墓在镇江被发现》,《基督宗教研究》2014 年第 1 期。

派上元知县张开祁赴扬州,会同知府孙恩寿、领事麦华陀办理此案。9月2日,麦华陀向扬州知府交涉,没有得到满意答复。9月11日,麦华陀率军舰瑞那尔多号到南京与两江总督曾国藩交涉。12日下午,舰长布什因患病而率舰返回上海,曾国藩便不再会见麦华陀。麦华陀回到上海。9月19日,英国驻华公使阿礼国向总理衙门提出查办此案的照会,并要求英国派出海军力量,迫使南京地方当局接受要求。11月8日,麦华陀带4艘军舰前往南京。11月19号,曾国藩和继任的两江总督马新贻完全接受麦华陀要求,罢免了扬州地方官,发表公告并答应赔偿损失,戴德生等人仍回原处居住。由前任两江总督曾国藩、新任总督马新贻、江苏巡抚丁日昌3人会衔发布告示,晓谕民众。11月28日,扬州教案以惩凶、赔款、立碑议结,赔偿教会损失,修复被毁的住宅,门前立碑,保护教堂,惩罚肇事者,邀请传教士返回扬州。1869年1月2日,甘泉县将施暴者葛寿春抓获,并审讯究办。在英国武力威慑下,此案完全按英方的要求解决。"此事之影响,在于英领事所用手段之辣,使官方颇为寒惧。自此之后,地方官对教案的处理,非常小心谨慎。"[1]"到扬州教案结案时,清政府实际共偿付了4402.03两白银,其中四名传教士的赏恤赔偿即达3000两。"[2]"当时的传教士们如戴德生等,相信武力打开中国的大门和依靠武力保障在中国传教,都是神的手段。他们也成为炮舰政策的实际受益人。"[3]同理,基督教在中国受到中国人民的侧目。1871年,英教士租屋,士绅不欲续租,造成纠纷。最后由官款购入该屋转租给英国教士。

1868年11月18日,戴德生和他的家人离开了有本国领事庇护的镇江,回到扬州琼花观巷的故居。戴德生对依靠不平等条约和武力保护传教也有反思。"1884年,内地会发布《中国内地会的原则与实践》(Principles and Practice of The China Inland Mission),确立了内地会不诉诸领事,不要求索赔和惩凶的原则。其中第十六条明确要求内地会传教士在遇到教案时不可私自向英国领事和政府上告;不可索赔,不可要求惩办罪犯,只能向中国官员请求帮助;如果中国官员拒绝帮助,那么传教士只能离开此地。戴德生希望坚决

[1] 王树槐,《清季江苏的教案》,《食货月刊》1975年第8期。
[2] 张晓宇:《戴德生在扬州教案中的态度考辨》,《宗教与历史》第11辑。
[3] 张晓宇:《戴德生在扬州教案中的态度考辨》,《宗教与历史》第11辑。

避开一切可能使得传教士惹上'恶名'的行为。规则之详细,反观扬州教案的整个交涉过程,使我们更有理由相信扬州教案对戴德生的巨大影响。"[1]不管传教士的初衷如何,基督教的传播必然与中国传统文化和社会产生冲突。

1891 年 4 月至 9 月,江苏至湖北沿长江一线爆发"长江教案"。1891 年阴历三月,哥老会头目蒋桂仿等 22 人来扬州策动闹教。但扬州地方文武官员弹压严紧,闹教不能得逞,遂乘船西上芜湖闹事。4 月 24 日,有数千人围攻扬州教堂,冲垮后门,扬州地方官兵强力镇压,风潮平息。25 日上午,"群众又开始骚动,天主堂受到了威胁,所有的门都被打开,住院被侵入",人们四处查找,"显然要找借口,以便进行劫掠和焚烧,但没有找到"。27 日,城外的大股清兵入城保护,并加紧巡逻,连续十余日的闹教事件才暂时沉寂下来。[2]整个这次教案,哥老会起了很大的组织策动作用。但在扬州没有闹出大的事变,和戴德生自第一次扬州教案之后的思路转变有一定关系。

随着内地会宣教事工的不断内移,他们在江浙等沿海城市最初建立的福音站逐渐转让给其他差会,扬州的内地会设施后来主要用于女宣教士的语言培训。扬州教案发生时,内地会只有 26 名宣教士,在十多个城市建立了教会。戴德生于 1905 年在长沙去世,与戴夫人合葬于镇江。其时内地会已有 825 名宣教士、1152 名中国同工,受洗基督徒达 18625 人,建立了 418个教会、1424 个福音站和布道所,以及 150 所学校。内地会的工作并没有因为创建人的离世而萎缩,1934 年该会的宣教士人数达到 1368 名。无论是在宣教士人数上,还是在传播福音的地域上,都超过了其他包括天主教在内的西方差会。

第六节　清代扬州民间宗教——太谷教

明清时期,儒学的民间化运动也伴随着儒学宗教化的流行。有学者论:"清季学术以考据学为主流,同时形成了明清时期儒学的民间化、宗教化的

---

[1]　张晓宇:《戴德生在扬州教案中的态度考辨》,《宗教与历史》第 11 辑。
[2]　吴善中:《哥老会与光绪十七年"长江教案"》,《扬州大学学报》2006 年第 6 期。

转向,大致经过了王门后学未完成的宗教化、三一教、太谷教和刘门教等真正的宗教化和其他民间宗教中的儒学因素这几个阶段。以儒为主,三教合一是这种转向的基本样态。"[1]起源于扬州的太谷教在儒学民间化、宗教化的发展进程中影响甚著。太谷教借鉴泰州学派民间传道的模式,广泛吸收底层徒众,化俗乡里,固结团体,形成一个学术宗教兼具的社团,又称太谷学派。太谷学派第二代代表人物张积中在山东长清、肥城交界建立了堡寨式的具有政教、军事功能的黄崖山寨。张积中在山东的传道活动引起当局侧目。黄崖惨案使太谷教的传播遭受重大打击。[2]

一、周太谷创教

太谷教创始人是安徽石埭人周太谷。周太谷(1762—1832),字星垣,一字太谷,自号崆峒子,早岁习儒,泛览佛道,道光间长期在扬州生活传道。他以儒家思想为本,出入儒释道三教,并自觉进行了创教活动。周太谷在讲授形式、内容、入学的规矩上都带有很深的宗教色彩。"太谷择于观音寺将传道。……忽陈列灯帛彝品,如将祀然。中设一座,命张先生敷座于上,立而语之。他日,命师(李光炘)席地坐,屈伸其足,已乃高座而授心法焉。"[3]其传道场所安排、仪式皆非一般讲学模式所为而别具一种神秘色彩。其平时讲学口耳相授,虽父母兄弟,非入学者不得外传;所有著作只能在门内传阅,秘不示人。"其教中五经四子书,皆别有注疏,而语秘,世莫得闻。"[4]其所传授内容明显不同于主流的官方儒学而自出心裁。

周太谷还经常举行俎豆礼,祭祀先圣、天尊和诸神。太谷亦自居于先知先觉之列:"太谷疾,门弟子请曰:'夫子之病革矣,何如?'子曰:'已矣!夫麟不游野,予亦已矣。夫吾之气顺,则天地之气亦顺矣。壬辰、癸巳大劫之周也。予将祷于名山,而天弗我予。噫,天若予焉,知弗至乎!……予旬有

———————————

[1] 韩星:《上帝回归乎?——儒家上帝观的历史演变及对儒教复兴的启示》,《世界宗教文化》2015年第2期。

[2] 民国时期,太谷学派在黄葆年、刘鹗等传人的努力下声誉再起,影响遍及东南。

[3] 〔清〕谢逢源:《龙川夫子年谱》,方宝川编《太谷学派遗书》第一辑第三册,第19—20页。

[4] 中国史学会济南分会编:《山东近代史资料》第一分册,山东人民出版社1957年版,第168页。

五日,而天道弗济,予其已矣。……予天民之先觉者也,百姓有罪,在予一人。予其以身代矣。……予荐诸子于天。"[1]"吾之气顺,则天地之气亦顺"系朱子语,但颇契合太谷口味而拿来为其所用。周氏自称"天民之先觉者",可与天相交通,其宗教气味是明显的。

周太谷深受道教的影响,以致有人以"术士"目之。有学者谓《周氏遗书》"惟卷九致汪竹海函附《强诚》等文七篇,在可解不可解之间,似是理学家传心的微言"[2]。周太谷《强诚》云:"夫强诚之学,始于神农,继之黄帝。圣人名之曰困学,释氏曰目诚,道家曰神光。春秋唯端木氏最精,其次商瞿、公冶、澹台、南容,列国黄石、鬼谷。及汉良、勃获以佐命,唐之青乌授郭李以定乱。宋之济颠前知生死,国初铁冠前知祸福。斯虽圣人之末学,亦可以佐命,亦可以定乱,亦可前知死生,亦可前知祸福。功岂鲜哉!后之君子毋轻语匪人。永乐辛卯春,秋浦周鼎识。"[3]强诚之学主张儒、佛、道三教共通。从周氏所列人名看,道佛人物都有,道教人物尤多。从强诚之学的功用看,颇类术数,而术数颇为道教人物所擅长。太谷学派强诚之学与道教的关系是毋庸置疑的,亦可见其术士的本色。关于道教的产生,"东汉以后,谶纬大兴,方士受儒生尊崇尧舜、神话孔子的启示,遂托黄帝为祖,老子为师,创立黄老道"[4]。有学者谓:"东汉以后谶纬学和民间迷信结合而产生道教。"[5]则道教的产生和谶纬、术数有密切的关系。从太谷学派笃信谶纬、术数来说,其广泛吸取了道教的神秘主义的内容。讲求天人之际的儒学与道法自然的道教在对待天道上有其共通点。太谷学派讲希圣、希天,其接受儒、道共同的滋养也是十分自然的。

《庄子·在宥》谓黄帝见广成子于空同之山。《列仙传》称,神农时雨师赤松子与广成子同居崆峒山,讲修炼之术。崆峒山实为道教神府之象征。太

[1]〔清〕张积中:《张氏遗书》,方宝川编:《太谷学派遗书》第一辑第二册,第74—75页。

[2] 刘蕙孙:《太谷学派的遗书》,刘德隆等编:《刘鹗与老残游记资料》,四川人民出版社1985年版,第617页。

[3]〔清〕周太谷:《周氏遗书》,方宝川编:《太谷学派遗书》第一辑第一册,江苏广陵古籍刻印社1997年版,第605—606页。

[4] 张维青、高毅清:《中国文化史》,山东人民出版社2002年版,第408页。

[5] 杨向奎:《绎史斋学术文集》,上海人民出版社1983年版,第112页。

谷传人颇尊崆峒山："学派中并传太谷晚归空同山。太谷学派，为空同一脉。先生（刘鹗）也曾刻有'空同最小弟子'的图章。"[1]太谷学人的终极归宿在道教的神山，可见与道教关系之密切。太谷学派难称是纯粹的儒家学派而是杂收并蓄，集儒佛道于一家而呈独特的民间宗教色彩。

世传太谷之神话甚多。《窈宛释迦室随笔》载："其教附会孔孟、历代圣贤，飞升坐化，多引《大学》《中庸》……其教中人言，入教者虽盛暑死，三五日而尸不腐，亦不僵硬，故信从者众。每年有大祭一二次。将祭则服药，使大泄泻，言涤脏腑，乃可礼神云。"[2]《龙川夫子年谱》载有关于周太谷的神迹多种，如汪大竹得乩仙判语"今有至人在此，宜至心求访"[3]始得拜师周太谷，太谷能以细苇刺木扉，太谷邵伯湖祝大鼋，目莲向太谷乞文，吕祖见太谷等不一而足。太谷许多神迹，来自学派内部的年谱记录，说明学派后人有故意神化他的现象。"太谷至诚如神，邗上老人犹能述其灵异，故多以术士目之。"[4]"理学家以异端目之。"[5]可知周太谷之传道活动并未得主流社会认可。周太谷所传强诚之学很明显是融合三教的神秘主义的学问。"少谷从太谷习南宫法。"[6]"海山得《华山经》习之。"[7]"南宫法""《华山经》"是道教术数类的东西。周太谷之学已不是儒学所能包容，其出入三教的民间宗教家的形象日益突出。

关于周太谷之死，《山东军兴纪略》载："太谷门徒浸盛，两江总督百龄恶而收之，毙于狱。"[8]据《龙川夫子年谱》载："（道光）十二年壬辰……夏四月朔，太谷终，师奉葬于仪征县之青山。"[9]则太谷逝于1832年。《龙川夫子年谱》载有令两大弟子张积中、李龙川分任传道南北责任的遗命。

————————————

[1] 刘蕙荪编：《铁云先生年谱长编》，齐鲁书社1982年版，第104页。

[2] 夏敬观：《窈宛释迦室随笔》，《同声》1944年第11期。

[3] 〔清〕谢逢源：《龙川夫子年谱》，方宝川编：《太谷学派遗书》第一辑第三册，第13页。

[4] 〔清〕谢逢源：《龙川夫子年谱》，方宝川编：《太谷学派遗书》第一辑第三册，第26页。

[5] 〔清〕谢逢源：《龙川夫子年谱》，方宝川编：《太谷学派遗书》第一辑第三册，第15页。

[6] 〔清〕谢逢源：《龙川夫子年谱》，方宝川编：《太谷学派遗书》第一辑第三册，第21页。

[7] 〔清〕谢逢源：《龙川夫子年谱》，方宝川编：《太谷学派遗书》第一辑第三册，第22页。

[8] 中国史学会济南分会：《山东近代史资料》第一分册，第174页。

[9] 〔清〕谢逢源：《龙川夫子年谱》，方宝川编：《太谷学派遗书》第一辑第三册，第18页。

二、张积中的传教活动

在太谷学人中,第二代的张积中传教活动影响最大。张积中传教的道教色彩颇为浓厚。《山东军兴纪略》载:"(周)韬甫、(关)恭季诋呵积中旁门外道……积中乃取参同契,附入圣贤绪论,以文其术。"[1]《肥城县志》载:"积中寝馈于道藏释典诸书,乃取以附会六经及朱子语录。"[2]直接以道、释注解六经。《归群宝笈目录》著录张积中批注道书达八种之多,可见其用力于道教甚勤。同治癸亥(1863),张积中曾为《道德经》作序:"昔者闻诸夫子曰:'老氏知礼,彭氏知乐。'……礼始于太乙,故曰:'抱一'。一始于妙,妙始于窍,妙窍莫大乎观。观得其常,谓之玄。不知常,妄作凶。故曰:'知其雄,守其雌。'故曰:'载营魄',言妙窍也。妙窍之谓阴阳。妙谓之艮,窍谓之兑。天得一,谓之乾。地得一,谓之坤。谷得一,谓之中,谓之谷神。又曰:'多言数穷,不如守中。'"[3]可见周太谷、张积中道教修养之深厚。

张积中对道教理论作了不少阐发。其《七返说》谓:"离曰后天,坎曰先天。乘离入坎,以后归先。……气升液降,液降归田。日积其液,从容自然。液化气盛,气盛形全。默也如冬,蒸然如烟。开而如月,秋月高悬。液清若空,气明若绵。以意生身,昏梦之间。是谓七返,真气完焉。"[4]张积中叙述的内丹理论,步骤清晰,细节完整,特征鲜明,说明张氏对丹道理论的掌握已臻精熟,其修炼功夫亦绝非一般可比。

张积中《读参同契》诗云:"振锡归来不计年,也无丹决也无禅。回头检点方舆志,历历山川在目前。"[5]俨然一派方外之风。《太极》云:"河不出图今已矣,先天一气从兹始。视之不睹听不闻,铅消汞尽真人起。"[6]此"太极"非周敦颐之太极图,而是道教人物炼丹的先天图。"三教由来是一家,总凭虚滴作生涯。坎中水信离中火。隐括先天一朵花。"[7]讲三教一家者历来以

[1] 中国史学会济南分会编:《山东近代史资料》第一分册,第174—175页。

[2] 中国史学会济南分会编:《山东近代史资料》第一分册,第170页。

[3] 〔清〕张积中:《张氏遗书》,方宝川编:《太谷学派遗书》第一辑第二册,第141页。

[4] 〔清〕张积中:《张氏遗书》,方宝川编:《太谷学派遗书》第一辑第二册,第199页。

[5] 〔清〕张积中:《张氏遗书》,方宝川编:《太谷学派遗书》第一辑第二册,第202页。

[6] 〔清〕张积中:《张氏遗书》,方宝川编:《太谷学派遗书》第一辑第二册,第203页。

[7] 〔清〕张积中:《张氏遗书》,方宝川编:《太谷学派遗书》第一辑第二册,第207页。

道教人士最力,此诗纯粹是道教作派和风格,与全真七子之诗风十分接近。

《张氏遗书》有一长篇文字,述内丹之火候、药物、守中、抱一,然后谓:"双修者,合精气而一之也。后人误会,遂蹈旁门。盖即此缊缊之气默会于心,体之不失则知至善之地而因而修之。修之久,先天真气自然发生,所谓真一之气也。冲透关窍流通血脉,玄关自现O(金丹),所谓胎也。"[1]则张积中亦曾修持道教双修功夫。因南方太平天国战乱,张积中转移到山东长清黄崖山中传教。时局不靖,加上张积中的黄崖传教影响太大,终遭到清政府的镇压。黄崖教难,玉石俱焚,张积中所传之黄崖教遂一蹶不振。

三、李光炘的传教活动

周太谷另一大弟子李光炘亦用道家标榜自身学术。"逢源初谒师于丁家伙,茅屋苟完,室贴一联云:"心传十六字,家法五千言。"[2]《道德经》五千言成了太谷门里的经典,明显是合儒道为一家。《龙川夫子年谱》写道:"吕祖有言:贪痴汉,望成家学道两事双全,真知言也! 观于夫子(李光炘)益信。"[3]门弟子拈用道教事拟李光炘,可见李光炘与道教并不悬隔。李光炘时用道教内丹学问教授弟子:"眼耳口鼻譬四孟,肝脾肺肾譬四仲,胆、膀胱、大小肠譬四季。三家者,以雍彻。天人交际之处,四时行焉。《入药镜》云:'一日中,十二时,意所到,皆可为。'"[4]讲内丹火候颇为恰切合理。李光炘还说:"张紫阳云:东三南二同成五,是乚非一西方四……东北是艮土,西南是坤土,戊己自居生数五。"[5]张紫阳为神仙家南宗始祖,深得丹道,精究禅宗,出入三教,则李光炘对其内丹术必深有研究。

除李光炘本人外,其弟子亦习内丹之术。《太谷学派遗书》载:"问九紫之道。师曰:"以白金火炼之,得二九十八日,白者黑矣;二十七日碧光生矣,三十六日碧精绿矣,四十五日而黄金成矣,五十四日还原返白,六十三日白变

---

[1]〔清〕张积中:《张氏遗书》,方宝川编:《太谷学派遗书》第一辑第二册,第255—256页。

[2]〔清〕谢逢源:《龙川夫子年谱》,方宝川编:《太谷学派遗书》第一辑第三册,第33页。

[3]〔清〕谢逢源:《龙川夫子年谱》,方宝川编:《太谷学派遗书》第一辑第三册,第33页。

[4]〔清〕李光炘著,〔清〕谢逢源编:《龙川弟子记》,方宝川编:《太谷学派遗书》第一辑第三册,第53页。

[5]〔清〕李光炘著,〔清〕谢逢源编:《龙川弟子记》,方宝川编:《太谷学派遗书》第一辑第三册,第34页。

赤矣,谓之七返,七十二日再还原,八十一日成紫金矣,谓之九还。"[1]叙述内丹"七返""九还"的功夫如数家珍。李讲内丹之火候亦娓娓道来:"水火冬夏也,金木春秋也。子午卯酉四月皆有活子时在其中,一月一日皆然。记年者不过记其日月而已,日积月累,合土者是也。南北是体,东西是用。口目为少阴、少阳,言也,视野,坎离之妙用也;耳、鼻为太阴、太阳;命也,身也,乾坤之本体也。"[2]"子气,圣功也,故曰夙夜几命宥密;午气,王道也,故曰向明而治。孝从子,忤从午,二气顺逆之往来也。子是阴极而阳生,午是阳极而阴生。卯是平旦,午是日中。由卯至午,是木火通明。酉是黄昏,子是夜半,由酉到子,是金水相生。卯酉者,子午之门户也。"[3]李氏所讲多来源于道教丹道,加上自己的心得和发挥,说明他把道教理论运用到自己的传道活动中。

李光炘之学说不避乱力怪神,儒佛道三家杂糅,谶纬、民间宗教信手拈来,显示其民间宗教家的特色。李光炘说:"《易》语怪,《书》语力,《诗》语乱,《礼记》语神。合怪力乱神而语者惟《春秋》。修之,删之,订之,赞之,孔子所以不语也。"[4]谓怪力乱神,孔子在《论语》中不用说了,因为六经中已说尽了。"问非礼勿视何谓也?师曰:即佛氏所谓转法华也。……即是转识成智。非礼者不能转也。勿者,物也。耳目手口皆法华之轮。"[5]以佛解儒,打通三教,显示其民间宗教家的本色。

从周太谷的强诚之学,到张积中、李光炘的内丹之学,可以看出太谷学派与道教有密切的关系。道教的典籍和修炼理论已成为其日常研习的重要内容。道教的神秘主义的修行方式也使太谷学派的神秘色彩更为浓厚,道

---

[1]〔清〕李光炘著,〔清〕谢逢源编:《龙川弟子记》,方宝川编:《太谷学派遗书》第一辑第三册,第37—38页。

[2]〔清〕李光炘著,〔清〕谢逢源编:《龙川弟子记》,方宝川编:《太谷学派遗书》第一辑第三册,第51页。

[3]〔清〕李光炘著,〔清〕谢逢源编:《龙川弟子记》,方宝川编:《太谷学派遗书》第一辑第三册,第52页。

[4]〔清〕李光炘著,〔清〕谢逢源编:《龙川弟子记》,方宝川编:《太谷学派遗书》第一辑第三册,江苏广陵古籍刻印社1997年版,第134页。

[5]〔清〕李光炘著,〔清〕谢逢源编:《龙川弟子记》,方宝川编:《太谷学派遗书》第一辑第三册,第17—18页。

教为其学说思想的重要渊源之一。

四、太谷学派与佛教

佛教在中国的传播不断吸收、比附中国固有的思想传统。"虽然佛教禅法与传统的神仙道术并不是一回事，……但由于两者都具有某种神秘性和超越性，其修行方法和修行结果，表面看来又有一定的相似性，特别是小乘禅法与道术，两者更是接近。……在中国禅学和禅宗中，方术和神通虽未成为主流，但却是始终存在的。"[1]即佛教在中国的传播有一方术化的过程。佛教史上记载不少广具神通的术士化僧人。如周太谷在《强诚》中所提到的济颠便是这类人物。太谷教和佛教也是密不可分。

太谷学派接受佛教影响的源头是多方面的，一是普遍的三教合一的社会思潮和思想背景，一是阳明心学和泰州学派融汇佛道思想的背景。太谷学派代表人物吸收佛教思想，主要表现在以下几方面：

第一，太谷学派借鉴佛教禅宗的传法形式。禅宗主"教外别传"，谓佛性不在文字之中。禅宗人物亦以"不立文字"相尚，其传法靠"以心传心"。太谷学派之传道重口传心授，发其"不显传之秘"，无疑受禅宗传法形式的影响。太谷学派收徒亦模仿佛教的形式。光绪六年（1880）刘鹗"赴扬州第三次谒见李龙川，与毛庆藩同时拜从，授记'超凡入圣'"。"按太谷学派的习惯，弟子拜从时，先生要考察他的资质品行，概括地说一句话，略如佛家的'授记'。"[2]在佛教，"授记"又称"受记""记别""记蓊"，指佛为弟子预记未来成佛的劫数、佛名、寿命等，为太谷学派所取鉴利用。

太谷学派之师徒相继亦如禅宗之衣钵相传，重"命由师传"。《李氏遗书》："问心无其心、与息相依者是谁。师为说偈曰："即息是人心，心外无有息。方便说相依，非二亦非一。息灭心自生，心生息自灭。心息两相依，生灭两寂灭。"[3]直接采用了佛家的说偈形式，可见太谷学派传道、释惑的方式与佛门无异。

---

[1]　洪修平：《中国佛教与儒道思想》，宗教文化出版社 2004 年版，第 249 页。
[2]　刘蕙孙编：《铁云先生年谱长编》，第 12 页。
[3]　〔清〕李光炘著，〔清〕谢逢源编：《龙川弟子记》，方宝川编：《太谷学派遗书》第一辑第三册，第 36—37 页。

第二,太谷学派直接借鉴、吸取佛教思想。

太谷学派之修持,讲求"心息相依""转识成智"。其"转识成智"直接来源于佛教唯识宗。马一浮谓:"佛家义理对于如何超凡入圣,在圣凡关键处有清楚之概念者为唯识宗。此即所谓'转识成智'也。"[1]"孔门克己复礼,即释氏转识成智也。"[2]太谷学派追求"超凡入圣",其依托的手段即是"转识成智"。"[3]李氏对心息相依的界定,使学派的专门修炼方法与佛教的体悟联系起来。

周太谷把儒家之"仁"和禅宗之五戒、庄子之推心联系起来:"六祖曰:'一不杀生、二不偷盗、三不邪淫、四不妄语、五不饮酒食肉。'庄子曰:'予见一蚁饥如己之饥,见一蝶寒如己之寒,见一蝇溺甚于己溺,见一蚕网甚于己网。'"[4]在周太谷看来,三教在呵护天地生生之意上是无差别的。

太谷学派把佛教"明心见性"拈来为我所用:"佛之明心见性,即致知也,谓之本觉。曹溪而后,云门棒、越州茶,教人言下顿悟,皆致知之旨。一觉归来,亦孟子求放心之义也。"[5]以佛理比附儒家致知功夫。黄葆年谓:"佛家南无即是圣功。"[6]在学派的根本追求目标上,儒佛是相通的。

第三,太谷学派直接吸收佛教的修持方法。

张积中《张氏遗书》载有《六妙门决》六首,如《数》:"数息者谁? 数是舌,舌根来往无休歇。管在河图十字中,死生生死周天诀。意摄念,念归神。念本无生无不生。无念念中欣止念,念归方识涅槃门。"[7]六妙门又称"安般守意""持息念""数息观"。其修习分数、随、止、观、还、净六步。天台宗智颛称之为不定止观。张氏对调息、守意多有论述,看来张氏及其徒众是修习

[1] 陆宝千:《述马一浮之以佛释儒》,《"中央研究院"近代史研究所集刊》1994年第二十三期,第125页。

[2] 马一浮著:《尔雅台答问》,江苏教育出版社2005年版,第48页。

[3] 〔清〕李光炘著,〔清〕谢逢源编:《龙川弟子记》,方宝川编:《太谷学派遗书》第一辑第三册,第18页。

[4] 〔清〕周太谷:《心庄子之心》,方宝川编:《太谷学派遗书》第一辑第一册,第608页。

[5] 〔清〕张积中:《白石山房文钞》卷四,方宝川编:《太谷学派遗书》第二辑第一册,第541页。

[6] 〔清〕黄葆年:《归群草堂语录》,方宝川编:《太谷学派遗书》第一辑第五册,第10页。

[7] 〔清〕张积中:《张氏遗书》卷下,方宝川编:《太谷学派遗书》第一辑第二册,第195页。

止观法门的。张积中有《读圆觉经》一首："三千世界幻中身,别样花开别样新。我佛有灵珠一颗,上仙何处月三更。空怜众相能通语,始信真如竟有神。菩萨功成菩萨行,佛言此处最分明。"[1]《圆觉经》与《楞严经》《维摩诘经》同为禅宗常用经典。张氏并著《楞严经释义》,可见其对禅宗经义的用心。

《张氏遗书》有《禅定说》:"一尘不染是名曰禅,一念不生是名曰定,慧光朗照是名曰禅,清净本然是名曰定,差别微细是名曰禅,敷坐晏安是名曰定。禅者观也,定者止也,非观不止,非止不观,即止即观,即观即止,意识断而万象俱融,一相彰而诸根不漏,……定光常现刹那间,顷刻花开坐宝莲,弹指声中声是佛,踢翻流水证金仙。"[2]张氏对禅定的细微把握应来自长期揣摩与实践。

张积中把佛教的修持与丹道结合起来,他描述其炼养实践说:"色生受,受生想,想生行,行生识,结丹则色也,归炉则受也,温养则想也,因天则行也,还虚则识也。"[3]在张积中看来,佛道的修炼是相通的,都是炼养心性。张氏《示薛云璈》云:"麟生虹化,真舍利之别传;玉振金声,实还丹之秘旨。七十二妙相福地庄严,三十六虚声洞天冥杳。礼陶乐淑,老彭之遗泽犹新;佛性仙心,洪福之宗风宛在。"[4]言舍利、又言还丹;言礼乐、又言佛性仙心,太谷学派三教混融的面貌在此体现得淋漓尽致。李光炘说:"道家云上清、玉清、太清,三气也。佛氏云过去、现在、未来,三心也。圣人窃比于我老彭,述老而信彭也。"[5]"佛说善根、信根。道云天根、地根。即圣人所谓人心、道心也。人心,心也。道心,息也。"[6]擅长以佛道的概念阐述儒家的道理。"《易》从天说到人,《春秋》从人说到天,一而二、二而一者也。欲知《归藏》,非读

[1]〔清〕张积中:《张氏遗书》卷下,方宝川编:《太谷学派遗书》第一辑第二册,第203—204页。

[2]〔清〕张积中:《张氏遗书》卷下,方宝川编:《太谷学派遗书》第一辑第二册,第220—221页。

[3]〔清〕张积中:《张氏遗书》卷下,方宝川编:《太谷学派遗书》第一辑第二册,第265页。

[4]〔清〕张积中:《张氏遗书》卷下,方宝川编:《太谷学派遗书》第一辑第二册,第285页。

[5]〔清〕李光炘著,〔清〕谢逢源编:《龙川弟子记》,方宝川编:《太谷学派遗书》第一辑第三册,第39页。

[6]〔清〕李光炘著,〔清〕谢逢源编:《龙川弟子记》,方宝川编:《太谷学派遗书》第一辑第三册,第97页。

《华严经》不可。欲知《连山》，非读《道德经》不可。"[1]在李光炘看来，儒、佛、道三教的经典是相通的。阐说儒家而融汇佛道，完全是一副三教合一的面目。

佛教对中国民间社会生活的影响是深刻广泛的。太谷学派作为一个民间宗教社团对佛教的吸收和借鉴亦达到非常深切的程度。太谷学派不仅在理论上而且在实践修炼上大量汲取佛教的资源，佛教无疑是其思想来源之一。

五、太谷学派与民间信仰

太谷教作为一个活跃在民间的儒教教派，多方面吸收了佛道及民间信仰的元素，自身亦成为一个民间宗教。

中国人一直有着浓厚的宗教信仰，晚清近代亦是如此。"中国人普遍性的神鬼崇拜、民间迷信习俗，从本质上说，也是一种潜在的宗教形态。可以这样认为，宗教信仰是晚清社会人们精神活动的一个重要内容，是影响晚清社会变化的重要因素。"[2]中国人的民间信仰即表现为神鬼崇拜，不管这神是儒教的、道教的、佛教的，还是其他宗教的。在民众看来，只要有效用，就可以膜拜。宗教对民间社会的影响远远地大过正宗的学术思想。中国人对待宗教的态度具有包容性、功利性和实用性。"民众祭祀他们，并不是因为它们是道教之神或佛教之神才祭祀的，而是因为它们如何灵验、如何有权能、如何能够保障他们的利益。"[3]事实上民间信仰不只道教、佛教之神，还有儒家的神灵。在民众眼里，孔子的地位不啻神灵。有学者认为："他们并非同时信仰三个独立的、对等的、相互冲突的宗教，而是一个折中的宗教；其中包含那古老礼制以作为根本，再加上佛教与道教元素作为第二特性。就算他们到了一所纯粹佛教或道家寺庙，他们也不是以佛教徒或道教徒自居，此时他们是那民间宗教的信徒。"[4]"中国宗教的传统与汉族宗教的特征，恰是各种宗教的混淆。""应该从诸教混合主义的观点出发，重新认识中国民众的

---

[1]〔清〕李光炘著，〔清〕谢逢源编：《龙川弟子记》，方宝川编：《太谷学派遗书》第一辑第三册，第100页。

[2]史革新：《中国社会通史·晚清卷》，山西教育出版社1996年版，第402页。

[3]〔日〕渡边欣雄著，周星译：《汉族的民俗宗教》，天津人民出版社1998年版，第17页。

[4]陈荣捷著，廖世德译：《现代中国的宗教趋势》，文殊出版社1987年版，第180页。

宗教。"[1]中国民众信仰的宗教不是纯一的儒教、道教或佛教,而是三教混合杂糅在一起的形形色色的民间宗教。太谷教就属于这样的宗教。在儒学宗教化、通俗化方面,林兆恩的三一教导之在前,周太谷的太谷教继之在后。

太谷学派接受民间宗教的影响有以下数端:

第一,太谷学派受到了民间宗教善书的影响。善书在民间的流传引起太谷学人的重视。周太谷即亲注《太上感应篇》。李光炘说:"《太上》曰善恶之报,如影随形,诚哉是言也。天之报人,或迟或速,或报于子孙,或报其来世,犹之立竿见影。……立竿无不见影,即善恶无有不报。……天地岂有不应之感哉!"[2]可见太谷学派曾用《太上感应篇》等民间宗教的善书来教授徒众。

第二,太谷学派接受了民间宗教的劫变思想。劫变思想是民间宗教的重要特征。乾隆三十二年(1767),收元教教首徐国泰在河南传教,编造"戊子、己丑天下大乱"的谣言[3]。同年弥勒教游瑶称:"子丑年动刀兵,寅卯年火烧一城,水淹二城,风卷三城,天下人尽死。"[4]乾隆四十九年(1784)雷德本所传"悄悄会"有《数珠经》一本,内有"小心鼠尾木易兴,小心牛头卯金龙"[5],卯金、木易指该教教首刘道士、杨天寿。周太谷已开始讲"小劫""大劫":"《皇民普录》云:自二象明曜以来,至于累亿劫会,天地成败非可胜载! 数极唐尧是为小劫,丁亥之后,甲申之年,阳九、百六之气离合,壬辰之始数有九周。至庚子之年,赤星见于东方;白彗见于月窟,唐尧之后四十六丁亥是小劫之周。又五十五丁亥至壬辰、癸巳是大劫之周也。凡祈天永命者须志曾子之志,戒达摩之戒。"[6]周太谷所引用《皇民普录》不见他书著录,为一讲劫数之书无疑。周氏并讲用儒、佛二法避劫,显系民间宗教的典型做法。《张氏遗书》同样讲到"壬辰、癸巳大劫之周":"太谷疾,门弟子请曰:'夫子之病革

[1]　〔日〕渡边欣雄著,周星译:《汉族的民俗宗教》,第13页。

[2]　〔清〕李光炘:《观海山房追随录》,方宝川编:《太谷学派遗书》第一辑第三册,第46页。

[3]　《朱批奏折》,乾隆三十二年十月十三日,河南巡抚阿思哈折,中国第一历史档案馆藏。

[4]　《朱批奏折》,乾隆三十三年六月十九日,贵州巡抚良卿折,中国第一历史档案馆藏。

[5]　台湾故宫博物院图书文献处文献股:《宫中档乾隆朝奏折》第六十八辑,乾隆五十三年七月初九日,陕甘总督勒保折,台湾故宫博物院1986年版。

[6]　〔清〕周太谷:《周氏遗书》,方宝川编:《太谷学派遗书》第一辑第一册,第607页。

矣,何如?'子曰:'已矣!……壬辰、癸巳,大劫之周也。予将祷于名山,而天弗我予。……予旬有五日,而天道弗济,予其已矣。……予天民之先觉者也,百姓有罪,在予一人。予其以身代矣。……予荐诸子于天。'"[1]周太谷讲他"以身代""荐诸子于天",显系宗教教主的口气,并超越了一般民间宗教教主的能力。

第三,太谷学派的修炼继承了民间宗教的修炼特征,即不讲门派,对三教修炼兼收并蓄。"由于太谷学派具有民间的性质,因而它必然需要通过一定的方式来凝聚门徒、吸引信众、稳固道统。而在学派实践中,其主要是通过具有自身特色的功夫修炼和带有一定宗教倾向之类神秘色彩的学派活动来达到这一点的。这种功夫,在太谷学派就是'圣功'功夫。"[2]上面已论述,太谷学派既修持佛教的各种功法,又采练道教的内丹功夫,不拘佛道,表现了民间宗教三教混融的特征。

第四,学派从组织形式上,受到民间宗教的影响。"民间秘密宗教的形态,则属于师徒纵向的严密关系。各教派辗转衍化,枝干互生,向下扎根,盘根错节,具有较持久的延续性。"[3]太谷学派组织上的紧固性和凝聚力,其对师徒关系的强调,明显异于一般的学术派别,显然带有秘密宗教或秘密结社的特点。太谷学派的收徒方式带有教派特征。刘鹗乙巳(1905年)日记载:(五月十一日)"引乔茂老(树楠)行礼"。十二日"斋戒"。"按太谷学派的规矩:入门者名为'拜从',须有'引见人'。"[4]

黄崖山集团共产主义的生活方式亦可能受到某些民间宗教的影响。如"在四川,混元教系统的某些教门'煽惑者多系有田产之人,……而习教之人,入彼党伙,不携资粮,穿衣吃饭,不分尔我'"[5]。黄崖山之纳资入山、集体生活与其相似。

---

[1]〔清〕张积中:《张氏遗书》卷上,方宝川编:《太谷学派遗书》第一辑第二册,第74—75页。

[2] 江峰:《太谷学派生命哲学研究》,东方出版社2007年版,第240页。

[3] 庄吉发:《民间秘密宗教的经费来源与经费运用》,林富士编:《台湾学者中国史研究论丛——礼俗与宗教》,中国大百科全书出版社2005年版,第383页。

[4] 刘蕙孙编:《铁云先生年谱长编》,第120页。

[5] 程歗:《晚清乡土意识》,中国人民大学出版社1990年版,第91页。

第五,太谷学派的某些说法受到民间宗教思想的影响。李光炘说:"阿,卷阿也,圣祖所居;弥,须弥也,佛祖所居;陀,普陀也,道祖所居。阿弥陀佛者,三教一家之谓。阿,身也;弥,命也,陀,心也;佛,性也。"[1]李氏三教并列和对阿弥陀佛的这种解释明显带有自己的创意,并以一个民间宗教教主的口吻说出。

第六,太谷学派与民间宗教有着类似的崇拜对象。太谷学派存在太阳崇拜:"无字属火,是太阳在一无中见诸有相。太阳出现,万物皆相见也。"[2]民间宗教多有崇拜太阳的现象,如"八卦会震卦教称太阳为圣帝老爷。"[3]太谷学派或受其影响。

从各方面看,太谷学派生活在民间信仰、民间宗教十分活跃的时空环境里,广泛地受到了它的影响。民间宗教熔铸着学派的思想内容和精神面貌,成为学派重要的思想来源之一。

太谷学派本身亦宗教亦学术的性质,也使对学派性质的辨析这一课题增加了复杂性。有些宗教本身学术的意味很浓,以至于和学术无太大差别。有学者论儒学说:"不管儒家是否为宗教,在漫长的中国历史上,儒家确实担当了信仰的功能。中华文化历史悠久,博大精深,经过漫长的历史发展形成了以孔子为象征,以儒家为主体,居中制衡,佛道辅翼,安身立命,治国理民的独特结构。"[4]太谷学派也可以这样看。

清代扬州运河沟通南北,淮盐行销天下,经济繁盛,名人辈出,文化发达,扬州佛教也逞一时之盛。康熙帝、乾隆帝多次驻跸扬州,提倡佛教,为扬州佛教增色不少,扬州也涌现出一批著名寺院和僧人。清代扬州道教则乏善可陈,仅能艰难维持门面而已。清代早期天主教一度传播,雍乾时期因禁

[1]〔清〕李光炘著,〔清〕谢逢源编:《龙川弟子记》,方宝川编:《太谷学派遗书》第一辑第三册,第27页。

[2]方宝川编:《太谷学派遗书》第一辑第三册,第16页。

[3]庄吉发:《民间秘密宗教的经费来源与经费运用》,林富士编:《台湾学者中国史研究论丛——礼俗与宗教》,第368页。

[4]韩星:《上帝归来——段正元上帝观及其对儒教复兴的启示》,《宗教哲学》季刊2016年12月第78期,第155页。

教而沉寂。清代扬州伊斯兰教尚能继承上代传统,持续传教活动。太平天国战火不仅沉重打击了扬州经济,使其从顶峰上跌落下来,也使扬州的宗教文化事业趋于衰微,僧道星散,庵观寺院几成瓦砾场。战后扬州宗教活动虽几经恢复,但就像扬州经济文化一样,衰落已成定局。只剩天主教、基督教在西方帝国主义的支持下,在此时还有一定的发展。

第十章　清代扬州的社会生活

　　清承明制,扬州的社会生活、民俗风尚基本保持稳定,随着清政府统治稳固以及两淮盐业经济的发展亦因时而变,尤其在乾隆时期变得更加侈靡繁缛。鸦片战争后,随着西方资本主义的入侵,中国新式工业、商业、交通业逐渐发展,在欧风美雨的强烈侵蚀下,中国传统社会受到根本冲击,尤其是东南沿海和长江中下游地区的社会生活发生很大变化,民情风俗随之出现明显变化。扬州作为传统城市的典型代表,随着中国经济、社会和思想的重大转型,社会生活和风俗发生明显变化,并打上了深刻的时代印记。

第一节　礼俗与习俗

　　社会生活与风俗民情密切相关,中国传统社会一直重视风俗教化、移风易俗,清政府亦重视社会风俗。雍正帝执政伊始即发布诏令:"国家欲安黎庶,莫先于厚风俗,厚风俗莫要于崇节俭。……朕临御以来,躬行节俭,欲使海内之民皆敦本尚实,庶康阜登而风俗醇。"[1]可见风俗民情对国家安危和社会盛衰具有极其重要的影响。

　　清代扬州地方志中多设有"风俗志",希冀发挥风俗的敦化作用,旨在移风易俗,正如尹会一在《〔雍正〕扬州府志》中阐述其编撰目的,"土沃财丰,俗浸骄侈。滔滔江河,波流曷止。返朴还淳,维上之使。国奢示俭,国俭示礼,作《风俗志》"[2]。扬州自古为知书达礼、淳风美俗之地,正如王锦云咏赞:"扬

---

[1]《世宗宪皇帝实录》卷一〇,《清实录》第7册,中华书局1985年版,第180页。

[2]〔清〕尹会一修,程梦星纂:《〔雍正〕扬州府志》卷一〇《风俗》,卢桂平主编:《扬州文库》第1辑第5册,第110页。

州忆，风美俗还恬。怒马无防徒步客，香舆不卷出城帘。礼让每相兼。"[1]

　　扬州地处长江与大运河交汇之处，盐业、漕运和河运"三大政"繁荣发达，"扬州为南北通都大邑，商贾辐辏，俗本繁华。"[2]由于人员流动纷繁复杂，导致扬州风俗变化多端，吴锐《梅花书院碑记》有言："况维扬为天下之隩区，汇江海，互南北，五方杂沓，耳目见闻，薰习濡染，非多为之所，恐为风俗忧。"[3]清初，曾为盐商的孙枝蔚深感扬州风气浇薄，诗作中慨叹："广陵不可居，风俗重盐商！"[4]因此，扬州士绅注重风俗正人心、循礼仪的社会规范功能，"风为淳风，俗为善俗，人心世事之转移，其为我国家培养之厚，有司教化之深者，不几捷如桴鼓哉？"[5]

　　一般而言，扬州本地居民自古被视为性情轻扬，如《〔康熙二十四年〕扬州府志》即云："今扬州仅汉广陵一郡也，其地人性轻扬……要之俗尚轻扬，至今然也。"[6]然而，这一说法似乎并不确切，风俗并非一成不变，而是随着社会环境的改变而发生嬗变，"然繁庶之末，浸为惰偷，绌进取之心，寡奇倚之节，亦其敝也。此无百年不变之风，亦无千年不变之土。……欲执古道，以御夫今，安其习俗，乐守故常，不及十年，且至于殆。"[7]《〔雍正〕江都县志》虽然承认邑人"轻扬"，但更多则是对民风淳厚的赞誉，"江都为附郭首邑，衣冠文物甲于江北，且地当水路孔道，人民富庶，室庐裘马，日益侈靡。然缙绅学士敦尚名节，农勤于耕，工敏于技，商贾转输百货，先公后私，轻扬之中

　　[1]〔清〕王锦云:《扬州忆(望江南一百令)》，顾一平辑录，邗江区史志办、邗江区档案局编:《望江南·扬州好》，第55页。

　　[2] 碑刻《建立岭南会馆碑记》，现存于扬州仓巷小学。

　　[3]〔清〕吴锐:《梅花书院碑记》，〔清〕阿克当阿监修，〔清〕姚文田等纂:《〔嘉庆〕重修扬州府志》卷一九《学校》，卢桂平主编:《扬州文库》第1辑第6册，第317页。

　　[4]〔清〕孙之蔚:《溉堂前集》卷二《李屺瞻远至寓我溉堂悲喜有述》，《清代诗文集汇编》第71册，第350页。

　　[5]〔清〕林苏门撰，刘永明点校:《邗江三百吟·自序》，第9页。

　　[6]〔清〕金镇原本，〔清〕崔华、张万寿续修，〔清〕王方岐续纂:《〔康熙二十四年〕扬州府志》卷二《建置》，卢桂平主编:《扬州文库》第1辑第3册，第35页。

　　[7] 陈含光:《扬州风土记略序》，徐谦芳著，蒋孝达、陈文和校点:《扬州风土记略》，第1页。

不失醇厚。"[1]

随着财富的巨幅积累,盐商群体的私欲迅速膨胀,"往者淮商体大物博,而不免于铺张扬厉,失其本真"[2]。康熙年间,扬州风气的恶俗征兆已经相当突出,郑燮明确表示"盖广陵风俗之变,愈出愈奇"[3]。时人顾于观的看法更为悲观,他认为"扬州风俗,江河日下"[4]。雍正时期,清政府对盐商消费的严格管控,使得扬州奢侈之风有了一定程度的收敛,正如雍正七年(1729)两淮盐政高淳上奏时所言:"臣思屡蒙皇上轸念民瘼,屡降俞(谕)旨,劝民节俭,在盐商子弟未免奢华,正须时时董戒,以期风移俗易,岂可缺少。"[5]不过,这一变化只是雍正皇帝高压政策下的特殊产物,其持久性难以为继,甚至连扬州地方官员都多有疑问,"近日扬郡士夫清苦淡泊,颇安蔬味,顾习尚之侈何能骤返耶?"[6]雍正帝去世后,扬州奢华之风快速反弹,甚至过犹不及。

随着太平天国战事的结束以及两淮盐业经济的部分恢复,扬城民众对于物欲的追求重新抬头,"然俗尚奢侈,积久不变,富家大族虽不及全盛之豪华,而较之乡僻州县绅富之所为则阔绰多矣,而孰知有不然者"[7]。晚清时期,随着两淮盐业的衰落,就连主管两淮盐业的行政机构亦不得不大幅裁员,依赖盐业谋生的普通民众的生计则更为艰难,扬州竹枝词对此亦大发感叹:"扬州大利首推盐,女惰男奢两弊兼。太息而今生计促,式微不独叹穷檐。"[8]20世纪初期,《警钟日报》报道了扬州民众生活艰难的状况,"扬州自

---

[1]〔清〕陆朝玑修,〔清〕程梦星等纂:《〔雍正〕江都县志》卷七《疆域志·风俗》,卢桂平主编:《扬州文库》第1辑第10册,第112页。

[2]〔清〕方濬颐:《二知轩文存》卷二一《扬州育婴堂记》,沈云龙主编:《近代中国史料丛刊》第49辑,台北文海出版社1973年版,第1262页。

[3]〔清〕郑燮:《〈扬州竹枝词〉序》,〔清〕董伟业撰,刘永明点校:《扬州竹枝词》第1页。

[4]〔清〕顾于观:《〈扬州竹枝词〉序》,〔清〕董伟业撰,刘永明点校:《扬州竹枝词》第2页。

[5]《奏报两淮盐务及地方事务事》,扬州大学、扬州市档案馆编:《清宫扬州御档续编》(1),广陵书社2018年版,第135页。

[6]〔清〕尹会一修,程梦星纂:《〔雍正〕扬州府志》卷一〇《风俗》,卢桂平主编:《扬州文库》第1辑第5册,第113页。

[7]《论扬州资遗难民》,《申报》光绪十年正月二十一日(1884年2月17日),第1版。

[8]倪澄瀛:《再续扬州竹枝词劫余稿》,顾一平辑录,扬州市邗江区党史地方志办公室、扬州市邗江区档案馆编:《扬州竹枝词》,第300页。

古为名胜之区,素以繁富闻天下,兵燹以后日见困穷。近年来轮舟既通,出口货多,百物腾贵,如鸡卵一枚从前易钱三文,近须八九文,其他称是。小民艰于觅食,少壮者大半入秘密会,人亦不能安枕"[1]。清末,时人对扬州民风发生的重大变化有着亲身感受,"盛世之民,民风诚朴;衰世之民,民风刁诈。满清末季及民国初年,诚衰之甚也"[2]。

一、婚丧礼仪

(一)冠礼

冠礼亦称男礼或丁礼,为"礼之始",即成人仪式。古代男子在二十岁行冠礼,表示自己已经长大成人,意味着其言行举止必须符合社会规范,他人要待之以成人之礼。冠礼即三加之礼,成年男子之家需要选择良辰吉日,准备牲礼,先在祠堂中祭祀祖考,然后请尊贵者为之加冠。

明清时期,传统冠礼在扬州民间基本不复存在,据明代《〔隆庆〕高邮志》记载,"邮俗,童子十六岁以上率多冠。然冠礼不讲,虽士夫之家亦鲜有行之者"[3]。康熙时期,"三加之礼,缝掖之衣,古人有之,然峨冠、褒衣已成往制"[4]。由于扬州冠礼久已不行,男帽式样五花八门,"三加礼,士大夫家间有行者,然亦不能备礼。郡城五方都会,所裹巾帻意制相诡,市肆所鬻有晋唐巾、紫薇巾、逍遥巾、东坡巾,种种不一。至于游客资郎、宦族子弟往往危冠侧注,樊然莫辨"[5]。

清军入关后,对男子冠帽提出明确要求,作出统一规定,"至本朝功令颁有定式,乃翕然齐一焉"[6]。雍正时期,对冠帽要求更高,规范更严格,"冠以

　[1]《生计维艰》,《警钟日报》光绪三十年正月十五日(1904年3月1日),第4版。

　[2]吴索园:《扬州竹枝词》,顾一平辑录,扬州市邗江区党史地方志办公室、扬州市邗江区档案馆编:《扬州竹枝词》,第312页。

　[3]〔清〕阿克当阿监修,〔清〕姚文田等纂:《〔嘉庆〕重修扬州府志》卷六〇《风俗》,卢桂平主编:《扬州文库》第1辑第7册,第1173页。

　[4]〔清〕金镇原本,〔清〕崔华、张万寿续修,〔清〕王方岐续纂:《〔康熙二十四年〕扬州府志》卷七《风俗》,卢桂平主编:《扬州文库》第1辑第3册,第111页。

　[5]〔清〕雷应元纂修:《〔康熙三年〕扬州府志》卷二〇,卢桂平主编:《扬州文库》第1辑第2册,第418页。

　[6]〔清〕雷应元纂修:《〔康熙三年〕扬州府志》卷二〇,卢桂平主编:《扬州文库》第1辑第2册,第418页。

加首,服以章身,等威攸关,分不容越。近奉功令,颁行品级帽顶,名位秩然。顾人情厌朴喜华,趋靡如鹜,貂狐之服,绮缎之衣,贵贱无章,奢僭甚矣"[1]。

（二）婚礼

中国传统婚姻特别讲求"三书六礼",扬州地区亦是如此。"三书"即男女婚姻应当具备的文书,包括聘书、礼书和迎书。"六礼"则是婚仪应当遵循的六个步骤,即纳采、问名、纳吉、纳币、请期和亲迎。雍正时期,除了宝应尚讲求古礼,扬州地区的婚姻礼制意识逐渐淡化,婚姻仪式简化为"三礼"。

> 婚姻者,人伦之始。古婚礼有六:谓纳采,问名,纳吉,纳币,请期,亲迎也。家礼以问名并入纳采,以纳吉、请期并入纳币,以备六礼之数,其实止纳采、纳币、亲迎三礼而已。今兴化、宝应独重亲迎,风犹近古。[2]

乾隆时期,扬州婚礼仪式更趋简单,仅为"二礼","江邑惟纳采、请期,余皆小异。婚日亦不亲迎,婿家用彩舆、鼓乐以导妇归。庙见另诹吉期,不限三日"[3]。仪式虽然趋于简单,但是靡费之风逐盛,"六礼止纳采、请期而已,富室侈汰无节,惟以华靡相尚,彩轿之费至数十金,贫者亦称贷效之"[4]。扬州贫寒之家则精打细算,对结婚礼仪更为忽略,"俗于嫁娶,有甫经纳彩,即议迎娶者,礼仪简略,为惜费故也。娶时,红纸灯两盏;筛装红绢,中置镜,挑以高竿,名'高照'。肩舆缚彩,以紫纸糊窗,名'彩轿'"[5]。

清代扬州婚姻虽然"六礼"不全,但是"三书"相对完备。扬州婚嫁礼仪繁多,主要包括通信、过礼、拜堂、做堂和回门等程序。阮先的《北湖续志》

[1]〔清〕尹会一修,程梦星纂:《〔雍正〕扬州府志》卷一〇《风俗》,卢桂平主编:《扬州文库》第1辑第5册,第111页。

[2]〔清〕尹会一修,程梦星纂:《〔雍正〕扬州府志》卷一〇《风俗》,卢桂平主编:《扬州文库》第1辑第5册,第111页。

[3]〔清〕五格、黄湘修,程梦星等纂:《〔乾隆〕江都县志》卷一〇《风俗》,卢桂平主编:《扬州文库》第1辑第11册,第112页。

[4]〔清〕徐成敹、桂正华修,陈浩恩等纂:《〔光绪〕增修甘泉县志》卷四《风俗》,卢桂平主编:《扬州文库》第1辑第14册,第162页。

[5]〔清〕林溥撰,刘永明点校:《扬州西山小志》,第46页。

对此有详细记述：

> 婚姻之礼，亲迎久废。娶妇之家，先邀媒妁，告以日期，谓之"通信"。择日送果盒、绸布，谓之"过礼"，亦古人纳采、纳币之义。娶妇之日，或用彩轿、鼓乐以迎，亲族聚贺盈门，竞看新娘。次日，拜神祇，见舅姑，谓之"拜堂"。近则新妇至门即拜神祇、见舅姑，而后合卺，以希省事。又有一二日前，送女先至夫家，至期，则盛饰为新娘者，谓之"做堂"。妆新满月后，婿随往拜女家，谓之"回门"。[1]

男女双方谈婚论嫁时，首先要定亲，行聘之礼，即"下茶"。一般，女方不能反悔，所谓"一个女儿不吃两家茶"。男女双方通过"通信"，选定黄道吉日为婚期。双方约定媒妁后，即进入"开书盒"的程序：

> 两姓为婚伊始，男家书柬曰"恭求"，女家答柬曰"敬允"：名曰"下求书"。男家用大长盒，装绢彩人物、枣栗之类，外以红大呢、顾绣袱饰之，家人披红簪花，提灯引行，及至女家，请全福之客二人，以开其盒。[2]

通常婚嫁之前的一两日，男方须将新娘穿戴的衣饰、花粉等送至女家，俗称"送上头盒子"。女方将妆奁运送至男家，主要包括新房内应用的铺盖帐幔、箱橱盆桶等各种用品。扬州新娘出嫁时多携带两只百宝箱，民间还有"压箱底"之说，"扬州风俗，凡有婚姻之事，新娘彩舆后皆有二箱，箱中所藏不啻淮南王之鸿宝也"[3]。清初，扬城富家女的嫁奁已经相当厚重，正如郝璧诗云："小东门内过城隅，槃几香奁半带朱。偏为豪家添珍丽，锦栏药板护纱褥。"[4] 道光时期，仪征农村嫁女尚有勤俭古风，"仪邑乡间嫁女，俗所谓小三

[1]〔清〕阮先辑，孙叶锋整理：《北湖续志》卷五，第168页。

[2]〔清〕林苏门撰，刘永明点校：《邗江三百吟》，第69页。

[3]《失物可疑》，《申报》光绪九年三月十三日（1883年4月19日），第2版。

[4]〔清〕郝璧：《广陵竹枝词》，顾一平辑录，扬州市邗江区党史地方志办公室、扬州市邗江区档案馆编：《扬州竹枝词》，第26页。

件:一粉盒,一脚盆,一净桶。青布裌,红布裙,俭而中礼,饶有古风"[1]。其中,净桶内放红鸡蛋、枣子之类,祈求子孙满堂,故称为"子孙桶"。女方亲友赠送给新娘的财物,称为"奁仪"或"添箱"。

女方需要预先布置新房,称之为"铺房","婚期前几日,女家铺房,除床外,木器皆女家备办,谓之一房一屋。帐幔铺盖必双,谓之两铺两盖,而豪家夸富者更有四铺四盖、八铺八盖。铜锡瓷器若干抬,大红箱若干对,房屋陈设必华,首饰、衣服、具奁、簿巾悉数不尽。捧奁簿者受上赏,若团圆镜、百年箕帚、百子桶以下则赏有等杀焉。"[2]扬州竹枝词有吟诵云:"争捧妆奁婢妪忙,人家嫁女早铺房。百年箕帚团圆镜,加倍酬劳寓吉祥。"[3]

结婚前一日,新郎需要沐浴一新,"男子亲迎前一夕入浴,动费数十金"[4]。新婚当日,扬州流行男方花轿迎亲,"娶亲,无论大小户,择吉之后,入市订好花轿,订时挑选颇多,皆以新鲜华丽为尚"[5]。新郎进入女家后,女方举行"三道茶"的仪式,分别为甜茶、清茶和点心,正如林苏门在《邗江三百吟》中所云:"扬城喜事,如款待作伐人,以及新婿上门、姻亲初会时,入座用三道茶:第一道高果,献而不食;二道或建莲,或燕窝;三道或龙井,或霍山,皆食,皆曰'茶'。"[6]

新郎于良辰吉时迎新娘上轿,女方需要对花轿"压轿",多为男孩或其他寓意吉祥之物,厉秀芳在《花轿》诗中云:"应知压轿无他样,一盒花糕两鲤鱼。"[7]迎亲队伍出门后,一路鼓乐齐鸣、燃放鞭炮,吸引众多路人前来围观,"扬郡风俗,凡嫁娶家于喜轿在路时必放花炮,直冲霄汉,远近闻其声者即拥挤而来,争看彩舆。其炮如九条龙赛月明之式,名曰'起火',药力足者

————————————

[1]〔清〕王检心:《真州救荒录·禀请通饬有灾各州县劝谕多婚(戊申九月初一日)》,李文海、夏明方、朱浒主编:《中国荒政书集成》第6册,天津古籍出版社2010年版,第3774页。

[2]〔清〕厉秀芳:《真州风土记》,卢桂平主编:《扬州文库》第2辑第55册,第105—106页。

[3]〔清〕言忠贞:《芜城竹枝词》,顾一平辑录,扬州市邗江区党史地方志办公室、扬州市邗江区档案馆编:《扬州竹枝词》,第113页。

[4]〔清〕李斗著,陈文和点校:《扬州画舫录》卷一,第12页。

[5]〔清〕林苏门撰,刘永明点校:《邗江三百吟》,第69页。

[6]〔清〕林苏门撰,刘永明点校:《邗江三百吟》,第121页。

[7]〔清〕厉秀芳:《真州竹枝词》,卢桂平主编:《扬州文库》第2辑第55册,第421页。

可飞至一二里外。"[1]晚清时期,扬州迎亲送亲的奢华排场依然不减,时人孔庆镕有诗云:"遥遥华胄缔婚姻,鼎食钟鸣骄上春。多子街前看热闹,彩舆宾从有千人。"[2]二人成婚,千人宾从,奢靡竞尚,招摇过市,扬州人对此亦是见惯不惊。

婚嫁之时,女方需请"伴婆"指点礼俗,"新妇出嫁之日,一切行礼须人指引。扬城另有一种妇人,专习此业,名曰'伴婆',以钱雇之"[3]。嘉庆时期,"伴婆"逐渐年轻化,尤其在市侩人家得以流行,"伴婆有老有少。扬城二十年前,嫁女之日,先叫定伴婆二人,老少不拘。近年则惟以少艾为选,凡历练而年老者,挑而剔之,且有叫至十人八人者。读书守礼之家,尚无此习"[4]。

扬州婚庆还请"喜娘"助兴,"扬州婚娶,家必有喜娘,其年少貌美者,清歌侑酒,一如娼妓"[5]。晚清时期,扬州"喜娘"为追逐市利而媚俗不已,其行为举止不够检点,多有鄙俗不堪之处,《点石斋画报》对此亦有报道:

> 扬俗,新婚之家伴送新娘,往往喜用俊俏妇女,齿牙伶俐,以博客欢。某日,为某公子合卺吉期,其家用伴姑二人,并皆佳妙。其一年刚花信,慧黠异常,听某客游戏之言,贪领赏洋,竟于簪裾毕集时,自褫其袴,如蝉蜕壳,至有七次之多,皆系罩裤,不曾露出裙带中物。自四元以次递增,共得洋蚨数十翼。观者无不粲然,或谓该处素有此风,故该伴姑逆料其事而预为之备耳。此而不禁,恐日甚一日,相率效尤,尚复成何体统耶![6]

新娘迎娶到家后,依俗不能马上起帘,"扬州彩舆到门,不即启帘,谓之闷

---

[1]《花爆祸人》,《申报》光绪六年十月十六日(1880年11月18日),第2版。

[2]〔清〕孔庆镕:《扬州竹枝词》,顾一平辑录,扬州市邗江区党史地方志办公室、扬州市邗江档案馆编:《扬州竹枝词》,第268页。

[3]〔清〕林苏门撰,刘永明点校:《邗江三百吟》,第71页。

[4]〔清〕林苏门撰,刘永明点校:《邗江三百吟》,第72页。

[5]《维扬近信》,《申报》光绪十年五月十七日(1884年6月10日),第3版。

[6]《不愁无裤》,《点石斋画报》土集七期,第55页。

性"[1]。新娘下轿后,由男方所请的两位"全福人"扶引新娘行礼,以兆吉祥,"一到婚期集女宾,郎家用意拣挽亲。扶他新妇登堂拜,俱是齐眉有福人"[2]。

扬州婚嫁本无"抢花冠"的习俗,但是随着徽商的大量定居,此风于嘉庆年间得以流行,林苏门对此亦颇感困惑:"嫁女入舆,不加筓饰,但盖红帕;外以篾丝为花冠,高尺许,上缀绢绫人物,戴于头上。至夫家下舆时,众亲一揭彩舆之顶,而花冠簇簇然露矣。因争抢之,以为喜祝之意。此徽礼也,扬俗近沿之。或曰徽多虎,嫁者遇虎,舆夫逃去,虎来衔人,仅及花冠,不伤新妇。果尔,则扬城内亦有虎欤?"[3]此后,"抢花冠"遂成习俗,扬州竹枝词有云:"徽州火把红油刷,翰院灯笼紫纸糊。抢过花冠传过袋,进房先看伴娘姑。"[4]

新婚之夜,扬城盛行闹新房,"合卺之夕,骈族聚观喧哗,俗云馈房,又曰馈郎,惟郡城有之"[5]。新娘的被褥中放有枣子、桂圆、莲子等物,任由亲眷摸取,寓意早生贵子,"枣荔衾裯各处探,内中拾得为宜男。欢呼惊煞新娘子,铁障媒人一力担"[6]。惺庵居士对扬州新婚之日的全过程,有言简意赅的总结:"扬州好,嘉礼爱堂皇。吉日笙歌迎彩轿,良宵花烛闹新房。月老已过墙。"[7]

扬城还流行"饿嫁"之风,待嫁女需要提前数日控制饮食,甚至数日不食。其实,这一做法是对女性身体的一种摧残,有可能威胁其生命安全,甚至影响到婚礼进程,乃至于使婚礼成为一场闹剧。正如《申报》报道:

> 扬城嫁女之家于未嫁之前数日即减女之饮食,勿使得饱,名为"饿嫁",虽富绅巨族亦必如此,此诚恶习也。前月杪,旧城某姓娶媳,彩舆

[1]《喜而不喜》,《点石斋画报》戊集十二期,第91页。

[2]〔清〕言忠贞:《芜城竹枝词》,顾一平辑录,扬州市邗江区党史地方志办公室、扬州市邗江区档案馆编:《扬州竹枝词》,第113页。

[3]〔清〕林苏门撰,刘永明点校:《邗江三百吟》,第69—70页。

[4]〔清〕董伟业撰,刘永明点校:《扬州竹枝词》,第9页。

[5]〔清〕雷应元纂修:《〔康熙三年〕扬州府志》卷二〇,卢桂平主编:《扬州文库》第1辑第2册,第418页。

[6]〔清〕郝璧:《广陵竹枝词》,顾一平辑录,扬州市邗江区党史地方志办公室、扬州市邗江区档案馆编:《扬州竹枝词》,第25—26页。

[7]〔清〕惺庵居士:《望江南百调(并引)》,顾一平辑录,邗江区史志办、邗江区档案局编:《望江南·扬州好》,第102页。

入门,鼓声喧阗,宾客拥挤,喜娘扶新人出舆,则新人业形委顿。及升堂
交拜,人声沸腾,宾相鸣赞,不意新人一拜之后,竟仆地不起,冷汗涔涔,
气息仅属。众骇极,急询随房妪婢:"新人有何旧疾,抑冲犯暴煞否?"
妪婢皆应曰:"无。"时某生亦在座,且冰人也,因细询妪婢,始知新人于
半月前已大减饮食,吉期之前二日则粒米不进,故至此也。于是翁姑大
为骇诧,急进以高丽参汤,又进以粥汁,良久始苏。是夕不能交拜,只
得另择吉日成礼完姻,此时惟宴客饮酒而已。噫!未谙尊姑之食性,先
赋季女之斯饥,人亦何乐而为新娘哉!独怪愚夫愚妇,但于积习而莫能
改,可慨也夫![1]

　　婚姻礼制是社会等级的一种反映,扬州婚嫁形式体现了清代社会的等级
制度。清代,扬州的婚姻形式,除一夫一妻制外,还有一夫多妻、童养媳、招赘
等特殊形式,这既是婚姻观念的时代产物,又是落后的婚姻形态的"遗物"。

　　扬州富家中流行男方入赘女方之"招赘",娶童养媳者之"小娶",为病
人"冲喜"等婚姻形式。"婿招至女家,谓之'招赘'。亦有暂招至女家而偕
女以行者,其有娶养媳者,谓之'小娶'。或当舅姑病亟者,谓之'冲喜',率
多不择日,用腊月二十四日为之毕姻,此则俭之又俭者也。"[2]嘉庆时期,扬
州贫户为了节省婚嫁开支,多采取"赘婿"形式,"扬城娶亲之家,尚华者多,
勉力者亦不少。近日皆知穷而不自讳,每遇儿女喜事,两家言省俭,不娶而
赘,亦黜华之一征"[3]。扬州竹枝词对赘婿现象亦有反映,"瓜洲嫁女扬州地,
僧舍新房雪样糊。两盏红灯迎赘婿,阿娘饮泣伴新姑"[4]。

　　扬州娶妾称为"抬小",有的竟不通知正室,"妻妾分大小,大妇大雅
者少。近日扬城颇有抬小选择定局,另安别室,竟不与大妇知觉者,亦畏甚

　　[1]《竹西碎录》,《申报》光绪八年十二月十四日(1883 年 1 月 22 日),第 2 版。
　　[2]〔清〕阮先辑,孙叶锋整理:《北湖续志》卷五,第 168 页。
　　[3]〔清〕林苏门撰,刘永明点校:《邗江三百吟》,第 70 页。
　　[4]〔清〕津瀛逸叟:《续扬州竹枝词》,顾一平辑录,扬州市邗江区党史地方志办公室、扬州市邗
江区档案馆编:《扬州竹枝词》,第 130 页。

矣！”[1]小妾恃宠而骄,多借故归宁而不回,“妾之一道,不同于妇,往来非礼也。近因挑买入门之后,或有恃而不恐,竟以省亲为名归宁,时无所忌,畜妾者亦忍而许之”[2]。

（三）丧礼

扬州丧祭有“徽礼”“扬礼”之分。清初,扬州治丧礼仪与古制多有不符,邑人李淦曾言:“唐祭者,谓合众亲友之奠,分而大举祭也。吾邑与祭者,一拜而去,未免太简。郡中三献,皆亲友分班进馔,鱼贯而上,庶见奠意。”[3]“扬礼”起初治丧不用乐,正如林苏门所言:“丧不用乐,古今通义也。扬州丧事,吊者入门,以鼓吹丝竹为行拜之节,及祭,则亦必用乐。”[4]当时,扬城士大夫之家治丧多“用司马及考亭家礼”,《〔康熙二十四年〕扬州府志》对此有载:

> 士大夫治丧或用司马及考亭家礼,独大小敛制迥殊。遇七多作佛事,朝祖之夕,亲友聚宴,伎乐杂沓,名曰伴夜,尤为拂经。丧车裂彩为盖,刍灵明器,象人而用,丹旌彩翣,横陈街衢,大约戚不胜文,相渐成俗。然无火化、水葬,虽至贫人,亦有坏土,缙绅举祭,间有家庙,亦弗尽制。民庶多从寝室设龛祀奉之,亲尽不祧,虽曰违礼,庶几存厚。[5]

扬州“俗礼人死焚冥舆,报丧于亲友,咸来唁”[6]。治丧之家多设“乡绅厅”,亦称“官厅”,方便官绅前来吊唁时更衣,“丧事,大门内设更衣所。扬俗乡绅来吊,另有坐厅,一入门更衣,即问厅在何处”[7]。治丧时,灵前多用“喝礼”,即丧主以喊号的形式答谢吊唁之人。“一跪三叩,国制也。扬城丧事,灵前一人站立,俟往吊者拜焉。拜用四揖四叩首,相间起伏。吊者初拜起,

---

[1]〔清〕林苏门撰,刘永明点校:《邗江三百吟》,第71页。

[2]〔清〕林苏门撰,刘永明点校:《邗江三百吟》,第70页。

[3]〔清〕李淦:《燕翼篇》,庐佩民主编:《泰州文献》第4辑第40册,第449页。

[4]〔清〕林苏门撰,刘永明点校:《邗江三百吟》,第73页。

[5]〔清〕金镇原本,〔清〕崔华、张万寿续修,〔清〕王方岐续纂:《〔康熙二十四年〕扬州府志》卷七《风俗》,卢桂平主编:《扬州文库》第1辑第3册,第111页。

[6]　徐谦芳著,蒋孝达、陈文和校点:《扬州风土记略》,第55页。

[7]〔清〕林苏门撰,刘永明点校:《邗江三百吟》,第74页。

即喝云：'不敢劳，起！'四拜将毕，又云：'叩谢，请起！'名曰'喝礼'。"[1]治丧期间多在厅上铺设红毡，以供吊唁之人行祭拜大礼，故有"厅上登毡"一说。"丧事行祭，将祭之先，众礼生齐集厅上，茶酒人持白毡铺于地，口云：'请老爷登毡。'而先于厅上设红毡二条，祭毕亦然。"[2]

治丧之家选择吉日为死者入殓安葬。"择日时以殓，殓以冬服，殓后贴七单，挂门状。下河各县，门悬孝球，继以铺堂。江都以东，名曰'上路'。"[3]

入殓安葬的过程中，治丧之家以醋坛熏香以祛除不吉。"出枢入殓，俗备醋坛。其法取醋、酒、炭置木盆内，以火燃之，火焰上腾，清香畅达。一人持此，周室巡之，泼于门外，亦袚除不祥之意也。"[4]

古代传说，死者灵魂会返回家里，家人如果遇到就会"遭殃"，"人死，以殁日干支推算离魂日，如其日数，其魂来复，谓之归煞，举室迁避"[5]。治丧之家为了避灾，需要在入葬之后空室数日，"扬州风俗于人死回煞之夜，挈家远避，名曰避殃"[6]。由于扬州人多迷信，特别重视"避殃"，"避殃之期，扬俗于此事最为信畏"[7]。

死者入殓后的第三日，丧家做"服三"，即上坟烧纸。"避殃"之后最重要的祭拜日即所谓"七七"，亦称"做七""烧七"，"殁后七日一逢七，计七七四十九日而止"[8]。在此期间，丧家需要请僧众斋醮，"七中用僧众，或七、或九，锣鼓喧阗，绕行取水，名曰'锣鼓斋'"[9]《扬州风土记略》亦云："开吊领帖，择日为之。七中建斋、设醮以为常，甚至拜皇忏、篆徽祭。所不可解者，男必还'受生经'，女必破'血污池'。"[10]"七七"之日民间有"烧七茶"之俗，

---

[1]〔清〕林苏门撰，刘永明点校：《邗江三百吟》，第73页。

[2]〔清〕林苏门撰，刘永明点校：《邗江三百吟》，第73页。

[3] 徐谦芳著，蒋孝达、陈文和校点：《扬州风土记略》，第55页。

[4] 徐谦芳著，蒋孝达、陈文和校点：《扬州风土记略》，第55页。

[5] 徐谦芳著，蒋孝达、陈文和校点：《扬州风土记略》，第55页。

[6]《维扬近事》，《申报》光绪十年二月十三日（1884年3月10日），第3版。

[7]《维扬近事》，《申报》光绪八年六月初三日（1882年7月17日），第2版。

[8] 徐谦芳著，蒋孝达、陈文和校点：《扬州风土记略》，第55页。

[9]〔清〕林溥撰，刘永明点校：《扬州西山小志》，第48页。

[10] 徐谦芳著，蒋孝达、陈文和校点：《扬州风土记略》，第55页。

扬州地区则是"烧七装绢茶",林苏门对此有详细说明:"死者'七七'之说,释家语也。亲友于此期,具茶拜之,近日用好旧瓷大碗或瓷缸装点堆绢人物、山水、花卉、羽毛,穷工极巧,不惜重价,名为'烧七茶'。睇视此碗中、缸中,皆绢也、草也、泥也,茶何在焉?"[1]

孝子守丧期满后,可以"除丧",即"脱服",俗称"脱孝","扬俗既葬除服,取冠、衰、杖、履屏除之。服终而未葬,则收藏之,待葬而(除)服"[2]。清初,治丧之家需要置酒宴请亲友。乾隆时则改为祭拜,"及服阙,亲友相贺,开筵宴饮,谓之'脱孝'。旧志谓戚不胜文,今已渐渐改祭祀,惟缙绅家有家庙,庶民多从寝堂设龛祀奉焉"[3]。

安葬前,死者墓穴需要进行"烘坑"。"扬俗,葬前一夕,必用草把燃其墓穴,谓之'烘坑'。"[4]康熙时期,扬州已有所谓"出殡问牌"之俗,"出殡,即发引也。大户出殡,执事多而丧具不少,照察原难预日算定。某某件为一牌,共成若干牌,届期央亲友弹压之。近日牌竟有数至于百者,观者问牌之数,以多为赞"[5]。由于扬州多选择冬日安葬,易受恶劣天气的影响,改期亦比比皆是,"扬州风俗每于冬日出殡,世家旧族必选两期,如第一期遇雨雪,即用第二期。倘第二期仍遇雨雪则改卜,盖不忍使棺木冲冒雨雪,亦事死如生之意焉。虽然,此但就世家旧族而言也"[6]。

(四)祭礼

清代家祭之日相对固定,清明日"家家先祀先祖。七月望日及冬至日亦然"[7]。祠堂或宗祠既是祖灵所栖之地,又是族人进行祭拜祖先仪式的重要场所。根据礼制,凡本姓本族的祖先均可入祀,家庙一般只供奉高、曾、祖、弥四世木主,非本族人不得进入家庙祭祀。清代,扬州地区祠堂、家庙类建筑

[1]〔清〕林苏门撰,刘永明点校:《邗江三百吟》,第66页。

[2] 徐谦芳著,蒋孝达、陈文和校点:《扬州风土记略》,第55—56页。

[3]〔清〕徐成敩、桂正华修,陈浩恩等纂:《〔光绪〕增修甘泉县志》卷四《风俗》,光绪十一年(1795)刻本。

[4]《掘地得穴》,《申报》光绪十年七月初八日(1884年8月28日),第9版。

[5]〔清〕林苏门撰,刘永明点校:《邗江三百吟》,第68页。

[6]《出枢伤人》,《申报》光绪八年十一月十六日(1882年12月25日),第1版。

[7]〔清〕阮先辑,孙叶锋整理:《北湖续志》卷五,第167页。

多沿用住宅三间两厢一庭院的基本格局。例如,阮氏宗祠前后三进计九间,另有东西门房、书塾和厨房,总共约三十间。其中,后进为祭殿,左右两庑。何家祠堂位于何园左侧,建有照壁、大门、飨堂和寝堂以及大、小祠堂。飨堂是举行祭祀祖先仪式和聚会的地方,寝堂为供奉祖先之神主(牌位)之处。何家祠堂的飨堂、寝堂合用一楼,一层为飨堂,二层为寝堂。

明朝扬州地区的庶民和士大夫之家均未设家庙,徽州府以祠堂祭祖则相当流行。[1]清代,大批徽商定居扬城,祠堂祭祖之风随之流行。例如,祖籍歙县的郑鉴元居扬业鹾,乾隆年间"又尝修族谱,举亲族中婚葬之不克举者,建亲乐堂于扬州宅后,子姓以时奉祭祀"[2]。汪舸在《汪氏谱乘·叙》中云:"吾汪氏支派,散衍天下,其由歙侨于扬,业鹾两淮者则尤甚焉。居扬族人,不能岁返故里,以修禴祀之典,于是建有公祠。凡值春露秋霜之候,合族姓陈俎豆、荐时食,而又每岁分派族人专司其事。数十年来,人物既盛,而礼文器具未尝稍弛。"[3]谢九成家族为东晋谢安后裔,居住扬州北湖已有十世,虽然属于分支,但建有家祠,以满足祭祖之需,"吾扬族有祠、有埭、有遗像之历历可据者","今日后生小子见先贤遗祠、遗冢、遗像所在,备加礼焉"[4]。扬州竹枝词中对扬城流行徽派祭礼有详细描述:"扬州好,家祭夹徽扬。鼓伐三通呼就位,灯持五色学跑方。亭设纸猪羊。"[5]不过,寓扬已久的徽州人在家祭时早已不严格遵守族规,嘉庆时期汪喜孙对此曾提出批评,"江南理学,朱子起于婺源,故徽州风俗淳厚。祠堂规条,凡为人服役者,不得入祠。吾家迁扬百余年,喜孙犹守之不失,颇为族人怪异。又墓前立石,扬人止寒家守。徽州旧制,丧礼自先儒林以来,上依周公仪礼,下据朱子家礼。他族或不尽然"[6]。

祠堂通常每年在春季和秋季分别举行两次规模较大的祭祀活动,即"春秋两祭"。祭祀活动由族长或宗子主持,除了妇女和幼儿,族人都必须按时

[1] 常建华:《明代宗族组织化研究》(上),故宫出版社2012年版,第34—35页。

[2] 许承尧撰,李明回等校点:《歙事闲谭》,黄山书社2001年版,第883页。

[3] 〔清〕汪舸:《汪氏谱乘》(不分卷),张海鹏、王廷元主编:《明清徽商资料选编》,第308页。

[4] 〔清〕谢九成:《谢氏湖居谱序》,〔清〕焦循辑,许卫平点校:《扬州足征录》,第272页。

[5] 〔清〕惺庵居士:《望江南百调(并引)》,顾一平辑录,邗江区史志办、邗江区档案局编:《望江南·扬州好》,第102页。

[6] 〔清〕汪喜孙:《从政录》卷二页二十《江南理学论》,《江都汪氏丛书》。

参加祭祀活动,不得无故缺席。扬州裴氏宗谱对此有载:

> 夫生养死葬者,报本也;春祀秋尝者,追远也。凡有家庙之族,必于庙中,表图礼于月旦,以序彝伦;荐时享于春秋,以隆祭典。斯称大礼,方为望族。即无祠宇之宗,亦当绘祖容像,每逢四时八节,就于家庭张挂宗图,精洁祭礼序派。须春社寒食之际,祭其丘冢,修筑坟墓,扫其枯叶,飘其绕灰,斋沐虔诚,感格阴灵。[1]

可见扬州祠堂不仅是供奉祖先神像、祭祀祖先以及进行拜年贺岁等仪式活动的重要场所,而且成为开展民俗礼仪的重要公共空间。

嘉庆时期,《江都卞氏族谱》记载了基沙祠堂统祭仪节以及完整的礼仪程序,反映出普通家族对敬奉先祖的高度重视。一般需要提前在祭祀之月的初一日于祖庙神前燃烛焚香"敢告",到祭祀日则再度燃烛焚香"谨告"。祭祀之日,参与祭祀的家族全体成员都需要斋戒,祭祀人员则各有分工、各司其职,按照次序就班立定。整个仪节包括起鼓、叩钟、降神、复位、行初献礼、行亚献礼、行终献礼、行侑食礼、行点茶礼、饮福受胙和辞神等程序,每个阶段都需要通唱、引唱,行鞠躬、跪拜之礼,并敬献酒盏、果肴、茶食等。[2]

清初扬州地区传统孝道观念深厚,家祭之风盛行,族人不敢有丝毫怠慢或延误,"若清明,则无论贫富贵贱,不敢后时"[3]。嘉庆时期,江都卞氏的家祭礼仪程序,虽然比较固定和繁琐,但其族人依旧感慨此为"简易之法",唯恐自欺欺人而慢待先祖。

> 右基沙祠堂新订统祭仪节,未能全遵《朱子家礼》,惟因子姓散处,不能常聚讲习,只得从简易之法,便于循行。今与族中少年子弟约,既

［1］ 裴世平:《裴氏家训》,第113页。

［2］〔清〕卞全城:《江都卞氏族谱》,光绪二十五年(1899)木活字本,陈建华、王鹤鸣主编,陈秉仁整理:《中国家谱资料选编·礼仪风俗卷》(下),上海古籍出版社2013年版,第624—625页。

［3］〔清〕尹会一修,程梦星纂:《〔雍正〕扬州府志》卷一〇《风俗》,卢桂平主编:《扬州文库》第1辑第5册,第113页。

已订成统祭简易仪节；若再不恪遵规约，恭肃执事，以襄典礼，岂不惮行亏礼、慢祖衰宗乎？宗庙为礼法所在，礼以敬为主，为礼不敬，其何以安。故行礼之际，慎勿跛倚怠忽，慢神欺人，自蹈过恶，愿共勉旃。[1]

道咸以后，扬州家族内祭祀先祖、祭拜之风开始淡化，既有故意推诿而不祭拜先祖者，又有违反族规而缺席者，林溥对此现象痛心疾首，不仅感叹人情之冷漠，而且对违反传统伦理孝道的现象提出严厉批评：

> 族姓既多，各祭其本房之祖，而于始祖先祖之坟，竟有至于推诿置之不顾者。风之薄也，可胜言哉！间有立为轮房值年之法，房分既多，分年承办祭扫之事，此亦善法。乃届期而与祭者竟属寥寥，惟司事之家有一二人。此外竟有数年不一到者；即到，亦不过家出一人，勉强从事。一年一次，有何要事，竟不能分身，即揆之木本水源之义，其谓之何？祖宗乃望子姓繁衍者，特为近接家支身后祭扫耳，若今漠不相关，尚何赖有子孙哉！此不之务而欲家繁昌，岂可得也！[2]

此后世风日下，传统孝道更是支离破碎，扬州甚至出现不肖子孙出卖祖坟的现象。阮充曾言"有人将祖墓拔去改田转售者，闻之悯恻"，其在悲悯之余，只能哀叹人心不古，"话太支离事宛然，出家人卖在家田。高僧枯骨成何用，换作儿孙压岁钱"[3]。

二、时令八节

清代扬州民间的岁时节日繁多，主要包括时令八节和四时节气，加上民间各种娱乐活动，不仅反映扬州丰富多彩的社会生活，而且形成独具特色的民俗文化。扬州的时令八节，即除夕、春节、元宵、端午、七夕、中元、中秋和

---

[1] 〔清〕卞全城：《江都卞氏族谱》，光绪二十五年（1899）木活字本，陈建华、王鹤鸣主编，陈秉仁整理：《中国家谱资料选编·礼仪风俗卷》（下），第626页。

[2] 〔清〕林溥撰，刘永明点校：《扬州西山小志》，第36页。

[3] 〔清〕阮充：《渌湖竹枝词》，顾一平辑录，扬州市邗江区党史地方志办公室、扬州市邗江区档案馆编：《扬州竹枝词》，第159页。

重阳等八个节日。

（一）除夕

岁暮除夕，中国传统礼仪有"五祀"，即祀灶、祀门、祀厕、祀井和祀土地，就是祭祀住宅附近的五种神祇，清代扬州亦是如此。

除夕之前需要"送灶"，即祀灶，意味着春节进入倒计时。祀灶的目的就是防止灶神"倒灶"，即预防其在玉帝面前说坏话而求得平安，"灶为五祀之一，媚者纷纷矣，原无倒坏之理；若倒，则必大不祥。譬诸元旦，听不祥之言，见不祥之物，或喜庆事亦然，皆曰'倒灶'。虽王孙贾复起，恐难为灶神呵护耳！"[1]

据《〔雍正〕扬州府志》云，扬州人"先于二十三、四日，用马料、饭糟、果糖祀灶神，曰'送灶'"[2]。扬州送灶分为两种，腊月二十三日为"军灶"，腊月二十四日则是"民灶"，"又有军三、民四之说；军籍祀灶以二十三，民籍祀灶以二十四，不知此例创于何时？俗习相沿，盖如此也"[3]。扬州民间有"男不拜月，女不送灶"的习俗，祀灶者必须为男子，如家中无男子，则请亲邻子弟代为。当然，每家亦有各自惯例，例如邑人徐兆英明确表示"余家例，腊月二十三日送灶"，并有"送灶移冬月，明神莫讶余"的诗句。[4]

各家祀灶时，先焚以"灶疏"，即画有灶神像或赞美灶神的黄纸，俗称"送灶神上天"。再供奉麦芽糖制成"灶糖"，期望黏住灶神之口。最后以糯米做"灶饭"，全家分食后，剩饭制成"祀灶果"。严镜清对此吟道："疏头糖饼买归家，更有昙花共纸花。厚煮一锅糯米饭，今宵要送灶王爷。"[5]

送灶之后，各家磨面蒸馒头和年糕，亲邻之间亦互有赠送，"祀灶后，家

［1］〔清〕林苏门撰，刘永明点校：《邗江三百吟》，第139页。

［2］〔清〕尹会一修，程梦星纂：《〔雍正〕扬州府志》卷一〇《风俗》，卢桂平主编：《扬州文库》第1辑第5册，第114页。

［3］〔清〕林溥撰，刘永明点校：《扬州西山小志》，第39页。

［4］〔清〕徐兆英：《梧竹轩诗钞》卷六《归里有日，冬月二十三日饯送灶神，赋诗志别》，《清代诗文集汇编》第701册，第645页。

［5］〔清〕严镜清：《广陵杂咏百首》，扬州老年大学《扬州历代诗词》编委会编，李坦主编：《扬州历代诗词》（四），第445页。

家磨麦作糕馒,取其洁白者,互相馈送"[1]。《时报》曾对扬州送灶礼俗有详细描述:

> 以纸为马及灶疏等,焚之灶中,供以灶饭。灶饭以糯米煮饭,遍嵌枣栗等,果上缀一纸糊之。灶神坐纸元宝上,谓之"元宝灶饭花"。又供以灶糖,灶糖以麦芽糖为饼,大小凡七层。又供以豆腐,豆腐上置葱二枝,裹以红纸。又供以米,米置碟内作银锭形,左实以盐,右实以茶叶。[2]

岁暮年初,扬州有"跳灶王"的习俗,即乞丐扮作灶公灶婆在各家门口乞讨,"土风,乞丐于除夕装灶神沿门乞化"[3]。"扬城至正月,有乞丐涂面挂须,沿门说吉利语,三五成群,引人取笑,名曰跳灶王,又曰送财神。此风由来久矣。"[4]林苏门对其行乞方式有详细描述:"丐者,一人头戴红纸贴金帽,手持竹竿,口喝'来得早,大元宝'诸语,一人但应声曰'好'。腊尽春初,沿门跳而乞钱与食,曰'跳灶王'。"[5]

除夕夜,扬州人需要"接灶",即再祭祀灶神将其迎回,"是夕再祀,曰'迎灶'。"[6]民间迎灶时,"俗用马料、豆秣、饭糟、果糖祀灶"[7]。接灶时,每家均需要"炕麻糍",即在门檐、窗台等处遍插芝麻秸秆。

腊月二十七或二十八日则要"谢神",即祀土地,扬州百姓"备三牲(猪首一、猪尾一、猪蹄一、公鸡一、鲤鱼一)蜂糖糕谢神,以为一岁平安皆神之赐"[8]。许多扬州富户家中多用磨砖建福神祠,方便年终祭祀,"大门内,迎门

[1]〔清〕林溥撰,刘永明点校:《扬州西山小志》,第40页。

[2]《扬州新年风俗记》,《时报》1905年2月7日第2张,第7页。

[3]〔清〕王荄:《一落索·跳灶王》,扬州老年大学《扬州历代诗词》编委会编,李坦主编:《扬州历代诗词》(四),第370页。

[4]《财神被打》,《申报》光绪八年正月十六日(1882年3月5日)第2版。

[5]〔清〕林苏门撰,刘永明点校:《邗江三百吟》,第46页。

[6]〔清〕尹会一修,程梦星纂:《〔雍正〕扬州府志》卷一〇《风俗》,卢桂平主编:《扬州文库》第1辑第5册,第114页。

[7]〔清〕金镇原本,〔清〕崔华、张万寿续修,〔清〕王方岐续纂:《〔康熙二十四年〕扬州府志》卷七《风俗》,卢桂平主编:《扬州文库》第1辑第3册,第113页。

[8]《扬州新年风俗记》,《时报》1905年2月7日第2张,第7页。

建福神祠,即土地祠也。祠用细砖磨凿为之,以祀本宅土地之神"[1]。

岁暮,各家均需要对住宅进行卫生大扫除,即"扫尘",又称"挡尘"。百姓用青竹叶或柚子叶绑在竹竿上,清扫屋顶、天花板、墙壁上的灰尘、污垢和蜘蛛网等,民间称之为扫除所谓"穷运""晦气","扫尘"具有除旧布新、祈求新年吉祥安康的寓意。各家扫尘后,个人需要沐浴除垢,腊月二十七日,扬州人开始斋沐以迎接新年,"除夕浴谓之'洗邋遢'"[2]。

扬州人有"祀厕"之俗,即祭祀厕神。闵华有诗云:"介帻朱衣者,图来插竹根。曾愚唐李赤,应识晋王敦。处秽名翻净,居污位转尊。苾芬修荐汝,行欲粪田园。"[3]

扬州还有"封井"之俗,即祀井,各家将井封盖后停止汲水,三日后方允开封用水。石金成亦云:"扬俗,岁暮凡遇坑厕、井泉,皆用小纸印成坑三姑、井泉仙童神像,用团花金钱夹于芦枝插其地上,以为敬神。"[4]传说,年后以初汲之井水拭目,可令人目不昏。

腊月二十九日,扬州民众开始将桃符、春联和门神更换一新,即祀门神,"除夕先一日,换桃符,贴春联"[5]。各家重贴门神像,"元旦人家换门神,贴戬穀欢乐门神,俱作将军形,持鞭,相传为唐秦叔宝、尉迟敬德像赞也。俗习相沿,不知其非"[6]。普通家庭多张贴纸质或绢堆挂落,"新年挂落,多于神龛、门头贴之。近日用红纸细簇花纹,加以五彩绢,堆成福、禄、寿、财、喜人物"[7]。富裕之家多使用精雕细刻的木质桃符,"桃符者,诗所谓'新桃换旧符'也。扬城富户,多于大门框上另加好木板,雕刻精巧花卉"[8]。为了感谢

[1]〔清〕林苏门撰,刘永明点校:《邗江三百吟》,第31页。

[2]〔清〕李斗著,陈文和点校:《扬州画舫录》卷一,第12页。

[3]〔清〕闵华:《分咏扬州岁暮节物闵华得祀厕》,〔清〕马曰琯等撰《韩江雅集》卷一〇页一六,乾隆五十八年(1793)刻本。

[4]〔清〕石成金:《传家宝全集》第2册《人事通》,第48页。

[5]〔清〕阮先辑,孙叶锋整理:《北湖续志》卷五,第167页。

[6]〔清〕林溥撰,刘永明点校:《扬州西山小志》,第34页。

[7]〔清〕林苏门撰,刘永明点校:《邗江三百吟》,第31页。

[8]〔清〕林苏门撰,刘永明点校:《邗江三百吟》,第31页。

上苍庇护，各家多在屋角悬挂"天灯"，"何以答天麻，悬灯屋角头"[1]。

扬州除夕的各种习俗在费轩《梦香词》中有所反映，其云："扬州好，除夕庆门阑。朱纸便裁财喜字，金钱争买吉祥丹。岁岁保平安。"[2]为求平安，各家还购买吉祥丹以备"守夜"之用，正如《邗江竹枝词》所咏："瞀目饥寒衣破残，沿街喊卖吉祥丹。捏言说是炉中炼，能保人间四季安。"[3]

除夕之前，至亲好友之间多相互赠送"岁礼"，"除夕前，各家以礼物饷遗，谓之'馈岁'"[4]。一般人家赠送鱼肉之类，有诗云："重盒提篮满街上，行人避路岁将除。家家户户送年礼，一对豚蹄两尾鱼。"[5]道咸时期，吴熙载于除夕时向王翼凤赠鱼，王氏致函对其"况复馈岁，珍情凿冰"表达由衷谢意。[6]富家馈赠的礼品中以"彩胜"最为著名，由其女眷剪纸作为饰品相赠，因手艺精湛，"竞夸工巧"[7]，堪称扬州一绝，"闺人作彩胜相赠，纤丽工巧，他处莫及"[8]。春节期间，扬郡儿童还喜爱佩戴"闹穰穰"，这是一种手工剪出的绒花饰品，马曰琯对此作诗咏云：

　　　　巧思花绒剪，簪来春意多。青红凤里立，摇动膝前过。最是儿童喜，

[1]〔清〕马曰璐：《分咏扬州岁暮节物马曰璐得天灯》，〔清〕马曰琯等撰《韩江雅集》卷一〇页一三，乾隆五十八年（1793）刻本。

[2]〔清〕费轩：《梦香词（并引）》，顾一平辑录，邗江区史志办、邗江区档案局编：《望江南·扬州好》，第10页。

[3]〔清〕佚名：《邗江竹枝词》，顾一平辑录，扬州市邗江区党史地方志办公室、扬州市邗江区档案馆编：《扬州竹枝词》，第278页。

[4]〔清〕尹会一修，程梦星纂：《〔雍正〕扬州府志》卷一〇《风俗》，卢桂平主编：《扬州文库》第1辑第5册，第114页。

[5]〔清〕严镜清：《广陵杂咏百首》，扬州老年大学《扬州历代诗词》编委会编，李坦主编：《扬州历代诗词》（四），第445页。

[6]〔清〕王翼凤：《声远堂文钞》卷二《谢吴熙载除夕馈鱼书》，《清代诗文集汇编》第610册，第635页。

[7]〔清〕徐成敕、桂正华修，陈浩恩等纂：《〔光绪〕增修甘泉县志》卷四《风俗》，卢桂平主编：《扬州文库》第1辑第14册，第163页。

[8]〔清〕雷应元纂修：《〔康熙三年〕扬州府志》卷二〇，卢桂平主编：《扬州文库》第1辑第2册，第419页。

因之岁序和。苏家诸子侄,拍手笑婆娑。[1]

岁末,扬俗需祭祀主司安寝的床公、床婆,因其分别喜茶好酒,民间常以茶祀床公而以酒祀床婆,希冀新年能够睡眠安好。

除夕,主人必须亲自关闭自己家门,即“封财门”。为了追求财运,贫富之家都特别重视这一习俗,扬州竹枝词中有诗云:“风俗残年一例从,裁红刻翠纸重重。贫家室早如悬罄,也要财门此夜封。”[2]民众在自家门上还画上“门童”,床头贴有“床钱”,秦巘在《思秋吟馆词集》中有词云:

> 益寿宜男,吉谶图成,喜溢门阑。愿麒麟送到,祥征天上,熊罴梦协,瑞启人间。户左悬弧,楣边设帨,瓜瓞绵绵椒衍繁。家庭内,但只求欢乐,共保平安。

秦氏对此自注云:“扬俗,岁除于户上画儿童嬉戏状,谓之‘门童’,盖变化门丞形。制纸剪刻龙凤、如意诸形贴于床上,谓之‘床钱’,亦仿桃符遗意也。各赋一解,以纪岁华。……帖门上者名‘欢乐’,俗于上元日打碎,忌招痴婿。”[3]

各家将“年饭”供奉于堂前,以期来岁有余粮。扬俗将煮好的米饭盛在新竹箩中,放置青红色水果并插上松柏枝条,陈列中堂,待新年后蒸食,此为六朝荆楚留宿岁饭之遗风。年终,扬俗每家均须蒸“春健人”,此为米粉制成的人形糕点,由晚辈在春节时赠予老人以祈求延年益寿。除夕夜,阖家团聚,吃年夜饭,“岁暮,家人宴集,曰‘泼散’”[4]。为祈求长命百岁,扬州人喜食“长命菜”,亦称“安乐菜”,即腌制的马齿苋,林溥曾言:“预于四五月间,

[1]〔清〕马曰琯:《分咏扬州岁暮节物马曰琯得闹穰穰》,〔清〕马曰琯等撰:《韩江雅集》卷一〇页一三,乾隆五十八年(1793)刻本。

[2]〔清〕言忠贞:《芜城竹枝词》,顾一平辑录,扬州市邗江区党史地方志办公室、扬州市邗江区档案馆编:《扬州竹枝词》,第113页。

[3]〔清〕秦巘:《思秋吟馆词集》页一二《沁园春》,石研斋抄本,扬州大学图书馆藏。

[4]〔清〕阮先辑,孙叶锋整理:《北湖续志》卷五,第167页。

取马齿菜腌贮,名'安乐菜',岁暮作馅制馒。"[1]

年夜饭后,各家房中点"守岁烛",喝"守岁酒"即"分岁酒",成年人须"守岁"至天明。"是夕,亲友相揖拜,谓之'别岁'。阖门集少长群坐,设松盆,火烧爆竹,饮屠苏酒,达旦不寐,谓之'守岁'。"[2]扬州人在松盆中多加入"吉祥丹",寓意向神灵致敬并祛除邪秽,胡期恒对此有"炉焰折丹房,奇薰出禁方。弹丸才入火,虚室自生香"的诗句。[3]

守岁之风在官商群体中更为盛行,"扬州风俗,每遇除夕,往往通宵不寐,而官商中之富而好礼者,尤觉忙忙碌碌,辛苦连朝"[4]。

扬俗,辞旧迎新之际,人不可多说话,"预先吩咐家中孩童妇女、大小人等,到除日元旦,无论好话坏话,俱不可说,亦不可喧哗嗟叹、唱曲念书"[5]。扬州地区盛行燃放鞭炮以辞旧迎新,俗称"放吉炮","除夕元旦,多放吉炮,非谓惊走山魈。要知炮声响亮,助振阳气,祛除阴邪。须买坚实大者,不可省费"[6]。扬州人除岁时不吝钱财,"放吉炮"通宵达旦,"除夕及元宵,每夜爆燁震荡,彻旦不休,而高邮州火炮制作淫巧,尤为靡费,数百为团,或径尺为筒,远近争诧为奇,以至馈送纷纭,索取叠至"[7]。

(二)春节

正月初一为春节,亦称"元日"或"元旦",各家晨起需要祭天地祭先祖,"元旦清晨,虔诚焚香,礼拜天地、神灵、宗祖。诵经念佛,感谢上天赐我安福。俗于是日,丛火盆于中堂,暖气盈室,谓之旺相"[8]。

清代扬州地方官员多于拂晓或黎明之时举行团拜,咸、同时期团拜地点

[1]〔清〕林溥撰,刘永明点校:《扬州西山小志》,第40页。

[2]〔清〕尹会一修,程梦星纂:《〔雍正〕扬州府志》卷一〇《风俗》,卢桂平主编:《扬州文库》第1辑第5册,第114页。

[3]〔清〕胡期恒:《分咏扬州岁暮节物胡期恒得吉祥丹》,〔清〕马曰琯等撰:《韩江雅集》卷一〇页一二,乾隆五十八年(1793)刻本。

[4]《偷儿风雅》,《申报》光绪九年正月二十一日(1883年2月28日),第2版。

[5]〔清〕石成金:《传家宝全集》第3册《人事通》,第50页。

[6]〔清〕石成金:《传家宝全集》第3册《人事通》,第50页。

[7]〔清〕雷应元纂修:《〔康熙三年〕扬州府志》卷二〇,卢桂平主编:《扬州文库》第1辑第2册,第419页。

[8]〔清〕石成金:《传家宝全集》第3册《真福谱二集》,第138页。

在天宁寺。光绪六年（1880），两淮盐运使洪汝奎筹建万寿宫，"扬城自克复后，每逢圣诞以及年节，拜牌皆在天宁寺后殿。兹闻洪勤西都转以为在后殿不恭，倡议在旧城内两淮督盐宪衙署之废址，恭建万寿宫，并更衣退食各官厅，为各文武官拜牌之处"[1]。此后，万寿宫成为扬州官员举行团拜的固定场所。扬州绅士亦举行团拜活动，其地点则为张园（又称容园），"道光中，扬州诸绅团拜，多借其地，此园为城内各园之冠"[2]。

子夜过后，各家均鸣放爆竹迎接新年，扬州尤其盛行"报旺鞭"，正如林苏门所言："爆竹一声催腊去，腊去而春来矣！春来而气象旺矣！声以振之，如鞭之响也，故曰'报旺鞭'。扬州用全红细纸，加倍硝黄，放去其声更烈，而每串竟有值千文者。"[3]这是一种响声极大的长鞭，顾名思义就是满足百姓追求吉祥兴旺、人寿财丰的美好愿望。

元旦天明之后，扬州人还有"烧斗香"之俗，洪振珂有诗为证："何物格神祇，沉檀细屑为。彩毫涂一斗，细楮裹千枝。缭绕分层叠，氤氲荐岁时。正元初曙后，高架爇阶墀。"[4]扬州"烧斗香"多在春节，与江南地区有所不同。据《清嘉录》载，苏杭地区一般于中秋月圆之时，"香肆以线香作斗，纳香屑于中，僧俗咸买之，焚于月下，谓之'烧斗香'"[5]。

元旦之日，各家焚香迎喜神，烧天地纸，谓"接天地"。主人必须亲出启门，名"开财门"。各家用炭火将镇江香醋烧开，民间称之为"香炭"，随后将之泼散于自家门外，俗称"打醋坛"。每家在门外均贴有红纸，俗曰"出门见喜"，"新年红纸报条，惟此贴于门外，亦迎祥接福之意"[6]。扬城商人为了追求财运亨通，在其家门头或柱子上还贴有"对我生财"。"我者，别乎人也。对我者，对以待之也。新年各家书'对我生财'四字，或贴门头，或置柱上，

---

[1]《扬州近事》，《申报》光绪七年七月二十八日（1881 年 8 月 22 日），第 2 版。

[2]〔清〕蒋超伯：《通斋集》卷五《阅李艾塘〈画舫录〉有感》，卢桂平主编：《扬州文库》第 5 辑第 91 册，第 61 页。

[3]〔清〕林苏门撰，刘永明点校：《邗江三百吟》，第 47 页。

[4]〔清〕洪振坤：《分咏扬州岁暮节物洪振珂得斗香》，〔清〕马曰琯等撰：《韩江雅集》卷一〇页一四，乾隆五十八年（1793）刻本。

[5]〔清〕顾禄撰，来新夏点校：《清嘉录》，上海古籍出版社 1986 年版，第 130 页。

[6]〔清〕林苏门撰，刘永明点校：《邗江三百吟》，第 32 页。

此贸易铺户所为,绅士家但书"迎祥戬谷"而已。"[1]寓居扬州的"西商"为图吉利,多去财神庙争抢烧头炷香,"日开元旦丽春阳,为吃新茶下教场。惟有老西只图利,财神庙里上头香"[2]。

正月初一,扬俗为"隔年陈",即各家均不生火新炊,吃年前预备的熟食,"俗例:新正须预储熟食,名曰'隔年陈'。富家有数日始下生者"[3]。阮先在《北湖续志》亦云:"元旦,乡人具衣冠,望空跪拜。复至各庙敬香,然后邻里亲族互相拜贺。早食汤团、糕馒之类,隔年饭不用新炊,自是有酒食往来,谓之'春卮'。"[4]

正月初二,各家店铺须在黎明之前祭祀玄坛神,方可生火做饭,"供以猪肉一方,谓之'烧衙朝'。是日方能煮饭,谓之'下生'"[5]。亲友之间相互赠送活鱼烹饪,即"开生","新正三五日,人家以描金漆盆盛生鱼数尾,递相馈遗,烹鱼名曰'开生',必择吉日云"[6]。

正月初一至初三,至亲好友之间多需要"贺年","新年两三日内,凡宗族亲友,俗例俱登堂拜贺,每留酒饭。亦有持名帖遍投恭贺"[7]。正月初四则为吉日,民众多出行拜年,"新正初四日为出行吉期,大家小户,妇女小孩皆应吉出门拜年"[8]。拜年时,主客之间均说吉利话,各种物品亦寓意吉祥如意:

> 拜年者至,磕头作揖毕,仆人以糖茶二盂进,谓之"捧元宝"。攒匣内装茶食果品,主人用以敬客,口作颂词,如糕为"高高爽爽",糖为"甜甜蜜蜜",枣子为"早早发财",柿饼为"事事如意",莲子为"连生贵

---

[1]〔清〕林苏门撰,刘永明点校:《邗江三百吟》,第32页。

[2]〔清〕严镜清:《广陵杂咏百首》,扬州老年大学《扬州历代诗词》编委会编,李坦主编:《扬州历代诗词》(四),第438页。

[3]〔清〕林溥撰,刘永明点校:《扬州西山小志》,第35页。

[4]〔清〕阮先辑,孙叶锋整理:《北湖续志》卷五,第167页。

[5]《扬州新年风俗记》,《时报》1905年2月7日第2张,第7页。

[6]〔清〕王翼凤:《舍是集》卷五《辛卯正月戏咏扬州土俗四首》,《清代诗文集汇编》第610册,第544页。

[7]〔清〕石成金:《传家宝全集》第3册《真福谱二集》,第138页。

[8]《财神被打》,《申报》光绪八年正月十六日(1882年3月5日),第2版。

子",橘子为"大红局气"之类。[1]

长辈需要给拜年的晚辈或者孩童以"压岁钱"和"节节糕",一方面则有取悦孩童之意,"年时娱稚子,亦借孔方兄。用镇将除夜,聊酬再拜情"[2]。另一方面则寓意吉祥安康,希望后辈节节高升,"希高讹吉语,酬节想东京。百尺竿头意,儿曹记此名"[3]。

春节期间,如果主人不能登门致拜,则需要呈送"拜年帖",即"飞帖",邑人秦巘对此有言:"拜送红笺,阖府新禧,恭贺元正。(俗例帖上写恭贺阖府新禧。)"[4]扬州竹枝词中还有"亲友到门投赤柬"[5]的诗句。乾隆时期,扬州拜年之风甚炽,前后竟长达十天,"戚友具刺款门,奔走如织,浃旬始毕"[6]。由于宾朋之间迎来送往过于频繁琐碎,使人应接不暇、疲惫不堪,扬州逐渐流行名片拜年的方式,清初郝壁就有诗云:"拜年客子走如驰,名纸留门主不知。假使毛生字漫灭,都无匍匐也相宜。"[7]晚清时期,随着中国社会的剧烈转型,传统礼仪更加淡化,扬州春节"飞贴"甚至不再登门送达,而是从门缝中投递,这也反映出传统礼仪的式微以及人情关系的淡薄,正如孔庆镕的诗句所讽:"恭喜声声语吉祥,崭新已换旧衣裳。却从门缝投名刺,真个人情纸半张。"[8]

正月初五为迎财神日,"天未黎明,已闻万家爆竹,盖争接财神也。(俗

[1]《扬州新年风俗记》,《时报》1905年2月7日第2张,第7页。

[2]〔清〕张世进:《分咏扬州岁暮节物张世进得压岁钱》,〔清〕马曰琯等撰:《韩江雅集》卷一〇页一三,乾隆五十八年(1793)刻本。

[3]〔清〕陈章:《分咏扬州岁暮节物陈章得节节糕》,〔清〕马曰琯等撰:《韩江雅集》卷一〇页一四,乾隆五十八年(1793)刻本。

[4]〔清〕秦巘:《思秋吟馆词集》页一二《沁园春·拜年帖》,石研斋抄本,扬州大学图书馆藏。

[5]〔清〕惺庵居士:《望江南百调(并引)》,顾一平辑录,邗江区史志办、邗江区档案局编:《望江南·扬州好》,第82页。

[6]〔清〕五格、黄湘修,程梦星等纂:《〔乾隆〕江都县志》卷一〇《风俗》,《中国地方志集成·江苏府县志辑》第66册,第122页。

[7]〔清〕郝壁:《广陵竹枝词》,顾一平辑录,扬州市邗江区党史地方志办公室、扬州市邗江区档案馆编:《扬州竹枝词》,第22页。

[8]〔清〕孔庆镕:《扬州竹枝词》,顾一平辑录,扬州市邗江区党史地方志办公室、扬州市邗江区档案馆编:《扬州竹枝词》,第262页。

以祀神最早者,财神即降其家。)"[1]扬州作为商业消费型城市对此更为重视,"初五日为催杜财神圣诞,扬州阖城铺户无不敬香"[2]。乞丐多向商家富户"送财神","用纸做财神,丐者捧送之,以乞钱文"[3]。扬州人尤其是穷苦人家此日要去邗沟大王庙借"鬼钱","俗以初五日祭赛邗沟财神庙,人各担纸锭数千归,取兆利益,谓之借元宝"[4]。当然,不喜此俗者亦不乏其人,徐兆英曾作有《前财神歌》《后财神歌》对扬州崇尚财神之风进行批评,其明确表示:"俗传正月五日为财神生日,各家无不拜财神者,余独不拜财神,人或怪之,因作前后财神歌二首,用以自嘲。"[5]这一观点亦得到其后人徐谦芳的高度赞许,"余先伯毓才公有《嘲财神歌》,刊入《梧竹轩诗钞》,言之甚切。富贵在天,岂财神所能主宰耶?"他还分析了扬州崇拜财神的原因,"好利之心,人皆有之,而扬人士与富商相处,好利尤甚。正月五日,俗称财神诞日,家无贫富,必设供以招之,是谓接财神。商家以货利为主,祀之愈虔"[6]。

正月初七为人日,又称"人胜节""人庆节",扬州以年前祭灶之饭制作"眼亮饭","俗以正月七日为'人日',每以隔年祀灶之饭煎食,名曰'眼亮饭'。又有七人、八谷、九豆、十芝麻之谚,以日之阴晴,验其盛衰"[7]。人日有"挑菜会"的习俗,文人雅士多聚会宴集。

正月初十前后,扬州亲朋好友之间多有宴请,"初十左右,亲友互相宴会,谓之'请春卮'"[8]。乾隆时期,扬州"春卮"风俗畅行,"扬城宴会盛矣,新年灯节前后,宴会亲友,名曰'春卮',特折红柬书曰:'春卮候光。'"[9]

[1]《扬州新年风俗记》,《时报》1905年2月7日第2张,第7页。

[2]《黄鱼斗艳》,《申报》光绪八年正月二十二日(1882年3月11日),第1版。

[3]〔清〕林苏门撰,刘永明点校:《邗江三百吟》,第46页。

[4]〔清〕王翼凤:《舍是集》卷五《辛卯正月戏咏扬州土俗四首》,《清代诗文集汇编》第610册,第543页。

[5]〔清〕徐兆英:《梧竹轩诗钞》卷一〇,《清代诗文集汇编》第701册,第701—702页。

[6]徐谦芳著,蒋孝达、陈文和校点:《扬州风土记略》,第71页。

[7]徐谦芳著,蒋孝达、陈文和校点:《扬州风土记略》,第72页。

[8]《扬州新年风俗记》,《时报》1905年2月7日第2张第7页。

[9]〔清〕林苏门撰,刘永明点校:《邗江三百吟》,第64页。

（三）元宵

正月十三日至十八日为"灯节"，扬州城乡举行灯会，正月十三是"上灯日"，正月十八为"落灯节"，分别食用汤圆或面条，故扬州俗语有"上灯圆子落灯面"之说。乾隆时期，邑人石成金在《传家宝》一书中描绘了扬州灯会的概况："扬俗自十三日挂灯，至十八日落灯，无论贫富，家家张灯，持杯玩赏。若得灯月交辉，其乐更甚。抑或缓步街衢，每多儿童各持鸟兽诸般手灯，兼之吹唱、花炮、龙灯、秧鼓、喧闹嬉笑，见之心开神怡。"[1]

扬州灯会主要集中在扬州新城的小东门，其中正月十五和十六为正日，而正月十六最为热闹，此日为所谓"鼠纳妇"的日子，扬城女性多于此夜盛装外出"走桥"。

> 自十三至十八夜，衢市架松为棚，缀彩缦流苏，悬灯其下，少年弦索行游，漏尽不休。十六夜，俗谓"鼠纳妇"，爆秫米作花，遍置屋罅间。女伴盛妆出游，俗谓"走桥"。各坊坐贾炫斗诡异，远近村镇相传，入市观灯，街巷填溢，自相踩践，官为严禁亦不得止，则知唐人之传不谬也。[2]

灯节期间，扬州家家户户都喜买灯，扬俗则需要为女婿或外孙送灯，寓意子嗣延绵，"拟买春灯赠婿家，榴开见子是新花。外孙且喜知人事，瓜瓞绵绵可送他"[3]。四乡八里悬灯社庙，为了满足民间窃灯求子的愿望，一般多悬以数百盏。例如，陈集于"正月十五夜，各社庙悬灯，多以数百计，少亦不下数十盏，村农无子者，窃灯去则生子，次年还必加十数倍，故灯愈多也"[4]。十三日买灯则戏称为"老脸灯"，蕴含贪图便宜不顾脸面之意，"吾扬称十三日所买之灯，谓之老脸灯。灯曰老脸，斯名奇矣。意者灯日始于今宵，平昔资

[1]〔清〕石成金：《传家宝全集》第3册《真福谱二集》，第139页。

[2]〔清〕雷应元纂修：《〔康熙三年〕扬州府志》卷二〇，卢桂平主编：《扬州文库》第1辑第2册，第419页。

[3]〔清〕金志存：《扬州灯市竹枝词》，顾一平辑录，扬州市邗江区党史地方志办公室、扬州市邗江区档案馆编：《扬州竹枝词》，第167页。

[4]〔清〕林溥撰，刘永明点校：《扬州西山小志》，第36页。

不将囊解,灯市收于今日,拾脚货图点便宜,谓之老脸。谁曰不宜?"[1]

扬州灯节自唐代伊始就盛况空前、声名远扬,清初曾经一度有所沉寂,据《〔康熙三年〕扬州府志》云:"自唐开元时,称天下元夕灯火,广陵为盛。比来殊觉寥然。"[2]此后随着扬州经济社会的发展而再度繁华,嘉道时期扬州元宵灯会因规模宏大让人叹为观止,时人王鉴有言:"邗上元夕,灯市极盛,争奇竞巧,擅绝一时。"[3]道光年间,两淮盐业因改票而引发扬城百业萧条,元宵节灯会亦受到很大影响。道光二十三年(1843)正月,黄钧宰亲历扬州元宵灯会后,虽感觉今非昔比,但仍差强人意,其在《元夕观灯》亦云:"淮扬灯节最盛,鱼龙狮象禽鸟螺蛤而外,凡农家渔樵百工技艺,各以新意象形为之,颇称精巧。盐务改票以来,商计式微,不及从前繁丽。然银花火树,人影衣香,犹见升平景象。"[4]晚清扬州元宵节依然万家灯火、歌舞升平,"元宵节届,扬州新旧城家家灯火,处处笙歌,更有选事之徒每夕施放百子花筒,借作升平点缀"[5]。

（四）端午

端午节又称重五、端阳、天中节或蒲节。扬州端午有吃粽子、饮菖蒲雄黄酒、赛龙舟等习俗,据《韩江雅集》记载,康熙年间,扬城端午时令之物众多,包括蟾墨、钗符、艾人、茧虎、五时花、九子粽、长命缕、蒲剑、画钟馗、小龙船和雄黄酒。[6]石成金亦云:"各家以新箬包糯米为粽,互相馈送。各煮腊肴,午刻团饮雄黄酒,为之赏午。茜罗映榴火以将然,画扇拂彩丝而并洁。"[7]乾隆年间,扬州已经流行火腿粽,这在《邗江三百吟》中有载:"粽用糯米,外加

[1]　秋蝶:《扬州灯节竹枝词》,顾一平辑录,扬州市邗江区党史地方志办公室、扬州市邗江区档案馆编:《扬州竹枝词》,第303页。

[2]　〔清〕雷应元纂修:《〔康熙三年〕扬州府志》卷二〇,卢桂平主编:《扬州文库》第1辑第2册,第419页。

[3]　〔清〕王鉴:《征招》,扬州老年大学《扬州历代诗词》编委会编,李坦主编:《扬州历代诗词》(四),第132页。

[4]　〔清〕黄钧宰:《金壶七墨》卷四页二至三《元夕观灯》,清同治十二年(1873)刻本。

[5]　《扬州火警》,《申报》光绪二十年正月十八日(1894年2月23日),第2版。

[6]　〔清〕程梦星等:《分咏端午节物》,〔清〕马曰琯等撰:《韩江雅集》卷一一页五至六,乾隆五十八年(1793)刻本。

[7]　〔清〕石成金:《传家宝全集》第3册《真福谱二集》,第139页。

青箬包裹。……扬州则以火腿切碎和米裹之,一经煮化,沉浸秾郁矣。"[1]咸同时期,扬州粽子盛行肉馅,但也有素馅,"端午节,人家裹角黍,馅用腊肉。别有素者,则预于四月间,制玫瑰花糖蘸食,颜色鲜明可爱"[2]。扬州人喜食粽子,民间亦有相互馈赠的习俗,每逢端午市面上多有出售,"端午节互相馈遗,扬城尤甚,大家小户如不食粽,人多笑之,市上亦罗列求售"[3]。

为了祛除"五毒",各家各户"楣上贴神符,中堂悬判官,瓶插蜀葵、石榴、菖蒲"[4]。午时,民间在大门、堂屋等处有贴"午时联""午时书"的习俗,阮先有言:"午时贴桃符、五毒于室内。"[5]为了驱邪镇鬼,民间还将钟馗画像贴于中堂。例如,乾隆十二年(1747),马曰璐邀请厉鹗、程梦星等人雅集,时在端午节后,厉鹗发现小玲珑山馆屋内均悬挂有钟馗画像,"岁丁卯五月十五日,马君半查招同人为展重五之会于小玲珑山馆。维时梅候未除,绿阴满庭,遍悬旧人钟馗画于壁"[6]。

扬州人此日佩戴各种饰物以辟邪,孩童戴五色丝制成的"百索","小儿背老虎头,戴老虎兜,手腕系五彩绳"[7],妇女佩戴葵榴、艾叶或杂花做的簪髻,男子则以菖蒲、艾叶插于发际,费轩对扬郡民间辟邪的各种佩饰有诗句描述,"扬州好,重五忆儿家。钗上绿摇荞麦虎,臂间红纵彩绒蛇。符胜一些些"[8]。此外,扬州人还用艾草、薄荷等煮水沐浴,"端午谓之百草水"[9]。

此日,扬州菜肴有所谓"十二红"之说,包括烧黄鱼、炒虾子、炒苋菜、咸鸭蛋等,象征一年之中的十二个月,月月都红火。此日,百姓均起早抢购各种食材,市场为之一空,"鹅鸭鸡猪晓市空,金虀玉鲙太匆匆。诸般海错拼钱

[1] 〔清〕林苏门撰,刘永明点校:《邗江三百吟》,第127页。

[2] 〔清〕林溥撰,刘永明点校:《扬州西山小志》,第37页。

[3] 《赌食伤生》,《申报》光绪八年五月二十日(1882年7月5日),第2版。

[4] 〔清〕厉秀芳:《真州风土记》,卢桂平主编:《扬州文库》第2辑第55册,第97页。

[5] 〔清〕阮先辑,孙叶锋整理:《北湖续志》卷五,第167页。

[6] 〔清〕厉鹗:《展重五集小玲珑山馆分赋钟馗画(并序)》,〔清〕马曰琯等撰:《韩江雅集》卷一一页七,乾隆五十八年(1793)刻本。

[7] 〔清〕厉秀芳:《真州风土记》,卢桂平主编:《扬州文库》第2辑第55册,第97页。

[8] 〔清〕费轩:《梦香词(并引)》,顾一平辑录,邗江区史志办、邗江区档案局编:《望江南·扬州好》,第28页。

[9] 〔清〕李斗著,陈文和点校:《扬州画舫录》卷一,第12页。

买,不在吴娘俊味中"[1]。其中,黄鱼最为流行,无论穷富人家均要购买烹食,倪澄瀛有诗云:"收拾掠魂过端午,满坑满谷卖黄鱼。"[2]惺庵居士对扬州端午的主要民俗作过总结:"扬州好,端午乐何如。到处艾绒悬绣虎,大家蒜瓣煮黄鱼。跳判闹通衢。"[3]

康熙以前,仪征、瓜洲盛行端午赛龙舟,康乾时期江都龙舟赛事"独盛",这在《〔康熙三年〕扬州府志》中有载:

> 是日解粽,儿女佩丹符,臂系五色丝,即续命缕也。泛酒用菖蒲、丹砂、雄黄,近或作雄黄、丹砂杯相赠。妇女以葵榴、艾叶杂花簪髻,午则弃之。残英满道,他州县无。龙舟竞渡,独仪真、瓜洲为盛,江都、兴化近亦有之。迩来瓜洲残坏,江都独盛,城南河岸士女观者如堵,贸易之人为之罢市。[4]

清代端午赛龙舟虽然遍布各地,但是"扬州龙船,以多为胜。船分青、黄、黑、白色,划桨,则又踵事争华者也"[5]。"扬州当全盛时,每遇端午,竞制龙舟。多则十余条,少亦八九条。兵燹后,尚有四五条,借以鼓吹升平,藻绘山水。"[6]扬城龙舟的首场表演例由府县衙役进行,"扬州北门外湖上,每岁端午前后十日,有龙舟之戏,首事例为衙役之健者"[7]。

赛龙舟之时,扬城还有"夺标""吊艄""抢鸭"等游戏节目,此为维

---

[1]〔清〕王仲儒:《端午竹枝词》,顾一平辑录,扬州市邗江区党史地方志办公室、扬州市邗江区档案馆编:《扬州竹枝词》,第35页。

[2]倪澄瀛:《再续扬州竹枝词劫余稿》,顾一平辑录,扬州市邗江区党史地方志办公室、扬州市邗江区档案馆编:《扬州竹枝词》,第296页。

[3]〔清〕惺庵居士:《望江南百调(并引)》,顾一平辑录,邗江区史志办、邗江区档案局编:《望江南·扬州好》,第83页。

[4]〔清〕雷应元纂修:《〔康熙三年〕扬州府志》卷二〇,卢桂平主编:《扬州文库》第1辑第2册,第420页。

[5]〔清〕林苏门撰,刘永明点校:《邗江三百吟》,第44页。

[6]《竹西碎录》,《申报》光绪九年六月初一日(1883年7月4日),第2版。

[7]钱祥保修,桂邦杰等纂:《〔民国〕江都县续志》卷三〇《杂录》,《中国地方志集成·江苏府县志辑》第67册,第817页。

扬地区的特色表演。"五月龙舟相聚五亭桥下,取家凫掷水中,夺得者为胜。"[1] "午节,龙舟内锣鼓喧阗,船尾用七八龄稚子,着彩衣红裤,坐绳板上,贴近水面,翻身为戏,有似秋千,名曰'吊艄'。"[2] 抢鸭"此亦龙舟所有事也。富家预买鸭数十百只,蓄于笼中,俟龙舟相近,开笼抛入水中,驾龙舟者赴水争抢,以博一哂"[3]。惺庵居士对此有诗赞曰:"扬州好,午节赛龙舟。蟹足八枝争打桨,猪脬几个比抛球。标夺闹中流。"[4]《申报》对扬州端午龙舟及各种游戏均多有报道,但将其列入"恶俗"范畴,"端阳竞渡之举,就江苏一省而论,有常一扬二之称。盖常州固属出色,而扬亦仅稍逊于彼也。……虽曰佳兴,亦一恶俗也"[5]。

端午节次日,扬州还有出嫁女儿携夫带子回娘家吃所谓"馊粽子"的习俗,其实这是娘家款待女儿女婿的说辞而已,正如惺庵居士诗云:"扬州好,节后女娃忙。粽裹绿菰供大嚼,饼包紫苋待分尝。一路棒儿香。"[6]

（五）七夕

七月俗名巧月,七月初七又称为"七夕"或"乞巧节",传说此日牛郎织女在天河之上鹊桥相会。扬州民间有童女乞巧的风俗,"俗传天孙渡河,小儿女旦起看彩云,或为穿针乞巧"[7]。清初诗人陈恭尹在《月节折柳歌》中对扬州七夕乞巧有详细描述,其云:"扬州牛女纪孟月,渡河秋人闻复何。似折杨柳蟢子识,窗前夸道天孙巧。"[8]

扬州人家多制"巧果人"以应时,这是一种用面粉或米粉制成的油氽点心。扬州竹枝词中有《巧果人》一诗,其云:"粉饵为人木偶般,如何乞巧把

[1]〔清〕徐兆英:《梧竹轩诗钞》卷九《扬州竹枝词》,《清代诗文集汇编》第701册,第678页。

[2]〔清〕林苏门撰,刘永明点校:《邗江三百吟》,第44页。

[3]〔清〕林苏门撰,刘永明点校:《邗江三百吟》,第44页。

[4]〔清〕惺庵居士:《望江南百调(并引)》,顾一平辑录,邗江区史志办、邗江区档案局编:《望江南·扬州好》,第101页。

[5]《送瘟肇祸》,《申报》光绪八年五月二十八日(1882年7月13日),第2版。

[6]〔清〕惺庵居士:《望江南百调(并引)》,顾一平辑录,邗江区史志办、邗江区档案局编:《望江南·扬州好》,第102页。

[7]〔清〕金镇原本,〔清〕崔华、张万寿续修,〔清〕王方岐续纂:《〔康熙二十四年〕扬州府志》卷七《风俗》,卢桂平主编《扬州文库》第1辑第3册,第113页。

[8]〔清〕陈恭尹著,郭壤忠校:《独漉堂集》,中山大学出版社1988年版,第33页。

他餐。可怜已塞心头窍,留与痴呆作样看。"[1]根据诗意,"巧果人"应为人之形状,这在厉秀芳的同名诗作中得到证明,"盛来食品极荒唐,饼饵都成骨相装。我客断非朱粲辈,如何人亦当为粮"[2]。由此推断,食用"巧果人"的寓意就是实现织女般的美貌聪慧和心灵手巧。

是夕,扬州人多陈莲藕、菱角等各种瓜果于庭祭月,"或为乞巧瓜果之宴"[3]。费轩有诗云:"扬州好,七夕曝衣楼。入夜轻衫风似剪,望云高树月如钩。瓜果满冰瓯。"[4]

（六）中元

七月十五为中元节,又称施孤,扬州民间对此日特别重视,"是月望日,祀先荐新谷,民间或赴寺院作盂兰盆会,晚于水陆散放荷灯。"[5]是夕扬州人有放河灯、焚纸锭的习俗,阮先在《北湖续志》有言:"中元盂兰会,用僧道,施食利孤。晚挑纸锞,坟垄间焚之,或放之河中,如荷灯然。"[6]扬州民间在此日多为孤魂野鬼"烧罔生钱","今生为来生计,用纸剪就钱式,上印'往生神咒'四字,烧以给孤鬼,其得耶,其不得耶,其有得有不得耶？噫！亦惑矣"[7]。民间称其为"斋孤",亦是林溥所赞誉的一种"美俗","各家具冥镪纸钱,肩挑四出,沿途焚化,名曰'斋孤',至二三里始回。遥见灯火相接,美俗也"[8]。

中元节,民间俗称"鬼节"。"此七月十五日之鬼节也。天下通行,扬城

　　[1]〔清〕言忠贞:《芜城竹枝词》,顾一平辑录,扬州市邗江区党史地方志办公室、扬州市邗江区档案馆编:《扬州竹枝词》,第112页。
　　[2]〔清〕厉秀芳:《真州竹枝词》页四二,卢桂平主编:《扬州文库》第2辑第55册,第410页。
　　[3]〔清〕雷应元纂修:《〔康熙三年〕扬州府志》卷二〇,卢桂平主编:《扬州文库》第1辑第2册,第420页。
　　[4]〔清〕费轩:《梦香词(并引)》,顾一平辑录,邗江区史志办、邗江区档案局编:《望江南·扬州好》,第9页。
　　[5]〔清〕雷应元纂修:《〔康熙三年〕扬州府志》卷二〇,卢桂平主编:《扬州文库》第1辑第2册,第420页。
　　[6]〔清〕阮先辑,孙叶锋整理:《北湖续志》卷五,第167页。
　　[7]〔清〕林苏门撰,刘永明点校:《邗江三百吟》,第68页。
　　[8]〔清〕林溥撰,刘永明点校:《扬州西山小志》,第37页。

更甚,僧人施食'盂兰',以为鬼骗。"[1]扬州佛道场所对孤魂野鬼多有祭祀活动,因此流传有"盂兰会骗鬼"一说。扬城此日多设有施食济孤之处,"每届中元节,扬州府县城隍暨都土地神驾须循例出巡,至北门外祀孤,地方官亦亲诣坛前行礼。傍晚城隍神驾入城回宫,福德神又乘舟至廿四桥、小金山等处,赈祀水面孤魂"[2]。不过,林溥对"斋孤"曾提出反思,认为此举有故意作秀的嫌疑,"孤魂叨惠,何如于生人之饥寒者略加之意,其功德必有过于此者。富而好施者宜思之"[3]。

扬州城乡于此日祭祀城隍神,"出会济孤,此成例也。扬州府县城隍神俱奉祀于郡庙"[4]。此日的盂兰会即是举行城隍迎神赛会,《扬州画舫录》有相关记述:

> 都土地庙例于中元祀之,先期赛会,至期迎神于城隍行宫。迨城隍会回宫,迎神于画坊,几座屏风,幡幢伞盖,报事刑具,威仪法度,如城隍例。选僧为瑜珈焰口,造盂兰盆,放荷花灯;中夜开船,张灯如元夕,谓之"盂兰会"。[5]

扬州"七月间,盂兰盆会无处不有"[6],规模之盛大亦是远胜他地,"七月盂兰盆会,释言救倒悬也,倡自木莲,僧踵事者。江浙最盛,扬州各行业当年例举行,分坊按铺,张灯施食,放瑜迦焰口,灯以千计。七月十九日,旧城中街地方照例延僧祀孤"[7]。

（七）中秋

八月十五为中秋节,"是节俗名团圆节,故每多佳兴焉。人家宴客,赏桂花,亦如赏牡丹故事。主人宴客无名,借谓看花为名耳。醝务中人舍宴乐,

---

[1]〔清〕林苏门撰,刘永明点校:《邗江三百吟》,第 68 页。

[2]《乘舟赈孤》,《申报》光绪十五年七月二十四日(1889 年 8 月 20 日),第 2 版。

[3]〔清〕林溥撰,刘永明点校:《扬州西山小志》,第 37 页。

[4]《城隍失靴》,《申报》光绪八年七月二十二日(1882 年 9 月 4 日),第 2 版。

[5]〔清〕李斗著,陈文和点校:《扬州画舫录》卷六,第 73 页。

[6]《竹西碎录》,《申报》光绪八年七月二十一日(1882 年 9 月 3 日)第 2 版。

[7]《和尚遇鬼》,《申报》光绪二年八月十八日(1876 年 10 月 5 日),第 3 版。

其奚事哉？"[1]扬州民间多互赠月饼并以瓜果祭月，"中秋夜，设瓜果祀月，儿女罗拜。市月饼相遗，亦有以粉面作圆饼者"[2]。清代扬城五云斋的月饼享有盛名，畅销不衰，"驰名月饼五云斋，老店开张左卫街。一到中秋人更闹，买归家去哄乖乖"[3]。

中秋多祀月，各家需要供奉月神纸像和"嫦娥饼"。月神像即"月公纸"，又称"月光纸"或"月公马"，"晚间祀月，香肆买月公纸，范为牌位，供之案上"[4]。时人对"月公纸"有诗咏道："满城齐供广寒图，宝塔明灯百果铺。博得姮娥看一笑，月宫误作月公呼。"[5]嫦娥饼则是民间所说的大月饼，"供月时特制巨饼如团镜，置于案中，谓之嫦娥饼"[6]。

李斗在《扬州画舫录》中详细描述了祀月所需的各种贡品以及基本仪式：

> 绘缦亭彩幄为广寒清虚之府，谓之月宫纸。又以纸绢为神具冠带，列素娥于饼上，谓之月宫人。取藕之生枝者谓之子孙藕，莲之不空房者谓之和合莲，瓜之大者细镂之如女墙，谓之狗牙瓜，佐以菱、栗、银杏之属。以纸绢作宝塔，士女围饮，谓之团圆酒。[7]

中秋节寄托了民众祈盼多子多福、子孙繁盛的美好愿望，祀月祭品中有"子孙藕"，民间还自制"子孙饼"，"中秋节家家制饼，荤素大小咸备，名'子孙饼'。节后，市上三日不卖茶点熟食，云家家有子孙饼吃也"[8]。妇女多于

[1]〔清〕厉秀芳：《真州风土记》，卢桂平主编：《扬州文库》第2辑第55册，第102页。

[2]〔清〕阮先辑，孙叶锋整理：《北湖续志》卷五，第167页。

[3]〔清〕严镜清：《广陵杂咏百首》，扬州老年大学《扬州历代诗词》编委会编，李坦主编：《扬州历代诗词》（四），第443页。

[4]〔清〕厉秀芳：《真州竹枝词·引》，卢桂平主编：《扬州文库》第2辑第55册，第382页。

[5]〔清〕言忠贞：《芜城竹枝词》，顾一平辑录，扬州市邗江区党史地方志办公室、扬州市邗江区档案馆编：《扬州竹枝词》，第113页。

[6]秋蝶：《扬州中秋竹枝词》，顾一平辑录，扬州市邗江区党史地方志办公室、扬州市邗江区档案馆编：《扬州竹枝词》，第305页。

[7]〔清〕李斗著，陈文和点校：《扬州画舫录》卷九，第108页。

[8]〔清〕林溥撰，刘永明点校：《扬州西山小志》，第38页。

此日摘瓜以求吉兆，"妇人摸秋，必摘瓜归，以为得子之兆"[1]。

康熙年间，扬郡人家除以果饼祭月，还开始制作灯船嬉戏，"夜设瓜果饼饵祀月，罗儿女拜之，不问阴晴，作月饼相遗者甚众。近郡城多制灯船水嬉，自初一日至十五日，往往好事者为之"[2]。《扬州画舫录》对灯船的制作及其分类有详细记述：

灯船多用鼓棚，楣枋榭檐，有钻有镊；中覆锦棚，垂索藻井，下向反披，以宫灯为最丽。其次琉璃，一船连缀百余，窈窕而出。或值良辰令节，诸商各于工段临水张灯，两岸中流，交辉焕采。时有驾一小舟，绝无灯火，往来其间，或匿树林深处，透而望之，如近斗牛而观列宿。[3]

中秋之夜，扬州流行以琉璃或纸做成的宝塔灯，为多层宝塔形状。嘉道时人郎葆辰曾言："扬州中秋，家家点宝塔灯。"并有诗吟："记得中秋踏月曾，重重宝塔试新灯。郎情如塔侬如火，照见中心透几层？"[4]民众将宝塔灯高悬于旗杆之上，寓意近月得济、与月争辉，正如严镜清诗云："灯市一齐悬宝塔，家家买去赏中秋。"[5]可见宝塔灯在扬州的流行程度，《申报》对此亦感叹云："扬州于中秋节盛行宝塔灯，为他省所无。"[6]

中秋次日，扬州盛行吃"馊月饼"或"馊烧饼"的风俗，即出嫁女儿回娘家食用所谓剩下的月饼，"邗江俗例，每届中秋令节，必于节后一二日内，将女子之已嫁者接以归家，谓之食剩饼。不论大家小户，习俗相沿，牢不可破。街头巷尾，常见衣香鬓影，络绎如梭，御者舆夫无不利市三倍"[7]。刘鹗从

[1]〔清〕厉秀芳：《真州风土记》，卢桂平主编：《扬州文库》第2辑第55册，第102页。

[2]〔清〕金镇原本，〔清〕崔华、张万寿续修，〔清〕王方岐续纂：《〔康熙二十四年〕扬州府志》卷七《风俗》，卢桂平主编：《扬州文库》第1辑第3册，第113页。

[3]〔清〕李斗著，陈文和点校：《扬州画舫录》卷一一，第138页。

[4]〔清〕郎葆辰：《广陵竹枝词》，顾一平辑录，扬州市邗江区党史地方志办公室、扬州市邗江区档案馆编：《扬州竹枝词》，第97页。

[5]〔清〕严镜清：《广陵杂咏百首》，扬州老年大学《扬州历代诗词》编委会编，李坦主编：《扬州历代诗词》(四)，第443页。

[6]《火警类志》，《申报》光绪九年九月十三日(1883年10月13日)，第3版。

[7]《兴尽悲来》，《点石斋画报》戌集三期，第24页。

弟刘梦莲在其词作《中秋》中亦云："扬州八月十六日,女子归宁,为吃馊烧饼。"[1]扬州竹枝词中有"光阴蹉跎隙如驹,花影频移月渐无。瞬息又当潮祭日,家家馊饼接姑姑"的诗句,并注云："扬俗十六日,家家延接爱息归宁,食中秋供月之饼,谓之吃馊饼,亦云其非时也。"[2]其实,这一习俗与端午节吃"馊粽子"相同,都是娘家希望与女儿团圆的一种戏谑说法。

（八）重阳

九月九日为重阳节,又称重九,此日流行登高,扬州文人雅士多举行"高会","扬州湖上园林之胜,乡人寓公重九日各为高会,殆无隙地"[3]。扬城居民多前往城外梅花岭、蜀冈、司徒庙、文峰塔、叶公坟等处,尤其是叶公坟"重阳于此登高,浸以成俗"[4]。邑人徐兆英有诗咏道："重阳士女聚如云,郭外闲游日未醺。赏菊傍花村里坐,登高还上叶公坟。"其自注云："重九日,士女多赴北郭外傍花村赏菊,以叶公坟为登高之所。"[5]不愿出城者,城内琼花观成为首选之地,"重阳佳节,俗尚登高,扬城琼花观之三层楼,高出云表,隔江诸山皆可俯瞰"[6]。

扬州人原本在重阳日有佩戴茱萸香囊的习俗,但康熙年间此风已不为人所知,"旧事有茱萸佩囊,今郡城无之,询土人亦不知"[7]。民间改为互赠重阳糕,卖糕者还制作面羊,或者剪五色小纸旗插在糕上,除供儿童游戏玩耍之外,更蕴含登高、避灾之意,"今俗相馈用糕,则以糖秫杂揉为之,市鬻标以

［1］ 刘抱芬:《点红轩词草》,张德广编:《归群词丛》,第 320 页。方宝川编:《太谷学派遗书》第二辑第七册。

［2］ 秋蝶:《扬州中秋竹枝词》,顾一平辑录,扬州市邗江区党史地方志办公室、扬州市邗江区档案馆编:《扬州竹枝词》,第 305—306 页。

［3］ 〔清〕王翼凤:《声远堂文钞》卷二《〈九日登高图〉序》,《清代诗文集汇编》第 610 册,第 646 页。

［4］ 〔清〕李斗著,陈文和点校:《扬州画舫录》卷一,第 10 页。

［5］ 〔清〕徐兆英:《梧竹轩诗钞》卷九《扬州竹枝词》,《清代诗文集汇编》第 701 册,第 678 页。

［6］ 《扬城小言》,《申报》光绪十三年九月十七日（1887 年 11 月 2 日）,第 2 版。

［7］ 〔清〕雷应元纂修:《〔康熙三年〕扬州府志》卷二〇,卢桂平主编:《扬州文库》第 1 辑第 2 册,第 420 页。

彩幡,供小儿嬉戏。惟有逸趣者,必登高把菊赋诗焉"[1]。扬城此日遍布重阳旗,"重阳,以五色纸剪成旗式,粘竹苇上鬻于市。家家叠数文钱,买一大束,遍插门头"[2]。

扬州重阳节的最大特色就是登高赏菊、持螯饮酒,"登高把菊而饮,至倾城市"[3]。正如惺庵居士在《望江南百调》中写道:"扬州好,重九快吾曹。联袂鞠桥同访艳,振衣松岭更登高。沽酒晚持螯。"[4]光绪元年(1875),方濬颐出任两淮盐运使已逾六载,但因故未能重阳节登高,对此亦念念不忘,"予在扬州已过六重阳,每欲作登高之举,辄为人事所阻"[5]。扬州还有所谓小重阳之说,此为唐代遗风,民间有"小重阳吃糕,大重阳吃酒"的习俗,即于九月十日举行赏菊酒宴。

表 10-1　　清代扬州主要岁时节令简表(按农历时间)

名　称	时　间	主要活动	备　注
立春	—	迎春、祭芒神、鞭牛、打春、抢宴、咬春	—
春节	正月初一	吃"隔年陈""四喜汤圆""吉祥如意蛋",艺人上门唱麒麟	正月"请春卮""做财神会"
烧衙朝	正月初二	黎明商铺祀玄坛	—
财神诞辰	正月初五	接财神,发利市,端元宝,烧利市	—
人日	正月初七	食"眼亮饭"	人胜节、人庆节
灯节	正月十三至十八	"上灯圆子落灯面",十八日落灯食饼面,送麒麟送子灯	—
元宵节	正月十五	玩龙灯	—
上元节	正月十五	—	—

[1]〔清〕金镇原本,〔清〕崔华、张万寿续修,〔清〕王方岐续纂:《〔康熙二十四年〕扬州府志》卷七《风俗》,卢桂平主编:《扬州文库》第1辑第3册,第113页。

[2]〔清〕林苏门撰,刘永明点校:《邗江三百吟》,第46页。

[3]〔清〕雷应元纂修:《〔康熙三年〕扬州府志》卷二〇,卢桂平主编:《扬州文库》第1辑第2册,第420页。

[4]〔清〕惺庵居士:《望江南百调(并引)》,顾一平辑录,邗江区史志办、邗江区档案局编:《望江南·扬州好》,第83页。

[5]〔清〕方濬颐:《二知轩文存》卷二十一《蜀冈登高记》,沈云龙主编:《近代中国史料丛刊》第49辑,第1225页。

续表 10-1

名　称	时　间	主要活动	备　注
龙抬头	二月初二	出嫁女儿回娘家,送土地灯或张仙给未生子之家	送"伢子灯"给出嫁女儿,"添灯"
文昌帝诞辰	二月初三	文昌庙拈香	—
百花诞辰	二月十二	挂红志喜,斋戒三日	花朝日
观音诞辰	二月十九	—	—
土地诞辰	二月二十	抢灯	—
寒食节	清明节前一天		
清明节	—	扫墓、郊游、戴柳叶、放风筝	—
清蒙	清明次日	女性不事针刺	
上巳节	三月初三	郊外踏青,妇女戴荠菜花	
邵康节	三月初三		
城隍神诞辰	三月十五		
准菩提诞辰	三月十六	持红灯诣准提寺拈香	
长工节	三月十八	—	
太阳诞辰	三月十九	念太阳经七遍	
东岳诞辰	三月二十八	祀神	
立夏节	—	尝鲜,送夏	
浴佛节	四月初八	放生、以五色水灌佛顶、作龙华会,修启寿斋	—
药王诞辰	四月十二	—	
吕纯阳生日	四月十八	道士持斋醮,病人求符箓	
端午节	五月初五	吃粽子、赛龙舟,除"五毒"、带"百索子"、吃"十二红"	天中节
端午次日	五月初六	回娘家吃馊粽子	—
关帝诞辰	五月十三	设香案祭祀	—
龙王诞辰	五月十三		竹醉日
天贶节	六月初六	将"百索子"抛到屋顶,包饺子、晒经	晒书节
金粟如来诞辰	六月初十	寺庙打佛七	—
祀灶	六月初四、六月十四、六月二十四	寺庙做会	—

续表 10-1

名　称	时　间	主要活动	备　注
火星诞辰	六月二十三	—	—
青苗会	中元节前后	—	—
斋孤	七月间	肩挑冥纸，沿途焚化	—
七夕节	七月初七	穿乞巧针，斗乞巧牌	—
魁星诞辰	七月初七	学人设供魁星楼下	—
中元节	七月十五	盂兰盆会	鬼节
地藏诞辰	七月三十	家家插香及蜡烛于地	—
积谷会	八月初三	—	—
中秋节	八月十五	吃月饼、吃团圆饼、子孙饼、月宫饼，拜月，挂宝塔灯	—
重阳节	九月初九	登高、赏菊、持蟹饮酒、吃重阳糕	九月初一或初十为"小重阳"
寒衣节	十月初一	准备棉衣，坟前为亡人焚化纸衣	—
万寿节	十月初十	演戏悬灯	—
下元节	十月十五	—	—
冬至节	十一月	祭祀祖宗，早上吃汤圆，吃南瓜免灾，歇业放假，飨宴宾客	又称大冬
蝴蝶会	十一月十五	饮酒赏月	—
腊八节	十二月初八	祭祀释迦牟尼、煮腊八粥	—
祭灶	十二月二十三		
	十二月二十四	上灶书，以酒糟、灶糖祭祀、煮糯米饭、喝酒	又称"祭灶""送灶"
除夕	十二月三十	迎灶、敬祖、吃团圆饭、喝"守岁酒"	—

第二节　行业生活

行业是不同职业的类别，随着生产力的发展，社会分工更加专业化，行业数量亦越来越多、越来越细，故有"三百六十行，行行出状元"之说。由于不同的文化氛围、经营模式、行业规范和操作程序，各行业亦形成了各具特色的礼仪风俗。

一、行业风俗

（一）农业风俗

清代扬州虽是商业城市，但在农业上还是精耕细作。随着扬州气候条件的变化，农事活动随之作出相应安排，主要涉及生产、施肥、防害、祈雨等方面。

腊月送灶，扬州人祈求来年收成，"十二月二十四日，送灶，以破瓦载饭，焚于门外，焚枯草作焰，圃不生虫，且以占年也"[1]。元宵节，为了增加粮食产量，扬州农民又在耕地里燃烧杂草以去除螟虫，"是夕，村农缚草置爆竹，燃于田间冈头，名曰'炸麻虫'。夏秋即无螟，特伤禾也"[2]。

秋季，水稻抽穗，佃户则宴请地主查看长势，即"看青"，以确定当年上缴的佃租。当然，地主未必谙熟此事，则请精于此道者代为查验，"稻穗已齐，佃户具酒食，请主人看稻，名曰'看青'，估定租石。精于此者，竟不相上下。有主人不谙，则延他人代看，集中有专为人家看稻为业者"[3]。业内人士将看稻划分为多种名目，"看稻分厚薄，以倒稻为上，有'一封书''蜈蚣头''襄衣式'等名"[4]。

佃农与地主之间存在着租佃关系，虽然没有明确的契约限定，但是扬州人有着"讨田礼"或"折盒担"的民间约定俗称。"佃讨主田，须用银存主处，辞田仍还之，名'顶首银'。然为数较多，无力非可易办。或讨军田种，略出数金，名'讨田礼'，或云'折盒担。'"[5]事实上，这就是一种租田押金，明确并规范双方的权利和业务。地主收租高低直接取决于佃农劳作，地主为了追求利益的最大化，对其也不敢慢待。扬州西山习俗，佃农正月初二上门给地主拜年，地主则亦"七碗大菜"尽情款待，除了鱼不动筷，佃农需将所上每道菜吃尽，因此乡人林溥亦云："新正二日，佃户至主家拜年，款以酒食，看极

---

[1]〔清〕焦循：《天书时第二》，〔清〕焦循著，孙叶锋整理：《北湖小志》卷五，第87页。

[2]〔清〕林溥撰，刘永明点校：《扬州西山小志》，第36页。

[3]〔清〕林溥撰，刘永明点校：《扬州西山小志》，第32页。

[4]〔清〕林溥撰，刘永明点校：《扬州西山小志》，第33页。

[5]〔清〕林溥撰，刘永明点校：《扬州西山小志》，第34页。

丰,每食必尽,曰'田内不生草'也。又,鱼必不下箸,或留一二肴不食,曰'留有余'也。"其诗云:"毕竟山农礼数恭,团团七碗酒肴丰。纵然预祝田无草,还要留余报主翁。"[1]秋收之后,农人相互之间多有宴请,饮用新酿的"开生"酒,阮先对此有载:"秋成后,农人迭为宾主,聚饮极乐。酿酒初熟,谓之开生。"其还赋诗云:"羡得田翁上下庄,豆棚瓜架聚壶觞。新春米饭开生酒,第一骄人醉饱乡。"[2]

城郊农民多进城挑粪做肥料,一般都有定点人家,甚至与城内居民签订契约,"郊外农户,多取城中粪汁以肥田。扬城例有'粪窝',认门往取,不容紊乱。并闻有立契、过户之事,亦趣闻也。下河各县,住户之粪,多为人收卖,佣工多以此为利"[3]。冬季,挑粪农民则以自制腌菜答谢,正如林溥所言:"大雪前后,家家腌菜,皆园户挑送。平日至人家收粪灌园,至是以菜偿之。"其还有诗吟诵:"盈肩青菜饱经霜,更比秋菘味更长。列瓮家家夸旨蓄,算来都是粪渣香。"[4]

（二）工商业风俗

扬州民众多依靠盐业为生,这与春秋时期吴王夫差以及西汉吴王刘濞有一定关系,因此扬州民间将此二人视为财神而多加祭祀,正如阮充所云:"襟淮枕海水泱泱,煮得饴盐白似霜。商贾自饶三倍利,家家豚酒祀吴王。"[5]乾隆末期,扬州人尤为笃信邗沟大王庙吴王圣像,尤其是正月初五日有"借元宝之风"后香火极盛,"邗沟大王庙在官河旁。正位为吴王夫差像,副位为汉吴王濞像。……是庙灵异,殿前石炉无顶,以香投之,即成灰烬。炉下一水窍,天雨积水不竭,有沙涨起水中,色如银。……每岁春香火不绝,谓之财神胜会"[6]。

---

[1]〔清〕林溥撰,刘永明点校:《扬州西山小志》,第35页。

[2]〔清〕阮充:《北湖竹枝词》,顾一平辑录,扬州市邗江区党史地方志办公室、扬州市邗江区档案馆编:《扬州竹枝词》,第149页。

[3]徐谦芳著,蒋孝达、陈文和校点:《扬州风土记略》,第52页。

[4]〔清〕林溥撰,刘永明点校:《扬州西山小志》,第38页。

[5]〔清〕阮充:《扬州竹枝词》,顾一平辑录,扬州市邗江区党史地方志办公室、扬州市邗江区档案馆编:《扬州竹枝词》,第137页。

[6]〔清〕李斗著,陈文和点校:《扬州画舫录》卷一,第8页。

　　两淮盐商在多年经营过程中,形成"放头桥""朱单""请皮票"等独特的行业行为,并成为业内共同遵循的习俗,道光时期两江总督陶澍曾言:"领运旧例,有请、呈、加三项名目,又有平、上、去、入四处截角名目,其余'朱单''皮票''桅封'等名目甚多,不可殚述。"[1]林苏门亦有诗云:"莫道盐窝竟不宜,此中调剂有分司。楚西营运还依旧,单曰朱兮票曰皮。"[2]所谓"朱单"即每年一次请引行盐的"窝单"票据,由租商对外出租。"桅封"即每年纲盐集中开纲时,两淮巡盐御史亲自到场,为头船监掣标发,封于桅上,作为准予放行开运的标识。

　　盐商新年的第一单,需要亲自选择吉日放行,"两淮运盐开江,本年新单,名曰'头桥'。船泊北桥一带,盐政择日亲诣放行,名曰'放头桥'"[3]。此为扬州习俗,正如林苏门诗吟:"数过官场谈土俗,春深盐务放头桥。"[4]事实上,所谓"放头桥"需要经过层层盘剥,亦成为恶俗。道光十一年(1831),署两淮盐运使俞德渊对此深恶痛绝,曾下令禁绝:

　　　　照得本月初二日辛卯开纲,各商等正宜争先完纳,以抒急公之忱。乃闻本衙门各役,及地方无赖之徒,以开纲第一日谓之"头桥"。竟向纳课商厮需索使费,名为"讨喜",实则讹诈,致各商畏累不前,甘避"头桥"之名,不敢首先上纳。此种恶习亟应重惩。除饬委首领官严密访查,并派差头随时拿究外,合先出示严禁。谕到,毋论何色人等,不许仍沿旧习。[5]

　　运商需要向两淮盐运司申请准运的"票引",即"请皮票",林苏门有言:

　　[1]〔清〕陶澍:《会筹盐务章程折子钦差会稿》,《陶澍全集》第2册,岳麓书社2010年版,第297页。

　　[2]〔清〕林苏门:《续扬州竹枝词》,顾一平辑录,扬州市邗江区党史地方志办公室、扬州市邗江区档案馆编:《扬州竹枝词》,第75页。

　　[3]〔清〕林苏门撰,刘永明点校:《邗江三百吟》,第15页。

　　[4]〔清〕林苏门:《续扬州竹枝词》,顾一平辑录,扬州市邗江区党史地方志办公室、扬州市邗江区档案馆编:《扬州竹枝词》,第77页。

　　[5]〔清〕俞德渊:《禁各役及杂色人等需索示》,赵和平编著:《默斋拾遗——俞德渊史籍及研究》(上),第216页。

"运盐之家,买别家场盐,先在运司请给'皮票'。票载某旗买某旗盐若干引。'皮'之为名,不知何仿?"其还有诗云:"交易须差票,朱签本运司……通河皆请领,纸价贵桑皮。"[1]可见"皮票"是运盐的一种官方通行证,由于扬州运商众多且均想率先运出,获取并非易事,故董伟业有"到得开征标第一,通河纸价贵桑皮"[2]的诗句。两淮运商等待官方发放票引时,多在扬城青楼醉生梦死,道、咸诗人黄兆麟对此有生动描述,其诗云:"臣舰南来贩海盐,连樯齐泊画桥边。等候官家给票引,青楼朝暮醉华筵。"[3]

其他各行商户各有祭神和赛会活动。例如,正月十九是长春真人丘处机的生日,扬州古董商供奉极诚,"正月十九日为丘真人圣诞,人必设花果致祭,谓之'燕九节',扬城各骨董铺所供者即此真人。每逢圣诞良辰,各铺中所有玉器古玩无不夸多斗靡,纷罗布列。今年主祭者系扬州马姓,是日清晨,各店东与各店伙群至该处拈香。晚间饮以酒食,猜谜行令,按律征歌,计共四十余席,竹西风俗华靡,犹有古之遗风也"[4]。四月二十日,扬州多子街经营布绸的商人有举办"镇江会"的习俗,"多子街即缎子街,两畔皆缎铺。……每货至,先归绸庄缎行,然后发铺,谓之抄号。每年以四月二十日为例,谓之镇江会"[5]。六月二十四日为雷祖即雷神诞辰,"扬城各店铺今年踵事增华,皆于店堂后张灯设供,有瞻列炉鼎,有堆垒玉玩者,谢馥春香粉店更邀集同侪之善歌者互唱昆曲,丝柔竹脆,声韵悠扬,较他处锣鼓喧阗者则饶风趣"[6]。

扬州在工商经营中形成一些独特的行业习惯。商贸繁荣直接带动扬州官牙业的发达,官牙即代客户买卖并从中说合的商业中介。因防止房屋交易舞弊,多经官牙从中画押作保,"扬州风俗,凡典卖房屋必须官牙经手,印押牙戳,如有不合,惟官牙是问,所以杜弊端也"[7]。之所以交易需要经过官牙,

---

[1] 〔清〕林苏门撰,刘永明点校:《邗江三百吟》,第16页。

[2] 〔清〕董伟业撰,刘永明点校:《扬州竹枝词》,第1页。

[3] 〔清〕黄兆麟:《扬州竹枝词》,顾一平辑录,扬州市邗江区党史地方志办公室、扬州市邗江区档案馆编:《扬州竹枝词》,第120页。

[4] 《骨董玉会》,《申报》光绪四年二月初三日(1878年3月6日),第2版。

[5] 〔清〕李斗著,陈文和点校:《扬州画舫录》卷九,第103页。

[6] 《邗江小记》,《申报》光绪十四年六月二十九日(1888年8月6日),第2版。

[7] 《竹西琐录》,《申报》光绪八年十一月二十五日(1883年1月3日),第2版。

是因为扬州有卖主敲诈骚扰买主的恶习。"向来扬城每逢岁暮,所有曾将已产典卖于人者,动辄找价,不遂其欲,即携男挈女,赴业主家坐索,甚至邀同乞丐百般吵闹,必如所愿而后已,诚陋俗也。"[1]

扬州工商界经营中还有一些特殊的习惯做法。例如,扬州一些菜贩多用水浸泡蔬菜,以增加重量,"扬州肩担卖菜蔬者,往往先浸水中,以压斤两,而味已失。惟二郎庙一带土性得宜,凡菜皆佳,而苋菜尤有名,即水浸亦无患也"[2]。扬州卖棉线小商贩,因头顶竹篾叫卖,俗称"顶头唤买小红带",此为苏省仅有,林苏门有云:"头顶一篾圆圆,内放各色棉线带,口唤人买,但曰:'小红带。'头上买卖,扬城有此,外省亦不闻有此。"[3]不过,此类商贩则不太检点,喜与扬城女子有戏谑之举,"扬州小户妇女多以针黹为生,故游手少年背匣携筐,专向各家贩卖绒线,名曰'货郎'。妇女贪其配搭颜色,并可赊欠,无不乐与交易,然此种人每与妇女嬉笑谑浪,无所不至"[4]。

流动摊贩的营业时间亦约定俗成。例如,黄昏时扬城才有"五香小菜"和"熏烧"出售,正如林苏门所言:"黄昏时,满街担子罗置杂样荤素小菜售之,总曰'五香'。"[5]《申报》则云:"扬州风俗于黄昏时,在街市两傍陈设板摊,罗列猪头、肠肚等物,谓之卖熏烧,贪便易者多买之。"[6]乡镇集市多为固定时间,"各乡镇定期市集,盖古趁墟之俗。江都西北乡逢集,较多于各县之乡镇。乡镇年仅一二次,西山各集,月必数四,逢三逢八居多,亦有十日内三次者。地之多以集名者以此"[7]。例如,西山陈集的集市在每月初一或初六日,"集期一、六日,乡人呼趁市者为赶集。惟四五月衣忙,集期赶趁者少,谓之'落忙'"[8]。秋收之后,扬州农民多有入城购物的习俗,城市商铺随之生意兴隆,"扬州风俗每岁禾稻登场之候,乡人入城购物,踵接肩摩,古之稷下、

[1]《禁止诈扰》,《申报》光绪四年十二月二十一日(1879年1月13日),第3版。
[2]〔清〕林苏门撰,刘永明点校:《邗江三百吟》,第10页。
[3]〔清〕林苏门撰,刘永明点校:《邗江三百吟》,第58页。
[4]《竹西碎录》,《申报》光绪八年十二月二十一日(1883年1月29日),第2版。
[5]〔清〕林苏门撰,刘永明点校:《邗江三百吟》,第120页。
[6]《和尚掌嘴》,《申报》光绪八年八月初三日(1882年9月14日),第2版。
[7]徐谦芳著,蒋孝达、陈文和校点:《扬州风土记略》,第53页。
[8]〔清〕林溥撰,刘永明点校:《扬州西山小志》,第40页。

临淄恐亦无此繁盛。茶食铺售卖团圆月饼,尤为购者如云。旬日之间,多有售至数千斤以上者。"[1]春节期间开业多在初十之后,林溥曾因故未能岁暮购物,导致其家春节期间物资出现严重匮乏的尴尬状况,"陈集逢一、六集期,新正十一始开市,先期无物可买,故人家储物须足十余日。去年余家避乱至集度岁,偶忘其例,数日后储已罄,竟为之大窘"[2]。

工商业的雇佣关系中存在着特殊称谓或风俗。例如,扬州人将雇工称为"上店",解雇则为"出店","扬城各店皆有此名"[3]。林苏门对此有详细解释:"官媒,引僮仆男妇投主,合而雇用之,曰'兑上店'。即非运盐之家,无店可称者,亦曰'上店';其出,也曰'出店'。"[4]主家如果采用计工制,必须包饭才能正式开工,俗称"主顾","工人各有主顾,今昔皆然。惟因近日讲究饮食者多,即工亦嫌主家粗粝,所以不款饭而包饭也。而逐日之工,则仍照旧计之"[5]。扬州商人对其仆役雇工的待遇比较丰厚,"扬俗奢华,遇下亦厚。凡年节喜庆,辄给仆从钱文,名'恭喜封'。即白事亦代以'早茶钱'"。[6]扬州商人还担心仆役因劳作而辛累,特在门道内设置长板凳以方便其休息,故称"懒凳",正如林苏门所云:"大门内两旁设凳,不曰'凳'而曰'懒凳'者,恐下人过于勤劳,而便于休息,亦门面光也。新旧两城,大抵皆然。"[7]费轩则有"懒凳司阍多厌客"[8]的诗句。

（三）军狱风俗

四月初一,扬州狱卒有为监神做会的习俗,甚至允许外人进入监狱游赏,游客则买取犯人剩饭米粒以求小儿免灾。扬州竹枝词中对此有吟:"三

　　[1]《维扬节景》,《申报》光绪二十年八月二十一日(1894年9月20日),第3版。

　　[2]〔清〕林溥撰,刘永明点校:《扬州西山小志》,第35页。

　　[3]〔清〕林苏门撰,刘永明点校:《邗江三百吟》,第57页。

　　[4]〔清〕林苏门撰,刘永明点校:《邗江三百吟》,第51页。

　　[5]〔清〕林苏门撰,刘永明点校:《邗江三百吟》,第74页。

　　[6]　徐谦芳著,蒋孝达、陈文和校点:《扬州风土记略》,第50页。

　　[7]〔清〕林苏门撰,刘永明点校:《邗江三百吟》,第32页。

　　[8]〔清〕费轩:《梦香词(并引)》,顾一平辑录,邗江区史志办、邗江区档案局编:《望江南·扬州好》,第27页。

月正逢三十日,明朝又是狱门开。娇娃不惜餐牢饭,都向囚徒买得来。"[1]《申报》对此有报道:

　　江、甘两署狱卒向例于四月朔做会,相传是日系狱神诞期。管狱官于清晨诣狱神堂,拈香后则狴犴门尘启,听人入内观览,然只至外号而止,内监不准入也。游人以日中为最盛,缘俗例趁监犯午餐时,咸以青蚨数十翼向买碗底余粒,带回给小儿食之,谓可免灾。于是蓬头垢面者皆各预置一盂,以为赚钱之计。今届适当阴雨,而购牢饭者仍络绎不绝,习俗相沿,抑何可笑。[2]

　　清代扬城有扬州营驻防,"武营中有洗兵大典,因承平之际,人讳言兵,别其名曰迎喜神"[3]。乾隆时期,游击白云上对营兵多有操练,自此形成每年于正月和霜降时节祭祀军旗、操练行伍的习俗。"乾隆庚寅,白秋斋云上镇扬州,相度是地以农隙讲武,正月择吉辰操演,谓之游府出行;九月祭旗纛,谓之迎霜降,二者皆湖上嘉会。"[4]俗称"迎喜",又称"祭旗","武营规例,每于霜降前一日出郊祭旗,即俗所称迎霜降也"[5]。正月,扬州营开始操练,进行祭拜"喜神"和"贵神"的仪式,"细柳营中人向于正月有迎喜神之举,所谓祭旗也"[6]。军队操练本为显示和提升军容军威,正如惺庵居士诗云:"扬州好,霜降驾骖騑。亭迓喜神供铠甲,刀横武士拥旌麾。不战有军威。"[7]扬州营官兵出城举行祭神仪式,回到城内校场进行队列操练,因其仪式齐整、名目繁多,成为民众集体观瞻的一大盛事,《申报》对此报道:

　　[1]〔清〕孔庆镕:《扬州竹枝词》,顾一平辑录,扬州市邗江区党史地方志办公室、扬州市邗江区档案馆编:《扬州竹枝词》,第269页。
　　[2]《扬城琐缀》,《申报》光绪十一年四月十二日(1885年5月25日),第3版。
　　[3]《武营迎喜》,《申报》光绪四年二月初三日(1878年3月6日),第2版。
　　[4]〔清〕李斗著,陈文和点校:《扬州画舫录》卷一六,第207页。
　　[5]《祭旗志盛》,《申报》光绪二十三年十月初五日(1897年10月30日),第2版。
　　[6]《祭旗志盛》,《申报》光绪二十一年正月三十日(1895年2月24日),第1版。
　　[7]〔清〕惺庵居士:《望江南百调(并引)》,顾一平辑录,邗江区史志办、邗江区档案局编:《望江南·扬州好》,第84页。

各营中例于春季出队开操,俗谓之"迎喜"。扬州营唐参戎择吉本月初九日举行,是日喜神在东北方,贵神在西北方。黎明时,城守营严守戎、千总周千戎各排仪仗,齐集参署。须臾参戎吉服升舆,前导除全副执事外,有盉亭、敕印亭各一座,万名伞、德政牌若干,然后大旗、洋枪、藤牌等队鱼贯而行。马兵则各乘骏马,逐电追风,由参署西辕门出,绕松风巷、打炉坊,入小东门,经旧城各街,迤逦出北门,以抵大校场。其时演武厅正中已陈设喜神、贵神牌各一,参戎督率各弁挨次行礼毕,即升坐公案。守戎等依礼堂参,马步三军咸放排枪三次。于是整队进西门,绕至大东门,达彩衣、运司、教场等街,而入参署东辕门,散队归伍。一路戈矛整肃,旗帜鲜明,呜呜然掌号而行,声威甚壮,两旁观者蚁聚蜂屯,莫不望而生畏。[1]

二、会馆风俗

清代扬州商业鼎盛,汇聚海内商人。外地客商纷纷建有会馆,扬城内先后有湖南会馆、山陕会馆、四岸公所、旌德会馆、浙绍会馆、江西会馆、湖北会馆、安徽会馆、岭南会馆、嘉兴会馆等。扬州会馆往往承担多项社会功能,除了接待同乡宿食、承担治病的费用等互助功能,还有举办祭祀庙会、公益慈善、公议馆务等业务功能。"邗上醝务甲天下,各省会馆如林,每年例有团拜,大开筵宴,唱演梨园,所费何止数百金,洵豪举矣。"[2]

（一）联谊桑梓

各地会馆都看重地缘关系,特别注重与途经扬州的官绅同乡加强感情联络,使"客于扬者"有"往来憩息之所,笃乡谊也"[3]。例如,光绪十五年（1889）三月十六日,"江西会馆诸绅董公请杨子穆观察、吴柏庄观察在曾公祠筵宴,并令京口小班演戏一日,以叙桑梓之情"[4]。每逢重大节日,各地会馆更是人头攒动、联谊不断,"扬州各会馆例于春初择吉团拜,以联桑梓之

［1］《邗上官场纪事》,《申报》光绪二十二年二月二十日（1896年4月2日）,第3版。

［2］《陈家木桥赈所杂述》,《申报》光绪十年正月二十六日（1884年2月22日）,第3版。

［3］　碑刻《重修浙绍会馆记》,现存于扬州达士巷。

［4］《扬州官场琐撇》,《申报》光绪十一年四月初八日（1885年5月21日）,第9版。

欢。今年江西会馆团拜时最为热闹,并有京口梨园自上月杪起登台演唱。馆门大启,任人往观,宝马香车,络绎如蚁。惟正厅上,非则有乡谊者,不能擅入云"[1]。"扬州南河下江西会馆,每逢春秋佳日,必招菊部演戏,借联桑梓之欢。本届先在外台开演。一时,红男绿女莫不联袂来观。"[2]

(二)祭祀神明

出外经商,人地生疏,更需神灵庇佑,会馆成为祭神的重要场所。"扬州江西会馆每年必演戏酬神,约有一月之久,盖经费素充,由西岸票商提出,故能热闹如此。兹闻于上月念九日为始,已传班照旧开演云。"[3]江西会馆则多有祭祀和纪念许真君的活动,"南河下之江西会馆,江右人供奉许真君甚虔,以其有功于桑梓也。每在新年于正殿上悬挂水陆图廿四轴,上绘真君斩蛟故事,栩栩欲活,几于颊上添毫。会馆中人珍同拱璧,不肯轻以示人,惟自元旦起至元宵止,此数日中任人游玩,宝马香车,络绎不断"[4]。惺庵居士对此所言:"扬州好,庙祀许真君。灵爽倘邀骑鹤降,画图详纪斩蛟勋。士女说津津。"[5]每年正月二十六日为许真人诞辰,扬州盐商习惯于此日在庚园或江西会馆举行团拜并演戏酬神,"庚园在南河下江西会馆对门,赣省鹾商筑以筋客者。园基不大,而点缀极精。花木亭台,各擅其胜,颇有庾信小园遗意。园南故有歌楼一座,每年正月二十六日为许真人圣诞,鹾商张灯演剧,以答神庥,座上客为之满"[6]。

(三)互助共济

会馆兼顾地缘、业缘和血缘等特征,主要是汇聚寓居外地的同乡力量,在商业经营上给予相互支持,并为社会公益慈善事业募集资金、共商大事,"邗上诸大会馆首事诸公商诸同乡,或提助若干,或全行移赈惠我饥民,以绥

---

[1]《红桥春望》,《申报》光绪十五年二月初五日(1889年3月6日),第2版。

[2]《剧场毙子》,《申报》光绪十五年八月十三日(1889年9月7日),第9版。

[3]《会馆演戏》,《申报》光绪六年八月十二日(1880年9月16日),第2版。

[4]《灯市琐谈》,《申报》光绪十二年正月二十一日(1886年2月24日),第2版。

[5]〔清〕惺庵居士:《望江南百调(并引)》,顾一平辑录,邗江区史志办、邗江区档案局编:《望江南·扬州好》,第89页。

[6] 王振世著,蒋孝达校点:《扬州览胜录》,第120页。

四方"[1]。岭南会馆在筹建时亦云："因思日久人众,虽萃处一方,而声气无以联络,则于桑梓之谊恐转疏也。且鹾业关系至重,非寻常生业可比,虽有一定章程,而于常课之外,或有他项捐输,一奉大府文告,随时筹复,非齐集而共商之不可,因有设立会馆之议。"[2]徽州商人甚至特设恭善堂,目的为同乡提供治病休养、停放灵柩的便利,"客游治下,只以全徽六县外游,半事经营计,在邗江为客不知凡几,或因仕宦而寄居,或以贸迁而至止,或孤踪而恐落寞,或只影而觅枝栖,设抱采薪之忧,能无断梗之虑? 因邀集同乡集资,在治下缺口门城内流芳巷地方,契买民地一区,前经呈契投检在案。现在草创初就,以为同乡养病之区,旅榇停厝之所"[3]。

第三节　卫生保健习尚

人们在长期的生活和实践中,逐步摸索和积累了传统的卫生保健习尚,扬州亦是如此。在清代,扬州卫生保健不仅针对个人养生健体,而且涉及公共环境,具有鲜明的区域特色。

一、公共卫生

（一）环境整治

扬州盐商盛行造园,正如刘凤诰所言："广陵甲第园林之盛,名冠东南。士大夫席其先泽,家治一区。四时花木,容与文宴周旋,莫不取适于其中。"[4]金安清在评价扬州园林时明确表示："江宁、苏州、杭州为山水之最胜处。……扬州则全以园林亭榭擅场,虽皆由人工,而匠心灵构,城北七八里,夹岸楼舫无一同者。"[5]故李斗在评述刘大观"杭州以湖山胜,苏州以市肆胜,扬州以园亭胜。三者鼎峙,不可轩轾"的结论时,认为其言"洵至论也"[6]。这说明扬

---

[1]《陈家木桥赈所杂述》,《申报》光绪十年正月二十六日(1884年2月22日),第3版。

[2] 碑刻《建立岭南会馆碑记》,现存于扬州仓巷小学。

[3] 碑刻《徽州恭善堂奉宪敕石》,现存于广陵路小流芳巷4号对门前屋室内东侧墙壁。

[4]〔清〕刘凤诰:《个园记》,朱江:《扬州园林品赏录》(第3版),第243页。

[5]〔清〕欧阳兆熊、金安清撰,谢兴尧点校:《水窗春呓》卷下《广陵名胜》,第46页。

[6]〔清〕李斗著,陈文和点校:《扬州画舫录》卷六,第78页。

州在自然环境并不占优的情况下，通过人工打造园林，实现了自然风光与人文环境的有机融合。扬州盐商虽然并不具备现代环保意识，但是通过人工营造园林景观，"增假山而作陇，家家住青翠城闉；开止水以为渠，处处是烟波楼阁"[1]，客观上起到改善和美化环境的作用，"富商荟萃，甲第云连，宸游古迹，宝刹名园，有力者经营点缀，而锦绣江山更为生色"[2]。盐商园林对于扬州环境的改善发挥了一定的积极作用，康熙时期吴嘉纪对此有诗句描述："种树城郭内，喈喈啼春禽。昆弟何容与，仿佛栖山林。"[3]论者对扬州盐商此举亦有高度评价："这些园林和风景名胜，在那个时代虽然为统治阶级、商人所享用，其中有一些就是专门为迎接乾隆南巡而建造的。但是，这些园林、风景名胜的兴造、治理、保存和发展，对于扬州城市环境起到了改善和美化的作用。"[4]

太平天国时期，扬州城乡饱受战火蹂躏，亭台楼阁、森林绿地损失惨重，周边生态环境遭受严重破坏。扬州四郊本有大片森林，但在琦善的纵容下毁于一旦，咸丰三年（1853），"七月下旬，大兵来近半载，并未掘人坟墓。而琦、陈诸营火药不敷，伐薪为炭，辗炭成药。大兵假公济私，径伐四乡坟树，一半取材归营，一半变价入己。此端一倡，始犹大兵之厨役伐之，继则两县之白役伐之，终且当地之保甲伐之，稍有孑遗，坟佃锯而堆诸场，城外方五六十里之地，是以若彼濯濯也"[5]。此后，李若珠等军借战事需要而肆意毁坏，倪在田在《扬州御寇录》中记载，咸丰十年（1860），"而若珠自六合出，屠弱惊悸，疾不能军，谓其亲军拯己，德之，纵采樵无或禁。环城四邑，林园丘墓，榆柳松柏，挥斧斤，责负戴者朝夕不得息"[6]。战争结束后，乡民多造林绿化以恢复昔日植被，"扬州西山一带向多树木，嗣经兵燹，砍伐殆尽，继由各家栽种，

[1]《谢溶生序》，〔清〕李斗著，陈文和点校：《扬州画舫录》，第3页。

[2]《论扬州资遣难民》，《申报》光绪十年正月二十一日（1884年2月17日），第1版。

[3]〔清〕吴嘉纪：《赠程飞涛》，吴嘉纪著，杨积庆笺校：《吴嘉纪诗笺校》，上海古籍出版社1980年版，第160页。

[4]傅崇兰：《中国运河城市发展史》，四川人民出版社1985年版，第143页。

[5]〔清〕佚名著，许卫平、吴善中点校：《咸同广陵史稿》，第19—20页。

[6]〔清〕倪在田：《扬州御寇录》，中国史学会主编：《中国近代史资料丛刊·太平天国》（五），第130页。

虽未能参天蔽日,然已成一片绿阴矣"[1]。

随着国人科学知识的不断积累,扬州人逐渐认识到保护河流环境的重要性。扬州作为大运河的重要节点城市,河道畅通尤为重要,河道疏浚引起扬州人的高度关注。乾隆年间,清政府已经开始加固运河堤岸,"高堰堤工,为淮扬一带保障。今上轸念南河漫工,湖河受病,关系运道民生,必需筹办要工,为经久之计"[2]。嘉道以后,淮扬地区运河淤塞日益加重,严重影响到漕运的正常运转。道光七年(1827),两江总督蒋攸铦等人奏报,淮扬境内的运河因"近年河底逐渐淤高,清水不能畅出,以致漕运阻滞"[3]。扬州作为运河运输的重要节点,亦是河工的重点区域,"扬郡地居淮湖下游,以江海为归宿,而粮艘南北往来,全赖蓄清御黄,以资浮送,故堤岸之工最关紧要"[4]。

河运整治经费的严重不足,导致扬州地区的运河堤坝年久失修,形成严重的水灾隐患,《申报》对此有报道:"扬州一带运河直达清淮以上,向有东西两堤,盖恐运河之水泛涨,筑东堤所以保全里下河也。其对面之西堤外即洪泽诸湖,一经湖水泛涨,势必灌入运河,东堤易坏。从前所以筑一西堤,以杀湖水之势,不致汪洋一片直冲而下,第年久失修,去岁曾……"[5]由于河道治理不力,清代扬州多次陷入水患之中,导致民不聊生。例如道光四年(1824),扬州遭遇洪水,"道光甲申十一月大风霾,致高家堰十三堡溃决,洪泽湖全行倾注,淮、扬二郡几皆鱼鳖"[6]。

晚清时期,由于大量商船在扬州境内的运河中乱弃煤渣等各种垃圾,"自扬州抵清江一带运河为粮船、盐船、北五省土货运出及洋货运入之商船所必经行之地,关系重要,苏常运河亦资以转输商货者。乃自小轮开驶以来,每日必抛弃煤滓于河内,将来愈聚愈多,必至填塞河道。即农民取此等夹带

---

[1]《异虫食木》,《申报》光绪五年四月初十日(1879年5月30日),第3版。

[2]〔清〕林苏门撰,刘永明点校:《邗江三百吟》,第4页。

[3] 蒋攸铦:《晓谕漕运阻滞扬州等府照旧各归本帮兑收事》,中国第一历史档案馆、扬州市档案馆编:《清宫扬州御档》第14册,第10201页。

[4]〔清〕方濬颐等修,〔清〕晏端书、钱振伦等纂:《〔同治〕续纂扬州府志》卷二《河渠下》,《中国地方志集成·江苏府县志辑》第42册,第672页。

[5]《接办堤工》,《申报》光绪六年九月初十日(1880年10月13日),第2版。

[6]〔清〕欧阳兆熊、金安清撰,谢兴尧点校:《水窗春呓》卷下《溃河事类志》,第48页。

煤滓之河泥,灌溉田亩,亦多不利"。郡人开始呼吁保护河道,"谕令华洋小轮经过苏扬运河不得乱弃煤滓,违干罚办"[1]。地方政府采取措施,着力疏浚河道,"扬州城内向有市河两道,由南至北,约计三里余……自遭兵燹,屋固为墟,而河亦湮塞。虽经节次挑浚,终未得法,其水依然难蓄……日见其涸。现由江邑尊探明情形,呈请上宪,先于分泄各口筑坝堵截,已奉批准。刻下各坝俱皆次第兴工,并一面示谕沿河人家,不准乱倾瓦砾。盖俟各坝工竣,即行疏浚市河也"[2]。

扬州与瓜洲之间运河堤岸多有塌陷,地方政府通过以工代赈的形式,招集徐海地区的灾民加以修复,"瓜洲至扬州一带运河堤岸坍卸甚多,前议招集徐海饥民修筑,以工代赈,惟因筹款未定,故未举行。今春省宪札委龚太守赴瓜洲驻局专办,一切经费即于堤工正款内开支,闻定于日内兴工云"[3]。

光绪三十三年(1907),扬州开始引入西方挖泥机器船,取得良好效果,"扬郡疏浚运河,现由省宪派委钟守元埭为督办,挖泥机器船去岁已由上海运到三艘。先自扬州开挖,由南而北,过百子堂等处,以至清江"[4]。

(二)街道清扫

扬州街道狭窄,且长期无人打扫,垃圾遍地,极易引发各种疾病。尤其是夏季,郡人多食瓜果以消夏,乱丢瓜皮成为严重的社会问题,既给交通带来诸多不便,又容易产生恶臭并滋生蚊虫,导致各种疾病广泛传播。晚清时期,扬州官员认识到这一问题,开始雇人清扫街道,改善公共卫生。光绪年间,扬州地方绅士首先发动栖流所、戒烟所中的贫民上街捡取垃圾,郡城街道卫生环境得到明显改善。"邗上入夏以来,烈日腾空,无异洪炉热炭,现交中伏,尤酷热异常,居家者无不沉李浮瓜,以解烦渴。是以操东陵侯业者,皆各获利倍蓰。惟是食者既众,大街小巷瓜皮堆积愈多,非惟有碍行旅,且恐日久气味熏蒸,酿成疫疠。刻经栖流所董事饬令所中留养长夫暨在所戒烟

[1]《保全河道》,《大公报》(天津版)光绪三十年五月初六日(1904年6月9日),第5版。

[2]《疏浚市河》,《申报》光绪五年三月初三日(1879年3月25日),第1版。

[3]《实行以工代赈(镇江)》,《申报》光绪三十三年正月初十日(1907年2月22日),第10版。

[4]《浚河机器船之经费(扬州)》,《申报》光绪三十四年三月十三日(1908年4月13日),第12版。

之贫民,逐日肩负竹篓,分投上街检取,并于街巷适中之处预置大篓一具,以备人家抛弃。刻下扬城街道洁净异常,攘往熙来,靡不额手称便,或曰此举诚惠及行人不浅。"[1]

光绪二十八年(1902),扬州保甲总局章荫观察发布清理街道公示,"谓扬城街道太狭,一切秽物不准沿街乱倒,示令打扫,清洁设局,谕董雇夫各段承认。盖以天气渐热,气味不正,易酿疫疠,洵整顿地方之善政也"[2]。由于经费不足,此举时断时续,未能发展成为定制。光绪三十三年(1907),巡警总办黎宇生再次出资,雇人打扫街道,"以时当暑令,本郡街巷窄狭,垃圾污秽之物,居民任意倾倒,殊于卫生有碍。因即捐廉雇夫三十名,逐日打扫,以重卫生"[3]。

(三)污水治理

扬州城内河湖水系发达,大量生活污水的排放,影响着环境和水源质量,导致河湖的淤塞。扬城部分河道长期淤塞,水质受到严重污染,"龙头关河道,半为两岸匽潴、滤池所集,浑浊污秽,五色备具,居人恒苦之,素多怪。尝见两灯船自河中来,笑语嘈杂,顺流出龙头关而去,观者是时竟忘是河不通舫也"[4]。

这一状况引起地方官员的高度重视,雍正八年(1730),扬州知府陈宏谋疏通市河,"扬郡居人稠密,城河秽积,府君倡议通浚后,至癸丑,陈君俟中鼎元,堪舆家谓为城河通畅之应"[5]。雍正九年(1731),尹会一接任扬州知府后,高度重视河流的疏浚工作,"浚两城之市河,通舟楫以为民利。而以城西保障河襟带蜀冈,田畴借以灌溉,乃为艺其淤淀,以资市河之蓄泄。民咸赖之"[6]。地方官员加大对城内河道的整治,动用栖流所收养人员,采取以工代赈的方式疏浚河道。"扬州新旧二城护城河,每交冬令水干,行人可遄行河

---

[1]《维扬近事》,《申报》光绪十七年六月二十九日(1891年8月3日),第3版。

[2]《扬城清道》,《大公报》(天津版)光绪二十八年六月初八日(1902年7月12日),第2版。

[3]《巡警局注重卫生(扬州)》,《申报》光绪三十三年六月初七日(1907年7月16日),第11版。

[4]〔清〕李斗著,陈文和点校:《扬州画舫录》卷九,第102页。

[5]〔清〕陈钟珂:《先文恭公年谱》卷一,北京图书馆编:《北京图书馆藏珍本年谱丛刊》第95册,第503页。

[6]〔清〕钱仪吉编:《碑传集》卷二九《尹先生会一传》,〔清〕钱仪吉等编:《清代碑传合集》第1册,第438页。

底。至夏秋水涨，则居家及各茶社莫不贪图路近，争相汲取，以供食用之需。而沿河一带居民往往将污秽倾弃其中，饮之易生疾病。刻下外河水涨，是以城内亦盈盈衣带，顿添鸭绿三篙。代办保甲总巡汤大令特饬栖流所内留养闲夫每日将城河逐段挑浚，所有两坡垃圾亦皆次第挑除。当兴工时，会同江、甘两邑尊示谕沿河居民，此后毋许再弃秽物。闻事毕之后，拟令闲夫分投打扫各街巷，俾行人无茧足之虞云。"[1]

不过，官府的治理效果不尽如人意，"扬城疏浚市河，前已登报，现在工程告竣。惟各街巷向有暗沟，年久不免堙塞，每当大雨淋漓，低洼处往往积水，殊与行人不便。现由江、甘两县出示，以地广工巨，其费难筹，谕令民间各自修理，其疏通之处，总以接至市河为止，俾各沟水汇入于此。"[2]这与扬城缺乏下水道系统有着密切关系，时人对此有着清醒认知，"吾邦人士，凤称自治，而沟洫制度，独阙如焉。扬城每届夏令，大雨滂沱之际，积水难疏，致街衢淹没，行走不便，数十年来，已数见不鲜"[3]。

地方政府加强整治河道的同时，不断下令禁止居民乱排污水。"郡城河道既狭且陡，加以两岸居民栉比，污秽随手倾弃，其中小虹桥塊某汤盆更以逐日屠宰，血毛任意抛入，居民饮兹浊水，焉得不疾病丛生。刻经江都县林邑尊、前署甘泉县朱明府雇募夫役，由钞关门龙头关起，迄天宁门水关，一律疏浚，俾源头活水，汩汩其来。并出示谕，禁临河住户勿再抛弃污秽，并勒令甲将汤盆迁去。"[4]

晚清时期，扬州地方政府发现河道淤塞与生活垃圾直接相关，认识到如不及时挑浚则会引发疾病，甚至直接影响到消防用水。"扬郡河道本通外河，只因两岸居民逐日倾弃垃圾等物，以致日形壅塞。运司程雨亭都转恐于水利有妨，特委淮南局员胡分转勘估、拨勇挑浚。兹已于本月某日兴工，都转随颁发告示一道，悬挂工次。略谓：扬郡城河年久未浚，日渐淤塞，若再不挑

[1]《大令浚河》，《申报》光绪十五年七月十二日(1889年8月8日)，第2版。

[2]《疏通沟道》，《申报》光绪五年三月十六日(1879年5月6日)，第2—3版。

[3]徐谦芳著，蒋孝达、陈文和校点：《扬州风土记略》，第18页。

[4]《倚虹园消夏录》，《申报》光绪十七年六月十六日(1891年7月21日)，第2版。

浚,必致淤垫不堪,非惟居民汲饮易于致疾,设有火患,亦且取水维艰。"[1]由于执法不严,加之扬州城内缺乏近代西方污水排放系统,官府的相关举措收效甚微,扬州水源污染呈现出不断恶化的趋势,"城内河道既浅且狭,虽迭经疏浚,然只能蓄水以备不虞,究不能流通大河澄清无滓,居人于此汲饮,易致疾病丛生"[2]。

（四）垃圾处理

清代民众比较讲求个人卫生及居家卫生,而公共环境卫生意识相对淡薄,扬州人亦是如此。扬郡城内垃圾乱丢乱放的现象比比皆是,严重影响公共环境卫生,容易导致各种疾病的传播。"扫除垃圾,倾于门外,任意堆积。灶烬炉灰,瓷片瓦屑,处处有之,弄巷尤甚。夏令重污叠秽,触目皆是,有碍卫生,莫此为甚。"[3]时代的局限,使得扬城多数民众对此不以为意,民间则试图借助扬州人佞佛心理加以解决。"扬俗,桥梁并墙角污秽僻处,或刻佛字,或用白土写佛字,或粉墙墨写佛字。为此者,意在人见佛字,俱加敬畏,不敢出恭堆粪作污也。殊不知世间识字者多,而不识字草率者亦多。其余见如不见,出恭者仍旧出恭,堆粪作污者仍旧堆粪作污。"[4]

扬州没有公共厕所及粪便处理系统,家家户户都使用净桶,乡人亦多挑粪桶入城,这直接带来一些公共卫生问题。晚清时期,随着西方卫生知识的传入,扬州地方官员逐渐认识到公共卫生的重要性,采取相关措施加以整理。"新城为热闹之区,通衢孔道,毂击肩摩,每有乡人肩挑无盖粪桶夹杂其间,人皆掩鼻而过之。兹当夏令,江、甘两邑尊恐其臭味如兰,闻之易于生疾,特悬示通衢,令其桶上加盖,并嘱在僻净处所行走。如敢干违,惟各该段地保是问,真可谓保我黎民无微不至者矣。"[5]

晚清时期,针对严重的垃圾问题,一些有志之士开始向邑人宣讲各种公共卫生知识,以期提高个人自觉防范的意识,并呼吁社会募集资金,雇人打

---

[1]《疏浚河道》,《申报》光绪二十八年三月初七日(1902年4月14日),第2版。

[2]《画舫清歌》,《申报》光绪三十年五月二十四日(1904年7月7日),第3版。

[3] 徐谦芳著,蒋孝达、陈文和校点:《扬州风土记略》,第52页。

[4]〔清〕石成金:《传家宝全集》第4册《知世事》,第112页。

[5]《竹西零拾》,《申报》光绪十一年五月二十四日(1885年7月6日),第2版。

扫街道,以改进环境卫生。正如《申报》报道:

> 本月二十四日,邵伯镇自治宣讲所又逢宣讲之期,由讲员张鹤第君演讲卫生上种种事宜,并提议时交夏季,霍乱、喉痧等症异常危险。推究原因,实由沿路污秽不洁之物垃圾满途,一经日晒风吹,而其熏蒸之气从人呼吸间透入,故致猝起急症,但事不预防亦无益于实际。本镇商办民团每月约收一百数十千文,拟自本月起向铺户照原数加收一成,三个月为限,以此经费,即责成该民团率领打扫,夫办理如果见效,即为将来改办警察之地步。[1]

二、个人卫生保健

(一)个人卫生

清代民间医疗保障水平不高,总体上缺医少药,小病小恙,扬州人多以自我处置为主。当时,扬城盛行拔火罐祛除体内毒素,"妇女擅此,长者更多"。林苏门对此有着亲身体验,其云:"因思在家时,曾见家人用火罐拔法,即依此而行。初拔,疼处略有红色,再拔则满身汗生。连拔数回,而掉臂如常,霍然全愈矣。何法之妙耶,何法之捷而便耶! 特举此以证之。"林氏对"拔火罐"流行缘由有过深入诠释,"居家有采薪之忧,请医就医固已"。而拔火罐"全身亦可用此。此似针灸,而迅于针灸也"[2]。毋庸置疑,拔火罐盛行与扬州人看病不易有着一定关联。

由于扬州人笃信巫觋,如果个人遭遇时疫,无力应对时则求助于扶乩,"扬州近来稍有疾疫,一时乩坛家创为符箓,云可辟邪,宜贴门上,此亦妖言惑众之一端也,其如有司不禁何"[3]。赛神祛病成为扬州人的重要选择。"近日天时冷暖不常,邗上患时邪病者不知凡几,各处医生飞舆奔走,甚为忙迫,然着手成春,不过十之二三。于是众人拟于本月十八日恭奉都天神出巡,借

---

[1]《自治宣讲所提倡卫生(扬州)》,《申报》宣统元年五月二十九日(1909 年 7 月 16 日),第 10—11 版。

[2]〔清〕林苏门撰,刘永明点校:《邗江三百吟》,第 54 页。

[3]《符箓宜禁》,《大公报》(天津版)光绪二十八年六月二十一日(1902 年 7 月 25 日),第 2 版。

除疫疠,习俗如此,固不足深怪也。"[1]

清代扬州城乡浴室广布,在缺乏现代消毒技术和手段的情况下,总体卫生环境很不理想,尤其是混堂极易传染各种疾病,因此石金成主张个人沐浴时要特别注意公共卫生问题。"富贵之家,自有浴池无论矣,常人焉能家置浴池?夏月可以盆浴,惟冬月须入混堂,水多而暖。要在日间初开池时进浴,人既稀少,水又洁净;倘至黑晚人多水污,失落衣物尚是小事,人众混杂,多有梅疮结毒疥癞之类,倘传染于身,流害无已。"[2]

(二)饮水卫生

清初扬州城内除了部分居民饮用泉水、井水之外,绝大多数民众以保障河为主要水源。康熙年间,罗马尼亚的尼·斯·米列斯库游访扬州时,发现"城里挖掘了不少渠道,渠水是可饮用的淡水"[3]。乾嘉时期,扬州民众的饮水主要分为井水、船水和河水,李斗在《扬州画舫录》中对此有记载:

> 河中有泉,在水巷口河边,色清味洌,不减下院井。水长则没,水落则出,非烹茶酿酒不常取。郡城烹茶,不取汲于井水。如天宁、广储、西、北、大东、小东诸门自保障湖来者,谓之船水。南门、钞关、徐宁、缺口、东关、便益诸门自官河来者,谓之河水。至城中井水之可用者,天宁门青龙泉、东关广陵涛二泉,近今青龙泉已眢,广陵涛在东关南城脚人家中,几无可考。其余仅供灌溉,谓之吃水井,无可甲乙,而丁家湾井、亭井、西方寺四眼井为差胜。若是河之井,里中未之知也。[4]

由于年久失修和缺少保护,扬城能够利用的地下水资源有所减少,许多泉水逐渐枯竭。例如,勺泉就干涸断流,李斗有言:"江园中勺泉,论水者皆弗道。不知保障湖中皆有泉,其味极甘洌,故今东城水船,皆取资于此。勺

[1] 《邗水杂闻》,《申报》光绪十二年五月二十日(1886年6月21日),第2版。

[2] 〔清〕石成金:《传家宝全集》第4册《知世事》,第101页。

[3] 〔罗马尼亚〕尼·斯·米列斯库著,蒋本良、柳凤运译:《中国漫记》,中华书局1990年版,第132页。

[4] 〔清〕李斗著,陈文和点校:《扬州画舫录》卷九,第108页。

泉本在保障湖心,江氏构亭,穴其上,上安辘轳,下用阑槛,园丁游人,汲饮是赖。后因旁筑土山,岁久遂随地脉走入湖中,而亭中之井智矣。"[1]

嘉庆时期,泉水的供应不足,导致扬州茶肆之水开始取用河水,缪艮有诗为证:"既少山泉味,天泉不用他,煎茶无别水——河。"[2]使用河水,取水固然方便,不过水质已经无法保证。

晚清时期,由于运河遭受污染,扬州饮水质量每况愈下,甚至让人触目惊心。光绪十三年(1887),日本间谍宗方小太郎途经扬州时,发现运河水质堪忧,"饭一概红米,汲运河之浊水煮之,故其色淡黄,味最粗"[3]。当时,扬城饮水直接取自运河,仅用明矾加以澄清,"饮水多汲河水,用明矾去渣滓,以供饮用"[4]。这一做法无法去除河水中的各种病菌,并不能保证民众饮水安全。

随着井水、船水和河水相继被污染,城内居民的饮水安全无法保障,扬州人被迫舍近求远,改为从长江取水,开始饮用"江水"。这给城内部分不法商贩以可乘之机,"城内茶馆、茶炉及挑水夫往往就近挑取城濠浊流,搀入黄泥充作江水,用以瀹茗,最足损人"。扬城一些有识之士发现其偷梁换柱后,认识到其危害性,"以黄泥搀入污水,冒充江水,致令食者生疾",禀请地方政府加大治理,严惩不贷。[5]

一旦遭遇旱灾,河水断流,扬州人的饮水成为一大难题,民众多以家中储存的雨水应急,但此水并不卫生且易生虫,日益滋生诸多疾病。"扬城久晴不雨,日前始得大沛甘霖,檐溜潺湲,无殊瀑布,居家者多以盆盎承接。近日哄传食此水者多致疾,以之浇花,枝叶上亦生无数小红虫。众多不解,或曰此水由龙鳞而下,沾有腥气耳。岂其然否?"[6]

(三)食品卫生

为了显示喜庆吉祥色彩,中国传统食品中多添加洋红等各种色素,随着

---

[1]〔清〕李斗著,陈文和点校:《扬州画舫录》卷一二,第145页。

[2]〔清〕缪艮:《扬州教场茶社诗》,《文章游戏二编》卷一页三五,嘉庆丙子版。

[3]〔日〕宗方小太郎著,甘慧杰译:《宗方小太郎日记(未刊稿)》(上),上海人民出版社2016年版,第24页。

[4]〔日〕宗方小太郎著,甘慧杰译:《宗方小太郎日记(未刊稿)》(上),第32页。

[5]《画舫清歌》,《申报》光绪三十年五月二十四日(1904年7月7日),第3版。

[6]《芜城寒色》,《申报》光绪十二年十月初四日(1886年10月30日),第3版。

西方公共卫生知识的传入,扬州人开始发现这一做法会污染食品,甚至导致食用者致病。晚清时期,地方官员出示禁令,杜绝茶食商铺添加洋红等色素。"扬城各茶食铺,每以洋红、铜绿等艳色涂抹于糕饼之上,以饰观瞻。近有某姓买食后,呕吐大作,事经江、甘两邑尊访悉,特会衔示禁,略谓:各茶食铺但知取巧争妍,殊不知令人食以致疾。自示之后,倘敢不遵,一经访出,定干究治不贷云云。事虽微细,亦具见贤父母之爱民如子,无所不至也。"[1]

换季时节,个人如果不重视卫生保健,极易遭受各种时疾。晚清时期,一些接触西方卫生知识的邑人开始倡导个人饮食卫生。"自春徂夏,寒暖不时,以致疫疠盛行,皆先患斑疹,继流鼻血,竟有朝得疾而夕死者。岐黄者流终日飞舆奔走,忙迫异常。有志卫生者尚其于饮食起居时时加意哉。"[2]

总体而言,清代扬州人深受迷信观念影响,医疗卫生理念相对缺乏。邑人中虽不乏真知卓绝之人,但亦是凤毛麟角,无法引领社会主流思想。邑人林溥对巫觋治病的功效就大加怀疑,并对痴迷者多有讥讽。"土俗,病者用巫解禳,语多村俗不经。病愈,巫居功;不愈,归咎于人家之不诚。呜呼!修短有数,巫果能愈病哉?习俗可哂也。"[3]可惜,林氏的理性思维并不为乡人所接受,迎神赛神依然是扬州民间祛病禳疾的主要方式。"近因天时不正,霍乱痧症因之蜂起,来势凶险者往往一二刻钟即行毙命。新旧城居民无不栗栗危惧,于加意调护外,咸在本坊醵资,招雇香火,设会禳解,大街小巷几于无处不然。识者已为齿冷,乃东岳庙照壁后其甲以仅设会恐不足禳解,更别出心裁,于上月二十日会终时,令香火五人扮演钟进士模样,各乘显轿,异向本坊游行一周,锣鼓喧天,较之天中节尤为热闹。所过之处拥挤塞途。凡至出资之家,五判仗剑齐入,相与跳舞一番,然后登舆他往。有好事者尝询甲曰:'何以定须五判?'甲答曰:'俗称瘟神系五位,故特如其数,俾可各驱其一。'可谓妙想天开矣。"[4]

[1]《禁止艳色》,《申报》光绪十一年四月初四日(1885年5月17日),第9版。
[2]《竹西杂说》,《申报》光绪十一年四月十六日(1885年5月29日),第2版。
[3]〔清〕林溥撰,刘永明点校:《扬州西山小志》,第44页。
[4]《邗水闻歌》,《申报》光绪二十一年七月初一日(1895年8月20日),第2版。

第四节　休闲娱乐

清代扬州以盐商群体为代表的侈靡消费,直接带动各种服务业的繁荣发展,其中茶肆酒楼、戏园剧院、青楼烟寮、浴室堂会等遍布扬城大街小巷。清初,陈霆发描绘扬城商业中心时曾云:"吾扬新、旧两城,四方所称繁华地,而小东门外市肆稠密,居奇百货之所出,繁华又甲两城,寸土拟于金云。小东市衢约长三里,居人往往置别业于室之左右。"[1]教场则是扬州最繁华之区,"教场位扬中心,为当日练兵之地。茶寮酒肆暨江湖诸艺,咸萃于此,俨若苏之玄妙观、宁之夫子庙也"[2]。

康乾时期,扬州夜市就相当繁华,可谓灯火阑珊、夜以达旦,游人亦依依不舍、乐而忘返,王锦云有诗为证:

> 扬州忆,市脯可延宾。绣石茶坊轰到晚,桥园面肆闹凌晨。畅叙瓮头春。
>
> 扬州忆,莫问夜如何。待漏馆深花影重,听箫园静月明多。银汉烂通河。[3]

可见当时扬州的茶馆、酒肆、面馆、青楼等的营业时间均过午夜,反映出扬州人夜生活的丰富多彩以及扬城娱乐休闲产业的发达。娱乐休闲可谓双刃剑,既推动扬州社会经济发展,又具有相当的负面影响。

一、茶肆酒楼

清代扬州商业繁盛,茶肆作为商人进行洽谈交易的重要场所随之发展起来,"扬城教场地势宽阔,小摊林立。四面多茶寮,由朝至暮,辄高朋满座,

---

[1]　〔清〕陈霆发:《张印宣柘园记》,〔清〕焦循辑,许卫平点校:《扬州足征录》,第444—445页。

[2]　秋蝶:《扬州灯节竹枝词》,顾一平辑录,扬州市邗江区党史地方志办公室、扬州市邗江区档案馆编:《扬州竹枝词》,第303页。

[3]　〔清〕王锦云:《扬州忆(望江南一百令)》,顾一平辑录,邗江区史志办、邗江区档案局编:《望江南・扬州好》,第52页。

抵掌谈天，故北方人谓扬人为'渴相如'"[1]。扬州茶肆数量众多、经营繁盛，嘉庆时邑人李斗不无自夸地表示："吾乡茶肆，甲于天下。"[2]

扬州茶肆众多，与扬州人喜爱喝茶品茗有着密切关系，茶肆作为重要的公共空间，能够满足民众沟通交流的需求，具有舒缓压力、放松心情的功能。"扬州教场各茶社比栉如鳞，有卢陆之好者，每于午后联袂偕来，或煮茗谈心，或凭窗眺远，陶情遣兴，良足乐也。"[3]到茶肆品茗交游成为扬州人的独特习俗，其中教场成为首选之地，嘉庆时人缪艮作有《扬州教场茶社诗》，其中有诗咏："教场看热闹，相让作东家，款客多无酒——茶。"[4]直到清末，"扬州教场，茶馆林立，群贤毕至，少长成集，信可乐也。而抱陆羽之癖者，虽遇烈风雷雨，不能愆期，盖亦习尚使然"[5]。

扬州茶肆的分布，与商业经济发展的关联性极高，其主要聚集于教场附近以及天宁门至平山堂一带，这两处分别为城内商业中心和城外旅游名胜。嘉庆时期，教场茶肆众多，竞争已经相当激烈，缪艮有诗云："旧社兼新社，开多半教场，卖茶生意好——抢。"[6]光绪年间，教场一带依然茶肆云集，"扬州教场有茶社二十余家，对宇望衡，鳞次栉比，入座品茶者终日喧阗，而笑柄亦杂出其中"[7]。光绪年间，湖南举子粟奉之游历扬城时，对教场的第一印象就是"教场，邗城游赏处也，百戏纷陈，茶寮酒旆相望"[8]。

晚清时期，《申报》对扬州茶肆的鼎盛情况多有报道，"扬州茶肆之盛，甲于天下，虽京都及苏杭、汉口、闽广诸胜地，未有如扬之教场接屋连椽，二三十家设肆卖茶者。盖以教场为扬城居中之地，且附近辕门桥及丁家湾河下

[1]　徐谦芳著，蒋孝达、陈文和校点：《扬州风土记略》，第49页。

[2]　〔清〕李斗著，陈文和点校：《扬州画舫录》卷一，第12页。

[3]　《芜城草色》，《申报》光绪十三年四月二十四日（1887年5月16日），第2版。

[4]　〔清〕缪艮：《扬州教场茶社诗》，《文章游戏二编》卷一，嘉庆丙子版。

[5]　颂予：《扬州风俗纪》，苏曼殊等著，马玉山点校：《民权素笔记荟萃》，山西古籍出版社1997年版，第360页。

[6]　〔清〕缪艮：《扬州教场茶社诗》，《文章游戏二编》卷一，嘉庆丙子版。

[7]　《竹西碎录》，《申报》光绪九年二月十八日（1883年3月26日），第2版。

[8]　〔清〕粟奉之著，江潮、高明祥整理：《粟奉之日记》，凤凰出版社2017年版，第204页。

等处乃富商大贾辐辏之所,故人烟齐集,生意兴隆,相习成风,为日已久"[1]。扬州城北茶肆亦星罗棋布,晚清乡人夏春农有诗咏:"绿杨城北多茶社,香影廊西又一村。到此尘氛都涤尽,一湾流水却当门。"[2]

扬州茶肆周边环境优美,内部陈设雅致,"裱糊精雅室,字画尽名家,几上添陈设——花"[3]。茶肆取名风雅别致,亦吸引众多文人雅士光顾,"扬州茶馆,取名有颇风雅者,如香影廊,董逸沧、杜召棠诸名流,趋之谈艺为乐"[4]。晚清时期,茶肆成为扬城文人论文的重要场所,《光绪江都县续志》载:

> 扬州茶肆,老辈借为论文之地。北门外下街抱山河乐,名为最古,阮文达公饮茗处也。稍后者为教场停云、竹炉轩、观盛亭等,今之少年已无知者。观盛亭后改为怡亭,光绪季年又改为可可居,主人高姓,名乃超,闽人,长者也。一时文士,多聚其所。后主人以折阅闭门,而别设小肆于其北曰惜余春云。怡亭同时者有茗园,亦文士所萃。[5]

扬州茶肆大致可以分为素茶肆、荤茶肆和书茶肆。素茶肆又叫"清茶肆",只提供茶饮以及各种糖果蜜饯、瓜子炒货,其功能主要为朋友交际、娱乐休闲。诗人费轩有诗云:"扬州好,茗战有吾徒。鹤鸪炭烹扬子水,鸭鸪斑熨大彬壶。棐几小风炉。"[6]素茶肆的数量相对较少,其中"天宁门之天福居,西门之绿天居,又素茶肆之最盛者"[7]。素茶肆的营业时间多为上午和下午,夜晚并不开张,正如吴索园诗所吟:"比户茶寮认市招,昼长人语自喧嚣。夕阳未下朝曦上,顾客多于早晚潮。"其自注云:"午前早市,午后晚市,座客恒

[1]《茶客还金》,《申报》光绪二年五月初一日(1876年5月23日),第3版。

[2]〔清〕夏春农:《扬州北郊竹枝词》,顾一平辑录,扬州市邗江区党史地方志办公室、扬州市邗江区档案馆编:《扬州竹枝词》,第185页。

[3]〔清〕缪艮:《扬州教场茶社诗》,《文章游戏二编》卷一,嘉庆丙子版。

[4]郑逸梅:《艺林散叶》,中华书局2005年版,第313页。

[5]钱祥保修,桂邦杰等纂:《〔民国〕江都县续志》卷三〇《杂录》,《中国地方志集成·江苏府县志辑》第67册,第816—817页。

[6]〔清〕费轩:《梦香词(并引)》,顾一平辑录,邗江区史志办、邗江区档案局编:《望江南·扬州好》,第13页。

[7]〔清〕李斗著,陈文和点校:《扬州画舫录》卷一,第12页。

满,人声如雷。不惯此中生活者,偶为朋友所羁,不能一刻安也。"[1]

荤茶肆既卖茶水又卖点心菜肴,相对而言,扬州荤茶肆的数量更多,缪艮有诗咏:"小菜跟茶走,扬州尽此腔,茶钱兼拓化——双。"[2]据《扬州画舫录》记载:"辕门桥有二梅轩、蕙芳轩、集芳轩,教场有腕腋生香、文兰天香,埂子上有丰乐园,小东门有品陆轩,广储门有雨莲,琼花观巷有文杏园,万家园有四宜轩,花园巷有小方壶,皆城中荤茶肆之最盛者。……城外占湖山之胜,双虹楼为最。其点心各据一方之盛。"[3]大致清朝中叶,扬州茶肆开始流行肴肉、干丝等各种茶食点心,严镜清有诗吟诵:"极细干丝宝盛轩,浇皮饺子乐春园。主人更要招茶客,种得鸡冠一院繁。"[4]惺庵居士亦有诗咏:"扬州好,茶社客堪邀。加料干丝堆细缕,熟铜烟袋卧长苗。烧酒水晶肴。"[5]荤茶肆多以制作特色点心闻名,名店都有招牌点心,即便是小茶肆的点心亦颇具特色,吸引众多文人食客流连忘返。李斗有言:"双虹楼烧饼,开风气之先,有糖馅、肉馅、干菜馅、苋菜馅之分。宜兴丁四官开蕙芳、集芳,以糟窖馒头得名,二梅轩以灌汤包子得名,雨莲以春饼得名,文杏园以稍麦得名,谓之鬼蓬头,品陆轩以淮饺得名,小方壶以菜饺得名,各极其盛。而城内外小茶肆或为油镟饼,或为甑儿糕,或为松毛包子,茆檐荜门,每旦络绎不绝。"[6]晚清民国时期,高乃超经营的惜余春茶社则以"千层油糕""小笼包子"名噪一时。

书茶肆的经营方式类似清茶肆,上午接待茶客饮茶,下午则是"听书",即表演扬州评话和扬州弹词,缪艮有诗为证:"戏法西洋景,开书说唱弹。门前多摆满——摊。"[7]这说明,在扬州茶肆中表演的不仅有曲艺,还有杂技

---

[1] 吴索园:《扬州竹枝词》,顾一平辑录,扬州市邗江区党史地方志办公室、扬州市邗江区档案馆编:《扬州竹枝词》,第311页。

[2] 〔清〕缪艮:《扬州教场茶社诗》,《文章游戏二编》卷一页三五,嘉庆丙子版。

[3] 〔清〕李斗著,陈文和点校:《扬州画舫录》卷一,第12页。

[4] 〔清〕严镜清:《广陵杂咏百首》,扬州老年大学《扬州历代诗词》编委会编,李坦主编:《扬州历代诗词》(四),第443页。

[5] 〔清〕惺庵居士:《望江南百调(并引)》,顾一平辑录,邗江区史志办、邗江区档案局编:《望江南·扬州好》,第93页。

[6] 〔清〕李斗著,陈文和点校:《扬州画舫录》卷一,第12页。

[7] 〔清〕缪艮:《扬州教场茶社诗》,《文章游戏二编》卷一,嘉庆丙子版。

等,均为扬城百姓喜闻乐见的通俗文艺形式。茶肆有艺人表演,既增加茶水费,又收入听书钱,可谓一举两得,正如论者所云:"凡茶馆鼎盛之处,说唱艺术亦必随之而兴盛,这在茶店老板、茶客和艺人都是有利的,无待论析。扬州评话之盛行与茶馆业之兴旺不可谓无关,说唱名人辈出,明清间有柳麻子,近世有王少堂,遐迩皆知。"[1]晚清时期,扬州茶肆中多有说唱等曲艺、杂技表演,"教场四面茶坊启,把戏淮书杂色多。更有下茶诸小吃,提篮叫卖似穿梭"[2]。扬州人甚至将茶馆称为"戏馆",正如邗江竹枝词中所咏:"邗江戏馆叫茶园,茶票增加卖百钱。茶果大包随意吃,时新正本闹喧天。"[3]

不过,晚清时期,"扬款"茶肆已不能与"苏式"相提并论,扬城茶肆经营多流行苏州风格,这在时人诗词中多有反映:

> 老班茶社翻苏馆,旧店重开诱哄人。牌挂轩昂茶听点,芜城今已胜吴城。
>
> 邗江遍处是茶坊,扬款焉如苏式昂。三五七文粗细碗,手巾把子水烟装。[4]

清代扬州茶肆作为重要的公共空间,发挥了极其重要的社会功能。在茶肆中,扬州人不仅可以品茗喝茶、以茶会友,而且能够洽谈生意、成交买卖,既满足口福食欲和娱乐怡情的愿望,又能实现调处矛盾、化解冲突的目的。

晚清时期,扬州有"吃中茶""吃讲茶"的说法,即双方遇到纠纷后,到茶肆请人主持公道。主持调解之人居中而坐,亦称"中人"。这一习俗目的在于及时化解纠纷,避免矛盾激化,不至于进入打官司的程序。《申报》对此有报道:

---

[1] 何满子:《忌讳及其他谈片·江南、扬州的茶馆》,上海古籍出版社1998年版,第138页。

[2] 〔清〕汪有泰:《扬州竹枝词》,顾一平辑录,扬州市邗江区党史地方志办公室、扬州市邗江区档案馆编:《扬州竹枝词》,第218页。

[3] 〔清〕佚名:《邗江竹枝词》,顾一平辑录,扬州市邗江区党史地方志办公室、扬州市邗江区档案馆编:《扬州竹枝词》,第275页。

[4] 〔清〕佚名:《邗江竹枝词》,顾一平辑录,扬州市邗江区党史地方志办公室、扬州市邗江区档案馆编:《扬州竹枝词》,第275页。

本月十六日,扬州观巷某姓家有喜事,氍毹红展,交拜成亲。即有近邻甲乙二人入房求观新妇,评头品足,肆意诙谐,某姓不能忍,立请本段保甲委员到家弹压。委员酒后性急,拘甲乙等薄惩之,邻右等人咸动公愤,击破某姓后门,毁及什物。次日,复邀赴茶寮煮茗评理,嗣经丙丁等出为调处,令新郎衣冠至四邻服礼,并于甲乙两家鞭炮挂红事,乃寝息。[1]

在沪上时尚的影响下,扬州讲茶之风盛行,"讲茶之风,沪上最盛,近年来邗上亦踵而行之,屡经有司暨保甲局示禁,无如相习成风,猝难禁绝"[2]。

晚清时期,扬州茶肆经营逐渐多元化,如有出售彩灯,"扬州风俗,多喜于茶社啜茗清谭,竹西佳丽,自昔已然,风会所趋,固宜如是。近以天时甚短,茶社主恐有卢陆之好者不克恣情茗战,遂为卜夜之举,特悬各种彩灯出售。灯茶照耀,光明无殊白昼,鼍鼓既敲,游人未散,时时闻笑语声"[3]。由于教场一带茶客众多,竟然吸引日商在此开设茶肆,但被官府查禁。"日商甲乙二人在扬郡教场租赁房屋,开设茶肆,并演影戏及各种玩物事,为江、甘两县访知,当即饬差前往谕禁,以免滋生事端。"[4]

由于扬州茶馆中三教九流,人员复杂,消息来源相对广泛灵通,因此成为散布官场消息的重要场所。福来、九如和九如分座即是如此,因其常客"系两淮候补中人","每日两次,盘踞其间,结伴呼朋,高谈雄辩,好友惟运署吏书,所说多官场近事,闻有得差者不议,其有何请托即议,其有何钻谋,甚至并无其事而亦诬之,如是者相习成风"[5]。臧毂对此有诗云:"教场茶馆闹纷纷,每碗铜钱十四文。午后偷闲来到此,呼朋引类说新闻。"[6]

随着扬州社会风气的恶化,茶肆之中出现卖弄风情以及赌博等丑陋现

[1]《骑鹤清谈》,《申报》光绪十一年九月二十四日(1885年10月31日),第3版。

[2]《雷塘秋色》,《申报》光绪十四年九月初二日(1888年10月6日),第2版。

[3]《扬郡纪闻》,《申报》光绪十三年十一月二十日(1888年1月3日),第2版。

[4]《谕禁洋人开设茶肆(扬州)》,《申报》光绪三十三年八月十五日(1907年9月22日),第11版。

[5]《整躬率属》,《申报》光绪七年四月二十六日(1881年5月23日),第1—2版。

[6]〔清〕臧毂:《续扬州竹枝词》,顾一平辑录,扬州市邗江区党史地方志办公室、扬州市邗江区档案馆编:《扬州竹枝词》,第190页。

象。乾隆时期,扬城茶肆赌风甚浓,许多茶肆老板直接参与其中,输掉茶肆的情况亦并非罕见。林苏门对此有诗感叹:"今晚先期次早行,新开茶馆已更名。一场蟋蟀才教散,黄豆提笼又愿赢。"[1]晚清时期,由于茶馆汇聚众多文人,"跌钱"等赌博异常流行,地方官员耳闻扬州茶肆赌博的肆无忌惮后,加大了查禁力度。《申报》报道云:

> 赌博之风,到处皆有。近闻扬州自黎太守接印后,首先出示禁止。更以扬城习俗,凡茶馆内,有一种无业游民专以跌钱为生涯者,手提筐篮,内盛食物或玩物,以与人赌。凡物值百文者,面为胜,否则负。此虽输赢无多,然亦足败坏子弟,故于告示内并禁及此,此诚能防微杜渐者矣。[2]

嘉庆时,小秦淮茶肆"后改名东篱,今又改为客舍,为清客评话、戏法女班及妓馆母家来访者所寓焉"[3]。缪艮对扬州茶肆中的乌烟瘴气有诗描述:"无多茶博士,间有女妖娆,时向垆头立——骚。"[4]光绪年间,"老北门外新街月朗居茶肆乃扬州人所开,其间有茶有点。到彼之人,多系由花烟馆者,新正大兴赌局,竟聚有数十人之多"[5]。可见扬州茶肆中鱼龙混杂、污秽不堪,一些邑人因此不喜茶肆,徐兆英即是如此,其自云:"余亦嗜茶,而不喜入茶社,嫌其喧嚣也。"[6]

清代扬州酒楼林立,庖厨技艺精湛,就连乾隆皇帝六次下江南,对扬州的精美佳肴亦赞不绝口,甚至将一批名厨带往京城,皇室膳食中得以添加许多淮扬菜的风味。康熙年间,扬州人频繁出入茶肆酒楼,几乎是早出晚归,终日沉迷其中,正如行昱和尚所咏:"酒肆茶楼落照黄,同人分手月如霜。明

[1]〔清〕林苏门:《续扬州竹枝词》,顾一平辑录,扬州市邗江区党史地方志办公室、扬州市邗江区档案馆编:《扬州竹枝词》,第82页。

[2]《严禁赌博》,《申报》光绪五年九月二十一日(1879年11月4日)第3版。

[3]〔清〕李斗著,陈文和点校:《扬州画舫录》卷九,第107页。

[4]〔清〕缪艮:《扬州教场茶社诗》,《文章游戏二编》卷一页三五,嘉庆丙子版。

[5]《聚赌口角》,《申报》光绪七年正月初七日(1881年2月5日),第3版。

[6]〔清〕徐兆英:《张梅卿茂才〈邗江耆旧茶会图〉》,扬州老年大学《扬州历代诗词》编委会编,李坦主编:《扬州历代诗词》(四),第320页。

朝更约相寻处,不在天宁即教场。"[1]

扬州茶肆多与酒楼相邻,例如"申申如者,素食肆也,在钧桥外。旁有羊肉店,名曰'回回馆'"[2]。官商文士聚会雅集、送别饯行的地点多在酒楼,例如乾嘉时期,诗人舒位就作有《饮扬州酒楼送渔璜之黄山与左彝》。[3]扬州文人修禊多选择私家园林中的酒肆,例如以虹桥修禊闻名天下的大洪园就有专门的酒肆,"妙远堂,园中待游客地也"[4]。费轩有诗吟:"扬州好,蔬食倚山园。豆豉瓜当攒十锦,金齑玉版脍三鲜。但吃不须钱。"[5]

扬州许多私家园林均有酒肆,厨师大都技艺精湛,并多有拿手绝活,正如李斗所言:"烹饪之技,家庖最胜,如吴一山炒豆腐,田雁门走炸鸡,江郑堂十样猪头,汪南溪拌鲟鳇,施胖子梨丝炒肉,张四回子全羊,汪银山没骨鱼,江文密蛼螯饼,管大骨董汤、鲞鱼糊涂,孔切庵螃蟹面,文思和尚豆腐,小山和尚马鞍乔,风味皆臻绝胜。"[6]这些私家园林的酒肆在清闲之时多对外营业,尤其是瘦西湖畔的园林多兼营宴饮,其经营方式与妙远堂大致相同,"湖上每一园必作深堂,饬庖寝以供岁时宴游,如是堂之类"[7]。

扬州私家酒肆营业大致始于康熙年间的北郊虹桥的醉白园,正如《扬州画舫录》所载:

> 北郊酒肆,自醉白园始……后里人韩醉白于莲花埂构小山亭,游人多于其家聚饮,因呼之曰韩园。迨醉白死,北门街构食肆,慕其名而书之,谓之醉白园。园之后门,居小迎恩河西岸,画舫多因之饮食焉。[8]

[1]〔清〕释行昱:《法海寺竹枝词》,顾一平辑录,扬州市邗江区党史地方志办公室、扬州市邗江区档案馆编:《扬州竹枝词》,第48页。

[2]〔清〕李斗著,陈文和点校:《扬州画舫录》卷九,第109页。

[3]〔清〕舒位:《瓶水斋诗集·饮扬州酒楼送渔璜之黄山与左彝》,上海古籍出版社1991年版,第155页。

[4]〔清〕李斗著,陈文和点校:《扬州画舫录》卷一〇,第115页。

[5]〔清〕费轩:《梦香词(并引)》,顾一平辑录,邗江区史志办、邗江区档案局编:《望江南·扬州好》,第19页。

[6]〔清〕李斗著,陈文和点校:《扬州画舫录》卷一一,第134页。

[7]〔清〕李斗著,陈文和点校:《扬州画舫录》卷一〇,第115页。

[8]〔清〕李斗著,陈文和点校:《扬州画舫录》卷一,第12页。

康熙年间，私家酒肆主要满足私人聚会的小酌之需，并没有走向商业化。"康熙间如野园、冶春社、七贤居、且停车之类，皆在虹桥。壶觞有限，不过游人小酌而已。"[1]"小洪园后门为旧时且停车茶肆，其旁为七贤居，亦茶肆也。二肆最盛于清明节放纸鸢、端午龙船市、九月重阳九皇会，斗蟋蟀，看菊花，岁时记中胜地也。"[2]

乾嘉时期，私家酒肆经营日益常态化，逐步走向商业化。如冶春楼"园丁沽酒荐蔬，逾时箸落杯空"[3]。瘦西湖"云山阁后迤北多酒家亭馆，青帘白舫，每萦拂于春秋佳日……酒馔中，醋溜鱼最为美品"[4]。据惺庵居士所言，扬州酒楼以脆皮包烤鸭、猪头肉夹馍为名菜，"扬州好，豪啖酒家楼。肥烤鸭皮包饼夹，浓烧猪肉蘸馒头。口福几生修"[5]。

一些酒肆为了招揽生意，甚至增加娱乐功能，例如名园除了承接酒宴，还有木偶戏表演，"筑小山亭……闲时开设酒肆，常演窟儡子，高二尺，有臂无足，底平，下安卯枘，用竹板承之；设方水池，贮水令满，取鱼虾萍藻实其中，隔以纱障，运机之人在障内游移转动"[6]。

扬州酒肆还接受预订外卖方式，时人称之为"野食"，这在游客中得以流行。李斗对此有详细描述：

> 野食谓之饷。画舫多食于野，有流觞、留饮、醉白园、韩园、青莲社、留步、听箫馆、苏式小饮、郭汉章馆诸肆，而四城游人又多有于城内肆中预订者，谓之订菜，每晚则于堤上分送各船。城内食肆多附于面馆……大东门有如意馆、席珍；小东门有玉麟、桥园；西门有方鲜、林店；缺口

[1]〔清〕李斗著，陈文和点校：《扬州画舫录》卷一，第12页。

[2]〔清〕李斗著，陈文和点校：《扬州画舫录》卷六，第76—77页。

[3]〔清〕李斗著，陈文和点校：《扬州画舫录》卷一〇，第125页。

[4]〔清〕言声均：《维扬竹枝词》，顾一平辑录，扬州市邗江区党史地方志办公室、扬州市邗江区档案馆编：《扬州竹枝词》，第180页。

[5]〔清〕惺庵居士：《望江南百调（并引）》，顾一平辑录，邗江区史志办、邗江区档案局编：《望江南·扬州好》，第93页。

[6]〔清〕李斗著，陈文和点校：《扬州画舫录》卷一三，第158页。

门有杏春楼；三祝庵有黄毛；教场有常楼,皆此类也。[1]

　　无论茶肆,还是酒楼,都具有相同的特点,就是环境优美、格调雅致,让人悠然自得、流连忘返。扬州城外的茶肆酒楼以瘦西湖、平山堂、运河等自然风光为依托,可谓湖光山色、景色宜人。"虹桥爪为长堤之始,逶迤至司徒庙上山路而止。长堤春柳、桃花坞、春台祝寿、篠园花瑞、蜀冈朝旭五景,皆在堤上。城外声技、饮食集于是。"[2]倚虹园之胜"在于水,水之胜在于水厅。……晨餐夕膳,芳气竟如凉苑疏寮,云阶月地,真上党慰斗台也"[3]。妙远堂"园中待游客地也。……峭廊飞梁,朱桥粉郭,互相掩映,目不暇给"[4]。苏式小饮食肆在炮石桥路南,"门面三楹,中藏小屋三楹。于梅花中开向南窗,以看隔江山色"[5]。桃花坞上开有名为"挹爽"的酒肆,"由蒸霞堂阁道,过岭入后山,四围矮垣,蜿蜒透迤,达于法海桥南。路曲处藏小门,门内碧桃数十株,琢石为径,人伛偻行花下,须发皆香。有草堂三间,左数椽为茶屋,屋后多落叶松,地幽僻,人不多至。后改为酒肆,名曰挹爽,而游人乃得揽其胜矣"[6]。

　　扬州城内的茶馆酒肆多开在私家园林,使人赏心悦目、心旷神怡。"多有以此为业者,出金建造花园,或鬻故家大宅废园为之。楼台亭舍,花木竹石,杯盘匙箸,无不精美。"[7]乾嘉时期,扬州商贾有购置私家花园开办酒肆之风,"而接踵而至者,不惜千金买仕商大宅为之。如涌翠、碧芗泉、槐月楼、双松圃、胜春楼诸肆,楼台亭榭,水石花树,争新斗丽,实他地之所无"[8]。明月楼茶肆"在二钓桥南,南岸外为二道沟,中皆淮水,逢潮汐则江水间之。肆中茶取于是,饮者往来不绝,人声喧阗,杂以笼养鸟声,隔席相语,恒以眼为

[1]〔清〕李斗著,陈文和点校:《扬州画舫录》卷一一,第140页。
[2]〔清〕李斗著,陈文和点校:《扬州画舫录》卷一一,第138页。
[3]〔清〕李斗著,陈文和点校:《扬州画舫录》卷一〇,第116页。
[4]〔清〕李斗著,陈文和点校:《扬州画舫录》卷一〇,第115页。
[5]〔清〕李斗著,陈文和点校:《扬州画舫录》卷一五,第191页。
[6]〔清〕李斗著,陈文和点校:《扬州画舫录》卷一三,第158页。
[7]〔清〕李斗著,陈文和点校:《扬州画舫录》卷一,第12页。
[8]〔清〕李斗著,陈文和点校:《扬州画舫录》卷一一,第141页。

耳"[1]。秀野园酒肆"在砚池北,对岸为扫垢山。春暖莺飞,禽声杂出,湖外黄花烂熳,千顷一色"[2]。小秦淮茶肆"小屋三楹,屋旁小阁二楹。黄石嶙峋,石中古木十数株。下围一弓地,置石几、石床。前构方亭,亭左河房四间,久称佳构"[3]。

茶肆酒楼成为一些扬州落魄文人打发时光的绝佳去处,正如孔庆镕诗云:"茶味清芬酒味浓,冶春小憩豁心胸。何如香影廊中坐,支过残秋又到冬。"[4]晚清时期的冶春茶社、惜余春茶社亦是如此,"扬州有一看馆,名惜余春,主人高乃超,固风雅士,诗人墨客,都觞咏其间"[5]。

清代扬州流行吃花酒,醉月亭生在《吃花酒》中有诗吟道:"拇战腔疑百啭莺,鹍弦弹罢意将行。只因转局难终局,无限伤心落箸声。"其在《摆花酒》亦咏:"堂前燕往更莺来,掷果投桃子暗猜。如把碧筒亲替代,酒潮红晕上香腮。"[6]可见,扬州酒楼不乏娼妓活动,颇多风月之事。合欣园茶肆因当时著名艺人邬抡元居住其中,引得扬城名妓不断造访,"苏州邬抡元善弄笛,寓合欣园,名妓多访之,抡元遂教其度曲。由是妓家词曲,皆出于邬。妓家呼之为邬先生,时人呼为乌师"[7]。一些私娼因担心年老色衰,无法终老,亦频繁出入酒肆茶馆寻找其相好。"扬城之雇工仆妇有名黄鱼者,恒为主人嬖昵,大都有几分姿色,而莲船尺许如黄鱼。然品质虽粗,而色香味均备价值,又廉其命,名亦綦切也。然稍知自爱者,不敢染指。因其老大后,无人眷恋,靡不搜罗旧好,任意索诈。酒楼茶肆,无言不谈,无丑不现,非理势所能摆布,厥累惟深。"[8]甚至部分酒肆的女老板即是暗娼,正如津瀛逸叟诗云:"闲向

[1]〔清〕李斗著,陈文和点校:《扬州画舫录》卷七,第87页。

[2]〔清〕李斗著,陈文和点校:《扬州画舫录》卷七,第88页。

[3]〔清〕李斗著,陈文和点校:《扬州画舫录》,第107页。

[4]〔清〕孔庆镕:《扬州竹枝词》,顾一平辑录,扬州市邗江区党史地方志办公室、扬州市邗江区档案馆编:《扬州竹枝词》,第264页。

[5]郑逸梅:《艺林散叶》,第313页。

[6]醉月亭生:《维扬竹枝词》,《申报》光绪六年十一月初六日(1880年12月7日),第3版。

[7]〔清〕李斗著,陈文和点校:《扬州画舫录》卷九,第105页。

[8]《黄鱼变色》,《申报》光绪七年五月十三日(1881年6月9日),第2版。

溪头,听棹歌,都天庙畔野花多。酒帘动处榴花贴,笔底生香卖酒婆。"[1]清末,扬州警察局对酒楼、面馆发出不许挟妓的禁令,"扬州巡警长查大令以近来风鹤频惊,人烟溷杂之处尤宜特别注意,爰饬嗣后凡酒馆、面馆不许挟局带妓,如不遵者罚该妓五元充公,再犯则严行惩罚。日来盘诘尤为严密,晚间九时即将城门关闭矣"[2]。可见,扬州茶肆酒楼的总体氛围并不佳,甚至有些粗俗不堪,正如臧穀在诗句中感叹:"茶坊酒肆俗堪憎,早上招牌晚上灯。近日忽然添雅座,满墙名笔种瓜僧。"[3]

二、戏园剧院

清代扬州春祈秋报和迎神赛会中的各种演出逐渐从娱神为主,发展成为娱人为主,并成为民众喜闻乐见的一种娱乐形式。例如,扬州观音山香会流行的"傩祭",本为一种驱鬼辟邪活动,后因不断增加娱乐表演成分,成为民众喜爱的"傩戏",正如《扬州画舫录》中所言:"傩在平时,谓之香火,入会谓之马披。"[4]香火又称"僮子""端工",其活动主要是"做会",即开设香火堂子,专门从事驱邪祈福、酬神祭鬼的活动,又名"香火会"。直到清朝覆灭,扬州岁时常有赛会迎神、驱邪祈福的风俗。"扬城旧俗有香火一种,专替人家酬神驱疫。前数年其风最炽,七八月间,各街巷均凑资招彼设坛酬神,名曰'太平会。'"[5]香火戏一般被称为"大开口",因其用锣鼓伴奏,音乐粗犷。"小开口"则是因丝弦伴奏、音乐细腻而得名,由于其在表演时还穿插各种笑话,故徐谦芳认为,小开口"出言鄙俚,特改良之傩戏耳"[6]。清末,扬剧在民间歌舞小戏花鼓戏和酬神赛会香火戏的基础上,吸收扬州清曲的"小开口"以及地方民歌小调最终成型,即所谓维扬戏,俗称扬州戏。

乾嘉以来,扬州戏剧就有了较为固定的演出场所,尤其是寺庙中多有戏

[1]〔清〕津瀛逸叟:《续扬州竹枝词》,顾一平辑录,扬州市邗江区党史地方志办公室、扬州市邗江区档案馆编:《扬州竹枝词》,第127页。

[2]《警局取缔女闾》,《申报》宣统三年九月初十(1911年10月31日),第12版。

[3]〔清〕臧穀:《续扬州竹枝词》,顾一平辑录,扬州市邗江区党史地方志办公室、扬州市邗江区档案馆编:《扬州竹枝词》,第191页。

[4]〔清〕李斗著,陈文和点校:《扬州画舫录》卷一六,第196页。

[5]《香火会仍旧热闹》,《申报》1915年9月23日,第7版。

[6]徐谦芳著,蒋孝达、陈文和校点:《扬州风土记略》,第50页。

台。乾隆时期,重宁寺内就建有永久性的戏台,是演出"大戏"的场所。"天宁寺本官商士民祝釐之地。殿上敬设经坛,殿前盖松棚为戏台,演仙佛、麟凤、太平击壤之剧,谓之大戏,事竣拆卸。迨重宁寺构大戏台,遂移大戏于此。"[1]当时,外地来扬的戏班提倡都到扬城西北的司徒庙去"挂衣",《扬州画舫录》对此记载:

> 城内苏唱街老郎堂,梨园总局也。每一班入城,先于老郎堂祷祀,谓之"挂牌";次于司徒庙演唱,谓之"挂衣"。每团班在中元节,散班在竹醉日。团班之人,苏州呼为"戏蚂蚁",吾乡呼为"班揽头"。[2]

除了这两座最重要的寺院戏台,扬州的东岳庙、关帝庙、城隍庙、都天庙、大王庙、财神庙、永宁宫、三元宫、茅宫、蕃釐观等处都设有戏台。

扬州戏剧的演出场所,不仅有公共演出性质的寺庙戏台,而且有商业属性的"戏园"。清代,戏园一般称为"茶园",是在茶楼酒肆中开设的商业性演出场所,一般只收茶资酒钱,不售戏票。戏园中,观众虽然可以喝茶,但其主要功能则是作为商业演出场所。扬州商业性戏园大致产生于乾嘉年间,钱泳在《履园丛话》所记的片石山房就是扬州一处商业性的戏园,"扬州新城花园巷又有片石山房者……其地系吴氏旧宅,后为一媒婆所得,以开面馆,兼为卖戏之所,改造大厅房,仿佛京师前门外戏园式样,俗不可耐矣"[3]。不过,钱泳生活的年代,扬州内公开售票演戏的戏园数量还屈指可数。

嘉庆年间,扬州戏园逐渐增多,其中以固乐园、阳春茶社和丰乐园等最为有名。当时,扬州戏园多有苏州艺人演出,其收入高低直接反映其演艺水平,"苏州脚色优劣,以戏钱多寡为差,有七两三钱、六两四钱、五两二钱、四两八钱、三两六钱之分,内班脚色皆七两三钱,人数之多,至百数十人,此一时之胜也"[4]。

---

[1]〔清〕李斗著,陈文和点校:《扬州画舫录》卷五,第65页。
[2]〔清〕李斗著,陈文和点校:《扬州画舫录》卷五,第57页。
[3]〔清〕钱泳撰,孟裴校点:《履园丛话》(上),上海古籍出版社2012年版,第360页。
[4]〔清〕李斗著,陈文和点校:《扬州画舫录》卷五,第65页。

嘉庆十三年(1808),寄寓扬州的袁承福在《戏园歌》中描绘了扬州戏园演出的繁华景象:

> 燕吴有戏园,扬州无戏园。扬州繁华甲天下,繁华正若名空存。那知忽来冷眼人,居奇射利创造新。固乐丰乐又阳春(按,皆园名),利之所趋人妒嗔。汗浆流背不畏暑,跨者坐者皆如堵。少犹五百多千人,百钱一号利可数(戏园座有票号)。君不见珠帘画栋起楼台,竞选新声妙舞来。冶游子弟无他事,早去园中日晚回。[1]

扬州戏园的盛况正如后人所总结:"扬州当乾隆、嘉庆盐务极盛之时,本有戏园四座,后为各总商收为家乐,即春台、老班、荣升、红福诸名部是也。在后外间又于新城花园巷另开一戏园,脚色与诸名部相抗。吴祭酒谷人题句云:'听二分明月箫声,依稀杜牧;有一管春风妙笔,点染扬州',一时之盛,独擅东南。"[2]

昆曲家班衰落的同时,民间戏剧在扬州得以兴起,"乾嘉时期的扬州昆曲盛极一时,但从道光以降,昆曲就由盛转衰了。这主要是新生的花部戏剧发展迅速,赢得了观众"[3]。道光、咸丰年间,扬州著名的职业戏班包括聚友班、老洪班等。聚友班以唱昆腔为主,因班主姓苏,亦称苏家班。

乾隆五十年(1785),"禁止秦腔演出"的上谕不仅指明禁止的剧种,而且明确违旨不遵的严重后果。此后,清政府一直以"诲淫""诲盗"为由,不断重申和加强对戏剧的禁管。道咸之后,随着清王朝的日益腐朽衰败和社会转型的不断加速,清政府的禁戏法令更为频出,尽管相关禁令的有效执行程度并不尽如人意,扬城戏园因两淮盐业经济的逐渐衰退而导致荒废则是不争的事实,"后以陶陆济美,盐务顿衰,时异势殊,风流不再,扬城遂久无戏园"[4]。

---

[1]《江苏戏曲志》编辑委员会、《江苏戏曲志·扬州卷》编辑部:《江苏戏曲志·扬州卷》,江苏文艺出版社1997年版,第354页。

[2]《禁止戏园》,《申报》光绪十年三月二十一日(1884年4月16日),第2版。

[3] 明光:《扬州戏剧文化史论》,第124页。

[4]《禁止戏园》,《申报》光绪十年三月二十一日(1884年4月16日),第2版。

此后,扬州戏园遭受太平天国的冲击而一蹶不振,"嗣咸同之际,烽火频仍,歌吹之场,悉为瓦砾。乱平之后,亦不能修复"[1]。严镜清对此亦有诗咏:"太息城隅旧舞场,只余芳草绕回廊。而今不唱迦陵曲,尚说当年冒辟疆。"[2]

清政府虽然长期禁止民间开设戏园,但是富家大户则在会馆或祠堂中上演戏剧,如江西会馆、棣园、寄啸山庄(今何园)都有歌台或戏亭,有定期或不定期的演出,大多对左邻右舍开放。江西会馆每年定期邀请戏班出演,由于经费由财力雄厚的盐商提供,演出往往持续一月有余,以至于观者如潮,"扬州江西会馆每年必演戏酬神,约有一月之久。盖经费素充,由西岸票商提出,故能热闹如此"[3]。"扬州南河下江西会馆演戏业有月余,左右邻人不无终日贪看,以致精疲力倦。"[4]祠堂虽然是家族供奉祖先之地,但时常作为演戏场所。孔庆镕在《扬州竹枝词》亦云:"卞氏忠贞祠宇内,氍毹贴地喜开颜。也夸鳖嘴孙家好,寂寂无闻阿六班。"[5]

晚清时期,为了满足民间观戏的广泛需求,扬州乡村还有一些临时性、季节性的戏台。许多戏剧演出是在临时搭建的戏台上进行的,往往以竹木构筑临时性的演出舞台,有时就在水边搭台演戏。地方戏曲兴起后,由于受到官方歧视而常常不能进城演出,只好在农村集镇临时搭设棚台,作流动性演出,故被称作"草台班"。

扬州民间戏剧演出既似野草"春风吹又生",又如星星之火不断蔓延渐成燎原之势。有学者对此作过很好的总结:"清代官方加大制度性禁戏力度,从乾隆查缴曲本、扬州设局删曲本到苏郡、浙江设局毁淫书、丁日昌禁书禁戏,此类大规模禁毁小说戏剧的行动,是造成清代戏剧整体发展生态失衡的重要原因;同时,官方的禁毁清剿与民间演剧的地域性崛起形成了对峙、冲

---

[1] 徐谦芳著,蒋孝达、陈文和校点:《扬州风土记略》,第28页。

[2] 严镜清:《广陵杂咏百首》,扬州老年大学《扬州历代诗词》编委会编,李坦主编:《扬州历代诗词》(四),第439页。

[3] 《会馆演戏》,《申报》光绪六年八月十二日(1880年9月16日),第2版。

[4] 《贪耍被窃》,《申报》光绪四年三月十八日(1878年4月20日),第2版。

[5] 〔清〕孔庆镕:《扬州竹枝词》,顾一平辑录,扬州市邗江区党史地方志办公室、扬州市邗江区档案馆编:《扬州竹枝词》,第268页。

突和舆论争锋。"[1]

官府虽然对地方戏曲执行高压政策,但是扬州民间有着强烈的诉求,"维扬为自古繁华之地,人所艳称,而惟戏园则兵燹后未之开设也。"[2]民间私自开设的情况则时有发生,甚至有人合股创建戏园,这在《申报》有载:

> 苏州阿六者,初为名旦,颇聚缠头,今则年长色衰,遂作班长。然真赏识家于宴客侑酒仍非此君不乐,盖以技艺既精,应酬亦熟也。以故交情广阔,囊橐丰盈,今合数十股分,在扬州徐凝门内康山街开设戏园。内外一式新造,其价目规矩,费用一切,俱照镇江戏园例。有小旦十二人,号为十二月花神。班内又有十六岁以内之生旦净丑十数人,为清音十番。又欲往镇江邀杨月楼来扬演剧,包金每日五十元,于五月初一日破台挂衣,次日开演也。维扬本繁华渊薮,兵燹以来笙歌歇绝,今将渐须复元,又睹升平日景象矣。[3]

地方官员对民间戏剧的实情心知肚明,一直存在着听任放纵的现象。不过,官方对于公开开设戏园的态度则比较强硬,一直严加查禁。"近日忽有某甲等醵资议开戏园,聘定脚色,在新城观巷租屋一所,大张报条,名雅观园,约已用去三千余金。扬州府宜太尊履新后访知其事,深惧滋事,已谕江、甘二县出示严禁矣。"[4]"扬州各戏园经府尊两次严禁,伶人遂改其名为清音地串,在北门外三里许小金山对面演唱。竹篱茅屋之中宛有选舞征歌之乐,甫三四日,而甘泉县朱邑尊又复封闭驱逐也,后淮右竹西不复闻歌吹声矣。"[5]其实,这是地方政府出于维护社会稳定的现实考量所采取的消极应对举措,虽然有些不近人情,但亦是迫于无奈。仅以光绪年间扬州发生的数起风波为例,足以说明地方在演戏观戏过程中确有社会负面影响。例如,女性容易遭

---

[1] 丁淑梅:《中国古代禁毁戏剧史论》,中国社会科学出版社2008年版,第2—3页。

[2] 《创造戏园》,《申报》光绪元年十二月二十六日(1876年1月22日),第2版。

[3] 《新开戏园》,《申报》光绪二年五月初十日(1876年6月1日),第2版。

[4] 《禁止戏园》,《申报》光绪十年三月二十一日(1884年4月16日),第2版。

[5] 《维扬近信》,《申报》光绪十年五月十七日(1884年6月10日),第3版。

受流氓的骚扰。"扬州南河下江西会馆连日演戏,馆主素性豪迈,纵人游观,故两廊小台上无虚座无隙地。近处小家妇女不知自爱,往往涂朱抹粉,联袂同游,而戏散言归,每致堕履遗簪,懊恼欲死。一日,有某姓女亦为恶少所围,衣裳颠倒,鬓髻蓬松。正在危急之间,忽一少年倾陷溲溺桶中,醍醐灌顶,遗臭不堪,突门而出,人亦避之,此女亦乘势而溃围,然而险矣。"[1]

直到20世纪初年,扬州禁开戏园的禁令始终没有解除。光绪三十一年(1905),扬州名流周扶九曾参与扬州重设戏园事宜,但因两淮盐运使恩铭的反对而作罢,"有开鞋铺名魏润田者,与盐商周扶九等议,在扬城开设戏园,拟集资本三十股,每股二百元,禀请运宪饬派巡警弹压。每月认捐三百六十元,恩都转批斥不准"[2]。此后,清政府的"新政"逐渐推进,扬州风气渐开,地方官员对戏园的态度因民间缴纳"戏捐"而发生一些转变,扬城戏园遂得以恢复。由于扬州髦儿戏为女子戏剧,两人即可搭班演出,正如惺庵居士云:"扬州好,二女合成班。缟素绝怜装教子,轻盈最是唱思凡。花貌婵云鬟。"[3]髦儿戏园因此得以率先在扬城恢复开办。光绪三十三年(1907),"六合县某茂才以扬州风气渐开,各业无不获利,因赴江北提督衙门,禀准在扬城开设髦儿戏园,每月认捐洋一百二十元,荫午帅饬淮扬道移知淮运司转饬府县遵照。该附生连日在南河下张同兴旧商大宅租赁修饰,以便开演"[4]。此戏园明显给官府带来一定的经济利益,因此能够得以开办。

但是,并非所有的戏园都能以经济利益为诱饵,通过官府的批准,大木人戏园即折戟沉沙。同年,扬州职员杨鹏飞以"专准关闭烟馆之贫民入园售物,俾失业之徒借可谋生,不致流为盗匪"为理由,具禀两淮盐运司"拟于城内开设大木人戏园",并提出"于戏资中酌提二成,拨充巡警经费",但两淮盐运司赵渭卿认为此为"耗财废事无益之举,断不准行"。[5]扬州戏园的

[1] 蟾香:《看戏无益》,《点石斋画报》庚集二期,第16页。

[2]《扬州》,《申报》光绪三十一年十月初五日(1905年11月1日),第9版。

[3]〔清〕惺庵居士:《望江南百调(并引)》,顾一平辑录,邗江区史志办、邗江区档案局编:《望江南·扬州好》,第104页。

[4]《准开髦儿戏园(扬州)》,《申报》光绪三十三年二月二十一日(1907年4月3日),第12版。

[5]《批斥不准设园演戏(扬州)》,《申报》光绪三十三年八月初三日(1907年9月10日),第12版。

开放处于不稳定状态,时停时开,正如惺庵居士诗云:"扬州好,南北戏分台。名角两班排日演,学员半票似潮来。旋闭又旋开。"[1]

宣统三年(1911)二月,扬州知府嵩崄因开办戏园的申请纷至沓来,应接不暇,特颁布开办戏园的条规,特别强调治安、卫生、风俗、防火等问题。[2]《取缔戏园条规》详细规定了扬州戏园应当遵守的基本规定,包括开办经费、剧场设施、安全处置、演出禁忌、剧目审查、演出时间、缴费纳捐等具体事项,初步形成了现代剧场的管理规范。当然,因涉及诸多社会问题,很难保证戏园戏班严格遵章照办。因此,即便嵩崄制定了相关条规,但是他依然担心戏园可能成为寻衅滋事的场所,因此两个月之后便借口戏园内出现械斗,暂时封闭了扬州新开的三家剧场。"职商刘伯华前禀准立案开设幻仙集影戏园,相继而起者有开明公司、开通公司。嗣刘伯华因生意寥落,特招一般流氓扮演三上吊等剧,忽与新军营兵士械斗。开明公司亦招集一般留学生扮演文明新戏事,为嵩太守所闻,恐滋事端,即饬巡警分局传谕驱逐出境,闻开通亦被殃及,已一律停演矣。"[3]

一纸禁令并没能阻止扬州戏园开办的步伐,民间创建戏园热情依然不减。大同戏园和广陵大舞台两家戏园均于此年竣工并进行了试演。"扬州虹桥之大同戏园、太平码头之广陵大舞台,现均一律竣工。大同在沪上聘请迎贵之四盏灯旧班,广陵则聘歌舞台之三麻子,现已先后至扬,开演之期当不远矣。一般青年士女已纷纷往观舞台,虽晚间亦络绎不绝云。"[4]可惜大同戏院很快毁于火灾,存世时间并不长,"萃园在旧城七、八巷间。园门面南,'萃园'二字额,方转运硕辅题。园基为潮音庵故址。清宣统末年,丹徒包黎先筑'大同歌楼'于此。未几,毁于火"[5]。时人对此有诗感叹:"旧城八巷板

[1] 〔清〕惺庵居士:《望江南百调(并引)》,顾一平辑录,邗江区史志办、邗江区档案局编:《望江南·扬州好》,第 103 页。

[2] 《取缔戏园条规》,《新闻报》宣统三年二月二十三日(1911 年 3 月 13 日)第 2 张第 5 版下,傅谨主编:《京剧历史文献汇编·清代卷》(伍),凤凰出版社 2011 年版,第 181—182 页。

[3] 《扬州影院之末路》,《申报》宣统三年四月十五日(1911 年 5 月 13 日),第 12 版。

[4] 《扬城两大戏园竣工》,《申报》宣统三年七月初七日(1911 年 8 月 30 日),第 12 版。

[5] 王振世著,蒋孝达校点:《扬州览胜录》,第 131—132 页。

桥通,新启梨园号大同。经始落成连拆卸,算来只在四年中。"[1]

由于地方政府的管治,扬州戏园难现昔日辉煌,邑人徐谦芳亦承认:"及清末,有好事者就旧城址建大同戏院;太平码头亦有大舞台之筑,公园内继之,亦云盛矣。然开闭不常,不足与商埠比也。"[2]

三、曲艺书场

扬州民间曲艺的说书艺术,又分为两种形式,即扬州评话和扬州弹词,有学者认为:"从清代开始,说书艺人又有说大小书之分,大书说平话,就是'说话',小书有说有唱,就是弹词。"[3]扬州评话又名"维扬评话""评词",与"扬州弹词"合称"说书",流行于苏北和镇江、南京、上海等地,以折扇、手帕等为道具,一人用扬州方言表演。扬州评话始于明末,兴于清初,在清朝中叶进入鼎盛时期。

清代中叶,扬州是漕运、盐运、河工之枢纽,社会经济文化达到鼎盛,社会文化环境相对宽松,市民阶层发达,市民的精神文化娱乐消费需求强烈,于是通俗文化随之繁盛。从康熙后期起,经雍正、乾隆直至嘉庆初期,前后将近一百年,扬州城市经济高度发展,说唱曲艺演出空前繁盛,广大市民和云集扬州的盐商、木客、官僚、富绅、文人、帮闲、游客,皆是说唱曲艺的忠实听众。这一时期,评话、弹词、清曲、道情、鼓书等诸多曲种均得到繁荣发展,书目、曲目大量增加,内容更为丰富多彩。董伟业的《扬州竹枝词》记述了康熙乾隆时期扬州曲艺演出之盛况:"书词到处说《隋唐》,好汉英雄各一方。诸葛花园疏理道,弥陀寺巷斗鸡场。"[4]当时,仅从东关街到彩衣街一带,就有诸葛花园、疏理道、弥陀寺巷、斗鸡场等多处曲艺演出场所。除了传统节目经久不衰之外,还新增了《玉蜻蜓》《五美图》《清风闸》《善恶图》《扬州话》等新曲目。

扬州曲艺人才辈出、人才济济,盛极一时。李斗的《扬州画舫录》对处

---

[1] 倪澄瀛:《再续扬州竹枝词劫余稿》,顾一平辑录,扬州市邗江区党史地方志办公室、扬州市邗江区档案馆编:《扬州竹枝词》,第298页。

[2] 徐谦芳著,蒋孝达、陈文和校点:《扬州风土记略》,第28页。

[3] 谭正璧:《弹词叙录》,上海古籍出版社1981年版,第326—327页。

[4] 〔清〕董伟业撰,刘永明点校:《扬州竹枝词》,第4页。

于鼎盛阶段的扬州曲艺状况作了全面记述：

> 郡中称绝技者，吴天绪《三国志》、徐广如《东汉》、王德山《水浒记》、高晋公《五美图》、浦天玉《清风闻》、房山年《玉蜻蜓》、曹天衡《善恶图》、顾进章《靖难故事》、邹必显《飞跎传》、谎陈四《扬州话》，皆独步一时。近今如王景山、陶景章、王朝干、张破头、谢寿子、陈达三、薛家洪、谌耀廷、倪兆芳、陈天恭，亦可追武前人。[1]

董伟业的《扬州竹枝词》则对当时邹必显、顾汉章等艺人们精湛的演技均有详细描述：

> 空心筋斗会腾挪，吃饭穿衣此辈多。倒树寻根邹必显，当场何苦说《飞跎》。
>
> 太仓弦子擅东吴，醒木黄杨制作殊。顾汉章书听不厌，《玉蜻蜓》记说尼姑。[2]

扬州曲艺演出的繁盛，产生了广泛的社会影响，不仅吸引了一般民众，更引起了一大批学者、官员的高度关注。如费轩、董伟业、郑板桥、金兆燕、焦循、阮元、李斗等都与说书艺人交往颇多，并在各自的著作中留下有关扬州曲艺的见闻记录或诗文，这对扬州曲艺的进一步发展又产生了积极的影响。尤其是汪中对扬州评话作出重要贡献，胡延龄的《扬州评话小史》对此记述道："扬派评话远祖，实数汪中。中字容甫，清高宗时人也，善文章，弱冠，声誉即满大江南北，与阮元、焦里堂称广陵三才子。后阮以翰苑起家，位列卿贰，焦以经学噪京华，而中则屡困场屋，落拓不堪。每当春秋佳日，辄在茶坊酒肆，演讲古今轶闻以自遣，辞令绝妙，谈笑风生，四座倾倒，人多目为柳敬亭再生焉。"[3]一定意义上，当时的扬州评话更多地体现了维扬文人的一种

---

[1]〔清〕李斗著，陈文和点校：《扬州画舫录》卷一一，第136页。

[2]〔清〕董伟业撰，刘永明点校：《扬州竹枝词》，第8页。

[3]胡延龄：《扬州评话小史》，《申报》1925年5月19日，第7版。

自娱自乐的生活方式。

扬州评话的演出开始更多地与物质利益挂钩,说唱艺人逐渐呈现市场化、职业化和专业化的趋势,"初,汪中、恽敬、马暄等说书,皆不受人钱,且所说概系历史故事,意在借酒消愁、讽刺公卿大夫,在评话界中可称名士派。及彭尤,而拜金之风大盛,传徒非赘金不纳,献技非代价不往,评话遂成为一种职业,与江湖卖艺者流同列一科,而所演脚本亦愈趋愈下,座客亦杂娼优、厮养台与皂隶于一堂矣"[1]。这一时期,彭尤被誉为"说书大王",成为扬州评话的重要鼻祖,门下弟子众多,演出曲目名目繁多且各有分工和专长,因此逐渐演变为五大流派。"彭尤传弟子极多,在脚本上共分五派:一为历史小说派,所说为《列国》《三国》《西汉》《岳传》等;一为家庭小说派,所说为《红楼》《天雨花》《再生缘》等;一为侦探小说派,所说为《包公案》《彭公案》《施公案》等;一为侠义小说派,所说为《水浒》《儿女英雄传》《七侠五义》等;一为神怪小说派,所说为《西游》《封神》《白蛇传》等。尤弟子各擅一派,已属难能,而尤则无一不精,其天才在评话界中可称国士无双,扬人至今犹尊之为说书大王焉。"[2]

当时,说书作为一种娱乐活动已经初步形成了较为固定的商业运营模式,通常会提前张贴"报条",预告说书的时间、地点、演员、书目等具体信息。乾嘉时期,客居扬城的郭麐对扬州书场作有记述,其着重分析了说书中多用方言民谚的问题,"闻扬州有善说皮五辣子者,至则满座倾倒,然皆操其土音与其地之谚语,他方之人不能通知,见广坐喧噪,目瞠如也。语言不达,固宜有是"[3]。徐珂在《清稗类钞》中亦云:"扬故多说书者,盲妇伧傁,抱五尺檀槽,编辑俚俗僿语,出入富者之家,列儿女妪媪,欢咍嘲侮,常不下数百人。"[4]

乾隆年间,说书、听戏都在堂会中进行,"厅屋三间,中间屏门,东西间以格扇蔽墙,加以湘妃帘格,内如小巷,女眷坐此,观戏最便,故曰'戏格'"[5]。

[1] 胡延龄:《扬州评话小史》,《申报》1925年5月19日,第7版。
[2] 胡延龄:《扬州评话小史》,《申报》1925年5月19日,第7版。
[3] 〔清〕郭麐:《樗园销夏录》卷上,《续修四库全书》第1179册,第650页。
[4] 徐珂:《清稗类钞·叶英多说宗留守交印》(第十册),第4953页。
[5] 〔清〕林苏门撰,刘永明点校:《邗江三百吟》,第37页。

当时,扬州堂会已经有内场和外座之分,缪艮对此有诗云:"三椽皆小筑,斗室不宽宏,大半门前坐——棚。"[1]当然,场内外的价格亦存在很大差异,正如缪艮诗句所云:"堂中多会钞,棚下减钱文,内外高低价——分。"[2]

乾隆时期,扬州城内有大量的曲艺表演场所,分为日场、夜场、场局、堂局等多种形式,几乎遍布扬城街巷之中,正如董伟业诗云:"书词到处说《隋唐》,好汉英雄各一方。诸葛花园疏理道,弥陀寺巷斗鸡场。"[3]

晚清至民国初年,扬州经济不振,但是评话演出仍然繁荣,正如悻庵居士诗咏:"扬州好,书厂破愁魔。说到飞跎回味美,听来皮痢发科多。四座笑呵呵。"[4]导致这一现象的主要原因,一方面,这种艺术形式简单,说书人一个人就可以到处说书,其生存竞争能力,戏曲班社无法相比。另一方面,漕运和盐业的巨大变化,导致大批水手和盐丁失业。他们原本大都是身在清帮(青帮)或其他帮会中,失业后成为社会上一股巨大的游民力量。这批人是扬州评话的热心听众,在一段时间内刺激了扬州评话的发展,还影响了扬州评话的趣味。当时激烈竞争促使说书人不断创新、提高技艺。[5]

四、杂技博弈

百戏是对杂技的统称,民间俗称叫大把戏。清代,各种杂耍广泛流行,成为江湖艺人谋生的重要手段。清代,扬州迎神赛会盛行,其中多有各种杂技表演。康熙时期,费轩曾赞叹杂耍艺人绳技精湛,其诗吟:"扬州好,绳戏妙风姿。柔骨幻成金锁子,收香倒挂玉笼儿。日日水边嬉。"[6]乾隆年间,董伟业在《扬州竹枝词》中吟诵了当时扬城著名的魔术、杂技表演:"孙呆周逢笑口开,眼中摘豆手飞杯。因之看尽人情巧,事事多从戏法来。"[7]"张天奇手

[1]〔清〕缪艮:《扬州教场茶社诗》,《文章游戏二编》卷一页三五,嘉庆丙子版。

[2]〔清〕缪艮:《扬州教场茶社诗》,《文章游戏二编》卷一页三五,嘉庆丙子版。

[3]〔清〕董伟业撰,刘永明点校:《扬州竹枝词》,第4页。

[4]〔清〕悻庵居士:《望江南百调(并引)》,顾一平辑录,邗江区史志办、邗江区档案局编:《望江南·扬州好》,第92页。

[5]董国炎:《扬州评话研究》,社会科学文献出版社2009年版,第60页。

[6]〔清〕费轩:《梦香词(并引)》,顾一平辑录,邗江区史志办、邗江区档案局编:《望江南·扬州好》,第10页。

[7]〔清〕董伟业撰,刘永明点校:《扬州竹枝词》,第8页。

会双叉,众眼睁睁看不哗。跐脚伸头听耳急,铁连环响满身花。"[1]

扬州杂技表演的重要场所就是教场和瘦西湖长堤,分别为城内的商业中心和城外的风景名胜之地,均集中大量市民或者游客。例如,"教场中多杂耍戏法,任人观看,借以敛钱"[2]。"扬州小教场为城内最热闹之区,故江湖卖技之流多荟萃于此。"[3]《扬州画舫录》亦云:"杂耍之技,来自四方,集于堤上。"[4]

杂技表演虽然平时就有,但是春节期间更多,因为更方便民间艺人以技获利。正如晚清报刊的相关报道所言:

> 时届新年,打卖、拳顽、把戏等人渐次入城,以博微利。十四日,教场北首有山西人两男一女顽耍杂技,女郎颇娟好,细腰窄袖,以帕扎额,宛如戏剧中之母大虫装束,而裙底双钩,瘦不盈握。观者围若墙堵,须臾女郎呈走索之戏。正在矫若游龙之际,不防一小孩将击索之木桩摇活,致莲翘踏空,翩然坠地。众人失色,而女郎已如蜻蜓点水一跃而兴矣。非体态轻盈,孰能如此? 旁观者不禁齐声喝采,曰美哉跌乎![5]

杂技表演都在露天场所进行,项目繁多、花样新奇,仅《扬州画舫录》中记述的就有竿戏、饮剑、走索、弄刀、舞盘、风车、簸米、蹦高跷、撮戏法、飞水、摘豆、大变金钱、仙人吹笙等十多种:

> 立竿百仞,建帜于颠,一人盘空拔帜,如猱升木,谓之"竿戏"。长剑直插喉嗓,谓之"饮剑"。广筵长席,灭烛暗火,一口吹之,千碗皆明,谓之"壁上取火,席上反灯"。长绳高系两端,两人各从两端交过,谓之"走索"。取所佩刀令人尽力刺其腹,刀摧腹蟠,谓之"弄刀"。置盘竿首,以手擎之,令盘旋转,复两手及两腕、腋、两股及腰与两腿,置竿十余,其

---

[1]〔清〕董伟业撰,刘永明点校:《扬州竹枝词》,第9页。

[2]《维扬近信》,《申报》光绪九年十月十三日(1883年11月12日),第2版。

[3]《提讯狗熊》,《申报》光绪二十年六月初八日(1894年7月10日),第3版。

[4]〔清〕李斗著,陈文和点校:《扬州画舫录》卷一一,第139页。

[5]《扬州琐缀》,《申报》光绪十一年正月二十三日(1885年3月9日),第3版。

转如飞。或飞盘空际,落于原竿之上,谓之"舞盘"。戏车一轮,中坐数女子,持其两头摇之,旋转如环,谓之"风车"。一人两手执箕,踏地而行,扬米去糠,不溢一粒,谓之"簸米"。置丈许木于足下,可以超乘,谓之"蹦高跷"。以巾覆地上,变化什物,谓之"撮戏法"。以大碗水覆巾下,令隐去,谓之"飞水"。置五红豆于掌上,令其自去,谓之"摘豆"。以钱十枚,呼之成五色,谓之"大变金钱"。取断臂小儿,令吹笙,工尺俱合,谓之"仙人吹笙"。[1]

惺庵居士在《望江南百调》中对木偶戏、马戏等形式亦有诗句吟诵:

扬州好,傀儡戏登场。凡事由人阴簸弄,此身枉自负昂藏。木偶也冠裳。

扬州好,把戏逞娇娆。走马柳腰轻贴地,行绳莲瓣欲凌霄。淮北土音娇。[2]

晚清时期,一些杂技艺人或者戏班出于谋生需要,多在扬城表演杂技,"扬城五方杂处,每近年终,即有顽杂技、卖拳人等陆续前来,结党成群,混迹于小街僻巷,情形诡秘,良莠不齐"[3]。扬州竹枝词中对一些技艺精湛的杂技表演给予充分褒奖,例如徐东海、朱有贵等人能够随意变换出各种物品,其手法娴熟、精彩绝伦,堪称一绝,其云:

有名杂耍徐东海,走兽飞禽变得奇。顽到钱鞭称绝世,浑身头脸任施为。[4]

手法新奇朱有贵,一盘瓜子赛黄金。鸡鸣犬吠般般妙,扇底还饶百

---

[1]〔清〕李斗著,陈文和点校:《扬州画舫录》卷一一,第139页。

[2]〔清〕惺庵居士:《望江南百调(并引)》,顾一平辑录,邗江区史志办、邗江区档案局编:《望江南·扬州好》,第104页。

[3]《竹西谈助》,《申报》光绪十年十二月初四日(1885年1月19日),第2版。

[4]〔清〕佚名:《邗江竹枝词》,顾一平辑录,扬州市邗江区党史地方志办公室、扬州市邗江区档案馆编:《扬州竹枝词》,第277页。

鸟吟。[1]

　　清代扬州还有各种动物的马戏表演,如"猴戏""熊戏"等。乾嘉时期,由于扬城聚集大量徽商,凤阳"猴戏"在春节期间大受欢迎。猴戏的主要表演地点亦在大虹桥长堤之上,正如李斗所记:

　　　　凤阳人蓄猴,令其自为冠带演剧,谓之猴戏。又围布作房,支以一木,以五指运三寸傀儡,金鼓喧嗔,词白则用叫颡子,均一人为之,谓之肩担戏。二者正月城内极多,皆预于腊月抵郡城,寓文峰塔壶芦门客舍。至元旦进城,上元后城中已遍,出郭求鬻于堤上。二者至此,湖山春色阑矣。[2]

　　光绪年间,教场还有狗熊表演,"近日到有北路口音男子数人,牵一狗熊,大逾刚鬣,遍体长毛,作黄黑色,獠牙巨口,爪如人足。男子鸣钲击鼓,令作竖蜻蜓、翻斤斗等戏,颐指气使,悉如人意,且能人立拱手,见者莫不称异"[3]。
　　清代扬州人不仅追求物质上的奢靡消费,而且在日常生活中形成懒散的作风。由于许多邑人不务正业、游手好闲,导致扬城赌风盛行。徐谦芳将扬州赌博之风视为"败俗",其云:"赌亦多术矣,打马吊为最普遍,麻雀次之,扑克又次之。其为扬特有者为'扬和'。至摇摊、牌九、赶羊,仅新年有之。下河各县,风行'铳和'。凡牌张之出,必唱以清越以长之声。扬城赌风最炽,喜庆贺客,必邀其入局。竟有以局多自豪者,亦败俗也。"[4]
　　扬俗贪睡,不愿早起,许多人吃过午饭即开始纸牌游戏,正如臧穀所描述:"午后斜阳照半街,几家赌局早安排。生人不忌团团坐,消得功夫抹纸

　　[1]〔清〕津瀛逸叟:《续扬州竹枝词》,顾一平辑录,扬州市邗江区党史地方志办公室、扬州市邗江区档案馆编:《扬州竹枝词》,第128页。
　　[2]〔清〕李斗著,陈文和点校:《扬州画舫录》卷一一,第139页。
　　[3]《提讯狗熊》,《申报》光绪二十年六月初八日(1894年7月10日),第3版。
　　[4]徐谦芳著,蒋孝达、陈文和校点:《扬州风土记略》,第53页。

牌。"[1]纸牌的游戏方法在《扬州画舫录》中有载：

> 纸牌始用三十张，即马吊去十子一门，谓之斗混江；后倍为六十，谓之挤矮；又倍之为一百二十张。五人斗，人得二十张，为成坎玉，又有坎媚、六么、心算诸例。近今尽斗十壶，而诸例俱废，又增以福、禄、寿、财、喜五星，计张一百二十有五。五星聚于一人，则共贺之。色目有断么、飘壶、全荤诸名目。[2]

扬城女性多不事女红，而喜好纸牌"叶子戏"，"底事深闺辍女红，原来叶子戏成风。弓鞋花样翻新巧，费尽茅檐十指功。扬州妇女，好斗叶子戏，小家则尤甚"[3]。许多家庭甚至是全家参与，正如时人诗云："扬州好，叶子斗输赢。阿嫂偷传灯畔眼，小姑笑数手中星。金钏响轻轻。"[4]咸同时期，扬州北郊的陈集地区盛行叶子戏，乡人林溥亦云："山中人无不爱斗叶子者。其色样有'四门斗''七门双''心里龙''老老碰'等名。"[5]

麻将又称麻雀，扬城盛行麻将，将其作为消磨时光的最佳方式之一，正如扬州竹枝词云"几圈麻雀最消闲"[6]。惺庵居士有诗吟："扬州好，角胜碰和工。软硬三元中发白，清浑一色万条同。方向辨门风。"[7]一些扬州女眷的牌瘾甚大，甚至可以通宵达旦，孔庆镕对此多有嘲讽："长夜漫漫不喜眠，未寒

[1]〔清〕臧毂：《续扬州竹枝词》，顾一平辑录，扬州市邗江区党史地方志办公室、扬州市邗江区档案馆编：《扬州竹枝词》，第196页。

[2]〔清〕李斗著，陈文和点校：《扬州画舫录》卷一一，第137页。

[3]〔清〕汪有泰：《扬州竹枝词》，顾一平辑录，扬州市邗江区党史地方志办公室、扬州市邗江区档案馆编：《扬州竹枝词》，第217页。

[4]〔清〕严廷中：《扬州好》，顾一平辑录，邗江区史志办、邗江区档案局编：《望江南·扬州好》，第74页。

[5]〔清〕林溥撰，刘永明点校：《扬州西山小志》，第48页。

[6]悟盈生：《扬州小秦淮竹枝词》，顾一平辑录，扬州市邗江区党史地方志办公室、扬州市邗江区档案馆编：《扬州竹枝词》，第250页。

[7]〔清〕惺庵居士：《望江南百调（并引）》，顾一平辑录，邗江区史志办、邗江区档案局编：《望江南·扬州好》，第106页。

天气已凉天。邀来女伴叉麻雀,二四湖儿十六圈。"[1]

扬州还有掷钱博戏,这是一种文字游戏,多为文人所喜好,其游戏方法在《扬州画舫录》中有载:"跌成,古博戏也,时人谓之'拾博'。用三钱者为三星,六钱者为六成,八钱者为八义。均字均幕为成,四字四幕为天分。天分必幕与幕偶,字与字偶,长一尺,不杂不斜,以此为难。盖跌成之戏,古谓之'纯'。"[2]这一赌戏本在茶馆酒肆的文人中流行,正如时人诗吟:"扬州好,篮畔跌金钱。磁器浅镌花卉细,铜丝密缀蕊珠圆。赢得赠婵娟。"[3]晚清时期则发展成为"虾蟆"专门诈骗钱财以营生的一种手段,"扬州赌风甚炽,名色颇多,寻常滩宝之外,又有所谓砍成者。其人名曰虾蟆,手携竹篮,中盛时新花果或瓷器要货,引诱少年子弟聚赌。其赌法,用铜钱六枚,捉字以分胜负。砍者负,则一文难少。钱尽之后,继以剥衣。虾蟆负,则或号哭哀求,或伪为寻死,百端奸诈,一毛不拔"[4]。汪有泰对此亦有诗咏:"跌成最怕跌成叉,一个顶三蚨法差。堪笑洒钱贵公子,面前围满大虾蟆。"由此可见,跌成已成为一种群体诈骗,正如汪氏自注所云:"以六钱跌字漫全,漫全字为成,三字二漫为叉;成则胜,叉则负,名曰跌成。率皆赌磁碗等物,一顶三跌钱手法也。跌成者扬人呼为虾蟆,以蹲伏面前如虾蟆也。"[5]

扬城男性博弈游戏的品种更多,除了叶子戏、麻将,还有斗葫芦、斗蟋蟀、斗鸡、斗鹌鹑等,可谓五花八门,无奇不有,这在扬州竹枝词中多有反映。一般而言,秋兴斗蟋蟀,冬兴斗鹌鹑,康熙时诗人费轩有诗云:"扬州好,生小不知贫。盆买饸金笼蟋蟀,门摊锦袋斗鹌鹑。破产觅将军。"[6]时人何裑咏道:

[1]〔清〕孔庆镕:《扬州竹枝词》,顾一平辑录,扬州市邗江区党史地方志办公室、扬州市邗江区档案馆编:《扬州竹枝词》,第263页。

[2]〔清〕李斗著,陈文和点校:《扬州画舫录》卷一六,第198页。

[3]〔清〕惺庵居士:《望江南百调(并引)》,顾一平辑录,邗江区史志办、邗江区档案局编:《望江南·扬州好》,第106页。

[4]《虾蟆为害》,《申报》光绪七年四月十三日(1881年5月10日),第2版。

[5]〔清〕汪有泰:《扬州竹枝词》,顾一平辑录,扬州市邗江区党史地方志办公室、扬州市邗江区档案馆编:《扬州竹枝词》,第218页。

[6]〔清〕费轩:《梦香词(并引)》,顾一平辑录,邗江区史志办、邗江区档案局编:《望江南·扬州好》,第20页。

"拜爵天家旧贵臣,爱将促织角金银。锦袋玉钩袍底系,阿谁又唤斗鹌鹑。"[1]
乾隆初期,扬城流行养"叫尤玉葫芦"用来竞赌博彩,正如林苏门所言:"葫
芦,所值无多,口嵌以玉,价乃贵矣!扬州往往以之养叫尤,叫尤即斯螽之
类,名曰'叫尤'。似蝗而大,鼓翅作声,北省呼为蛞蛞。饲养之,可至于冬。
四十年前,扬州富家子弟,多有以葫芦角胜者,此风幸不复闻。"[2]

晚清时期,扬城博弈之风不减,蟋蟀、鹌鹑等则有职业人士精心喂养和
专门训练,且有不同的种类划分,正如惺庵居士所吟诵:

> 扬州好,蟋蟀斗纷纭。如虎几人夸异种,牵羊九日策奇勋。供养铁
> 将军。
> 扬州好,溜雀教场中。月样红叉鹦鹉架,水磨黄竹画眉笼。顾盼健
> 儿雄。[3]

孔庆镕的诗句则反映斗蟋蟀的详细过程,其云:"蟋蟀声中夜点兵,上场
明日赌输赢。呼灯篱落儿曹戏,瓦缶雷轰得意鸣。"[4]

晚清时期,教场作为扬城商业中心,亦是博弈猖獗之所,"扬城教场四面
皆系茶社,为诸色人等聚集之所,小本贸易者亦遂丛集于此,几无隙地可容,
故一片市声随风吹送,极称嘈杂。惟其中有一种棍徒,竟公然摆设赌盘,呼卢
喝雉,引诱乡民,虽赌本无多,然亦足废失时业,甚或有无知稚子陷入其中,
亦日以赌博为乐"[5]。当然,博弈名为游戏,实则为诈骗他人钱财。"扬州郡
城小教场,茶社如林,游人辐辏,玩戏术者、售糖果者,无不于此托足,以觅蝇
头。狡黠之徒,往往勾结地痞营兵,设摊赌博,或称诗宝,或号摇会,名目不

[1]〔清〕何絜:《扬州竹枝词》,顾一平辑录,扬州市邗江区党史地方志办公室、扬州市邗江区档案馆编:《扬州竹枝词》,第46页。

[2]〔清〕林苏门撰,刘永明点校:《邗江三百吟》,第114—115页。

[3]〔清〕惺庵居士:《望江南百调(并引)》,顾一平辑录,邗江区史志办、邗江区档案局编:《望江南·扬州好》,第106页。

[4]〔清〕孔庆镕:《扬州竹枝词》,顾一平辑录,扬州市邗江区党史地方志办公室、扬州市邗江区档案馆编:《扬州竹枝词》,第264页。

[5]《示禁赌博》,《申报》光绪六年六月十八日(1880年7月24日),第3版。

一,种类甚多,总而言之,无非销金之锅、陷人之阱而已,顾仅曰:'骗钱。'"[1]

随着扬州无业流民的大量增加,赌博现象亦愈演愈烈,甚至聚众赌博对抗官府稽查,"扬州近来赌风甚炽,虽穷乡僻壤,莫不赌窟林立。日前西乡某处设一赌局,均系一班土豪组织而成,输赢颇巨。甘泉县傅令往乡履勘盗案,探悉此事,拟欲亲往拿究,讵赌徒竟敢聚众抗官,声势汹汹,几酿大祸,传令乃返舆。回署禀明府尊,饬令差勇前往严拿,而若辈已鸟兽散矣"[2]。经过官府的严厉打击,赌徒们的嚣张气焰有所收敛,不敢公开聚赌,但不过是转入地下而已。"扬城赌风经地方官迭次严禁,有犯必惩,各处赌徒遂皆匿迹销声,不敢大张旗鼓,然牧猪奴辈偶尔嬉戏,在所不免。"[3]

晚清时期,由于扬城赌风太炽且赌徒过多,乃至于惊动江苏巡抚直接饬令扬州官员按其开列名单缉拿。"扬城赌棍极多,昨闻省宪行钉封文书来饬令府县,将札内所开著名赌博之二十余人捉获惩办。"[4]由于扬城以赌博著称,竟然吸引外国人前来举办赌场。光绪三十一年(1905),《申报》就有扬州官府查禁西人经营赌场的新闻报道:

> 扬城三义阁西首已闭歇之某客栈,日前忽来洋人二名,租栈内空楼一进,云欲售卖各项新制洋货,大书告白。往观者须先付挂号念文,比登楼,并无所谓新货,乃系抛圈、猜骰等赌博,猜着者见一赔三,输赢甚巨。地方官闻之,恐其滋生事端,特派人传谕栈主,谓本郡虽称繁盛,究系内地,非通商大埠可比,且赌博最易生事。吾华例禁綦严,未便准其开设等语,饬即转告,此亦贤令尹未雨绸缪之意也。[5]

晚清时期,扬城赌风之盛,既是清代扬州民风萎靡不振的直接体现,又是扬州经济衰败导致民众无业可操的现实反映。

---

[1]《平山秋眺》,《申报》光绪十六年七月二十一日(1890年9月5日),第2版。

[2]《刘盘龙聚众抗官(扬州)》,《申报》宣统三年四月十八日(1911年5月16日),第12版。

[3]《二分月色》,《申报》光绪二十三年一月十六日(1897年3月18日),第2版。

[4]《捉拿赌棍(扬州)》,《申报》光绪三十二年七月初十日(1906年8月29日),第10版。

[5]《洋人开赌(扬州)》,《申报》光绪三十一年三月初一日(1905年4月5日),第17版。

五、澡堂烟寮

澡堂即公共浴室,扬州人称之为"混堂",正如邑人林苏门所云:"澡身之地,名曰'混堂'。"[1]清代,扬州生活节奏舒缓,扬州人多喜澡堂泡澡。"至浴堂之多,与沪上相等。而好洁者亦麇集其门,时值隆冬,尤不稍却。故谚有之曰:'早晨皮包水,晚间水包皮。'"[2]尤其是严寒冬季,扬州穷苦之人为了取暖,除了喝酒就是沐浴,故扬俗称饮酒为"里添棉",洗澡为"外添棉",董伟业对此有生动描述:"北风吹冷不晴天,穷汉长街望午烟。齐上混堂花酒店,里添棉与外添棉。"[3]严镜清亦有诗云:"凛冽天风漫撒盐,围炉几处下重帘。贫人洗澡更沽酒,道是新添里外绵。"[4]据说,扬州还有女混堂,晚清时期的《图画日报》认为其与青楼风月有关,主张禁绝,故有"伤风败俗应该禁,况有扬州女混堂"的说法。[5]

扬州澡堂数量众多,乾隆时期,林苏门就曾云"城内外数以百计"[6]。据李斗所言,扬州浴室最早兴起于江都邵伯镇,进而在扬城内广为流行,其在《扬州画舫录》中云:

> 浴池之风,开于邵伯镇之郭堂,后徐宁门外之张堂效之,城内张氏复于兴教寺效其制以相竞尚,由是四城内外皆然。如开明桥之小蓬莱,太平桥之白玉池,缺口门之螺丝结顶,徐宁门之陶堂,广储门之白沙泉,埂子上之小山园,北河下之清缨泉,东关之广陵涛,各极其盛。而城外则坛巷之顾堂,北门街之新丰泉最著。[7]

李斗文中提及的均为著名浴室,其数量已达十多个,由此可见,扬州澡

[1]〔清〕林苏门撰,刘永明点校:《邗江三百吟》,第42页。

[2]颂予:《扬州风俗纪》,苏曼殊等著,马玉山点校:《民权素笔记荟萃》,第360页。

[3]〔清〕董伟业撰,刘永明点校:《扬州竹枝词》,第10页。

[4]〔清〕严镜清:《广陵杂咏百首》,扬州老年大学《扬州历代诗词》编委会编,李坦主编:《扬州历代诗词》(四),第444页。

[5]《卖西洋景(顽)》,《图画日报》1910年第182号,第8页。

[6]〔清〕林苏门撰,刘永明点校:《邗江三百吟》,第42页。

[7]〔清〕李斗著,陈文和点校:《扬州画舫录》卷一,第12页。

堂在乾嘉时期几乎遍布全城,林苏门所言非虚。光绪年间,李斗提及的浴室尚存不少,"今古名犹存者,大东门之小蓬莱、太平桥之白玉池、徐凝门之陶堂,皆建于乾隆间。地与名俱未改,若埂子上之小三元,《画舫录》作小山园,洪杨以后,地犹是而名非旧矣"[1]。

　　乾隆时期,林苏门曾经亲身体验过东北地区的澡堂,得出自己的结论,即"扬城混堂以人工胜"[2]。据林氏所记,扬州混堂的优势在于内部有多种功能区的划分,且能提供茶水、修脚、剃头等各种服务。"凡堂外有立箱,有坐箱,有凉池,有暖房,有茶汤处,有剃头、修脚处。堂内之池取乎洁,用白矾石界为三四池,水之温凉,各池不同。午前留头堂,虽混而不觉其混,午后人多,未免混矣。"[3]李斗所记与林氏基本相同:

　　　　并以白石为池,方丈余,间为大小数格,其大者近镬水热,为大池,次者为中池,小而水不甚热者为娃娃池。贮衣之匮,环而列于厅事者为座箱,在两旁者为站箱。内通小室,谓之暖房。茶香酒碧之余,侍者折枝按摩,备极豪侈。[4]

　　可见当时扬州澡堂内的浴池已经有了明确的功能区区分,如用来洗澡浸泡的热水池、儿童洗浴的娃娃池等。澡堂内部有等级之分,即"大暖房"和"小暖房"。大暖房的设施比较齐全,费用较高,消费者多为富人。小暖房则是普通人泡澡的大池,其价格较低,一般只需八个铜钱,正如林苏门诗云:"混堂天下原难并,通泗泉通院大街。八个青蚨人一位,内厢衣服外厢鞋。"[5]

　　澡堂里还为浴客提供擦背、修脚等专业服务,"扬州之浴堂,剃头、修脚各匠俱备,皆用少年,取其奔走便捷耳,然戏谑狎侮,相习成风,不以为

　　[1] 钱祥保修,桂邦杰等纂:《〔民国〕江都县续志》卷三〇《杂录》,《中国地方志集成·江苏府县志辑》第67册,第817页。
　　[2] 〔清〕林苏门撰,刘永明点校:《邗江三百吟》,第42页。
　　[3] 〔清〕林苏门撰,刘永明点校:《邗江三百吟》,第42页。
　　[4] 〔清〕李斗著,陈文和点校:《扬州画舫录》卷一,第12页。
　　[5] 〔清〕林苏门:《续扬州竹枝词》,顾一平辑录,扬州市邗江区党史地方志办公室、扬州市邗江区档案馆编:《扬州竹枝词》,第83页。

意"[1]。扬州修脚技法细致入微，"一脚之微，能有修、捏、刮、出血诸名称"[2]。

扬州浴室里还提供茶点和小吃，防止浴客因饥饿出现晕倒现象，这在惺庵居士的诗句则有明确反映："扬州好，沐浴有跟池。扶掖随身人作杖，摩挲遍体客忘疲。香茗沁心脾。"[3]

康熙年间，扬州城内流行鲜花浴，费轩对此有诗咏道："扬州好，结客少年场。绣石天泉茶蕊嫩，浴池清水菊花香。无日不同行。"其还自注云："绣石楼，茶肆也，主人马高陵最能诗。浴池郡中美甲他处，池水日以菊花渍之，名曰'菊花香水'。"[4]可见当时扬州人已经形成先喝茶、后洗澡的习俗，即所谓"早上皮包水，晚上水包皮"。扬州私娼为了以体香招揽顾客，每日在鲜花浴之后方倚门卖笑，正如汪有泰诗云：

> 兰汤浴罢鬓云偏，茉莉花枝插两边。五色丝绦拖到地，撩人裙底看金莲。(私门头所谓半开门者，每于日斜风定后，傍门卖俏，为招徕计。)[5]

邑人石成金还提醒浴客在沐浴需要注意一些事项："浴池混堂内，贤愚人众，不可多带银钱。如久浴，可出池将衣箱看过再浴。如浴完穿衣时，不可背着衣箱，须紧靠箱前，勤勤照看。穿完衣服起身时，须将箱内各处用手一摸，恐有零星遗忘之物。大抵日间洗浴，失物者少，而黑晚多致误事，不可不知也。"[6]他还建议重视沐浴的卫生，"富贵之家，自有浴池无论矣，常人焉能家置浴池？夏月可以盆浴，惟冬月须入混堂，水多而暖。要在日间初开池时进浴，人既稀少，水又洁净"[7]。石氏的这些建议均为经验之谈，至少反映

---

[1]《戏伤人命》，《申报》光绪二年六月十八日(1876年8月7日)，第2版。

[2] 徐谦芳著，蒋孝达、陈文和校点：《扬州风土记略》，第49页。

[3]〔清〕惺庵居士：《望江南百调(并引)》，顾一平辑录，邗江区史志办、邗江区档案局编：《望江南·扬州好》，第95页。

[4]〔清〕费轩：《扬州梦香词注》，卢桂平主编《扬州文库》第2辑第55册，第160页。

[5] 汪有泰：《扬州竹枝词》，顾一平辑录，扬州市邗江区党史地方志办公室、扬州市邗江区档案馆编：《扬州竹枝词》，第218页。

[6]〔清〕石成金：《传家宝全集》第1册《知世事》，第101页。

[7]〔清〕石成金：《传家宝全集》第1册《知世事》，第101页。

了时人对扬州浴室的认识已经比较深入,澡堂洗浴亦成为扬州人日常生活的重要组成部分。

清代扬州烟馆大致分为三种,即水烟馆、鸦片烟馆和花烟馆。水烟馆是吸食烟草,烟草又根据其品质有诸多名称,正如林溥所言:“烟草名‘淡巴菰’,出吕宋,近处处有之。……‘头板’‘金丝’皆烟名,所通行者,又有名‘玉山’‘苏桃’‘香奇’‘奇品’等。产福建建德者良,宿松次之。”[1]根据烟草的颜色及其烟气的浓淡程度又可分为“头黑”和“细黄”,男人喜欢味道浓郁之“头黑”,“烟之色黄而味淡者也”则为“妇女多食之。”[2]

乾隆末期,扬州开始流行“嗅兰州水烟”,据林苏门于嘉庆二十五年(1820)所言:“扬城三十年前,从未见此,近日无时不有,无地不有。”不过,林氏并未亲自品尝,故“闻说可以御风寒,可以消饱闷,果尔,则真奇宝矣!”其对“嗅”还作有专门解释:

> 水烟,兰州五泉山土产也。不曰“吃”,而曰“嗅”者。用铜琯,长约二尺许,上纤下广,末微弯,形如斗枓而倒指者。穴其下,以受水,烟自穴入,嗅而出。一人一手携此,一手执火,递入一人口中嗅之,汩汩有声,烟光四布。[3]

与此同时,玉鼻烟壶在扬州人中亦得以流传,多为时人追求时髦而刻意为之,“鼻烟能辟风寒,宝物也。……近有一班趋时之辈,本不善吃鼻烟,往往酬应时手携一玉壶,以为时尚”[4]“不惜黄金买姣童,口含烟送主人翁。看他呼吸关情甚,步步相随云雾中。”[5]

嘉庆时期,扬州人吸食烟草者多用玉烟袋嘴。“扬城近来五六年间,无论富贵贫贱之人,吃烟者烟袋多用大玉嘴,其藏之家耶,其沽于市耶?盖因

---

[1]〔清〕林溥撰,刘永明点校:《扬州西山小志》,第41页。

[2]〔清〕林苏门撰,刘永明点校:《邗江三百吟》,第122页。

[3]〔清〕林苏门撰,刘永明点校:《邗江三百吟》,第124页。

[4]〔清〕林苏门撰,刘永明点校:《邗江三百吟》,第92页。

[5]〔清〕董伟业撰,刘永明点校:《扬州竹枝词》,第3页。

玉玩非我朝宝贵之物,石韫山辉,产生蕃茂,以致值价不昂。市人又以淡巴菰人多嗜食,吸处铜味涉腥,以玉为之,庶不齿蚀。玉工利用之者宏,价虽贱而易于出手,往往不惜大皿改琢以求售,职是故耳。"[1]

嘉庆年间,扬州茶肆开始为茶客提供水烟服务,缪艮有诗吟道:"客至水烟送,轮流颇熟谙,每回装几袋——三。"[2]道光时期,扬城女性多喜食水烟,正如言声均说言"闺阁中多吃水烟者",其还有诗吟道:"消闲最爱相思草,吹气如兰任远扬。未识轻烟飘散处,下风人过可闻香?"[3]当时,扬城街巷多有水烟出售,乃至于儿童四处走动叫卖,正如时人诗云:"白面儿童卖水烟,东边吸罢过西边。黄昏悄向门前伺,强说无缘是有缘。"[4]晚清时期,扬州流行价格较为低廉的名曰"插白"的水烟,"水壶烟袋作长苗,擦白原来价不高。到处逢人皆一嗅,喷来反味实难熬"[5]。

道咸时期,扬州始有鸦片烟馆,时人有诗云:"时上新添鸦片烟,嗅来昏愦倒床眠。何须拼命将他吃,又损精神又费钱。"[6]当时,扬州人吸食鸦片的现象比较普遍,无论是烟寮,还是妓馆,吸食者不仅充斥其中,而且其烟具相当精巧,被称作"吸洋烟"。时人周伯义因避战祸,寓居扬州,发现虽然"洋烟误事",但是扬城吸食鸦片风气甚浓,"扬人食此者六七,率倜傥聪明人,诚以往来酬应,烟灯对卧,则心无不谈,谋事甚易。有时吸数口,相火乃旺,精神若一振,无事醉眠,如饮酒微酣,魂当欲仙。至游狎斜,以此为富贵本色"[7]。

光绪年间,扬州还流入一种名曰"铁喉龙"的新式鸦片烟,多为毒瘾极大者吸食,其危害亦更大。"扬州现到一种烟土,不知产于何路,其价极廉,

[1]〔清〕林苏门撰,刘永明点校:《邗江三百吟》,第93页。

[2]〔清〕缪艮:《扬州教场茶社诗》,《文章游戏二编》卷一页三五,嘉庆丙子版。

[3]〔清〕言声均:《维扬竹枝词》,顾一平辑录,扬州市邗江区党史地方志办公室、扬州市邗江区档案馆编:《扬州竹枝词》,第178页。

[4]〔清〕津瀛逸叟:《续扬州竹枝词》,顾一平辑录,扬州市邗江区党史地方志办公室、扬州市邗江区档案馆编:《扬州竹枝词》,第127页。

[5]〔清〕佚名:《邗江竹枝词》,顾一平辑录,扬州市邗江区党史地方志办公室、扬州市邗江区档案馆编:《扬州竹枝词》,第278页。

[6]〔清〕佚名:《邗江竹枝词》,顾一平辑录,扬州市邗江区党史地方志办公室、扬州市邗江区档案馆编:《扬州竹枝词》,第276页。

[7]〔清〕焦东周生:《扬州梦》,世界书店1948年版,第48页。

所煮之膏约有七成分两,然吸时则与各土不同。上烟于斗必须先有一老瘾者吸其膏,吸尽,出其灰,用水和成丸,上斗烧之,方可吸。灰可吸三四次,愈吸愈醇。如初次即吸其膏,则干烈如火,入喉如焚。能吸其膏者,皆人极贫、瘾极大,专门传食各烟馆,以当此役。开灯者亦乐有其人为烟客冲此头阵,而若辈即借以过瘾,于是赠其名曰'铁喉龙'。噫!自鸦片入中国,其祸已大,乃现在愈趋愈下,谋利之心愈急,制造之法愈精,而害人之术愈毒,江河日下,不知伊于胡底也?"[1]

晚清时期,扬城开始有人种植罂粟,汪有泰曾言:"扬州北门外堡城一带以四季种花为业,近东乡一带,闻颇有种罂粟者。"汪氏对此颇为无奈,只能感叹人心险恶,"种花为业本民风,带植桑麻不碍农。习俗人心今更坏,良田偏种阿芙蓉"[2]。当时,扬城鸦片烟买卖更是猖獗,甚至公然上门推销,正如汪有泰所咏:"黑籍当头不可逃,比闾逐户卖清膏。资财吸尽形容槁,偏说人间福寿糕。"汪氏认为扬州人此举有亡国灭种之嫌疑,因此义愤填膺而大发感叹:"凡烟馆门前皆大土清膏,零趸发客。予谓大国之土地,人民之脂膏,而曰发客,乃弃地亡国之兆。"[3]

扬州烟馆多有女烟客,且多卖淫以换取烟资,汪有泰对此洞悉于胸,其诗云:"烟灯半是女烟奴,赤岸湖边出水初。明吸洋烟暗偷嘴,青蚨三百唤黄鱼。"[4]晚清时期,娼妓混迹于烟馆之中,故烟馆被称为花烟馆,"花烟馆为纳污藏垢之区,二十四桥箫声月色,何堪容此辈不干不净,点污其间"[5]。由于官府对青楼查禁甚于烟馆,故部分烟馆暗中引入娼妓从事皮肉交易,"近则易烟花而为花烟,以迷金醉纸之乡为藏垢纳污之处,龌龊猥亵,莫此为尤。赵观察接办保甲局时曾经谕禁,谆谆训诫,不惮舌敝唇焦,而龟鸨之徒毫无

[1]《新土盛行》,《申报》光绪八年八月初六日(1882年9月17日),第2版。

[2]〔清〕汪有泰:《扬州竹枝词》,顾一平辑录,扬州市邗江区党史地方志办公室、扬州市邗江区档案馆编:《扬州竹枝词》,第217页。

[3]〔清〕汪有泰:《扬州竹枝词》,顾一平辑录,扬州市邗江区党史地方志办公室、扬州市邗江区档案馆编:《扬州竹枝词》,第218页。

[4]〔清〕汪有泰:《扬州竹枝词》,顾一平辑录,扬州市邗江区党史地方志办公室、扬州市邗江区档案馆编:《扬州竹枝词》,第218页。

[5]《严禁花烟》,《申报》光绪十九年四月十八日(1893年6月2日),第2版。

顾忌,烟霞迷漫,云雨荒唐,致令嗜痂逐臭者流仍复趋之如鹜"[1]。扬州竹枝
词对此有描述:"口衔玉嘴是羊脂,装袋香烟门外支。三寸金莲难久跰,声声
只恨会来迟。"[2]因此,官府严格限定烟花馆的营业时间,"惟花烟馆虽经遵
示闭歇,犹恐阳奉阴违,混淆影射,合亟示谕为此,示仰各烟馆知悉。自示之
后,毋许留住妇女,以免借口食属暗中仍卖花烟,并恪遵前谕。二更一律熄
灯,倘有居住妇女及容留匪人,定照花烟馆究办"[3]。不过,由于种种原因,扬
州花烟馆虽经官府多次查禁,依然照旧营业。"扬州花烟馆萃鸠盘茶,三五
辈借烟霞之窟,为云雨之场,恶俗淫风,莫此为甚。前经府县示禁,犯者必惩。
兹又经保甲总办赵观察访闻,各处遵示闭歇者寥落若晨星。"[4]

道咸以后,扬州失业群体大量增加,由于无所事事,精神颓废的扬州民
众竟然大量吸食鸦片。咸丰年间,林溥发现扬州北郊烟馆已是鳞次栉比,吸
食者众多,"近世盛行,禁之不止,集中吸食者多。烟馆几于望衡比户,风之
靡也,可胜言哉!"林氏对此赋诗感叹:"差池臭味更何论,短榻笼灯竹簟温。
清瘦那关无肉食,芙蓉馆里度朝昏。"[5]晚清时期,由于扬州烟馆具有一定的
隐秘性,也成为一些官吏谈论公务、民间托请私事的重要场所。"扬州府署
中有军牢甲乙二名,某日在烟间内与人口角,夫烟间本为此辈聚会之所,凡
有公事商议、私情贿托皆在烟馆为总汇,此则不独扬州一处为然,即他处亦
无不皆然。故欲寻差役者,不必向衙门中寻觅也,但至烟馆,无不见者。三
朋四友荟萃于兹,则口角之事何时蔑有,又何足怪。"[6]一些奸佞地方官绅亦
经常在烟寮中会客营私,"蓉芳阁,扬城第一大烟室也。上自绅商,下至仆役,
无不麕聚其中。江都署朱钱穀、甘泉县白令之兄白某及书启沈某并各幕宾
亦于此间会客,因之蝇营狗苟之徒如兽之走旷焉"[7]。

[1]《红桥笛语》,《申报》光绪十三年四月十一日(1887年5月3日),第2版。

[2] 佚名:《邗江竹枝词》,顾一平辑录,扬州市邗江区党史地方志办公室、扬州市邗江区档案馆
编:《扬州竹枝词》,第279页。

[3]《严禁花烟》,《申报》光绪十九年四月十八日(1893年6月2日),第2版。

[4]《竹西明月》,《申报》光绪十九年五月初十日(1893年6月23日),第2版。

[5]〔清〕林溥撰,刘永明点校:《扬州西山小志》,第50页。

[6]《论执法当从衙役始》,《申报》光绪十九年五月十五日(1893年6月28日),第1版。

[7]《县幕麕聚于烟室(扬州)》,《申报》光绪三十一年十月初三日(1905年10月30日),第9版。

　　烟馆成为扬州贫民赖以为生的手段,地方官员对此情况心知肚明,唯恐严格禁绝引起民变。"遵即调查各县,呈送捐册,其繁盛之区,销数较多之膏店固有,然每日尽销一两或数钱者亦比比皆是,此即所谓烟馆。查江北烟馆虽非正经生理,大都皆无业贫民借以糊口,非苏沪资本富厚、场面阔大者可比,若一律令之缴捐,必致不敷糊口,纷纷闭歇,游手无归,恐不免流而为匪,转为地方之害。"[1]由于官府投鼠忌器,扬州城内烟馆虽经多次查禁,但是依然灿若星辰、数不胜数,据1904年的《警钟日报》报道:"扬州城内大小烟铺统共不下二三千家。"[2]

　　官府由于地方财政吃紧,亦无心禁烟。"仪征县陈大令于限闭烟馆一事视为具文,故城内外以及乡镇烟馆依旧林立,现为省宪访知,特将该令记大过一次,以示儆戒。"[3]光绪三十四年(1908),江都、甘泉两县令还因地制宜制定了所谓变通的"戒烟"章程,"将戒烟事宜,就地变通,酌定章程。首以领照买土,仅准殷实商户六家承办。次以挑卖烟膏各店,将膏匣分五钱、一两、三两、五两四项送局黏贴印花,方准出售。设章程内有未妥善,准绅士入局与局员议商,以期有益无弊"[4]。此章程名为"戒烟",实则为官府通过收取印花税,实现鸦片交易的合法化,这可以说明扬州烟馆为何屡禁不绝。清末扬城具有"合法牌照"的烟膏店数量依然众多,显然官府从中征税甚多,故时人以为官府禁烟不过是虚张声势,多属表面文章。

　　扬州鸦片流毒一直延续至民国,既凸显扬城没落颓废之世风,亦体现扬州人丧失进取之精神,更反映了扬州在中国现代化历史进程中的不断式微和落伍。

六、青楼妓馆

　　青楼妓馆又称勾栏之地、风月之所,自古有"秦淮风月广陵春"之说。随着两淮盐业经济的蓬勃发展,扬州作为消费型城市所形成的虚夸轻浮之

[1]《膏捐改章》,《申报》光绪二十八年九月初三日(1902年10月4日),第2版。

[2]《抗捐罢市》,《警钟日报》光绪三十年正月二十一日(1904年3月7日),第4版。

[3]《县令玩视禁烟(扬州)》,《申报》光绪三十三年九月初十日(1907年10月16日),第12版。

[4]《戒烟章程因地制宜(扬州)》,《申报》光绪三十四年十月三十日(1908年11月23日),第11版。

风,助推勾栏之业达到高度繁盛的境地。"扬州好,花窟足勾留。罗袜凌波夸石首,玉箫吹月试珠喉。狎客乐忘忧。"[1]清初,扬州城市就弥漫着浓厚的莺歌燕舞、纸醉金迷的风月色彩,这在笪重光《广陵行》中有具体反映:

> 薄暮斗鸡回幸舍,平明走马入娼家。娼家弦管日纷纷,桂醴兰膏夜不分。锦衾火借九微暖,罗袖香凭百合熏。醉后娇痴临月见,庭前细雨隔花闻。[2]

扬州新、旧二城间的市河两岸,青楼妓馆鳞次栉比,名妓暗娼均聚集于此,正如李斗所言:"自龙头至天宁门水关,夹河两岸,除各有可记载者,则详其本末;若夫歌喉清丽、技艺共传者,则不能枚举。"[3]康熙年间有"小秦淮"之艳称。

清初扬州尚有官妓制,官府宴请以及迎春祭神活动多有官妓歌舞其中,"官家公事张筵,陈列方丈,山海珍错之味罗致远方。伶优杂剧,歌舞吹弹,各献伎于堂庑之下。事属偶然,犹嫌太盛"[4]《广陵古竹枝词》有诗吟道:"将军坟上妖童广,太守堂前妓女多。撩拨春心收不住,手摇春帕眼摩娑。"[5]

康熙时期,清政府下令取缔乐户制度,扬州官妓随之烟消云散,"至康熙间,裁乐户,遂无官妓"[6]。这导致扬州私娼盛行,正如李斗所言:"官妓既革,土娼潜出,如私窠子、半开门之属,有司禁之。泰州有渔网船,如广东高桅艇之例,郡城呼之为网船浜,遂相沿呼苏妓为苏浜,土娼为扬浜。一逢禁令,辄

————————

[1]〔清〕惺庵居士:《望江南百调(并引)》,顾一平辑录,邗江区史志办、邗江区档案局编:《望江南·扬州好》,第105页。

[2]〔清〕笪重光:《广陵行》,扬州老年大学《扬州历代诗词》编委会编,李坦主编:《扬州历代诗词》(二),第257页。

[3]〔清〕李斗著,陈文和点校:《扬州画舫录》卷九,第107页。

[4]〔清〕尹会一修,程梦星纂:《〔雍正〕扬州府志》卷一〇《风俗》,卢桂平主编:《扬州文库》第1辑第12册,第113页。

[5]佚名:《广陵古竹枝词》,顾一平辑录,扬州市邗江区党史地方志办公室、扬州市邗江区档案馆编:《扬州竹枝词》,第86页。

[6]〔清〕李斗著,陈文和点校:《扬州画舫录》卷九,第105页。

生死逃亡,不知所之。今所记载如苏高三、珍珠娘之类,尚昔年轶事云。"[1]

官妓多由地方政府豢养,私娼为了营生则必须倚门卖笑,扬州竹枝词对其招揽生意亦有诗句描述:"倚门盼望卖风流,姊妹相称体态柔。多少行人停步看,含羞故意假低头。"[2]由于清政府对娼妓业多有打击,私娼只得四处躲藏,或者暗中交易,正如扬州竹枝词所云:"茉莉装成舞鹤形,携来遍处各园亭。全凭六个青蚨跌,忙坏虾蟆拾不停。""船逢十八价偏昂,恐怕官封到处藏。勾引游人私下说,要钱加数愿情装。"[3]因此,在一定程度上,乾嘉时期扬州娼妓业的发展势头较康熙年间有所不及,但是其繁华程度并不逊色太多。

道咸时期,扬州青楼受到太平天国战争的直接冲击而元气大伤,再也无法恢复到鼎盛水平,正如《申报》的评述:

> 竹西为烟花荟萃之场,红板桥头,箫声月色,绮罗弦管,交错蒸淫,真不数穀埠画船,秦淮玉树。乾嘉之际稍稍衰矣!然郑板桥有句云:"千家养女先教曲,十里栽花当种田",则当日繁华犹堪想见。自红羊劫起,平山萤苑,尽化灰飞。昔之越女吴娘,大半随波漂泊至其地,有殊不胜今昔之悲。近则景物升平,人民康乐,莺花歌吹,渐复旧观。每有老妓资购幼女送入乌师处教以弹唱,其乌师虽戴上绿头巾,亦公然以师尊自命,拍按稍误,夏楚立施,诚可悯也。[4]

晚清时期,扬州青楼的规模之大、排场之盛依然让人惊叹不已,例如"何居子家为邗上勾栏之冠,排场阔大,声息通灵,其院中房廊人数,真有如阿房宫内,五步一楼,十步一阁,绿云绕绕,渭流涨腻之概"[5]。扬城东营地区亦是青楼集中之地,"扬州东营一带为烟花荟萃之区,每当日过花梢,珠帘齐卷,

[1]〔清〕李斗著,陈文和点校:《扬州画舫录》卷九,第105页。

[2]佚名:《邗江竹枝词》,顾一平辑录,扬州市邗江区党史地方志办公室、扬州市邗江区档案馆编:《扬州竹枝词》,第279页。

[3]佚名:《邗江竹枝词》,顾一平辑录,扬州市邗江区党史地方志办公室、扬州市邗江区档案馆编:《扬州竹枝词》,第280页。

[4]《鹤背清谈》,《申报》光绪十二年十二月二十五日(1887年1月18日),第3版。

[5]《邗江鲤信》,《申报》光绪十一年七月十七日(1885年8月26日),第2版。

莺莺燕燕,红袖凭阑。过之者疑为锦绣之城、脂粉之国"[1]。即便是私娼营业场所,并非粗鄙不堪,而是金碧辉煌,与官商庭院不相上下,"步耗资财,丧性命,陷人之阱,无过于斯。尤可恶者,大门皆黏公馆朱条,局面辉煌,几类达官巨宦"[2]。这些风月场所竟然对外以"公馆"自居,20世纪初,苏州文人包天笑在《吴侬琐记》对此多加讽刺:"甚至曲巷私娼,亦自名为公馆。有人嘲以诗曰:'扬州无事不繁华,曲巷私娼也宦家。借问何人曾出仕,舍亲始祖做三衙。'"[3]

扬州城内私娼盛行、人数众多,大致分为"黄鱼"(鲤鱼)和"长鱼","扬州私妓,脚大者曰鲤鱼,脚小者曰长鱼"[4]。汪有泰亦云:"妓女中有不缠足者,呼为黄鱼,南京所谓三儿是也。"[5]"扬俗,呼妇女之大脚者曰黄鱼,谓其形如黄鱼之长大也,亦谑而虐矣。"[6]私娼营业之所则被称为"鱼行","扬城北乡一带农人妻女多入城为雇工女仆类,皆莲船盈尺,其青年貌美者号曰'黄鱼',谓其品物虽粗,味自适口,且佣值颇廉,人所易得。并有无赖、刁棍赁房一所,潜有多鱼,引诱少年子弟,如开妓馆,名曰'鱼行',此风由来已久"[7]。扬州"黄鱼"与"虾蟆"结伴相生,共同榨取嫖客钱财,"扬州呼大脚妓女为黄鱼,携篮售物者为虾蟆,相沿已久。凡鱼每日所簪鲜花,须虾蟆清晨穿扎挨送。如有新鲜花果,亦须鱼索诸嫖客以重价购之,彼此相助,表里为奸"[8]。无论黄鱼,还是长鱼,娼妓皆各具特色,故能吸引好之者趋之若鹜,正如《申报》报道:

> 扬城妓馆近以梅秀林、倪寡妇两家为最著,倪即绰号泥人子者。梅

---

[1]《竹西亭玩月记》,《申报》光绪十八年闰六月初五日(1892年7月28日),第3版。

[2]《邗沟秋涨》,《申报》光绪十五年九月二十四日(1889年10月18日),第2版。

[3]　包天笑:《吴侬琐记》,《小说时报·杂记随笔》1910年第6期,第3页。

[4]《维扬近事》,《申报》光绪八年六月初三日(1882年7月17日),第2版。

[5]〔清〕汪有泰:《扬州竹枝词》,顾一平辑录,扬州市邗江区党史地方志办公室、扬州市邗江区档案馆编:《扬州竹枝词》,第217页。

[6]《鱼被鳖咬》,《点石斋画报》利集一期,第8页。

[7]《串骗遇骗》,《申报》光绪六年十二月二十六日(1881年1月25日),第1版。

[8]《竹西碎录》,《申报》光绪九年十月初八日(1883年11月7日),第2版。

院诸姬,类皆纤纤莲瓣,而倪院则鲜此风韵,人戏称为黄鱼行,以扬之黄
鱼皆大脚也。[1]

清初扬州烟花业的繁盛,与娼妓多经过"养瘦马"的专业训练,存在着
直接关联。正如金烺诗云:"十三学画学围棋,十四弹琴工赋诗。莫管人称
养瘦马,只夸家内有娇儿。"[2]易顺鼎亦云:"广陵一片繁华土,不重生男重生
女。碧玉何妨出小家,黄金大半教歌舞。"[3]同光时期,扬州养瘦马之风不减,
这在《竹西花事小录》中有载:

> 广陵为醝运所在,虽富商巨贾,迥异从前。而征歌选色,习为故常;
> 猎粉渔脂,浸成风气。闾阎老妪,畜养女娃,教以筝琶,加之梳裹,粗解
> 讴唱,即令倚门。说者谓人人尽玉,树树皆花,当非虚妄。顾世运变迁,
> 昔皆聚处本乡,今则散居各都。间有风流薮泽,复以地方陋习,渐染颓
> 风。[4]

可见,扬州瘦马精通琴棋书画,多才多艺。当时,扬城多有雏妓出没,引
得好色之徒垂涎欲滴,正如时人诗云:"最怜雏妓态轻盈,也学烧香带露行。
多少朱门年少子,颇垂青盼懒归程。"[5]扬州有自古出美女之说,咸丰年间,
英国人吟唎在出入扬州城乡尤其是风月场所之后,亦甚为赞赏扬州女性之
美貌。

> 扬州一带以妇女闻名,据当地人说扬州妇女是中国最美的。我们
> 在扬州仅仅逗留了两三天,就我们于白昼在城乡所见和夜间在歌场舞

[1]《老鹰入网》,《申报》光绪七年六月三十日(1881年7月25日),第2版。

[2]〔清〕金烺:《广陵竹枝词》,顾一平辑录,扬州市邗江区党史地方志办公室、扬州市邗江区档案馆编:《扬州竹枝词》,第39页。

[3]〔清〕易顺鼎:《琴志楼诗集·贾郎曲》,上海古籍出版社2012年版,第1213页。

[4]〔清〕芬利它行者:《竹西花事小录》,曾学文校注:《扬州著述录》,第168—169页。

[5]〔清〕金志存:《功德林香市竹枝词》,顾一平辑录,扬州市邗江区党史地方志办公室、扬州市邗江区档案馆编:《扬州竹枝词》,第165页。

樹所见而论,我们也具有同感。扬州妇女虽然较湖南妇女黑些,可是身材端正,面色红润健壮。她们较之中国南方和中国中部的妇女高些,眼睛也较大而没有那样斜。[1]

乾嘉以前,扬州娼妓可谓才色俱佳,涌现出一批名妓佳丽,如梁桂林、顾姬等人不仅面容俏丽、身材姣好,而且擅长音乐歌舞,更能吟诗作词,堪称风月佳人,因此吸引众多客商文士沉迷于"扬州梦"之中。晚清时期,扬州烟花女子在姿色、才艺等方面均今非昔比,佳人更是难觅,津瀛逸叟对此亦感叹:"城雉河房景倍加,柳眉桃脸鬓堆鸦。可怜高二人亡后,从此牛郎不采花。"[2]

扬州风尘女子,除了少数人以其才貌致富乃至于改良善终,绝大多数则是成为被蹂躏摧残的对象,过着凄惨悲凉的生活,津瀛逸叟对此有诗吟道:"筵前度曲名优老,灯下称筋瘦马肥。自是疗愁疗不得,闲看婪尾识春归。"[3]清代,扬州娼妓的社会地位极其低下,正如光绪时人所咏:"烟花最贱是扬州,嬷母形容鬼见羞。怪底舆僮争买笑,翩翩自命擅风流。"[4]扬州妓女还受到"青皮"为代表的流氓势力的欺压和蹂躏,"扬州素尚夜游,花间秉烛,柳外停骖。每当凉月西沉,犹听铜街屧响,清宵幽赏,韵事流传,较之喝雉呼卢,吞云吐雾,实有上下床之分,然白赖、青皮往往乘此而滋生事故"[5]。故醉月亭生曾言:"天台仙子送阿谁,何苦元都下董帷。寄语广陵风月主,摧残花柳是青皮。"[6]

私娼亦称土娼、暗娼,扬州民间还有私门头、半掩门的说法。"扬城玉井地方有一家门常半掩半开,人则不南不北而排场甚阔,且时有翩翩华服者出

[1]〔英〕呤唎著,王维周译:《太平天国革命亲历记》(上册),上海人民出版社1985年版,第307页。

[2]〔清〕津瀛逸叟:《续扬州竹枝词》,顾一平辑录,扬州市邗江区党史地方志办公室、扬州市邗江区档案馆编:《扬州竹枝词》,第132页。

[3]〔清〕津瀛逸叟:《续扬州竹枝词》,顾一平辑录,扬州市邗江区党史地方志办公室、扬州市邗江区档案馆编:《扬州竹枝词》,第124页。

[4]《沪北竹枝词》,《申报》光绪十二年五月初九日(1886年6月10日),第11版。

[5]《竹西鱼素》,《申报》光绪十一年五月十五日(1885年6月27日),第2版。

[6]醉月亭生:《维扬竹枝词》,《申报》光绪六年十一月初六日(1880年12月7日),第3版。

入其门,见者多异之,嗣询其左右邻,乃知即俗所称'私门头'也。"[1]"似妓非妓之流,每就绿杨城郭间,赁得曲房,花下闭门,非素心人不能轻造其室。彼中人谓之'半掩门'。少年子弟深恐父师约束,不敢公然征逐于花浓酒艳之场,多于此中觅温柔乡,以为消遣地。"[2]

扬州娼妓以城外农妇居多,"扬州新城烟间林立,间有雇用乡村少妇为饵者,艳妆浓抹,搔头弄姿,障袖倚门,引人入胜,俗名之曰黄鱼,盖即沪上女堂之流亚也"[3]。扬州北郊陈集则土娼盛行,但是姿色不敢恭维,正如林溥诗咏:"莫漫挥金觅狎邪,村前村后灌园家。山乡何地无风月,黄面鸠盘金鬓鸦。"其还感叹:"集中地非冲道,土娼游妓,俱无所宿。然一二村妇,颇有倚门卖笑者,蓬头黄面,触目生憎。而嗜痂先生甘之如饴,至有沉湎于其间。始信逐臭之夫,不独海上有也。"[4]清末,许多瘦西湖船娘迫于生计亦成为暗娼。由于常年风吹日晒,船娘难得有些姿色,时人对其嫖客则多有讽刺,"三更偶抱黄泥脚,一枕同眠黑炭头"[5]。

清代扬州青楼中还有所谓"女班子"和"男班子"之分,醉月亭生对此有诗吟:

《女班子》:别号黄鱼健步雄,无情最是纸灯笼。倘教接耳私相语,钩尽花魂满座空。

《男班子》:香巾拂面递匆匆,曲体心思胜狡童。伺候豪门善奔走,但凭年节打抽丰。[6]

可见女班子为私娼,男班子则是为狎妓之客提供茶水、面巾等服务的,"妓馆佣工,沪上谓之外场,邗江则呼为男班子"[7]。显然,扬州娼妓已经具备

[1]《以身殉债》,《申报》光绪十五年五月十八日(1889 年 6 月 16 日),第 3 版。

[2]《邗沟秋涨》,《申报》光绪十五年九月二十四日(1889 年 10 月 18 日),第 2 版。

[3]《第五泉品茶记》,《申报》光绪十四年二月二十七日(1888 年 4 月 8 日),第 2 版。

[4]〔清〕林溥撰,刘永明点校:《扬州西山小志》,第 51 页。

[5]王书奴:《中国娼妓史》,湖南大学出版社 2014 年版,第 229 页。

[6]醉月亭生:《维扬竹枝词》,《申报》光绪六年十一月初六日(1880 年 12 月 7 日),第 3 版。

[7]《竹西碎锦》,《申报》光绪十一年二月二十五日(1885 年 4 月 10 日),第 3 版。

一定的专业性质,因此亦被称为"扬帮"。

"'千家养女先教曲,十里栽花当种田',此扬州风俗所以日趋日下也。尝见勾栏中有所谓'扬帮'者,其秀而俏者则铺金裹绣,百计妮人,非初受女儿身者所能学步。降而下之,则粗而黝者亦且弃家鸡爱野鹜,举人间伉俪之重,悉属之漠不相干之人。酒阑人散,一榻横陈,虽草屋三间,不啻红罗半帐,此之谓'女班子'。女班子者必有男班子以为对。"[1]

晚清时期,青楼狎妓包场的费用大致为每客两个银元,芬利它行者在《竹西花事小录》中云:"招伎侑觞,人不过饼金二三枚,即劝酒当筵,备极酬答之乐。座客既可尽欢,女郎亦乐于从事,名为出局,以是为荣。所费不多,往往非花不醉,第从此竿头日进,则沉酣花月,所需不资。"[2]汪有泰亦有诗为证:"清歌妙舞逞风骚,两片洋蚨混局包。啊唷尾声听不得,声声听去总魂销。"[3]这对达官贵人而言,不过九牛一毛,根本不值一提,但却是普通百姓两三个月的生活费。私娼费用不高且分布广泛,方便满足离家在外的一些体力劳动者的生理需求,"脚夫船伙尽孤魂,甘露难沾半点恩。手捏青蚨三五十,春风一度到城根"[4]。不过,娼妓容易传染疾病,贻害无穷,"相赠厢银两八钱,那知魂被阿姐缠。床头金尽难丢弃,落得杨梅遍体全"[5]。

扬州官府认识到娼妓业的严重危害,"偶一厕足其际,未有不惑志丧心者。地方官有鉴于兹,不顾打鸭惊鸳,特意高悬厉禁"[6]。扬州官府虽然不断采取措施,严厉打击娼妓,但是收效不尽如人意。这一方面是因为彻底清除青楼,势必影响到扬州的商业贸易,尤其是盐业经济,最终导致扬城无业者数量激增。例如,光绪六年(1880),扬州知府何铁生照行江苏抚宪通饬整

[1]《醋海难填》,《申报》光绪九年十月初四日(1883年11月3日),第2版。

[2]〔清〕芬利它行者:《竹西花事小录》,曾学文校注:《扬州著述录》,第175页。

[3]〔清〕汪有泰:《扬州竹枝词》,顾一平辑录,扬州市邗江区党史地方志办公室、扬州市邗江区档案馆编:《扬州竹枝词》,第218页。

[4]汪有泰:《扬州竹枝词》,顾一平辑录,扬州市邗江区党史地方志办公室、扬州市邗江区档案馆编:《扬州竹枝词》,第218页。

[5]〔清〕佚名:《邗江竹枝词》,顾一平辑录,扬州市邗江区党史地方志办公室、扬州市邗江区档案馆编:《扬州竹枝词》,第273页。

[6]《竹西亭玩月记》,《申报》光绪十八年闰六月初五日(1892年7月28日),第3版。

顿保甲的命令,严查禁绝妓馆,"扬城亦遂倍加查察,凡有藏垢纳污之所无不驱逐净尽",不过郡人则对此不以为然,甚至忧心不已,"故近来妓馆无不遵示暂闭,惟扬城素称繁华,盐务中客商云集,若必概示以朴,恐市面转形冷淡矣"[1]。另一方面,娼妓利用"游击战术",与官府"软抗"周旋。一旦官府严查,扬州娼妓则四处躲避,风声过后再度回归。"扬州妓馆日来大为热闹,以镇江魁太守未接篆时,先向各妓家查阅,受篆后,按名查拿,无一漏网,屋俱封闭,故各妓女皆纷纷渡江赴扬云。"[2]

晚清扬州社会环境的复杂性,加上各种社会力量的交互作用,使得娼妓业得以见缝插针,这导致官府查禁不过是虚张声势、敷衍了事而已,"扬城烟寮、妓馆不下千百家,虽经各宪查禁,若辈皆视为具文"[3]。

第五节　晚清扬州社会生活的变化

社会生活的内涵极其丰富,大体由士农工商社会阶层的衣食住行、生老病死以及各种风俗习惯构成,直接反映并体现着社会经济、思想文化等的发展状况,清代扬州亦是如此。鸦片战争之后,随着中国社会的深刻转型,扬州社会生活随之发生重大变革。

一、风俗的变化

(一)剪辫放足

清军入关后,为了巩固满洲政权,清政府一度强行推行"剃发留辫"和"箭衣窄袖"为代表的满族服饰制度。广大汉族人民为抵制清朝的"剃发令",进行了英勇的抗争,但在清政府的血腥杀戮下只能被迫接受"剃发易服"。

清政府对"辫发"非常重视,一旦有人剪去辫发,则将其视为对抗朝廷的叛逆之举动,或为邪教会匪诱民扰民的伎俩,必然对其严厉查禁。清代扬州曾发生相关案件。

乾隆三十三年(1768),扬州发生"剪辫事",成为惊动清廷的大案。二

---

[1]《妓馆暂闭》,《申报》光绪六年四月十六日(1880年5月24日),第1版。

[2]《竹西琐述》,《申报》光绪七年九月初十日(1881年11月1日),第2版。

[3]《维扬耳食》,《申报》光绪十年十二月十四日(1885年1月29日),第3版。

月十八日,蔡廷章一伙数人在扬州钞关门外两路口吴胜饭店内"分路剪辫"。案发后,主犯蔡廷章被押解进京,由刑部刘统勋直接审理,饭店老板吴连则被押解山东审理。由于此案重大,连蔡氏在京亲友也被查问。[1]此案发生后,清政府对江苏、扬州地方官员颇为不满,认为"此案之始,全由江省地方官意存消弭粉饰,纵匪贻害,其罪实无可逭"[2]。

　　光绪二年(1876),江苏境内的金陵、姑苏等地连续发生剪辫事件,扬州亦出现"剪辫""打印"等案件。当时,社会传言此为"妖术"。剪辫发多与秘密会党活动存在一定关系,但因民众内心恐惧而导致谣言四起、人心惶惶,正如《申报》所言:"数年前,扬州因纸人剪辫之事,散布谣言,人心惶惑……于是以讹传讹,居人咸有戒心,一如数年前事。窃谓轻信谣言固属愚民之常情,然当教匪滋蔓之秋,则谣言之兴,安知非匪党所散播冀以煽惑人心乎?有地方之责者所当静以慎之,密以察之。"[3]扬州"剪辫"事发突然,谣言不胫而走,加之扬州人多迷信无知,无法作出正确判断,时任两江总督沈葆桢急忙派遣其幕佐段培元赴扬查办,不过连沈氏私下亦认为:"剪辫、打印,实有此邪术,并非尽出讹言。地方官强抑之,遂横生别节。培元是以有维扬之行,为剖析皂白,群疑涣然矣。"[4]江苏最高行政长官的认知尚且如此,普通百姓只能求神拜佛以求自保,民间治疗的"偏方"亦应运而生。"扬州人又称,凡遇纸人打印,可先用白烧酒喷印处,再用干雄黄擦,再用萝萝藤、生大蒜捣汁敷,再用真豆油常扫,后用防风、金银花、滑石、雄黄各七分煎服,内外兼顾,可无碍云。"[5]当时,对于剪辫发的所谓"妖术",官府和民间均防不胜防,正如沈葆桢所坦言:"剪辫妖术,民间能不以为意,彼亦无能为。官能竭力拿究,彼亦无能为。惟民则二十分张皇,官又二十分姑息,则纷纷

　　[1]《奉旨查扬州钞关门外剪辫事》,中国第一历史档案馆、扬州市档案馆编:《清宫扬州御档》第7册,第4613页。

　　[2]《奉旨查扬州等处地方官空言塞责事》,中国第一历史档案馆、扬州市档案馆编:《清宫扬州御档》第7册,第4614—4615页。

　　[3]《谣言勿信》,《申报》光绪九年四月十八日(1883年5月24日),第2版。

　　[4]〔清〕沈葆桢:《复梁鸣谦》,王庆元、王道成考注:《沈葆桢信札考注》,巴蜀书社2014年版,第492页。

　　[5]《妖邪类志》,《申报》光绪二年七月初十日(1876年8月28日),第2版。

扰扰,不可问矣!"[1]

甲午战争后,资产阶级革命党人倡导"剪辫易发",中国的留学生积极响应,一时间留辫与否成为革命与反满的重要标志,清政府因此进一步加强了对辫发的监控。光绪三十四年(1908),扬州亦曾出现"剪辫风潮",当时扬城内有理发师怂恿居民"剃头剪辫过新年",因此"触犯了清廷忌讳,关押了剪去辫子的几个人,引起全城几百名理发师包围警察局,要求释放被拘禁的无辜者"[2]。由于时值年关,官府只是贴出缉拿店主、严禁查禁的布告,结果则是不了了之。

顺治、康熙时期,清政府虽然发布禁止缠足之令,但是汉族女性多沿袭裹脚之习俗。扬州女性多纤足,民间有"扬州脚"之说,"扬州脚,为以前女子所艳称。光复后,尚天足,扬州之脚,便成落伍"[3]。"扬州脚"实质上将女子作为男人猎奇之玩物,其中饱含着女子的巨大痛苦和辛酸。邑人李涵秋在《广陵潮》中借朱二小姐之口,说出了扬州女子裹足的内心痛楚,"我虽然不懂八股的讲究,但以这女孩子裹脚而论,也不知害了多少花枝般的小姑娘!"[4]或许,扬州人对三寸金莲早已司空见惯,反而对大脚女人存在一定的偏爱,"女之小脚,人称之曰'莲瓣'。若扬州之大脚,则称之曰'鳇鱼',谓其品虽粗,而色香味三者似皆适口也。此类或为娼妓,或为仆婢,人多昵之"[5]。扬州北郊黄珏镇所出"黄鱼"在风月场所曾一度受到热捧,扬州竹枝词对此还有诗咏:"粉面红羞靥晕潮,有人真个欲魂销。生成一对天然足,远近驰名黄珏桥。"[6]扬州上元日还有"大脚会"之说,"上元俗例敬娘娘,天足

[1]〔清〕沈葆桢:《复林鸿年》,王庆元、王道成考注:《沈葆桢信札考注》,第501页。

[2]汤杰:《扬州光复始末》,中国人民政治协商会议江苏省扬州市委员会文史资料委员会编:《扬州文史资料》第11辑,扬州市委员会文史资料委员会1992年印行,第65页。

[3]范烟桥:《茶烟歇·苏州头》,上海书店出版社1934年版,第3页。

[4]李涵秋:《广陵潮》(上册),凤凰出版社2014年版,第186页。

[5]《风流疑案》,《申报》光绪二年四月初九日(1876年5月2日),第2版。

[6]〔清〕孔庆镕:《扬州竹枝词》,顾一平辑录,扬州市邗江区党史地方志办公室、扬州市邗江区档案馆编:《扬州竹枝词》,第271页。

由来此日忙。惯着一身好衣服,莲船盈尺步飞扬"[1]。

太平天国反对男子留辫、妇女缠足,曾颁布"蓄发令",以求恢复古代男子束发不留辫的习俗,男子不再剃头。正如英国吟唎人所言:"太平天国已经废除了妇女缠足的恶俗。……太平军起义后出生的女孩子全都是天足,这给妇女带来了巨大的福利,使她们从而改善了自己的外貌。妇女摆脱了缠足的恶俗,男子摆脱了剃发垂辫的奴隶标记,这是太平天国最显著、最富有特色的两大改革,使他们的外貌大为改善,和在鞑靼统治下的中国人的外貌显出了巨大的区别,并表现了巨大的改进。"[2]咸丰时期,扬城曾为太平军三度攻占,虽然时间不长,但是"剪辫""放足"政策曾得以推行。这一时期,扬城城内男子不留辫、女子不缠足的现象比较普遍,正如臧毂所云:"良民不肯为旅帅、为司马、为百长,市井无赖及蛮横仆妇,喜充之,蓄发包黄绸,扬扬意得。"[3]

晚清时期,在文明开化的社会背景下,扬州部分开明绅士跟随沿海地区的步伐,亦提出剪辫放足的诉求。光绪二十一年(1895),英国人立德夫人在上海发起成立天足会,扬州设有分会。不过,因扬州民风相对保守,此诉求并未在扬城发展成为一种社会思潮。光绪三十年(1904),扬州绅士李新田等人禀请署两江总督李兴锐刊行《普劝女子不缠足歌》,并抄呈湖南现行章程仿行,这是扬州向政府公开提出反对女子缠足的重要举措。李兴锐虽然赞赏这一倡议,明确表示"妇女缠足,久经钦奉谕旨,饬令婉切,劝谕各省一体钦遵办理"。但其对扬州民风则有所担忧,"惟偏僻处所,见闻较狭,风气尚未大开,或未能家喻户晓,诚如来禀所言据呈,所编《劝不缠足歌》请饬发官书局刊刷多本,分行各属,以期广为劝布,事属可行,应候札饬官书局遵照办理。至今日缠足之害,稍有知识之士固皆能言之能行之矣。其有尚须开导者,应尽之责,官绅均当同任。应如何实力劝谕,及能否仿照湖南现行章程办理,

---

[1] 池雨扬:《湖乡新岁竹枝词》,顾一平辑录,扬州市邗江区党史地方志办公室、扬州市邗江区档案馆编:《扬州竹枝词》,第315页。

[2] 〔英〕吟唎著,王维周、王元化译:《太平天国革命亲历记》(上册),第240页。

[3] 臧毂:《劫余小记》,中国社会科学院近代史研究所《近代史资料》编译室主编:《太平天国资料》,知识产权出版社2013年版,第80页。

仰江藩司迅速核议详夺,再行各属一体遵办,禀折及章程均发仍缴"[1]。地方官员得到批示后,开始着手行动,"扬州江、甘两县均于去岁底奉到上宪通饬,着将不缠足谕旨广为宣布,以冀挽回积习。白朵卿大令奉饬后,除照会各绅董妥为劝办外,并编有韵示,浅近易晓,分贴通冲,闻尚须谕董挨户确查分别劝导云"[2]。

光绪三十二年(1906),苏州女士至江都仙女镇演说放足,"扬属仙女镇亦滨江大镇集也,兹有苏州天足会女士二人,于新正游历至镇,遂于十五日午后,在该镇某处演说天足公理,听者俱拍手称善"[3]。同年,郭坚忍女士与扬州部分开明绅士在扬城丁家湾开不缠足大会,其宗旨为"提倡不缠足,以保卫之体干完全"[4]。同时,扬州不缠足会还开办幼女学堂,"所收学生概行不得缠足,尤能扫除陋习"[5]。由于扬州民风相对保守,女子放足受到部分守旧警察的阻挠,"惟巡警南局廖委员钧汉年少气浮,不加深察,误以兴办女学为违背法律之举,事前既多方阻挠开学"[6]。

(二)禁烟戒毒

鸦片流入后贻害无穷,许多人染上毒瘾后,即使有心戒毒亦无力回天,甚至出现因吸食戒毒的虎狼之药而丧命,使人唏嘘不已。扬州社会开始倡导禁烟戒赌,官府采取各种举措封闭烟馆。"宵小匪徒无可栖止,每借烟馆为窝藏之地,故各省官宪拟严加查禁。兹闻扬州保甲局总办师观察出示,所有八州县属之烟馆限于本月内一律闭歇,如逾限违示,房屋入官或拆卸变卖

---

[1]《禀请刊行不缠足歌批词》,《大公报》(天津版)光绪三十年九月二十五日(1904年11月2日),第5版。

[2]《冀挽积习》,《大公报》(天津版)光绪三十一年正月十九日(1905年2月22日),第5版。

[3]《苏州女士至仙镇演说天足(扬)》,《申报》光绪三十二年正月二十日(1906年2月13日),第9版。

[4]《开第二次不缠足会(扬)》,《申报》光绪三十三年七月初二日(1907年8月10日),第12版。

[5]《扬州绅士上学务处禀(为警察阻挠女学事)》,《申报》光绪三十二年八月二十二日(1906年10月9日),第3版。

[6]《扬州绅士上学务处禀(为警察阻挠女学事)》,《申报》光绪三十二年八月二十二日(1906年10月9日),第3版。

充公云云。是以扬城内烟馆现已闭门,几几乎十叩柴扉九不开矣。"[1]地方官府查禁烟馆一度取得良好成效,不过因烟贩改售烟膏,官府的努力终功亏一篑。由于烟膏能够私下交易且方便吸食,使得官府查禁难度空前加大。"扬城烟馆近已驱逐净尽,总巡恐仍有暗中开设,复严加搜缉。是以若辈无可谋生,现俱改卖烟膏,向吸者出售,惟不开灯设榻招人零吸耳!盖熬烟之法,彼所熟悉,嗜此者亦乐于价购也。"[2]由于官府查禁不易,且开设烟馆亦为扬州穷苦民众的一种谋生手段,官府不得不允许扬州民间通过"取保取结"的方式开设烟馆。

晚清时期,官府亦担心严禁可能引发民变,不敢严禁,并采取变通之法,允许烟馆限时营业。最初规定晚间十二点之后不得交易,"扬城各烟馆,前经江、甘两邑尊会议,广施法外之仁,不予禁止,但令其每晚以十二点钟为限,一律熄灯闭门"[3]。此后则进一步缩短时间,提前至晚间上灯之时。"邗上新旧两城以阿芙蓉膏为糊口计者不知凡几,江、甘两邑宰以此等烟馆最易藏垢纳污,现当整饬地方查拿会匪之际,亟应一律禁绝。即思此种烟间大都皆穷苦小民所开,若一朝勒令闭歇,彼将何以为生,必致游手好闲,仍为地方之患。两邑宰筹商至再,遂网开三面,出示谕令各烟间上灯后即行停售,二炮一律上门,倘有不遵,一经查出,立即提案严惩,并将房屋发封云。"[4]

为了帮助贫苦民众戒烟,扬州绅士还在务本堂分设栖流所作为专门戒烟之所,"扬城栖流所兼行戒烟善举"[5]。光绪三十二年(1906),扬州医生王炳南"以扬城烟室林立,吸食日多,禀请运宪由官设立戒烟局,以救时弊"[6]。光绪三十三年(1907),扬州教育会成员还在东关街杨巷府内成立振武戒烟扬州支社,"定期三月初二日下午,演说吸食鸦片之害,并传授戒烟之法"[7]。当时,扬州女学生高度关注戒烟问题,并为此大声疾呼,同年6月6日至12日,

---

[1]《维扬查禁烟馆》,《申报》光绪三年六月二十二日(1877年8月1日),第2版。

[2]《改卖烟膏》,《申报》光绪五年十二月二十二日(1880年2月2日),第2版。

[3]《示禁讹诈》,《申报》光绪十三年七月初三日(1887年8月21日),第2版。

[4]《维扬近事》,《申报》光绪十七年五月十六日(1891年6月22日),第2版。

[5]《戒烟告示》,《申报》光绪十一年九月十三日(1885年10月20日),第12版。

[6]《官设戒烟局(扬州)》,《申报》光绪三十二年闰四月初六日(1906年5月28日),第9版。

[7]《定期演说戒烟(扬州)》,《申报》光绪三十三年三月初一日(1907年4月13日),第12版。

《申报》连续登载扬州幼女学堂学生钱国秀的呼吁戒烟的来信,其云:"披览之余,不禁额手欢呼,为中国前途贺,我学界女士注重烟患,感思拯拔,以除百年之鸩毒,万姓之隐害,足见文明进步绰有可观。是以登报普告,俾沉溺黑海者知耆年寿母尚思涮除烟累、克欺戒绝,在壮年者更当疾首痛心、矢志戒之,则将来幸福,享受无穷,未始非尔藤亚文奶戒烟之功,安得有如此之效果。"[1]

清末,清政府将禁烟作为地方自治的重要内容之一,扬州亦成立禁烟公所(亦称禁烟局),众多地方绅士参与其中,正如孔庆镕诗云:"禁烟公所公家事,衮衮诸公赋恼公。官吏不如绅士好,并归自治范围中。"[2]为了帮助烟馆转行谋生,扬州地方官绅士共同"筹定善后办法,开办戒烟工艺所,将失业烟户年壮而无力谋生者收所习艺。所有老弱妇女穷苦不能习艺者,仿因利局办法,酌借资本,小贸营生,分期偿还。各烟户得此生计,均各乐从"[3]。扬州官府通过因利局为烟馆经营者提供周转资金,"禁开烟室限期已迫,扬府桂太守定于端阳节后,将蓉芳阁、老福园、新源、睡香楼等各大烟室先行封闭,所有中小烟室合扬城内外约计二千余家,由因利局每家给钱五千文,取具保结,为谋生业"[4]。与此同时,地方政府还开设习艺所,通过以工代赈帮助失业者谋生,"扬州府桂太守以禁烟期限为时在即,深恐失业之徒流为匪盗,因拟仿照上海办法,设立速成工艺所,专收此项失业之人入所学习"[5]。

扬州还流行各种戒烟药和戒烟丸,正如时人臧毂诗云:"紫贝金牛字壮观,搓来好药共成团。不知异草从何得,惯卖洋烟断瘾丸。"[6]孔庆镕有诗咏:"谁云中国富强难?去毒唯凭一粒丹。都道药房生意好,梅花参片戒烟

---

[1]《巾帼志谢》,《申报》光绪三十三年四月二十六日(1907年6月6日),第5版。

[2]〔清〕孔庆镕:《扬州竹枝词》,顾一平辑录,扬州市邗江区党史地方志办公室、扬州市邗江区档案馆编:《扬州竹枝词》,第265页。

[3]《运司禀报禁烟情形(扬州)》,《申报》光绪三十三年七月初七日(1907年8月15日),第10版。

[4]《筹款封闭烟馆(扬州)》,《申报》光绪三十三年五月初六日(1907年6月16日),第12版。

[5]《仿办速成工艺所(扬州)》,《申报》光绪三十三年六月十二日(1907年7月21日),第12版。

[6]〔清〕臧毂:《续扬州竹枝词》,顾一平辑录,扬州市邗江区党史地方志办公室、扬州市邗江区档案馆编:《扬州竹枝词》,第192页。

丸。"[1]扬州禁烟丹药效获利虽然一般,但却是垄断经营,时人亦有反映:"烟霞旧窟青莲阁,何处传来去毒方。罔利一般登垄断,问名应不是韩康。"[2]

(三)革除陋习

清代扬州有诸多社会陋习,随着社会的文明进步,邑人大声疾呼将其废除,以营造健康向上的社会风气。

清末,随着资产阶级民主革命思想的传播,女子解放运动高涨,婚姻家庭变革呼声此起彼伏。当时,留学日本的邑人刘师培、何震夫妇创办《天义》报,主张婚姻家庭革命,揭露批判封建婚姻家庭专制的本质,提出从改良婚姻、家庭革命到废除婚姻家庭等一系列的主张。何震倡导"女界革命",其具体主张有:一、实行一夫一妻制;二、女子出嫁后不从夫姓,以父母姓并列;三、男女并重,父母对儿子和女儿应一视同仁;四、男女受同样的养育,教育同等,职务同等,妇女应参与各种社会生活;五、夫妇不谐则告分离,在分离之前则双方均不能以任何形式与第三者结合,否则,就被视为违背第一条;六、以初婚之男配初婚之女;七、废尽天下之娼寮,去尽天下之娼女,以扫荡淫风。[3]这些主张基本合情合理,反映了中国妇女摆脱男权和夫权的强烈愿望。

扬州人受此影响,开始有了婚姻自主的思想,反对订婚、包办婚姻等束缚个人自由和侵犯个人权利的陋习。两淮中学教员赵本善本有未婚妻,后因与其学生相爱而准备迎娶该学生,此事在扬州闹得沸沸扬扬,其未婚妻之父直接控告至江苏提学使处。"扬郡两淮中学教员赵本善幼聘黄氏之女为室,两无嫌隙,既而赵又与某女学生相识,径行自由订约,置其未婚妻于不顾。前拟三月十九日将某女生迎娶,事为黄氏所闻,女父监生黄志贤具禀各宪,略称隐抛处女,预欲纳妾有伤风化,叩求札饬阻止。刻由提学使批示云:婚姻案件与学务无涉,不应在本司呈禀,立案不行。惟据称赵本善现充两淮中学堂教员,有在学堂成婚之说,殊属离奇,究竟有无其事,姑候札饬该堂监督

---

[1]〔清〕孔庆镕:《扬州竹枝词》,顾一平辑录,扬州市邗江区党史地方志办公室、扬州市邗江区档案馆编:《扬州竹枝词》,第267页。

[2]〔清〕孔庆镕:《扬州竹枝词》,顾一平辑录,扬州市邗江区党史地方志办公室、扬州市邗江区档案馆编:《扬州竹枝词》,第266页。

[3]何震:《女子宣布书》,《天义》第一号(1907年6月10日)。

查复察夺。"[1]此事件涉及道德伦理、法律规范等诸多问题,虽然头绪繁多、错综复杂,但是反映了扬州人婚姻价值观的一种转变,即逐渐摆脱传统婚姻观念的束缚,不再谨遵"父母之命,媒妁之言",个人开始追求婚姻自由和家庭幸福。

在新的社会思潮的冲击下,扬州嫁娶习俗有所革新,在传统的婚仪程序之外,开始引进各种西方元素。"迎娶时,饰彩舆,张鼓乐,盛仪仗以为荣。其尤要者,乾宅、坤宅,各具洋灯。坤宅名'护房灯',尤珍重。又乾宅用筛装绢,配以镜与历书,置高竿上,名曰'高照'。新夫妇胸前各悬小镜,以除不祥。"[2]

晚清时期,随着中国社会转型的不断深入,扬州的公共卫生观念随之得以改进,开始铲除各种愚昧落后的迷信行为。"扬城陋俗,迷信神鬼僧尼,各庙皆备有签桶二具,一为问事神签,一为治病药签,皆僧尼自为编就,为诈取货财之地,而于医理药性,茫然不知。病家误服其签药以死者,不知凡几。运司赵都转□此等陋习,于卫生大有妨碍,特令巡局将各庙仙方签桶一律查禁,并令出不再设立"。[3]

（四）移风易俗

明清时期,扬州男少女多,一直对女性多有歧视,尤其是买卖女性和溺杀女婴的现象非常突出。"扬州古著五女二男,故卖女之风,盛于各地。"[4]嘉道年间,汪喜孙对此就提出严重质疑,"扬州郡城卖女之户倍增于前,鬻子之家,日徙于远。以良家女为倡妇,父兄在侧,为之操缦安弦;以旧家子为优伶,亲族方观,或且按歌击节。抑或抱衾实命,充狗盗之下陈;学舞不成,为龙阳之贱役。其在以色升者,侈然自放;究之其运蹇者,荡焉靡依。剩馥残膏,方颐指而气使;余光末席,尚争妍以取怜"。[5]清初,扬州、高邮分别创办育婴

[1]《结婚焉可自由(扬州)》,《申报》宣统三年四月二十七日(1911年5月25日),第12版。

[2] 徐谦芳著,蒋孝达、陈文和校点:《扬州风土记略》,第54页。

[3]《仙方之不可信服如是(扬州)》,《申报》光绪三十四年二月二十五日(1908年3月27日),第12版。

[4] 徐谦芳著,蒋孝达、陈文和校点:《扬州风土记略》,第50页。

[5]〔清〕汪喜孙:《从政录》卷二页一六《禁止盗卖良家子女议》,《江都汪氏丛书》。

堂,雇乳妇哺育弃婴,乡间则广设接婴所(留婴堂)。江都县育婴堂规模鼎盛时,乳妇的居室就达400多间,"溺女之风,乡间亦间有之;故接婴所之设,乡间获益较多"[1]。

清末,"女权"思想在扬州开始传播,例如光绪三十一年(1905)扬州人所创办的《文明汇报》第二期的首篇论作就是《倡女权说》[2]。随着女权思想的传播,扬州女性不断寻求自我解放,女性的社会地位不断提升,尤其是年轻的知识女性不再是传统妇女依附于男子生活的卑微形象。扬州竹枝词中描述了当时的新潮女子:"半园好,女界往来忙。不染燕支存本色,高盘螺髻斗新妆。眼镜赤金镶。"[3]即便是扬城的烟花女子亦是一改艳俗的妆饰,呈现出新式女性的模样,"镜架金丝似水晶,长裙革履鬓云轻。若非脂粉污颜色,竟误文明女学生"[4]。

晚清时期,邑人对迎神赛会迷信活动多有反思,逐渐认识到此举不仅愚昧落后,而且耗费民众大量的精力和财富。《申报》的扬州访事人多为本地士人,他们认为都天赛会"废时荒业,劳民伤财。静言思之,殊为无谓。严惩而禁绝之,是所望于有牧民之责者,固不仅敛费捐资之足禁也"[5]。因此,官府查禁赛会的举措逐渐得到民众的理解和支持。例如,光绪十一年(1885),地方政府下令禁止中元祀孤"搭台结彩、男女混淆",邑人的反应是"禁除恶习,以正人心,地方何幸而得此贤父母也,不禁额手称庆"[6]。

鸦片战争之后,中国饱受西方资本主义国家的侵略和蹂躏,国人对传统文化和习俗的自信度明显下降,高邮还曾出现所谓本土灶神不及西洋灶神的说法。

---

[1] 徐谦芳著,蒋孝达、陈文和校点:《扬州风土记略》,第49页。

[2] 叶美兰:《柔橹轻篙:扬州早期城市现代化之路》,第174页。

[3] 方泽久:《调寄望江南十八首·半园即事》,扬州老年大学《扬州历代诗词》编委会编,李坦主编:《扬州历代诗词》(四),第728页。

[4] 悟盈生:《扬州小秦淮竹枝词》,顾一平辑录,扬州市邗江区党史地方志办公室、扬州市邗江区档案馆编:《扬州竹枝词》,第250页。

[5] 《邗沟题叶》,《申报》光绪二十三年五月二十八日(1897年6月27日),第2版。

[6] 《禁除恶习》,《申报》光绪十一年八月初二日(1885年9月10日),第12版。

　　　　高邮俗敬灶神,谓神即一家,管理人家事务,欲逐之去中国。灶神
　　　不服,与战而败,遂上奏玉帝。玉帝曰:"方今洋人强盛,你等宜让一步。"
　　　于是洋灶神大作威福,于夜间以小刀破人腹,吸其血云云。现举城哗然,
　　　各将灶神牌烧去。案据此谣言,可以见民间智度之低,且观其所托玉皇
　　　之言,亦可为奴隶根性之代表矣。噫![1]

此虽个案,但反映了传统习俗在欧风美雨的侵蚀下逐渐动摇,伴随着晚清时
期中国社会转型的不断深入,扬州的信佛拜神的风气有所淡化和动摇。戊
戌变法时期,扬州民众为了方便举办都天迎神赛会,竟然赋予都天神以维新
变法的新角色,"洋号横吹腰鼓击,都天大帝忽维新"[2]。

　　清代地方官员遇到灾荒多举行祭神祷告仪式,不仅官员将其自视为作
为父母官之本职,而且百姓将其列入"善政"之类,并且对地方官员从事此
举多有期待。

　　　　求晴祷雨,地方官之职也,今年扬州府属各田亩沟浍,本有余水,尚
　　　可耕种。惟因淮北一带旱干太甚,米行预先长价,是即所谓未荒先荒也。
　　　于是英太守遂设坛求雨,将求之前一夕,太守自将指头啮破,血书表文。
　　　及诣坛即祷毕,伏地痛哭,为民请命,各官书吏皆为陪哭,如是者两日。
　　　至前月念七八,果得密云匝布,大沛甘霖,人皆谓太守之诚心所感云。[3]

进入晚清,随着扬州人对天文气象知识的了解逐渐深入,百姓官员开始对求
雨不以为然,甚至认为属于荒谬无知之举,更为"善政之累"。

　　　　扬州土俗相传以为南方主火,天时燥干,不稍杀其阳气,不特酿成
　　　旱灾,抑且恐有火患。城中绅民愈归咎于南门,而太守因恐天竟不雨,

　　[1]《灶神兴谣(扬州)》,《警钟日报》光绪三十年三月三十日(1904年4月28日),第3版。
　　[2]〔清〕孔庆镕:《扬州竹枝词》,顾一平辑录,扬州市邗江区党史地方志办公室、扬州市邗江区
档案馆编:《扬州竹枝词》,第263页。
　　[3]《祈雨琐闻》,《申报》光绪二年六月初四日(1876年7月24日),第2版。

人将以是借词,故从绅民之意而不得已而出此欤? 虽然,以郡城统辖诸县言之,太守之求雨正为一属之民也。郡有南门,县亦有南门,以为闭门可以挽回天意,补救旱灾,则宜通饬各属悉闭其南门而后可也。即或他县不旱,惟附郭之江、甘二邑可忧,然不知其闭门也为城内计乎,为四乡计乎? 假令为城内计,则南方之火不使直冲门关,而城外实受其祸。为四乡计,则虽闭城门,亦何益之有哉? 君子务其大者远者,愚民寡识,豆棚瓜架,父老聚谈,妇孺闻之,奉为圣经贤传者,岂贤太守而亦曰礼从宜事从俗乎? 吾故以为此善政之累也。[1]

20世纪初,《警钟日报》对两淮盐运使恩铭拈香求雨则给予彻底否定,其评论云:"久不下雨,西北各乡稻皆槁死,连日地方有司禁止屠宰,并步行至城隍庙祈雨。某日,恩运司亲临西乡甘泉山龙王庙拈香,虔求雨泽,此等举动本为野蛮时代圣人称天而治之一端,而二十世纪之中国居然沿为大典奉行,莫之或违,岂不异哉!"[2]

乾嘉时期,扬州人对西方世界还有鄙视心理,对"会说西洋话"者多有歧视。"西洋,即西番也。话语非南蛮鴃舌。扬州人少见多怪,辄以西洋番语为不可解,遇事有不满人意,而又言不顺理者,概而目之曰:'会说西洋话。'"[3]鸦片战争之后,扬州人逐渐接受外语,晚清时期,扬州人子弟则不乏出洋留学者,甚至包括一些女性,正如时人所咏:"半园好,新学敢云非。身着洋装城北美,口操英语泰西归。国步救阽危。"[4]扬州私家园林亦对洋人开放,"半园好,不禁外人游。头戴花冠光灼灼,杖随革履气赳赳。遍眼轶全欧"[5]。

晚清时期,随着彩票的出现,扬城于正月初五流行购彩,"是日几于举国

---

[1]《闭城求雨解》,《申报》光绪六年十一月初七日(1880年12月8日),第1版。

[2]《野蛮可笑(扬州)》,《警钟日报》光绪三十年六月二十一日(1904年8月2日),第2版。

[3]〔清〕林苏门撰,刘永明点校:《邗江三百吟》,第133页。

[4] 方泽久:《调寄望江南十八首·半园即事》,扬州老年大学《扬州历代诗词》编委会编,李坦主编:《扬州历代诗词》(四),第728页。

[5] 方泽久:《调寄望江南十八首·半园即事》,扬州老年大学《扬州历代诗词》编委会编,李坦主编:《扬州历代诗词》(四),第728页。

若狂,而于拜神回家时,多购彩票。是以是日各彩票店,开门甚早"[1]。《扬州竹枝词》对此有咏:"财神何日方开眼,番佛无端去不还。彩票过期成废纸,让人气吐小琅嬛。"[2]可见扬州人对财运的追求,开始由对传统财神的被动寄托,转向对西方博彩的主动尝试。

二、生活的变化

(一)衣食住行的变革

清初,扬州人服饰相对俭朴,后受两淮盐商奢侈之风的影响,穿着打扮方面由俭入繁,甚至走向奢华。当时,扬城富商贵妇多刻意追求时髦,装束猎奇斗艳、不停翻新,张采田在《路娟传》中对此感叹不已:"扬为盐笑之场,冠盖通衢,妇女妆饰,穷极多巧,绫纨组绣,日日不同。"[3]李金在《燕翼篇》中对此曾有严厉批评,还发出生不逢时、错生此地的感叹:

> 天下惟扬州郡邑,服饰趋时,自顶及踵,惟恐有一之弗肖,遇有稍
> 异己者,必从而指谪之,非笑排挤之。当事者亦未尝旌表,嘉其奉法也。
> 嗟乎,人心之轻薄、风俗之侈靡,至扬郡极矣。生斯时也,又生斯地,奈
> 何哉! 至于童子不衣裘帛,古礼所以教之存朴也。今则纨绮之习,自幼
> 已然,且早加以笠帽,与成人无异。噫,父兄之所以教子弟者如此,又安
> 望其长而不失其赤子之心乎? 下逮臧获,苟出富贵之门者,纻丝被体,
> 锦绣护胫,罗绮垫床,又不独一郡为然也。何可胜叹! [4]

不过,这一状况一直延续至清末亦未有起色,"昔人尚俭朴,衣喜雀衣,其式上布下绸,夏日衣袢式同。今则踵事增华,虽贫者亦不衣之;幼稚者且未之见也"[5]。

清代扬州商业经济繁荣,扬州女性成为社会时尚的引领者,其审美观念

---

[1]《扬州新年风俗记》,《时报》1905年2月7日第2张第7页。

[2]〔清〕孔庆镕:《扬州竹枝词》,顾一平辑录,扬州市邗江区党史地方志办公室、扬州市邗江区档案馆编:《扬州竹枝词》,第267页。

[3]〔清〕张采田:《路娟传》,吴寄尘著《虞初近志》第一卷,大达图书供应社1935年版,第9页。

[4]〔清〕李淦:《燕翼篇》卷一一,庐佩民主编:《泰州文献》第4辑第40册,第446页。

[5]徐谦芳著,蒋孝达、陈文和校点:《扬州风土记略》,第51页。

和时尚追求在很长时间内引导着国内的消费潮流,成为人们争相仿效的对象。王锦云有诗云:

> 扬州好,服饰逐时兴。裙褶绣拖弹墨画,衫痕红浅出炉银。人物况凄清。[1]

> 扬州忆,服饰略新奇。罗研春衫宜象眼,锦装冬帽尚羊皮。寒燠各因时。[2]

以女性发饰为例,扬州就有不同形制和妆饰,可谓标新立异,引领时尚,其中以义髻、假髻最为著名,流传最广。乾隆末年,李斗在《扬州画舫录》对鬏勒有详细记述,可谓花色繁多、美不胜收,其云:"扬州鬏勒,异于他处,有蝴蝶、望月、花蓝、折项、罗汉鬏、懒梳头、双飞燕、到枕松、八面观音诸义髻,及貂覆额、渔婆勒子诸式。"[3]当时,扬州诸多款式的发髻中,以高髻最为流行,时人费轩有诗云:"扬州好,妆就下层楼。罗汉高鬏偏稳称,渔婆小勒最风流。那道懒梳头。"[4]扬州女性在服饰方面曾经引领时尚,尤其在女鞋及其饰物方面独步天下,俗有"苏州头,扬州脚"之说,即"苏州头擅元宝之名,扬州脚驰红菱之誉"[5],"扬州妇女多纤足、空心发"[6]。扬城女性追求时尚,可谓从头到脚、覆盖全身,在发式、首饰、耳饰、手饰、化妆、服装、鞋袜等方面追逐和谐统一,从而最大程度展示女性之柔美秀丽,由此亦形成独具特色的"扬妆"。当时,扬州商铺中出现专门经营衣帽等服饰的名店:"运司门口查原当,旧帽新翻缎子街。伍少西家绒袜贵,戴和美店看毡鞋。"[7]《扬州画舫录》有

---

[1]〔清〕费轩:《梦香词(并引)》,顾一平辑录,邗江区史志办、邗江区档案局编:《望江南·扬州好》,第26页。

[2]〔清〕王锦云:《扬州忆(望江南一百令)》,顾一平辑录,邗江区史志办、邗江区档案局编:《望江南·扬州好》,第58页。

[3]〔清〕李斗著,陈文和点校:《扬州画舫录》卷九,第103页。

[4]〔清〕费轩:《梦香词(并引)》,顾一平辑录,邗江区史志办、邗江区档案局编:《望江南·扬州好》,第12页。

[5]《戒淫文》,《申报》同治十一年八月二十二日(1872年9月24日),第3版。

[6]张鸢如:《犬语》,《红杂志》(1924年)第二卷第四十三期,第3页。

[7]〔清〕董伟业撰,刘永明点校:《扬州竹枝词》,第11页。

载,翠花街既汇聚珠宝首饰店,又集中皮衣工匠,"肆市韶秀,货分隧别,皆珠翠首饰铺也"[1]。"硝消皮袄者,谓之毛毛匠,亦聚居是街。"[2]

扬州女性除了喜欢各种奢华头饰,更加偏爱天然的花卉,戴花、插花广为流行。女性佩戴选择时令鲜花,并随季节更替而不断变换品种,诸如迎春、茉莉、芙蓉、玫瑰、芍药、兰花、菊花以及各式杂花,可谓与时俱进、常换常新。正如道光诗人言声均所云"卖鲜花者四时不断",其还有诗吟诵:"海棠郁李并山茶,终日街头唤卖花。穿向银丝真婀娜,鬓边围绕簇宫鸦。"[3]仅在扬州竹枝词中提及的鲜花,就有迎春花、紫玫瑰、夜来香、芙蓉花、红芍药、茉莉花、兰花和菊花等品种,"各带迎春花鬓侧"[4]"春云压鬓簪红药"[5]"鬓边插朵兰花小"[6]"倚门人戴紫玫瑰"[7]等诸多诗句可以证明扬州女性簪花的多样性。晚上,女性沐浴后,梳妆打扮多佩戴鲜花,有"夜来香"之说。"扬州好,浴罢晚梳妆。雪白罗襦蝉翼薄,霞青纱裌麝兰芳。花插夜来香。"[8]咸丰时期,寓居扬州的严镜清在《广陵杂咏》中反映扬州女性头饰还受到杭州、镇江等地风格式样的影响,"蕉扇罗衫体态柔,新杭时样镇江头"[9]。这说明扬州女性已经不再是引领社会时尚的先锋,但其追求时髦时并不故步自封,而是博采众长。

扬州女性对鲜花的巨大市场需求,直接带动城郊地区莳花产业的发展,

---

[1] 〔清〕李斗著,陈文和点校:《扬州画舫录》卷九,第 103 页。

[2] 〔清〕李斗著,陈文和点校:《扬州画舫录》卷九,第 104 页。

[3] 〔清〕言声均:《维扬竹枝词》,顾一平辑录,扬州市邗江区党史地方志办公室、扬州市邗江区档案馆编:《扬州竹枝词》,第 178 页。

[4] 〔清〕郝璧:《广陵竹枝词》,顾一平辑录,扬州市邗江区党史地方志办公室、扬州市邗江区档案馆编:《扬州竹枝词》,第 22 页。

[5] 〔清〕阮充:《扬州竹枝词》,顾一平辑录,扬州市邗江区党史地方志办公室、扬州市邗江区档案馆编:《扬州竹枝词》,第 138 页。

[6] 〔清〕严镜清:《广陵杂咏百首》,扬州老年大学《扬州历代诗词》编委会编,李坦主编:《扬州历代诗词》(四),第 441 页。

[7] 〔清〕董伟业撰,刘永明点校:《扬州竹枝词》,第 3 页。

[8] 〔清〕惺庵居士:《望江南百调(并引)》,顾一平辑录,邗江区史志办、邗江区档案局编:《望江南·扬州好》,第 97 页。

[9] 〔清〕严镜清:《广陵杂咏》,扬州老年大学《扬州历代诗词》编委会编,李坦主编:《扬州历代诗词》(四),第 441 页。

正如徐谦芳所云："至于近郭之人，以种花为业者亦多，莳芍药与菊，多佳种，且流布江南各处，几与北京丰台争胜矣。"[1]扬州花匠殚精竭虑地为女性提供诸多鲜花饰品，正如严镜清诗吟："城东多少花儿匠，花朵妆来色色精。博得美人开口笑，一双蝴蝶宛如生。"[2]扬城女性戴花时还多用银丝、铜丝等穿插或缠绕发髻，亦成为一种时尚，时人亦多有诗反映。乾隆年间，王锦云曾云："扬州忆，杯水弃胭脂。粉炼芙蓉香石髓，花穿茉莉颤铜丝。风露晚妆时。"[3]道光时，言声均亦言："妇女多以银丝穿茉莉花周围绕髻"，并有诗云："隐约朱颜映碧纱，云鬟低颤玉钗斜。隔船似有余芳度，绕髻初开茉莉花。"[4]

　　林苏门的《邗江三百吟》卷六为"新奇服饰"，其中记载了乾嘉时期扬州民众的衣着打扮。其中男子夏天短褂为"罗汉褡""半截衫"，女子则为"蟪蛄褂"，男女背心皆云"喜雀袍"。女鞋分有"蝴蝶履""灌香女睡鞋"，男式则有"网线男凉鞋"。男式衣服有"荷叶领衣""黄草布褂"，裤子为"黑缣丝裤"，帽子则称为"西瓜顶子"，帽顶饰物有"珊瑚球"和"法白顶子"。女式衣裙则有"五台袖""百褶裙"，袜子是"两截袜"，女人的饰品有包金铜簪、羊灌肠手镯、大带钩、长耳挖、茉莉颤、藤响镯、玉套圈等，为防头发油污还有"油肩"。显然，这些服饰均为扬城时尚之物。[5]这一时期，扬州服饰穿戴方面明显体现出南北文化的交汇共融，例如南方的玉套圈、北方的红镶边帽兜都在扬城盛行，"少年妇女耳圈，向止一副，金银为之。近日多用白玉圈套金圈为连环式，此由江南而行于江北者"[6]。红镶边帽兜，"此北省官御风雪之具，分品为之者也。扬俗遇雨雪时亦多用之"[7]。

---

[1]　徐谦芳著，蒋孝达、陈文和校点：《扬州风土记略》，第 47 页。

[2]　〔清〕严镜清：《广陵杂咏百首》，扬州老年大学《扬州历代诗词》编委会编，李坦主编：《扬州历代诗词》（四），第 441 页。

[3]　〔清〕王锦云：《扬州忆（望江南一百令）》，顾一平辑录，邗江区史志办、邗江区档案局编：《望江南·扬州好》，第 50 页。

[4]　〔清〕言声均：《维扬竹枝词》，顾一平辑录，扬州市邗江区党史地方志办公室、扬州市邗江区档案馆编：《扬州竹枝词》，第 183 页。

[5]　〔清〕林苏门撰，刘永明点校：《邗江三百吟》，第 79—87 页。

[6]　〔清〕林苏门撰，刘永明点校：《邗江三百吟》，第 86 页。

[7]　〔清〕林苏门撰，刘永明点校：《邗江三百吟》，第 84 页。

晚清时期,扬州服饰随着中国社会转型而发生显著变化,惺庵居士仅在《望江南百调》中就用了"时髦""时样"等词汇,涉及皮鞋、眼镜等西洋服饰,这充分说明扬州民众逐渐接受欧风美雨的浸润,在服饰方面一改传统模式,紧跟当时的社会时尚,即所谓"洋气"。

> 扬州好,服饰竞时髦。铁卡皮鞋声橐橐,银丝眼镜带高高。双鬓刷兰膏。[1]
> 扬州好,时样下朱楼。衫称小蛮腰窄窄,梳笼刘海发髟髟。襟上系花球。[2]

清末时,迫于生计而流落风尘的瘦西湖船娘,追逐时尚亦不甘落后,其发髻为"时样",服饰是"时式",正如辛汉清诗咏:

> 长春桥畔偶回眸,新嫁莲娘尚怯羞。满面粉堆霜雪白,也梳时样大圆头。[3]
> 金黄两点小于钱,不在眉边在鬓边。海水三镶沿裌裤,好凭时式斗新鲜。[4]

扬州人的衣料多以棉布为主,"中人以下多着布履,乡民帽亦用布"[5]。晚清时期,扬州百姓制衣开始大量使用海虎绒,此为"舶来品",孔庆镕有诗云:"两袖清风怎过冬,饥寒没处打秋风。薄棉半臂穿三季,一律趋时海虎

---

[1]〔清〕惺庵居士:《望江南百调(并引)》,顾一平辑录,邗江区史志办、邗江区档案局编:《望江南·扬州好》,第96页。

[2]〔清〕惺庵居士:《望江南百调(并引)》,顾一平辑录,邗江区史志办、邗江区档案局编:《望江南·扬州好》,第97页。

[3]〔清〕辛汉清:《小船游诗》,顾一平辑录,扬州市邗江区党史地方志办公室、扬州市邗江区档案馆编:《扬州竹枝词》,第206页。

[4]〔清〕辛汉清:《小船游诗》,顾一平辑录,扬州市邗江区党史地方志办公室、扬州市邗江区档案馆编:《扬州竹枝词》,第210页。

[5]钱祥保修,桂邦杰等纂:《〔民国〕江都县续志》卷六《实业考》,《中国地方志集成·江苏府县志辑》第67册,第448页。

绒。"[1]海虎绒即长毛绒,除了夏季均可穿着,"春秋可作夹衣,冬令绒可代皮,亦觉不嫌寒陋。惟夏季决不能穿,则热天本当免褂,实无需乎此"[2]。

清末,沈碧香出任扬州知府时,认为郡人衣着过于奢靡,准备对"奇装异服"进行查禁,《申报》对此有详细报道:

> 扬城风俗奢靡,近来世风日趋日下,几至混淆钗弁、颠倒衣裳,若不设法挽回,尚不知伊于胡底?夫服之不衷,身之灾也。现男子之衣,无论冬夏,均有高领,正身其长无外,而抬袖则又瘦窄异常,至马甲等更短小无度,此已不堪入目。乃佻达少年更选购极时新之电光花边、周身镶滚,为雌飞耶、为雄伏耶?真令人目迷光怪而不能辨矣。至女子更觉离奇,衣之正身窄而长,而袖口则又短而宽,务使无瑕玉腕显呈于大廷广众之中。荒谬孰有过于此者。其顶上圆髻,近则愈梳愈大,外更罩以丝网。按此等装束,在个中人美其名为海式,其实则京津优伶为之厉阶。盖伶人之为此,系自顾列于四民之外,不敢与齐民等,非如此不能稍示区别也。饬即日出示,晓谕通衢,俾各安分营生,毋再日事奢靡、自暴自弃。妇女在街行走,有敢戴网而身不着裙者,决非良女,随见随拿、随讯讯办,罪坐夫男等因。[3]

沈氏眼中所谓的扬州人穿着"不堪入目",不过是成年男子抬袖瘦窄、马甲短小,少年衣服周身镶滚电光花边,女子穿短袖露出手腕、梳大圆髻并罩以丝网而已,这与伤风败俗似乎风马牛不相及,反而说明扬州人在穿衣方面,不仅注意方便舒适,而且追求时尚潮流。更有甚者,一些保守人士对扬城女性佩戴金丝眼镜大为不解,"金丝眼镜鼻高悬,闺阁年来成自然。我有

---

[1]〔清〕孔庆镕:《扬州竹枝词》,顾一平辑录,扬州市邗江区党史地方志办公室、扬州市邗江区档案馆编:《扬州竹枝词》,第264页。

[2] 孙玉声:《沪壖话旧录》,熊月之主编:《稀见上海史志资料丛书》第2册,上海书店出版社2012年版,第180页。

[3]《力挽颓风》,《申报》光绪二十五年八月初八日(1899年9月12日),第2版。

一言无处问,为风还是为增妍"[1]。

扬州地处长江与运河交汇之地,饮食呈现南北交融的特点,民间以吃米面为主。扬州人的食米分为"江米"和"挑本山米","川、楚以船运米来扬出售,名曰'江米'。而山米产于西山一带,故曰'本山米',较胜江米,为其坚实也。扬城大户食米,亦鬻于市,不曰'买米',而曰'挑米',将挑之时,必叮咛盼咐家人:不要江米,要本山米"[2]。据西山人林溥所言,西山米多为早稻,"白壳、红芒、大小香班,皆早稻名。《康熙府志》:扬州山田,多宜早稻,故称早籼,始占城有此种"[3]。清代,扬州本地粮食无法自给,多来自里下河或者四川、两湖地区。正如邑人张集馨奏对道光帝时所云:"不足。近则仰给里河,远则仰给川、广。……里河如东、泰各场一带,产稻极多,收成极早,并有两熟者;距扬不远,一水相通,故粮价遇丰年亦极平减,地方虽水陆交冲,而粮石取之不竭。……四川沃野千里,素称鱼米之乡,……每秋成后,商贾由长江运载而下,如楚、皖年丰,沿途便无截留,直至仪邑扬子江边卸载,拨入扬州,只水道数十里耳!"[4]清代,扬州米市在凤凰桥一带,正如惺庵居士诗云:"扬州好,买米凤凰桥。弥望斗筲人尽是,公然珠玉价同高。清早市声嚣。"[5]扬城百姓一般每天三顿饭,早晚为稀饭,中午干饭,如果中午剩饭较多,晚上则煮"汤饭",正如林苏门所云:"扬城居家,每日两粥一饭,饭在中一顿。中饭或有留余,晚间入锅加水煮而熬之,此通行也。近有本非多余之饭,以杂菜作羹汤,和饭细熬,亦曰'汤饭'。"[6]

扬城内面馆众多,"郡城酒面馆,列肆相望,'连面'各处驰名"[7]。面以满汤或半汤分为"大连"和"过桥","城内食肆多附于面馆,面有大连、中碗、

[1]刘桂华:《扬州城外竹枝词》,顾一平辑录,扬州市邗江区党史地方志办公室、扬州市邗江区档案馆编:《扬州竹枝词》,第257页。

[2]〔清〕林苏门撰,刘永明点校:《邗江三百吟》,第53页。

[3]林溥撰,刘永明点校:《扬州西山小志》,第24页。

[4]〔清〕张集馨撰,杜春和、张秀清点校:《道咸宦海见闻录》,第21页。

[5]〔清〕惺庵居士:《望江南百调(并引)》,顾一平辑录,邗江区史志办、邗江区档案局编:《望江南·扬州好》,第95页。

[6]〔清〕林苏门撰,刘永明点校:《邗江三百吟》,第121页。

[7]〔清〕林溥撰,刘永明点校:《扬州西山小志》,第42页。

重二之分。冬用满汤,谓之大连;夏用半汤,谓之过桥"[1]。康熙时期,成都人费轩寓居扬州,对扬州面赞不绝口:"扬州好,问鹤小楼前。入夏恰宜盘水妙,侵晨还喜过桥鲜。一箸值千钱。"其自注云:"扬郡面馆,美甲天下。问鹤楼最久。'盘水',过水盘旋而成也。'过桥',则另具汤碗,以面重挑至汤中食也。"[2]

扬州面胜在浇头,据《扬州画舫录》载,乾隆初年,扬城各大面馆中就有近十种精美的浇头:

> 面有浇头,以长鱼、鸡、猪为三鲜。大东门有如意馆、席珍,小东门有玉麟、桥园,西门有方鲜、林店,缺口门有杏春楼,三祝庵有黄毛,教场有常楼,皆此类也。乾隆初年,徽人于河下街卖松毛包子,名"徽包店",因仿岩镇街没骨鱼面,名其店曰"合鲭",盖以鲭鱼为面也。仿之者有槐叶楼火腿面。合鲭复改为坡儿上之玉坡,遂以鱼面胜。徐宁门问鹤楼以螃蟹面胜。……其最甚者,鳇鱼、车螯、班鱼、羊肉诸大连,一碗费中人一日之用焉。[3]

大连面以碗大而吓人,实则美味可口,正如林苏门所云:"扬州有徽面之名三鲜者,鸡、鱼、肉也。大连者,大碗面也。外省人初来扬州郡城,入市食面,见大碗汤如水益,几不敢下箸。及入口,则津津矣。"[4]当时,扬州面享誉天下,美食家袁枚在《裙带面》中有言:"以小刀截面成条,微宽,则号'裙带面'。大概作面,总以汤多为佳,在碗中望不见面为妙。宁使食毕再加,以便引人入胜。此法扬州盛行,恰甚有道理。"[5]晚清时期,扬州面已经流行至全国各地,北京、上海、广东、成都等地都有扬州面馆。当时,扬州府所属的泰州、东台等地,扬州面更为流行,款式、风味等几乎与扬州没有差别。咸丰四

---

[1]〔清〕李斗著,陈文和点校:《扬州画舫录》卷一一,第40页。

[2]〔清〕费轩:《扬州梦香词注》,卢桂平主编:《扬州文库》第2辑第55册,第158页。

[3]〔清〕李斗著,陈文和点校:《扬州画舫录》卷一一,第140—141页。

[4]〔清〕林苏门撰,刘永明点校:《邗江三百吟》,第120页。

[5]〔清〕袁枚:《随园食单》,北方文艺出版社2018年版,第316页。

年（1854），赵烈文路过安丰场，"上岸食面，尚是扬州大盎宽汤款式"[1]。泰州人赵瑜亦有诗吟："面学维扬代酒筵，鸡猪鱼鸭斗新鲜。顺园不改老章法，小碗浇头红卤煎。"[2]可见泰州仿效维扬饮食，其风味正宗。[3]广东流行扬州面，汪康年曾云："粤中时盛行扬州面，汤宽面少，以为时髦。"[4]光绪壬寅年（1902）五月，刘鹗与毛庆蕃等人在上海九华楼"吃扬州面，甚佳"[5]。

在盐商的直接引领下，扬州饮食制作极其奢华，《〔康熙三年〕扬州府志》对此有载：

> 扬州饮食华侈，制度精巧，市肆百品，夸视江表。市脯有白瀹肉，燖、炕鸡鸭，汤饼有温淘、冷淘，或用诸肉杂河豚、虾鳝为之。又有春茧鳞鳞饼、雪花薄脆，果馅饆饳，粽子粢粉丸，餫饨炙糕、一捻酥、麻叶子、剪花糖诸类，皆以扬、仪为胜。酿多雪酒，疑即宋云液、琼花露遗制，今不能佳，惟高邮五加皮酒盛称。官府或多作土仪赠遗，间阎累甚。秦邮近日又行真乙酒一种，郡城酒家多效之。[6]

普通百姓饮食品种丰富，以时新菜蔬和各种鱼肉为主，扬州人亦擅长烹饪技法，"扬城土著，多依鹾务为生，习于浮华，精于肴馔，故扬州筵席，各地驰名；而点心制法极精，汤包、油糕、尤擅名一时"[7]。李斗在《扬州画舫录》中描述了小东门街食肆的情况，可谓是琳琅满目，让人垂涎欲滴。

> 小东门西外城脚无市铺，卯饮申饭，半取资于小东门街食肆，多糊

[1]〔清〕赵烈文著，樊昕整理：《赵烈文日记》第1册，中华书局2020年版，第104页。

[2]〔清〕赵瑜：《海陵竹枝词》，雷梦水、潘超、孙忠铨等编：《中华竹枝词》第2册，北京古籍出版社1997年版，第1492—1493页。

[3]〔清〕赵烈文著，樊昕整理：《赵烈文日记》第3册，第1080页。

[4]〔清〕汪康年：《汪穰卿笔记》，上海书店出版社编：《近现代史料笔记丛刊七·汪穰卿笔记　蛰存斋笔记》，上海书店出版社2020年版，第265页。

[5]刘德隆等：《刘鹗及〈老残游记〉资料》，四川人民出版社1985年版，第168页。

[6]〔清〕雷应元纂修：《〔康熙三年〕扬州府志》卷二〇，卢桂平主编：《扬州文库》第1辑第2册，第419页。

[7]徐谦芳著，蒋孝达、陈文和校点：《扬州风土记略》，第48页。

炒田鸡、酒醋蹄、红白油鸡鸭、炸虾、板鸭、五香野鸭、鸡鸭杂、火腿片之属,骨董汤更一时称便。至城下间有星货铺,即散酒店、庵酒店之类,卖小八珍,皆不经烟火物。如春夏则燕笋、牙笋、香椿、早韭、雷菌、莴苣,秋冬则毛豆、芹菜、荄瓜、萝蔔、冬笋、腌菜,水族则鲜虾、螺丝、薰鱼,牲畜则冻蹄、板鸭、鸡炸、薰鸡,酒则冰糖三花、史国公、老虎油及果劝酒,时新酸咸诸名品,皆门户家软盘,达旦弗辍也。[1]

扬州各种小吃别有风味,让人赞不绝口,费轩对此有诗咏:"扬州好,端是胜郇厨。清洌酒传乔氏酿,轻松糖让董家酥。风味记还无?"[2]

清末,随着对外口岸的增加,各地饮食乃至于外国食品开始涌入扬城。光绪三十一年(1905),一品香茶食开业,曾在《申报》作广告,"本号开设扬州教场街,坐东朝西,门面不惜资本,特聘宁广各帮工师,专制官礼、洋面、细点、茶食、南货、金腿、腌腊、糟鲜、中外罐头、蜜饯、腐乳、小菜、异味熏鱼,各色俱全,划一不二,童叟无欺"[3]。由此可见,其经营范围甚广,食品已经包括南北百货和外国面点、罐头,这说明晚清扬城的饮食品种和口味更为丰富多彩,能够满足不同阶层人群的需要。当然,普通农家的生活水平还是比较低下的,多以蔬菜为主,只有除夕日方能一饱口福,正如林溥所言:"田家平日大率蔬食菜羹,至除日,例设酒肉,全家恣啖,俗呼为'杀馋肉'。"其还有诗感叹:"伏腊谁家喜气添?团团妇子话藠盐。一年肉食无多味,惟有今宵最杀馋。"[4]

两淮盐商发财致富后多定居扬州,并建造私家园林。"扬州好,侨寓半官场。购买园亭宾亦主,经营盐典仕而商。富贵不归乡。"[5]扬州园林多依河而建,由于经过精心设计,体现出自然景观与人文气息的有机融合。"扬州

---

[1]〔清〕李斗著,陈文和点校:《扬州画舫录》卷九,第104页。

[2]〔清〕费轩:《梦香词(并引)》,顾一平辑录,邗江区史志办、邗江区档案局编:《望江南·扬州好》,第16页。

[3]《一品香茶食》,《申报》光绪三十一年十一月十九日(1905年12月15日),第7版。

[4]〔清〕林溥撰,刘永明点校:《扬州西山小志》,第34页。

[5]〔清〕惺庵居士:《望江南百调(并引)》,顾一平辑录,邗江区史志办、邗江区档案局编:《望江南·扬州好》,第95页。

郡邑,于天下最名繁会。居其间者,率喜作园馆,以靓丽相夸尚,连趾接荫,隐映合分,跨川弥崖,或十余里不绝。"[1]扬州以园林胜,园林则以叠石胜,扬州私家园林中多采用叠石技术,正如费轩诗咏:"扬州好,雅致最堪思。瘦绉漏添兰石草,轻凉浅换帽胎儿。又好又便宜。"[2]扬州盐商园林的建造精美、环境幽雅、居住舒适亦让乾隆帝惊叹不已:"扬州盐商皆系平民,因拥有厚资,其居室园囿,无不华丽崇焕。"[3]

扬州城市内河道纵横,街道一般多与河平行,道路相对狭窄,仅供步行。住宅多临河建造,采取传统的合院式,空间上属于典型的内聚型布局。扬州住宅明显体现出徽派风格,正如徐谦芳的分析:"今邗江人士,由迁徙而来,大抵徽歙为最,镇江次之,各省游宦者又次之。扬州房屋,悉为徽式。故近儒刘氏师培谓广陵之风,同于徽歙。"[4]

扬州富裕之家为了采光,屋顶则有"明瓦"窗户,多用玻璃。"玻璃不隔人目,而风寒不透,其为用不一,惟安于窗棂之上,更为得宜。"[5]屋内的地面使用"黄油木地平",用青石板铺天井。富贵人家为了增加美感,房屋则有"套房""花楼"等。所谓套房不过为房内密室而已,"大家华屋,堂以外门户分明,及入其书斋密室,曲折相套,行步欲迷,故谓之'套房'"[6]。时人对套房亦称奇道绝,故云"今日套房新样子,玲珑山馆胜楼头"[7]。花楼并非正楼,而是用来插花的阁楼,"此假楼也。别室套房内,顶板中加栏板一层,如小阁以肖楼,四时插花于上,曰'花楼'"[8]。静室之门名曰"竹罩","凡有幽斋静

---

[1]〔清〕姚鼐:《主园图记》,〔清〕王逢源修,〔清〕李保泰纂:《〔嘉庆〕江都县续志》卷九,卢桂平主编:《扬州文库》第1辑第12册,第101页。

[2]〔清〕费轩:《梦香词(并引)》,顾一平辑录,邗江区史志办、邗江区档案局编:《望江南·扬州好》,第13页。

[3]〔清〕庆桂、董诰等:《高宗纯皇帝实录》,嘉庆间内府抄本,第34742—34743页。

[4]徐谦芳著,蒋孝达、陈文和校点:《扬州风土记略》,第88页。

[5]〔清〕林苏门撰,刘永明点校:《邗江三百吟》,第36页。

[6]〔清〕林苏门撰,刘永明点校:《邗江三百吟》,第38页。

[7]〔清〕谢宗素:《扬州竹枝词》,顾一平辑录,扬州市邗江区党史地方志办公室、扬州市邗江区档案馆编:《扬州竹枝词》,第109页。

[8]〔清〕林苏门撰,刘永明点校:《邗江三百吟》,第38页。

室,用竹做成杂花样,笼罩如门"[1]。康熙年间,扬州住房多强调方向朝南、室内精洁,正如石成金所言:"予妄谓富家房屋,任意起造广多。贫则一室一座,惟须面向南方,取其日色高照,明亮光辉,且冬天日光内入而和暖,夏天日光离远而清凉。须要结构精巧,装饰洁白,日常静坐于内,享福多矣。至若居住眷属之屋,向东,则早半日烘蒸,冬天虽暖,夏热难当;向西,则下半日西山返照,夏热更甚;向北,则日色罕临,冬寒凛冽,俱非所宜。若得向南房屋,冬暖夏凉,家人同住,福更普矣。"[2]

康熙年间,扬州富家多居于新城,穷苦民众则住在旧城,正如何嘉延诗吟:"半是新城半旧城,旧城寥落少人行。移来埂子中间住,北贾南商尽识名。"[3]康熙年间,扬州盐商多群居于河下地区,可谓巨室如云,舆马辐辏,不仅聚集规模空前,而且与贫民泾渭分明,正如吴嘉纪在《河下》所咏:"冷鸦不到处,河下多居人。郁郁几千户,不许贫士邻。"[4]

除了盐商园林、官绅署宅,扬州普通百姓多聚集在贫民区。乾嘉时期,扬州草河"西岸矮屋比栉,屋前地平如掌,辘轴参横,草居雾宿,豚栅鸡栖,绕屋左右"[5]。晚清时期,扬州新旧城之间贫富差距依然悬殊,旧城中贫者多住草屋,新城富家则居豪宅。"扬州新城柳巷至旧城中有市河一道,河上有桥,其地微觉野旷,然为新旧二城出入之捷径。虽至夜深,往来者仍不乏人,兼之河岸两旁搭草房以居者亦复不少,虽非对衡望宇,然相隔亦不甚远。"[6]

太平天国战火严重损毁了扬城房屋,普通民众无力建房,多居草屋,"扬州自遭赭逆之乱,房屋十损八九,今惟大街大巷之住家店面,少见整齐,若贫民小户,大半草屋茅庐,聊蔽风雨而已"[7]。当时,扬州城内多有贫苦区,如

---

[1]〔清〕林苏门撰,刘永明点校:《邗江三百吟》,第38页。

[2]〔清〕石成金:《传家宝全集》第3册《真福谱》,第128页。

[3]〔清〕何嘉延:《扬州竹枝词》,顾一平辑录,扬州市邗江区党史地方志办公室、扬州市邗江区档案馆编:《扬州竹枝词》,第53页。

[4]〔清〕吴嘉纪:《河下》,吴嘉纪著,杨积庆笺校:《吴嘉纪诗笺校》,第373页。

[5]〔清〕李斗著,陈文和点校:《扬州画舫录》卷一,第12页。

[6]《路见遗尸》,《申报》光绪五年十月初一日(1879年11月14日),第3版。

[7]《放火被获》,《申报》光绪十年正月二十五日(1884年2月21日),第2版。

"东关门外接连便益、广储二门,皆草屋,现有饥民,席棚一望无际"[1]。北柳巷西首"旧城根一带,多系贫苦小民搭篷居住,柴扉半掩,篱壁萧疏"[2]。卸甲桥南首为贫民聚集地,"扬州小东门内卸甲桥房屋栉比,南首略有隙地,贫民咸于此诛茅结屋,聚族而居"[3]。

扬州农村则是独具特色的田园式风格,房屋多高大宽敞,正如英国人呤唎游历江都仙女镇农村后所云:

> 仙女庙为此处一带的大市场。两岸的乡间全都是肥饶的耕地。农民的耕种方式和农民的房舍较其他中国地方更接近英国的样式。大麦、小麦、裸麦、燕麦——映入眼帘,不像中国其他乡间,大多尽是一望无际的稻田。田间有一堆堆的干草堆,房舍高大宽敞。林木稀少,斑鸠甚多。[4]

清代扬州人的代步工具主要为"飞轿",《扬州画舫录》对其有详细描述:

> 山轿二乘,即竹兜子,闲时贮一粟庵,遇官舟抵岸则出。至四城堂客,上山多步行,富贵家则自备女舆。行走若飞,谓之飞轿;步碎而软,谓之溜步。轿夫谓之楼儿,随轿侍儿谓之跑楼儿。[5]

飞轿又称"网顶飞轿",林苏门解释其起名的缘由,"两人共肩一轿,三五人换班,摇首横肱,扭腰摆股而来,而轿不少动,似有欲飞之势,故名'飞轿'。二竿甚硬,宁柔其肩脊以就之……四轿、八轿之顶,结线如网,此官制也。二人飞轿间亦仿之"[6]。当时,只有官员富商及其家眷才能坐轿,林苏门有诗

[1]《弹灯致火》,《申报》光绪九年十二月二十六日(1884年1月23日),第2版。
[2]《龟奴自尽》,《申报》光绪十六年九月初九日(1890年10月22日),第9版。
[3]《扬州火警》,《申报》光绪十八年三月十二日(1892年4月8日),第2版。
[4]〔英〕呤唎著,王维周、王元化译:《太平天国革命亲历记》(上册),第306页。
[5]〔清〕李斗著,陈文和点校:《扬州画舫录》卷一六,第197页。
[6]〔清〕林苏门撰,刘永明点校:《邗江三百吟》,第43页。

云:"旧城独有罗荣泰,飞轿都因议事来。"[1]罗荣泰作为两淮盐商总商,因其家住扬州旧城,但议事时则必须去新城盐院,故需乘坐"飞轿"往返。扬州少年为了追逐时髦亦不惜钱财,"犹恐千金挥不尽,又抬飞轿学盐商"。[2]

扬城水系发达,官船之外,绅商民众出游多有画舫。乾隆时期,扬城游船根据其外形和尺寸大小,已经分为大凉篷、双飞燕、牛舌头和丝瓜架等多种类型,方便不同人群选乘。李斗对扬州画舫有详细描述:

> 扬州画舫,始于鼓棚。鼓棚本泰州驳盐船,至朽腐不能装载,辄牵入内河,架以枋楣椽柱。大者可置三席,谓之大三张,小者谓之小三张。驳盐船之脚船,枋楣椽柱如瓜蔽架者谓之丝瓜架。木顶船谓之飞仙,制如苏州酒船,本于城内沙氏所造,今谓之沙飞,皆用篙贼。沙飞梢舱有灶,无灶者谓之江船,用橹者为摇船,前席棚后木顶者谓之牛舌头,用桨者为划子船,双桨为双飞燕,亦曰南京篷。……沙飞重檐飞舻,有小卷棚者谓之太平船,覆棕者为棕顶,以玻璃嵌窗者谓之玻璃船。至于四方客卿达官以及城内仕宦向有官船,皆住北门马头,非游人所得乘也。[3]

扬州普通百姓,尤其是女性,出行一般都选择乘坐"官轿",即民间俗称"七香车",正如言声均所云:"妇女出游多乘玻璃官轿",其还赋诗吟道:"哦噔轿帏洋布里,玻璃窗子两边安。镜花水月分明见,尽着旁人仔细看。"[4]不过,时人认为乘坐飞轿比七香车更为舒适和气派,扬州竹枝词亦云:"扬州好,轿胜七香车。软扛一肩珠泻掌,窗虚四面月笼花。看煞是谁家。"[5]

晚清时期,扬州航运有了轮船,"扬城为数省通衢,南北孔道,巨商硕贾

[1] 〔清〕林苏门:《续扬州竹枝词》,顾一平辑录,扬州市邗江区党史地方志办公室、扬州市邗江区档案馆编:《扬州竹枝词》,第78—79页。

[2] 〔清〕董伟业撰,刘永明点校:《扬州竹枝词》,第1页。

[3] 〔清〕李斗著,陈文和点校:《扬州画舫录》卷一八,第226页。

[4] 〔清〕言声均:《维扬竹枝词》,顾一平辑录,扬州市邗江区党史地方志办公室、扬州市邗江区档案馆编:《扬州竹枝词》,第177页。

[5] 〔清〕费轩:《梦香词(并引)》,顾一平辑录,邗江区史志办、邗江区档案局编:《望江南·扬州好》,第19页。

荟萃如云,近以通行小火轮船,地方更形繁盛"[1]。由于民间大量兴办轮船,导致同业竞争异常激烈,乃至于政府出面加以管控。"扬州城外小轮船局日渐增多,近因各局伙兜□船票,互相争竞,往往操同室之戈。常镇关道郭月楼观察患之,特委候补县王大令来扬,在钞关门外择地设局,专司弹压,刻已开局。闻上游东关等处相离较远,恐查察难周,尚须另设分局云。"[2]航运虽然更加便利而造福于民,但基本夺走民船的生计,"河内新添小火轮,江南江北往来频。利权夺尽船家苦,不怪奸商怪小民"[3]。与此同时,由于上海经济的强大辐射力和吸引力,扬州逐渐成为其原料的生产地,本地的农副产品不在扬城销售且价格见涨,"江都为鱼米之乡,自轮舶、火车通行,贩运沪上,而本地水产之入市者转日见少且甚贵云"[4]。

（二）信息传递的变化

晚清时期,扬州作为盐业经济的重心,具有区域性信息中心的地位。同治十一年(1872),成立于上海的《申报》就开始在扬州发行。[5]光绪年间,《申报》已在扬州城内设立四处售报馆,"扬州府新城内六条巷刘修之,又湾子街协顺料货店巷兴隆报房,又兴隆庵北巷刘承恩,又四望亭王复兴四处"[6]。

扬州为长江中下游的重要城市,《申报》重视扬州地区的新闻报道,自同治十三年(1874),《申报》就先后通过"扬州友人""扬州来信"的方式专门报道扬州地区的新闻,虽然这些爆料人已经具有一定的新闻记者的性质,但大多并不固定,多进行临时性的采访。[7]因此,《申报》开始在扬州聘请访事

---

[1]《添设邮局》,《申报》光绪二十四年十一月三十日(1899年1月11日),第1版。

[2]《设局查察小轮船(扬州)》,《申报》光绪三十一年二月二十二日(1905年3月27日),第3版。

[3]〔清〕汪有泰:《扬州竹枝词》,顾一平辑录,扬州市邗江区党史地方志办公室、扬州市邗江区档案馆编:《扬州竹枝词》,第218页。

[4] 钱祥保修,桂邦杰等纂:《〔民国〕江都县续志》卷六《实业考》,《中国地方志集成·江苏府县志辑》第67册,第450页。

[5] 据同治十一年五月初六日(1872年6月11日)《申报》第8版载:"启者:本馆欲请华人在于各埠设立代售《申报》,现镇江、苏州、杭州、扬州、嘉兴、湖州、天津均已延定前去。其北京、燕台、清江、仙女庙、南京、宁波等处亦人前去。如有愿作此生理者,请保协同来馆面订可也。"

[6]《外埠售报处》,《申报》光绪九年六月初二日(1883年7月5日),第1版。

[7] 扬州"友人"最早见于《申报》同治十三年二月二十三日(1874年4月9日),"扬州来信"最早则见于《申报》光绪元年六月初十日(1875年7月12日)。

员,专门收集扬州地区发生的新闻素材。访事员简称"访员",类似于今日之记者,由报馆在每埠聘请一至二人,对报馆负责,独立采编发稿。光绪十年(1884),"本馆现欲请人在扬州采访新闻,如有愿就者祈先报时事数则,寄交本馆,俾看笔墨如何,再与定夺,至每月酬金若干,俟订定时酌议"[1]。《申报》的举措确保能够及时报道发生在扬州的重大事件,不仅保证了新闻的时效性,而且能够直接反映地方社会的舆论走向,更有利于《申报》在扬州地区的传播。

随着《申报》发行量的逐步扩大,由镇江转运分发的发行方式不能适应扬州读者的实际需求,光绪三十一年(1905),《申报》决定在扬州开设分馆,地址在扬州砖街南首,经理人为吴瑞芝。"本馆现于扬州砖街南首开设分馆,排日寄到,不稍迟延。刊上绅商赐顾者请至敝分馆面订,送阅报资须按月交清,特此告白。"[2]

光绪八年(1882),扬城开通了电报局,又称电线局,"扬州电线局于五月十四日完工,自南路入广储门,归总于李韵亭观察别墅之院中,即为总局。然后分线北向接至万福桥,迤逦北去,自仙邵二镇、高邮、宝应、淮城以至清河县"[3]。这标志着扬州现代化讯息产业正式形成。不过,因平时疏于维护,十年过后就已经腐朽不堪,不得不进行修整,并调整线路。"扬州邵伯镇至施家桥一带创立电杆,为时已久,杆木着土处雨淋日炙,剥蚀朽烂,设复风雨漂摇,不免摧枯拉朽。大宪据电详报,得悉情形,理当改换,派员顾匠拉来修理,一律整齐。其缺口街河西电杆以路非径直,改植河东,以省曲折云。"[4]

光绪二十四年十二月(1899年1月),在海关总税务司赫德等人的推动下,扬州邮政分局成立。当时,"总税务司来札,饬于扬州、清江浦两处推广邮政,择地设立分局"。扬州知府沈碧香与"洋司事倭士卜君"会晤后,决定租用钞关门内埂子大街佛照楼客栈对门一平房,"赁为分局,鸠工庀材,略加修饰,择期本月某日开办。二十四日,城内各民信局已相约至邮局会议

[1]《聘请扬州访事人》,《申报》光绪十年七月二十九日(1884年9月18日),第1版。

[2]《扬州特设分馆》,《申报》光绪三十一年正月十九日(1905年2月22日),第1版。

[3]《电线成功》,《申报》光绪八年五月二十三日(1882年7月8日),第2版。

[4]《云液如酥》,《益闻录》光绪十九年五月二十二日(1893年7月5日)第1282号,第161页。

矣"[1]。扬州邮政分局成立后,办理信函、包裹、汇兑等各种邮政业务。光绪三十一年(1905),镇江关税务司兼管邮政事宜义理迩准备"将邮政大加推广,特于扬州、淮安二府属添设分局,以便商民信息灵通"[2]。随后,扬州府所属各县邮政分局先后成立,这意味着扬州信息传递开始走向现代化。

(三)娱乐生活的丰富

鸦片战争之后,西方乐器、影视等新的娱乐载体逐渐传入扬州。以洋琴为例,明末时从国外传入广州,后传到扬州,清代再由扬州辐射到全国各地。道光时期,扬州清曲伴奏就使用了两排码七档蝶形琴。[3]光绪年间,福建人高乃超来到扬州教场,曾以留声机招揽顾客,吸引观者如堵,为其积累了开办酒肆资本。"清光绪间来扬,携留声机设肆于教场。机圆桶形,系以皮管,塞耳以听,声似蚊蝇。市人好奇,麇集之。每客收铜币二枚,日售数十千。旬日后,积资数百千,乃赁屋设可可居酒肆。"[4]晚清时期,扬州流行有各种西洋乐器,孔庆镕有"洋号横吹腰鼓击"[5]的诗句。西方的万花筒亦得到扬州妇女儿童的青睐,时人有诗云:"手牵油线喊劳神,两个铜钱看八门。妇女婴孩无见识,风流一见觉消魂。"[6]

20世纪初期,外人多次赴扬开设电影院,均为地方官府借故阻挠而未果。光绪三十年(1904)7月,美、日两国商人首次在扬开设影院,放映电影,"前月底,有美国商人偕翻译、细崽四五来扬,在新胜街设立电光影戏公司,生涯颇盛"[7]。地方政府担心引发中外交涉而加以查禁,"近来每有无业流氓勾通洋人在内地租屋营生,日前有美人蓝厚得、日本人中原安太郎先后来扬

---

[1]《添设邮局》,《申报》光绪二十四年十一月三十日(1899年1月11日),第2版。

[2]《义税司推广邮政(镇江)》,《申报》光绪三十一年八月二十五日(1905年9月23日),第3版。

[3] 王万青扬州故居现存有一架道光年间的两排码七档蝶形琴,为扬州清曲名家王万青的遗物,这是扬州清曲早期伴奏乐器中仅存的一架洋琴。张翠兰:《存见清代洋琴考述》,《人民音乐》2007年第12期。

[4] 杜召堂著,蒋孝达、顾一平点校:《惜余春轶事》,第1页。

[5]〔清〕孔庆镕:《扬州竹枝词》,顾一平辑录,扬州市邗江区党史地方志办公室、扬州市邗江区档案馆编:《扬州竹枝词》,第263页。

[6]〔清〕佚名:《邗江竹枝词》,顾一平辑录,扬州市邗江区党史地方志办公室、扬州市邗江区档案馆编:《扬州竹枝词》,第278页。

[7]《交涉纪闻》,《警钟日报》光绪三十年七月二十二日(1904年9月1日),第3版。

开演影戏,现经江、甘两邑宰查明严禁"[1]。可见,扬州最早的电影院存在时间不过月余,电影放映亦因扬州地区并非通商口岸而最终搁浅。不难看出,地方官府并不畏惧新式电影在扬开演,而是担心洋人进入扬城可能引发中外矛盾和冲突,故严厉查禁。

此后不久,一些扬州人在埂子街、南河下等处开办影院,放映西洋影片,亦被地方官员以有伤风化而加以取缔。[2]光绪三十五年(1909),法国文明电影公司又试图在扬开办影剧院,同样为地方政府查禁,"将该法商驱逐,限三日内出境,不得逗留"[3]。

清末,扬州先后开办了幻仙集影戏园、开明公司和开通公司等新式剧院,终因守旧势力的滋扰而很快闭歇。晚清扬州电影业虽然命运多舛,但给扬州人带来了新的娱乐方式,有开阔眼界、耳目一新之感。

有清一代,扬州社会生活明显具有阶段性特征,大致上可以分为三个时期:

第一,在徽商影响下形成所谓的"扬气",即两淮盐商凭借其财力,将"徽派"文化风俗带入扬州。正如《〔民国〕江都县续志》所总结的:"扬州多寓公,久而占籍,遂为土人,而以徽人之来为最早,考其时代,当在明中叶。扬州之盛,实徽商开之。汪、程、江、洪诸姓皆徽人流寓而占籍者也。故丧祭有徽礼、扬礼之殊,而食物中如徽面、徽饼、徽包,至今犹以徽为名。"[4]

乾嘉时期,《扬州画舫录》已经记载有洋房、玻璃、眼镜、自鸣钟等西洋器物,多是扬州盐商直接从国外进口,将西方的"奇技淫巧"引入扬州。李斗在《扬州画舫录》记载盐商江春所建江园中的"怡性堂","左靠山仿效西洋人制法,前设栏楯,构深屋,望之如数什百千层,一旋一折,目炫足惧,惟闻钟声,令人依声而转。盖室之中设自鸣钟,屋一折则钟一鸣,关捩与折相应。

---

[1]《禁止外人演戏(扬州)》,《申报》光绪三十二年五月初四日(1906年6月25日),第9版。

[2]《禁演影戏》,《申报》光绪三十年八月二十七日(1904年10月6日),第9版。

[3]《驱逐开演电戏之法商》,《大公报》(天津版)宣统元年八月十七日(1909年9月30日),第5版。

[4]钱祥保修,桂邦杰等纂:《〔民国〕江都县续志》卷三〇《杂录》,《中国地方志集成·江苏府县志辑》第67册,第817页。

外画山河海屿,海洋道路。对面设影灯,用玻璃镜取屋内所画影,上开天窗盈尺,令天光云影相摩荡,兼以日月之光射之,晶耀绝伦"[1]。不过,这是盐商奢侈淫逸消费的体现,与普通百姓生活并无多少关联。盐商凭借其雄厚财力,在营建园林时引进了一些西方建造技艺和建筑材料。例如,康熙年间,扬州黄氏盐商仿效广州碧堂,营建了"澄碧堂",这是扬州最早的西洋风格的建筑。当时,扬州人已能够"仿泰西营造法"或"仿效西洋人制法","受西洋影响的园林主要在扬州一带,扬州清初是外贸商业较兴盛的城市,当时扬州一些园林的平面布置及一些构件、材料模仿西方园林,出现了采用西式平面布置并安装玻璃窗等西方园林的装饰手法"[2]。

这一时期,扬州消费呈现出两大特色,既追求时新奇特,又附庸文雅古风。扬州盐商室内陈设多用四季花卉,"城中富家以花事为陈设,更替以时"[3]。某人因其个人嗜好,竟然将家中遍布兰花,"或好兰,自门以至于内室,置兰殆遍"[4]。富家大户多在厅上悬挂闹钟,"自鸣钟以定时刻,扬城趋时之家,间亦用之。……厅上乃宾客往来之地,借以骇人见闻"[5]。富人佩戴的三针表,名为校时,实则炫富,"洋人一针表,售出价不过数十金;近日面上三针,校定更准,其价更昂。扬城趋时人借定时名目,亦多于腰间佩带,以为饰观"[6]。富商还从北京、广东乃至于海外引进了一些宠物品种,更是耗费颇多,例如小虎头狗,"扬城近日多自京都买来小哈叭狗,以取其灵,更取形之如虎者藏而养之,但不在大而在小"[7]。雌雄鸡则"较土产小而矮,重不过斤许,扬人以为来自粤东,故宝之。近日多以雌雄一对配就,育而不食"[8]。笼洋小老鼠更为珍贵,"此种老鼠极小,满身斑斓,传说自洋而来。近日用精巧木

---

[1]〔清〕李斗著,陈文和点校:《扬州画舫录》卷一二,第143页。

[2]张淑娴:《明清文人园林艺术》,紫禁城出版社2011年版,第165页。

[3]〔清〕李斗著,陈文和点校:《扬州画舫录》卷三,第42页。

[4]〔清〕李斗著,陈文和点校:《扬州画舫录》卷六,第77页。

[5]〔清〕林苏门撰,刘永明点校:《邗江三百吟》,第94页。

[6]〔清〕林苏门撰,刘永明点校:《邗江三百吟》,第95页。

[7]〔清〕林苏门撰,刘永明点校:《邗江三百吟》,第112页。

[8]〔清〕林苏门撰,刘永明点校:《邗江三百吟》,第113页。

笼,内设活风车,藏米以供其食,而快人观"[1]。

富家不仅在物质上尽显与众不同,而且在文化上追求古道风雅。由于富商总体文化层次不高,因此更多借用书画艺术的外在形式。夏季,富商多使用团扇,当然不是为了扇风取凉,"此仿古式也。或湘妃竹,或檀梨木,先团一大圆圈,加用长柄,中作横担,以入圈内。两面皆纱,中嵌纸表,而出之名工字画不等。……炎热夏天,各人手中所挥,讲究团扇,十有八九,谓非以趋时,而遵行古道欤!"[2]室内中堂悬挂"八分书",不过是借名人书法装点门面而已,"近日扬城多尚碑刻,辄以真草为时字,争学八分隶书。究之所书八分,能得几分神妙耶?或厅上对联,或斋中屏幅,挂用八分书者,旧则郑谷口先生(簠)、李东渚先生(仙榜),新则吴澂墅翰林(绍溁)、江秋史御史(德量),大半趋时而已"[3]。

此外,扬州富家在人际交往之中特别重视场面和繁文缛节,虽然体现了对他人的礼貌和尊重,但是有铺张浪费之嫌疑。例如,乾隆时期的"算折饭轿班""挑待慢盒"即是明证。当时,扬城"酬应多有以轿为荣者。凡遇请客之时,客一入席,先算算轿夫名数,给以饭钱,名曰'算折饭轿班'"[4]。宴请之家不仅准备丰盛的菜肴,而且为女客提供车资,次日还派人登门送上"待慢盒"。林苏门对扬州人过于讲求待客之礼仪亦深有感触,"凡有喜庆游集女客宴会者,预日下轿封;及请之日、饮食丰美,种种费用,何慢之有?次早尤须办食物数种,装盒命家人挑而送之,致词曰'昨日待慢',未免太过矣!"[5]

两淮盐商贪图享受、追求奢华的生活方式,不仅深刻改变了扬州本地风俗,而且影响全国的社会风气,当时天津、上海、汉口等地紧追扬州时髦,亦步亦趋,不甘落伍。乾隆末期,纪昀在《〈沽河杂咏〉序》云:"天津擅煮海之利,故繁华颇近于淮扬。"[6]嘉庆年间,上海"城市慕苏、扬之余风,而乡颇儳,

[1]〔清〕林苏门撰,刘永明点校:《邗江三百吟》,第113页。
[2]〔清〕林苏门撰,刘永明点校:《邗江三百吟》,第94页。
[3]〔清〕林苏门撰,刘永明点校:《邗江三百吟》,第95页。
[4]〔清〕林苏门撰,刘永明点校:《邗江三百吟》,第75页。
[5]〔清〕林苏门撰,刘永明点校:《邗江三百吟》,第65页。
[6] 纪昀:《〈沽河杂咏〉序》,〔清〕华鼎元辑、张仲点校:《梓里联珠集》,天津古籍出版社1986年版,第65页。

目前斐然客观而力实不能持久，以长世所由来远矣"[1]。道光诗人叶调元在《汉口竹枝词》有"上街路少下街稠，卧帚一枝水面浮。扫得财来旋扫去，几人骑鹤上扬州"[2]的诗句。正如论者总结所言："服食、器用、园亭、燕乐，同于王者，传之京师及四方，成为风俗。奢风流行，以致世乱，扬州盐商与有责焉。"[3]当然，盐商这种生活方式，不过是凭借其经济实力虚张声势，以期掩盖其内心虚弱和文化浅薄而已。

第二，随着两淮盐业从巅峰衰落，"扬气"中增添了诸多"苏式"风采，反映了苏州文化对扬州的渗透。清代中后期，随着苏州经济社会的繁荣发展，其文化影响力不断扩大，逐渐有"苏式"压倒"扬气"的趋势。

苏州在妇女服饰装扮方面开始形成新的风尚，并逐渐影响扬州，扬城女性群起仿效并追逐苏州的各种时髦风俗。雍正、乾隆年间，扬州女性化妆已经采用姑苏时样，寓居扬城的著名画家黄慎对此有诗反映："画檐春暖唤晴鸠，晓起棠梨宿雨收。闲倚镜奁临水面，拟将时样学苏州。"[4]《广陵古竹枝词》亦云："杏放娇红柳放黄，谁家女子学吴妆。乌绫三寸齐眉勒，阔袖迎风几许长。"[5]道光时期，扬城女性的高髻发型逐渐式微，苏式平髻得以广泛流行，时人言声均有诗句云："裙裾结伴爱春游，髻发高梳元宝头。见说新时平髻好，又翻花样学苏州。"其自注又言："扬州妇女之时派者，向梳高髻，名为元宝头。近来渐有学苏州平髻者。"[6]"少年不喜鬆笼发，梳得扬州元宝头。"[7]

苏州的昆曲及其他戏剧流派在扬城得以盛行，甚至后来居上，压倒本地

[1]〔清〕王大同等修、李林松纂：《〔嘉庆〕上海县志》卷一《风俗》页四二，嘉庆十九年（1814）刻本。

[2]〔清〕叶调元著，徐明庭、马昌松校注：《汉口竹枝词校注》，湖北人民出版社1982年版，第5页。

[3]邓之诚：《中华二千年史》卷五《明清下》第2分册（下），东方出版社2013年版，第420页。

[4]〔清〕黄慎：《维扬竹枝词》，顾一平辑录，扬州市邗江区党史地方志办公室、扬州市邗江区档案馆编：《扬州竹枝词》，第58页。

[5]〔清〕佚名：《广陵古竹枝词》，顾一平辑录，扬州市邗江区党史地方志办公室、扬州市邗江区档案馆编：《扬州竹枝词》，第85页。

[6]〔清〕言声均：《维扬竹枝词》，顾一平辑录，扬州市邗江区党史地方志办公室、扬州市邗江区档案馆编：《扬州竹枝词》，第177页。

[7]〔清〕厉秀芳：《真州竹枝词》，卢桂平主编：《扬州文库》第2辑第55册，第404页。

戏曲,这在扬州竹枝词有反映:

> 老昆小旦尽东吴,一色浓妆艳紫朱。张二官偕陈大保,思春狐狸叫姑姑。
>
> 苏班名戏维扬聚,副净当场在莽苍。王炳文真无敌手,单刀送子走刘唐。[1]

娼妓亦有地域之分,苏州为"苏帮",扬州则是"扬帮"。即便在扬城,"苏帮"亦略胜"扬帮"一筹。例如游客在瘦西湖选择画舫多倾向"苏帮",正如张维桢诗云:"深红浅绿好衣裳,袅娜金钗逞艳妆。多少游船停桨望,堂名认识是苏帮。"[2]故时人感叹:"扬帮难得及苏帮,水色原来下路强。发挽乌云元宝样,声声唱的是吴腔。"[3]

扬州人生活虽然盛行"皮包水",但是"扬款"茶社亦不敌"苏式"茶馆,《邗江竹枝词》有云:

> 老班茶社翻苏馆,旧店重开诱哄人。牌挂轩昂茶听点,芜城今已胜吴城。
>
> 邗江遍处是茶坊,扬款焉如苏式昂。三五七文粗细碗,手巾把子水烟装。[4]

扬州社会生活中体现出如此众多的"吴风",与大量苏州人士在扬经商定居有着直接关系,正如董伟业诗云:"问他家本是苏州,开过茶坊又酒楼。

---

[1]〔清〕林苏门:《续扬州竹枝词》,顾一平辑录,扬州市邗江区党史地方志办公室、扬州市邗江区档案馆编:《扬州竹枝词》,第80—81页。

[2]〔清〕张维桢:《湖上竹枝词》,顾一平辑录,扬州市邗江区党史地方志办公室、扬州市邗江区档案馆编:《扬州竹枝词》,第92页。

[3]〔清〕佚名:《邗江竹枝词》,顾一平辑录,扬州市邗江区党史地方志办公室、扬州市邗江区档案馆编:《扬州竹枝词》,第272页。

[4]〔清〕佚名:《邗江竹枝词》,顾一平辑录,扬州市邗江区党史地方志办公室、扬州市邗江区档案馆编:《扬州竹枝词》,第275页。

手种奇花供客赏,三春一直到三秋。"[1]这说明,乾隆时期苏式风格的茶肆、酒楼和莳花已经传入扬城,对扬州文化产生潜移默化的影响。

由此可见,扬州文化中不仅吸收消化大量的姑苏文化元素,而且加以发展形成自身的所谓"扬气",故有学者据此认为:"大批盐商辐集扬州,形成了颇具影响的河下盐商社区。通过模仿、消融苏州文化的特质,逐渐掺以徽州的乡土色彩,最终孕育出独具特色的扬州城市文化。"[2]

第三,鸦片战争后,上海作为通商口岸逐渐兴起,在以上海为代表的西洋文化的辐射下,逐渐将"扬气"转变为"洋气"。鸦片战争之后,随着西方资本主义国家的入侵不断加深,其物质、文化的渗透日渐深入,扬州社会生活多有西洋元素,并与普通民众的日常生活紧密挂钩,这在扬州竹枝词中多有反映。例如眼镜:"远树花开嫌短视,双撑眼镜耀玻璃。"[3]西洋挂表:"青袍僮仆悬洋表,俏立船头美少年。"[4]"襟边挂上西洋表,转到金针巳巳时。"[5]电灯:"四角洋灯六柱篷,琵琶水面往来中。"[6]"扬州好,闹市是新城。的烁铺灯悬电气,喧阗车辙走雷声。人语到三更。"[7]西洋镜(万花筒):"四围洋镜觑春情。"[8]照相机:"西洋照相有秘法,八叟貌无分毫差。吾家诗翁为作

[1]〔清〕董伟业撰,刘永明点校:《扬州竹枝词》,第8页。

[2]王振忠:《明清徽商与淮扬社会变迁》,三联书店1996年版,第7页。

[3]〔清〕张维桢:《湖上竹枝词》,顾一平辑录,扬州市邗江区党史地方志办公室、扬州市邗江区档案馆编:《扬州竹枝词》,第92页。

[4]〔清〕张维桢:《湖上竹枝词》,顾一平辑录,扬州市邗江区党史地方志办公室、扬州市邗江区档案馆编:《扬州竹枝词》,第92页。

[5]〔清〕言声均:《维扬竹枝词》,顾一平辑录,扬州市邗江区党史地方志办公室、扬州市邗江区档案馆编:《扬州竹枝词》,第177页。

[6]〔清〕韩日华:《扬州画舫词》,顾一平辑录,扬州市邗江区党史地方志办公室、扬州市邗江区档案馆编:《扬州竹枝词》,第103页。

[7]〔清〕惺庵居士:《望江南百调(并引)》,顾一平辑录,邗江区史志办、邗江区档案局编:《望江南·扬州好》,第88页。

[8]〔清〕严廷中:《扬州好》,顾一平辑录,邗江区史志办、邗江区档案局编:《望江南·扬州好》,第74页。

序,权与传相言非夸。"[1]自行车:"春风十里平山路,电掣风驰脚踏车。"[2]洋瓷器:"抟沙堪捏睡稽康,搓面成形法亦良。也有欧风东渐意,深瞳蜷发肖西洋。"[3]洋伞:"其如西晒真难受,洋伞高撑在一边。"[4]

孔庆镕曾有诗咏:"黄凝蜡管留音器,绿黯纱笼电气灯。和太生家门面大,东西洋货价飞腾。"[5]从诗中可以发现,具体的西洋器物有留声机、电灯,此外还有大量的"东西洋货",这说明晚清扬州人的日常生活已经相当"洋气"。

光绪年间,扬州居民甚至不出扬城就可以购买菲律宾发行的彩票,当时开设在教场的鸿福来美记专门登载启示:

> 启者:英十二月,吕宋大票全张、半张、四开均可出售,另有分号票出售,头彩得洋五百元,二彩得洋二百元,三彩得洋一百元,其余得彩甚多,票上注明。光顾者请来购取,开设扬教场内九如茶馆对门开张,谨此布告。鸿福来美记启。[6]

据《申报》报道,光绪年间,扬州城内先后开设有天生源绸缎洋货号[7]、石源昌洋货号[8]、信女鼎裕洋货号等经营西洋产品的商铺[9],经营范围包括国外的生活百货以及各种药品、化妆品等,正如坐落于教场街静乐园巷内

---

[1]〔清〕徐兆英:《梧竹轩诗钞》卷一〇《张梅卿茂才邗江耆旧茶会图》,《清代诗文集汇编》第701册,第707页。

[2]〔清〕孔庆镕:《扬州竹枝词》,顾一平辑录,扬州市邗江区党史地方志办公室、扬州市邗江区档案馆编:《扬州竹枝词》,第263页。

[3]〔清〕孔庆镕:《扬州竹枝词》(附录六首),雷梦水、潘超、孙忠铨等编:《中华竹枝词》第2册,第1602页。

[4]刘桂华:《扬州城外竹枝词》,顾一平辑录,扬州市邗江区党史地方志办公室、扬州市邗江区档案馆编:《扬州竹枝词》,第258页。

[5]〔清〕孔庆镕:《扬州竹枝词》,顾一平辑录,扬州市邗江区党史地方志办公室、扬州市邗江区档案馆编:《扬州竹枝词》,第267页。

[6]《分设扬州吕宋票出售》,《申报》光绪七年九月二十九日(1881年11月20日),第6版。

[7]《广告》,《申报》光绪十二年二月二十六日(1886年3月31日),第5版。

[8]《广告》,《申报》光绪十四年四月初十日(1888年5月20日),第4版。

[9]《上海虹口元济善堂施医给药一文愿第四次清单》,《申报》光绪十九年三月二十日(1893年5月5日),第9版。

的中英大药房广告所云："本药房发兑西国药水、药酒、香水、香皂、香粉俱全。"[1]当时,位于新城的留云仙馆已经可以购买美国屈臣氏牌香皂、水粉等各种洗面化妆用品,《申报》作有题为《美国新到玉液香腻皂真嫩面香水粉》的一则广告:

> 治脸面黑气、汗班等患,日馨香如兰,能化滞生光,每匣四块洋一角二分。此粉选上品制成,香气清雅,生姿助艳,每瓶洋二角,每盒一角。寄上海四马路口城济堂、宝善街晋隆分行内庄,外埠扬州新城内留云仙馆,汉口、天津药房俱有发兑。美国郁臣氏大药房制。[2]

清末时,扬州室内装饰物、妇女化妆品和儿童玩具等多从国外输入,"洋广货业物品来自东西洋及两广,以供富家陈设及妇女妆饰、小儿玩弄者为多"[3]。惺庵居士的诗句中提到孩童喜爱的洋画片,其云:"扬州好,耍货肆前摊。木棒花篮洋画片,粉孩泥佛采皮丸。博得小儿欢。"[4]

晚清时期,受到西方外来文化和开埠城市"洋气"文化影响,扬州出现具有西洋风味的教堂、学校、医院等新式建筑,如浸会医院、扬州教堂、慕究理女子学堂等。臧榖对扬州教堂独特的建筑风格曾有诗咏:"蕃釐观外新堂设,略与京城样不殊。七日有期刚礼拜,红男绿女奉耶稣。"[5]这些建筑以小洋楼为主,四面开窗的布局,其代表为光绪十八年(1892)美籍传教士毕尔士在下铺街建造的西式小洋楼。焦力·慕究理建造的慕究理女子学堂则是哥特复兴式,楼高三层,整体色调传承着西方教会的建筑特点,细节上又保留了鲜明的中国元素,一层设半圆形拱券门窗,窗高几乎接近门高;二层为中

---

[1]《广告》,《申报》光绪二十一年二月十五日(1895年3月11日),第7版。

[2]《广告》,《申报》光绪十二年五月十一日(1886年6月12日),第5版。

[3]钱祥保修,桂邦杰等纂:《[民国]江都县续志》卷六《实业考》,《中国地方志集成·江苏府县志辑》第67册,第448页。

[4]〔清〕惺庵居士:《望江南百调(并引)》,顾一平辑录,邗江区史志办、邗江区档案局编:《望江南·扬州好》,第98页。

[5]〔清〕臧榖:《续扬州竹枝词》,顾一平辑录,扬州市邗江区党史地方志办公室、扬州市邗江区档案馆编:《扬州竹枝词》,第194页。

式方形木隔扇门窗；三层设阁楼，屋面开设 20 个老虎窗。现存两栋房屋构架基本完整，西侧为平房，东侧为类似"工"字楼的哥特复兴式建筑。

扬州一些富商官员追逐时髦，竞相引入周边城市盛行的西式洋楼元素，体现出融汇中西的建筑风格。例如，盐商周扶九在广陵路青莲巷，斥资建造了两座罗马古典风格的二层洋楼。光绪三十年（1904），吴引孙营造吴道台府，参照上海、南京等地的洋楼资料并聘请浙江工匠，建成宅内仿哥特式的二层洋楼。这些建筑不仅具有典型的扬州本土特色，而且糅合了中国传统建筑技法与西洋建筑技术，"扬气"与"洋气"交相辉映，成为晚清扬州中西合璧式建筑的典型代表。

总而言之，乾嘉时期，扬城开始涌现出一些西洋风格和元素，即两淮盐商开始模仿西方的生活方式及气派，本质上就是徽派文化与西洋元素的一种融合，即所谓"扬气"。"扬气"随着盐业经济活动得到逐步扩散，道光初年，天津尚以"小扬州"自诩，正如崔旭诗云："天津城在海西头，沽水滔滔入海流。沽上人家千万户，繁华风景小扬州。"崔氏在自注中特意解释此名的由来："天津城。宋元《直沽》诗：'扬州十里小红楼。'津门风景在元时已有'扬州'之目，其来久矣。张船山夫子《津门纪游》云：'二分烟月小扬州'。"[1] 鸦片战争之后，随着西方势力的持续渗透，人们不断接受西方的物质文明和思想文化的影响，逐渐形成全新的生活方式和价值观念，即所谓"洋气"。鸦片战争之后，"扬气"的底气开始不足，不得不假托"洋气"，时人曹晟对此作有解释，"作事轩昂，向曰'扬气'，以江南盐商扬州为多，其作事尽事奢华也。今则竟曰'洋气'。以及松菊、枫瓜、长春菊、万年青，择其色之美而佳者，冒以洋名而价贵；猫狗鸡鸭，择其状之小而黠者，冒以洋名而品尊"[2]。

晚清时期，扬州已经从康乾时期的国内大都会沦落为江淮地区的一座普通城市，再也无法产生全局性的重大影响，《光绪江都县续志》对此有着清醒认识，并坦言："江都为扬州府治附郭首县，地当南北之冲，商贾辐辏，百货云集，在昔鹾业之盛，莫与伦比。洪杨乱后，虽稍陵夷，犹为江淮间一都会

［1］〔清〕崔旭：《津门百咏》，〔清〕华鼎元辑，张仲点校：《梓里联珠集》，第 136 页。

［2］〔清〕曹晟：《夷患备尝记·事略附记》，沈云龙主编：《近代中国史料丛刊》第 23 辑第 229 册，台北文海出版社 1966 年版第 47 页。

也。"[1]光绪年间,日本间谍宗方小太郎通过对比历史和现实,对扬州的城市定位作出更为准确的判断,其言:"府城之繁华,推东关内为第一,南门内外亦称热闹。城里人烟稠密,不似他府州城之荒凉,然以今之扬州较古之扬州,实属远不及也。在昔天下之繁华,论者谓'扬一益二',盖天下华盛之地,推此为第一也,而今却瞠目于苏杭之后,何也?盖古今时势不同也。"[2]晚清时期,随着中国东南沿海持续对外开放,及铁路、海运完全取代运河运输,扬州作为传统型城市一蹶不振,无法再现昔日辉煌。

"扬气"到"洋气"的变化,说明扬州随着经济文化的日趋衰败,已经从社会文化风尚的引领者变成为追随者,从一马当先沦落为步人后尘。不可否认,两淮盐业的鼎盛助长了扬州社会的奢靡之风,一方面,表现为衣食住行方面过度追求奢华、铺张的排场;另一方面,表现为对洋货的崇尚和偏好,乃至于扬州在晚清时期逐渐落伍之后依然沉浸在昔日辉煌之中而不能自拔,正如光绪时人的评述:"故繁华之象难复旧观,此亦气数使然,无足怪者。然俗尚奢侈,积久不变,富家大族虽不及全盛之豪华,而较之乡僻州县绅富之所为则阔绰多矣,而孰知有不然者。"[3]这使得扬州人形成了所谓"扬虚子"之气,朱自清先生对此作过很好的总结:

可是一般人还忘其所以地要气派,自以为美,几乎不知天多高地多厚。这真是所谓"夜郎自大"了。扬州人有"扬虚子"的名字;这个"虚子"有两种意思,一是大惊小怪,二是以少报多,总而言之,不离乎虚张声势的毛病。他们还有个"扬盘"的名字,譬如东西买贵了,人家可以笑话你是"扬盘";又如店家价钱要的太贵,你可以诘问他,"把我当扬盘看么?"盘是捧出来给别人看的,正好形容要气派的扬州人。又有所谓"商派",讥笑那些仿效盐商的奢侈生活的人,那更是气派中之气派了。[4]

---

[1] 钱祥保修,桂邦杰等纂:《〔民国〕江都县续志》卷六《实业考》,《中国地方志集成·江苏府县志辑》第67册,第447页。

[2] 〔日〕宗方小太郎著,甘慧杰译:《宗方小太郎日记(未刊稿)》(上),第23页。

[3] 《论扬州资遗难民》,《申报》光绪十年正月二十一日(1884年2月17日),第1版。

[4] 朱自清:《说扬州》,《朱自清散文集》,南京出版社2018年版,第152页。

清代,漕、盐、河"三大政"汇聚扬城,尤其是两淮盐业的繁荣发展,扬州以奢侈豪华之风闻名,风土人情和社会生活之中多有骄奢淫逸之处。乾嘉时期,扬州一度成为中国社会风尚的引领者,"扬气"亦风靡全国,影响甚远甚广。鸦片战争之后,随着中国国门的洞开,西洋器物大量涌入,扬州社会生活中亦体现出鲜明的"洋气"。以上海为代表的通商口岸快速崛起后,作为中国传统城市类型的扬州逐渐落伍,"扬气"亦为"洋气"所取代。晚清时期,近代铁路等现代交通运输的发展,使得扬州的城市地位不断下降,由于缺乏发展的内生性驱动力,扬州经济、社会不断走向衰落,在昔日辉煌的映衬之下逐渐走向边缘化。

主要参考文献

一、史料

张廷玉,等.明史[M].北京.中华书局,1974.

赵尔巽,等.清史稿[M].北京:中华书局,1977.

清实录[M].北京:中华书局,1985–1987.

清史馆.贰臣传[M]//周骏富.清代传记丛刊:第57册.台北:明文书局,1985.

王锺翰.清史列传[M].北京:中华书局,1987.

钦定大清会典则例[M].景印文渊阁四库全书本.台北:台湾商务印书馆,1983.

钦定皇朝通典[M].景印文渊阁四库全书本.台北:台湾商务印书馆,1983.

昆冈,等.钦定大清会典事例[M].刘启端,等纂.续修四库全书本.上海:上海古籍出版社,2002.

素尔讷,等.钦定学政全书校注[M].霍有明,郭海文,校注.武汉:武汉大学出版社,2009.

载龄,等.钦定户部则例[M].同治十三年校刻本.

故宫博物院.钦定礼部则例二种[M].海口.海南出版社,2000.

中国第一历史档案馆.康熙朝汉文朱批奏折汇编:第5册[G].北京:档案出版社,1984.

中国第一历史档案馆,香港中文大学文物馆.清宫内务府造办处档案总汇[G].北京:人民出版社,2005.

中国第一历史档案馆,北京师范大学历史系.辛亥革命前十年间民变档案史料［M］.北京：中华书局,1985.

　　中国第一历史档案馆.清初内国史院满文档案译编［M］.北京：光明日报出版社,1989.

　　中国第一历史档案馆.清政府镇压太平天国档案史料［M］.北京：光明日报出版社,1990－2001.

　　中国第一历史档案馆.乾隆朝上谕档［A］.北京：中国档案出版社,1991.

　　中国第一历史档案馆.光绪朝上谕档：第30册［A］.桂林：广西师范大学出版社,1996.

　　中国第一历史档案馆,扬州市档案馆.清宫扬州御档［A］.扬州：广陵书社,2010.

　　中国第一历史档案馆.鸦片战争档案史料：第5册［M］.天津：天津古籍出版社,1992.

　　赵生瑞.中国清代营房史料选辑［M］.北京：军事科学出版社,2006.

　　故宫博物院明清档案部.李煦奏折［M］.北京：中华书局,1976.

　　雷应元.〔康熙三年〕扬州府志［M］//卢桂平.扬州文库：第1辑第2册.扬州：广陵书社,2015.

　　金镇.〔康熙二十四年〕扬州府志［M］.崔华,张万寿.续修.王方岐,续纂//卢桂平.扬州文库：第1辑第3册.扬州：广陵书社,2015.

　　尹会一.〔雍正〕扬州府志［M］.程梦星,等纂//卢桂平.扬州文库：第1辑第5册.扬州：广陵书社,2015.

　　谢开宠.〔康熙〕两淮盐法志［M］.崔华,程浚,等参订//卢桂平.扬州文库：第1辑第27－28册.扬州：广陵书社,2015.

　　噶尔泰.〔雍正〕敕修两淮盐法志［M］.程梦星,等纂//卢桂平.扬州文库：第1辑第29册.扬州：广陵书社,2015.

　　吉庆.〔乾隆〕两淮盐法志［M］.王世球,纂//卢桂平.扬州文库：第1辑第31册.扬州：广陵书社,2015.

　　王安定,等.〔光绪〕两淮盐法志［M］//卢桂平.扬州文库：第1辑第37册.扬州：广陵书社,2015.

民国盐务署.清盐法志[M]//于浩.稀见明清经济史料丛刊:第2辑.北京:国家图书馆出版社,2012.

于成龙,等.〔康熙〕江南通志[M].张九徵,陈焯,等纂//凤凰出版社.中国地方志集成·省志辑·江南:第1-2册.南京:凤凰出版社,2011.

尹继善,等.〔乾隆〕江南通志[M].黄之隽,等纂//凤凰出版社.中国地方志集成·省志辑·江南:第3-6册.南京:凤凰出版社,2011.

阿克当阿.〔嘉庆〕重修扬州府志[M].姚文田,等纂//卢桂平.扬州文库:第1辑第6册.扬州:广陵书社,2015.

方濬颐.〔同治〕续纂扬州府志[M].钱振伦,等纂//中国地方志集成·江苏府县志辑:第42册.南京:江苏古籍出版社,1991.

徐翙.〔康熙〕宝应县志[M].乔莱纂//卢桂平.扬州文库:第1辑第24册.扬州:广陵书社,2015.

李苏.〔康熙〕江都县志[M]//卢桂平.扬州文库:第1辑第9册.扬州:广陵书社,2015.

陆朝玑.〔雍正〕江都县志[M].程梦星,等纂//卢桂平.扬州文库:第1辑第10册.扬州:广陵书社,2015.

张德盛.〔雍正〕高邮州志[M].邓绍焕,汪士璜,等纂//卢桂平.扬州文库:第1辑第20册.扬州:广陵书社,2015.

陆师.〔康熙〕仪真志[M]//卢桂平.扬州文库:第1辑第17册.扬州:广陵书社,2015.

五格,黄湘.〔乾隆〕江都县志[M].程梦星,等纂//卢桂平.扬州文库:第1辑第11册.扬州:广陵书社,2015.

胡崇伦,舒文灿.〔康熙〕仪真县志[M].汤有光,陈邦桢,等纂.马章玉,增修//卢桂平.扬州文库:第1辑第17册.扬州:广陵书社,2015.

颜希源,邵光钤.〔嘉庆〕仪征县续志[M]//卢桂平.扬州文库:第1辑第17册.扬州:广陵书社,2015.

王检心.〔道光〕重修仪征县志[M].刘文淇,张安保,总纂//卢桂平.扬州文库:第1辑第18册.扬州:广陵书社,2015.

孙宗彝.〔康熙〕高邮州志[M].李培茂,增修.余恭,增纂//卢桂平.扬州文库:第1辑第20册.扬州:广陵书社,2015.

冯馨.〔嘉庆〕高邮州志[M].夏味堂,等增纂//卢桂平.扬州文库:第1辑第21册.扬州:广陵书社,2015.

金元烺,龚定瀛.〔光绪〕再续高邮州志[M].夏子镠,纂//卢桂平.扬州文库:第1辑第22册.扬州:广陵书社,2015.

胡为和,卢鸿钧.三续高邮州志[M].高树敏,纂//卢桂平.扬州文库:第1辑第23册.扬州:广陵书社,2015.

徐成敊,桂正华.〔光绪〕增修甘泉县志[M].陈浩恩,等纂//卢桂平.扬州文库:第1辑第14–15册.扬州:广陵书社,2015.

洪汝奎等.增修甘泉县志[M].徐成敊,等纂.台北:成文出版社,1983.

谢延庚.〔光绪〕江都县续志[M].刘寿曾,等纂.清光绪十六年刻本.

王逢源.〔嘉庆〕江都县续志[M].李保泰,纂//卢桂平.扬州文库:第1辑第12册.扬州:广陵书社,2015.

钱祥保.〔民国〕江都县续志[M].桂邦杰,等纂//中国地方志集成·江苏府县志辑:第67册.南京:江苏古籍出版社,1991.

孟毓兰.〔道光〕重修宝应县志[M].乔载繇,等纂//卢桂平.扬州文库:第1辑第25册.扬州:广陵书社,2015.

戴邦桢,赵世荣.〔民国二十一年〕宝应县志[M].冯煦,朱学程,等纂//卢桂平.扬州文库:第1辑第26册.扬州:广陵书社,2015.

佚名.咸同广陵史稿[M].许卫平,吴善中,点校.扬州:广陵书社,2004.

江苏教育总会.江苏教育总会文牍[M].上海:中国图书公司,宣统三年.

喻谦.新续高僧传四集[M].民国喻昧庵辑影本.

达珍.正源略集并补遗[M]//蓝吉富.禅宗全书:第28册.北京:北京图书馆出版社,2004.

江苏省革命委员会水利局.江苏省近两千年洪涝旱潮灾害年表[M].内部资料,1976.

江苏省地震局,江苏省地震史料工作小组.江苏地震历史资料汇编[M].南京:南京七里印刷厂,1980.

杜迈之,等.自立会史料集[M].长沙:岳麓书社,1983.

张海鹏,王廷元.明清徽商资料选编[M].合肥:黄山书社,1985.

台湾"中央研究院"历史语言研究所.明清史料己编[M].北京:中华书局,1987.

闵尔昌.碑传集补[M].北京:燕京大学研究所,1932.

钱仪吉,等.清代碑传合集[M].扬州:广陵书社,2016.

"国立"编译馆.清代文学批评资料汇编[M].台北:成文出版社,1979.

陆林.清代笔记小说类编:烟粉卷[M].合肥:黄山书社,1994.

扬州老年大学《扬州历代诗词》编委会.扬州历代诗词[M].李坦,主编.北京:人民文学出版社,1998.

胡思敬.国闻备乘[M].上海:上海书店,1997.

方宝川.太谷学派遗书:第一辑[M].扬州:江苏广陵古籍刻印社,1997.

方宝川.太谷学派遗书:第二辑[M].扬州:江苏广陵古籍刻印社,1998.

陈建华,王鹤鸣.中国家谱资料选编:礼仪风俗卷[M].陈秉仁,整理.上海:上海古籍出版社,2013.

中国科学院上海历史研究所筹备委员会.鸦片战争末期英军在长江下游的侵略罪行[M].上海:上海人民出版社,1958.

中国史学会.鸦片战争[M]//中国近代史资料丛刊.上海:神州国光社,1954.

中国史学会.太平天国[M]//中国近代史资料丛刊.上海:上海人民出版社,1957.

中国史学会.戊戌变法[M]//中国近代史资料丛刊.上海:上海书店出版社,2000.

江苏人民出版社.江苏近代反侵略诗歌选[M].南京:江苏人民出版社,1960.

扬州师范学院历史系.辛亥革命江苏地区史料[M].南京:江苏人民出版社,1961.

彭泽益.中国近代手工业史资料:1840—1949[M].北京:中华书局,

1962.

璩鑫圭.鸦片战争时期教育[M]//中国近代教育史资料汇编.上海:上海教育出版社,1990.

太平天国历史博物馆.太平天国文书汇编[M].北京:中华书局,1979.

太平天国历史博物馆.太平天国印书[M].南京:江苏人民出版社,1979.

太平天国历史博物馆.太平天国史料汇编[M].南京:凤凰出版社,2018.

南京市地方志办公室,金城出版社.孙中山在南京史料辑录[M].北京:金城出版社,2016.

二、专著

王三聘.事物考[M].嘉靖四十二年刻本.

王秀楚.扬州十日记[M].早稻田大学藏(泷泽文库)钞本.

陈潢.河防述言[M].张霭生编述.康熙刻本.

汪楫.敕撰奉使录[M].康熙二十五年刻本.

黄六鸿.福惠全书[M].康熙三十八年金陵濂溪书屋刊本.

乔亿.剑溪说诗[M].乾隆十六年刻本.

全祖望等撰.韩江雅集[M].乾隆五十八年刻本.

刘台拱.经传小记[M].嘉庆十一年《刘端临先生遗书》刻本.

凌曙.四书典故核[M].嘉庆十三年刻本.

凌廷堪.礼经释例[M].嘉庆十四年文选楼刻本.

陈文述.画林新咏[M].道光七年刻本.

汪中.述学[M].同治八年扬州书局刻本.

庞际云.淮南盐法纪略[M].同治十二年淮南书局刻本.

黄钧宰.金壶七墨[M].同治十二年刻本.

孙承泽.春明余梦录[M].清光绪七年刻本.

王懋竑.朱子年谱考异[M].光绪九年武昌书局刻本.

孙兰.柳庭舆地隅说[M].光绪十一年蛰园丛书刻本.

杨奉苞.秋室集[M].光绪十一年陆心源刻本.

刘毓崧.王船山先生年谱[M].光绪十二年江南书局刻本.

任大椿.字林考逸[M].光绪十六年江苏书局刻本.

刘岳云.光绪会计表[M].光绪二十七年教育世界社石印本.

汤寅臣.广陵私乘[M].扬州:文富堂,1918.

傅代言.道教源流[M].上海:中华书局,1934.

朱泽沄.朱子圣学考略[M].民国二十四年刻本.

郑肇经.中国水利史[M].上海:商务印书馆,1939.

刘文淇.春秋左氏传旧注疏证[M].上海图书馆藏稿本.

成蓉镜.切韵表[M].南京图书馆藏《成氏遗书》稿本.

秦黉.石研斋主年谱[M].江都秦氏石研斋未刊遗稿钞本,扬州大学图书馆藏.

佐伯富.清代盐政の研究[M].京都:京都大学东洋研究会,1956.

周邨.太平军在扬州[M].上海:上海人民出版社,1957.

温睿临.南疆绎史[M].北京:中华书局,1958.

徐鼒.小腆纪传[M].北京:中华书局,1958.

郑板桥.郑板桥集[M].上海:上海古籍出版社,1962.

徐泓.清代两淮盐场的研究[M].台北:嘉新水泥公司文化基金会,1972.

方濬颐.二知轩文存[M]//沈云龙,主编.近代中国史料丛刊:第49辑.台北:文海出版社,1973.

龚自珍.龚自珍全集[M].上海:上海人民出版社,1975.

吴嘉纪.吴嘉纪诗笺校[M].杨积庆,笺校.上海:上海古籍出版社,1980.

齐思和.中国史探研[M].北京:中华书局,1981.

张集馨.道咸宦海见闻录[M].杜春和,张秀清,点校.北京:中华书局,1981.

李希泌,张椒华.中国古代藏书与近代图书馆史料[M].北京:中华书局,1982.

史式徽.江南传教史[M].天主教上海教区史料译写组,译.上海:上海译文出版社,1983.

罗尔纲.绿营兵志[M].北京:中华书局,1984.

傅勤家.中国道教史[M].上海:上海书店,1984.

欧阳兆熊,金安清.水窗春呓[M].谢兴尧,点校.北京:中华书局,1984.

陈康祺.郎潜纪闻初笔二笔三笔[M].晋石,点校.北京:中华书局,1984.

计六奇.明季南略[M].北京:中华书局,1984.

徐珂.清稗类钞[M].北京:中华书局,1984-1986.

孙静庵.明遗民录[M].杭州:浙江古籍出版社,1985.

梁启超.中国近三百年学术史[M].北京:北京市中国书店,1985.

王引之著.经义述闻[M].南京:江苏古籍出版社,1985.

呤唎.太平天国革命亲历记[M].王维周,译.上海:上海人民出版社,1985.

傅崇兰.中国运河城市发展史[M].成都:四川人民出版社,1985.

李天根.爝火录[M].杭州:浙江古籍出版社,1986.

刘淼.徽州社会经济史研究译文集[M].合肥:黄山书社,1987.

姚汉源.中国水利史纲要[M].北京:水利电力出版社,1987.

上海市粮食局,等.中国近代面粉工业史[M].北京:中华书局,1987.

宁业高,桑传贤.中国历代农业诗歌选[M].北京:农业出版社,1988.

刘宝楠.论语正义[M].石家庄:河北人民出版社,1988.

徐世昌.晚晴簃诗汇[M].北京:中国书店,1988.

祁龙威.太平天国史学导论[M].北京:学苑出版社,1989.

马以愚.中国回教史鉴[M].北京:中国书店,1989.

水利水电科学研究院《中国水利史稿》编写组.中国水利史稿[M].北京:水利电力出版社,1989.

吉田寅.中国盐业史研究文献目录:1926—1988[M].东京:立正大学东洋史学研究室,1989.

李文海,等.近代中国灾荒纪年[M].长沙:湖南教育出版社,1990.

尼·斯·米列斯库.中国漫记[M].蒋本良,柳凤运,译.北京:中华书局,1990.

严迪昌.清词史[M].南京:江苏古籍出版社,1990.

罗尔纲.太平天国史[M].北京:中华书局,1991.

李洵,薛虹.清代全史:第一卷[M].沈阳:辽宁人民出版社,1991.

张仲礼.中国绅士:关于其在19世纪中国社会中作用的研究[M].李荣昌译.上海:上海社会科学院出版社,1991.

彭绍升.居士传[M].扬州:江苏广陵古籍刻印社,1991.

包世臣.包世臣全集[M].李星,点校.合肥:黄山书社,1993.

扬州市工艺美术工业局编.扬州工艺美术志[M].南京:江苏科学技术出版社,1993.

吴翌凤.逊志堂杂钞[M].吴格,点校.北京:中华书局,1994.

艾尔曼.从理学到朴学:中华帝国晚期思想与社会变化面面观[M]赵刚,译.南京:江苏人民出版社,1995.

费赖之.在华耶稣会士列传及书目[M].冯承钧,译.北京:中华书局,1995.

南京师范大学古文献整理研究所.江苏艺文志:扬州卷[M].南京:江苏人民出版社,1995.

张海鹏,王廷元.徽商研究[M].合肥:安徽人民出版社,1995.

王振忠.明清徽商与淮扬社会变迁[M].北京:生活·读书·新知三联书店,1996.

钱穆.中国近三百年学术史[M].北京:商务印书馆,1997.

王世华.富甲一方的徽商[M].杭州:浙江人民出版社,1997.

刘师培.刘申叔遗书[M].南京:江苏古籍出版社,1997.

郭正忠.中国盐业史:古代编[M].北京:人民出版社,1997.

徐安琨.清代大运河盐枭研究[M].台北:文史哲出版社,1998.

支伟成.清代朴学大师列传[M].长沙:岳麓书社,1998.

何平.清代赋税政策研究:1644—1840年[M].北京:中国社会科学出版社,1998.

刘声木.苌楚斋随笔续笔三笔四笔五笔［M］.北京：中华书局,1998.

江藩.汉学师承记［M］.北京：生活·读书·新知三联书店,1998.

陶澍.陶澍集［M］.长沙：岳麓书社,1998.

李伯通.丛菊泪［M］.扬州：江苏广陵古籍刻印社,1998.

吴琦.漕运与中国社会［M］.武汉：华中师范大学出版社,1999.

郑立新.佛海慧流：历代高僧学者传［M］.北京：华夏出版社,1999.

江苏省政协文史资料委员会,等.扬州宗教［M］.南京:《江苏文史资料》编辑部,1999.

梁章钜.制义丛话［M］.上海：上海书店出版社,2001.

盛昱.意园文略［M］.续修四库全书本.上海：上海古籍出版社,2002.

朱江.扬州园林品赏录：第3版［M］.上海：上海文化出版社,2002.

董玉书.芜城怀旧录［M］.蒋孝达,陈文和,校点.南京：江苏古籍出版社,2002.

王振世.扬州览胜录［M］.蒋孝达,校点.南京.江苏古籍出版社,2002.

定宜庄.清代八旗驻防研究［M］.沈阳：辽宁民族出版社,2003.

瞿同祖.清代地方政府［M］.北京：法律出版社,2003.

李帆.刘师培与中西学术:以其中西交融之学和学术史研究为核心［M］.北京：北京师范大学出版社,2003.

王章涛.阮元年谱［M］.合肥：黄山书社,2003.

魏禧.魏叔子文集［M］.北京：中华书局,2003.

阮元.广陵诗事［M］.扬州：广陵书社,2003.

黄体芳.黄体芳集［M］.俞天舒,编.上海：社会科学院出版社,2004.

中国水利水电科学研究院水利史研究室.再续行水金鉴［M］.武汉：湖北人民出版社,2004.

潘承玉.清初诗坛:卓尔堪与遗民诗研究［M］.北京：中华书局,2004.

梅鹤孙著.青溪旧屋仪征刘氏五世小记［M］.梅英超,整理.上海：上海古籍出版社,2004.

张舜徽.清代扬州学记［M］.扬州：广陵书社,2004.

叶美兰著.柔橹轻篙:扬州早期城市现代化之路［M］.北京：北京燕山

出版社,2004.

祁美琴.清代榷关制度研究[M].呼和浩特:内蒙古大学出版社,2004.

梅尔清.清初扬州文化[M].朱修春,译.上海:复旦大学出版社,2004.

史景迁.曹寅与康熙:一个皇帝宠臣的生涯揭秘[M].陈引驰,等,译.上海:上海远东出版社,2005.

杜召堂著.惜余春轶事[M].蒋孝达,顾一平,点校.扬州:广陵书社,2005.

林溥.扬州西山小志[M].刘永明,点校.扬州:广陵书社,2005.

汪中.新编汪中集[M].田汉云,点校.扬州:广陵书社,2005.

岑毓英.岑毓英集[M].南宁:广西民族出版社,2005.

林苏门.邗江三百吟[M].刘永明,点校.扬州:广陵书社,2005.

刘水云.明清家乐研究[M].上海:上海古籍出版社,2005.

倪玉平.博弈与均衡:清代两淮盐政改革[M].福州:福建人民出版社,2006.

韦人.扬州清曲·曲论卷[M].扬州:广陵书社,2006.

张崇旺.明清时期江淮地区的自然灾害与社会经济[M].福州:福建人民出版社,2006.

沈惠兰.扬州八刻[M].扬州:广陵书社,2006.

刘台拱,等.宝应刘氏集[M].张连生、秦跃宇,点校.扬州:广陵书社,2006.

安东篱.说扬州:1550—1850年的一座中国城市[M].李霞,译.北京:中华书局,2007.

徐雁平.清代东南书院与学术及文学[M].合肥:安徽教育出版社,2007.

王士禛.王士禛全集[M].济南:齐鲁书社,2007.

方豪.中国天主教史人物传[M].北京:宗教文化出版社,2007.

李文治,江太新.清代漕运:修订版[M].北京:社会科学文献出版社,2008.

汪崇篔.明清徽商经营淮盐考略[M].成都:巴蜀书社,2008.

王佩良.江苏辛亥革命研究［M］.长沙：国防科技大学出版社,2008.

张仲礼.中国绅士研究［M］.上海：上海人民出版社,2008.

明光.扬州戏剧文化史论［M］.北京：社会科学文献出版社,2008.

陈垣.释氏疑年录［M］.扬州：广陵书社,2008.

石成金.传家宝全集［M］.北京：线装书局,2008.

周振鹤.中国行政区划通史：总论卷［M］.上海：复旦大学出版社,2009.

李丹.顺康之际广陵词坛研究［M］.上海：上海古籍出版社,2009.

王士禛.渔洋精华录集注［M］.惠栋,金荣,注.宫晓卫,等点校.济南：齐鲁书社,2009.

赵春晨.丁日昌集［M］.上海.上海古籍出版社,2010.

陶澍.陶澍全集［M］.长沙：岳麓书社,2010.

阮元.揅经室集［M］//《清代诗文集汇编》编纂委员会.清代诗文集汇编：第477册.上海：上海古籍出版社,2010.

刘梅先.扬州杂咏：外三种［M］.赵昌智,整理.扬州：广陵书社,2010.

汪廷儒.广陵思古编［M］.田丰,点校.扬州：广陵书社,2011.

傅泽洪,等.行水金鉴　续行水金鉴［M］.郑元庆,等纂辑.南京：凤凰出版社,2011.

白钢.中国政治制度通史：清代卷［M］.北京：社会科学文献出版社,2011.

赵昌智.扬州文化通论［M］.扬州：广陵书社,2011.

曾学文校注.扬州著述录［M］.扬州：广陵书社,2011.

周新国,陆和健.辛亥革命前后的江苏社会研究［M］.兰州：甘肃人民出版社,2011.

范春义.焦循戏剧学研究［M］.南京：凤凰出版社,2012.

康有为.康南海自编年谱：外二种［M］.楼宇烈,整理.北京：中华书局,2012.

汪崇筼.明清徽州盐商研究［M］.成都：巴蜀书社,2012.

张进.李光炘与太谷学派南宗研究［M］.北京：社会科学文献出版社,

2012.

赵昌智,赵阳.印坛扬州湃:扬州篆刻艺术[M].扬州:广陵书社,2012.

吴慧.中国盐法史[M].北京:社会科学文献出版社,2013.

李宏为.乾隆与玉[M].北京:华文出版社,2013.

陈锋.清代盐政与盐税[M].武汉:武汉大学出版社,2013.

胡阿祥,姚乐.江苏建置志[M].南京:江苏人民出版社,2013.

范煜梅.历代琴学资料选[M].成都:四川教育出版社,2013.

梁志平,张伟然.定额制度与区域文化的发展:基于清代长江三角洲地区学额的研究[M].桂林:漓江出版社,2013.

胡朴安.中华全国风俗志[M].长沙:岳麓书社,2013.

莫友芝.莫友芝日记[M].张剑,整理.南京:凤凰出版社,2014.

商衍鎏.清代科举考试述录[M].北京:故宫出版社,2014.

刘廷銮,孙家兰.山东明清进士通览:清代卷[M].济南:山东文艺出版社,2014.

曾仰丰.中国盐政史[M].北京:生活·读书·新知三联书店,2014.

都铭.扬州园林变迁研究:人群与风景[M].上海:同济大学出版社,2014.

明光.清代扬州盐商的诗酒风流[M].北京:社会科学文献出版社,2014.

许少飞.扬州园林史话[M].扬州:广陵书社,2014.

刘伟,等.清季外官制改革研究[M].北京:社会科学文献出版社,2015.

胡平,李世愉.中国科举制度通史·清代卷[M].上海:上海人民出版社,2015.

徐凤诰.算学启蒙通释[M]//卢桂平.扬州文库:第1辑第69册.扬州:广陵书社,2015.

李澄.淮鹾备要[M]//卢桂平.扬州文库:第2辑第46册.扬州:广陵书社,2015.

焦循.焦循全集[M].刘建臻,整理.扬州:广陵书社,2016.

鲁西奇.长江中游的人地关系与地域社会[M].厦门:厦门大学出版社,

2016．

宗方小太郎．宗方小太郎日记：未刊稿［M］．甘慧杰，译．上海：上海人民出版社，2016．

李斗．扬州画舫录［M］．陈文和，点校．扬州：广陵书社，2017．

粟奉之．粟奉之日记［M］．江潮，高明祥，整理．南京：凤凰出版社，2017．

王芑孙．渊雅堂全集［M］．王义胜，整理．扬州：广陵书社，2017．

赵和平．默斋拾遗：俞德渊史籍及研究［M］．银川：宁夏人民出版社，2017．

傅林祥，等．中国行政区划通史：清代卷［M］．上海：复旦大学出版社，2017．

倪玉平．清代漕粮海运与社会变迁［M］．北京：科学出版社，2017．

王宁宁．近代扬州文人群体研究：1840—1945［M］．北京：社会科学文献出版社，2017．

左松涛．近代中国的私塾与学堂之争［M］．北京：生活·读书·新知三联书店，2017．

顾一平．望江南·扬州好［M］．邗江区史志办，邗江区档案局，编．扬州：广陵书社，2018．

刘建臻．清代扬州学派经学研究［M］．南京：江苏人民出版社，2018．

杨共乐，张昭军．柳诒徵文集［M］．北京：商务印书馆，2018．

周腾虎．周腾虎日记［M］．南京：凤凰出版社，2019．

陶艺．广陵琴派［M］．南京：江苏凤凰美术出版社，2019．

顾一平．扬州竹枝词［M］．扬州市邗江区党史地方志办公室，扬州市邗江区档案馆，编．扬州：广陵书社，2020．

梅尔清．躁动的亡魂：太平天国战争的暴力、失序与死亡［M］．新北：卫城出版，2020．

朱明松．扬州碑刻辑考［M］．扬州：广陵书社，2020．

三、论文

邓之诚．清季书院述略［J］．现代知识，1947（2－3）．

祁龙威.东捻军失败与赖文光被俘事迹调查简记[N].光明日报,1958-2-3.

王树槐.清季江苏的教案[J].食货月刊,1975(8).

王思治,金成基.清代前期两淮盐商的盛衰[J].中国史研究,1981(2).

钱辰方.扬州玉雕历史及其特色[J].扬州师院学报(社会科学版),1981(2).

萧国亮.清代两淮盐商的奢侈性消费及其经济影响[J].历史研究,1982(4).

周南泉.明清琢玉、雕刻工艺美术名匠[J].故宫博物院院刊,1983(1).

潘天祯.扬州诗局杂考[J].博物馆通讯,1983(1).

李鸿彬.试论靳辅治河[J].人民黄河,1983(2).

宋德宣.靳辅治河简论[J].社会科学,1985(2).

刘淼.清代前期徽州盐商和扬州城市经济的发展[J].安徽史学,1987(3).

陈锋.论清顺治朝的盐税政策[J].社会科学辑刊,1987(6).

林永匡,王熹.清代两淮盐商与皇室[J].故宫博物院院刊,1988(3).

汪士信.乾隆时期徽商在两淮盐业经营中应得、实得利润与流向试析[J].中国经济史研究,1989(3).

王世华.论徽商与封建政治势力的关系[J].安徽师范大学学报(哲学社会科学版),1995(1).

朱宗宙.扬州盐商的地域结构[J].盐业史研究,1996(2)(4).

孙琰.清朝治国重心的转移与靳辅治河[J].社会科学辑刊,1996(6).

太田出.清代绿营的管辖区域与区域社会:以江南三角洲为中心[J].清史研究,1997(2).

苏凤格.功在前代　泽被后世:论康熙年间的靳辅治河[J].广西师范大学学报(哲学社会科学版),1998(S2).

钱光华.靳辅治河方略及其实践[J].江苏水利,1999(9).

卞孝萱.从《扬州画舫录》看清代徽商对文化事业的贡献[J].徽学,2000.

冯尔康.明清时期扬州的徽商及其后裔述略[J].徽学,2000.

陈锋.清代前期奏销制度与政策演变[J].历史研究,2000(2).

王英华.康乾时期关于治理下河地区的两次争论[J].清史研究,2002(4).

张连生.《扬州水道记》与《宝应图经》[J].扬州大学学报(人文社会科学版),2003(5).

郑志良.论乾隆时期扬州盐商与昆曲的发展[J].北京大学学报(哲学社会科学版),2003(6)

李兴华.扬州伊斯兰教研究[J].回族研究,2005(1).

梁仁志,俞传芳.明清侨寓徽商子弟的教育科举问题[J].安徽师范大学学报(人文社会科学版),2005(1).

卞孝萱.《仪征厉氏支谱》资料的发掘利用:清代家族文化个案研究之一[J].文献,2005(3).

毛晓阳,金甦.清代文进士总数考订[J].清史研究,2005(4).

王伟康.扬州书院略论[J].江苏广播大学学报,2005(5).

杨伯达.清代扬州玉器掇要[J].文物天地,2005(10).

江太新,苏金玉.明清扬州繁华之探讨[J].盐业史研究,2006(3).

吴善中.哥老会与光绪十七年"长江教案"[J].扬州大学学报(人文社会科学版),2006(6).

陈先松.《光绪会计表》中的"财政盈余"问题[J].历史档案,2010(1).

杨文衡.靳辅的治河理论和实践研究[J].淮阴工学院学报,2010(2).

冯尔康.清代乾隆时期扬州人的引领时尚:建设文化教育休憩城的历史启示[M].安徽史学,2011(1).

王洪刚.从《清宫扬州御档》解读第一次鸦片战争的"老河影惨案"等问题[J].兰台世界,2015(33).

贾国静.清前期的河督与皇权政治:以靳辅治河为中心的考察[J].中南大学学报(社会科学版),2017(3).

王振忠.清代徽商与扬州的园林名胜:以《江南园林盛景》图册为例[J].安徽大学学报(哲学社会科学版),2017(6).

肖启荣.清代洪泽湖分泄与里下河平原防洪的实践过程研究(1644—

1855）：黄运治理背后的国计民生［J］.地方文化研究，2018（1）.

江晓成.清乾嘉两朝盐商捐输数额新考［J］.中国经济史研究，2021（4）.

铃木正.清初两淮塩商に関する考察［J］.《史渊》，1946、1947（35）（36）（37）.

Ping-ti Ho（何炳棣）.The Salt Merchants of Yang-Chou: A Study of Commercial Capitalism in Eighteenth-Century China [J]. Harvard Journal of Asiatic Studies, Jun., 1954, Vol. 17, No. 1/2.

藤井宏.新安商人的研究［J］.傅衣凌，黄宗焕，合译.安徽史学通讯，1959（1）.

维奇·弗朗斯·韦恩斯坦.在扬州绘画1710—1765：偏好还是艺术传统？［D］.康奈尔大学博士论文，1972.

曹永宪.明代盐运法的变化和扬州盐商：以徽商和西商之间的对抗与合作变化为中心［J］.东洋史学研究，2000（70）.

曹永宪：明清扬州盐商［J］.中国学报，2001（43）.

冈本隆司.清末票法的成立：道光朝两淮盐政改革再论［J］.《史学杂志》，2001，110（12）.

后　记

　　在扬州历史发展的长河中,清代留下了浓墨重彩的一笔。如何总结有清一代扬州的历史,几经讨论,我们拟从纵、横两方面加以叙述:以纵线叙述从清初至晚清扬州政治发展变化的历程,兼以横向述其特点;以横线总结清代扬州的经济、教育、学术文化及宗教等内容,又纵向理其脉络。在内容上,则分为十章。

　　具体的分工,王大文:第一章《清代扬州的行政区划与管理机构》、第三章《盛世时期的扬州》;吴超:第二章《清初扬州社会》;吴善中、李玺、王玥:第四章《晚清时期的扬州》;汪杏莉:第五章《清代扬州经济》;张进:第六章《清代扬州的教育与科举》、第十章《清代扬州的社会生活》;刘建臻:第七章《清代扬州学术与扬州学派》;王宁宁:第八章《清代扬州的文学与艺术》;韩荣钧:第九章《清代扬州宗教》。由吴善中、刘建臻负责统稿。

　　在撰写过程中,扬州市原宣传部长赵昌智、市原文联主席曹永森、广陵书社社长曾学文,以及王章涛、张连生、黄继林等文史专家提出了许多宝贵的意见,南京大学范金民教授细致审订文稿,广陵书社编辑严岚、王丹、王丽做了认真的校对,扬州博物馆为本书提供了部分卷首图片,一并致以衷心的谢忱! 不到之处,尚祈方家指正!

编　者

2022 年 6 月

跋

　　扬州已有2500多年的建城史，以其积淀深厚、光彩夺目的历史文化传统闻名于世，是国家首批公布的历史文化名城，近年来又获得联合国教科文组织等国际机构颁发的"'联合国人居奖'城市""世界美食之都"与中日韩三国文化部长会议共同命名的"东亚文化之都"等荣誉称号，成为世人向往的"淮左名都""竹西佳处"。

　　扬州市委、市政府高度重视扬州历史文化的深度挖掘和系统研究，2017年9月，正式启动《扬州通史》编纂工作，将其纳入市校合作的总体框架，委托扬州大学中国史学科开展研究与著述。同时组建了以市委、市政府、学校主要领导牵头的编纂委员会，聘任本人担任主编，明确市委宣传部负责项目的实施与管理，设立通史编纂工作办公室，以协调、处理相关具体事务。

　　项目启动后，我们拟定了《扬州通史》的基本构架与著述体例。在编纂起止时间上，明确自先秦至中华人民共和国成立前；各分卷的时段安排，主要根据各阶段地域社会历史演进的实际状况，确定全书分为六卷、共八册，即《先秦秦汉魏晋南北朝卷》《隋唐五代卷（两册）》《宋代卷》《元明卷》《清代卷（两册）》和《中华民国卷》。按照编委会有关编撰工作"专业化""规范化"的要求，我们组建了编纂团队，聘请了扬州大学中国史学科相应专业方向的诸位教授主持各分卷编著，其成员则以本学科专任教师为主体，他们在相关专业方向或领域浸淫多年，具有较为丰厚、扎实的专业素养与学识。

　　编委会对通史编纂质量与进度有明确的预期与要求。为确保编纂工作的规范化及其质量要求，通史编纂工作办公室确定了主编负责、统筹的审理、鉴定等管理程序与把关环节：一是对各卷所拟纲目与各位作者提供的章节样稿进行审查；对整体语言表述、引文注释、各卷内部及各卷之间衔接的相关内容归属，作出明确指导与规范要求；对相关争议性、敏感性问题的表述，提出原则性指导意见。为此，市、校领导多次召集编纂工作推进会与交流会，进行专题研讨，解决编纂过程中的各类疑难问题。二是各分卷统稿和主编审稿，这是编纂团队内部的质量把关程序，经过这两个层次的审理与修改，基本达到规范与合格的要求。三是聘请校外具有地方通史编纂经历的著名学者进行审阅鉴定。

在编纂时间与出版方面，编委会明确《扬州通史》的编纂为期四年，2021年交稿，以整体出版方式刊布。我们深知时间紧迫，压力甚大。就研究内容而言，通史编纂与个人的专题研究不同，它既是历时性的贯通研究，又是整体性的全面著述，不论编纂者的个人学术兴趣如何，也不论不同时段传世文献的留存多寡，必须遵循通史的体例要求，尽可能挖掘相关资料，撰述相关内容，揭示相关历史信息。几年来，有赖编纂团队齐心协力，克服困难，如期完成了编纂工作。

《扬州通史》作为市、校合作的重大学术文化工程，得到了扬州市委、市政府与扬州大学的高度重视和大力支持，历任扬州市委、市政府、扬州大学党政领导，对编纂工作给予关心、指导和帮助；扬州市委宣传部、扬州大学人文社科处，对项目的具体实施与推进付出了诸多辛劳。在此，我代表编纂团队，表示由衷的敬意与诚挚的感谢！

作为主编，我要真诚地感谢编纂团队的全体成员，尤其是一些青年后进，他们是生力军，承担了各卷相当篇幅的撰著任务，表现出乐于奉献的精神——他们教学、研究的压力非常大，要接受学校、学院的各种量化考核，评职晋级需要主持省部级以上项目和发表权威期刊论文，而参与通史编纂对此并无直接帮助。几年间，每次见面，我必催促他们加快撰写进度，保证编纂质量，感谢诸位的理解与支持。

我要真诚地感谢参与各审核鉴定环节并给予我们指导的市内外诸位方家学者。学术顾问赵昌智先生携同扬州文化研究会的田汉云、顾风、徐向明、朱福烓、王虎华、韦明铧、张连生、曹永森、吴献中、强学民、华德荣、束家平、薛炳宽、方晓伟、曾学文、孙叶锋、王冰、王争琪、王章涛、王资鑫、李保华、魏怡勤、伍野春、陈文和、顾寅森、蒋少华等诸位先生，参与各卷纲目与样稿的审阅与研讨。扬州市考古文博、档案、党史办、图书馆等部门，给我们提供了诸多帮助，特别是广陵书社承担该书出版，申请获得国家出版项目，配备专业精干的编辑队伍，细心审校，颇多助益！

编纂过程中，我们邀请了一些著名学者担任学术指导，中国社会科学院历史研究院的卜宪群，南京大学的陈谦平、范金民、李良玉、张学锋，南京师范大学的李天石、张进，苏州大学的王国平、臧知非等，他们或为编纂团队作辅导报告，或参与各卷的纲目审查与终审鉴定，或推荐申请国家出版项目。诸位先生有的担任国务院学位委员会历史学科评议组成员，有的担任全国性学会的领导，皆以学识渊博著称，且多有主持全国与地方通史编纂的经历，他们严谨的学风与热诚的情谊，给编撰者以极大的鞭策与激励。

就扬州学术史而言，这部地方通史的编纂与出版，是对既往扬州历史文化研究的阶段性总结，期望由此不断推动相关研究的深化与拓展，但愿我们的努力及其成果不负领导的要求与社会的期望。然而兹事体大，在这部多卷本通史即将出版之际，作为主编，我内心里虽曾有过"交卷"后片刻的轻松愉悦，但更多的则是忐忑不安。由于各种主客观因素的限制，其中一定存在着诸多不足甚至讹误。客观上，由于时间相对较紧，我们的撰述与审查难免有所疏忽；主观上，由于水平所限，在资料挖掘利用、论点阐述等方面，都可能存在遗漏与错讹。因此，我们真诚地希望得到方家同仁的批评指正，以利于今后不断修订完善。

孔子登高临河有浩叹，"逝者如斯夫，不舍昼夜"，这既有对人生的感悟，也有对社会历史的沉思。扬州的文明历史，生生不息，已历数千年，古代史上曾有过三个高峰期,或称之为"辉煌时代",即汉代的"初盛期"、隋唐时代的"鼎盛期"和清代的"繁盛期"。当今的扬州,正处于现代化建设的快速发展时期,取得了诸多前所未有的业绩与成就;未来的扬州,必将在中华民族伟大复兴的历史征程中谱写出独具特色的扬州篇章!

王永平

2023 年 3 月